Alba de Céspedes
Aus ihrer Sicht

Roman

Aus dem Italienischen von
Karin Krieger

Mit einem Nachwort von
Barbara Vinken

Insel Verlag

Titel der Originalausgabe: Alba de Céspedes, *Dalla parte di lei*

Die Übersetzung dieses Buches ist dank einer Förderung
des italienischen Ministeriums für Auswärtige Angelegenheiten
und Internationale Kooperation entstanden.

Questo libro è stato tradotto grazie ad un contributo del Ministero
degli Affari Esteri e della Cooperazione Internazionale italiano.

Klimaneutral
Druckprodukt
ClimatePartner.com/14438-2110-1001

Erste Auflage 2023
Deutsche Erstausgabe
© der deutschsprachigen Ausgabe
Insel Verlag Anton Kippenberg GmbH & Co. KG, Berlin, 2023
© der Originalausgaben:
© 1949 Arnoldo Mondadori S.p.A., Milano
© 2015 Mondadori Libri S.p.A., Milano
© 2021 Mondadori Libri S.p.A., Milano
Alle Rechte vorbehalten. Wir behalten uns auch eine Nutzung
des Werks für Text und Data Mining im Sinne von § 44b UrhG vor.
Umschlaggestaltung: Designbüro Lübbeke, Naumann, Thoben, Köln
Umschlagfoto: LexHands, Foto: Williams & Hirakawa/AUGUST, New York
Satz: Eberl & Koesel Studio, Kempten
Druck und Bindung: GGP Media GmbH, Pößneck
Printed in Germany
ISBN 978-3-458-64366-1

www.insel-verlag.de

Aus ihrer Sicht

From childhood's hour I have not been
As others were; I have not seen
As others saw; I could not bring
My passions from a common spring.
From the same source I have not taken
My sorrow; I could not awaken
My heart to joy at the same tone;
And all I loved, I loved alone.

POE*

* Edgar Allan Poe, »Alone« (1829) [A.d.Ü.]

Ich begegnete Francesco Minelli zum ersten Mal am 20. Oktober 1941 in Rom. Damals schrieb ich gerade an der Abschlussarbeit für mein Studium, und mein Vater war durch den grauen Star seit einem Jahr fast blind. Wir lebten in einem der neuen Wohnblocks am Lungotevere Flaminio, wohin wir nach dem Tod meiner Mutter gezogen waren. Ich konnte mich als Einzelkind betrachten: Zwar war vor meiner Geburt ein Bruder zur Welt gekommen, der sich als Wunderkind erwiesen hatte, aber er war im Alter von drei Jahren ertrunken. Von ihm gab es viele Fotografien in der Wohnung, auf denen ein weißes Hemdchen, das ihm von den runden Schultern gerutscht war, seine Nacktheit kaum verbarg. Er war auch bäuchlings auf einem Bärenfell abgelichtet, aber meiner Mutter gefiel besonders ein Bildchen, auf dem er vor dem Klavier stand und seine Hand nach den Tasten ausstreckte. Ihrer Meinung nach wäre er ein so großer Komponist wie Mozart geworden. Er hieß Alessandro, und als ich wenige Monate nach seinem Tod geboren wurde, nannte man mich zum Gedenken an ihn Alessandra, wohl in der Hoffnung, dass sich einige seiner unvergesslichen Vorzüge auch bei mir zeigen würden. Dieser enge Bezug zu dem kleinen toten Bruder war in meiner frühen Kindheit eine schwere Last. Ich konnte mich nie ganz davon befreien. Wenn man mit mir schimpfte, so um mich darauf hinzuweisen, dass ich trotz meines Namens die in mich gesetzten Hoffnungen enttäuscht hatte, und man vergaß auch nicht hinzuzufügen, dass Alessandro es niemals gewagt hätte, sich so aufzuführen, wie ich es tat. Sogar wenn ich in der Schule eine gute Note schrieb, wenn ich fleißig und zuverlässig war, verwehrte man mir die Hälfte der Lorbeeren, da ja Alessandro aus mir sprach. Durch diese Aufhebung meiner Person wuchs ich menschenscheu und schweigsam heran, und später musste ich einsehen, dass der Glauben, den unsere Eltern nach und nach in meine Fähigkeiten setzten, in Wahrheit nur ein Verblassen der Erinnerung an Alessandro war.

Ich schrieb der spirituellen Anwesenheit meines Bruders, zu dem meine Mutter über ein Medium namens Ottavia an einem dreibeinigen Tischchen Verbindung aufnahm, eine unheilvolle Macht zu. Ich war fest davon überzeugt, dass er sich in mir eingenistet hatte, um mich – im Gegensatz zu dem, was meine Eltern sagten – zu schlechtem Betragen, schlimmen Gedanken und ungesunden Begierden zu verleiten.

Da ich es für sinnlos hielt, sie zu bekämpfen, gab ich ihnen nach. Alessandro war für mich das, was für andere Mädchen meines Alters der Teufel oder der böse Geist war. ›Na bitte‹, dachte ich, ›er bestimmt hier, was passiert.‹ Ich glaubte, er könne von mir genauso Besitz ergreifen wie von dem Tischchen.

Meine Eltern ließen mich oft allein zu Hause, in der Obhut unseres alten Dienstmädchens Sista. Mein Vater war im Büro, und auch meine Mutter blieb täglich viele Stunden fort. Sie war Klavierlehrerin, hätte es aber, wie ich später erkannte, weit bringen können, wenn sie ihr beachtliches Talent künstlerisch hätte einsetzen können, anstatt es den Ansprüchen und dem Geschmack reicher Leute unterzuordnen, deren Kinder sie unterrichten musste. Bevor sie aus dem Haus ging, suchte sie einige Beschäftigungen für mich, damit ich mir während ihrer Abwesenheit die Zeit vertreiben konnte. Sie wusste, dass ich laute, heftige Spiele nicht mochte, also setzte sie mich in einen kleinen Korbsessel und legte Stoffreste, Muscheln, Perlen, die ich zu einem Armband oder einer Kette auffädeln konnte, und ein paar Bücher auf einen kleinen Tisch neben mich. Schon früh hatte ich unter ihrer liebevollen Anleitung recht gut Lesen und Schreiben gelernt, doch zu meinem Ärger hatte man auch diese Frühreife Alessandros Einfluss zugeschrieben. Tatsächlich dachte und sprach ich so, als wäre ich doppelt so alt, wie ich war. Meine Mutter wunderte das nicht weiter, weil sie mir im Stillen Alessandros Alter gab. Deshalb versorgte sie mich mit Büchern, die für ältere Mädchen bestimmt waren. Heute weiß ich, dass es sehr gute Bücher waren, was von ihrer soliden Bildung zeugte.

Sie verließ also das Haus, nachdem sie mich wie vor einer langen Trennung ungestüm geküsst hatte, und ich blieb allein. Aus der Küche kam Tellergeklapper, dann strich Sistas dürrer Schatten im Flur vorbei. Immer wenn es dämmerte, zog sie sich ins Dunkel ihrer Kammer zurück, und ich hörte sie den Rosenkranz beten. In der Gewissheit, nun nicht mehr gestört zu werden, legte ich Bücher, Muscheln und Perlenarmbänder beiseite und begann die Wohnung zu erforschen.

Ich durfte kein Licht machen, da wir in größter Sparsamkeit lebten. Mit vorgestreckten Armen tappte ich wie eine Schlafwandlerin durch das Halbdunkel. Die alten, wuchtigen Möbel schienen um diese Zeit aus ihrer friedlichen Reglosigkeit zu erwachen und zu geheimnisvollen Gestalten zu werden. Mit fiebriger Neugier öffnete ich Türen, stöberte in Schubladen und kauerte mich, wenn das Licht sich ganz aus den düsteren Zimmern zurückgezogen hatte, schließlich in einen Winkel, von einer schrecklichen Angst erfüllt, die ich zugleich auch genoss.

Im Sommer setzte ich mich auf den Balkon, der auf einen Gemeinschaftshof ging, oder ich stellte mich auf eine Fußbank am Fenster. Ich schaute nie auf die Straße, sondern von meinem Lieblingsplatz aus auf einen kleinen, mit Glyzinien bepflanzten Innenhof, der unser Haus von einem Nonnenkloster trennte. Oft stießen Schwalben in den Schatten des Hofs hinunter, und bei ihrem ersten Ruf sprang ich auf, als gälte er mir, und lief ans Fenster. Gedankenverloren sah ich von dort aus den Schwalben zu, den unsteten Wolkenbildern und dem Leben der verborgenen Frauen-Gemeinschaft, das sich in den erleuchteten Fenstern erahnen ließ. Wie Schattenspiele huschten die Nonnen hinter den weißen Sichtblenden vorbei, die die Klosterfenster abschirmten. Die schrillen Schreie der Schwalben trieben meine Phantasie wie Peitschenhiebe an. In meiner dunklen Fensternische sog ich begierig alles ringsumher auf. Diesen unbeschreiblichen Gemütszustand nannte ich »Alessandro«.

Später suchte ich Zuflucht bei Sista, die im Schein der rotglühenden Kohlen am Küchenherd saß. Meine Mutter kam nach Hause und machte Licht. Das alte Dienstmädchen und ich tauchten aus dem Schatten auf, benommen von der Dunkelheit und dem Schweigen. Die stummen Gespräche mit den Schwalben hatten mich so sehr ermüdet, dass mir die Augen zufielen. Meine Mutter nahm mich in die Arme, um ihre Abwesenheit wiedergutzumachen, und erzählte mir von Donna Chiara und Donna Dorotea, den jungen Töchtern einer Fürstin, denen sie seit Jahren ohne jeden Erfolg Musikstunden gab.

Mein Vater kam, wie bei den Männern aus Süditalien üblich, ziemlich spät nach Hause. Man hörte, wie sich der Schlüssel im Schloss drehte – ein langer, dünner Schlüssel, der immer aus seiner Westentasche lugte –, und dann das Klicken des Lichtschalters. Wir waren in der Küche, meine Mutter half Sista bei der Zubereitung des Abendessens, aber sobald sie das klappernde Schloss hörte, lief sie, noch bevor mein Vater die Wohnung betrat, schnell ihr Haar ordnend ins Esszimmer und setzte sich mit mir auf das harte Sofa. Sie griff nach einem Buch und tat so, als wäre sie in die Lektüre vertieft. Dann fragte sie mit sonorer Stimme, die freudige Überraschung bekunden sollte: »Bist du das, Ariberto?« Als ich klein war, spielte meine Mutter allabendlich diese Komödie, die mir lange Zeit unbegreiflich war. Ich verstand nicht, warum sie fieberhaft ein Buch aufschlug, wenn sie dann gar nicht darin las. Trotzdem war ich jeden Abend fasziniert von diesem Ruf, der klangvoll durch die Wohnung hallte und dem hässlichen Namen meines Vaters eine romantische Note gab.

Mein Vater war ein hochgewachsener, stämmiger Mann mit Bürstenhaarschnitt. Als mir im Erwachsenenalter ein paar Fotos aus seiner Jugendzeit in die Hände fielen, wurde mir klar, warum er wohl so erfolgreich bei den Frauen gewesen war. Er hatte tiefgründige, schwarze Augen, sinnliche Lippen und war oft schwarz gekleidet, vielleicht, weil er in einem Ministerium angestellt war. Er sprach wenig. Meistens begnügte er sich mit einem missbilligenden Kopfschütteln, während meine Mutter lebhaft redete. Sie erzählte Dinge, die sie auf der Straße gesehen oder gehört hatte, würzte ihre Geschichten mit geistreichen Bemerkungen und schmückte sie phantasievoll aus. Mein Vater schaute sie an und schüttelte den Kopf.

Sie stritten sich häufig, aber ohne großes Theater oder lautstarke Wortgefechte. Sie redeten eher leise, wobei sie sich wohlgezielt bissige Sätze an den Kopf warfen. Ich sah ihnen bestürzt zu, obwohl ich ihre mit Andeutungen gespickten Reden gar nicht verstand. Wäre nicht die Wut in ihren Blicken gewesen, hätte ich nicht einmal bemerkt, dass sie sich stritten.

In solchen Momenten holte mich Sista, die stets an der Tür lauschte, heraus, brachte mich in die Küche und nötigte mich, mit ihr den Rosenkranz und die Litaneien zu beten. Manchmal erzählte sie mir zur Ablenkung die Geschichte der Madonna von Lourdes, die dem Hirtenmädchen Bernadette erscheint, oder der Madonna von Loreto, deren Haus von den Engeln durch die Lüfte getragen wird.

Meine Eltern hatten sich inzwischen ins Schlafzimmer zurückgezogen. Um das alte Dienstmädchen und mich ballte sich die Stille. Ich fürchtete, im Türrahmen könne einer der Geister erscheinen, die das Medium Ottavia freitags heraufbeschwor und die ich mir in meiner kindlichen Phantasie als schneeweiße, klappernde Gerippe vorstellte. »Sista, ich habe Angst«, sagte ich, und Sista antwortete: »Wovor denn?« Doch ihre Stimme klang unsicher, und sie schaute oft zum Schlafzimmer hin, so als fürchtete auch sie sich.

Meine Eltern redeten leise, weshalb ich meist kein einziges Wort aufschnappen konnte. Aber dass die Zeichen auf Sturm standen, verriet die zwiespältige Stille, die sich im dunklen Flur und in den vier Zimmern der Wohnung ausbreitete. Sie drang unter der geschlossenen Tür hervor und zog in jeden Winkel, tückisch wie ausströmendes Gas. Sista ließ ihr Strickzeug in den Schoß sinken, ihre Hände zitterten. Am Ende brachte sie mich voller Ungeduld und Sorge in mein Zimmer, wie um mich zu retten, zog mich hastig aus und steckte mich ins Bett. Ich fügte mich stumm und ließ, von der Stille aus dem elterlichen Schlafzimmer besiegt, stumm zu, dass sie das Licht löschte.

Oft schlich meine Mutter nach so einem qualvollen Abend nachts auf Zehenspitzen herein, beugte sich über mein Bett und drückte mich krampfhaft an sich. Sie machte kein Licht. In der Dunkelheit erahnte ich ihr weißes Nachthemd. Ich klammerte mich an ihren Hals, küsste sie. Nur einen Moment, dann glitt sie davon, und ich schloss erschöpft die Augen.

Meine Mutter hieß Eleonora. Von ihr habe ich mein helles Haar geerbt. Sie war so blond, dass ihr Haar im Gegenlicht vor dem Fenster schneeweiß wirkte und ich sie manchmal so verblüfft anschaute, als hätte ich eine Vision ihres künftigen Alters vor mir. Ihre Augen waren blau, ihre Haut zart. Diese Eigenschaften hatte sie von ihrer österreichischen Mutter, einer bekannten Schauspielerin, die die Bühnenlaufbahn aufgegeben hatte, um meinen Großvater, einen italienischen Artillerieoffizier, zu heiraten. Und so hatte meine Mutter ihren Namen in Anlehnung an Ibsens *Puppenhaus* erhalten, ein Stück, in dem meine Großmutter an vielen glorreichen Abenden aufgetreten war. Zwei-, dreimal im Jahr, an einem der seltenen freien Nachmittage, die meine Mutter sich gönnte, durfte ich mich zu ihr setzen, wenn sie die große Fotoschachtel öffnete, um mir Bilder von meiner Großmutter zu zeigen. In ihren Bühnenkostümen sah sie immer sehr elegant aus, mit auffälligen Federhüten oder mit Perlenschnüren im offenen Haar. Ich konnte kaum glauben, dass dies wirklich meine Großmutter war, also eine Verwandte, die uns zu Hause hätte besuchen und durch das Vestibül hätte spazieren können, wo ständig das Hämmern des Schusters erklang, der gleichzeitig der Portier war. Ich kannte die Namen der Stücke und der Heldinnen, die sie gespielt hatte, auswendig. Meine Mutter wollte mich an das Theater heranführen. Deshalb erzählte sie mir die Handlung der Tragödien, las mir die wichtigsten Szenen vor und freute sich, dass mir die Namen der handelnden Personen bald genauso vertraut waren wie die unserer Verwandten. Es waren herrliche Stunden. Sista saß in einer Ecke, die Hände unter der Schürze, und verfolgte diese Erzählungen, wie um die Wahrhaftigkeit dieser wunderbaren Geschichten mit ihrer Anwesenheit zu bekräftigen.

In der Schachtel lagen auch Fotos der Verwandten meines Vaters, einer Familie kleiner Landbesitzer aus den Abruzzen, kaum mehr als Bauern. Vollbusige Frauen, in ein schwarzes Mieder gezwängt, das gescheitelte Haar in zwei schweren Schlaufen zu beiden Seiten des groben Gesichts. Es gab auch eine Fotografie meines Großvaters väterlicherseits, dunkles Jackett, Krawattenschleife. »Das sind rechtschaffene Leute«, sagte meine Mutter, »Leute vom Lande.« Von ihnen erhielten wir häufig Säcke mit Mehl und Körbe mit köstlichen gefüllten Feigen. Aber keine meiner Tanten hieß Ophelia, Desdemona oder Julia, und ich war nicht naschhaft genug, um den Liebestragödien Shakespeares eine Mandeltorte vorzuziehen. Die Verwandtschaft aus den Abruzzen wurde also in stillschweigender Übereinkunft mit meiner Mutter eher abschätzig betrachtet. Wir öffneten die mit umsäumtem Sackleinen bedeckten Körbe gleichgültig und trotz unserer Armut sogar fast nachsichtig. Nur Sista wusste ihren Inhalt zu schätzen und hütete ihn sorgsam.

Sista war meiner Mutter ängstlich und bedingungslos ergeben. Bisher an den Dienst in ärmlichen Haushalten und bei Frauen gewöhnt, die sich ungehobelt und vulgär ausdrückten und deren Interessen sich auf Speisekammer und Küche beschränkten, war sie von ihrer neuen Herrin sofort begeistert gewesen. Wenn mein Vater nicht da war, folgte sie ihr im Haus überallhin und holte die verlorene Zeit später mit nächtlicher Arbeit auf. Spielte meine Mutter Klavier, ließ Sista alles stehen und liegen, steckte ihre Schürze an einer Seite hoch und lief in den Salon. Sie lauschte den Tonleitern,

Etüden und Fingerübungen genauso aufmerksam wie den Sonaten.

Sie saß gern still im Dunkeln. In meiner Kindheit funkelten in der Finsternis stets ihre sardischen Augen. Sie sprach wenig, ich glaube, ich habe sie fast nie in zusammenhängenden Sätzen reden hören. Vielleicht war es der unwiderstehliche Charme meiner Mutter, der sie an uns band, denn die offenbarte ihr eine Welt, die sie nicht einmal in ihrer Jugend kennengelernt hatte. Und so blieb sie trotz ihrer Frömmelei in unseren Diensten, auch wenn meine Mutter nie zur Messe ging und mich nicht streng katholisch erzog. Ich glaube, Sista hielt sich für sündig, weil sie bei uns lebte, und vielleicht beichtete sie ihren Verbleib in unserer Familie, gelobte, ihn zu beenden, und fand sich stattdessen immer stärker in diese Gewohnheitssünde verstrickt. Wenn meine Mutter nicht da war, empfand Sista die Wohnung wohl als leblos. Die einsamen Nachmittagsstunden zogen sich quälend in die Länge, und verspätete sich die Hausherrin auch nur ein bisschen, zerstreut, wie sie war, fürchtete Sista sofort, sie sei von einer Straßenbahn oder einem Auto überfahren worden. Dann stellte sie sich deren reglosen Körper auf dem Straßenpflaster vor, das Gesicht blass, das Haar lackrot vom Blut. Ich wusste, dass Sista ein Hundewinseln in der Kehle steckte, während sie stumm und starr dasaß, die Hände auf den Perlen des Rosenkranzes oder über dem Kohlenbecken. Aber ein unbestimmtes Schamgefühl hielt sie davon ab, direkt am Fenster auf meine Mutter zu warten. Auch ich wurde in solchen Momenten von einer irrationalen, schrecklichen Angst gepackt und schmiegte mich an Sista. Vielleicht stellte sie sich vor, dass sie wieder bei dicken Herrinnen – hervorragenden Hausfrauen – würde dienen müssen, während man mich in die Abruzzen zu meiner Großmutter schicken würde. Das Licht nahm allmählich ab, dann schlug die Dunkelheit wie eine Welle über uns zusammen, es war trostlos. Schließlich kam meine Mutter nach Hause und rief an der Wohnungstür fröhlich: »Da bin ich!«, als beantwortete sie einen verzweifelten Ruf von uns.

Sista diente auch meinen Vater treu. Sie bediente und respektierte ihn: Er war ein Mann und der Herr im Haus. Es fiel ihr leicht, sich an ihn zu wenden, wenn sie eine Frage hatte, da sie ihn, demütig und unterlegen, in seiner Rolle anerkannte. Seine schäbigen Liebesaffären, über die sie, wie ich später erfuhr, durch zahllose Indizien im Bilde war, störten sie nicht, weil sie in ihrem Dorf und später in der Stadt viele verheiratete Männer gesehen hatte, die sich so verhielten wie er.

Ich verstand anfangs nicht, warum meine Eltern geheiratet hatten, und habe auch nie erfahren, wie sie sich kennenlernten. Mein Vater war ein typischer Ehemann aus dem Mittelstand, ein durchschnittlicher Familienvater und Angestellter, der in seiner Freizeit Lichtschalter repariert oder an ausgeklügelten Geräten bastelt, um Gas zu sparen. Seine Äußerungen waren immer gleich, einsilbig und abfällig. Für gewöhnlich kritisierte er mit dürftigen Argumenten Regierung und Bürokratie, oder er beklagte sich mit abgedroschenen Redewendungen über belanglose Scherereien im Büro. Auch sein Aussehen verriet wenig Geist. Er war groß und korpulent, die breiten Schultern verrieten körperliche Überlegenheit. Seine schwarzen Augen hatten den weichen Schimmer von Septemberfeigen. Nur seine Hände – an der Rechten trug er einen goldenen Ring in Form einer Schlange – waren ungewöhnlich schön, von der edlen Form und Farbe eines uralten Geschlechts. Seine glatte, zarte Haut schien zu glühen. Diese verborgene Hitze ließ mich ahnen, weshalb meine Mutter sich zu ihm hingezogen gefühlt hatte. Das Schlafzimmer meiner Eltern lag neben meinem, und manchmal kniete ich abends auf dem Bett und presste mein Ohr an die Wand. Ich war geradezu krank vor Eifersucht, und das Gefühl, das mich zu diesem nichtswürdigen Verhalten trieb, hieß für mich »Alessandro«.

Einmal – ich war noch keine zehn Jahre alt – kam ich ins Esszimmer und überraschte die beiden in einer Umarmung. Sie standen mit dem Rücken zu mir am Fenster. Eine Hand meines Vaters lag auf der Hüfte meiner Mutter und tätschelte sie genüsslich. Sie trug ein leichtes Kleid und spürte sicherlich die trockene Hitze seiner Haut, die ihr aber nicht unangenehm war, das war offensichtlich. Plötzlich küsste er sie auf den Halsansatz. Seine Lippen glühten gewiss genauso wie seine Hände. Meine Mutter hatte einen weißen, zarten Hals, auf dem leicht ein roter Fleck zurückbleiben konnte, wie ein Brandmal, und ich rechnete damit, dass sie mit ihrer typischen Impulsivität protestieren würde, doch sie schmiegte sich an ihn, träge, entspannt, hingegeben. Ich wollte weglaufen und stieß gegen einen Stuhl. Bei dem Geräusch drehten meine Eltern sich um und sahen mich erstaunt an. Mein Gesicht war wutverzerrt. »Sandi, was hast du denn?«, fragte mich meine Mutter. Doch sie kam nicht zu mir, umarmte mich nicht, und wir liefen auch nicht zusammen weg. Im Gegenteil, sie kicherte. »Bist du etwa eifersüchtig?«, fragte sie. Ich antwortete nicht. Ich starrte sie an und litt entsetzlich.

Ich ging in mein Zimmer zurück und vergrub mich in einen dumpfen Groll. Mein lächelnder Vater stand mir noch vor Augen, in verschmitzter Komplizenschaft mit meiner Mutter. Zum ersten Mal empfand ich ihn als hinterhältigen Eindringling in unsere friedliche Frauenwelt. Bis dahin hatte ich ihn für ein andersartiges Wesen in unserer Obhut gehalten, um dessen leibliches Wohl wir uns zu kümmern hatten. Tatsächlich schien ihn auch nur das zu interessieren. Oft aßen wir die Reste der letzten Mahlzeit, während für ihn ein Steak gebraten wurde, und seine Kleidung wurde häufig gebügelt, während unsere nur zum Lüften auf den Balkon gehängt wurde, damit sich die stärksten Falten glätteten. Aus alldem hatte ich geschlossen, dass er in einer anderen Welt als der unseren lebte und dort gerade die Dinge wichtig waren, die ich durch das Vorbild meiner Mutter zu verachten gelernt hatte.

Damals begann ich an Selbsttötung zu denken, weil ich glaubte, meine Mutter habe unseren geheimen Bund verraten. Von nun an reizte mich dieser Gedanke immer, wenn ich fürchtete, eine schwierige Situation nicht zu meistern, oder auch einfach in einer Nacht voller Ungewissheit und Angst.

Meine nur spärliche religiöse Erziehung hat mich stets davon abgehalten, Unglück ergeben hinzunehmen und es als nur vorübergehend zu betrachten. Stattdessen half mir in schweren Tagen der Gedanke an Selbsttötung, die mir als letzter Ausweg immer gegenwärtig war. Dadurch wirkte ich auch im größten Kummer fröhlich und unbeschwert. Als Kind spielte ich mit dem Gedanken, mich in meinem Zimmer am Fenstergitter zu erhängen. Manchmal dachte ich aber auch, ich müsste nur in die Nacht hinaus gehen und immer weiter wandern, bis ich, am Ende meiner Kräfte, leblos zusammenbrechen würde. Doch dieses Vorhaben war für mich undurchführbar, weil mein Vater die Wohnungstür jeden Abend vor dem Zubettgehen dreifach abschloss.

Der Schlaf dämpfte meine Verzweiflung und meine Pläne. Damals bat ich Sista häufig, mit mir in die Kirche zu gehen. Mit solchen plötzlichen Impulsen ähnelte ich meiner Mutter. Auch sie besuchte manchmal an drei oder vier Tagen hintereinander bei Sonnenuntergang die Kirche, kniete nieder und sang, ganz hingerissen von der Musik. Aber ich bat Gott um die Gnade, mich sterben zu lassen. Für mich war das kein Sakrileg. In dem großen Mietshaus, in dem wir wohnten, wurde Gott für die unsäglichsten Dinge bemüht. Einmal gab es, Jahre später, das Gerücht, der Liebhaber der Frau aus dem zweiten Stock liege mit einer Lungenentzündung im Sterben. Man erzählte sich, die Frau habe in der nahe gelegenen Kirche ein Not-Triduum »Seiner Absicht gemäß« bestellt. Diese Absicht war allen längst bekannt: Der Liebhaber sollte am Leben bleiben und wieder zu Kräften kommen, damit sie ihren Mann weiterhin mit ihm betrügen konnte. Zu diesem Triduum erschienen sämtliche Nachbarinnen aus unserem Haus. In der ersten Bank kniete, das Gesicht in den Händen verborgen, die Frau aus dem zweiten Stock. Die anderen scharten sich nicht um sie, weil sie deren Schamgefühl, Ehrbarkeit und Geheimnis respektieren wollten. Sie nahmen am Hochamt teil, als wären sie zufällig vorbeigekommen, hier eine am Weihwasserbecken, dort eine an einem Seitenaltar. Aber alle wandten sie sich mit der gleichen Inbrunst an Gott, geradezu empört, weil er die arme Frau noch immer leiden ließ.

Gegen Abend verließ ich also an Sistas Hand ernst und bußfertig das Haus, als hätte ich keinen verabscheuungswürdigen Wunsch im Sinn, sondern ein heiliges Gelübde. Wir gingen durch die grauen Straßen unseres Viertels zur Kirche, die schlank und weiß zwischen den Wohnblocks am Tiberufer aufragte. Bis dorthin durften wir unsere Spaziergänge ausdehnen, so als markierte der Fluss die äußerste Grenze unseres Reviers und zugleich unserer Freiheit.

In der schönen Jahreszeit waren die Platanen am Tiber voller Spatzen. Wenn sie sich bei Sonnenuntergang den besten Ast zum Schlafen suchten, summten die alten Bäume wie Bienenstöcke und wurden von Geflatter durchgeschüttelt. Gern hätte ich den Anblick der Bäume noch länger genossen, aber stattdessen verschwand ich in der düsteren Höhlung der Kirche. Drinnen hingen der ranzige Geruch menschlicher Körper und öliger Weihrauchduft in der Luft, während das Dunkel aufzog, zu dem Sista und ich während der Abwesenheit meiner Mutter verdammt waren. Ich kannte mit Müh und Not die ersten Gebete unserer Religion, aber das rötliche Dämmerlicht, die Gesänge und der dumpfe Geruch entfachten meinen Glauben sofort und ließen ihn hell auflodern.

Ich schaute auf meine Hände im flackernden Kerzenlicht, musterte sie in der Hoffnung, an ihnen das Blut der Stigmata zu entdecken. Ich spürte, dass mein Gesicht spitzer wurde, so wie das einer Statue der heiligen Teresa, die meine Mutter sehr mochte. Langsam wurde ich schwerelos, erhob mich in die reine Luft des Himmels, und zwischen meinen Fingern funkelten die Sterne. Zusammen mit der Orgelmusik durchströmte mich ein süßer, wilder Fluss von Worten, dieselben, die meine Großmutter auf der Bühne rezitiert hatte, die schönsten Worte, die ich kannte, und mit ihnen wandte ich mich an Gott. Er antwortete mir in derselben Sprache, und so erkannte ich ihn fortan in Worten der Liebe eher als auf den Bildern der Altäre.

Alle Leute in der Kirche wirkten tiefernst und traurig. Weder das Beten noch das Singen stimmte sie froh. Ich liebte sie, wollte, dass sie glücklich waren, und wusste, dass man sie nur lehren müsste, mit den Worten der Liebe zu beten. Ich hätte sie retten können, aber ich traute mich nicht. Der Gedanke an Sista hielt mich zurück, die nur Alessandra in mir sah, ein kleines Mädchen. Alle hielten mich nur für ein kleines Mädchen. Doch nach der Messe, als die letzten Orgelklänge uns ans Tiberufer wehten, erkannten mich die Schwalben und begrüßten mich so freudig, wie sie Gott grüßten.

Wir wohnten in der Via Paolo Emilio in einem großen, Ende des 19. Jahrhunderts erbauten Mietshaus. Das Vestibül war eng und dunkel. Dort sammelte sich viel Staub an, weil der Portier sich, wie gesagt, als Schuster abmühte und seine Frau faul war.

Nur durch das hohe Oberlicht fiel etwas Licht auf die graue, spiralförmige Treppe. Trotz des verschwiegenen und fast schon anrüchigen Erscheinungsbildes von Eingang und Treppenflur wohnten in dem großen Haus Leute aus der unteren Mittelschicht. Die Männer sah man tagsüber nur selten. Sie waren fast alle Angestellte, von ständigen Entbehrungen niedergedrückt, gingen frühmorgens aus dem Haus und kamen zu festen Zeiten mit einer Zeitung in der Jackentasche oder unter dem Arm wieder heim.

Daher schien das Haus nur von Frauen bewohnt zu sein. Im Grunde besaßen sie die unangefochtene Herrschaft über die dunkle Treppe, auf der sie täglich unzählige Male unterwegs waren, mit einer leeren Einkaufstasche oder mit einer vollen, mit einer in Zeitungspapier gewickelten Milchflasche, mit den Kindern, wenn sie sie, mit Brottasche und Proviantdose versehen, zur Schule brachten oder wenn sie sie abholten, in dem blauen Schulkittel, der unter dem zu kurzen Mäntelchen hervorschaute. Sie gingen die Treppe hoch ohne einen Blick für ihre Umgebung, denn sie kannten die Schmierereien an den Wänden auswendig, und das Holzgeländer war vom vielen Anfassen wie poliert. Nur die Mädchen hüpften leichtfüßig hinunter, wenn es sie ins Freie zog. Ihre Schritte klangen auf den Stufen hell wie Hagelkörner an einer Fensterscheibe. An die Jungen im Haus erinnere ich mich kaum. Zuerst waren sie kleine Rüpel, die sich den ganzen Tag auf der Straße herumtrieben und im Gemeindegarten Fußball spielten, dann wurden sie schon in frühester Jugend vom Geschäft ihres Vaters aufgesogen. Und von ihrem Vater übernahmen sie in kürzester Zeit Aussehen, Tagesablauf und Gewohnheiten.

Doch das von außen verwahrlost und trist wirkende Haus war durch seinen großen Innenhof voller Leben. Vor den Hoffenstern verrieten schmale Balkone mit rostigen Geländern durch ihre Ausstattung viel über die Verhältnisse und das Alter der Mieter. Manche stapelten dort alte Möbel, andere bewahrten dort Hühnerkäfige oder Spielzeug auf. Unser Balkon war voller Pflanzen.

Auf der Hofseite bewegten sich die Frauen unbefangen, mit einer Ungeniertheit, wie sie auch Internatsbewohner oder Gefängnisinsassen verbindet. Aber diese rührte weniger daher, dass sie alle unter einem Dach lebten, als vielmehr daher, dass sie voneinander wussten, welches mühselige Leben sie führten. Angesichts gemeinsamer Schwierigkeiten, Entsagungen und Gewohnheiten verband sie, ohne dass sie sich dessen bewusst waren, eine freundliche Nachsicht. Weit weg von den Blicken der Männer und ohne die Notwendigkeit, eine lästige Komödie aufzuführen, zeigten sie sich so, wie sie wirklich waren. Wie die Glocke in einem Nonnenkloster war das erste Klappern der Fensterläden das Startsignal für den Tag. Jede von ihnen sah mit Anbruch eines neuen Morgens resigniert der Last neuer Strapazen entgegen. Sie trösteten sich mit dem Gedanken, dass ihre täglichen Handgriffe auf ähnliche Weise auch ein Stockwerk tiefer von einer anderen Frau in einem anderen verblichenen Morgenmantel vollführt wurden. Keine hätte die Hände in den Schoß gelegt, aus Angst, den Lauf eines präzisen Räderwerks zu stoppen. Sie ahnten in allem, was ihr Hausfrauendasein ausmachte, unbewusst sogar so etwas wie eine schlichte Poesie. Eine Leine, die von einem Balkon zum anderen gespannt wurde, um die Wäsche besser trocknen zu können, war wie eine freundlich ausgestreckte

Hand. Kleine Körbe hüpften von Stockwerk zu Stockwerk und halfen mit einem geliehenen Küchengerät oder einer fehlenden Zutat aus. Trotzdem sprachen die Frauen vormittags nicht viel miteinander. Manchmal lehnte sich eine in einer Verschnaufpause über das Geländer und sagte mit Blick zum Himmel: »Schönes Wetter heute.« Nachmittags war der Hof leer und still. Hinter den Fenstern ahnte man aufgeräumte Zimmer und Küchen. Eine alte Frau saß auf dem Balkon und nähte, Dienstmädchen enthülsten Erbsen oder schälten Kartoffeln, die sie in einen Topf neben sich auf dem Boden warfen. Dann, gegen Abend, gingen auch sie für weitere Arbeiten ins Haus, und das war die Zeit, in der ich den Hof für mich allein hatte, so als wäre er mein angestammter Besitz.

Im Sommer saßen nach dem Abendessen auch die Männer oft auf dem Balkon, in Hemdsärmeln oder sogar im Schlafanzug. In der Dunkelheit zuckte die Glut ihrer Zigaretten auf wie rote Glühwürmchen. Doch die Frauen wünschten sich kaum einen guten Abend, und ihre Stimmen hatten nun einen anderen Klang. Manchmal wechselten sie ein paar Worte über Kinderkrankheiten. Gelangweilt gingen alle bald wieder in ihre Wohnung und schlossen die Fensterläden, und zwischen den Balkonen tat sich eine große, schwarze Leere auf.

Meine Mutter zeigte sich nur selten auf der Hofseite und nur, um die Blumen zu gießen. Ihre Zurückhaltung ärgerte die Nachbarinnen zwar, nötigte ihnen aber auch Bewunderung ab. So genoss unsere Familie trotz unserer großen Armut wegen der einnehmenden Schönheit und des eleganten Auftretens meiner Mutter, die stets unbeschwert und heiter gestimmt war, ein besonderes Ansehen.

Dabei mangelte es in unserem Haus nicht an charmanten, unbefangenen Frauen. Manche waren sogar gebildet, sie hatten vor ihrer Heirat als Lehrerin oder Büroangestellte gearbeitet. Aber meine Mutter wechselte nicht mehr als einen flüchtigen Gruß, eine kurze Bemerkung über das Wetter oder über den Einkauf mit ihnen. Die einzige Ausnahme war Lydia, eine Frau aus dem Stockwerk über uns.

Meine Mutter nahm mich häufig mit hinauf zu dieser Frau, damit ich mit deren Tochter Fulvia spielen konnte. Wir Mädchen blieben allein in dem mit Spielzeug vollgestopften Kinderzimmer oder auf einem kleinen Balkon, der auch als Abstellkammer diente. Die beiden Frauen machten es sich auf dem Bett bequem und unterhielten sich leise und so angeregt, dass sie, wenn wir sie unterbrachen, um für unser Spiel um ein Halstuch, ein Blatt Papier oder einen Stift zu bitten, uns sofort jeden erdenklichen Wunsch erfüllten, damit wir sie ja in Ruhe ließen. Anfangs verstand ich nicht, warum meine Mutter mit einer Frau befreundet war, mit der sie überhaupt nichts gemein hatte. Doch schon bald erlag ich meinerseits dem Einfluss der Tochter, die meine beste Freundin wurde. Sie wirkte älter als ich, war aber einige Monate jünger. Sie war hübsch, hatte braunes Haar und markante, lebhafte Gesichtszüge. Mit ihren zwölf, dreizehn Jahren war sie körperlich schon so weit entwickelt, dass die Männer ihr nachschauten, wenn wir in Sistas Begleitung ausgingen. Sie ähnelte ihrer Mutter, einer attraktiven, rundlichen, munteren Frau mit einer Vorliebe für glänzende Seidenkleider, deren Dekolleté die Mulde am Ansatz ihres üppigen Busens unverhüllt ließ.

Mutter und Tochter waren fast immer allein, denn Signor Celanti war Handlungsreisender. Wenn er nach Hause kam, war es, als beherbergten sie einen Fremden, und sie machten kein Hehl daraus, dass er mit seiner Anwesenheit ihren gewohnten Lebensrhythmus störte. Sie aßen in aller Eile, gingen früh zu Bett, antworteten kurz angebunden am Telefon, und während Lydia immerfort Migräne vorschützte, beharrte

Fulvia auf lästigen, nervtötenden Kinderspielen. Ihre Wohnung, in der sonst häufig Nachbarinnen ein und aus gingen, verwaiste, sobald Lydia verkündete: »Domenico ist wieder da.« Am Ende war die Wohnung, vielleicht ohne dass die beiden es direkt wollten, so ungemütlich, unordentlich und trist, dass Signor Celanti mit seinem Köfferchen schnell wieder aufbrach, nicht ohne die Vorzüge eines Lebens im Hotel und die Küche in den Städten des Nordens gepriesen zu haben.

Nach seiner Abreise kehrten Lydia und Fulvia sofort zu ihrer gewohnten Lebensweise zurück. Die Mutter nahm ihre endlosen Telefongespräche wieder auf, und wenn sie nachmittags ausging, wehte ein starker Nelkenduft wie ein Seidenschal die ganze Treppe hinunter.

Sie ging zum Hauptmann. Über diesen Hauptmann tuschelte sie immerfort mit meiner Mutter. Fulvia und ich wussten das nur zu gut. Sie nannte ihn ausschließlich bei seinem Dienstgrad: »der Hauptmann sagt … der Hauptmann möchte …«, als würde sie seinen vollen Namen nicht kennen. Aber das kam mir damals nicht merkwürdig vor. Andere Frauen im Haus hatten einen »Ingenieur« oder einen »Anwalt«, und auch über die war nichts Genaueres bekannt.

Lydia erzählte von Rendezvous, von langen Spaziergängen, von Briefen, die sie mit Hilfe eines eingeweihten Dienstmädchens empfing. Meine Mutter hörte ihr zu und bangte mit ihr. Als ich etwas älter war, fiel mir auf, dass die Besuche bei ihrer Freundin für gewöhnlich auf die Abende folgten, an denen sie sich mit meinem Vater im Schlafzimmer einschloss und sich Stille in der Wohnung ausbreitete.

Die beiden Frauen hatten sich kennengelernt, weil meine Mutter Fulvia Klavierstunden geben sollte. Lydia hatte bei uns geklopft und wollte – wie in diesen Häusern üblich, wo man als unangemeldeter Gast stets befürchten muss, auf unaufgeräumte Zimmer und nachlässig gekleidete Menschen zu treffen – keinesfalls hereinkommen, sondern ihr Anliegen an der Tür vortragen. Ihr Besuch hatte uns erstaunt. Noch nie war jemand zu uns gekommen, nicht einmal wegen der allgemein üblichen Angewohnheit, sich Salz oder ein paar Basilikumblätter zu borgen. Meine Mutter bat sie in den Salon, einen düsteren Raum, der nie gelüftet wurde. Später gestand Lydia, dass sie nur gekommen war, um meine Mutter einmal aus der Nähe zu sehen, weil über sie, die zurückhaltende Schönheit, viele Gerüchte kursierten. Ihr Vorhaben war sofort von Erfolg gekrönt. Lydia war das blühende Leben, duftete nach Puder und wirkte so gesund wie eine frisch gegossene Pflanze. Meine Mutter war blass und hatte eine eher flache Brust. Sie fühlte sich von Lydias üppigem Busen angezogen, der ein animalisches Eigenleben unabhängig von seiner Besitzerin zu führen schien. Nach wenigen Klavierstunden, die Fulvia nur nahm, um die gängigen Schlager klimpern zu können, freundeten die zwei Frauen sich an. Meine Mutter ging wie zu den anderen Schülerinnen weiterhin zu einer festgesetzten Zeit hinauf. Aber kaum war sie in der Wohnung, rief Lydia sie in ihr Zimmer: »Komm hierher, Eleonora!«, plauderte sofort los, spulte ihre Geschichten ab und bot ihr Zigaretten an. So verbrachten sie viele Stunden zusammen.

Wie alle meine Gefühle war auch meine Eifersucht auf Lydia heftig. Von Sista angestachelt, nahm ich mir eines Abends sogar heraus, meine Mutter nach Hause zu zitieren. Es war das erste Mal, dass ich die Treppe über unser Stockwerk hinaus nach oben stieg. Ich fühlte mich wie in einer neuen Welt, zauderte. Sista stachelte mich von unten an: »Na, mach schon!«, und ich klingelte. »Sagen Sie meiner Mutter, dass es schon sehr spät ist«, sagte ich streng und mit finsterer Miene. Lydia lächelte. »Komm doch rein«, lud sie mich ein, und da ich zögerte, wiederholte sie: »Komm rein, das kannst du ihr selbst sagen.«

Ich war noch nicht oft in fremden Wohnungen gewesen, daher war ich neugierig, wie die zwei lebten, wie ihre Zimmer, ihre Betten aussahen und was sie sich auf die Kommode stellten. Lydia schloss die Tür, und ich stand begeistert vor ein paar Bildern mit mythologischen Motiven, Nymphen, die auf einer Wiese tanzten. »Ich möchte dir Fulvia vorstellen, ihr könntet euch anfreunden.« Es war Sommer. Fulvia stand in einem langen, durchsichtigen Kleid ihrer Mutter halbnackt in ihrem Zimmer. Sie trug das Haar hochgesteckt und hatte sich die Lippen geschminkt. »Ich bin Gloria Swanson«, sagte sie, und weil ich nicht verstand, weihte sie mich in ihr Spiel ein: »Komm«, sagte sie und löste meine Zöpfe. »Ich verkleide dich als Lillian Gish.«

Schnell schloss Fulvia sich mir an, wie Lydia sich meiner Mutter angeschlossen hatte. Vermutlich reizte die beiden unsere Naivität und der vielleicht unbewusste Wunsch, unsere Ordnung zu stören. Angestachelt durch das Erstaunen, das sie bei uns hervorriefen, offenbarten sie uns das geheime Leben des großen Hauses, in dem wir schon seit Jahren wohnten. Dieselben Frauen, denen wir tagtäglich begegneten, die wir viele Male auf der Treppe gestreift hatten, erschienen uns durch die Geschichten von Lydia und Fulvia nun in einem romantischen Licht, ganz wie die Figuren, die meine Großmutter auf der Bühne verkörpert hatte. Uns wurde der Grund für die Stille klar, die jeden Nachmittag bleischwer auf dem menschenleeren Hof lag. Ihrer undankbaren Aufgaben entledigt und so, als wollten sie sich gegen das ihnen auferlegte stumpfe Leben auflehnen, entflohen die Frauen jeden Nachmittag den dunklen Zimmern, den grauen Küchen und dem Hof, wo mit Einbruch der Dunkelheit unweigerlich das Ende eines weiteren Tages sinnloser Jugend wartete. Wie standhafte Wächterinnen über die aufgeräumten, stillen Wohnungen blieben die alten Frauen mit einer Näharbeit zurück und verrieten die jungen nicht, nein, sie halfen ihnen, als gehörten sie alle einem Geheimbund an. Eine stumme, langjährige Verachtung der Lebensweise der Männer und ihres tyrannischen, egoistischen Systems verband sie, ein unterdrückter Groll, der von Generation zu Generation weitergegeben wurde. Wenn die Männer morgens aufstanden, war ihr Kaffee fertig und ihr Anzug gebügelt, und sie gingen in den klaren Tag hinaus, ohne einen Gedanken an Haus und Kinder zu verschwenden. Sie hinterließen muffige Schlafzimmer, ungemachte Betten und schmutzige Kaffeetassen. Wie Schuljungen kamen sie in kleinen Gruppen stets zur selben Zeit nach Hause, nachdem sie sich in der Straßenbahn oder auf dem Ponte Cavour getroffen hatten und bei angeregten Gesprächen zusammen weitergegangen waren. Noch an der Tür erkundigten sie sich: »Ist das Essen fertig?«, zogen sich das Jackett aus, was ihre schäbigen Hosenträger zum Vorschein brachte, und sorgten mit Bemerkungen wie »Die Pasta ist zerkocht, der Reis ist matschig« für schlechte Laune. Nach dem Essen setzten sie sich in den einzigen vorhandenen Sessel im kühlsten Zimmer der Wohnung und lasen Zeitung. Die Lektüre veranlasste sie jedes Mal zu düsteren Voraussagen: das Brot werde teurer, die Löhne würden gekürzt. Und jedes Mal schlussfolgerten sie: »Es muss gespart werden.« Nie fanden sie etwas Positives in der Zeitung. Schon bald gingen sie erneut aus dem Haus. Die Tür klappte hinter ihnen zu, und etwa zur selben Zeit hörte man auch in den anderen Stockwerken das Klappen der Türen. Sie kamen zurück, wenn das Haus dunkel war, die Kinder schliefen und der Tag vorbei und geschafft war. Wieder zogen sie sich das Jackett aus, setzten sich nun ans Radio und hörten sich politische Debatten an. Nie hatten sie ein Wort für ihre Frau übrig, kein »Wie geht es dir? Bist du müde? Du hast ein hübsches Kleid an«. Sie erzählten nichts, waren einsilbig, nicht zu Scherzen aufgelegt und lächelten selten. Wenn sie mit ihrer Frau sprachen, sagten sie: »Ihr macht ... ihr sagt ...«, und scherten so Kinder, Schwiegermutter, Dienstmädchen und ihre Frauen über einen Kamm, alles faules, kostspieliges und undankbares Volk.

Dabei hatten sie ihre Braut, wie in den kleinbürgerlichen Kreisen im Süden üblich, lange umworben. Als junge Männer hatten sie stundenlang gewartet, nur um die Geliebte am Fenster zu erspähen oder ihr zu folgen, wenn sie mit ihrer Mutter spazieren ging. Und sie hatten leidenschaftliche Briefe geschrieben. Die jungen Mädchen waren nicht selten gezwungen gewesen, sich bis zur Hochzeit viele Jahre zu gedulden, weil erst eine feste Anstellung gefunden und das Geld für die Möbel zusammengespart werden musste. In der Zwischenzeit hatten sie in der Hoffnung auf Liebe und Glück zuversichtlich an ihrer Aussteuer gestickt. Erhalten hatten sie dann aber dieses zermürbende Leben mit Küche und Haushalt, mit dem Anschwellen und Abschwellen ihres Körpers, der die Kinder zur Welt brachte. Wegen der Täuschung, der sie zum Opfer gefallen waren, wuchs unter dem Anschein von Resignation allmählich ein tiefer Groll in ihnen.

Trotzdem standen sie den beschwerlichen Alltag weiterhin durch, ohne sich zu beklagen. Sie erinnerten ihren Mann nicht daran, was für unbekümmerte Mädchen sie einmal gewesen waren oder was für ein Leben in Glück und Harmonie er ihnen versprochen hatte. Anfangs hatten sie die Hoffnung noch nicht aufgegeben. Nächtelang hatten sie geweint, während der Ehemann neben ihnen schlief. Sie hatten es mit Koketterie, Tricks und vorgetäuschten Ohnmachten probiert.

Die fortschrittlichsten von ihnen versuchten, ihren Partner für Musik und Literatur zu begeistern, gingen mit ihm in die Parks, durch die sie als verliebtes Paar gemeinsam geschlendert waren, und hofften, er würde verstehen und sich ändern. Aber sie hatten nur die Erinnerung an diese schönen Orte zerstört, denn dort, wo die ersten bangen Worte gesagt und voller Begehren und Neugier die ersten Küsse getauscht worden waren, hatten sich die Eheleute nichts mehr zu sagen als banale Belanglosigkeiten. In den ersten Ehejahren hatten viele dieser Frauen einen Nervenzusammenbruch und Weinkrämpfe erlitten. Eine von ihnen, so erzählte Lydia, hatte versucht, sich mit Veronal zu vergiften. Andere hatten sich schließlich damit abgefunden, nunmehr unwiderruflich alt, reizlos und unattraktiv zu sein. Doch das waren die noch nicht lange Verheirateten oder Frauen, die unter dem Zwang eines züchtigen katholischen Glaubens standen. Die meisten anderen warteten nur noch darauf, dass ihr Mann am Nachmittag sagte: »Ich gehe jetzt«, und die Tür ins Schloss fiel. Die Frauen, die schon größere Töchter hatten, warteten darauf, dass auch diese ausgingen, zusammen mit ihren gleichaltrigen Freundinnen. Dann schickten sie die Kleinen – nicht ohne ihnen sorgfältig einen Imbiss eingepackt zu haben – mit dem Dienstmädchen in den Park. Die Männer dachten alle an ihr eigenes Vergnügen, ihre eigenen Interessen. Keiner fragte die Frauen: »Und was machst du?« Man ließ sie in ihrer unerträglichen Tretmühle zwischen Bergen von Flickarbeit und Körben voller Bügelwäsche sitzen.

Im Winter, erzählte Fulvia, war ihr Leben noch härter. Träge vor Kälte, schauten die Frauen an einem Kohlenbecken oder in der Küche zu, wie der Regen an den Fensterscheiben herunterrann, und kurierten ihre kranken Kinder. Im Winter gewannen sie diesem isolierten häuslichen Leben sogar eine wenn auch bittere Zufriedenheit ab. Abends fielen sie erschöpft in einen dumpfen, erinnerungslosen Schlaf.

Aber wenn der Frühling kam und die Bäume entlang der trostlosen Straßen von Prati rote Knospen ansetzten, verströmten Mimosen und Geißblatt, hinter Gittern zusammengepfercht, einen starken Duft, der auch auf den alten Hof vordrang. Die Frauen öffneten die Fenster, um die Rufe der Schwalben zu hören, die, wie um sie einzuladen, hektisch hin und her flogen. Dann hielten sie es nicht mehr aus, streiften Zweifel und Gewissensbisse ab wie verhasste Fesseln, sagten, wenn sie im Flur am Herz-Jesu-Bild vorbeikamen, »Jesus, vergib mir«, und zogen sich in ihr Zimmer zurück. Wenig später kamen sie wie verwandelt heraus. Sie hatten alle eine Vorliebe für Kleider mit Blumen auf schwarzem Grund und für große Hüte, durch die ihr Gesicht im Schatten lag. Sie benutzten Puder, Parfüm und Lippenstift und trugen transparente Handschuhe. So zurechtgemacht, erschienen sie vor den alten Frauen, die am Fenster saßen. Diese würdigten sie kaum eines Blickes, erkannten aber das Parfüm und die resolute Stimme, die sagte: »Ich gehe aus.« Und selbst wenn es sich um die eigene Schwiegertochter handelte, sagten sie nichts. Ein Zusammenhalt, stärker als Familienbande, vereinte sie.

Fulvia erzählte, die Liebhaber – ich erspähte manchmal einen vom Fenster aus – warteten an der nächsten Straßenecke. Eine unnötige Vorsichtsmaßnahme, da sie im ganzen Viertel bekannt waren. Häufig waren es jüngere Männer aus nur wenig besseren Verhältnissen. In meiner Vorstellung hätte ein Liebhaber sehr gut aussehen, einen romantischen Blick haben und gut gekleidet sein sollen. Doch erstaunt stellte ich fest, dass die meisten keine dieser Eigenschaften besaßen.

Verwirrt von diesen Geschichten, die Lydia und Fulvia uns erzählten, und von der mysteriösen Anwesenheit der Männer, die unser Haus von Weitem belagerten, gingen meine Mutter und ich, in Gedanken und in Träumereien versunken, still die Treppe hinunter. Wir kehrten in unsere düstere Wohnung zurück, zu den dunklen Möbeln, den Büchern und dem Klavier. Ich ging sofort schlafen, meine Mutter löschte das Licht und setzte sich zu mir ans Bett. Wenn mein Vater sie in einem solchen Moment rief, antwortete sie schroff und bissig. Währenddessen erwachte Alessandro in mir und sorgte mit heiklen Fragen für einen Sturm neuer, geheimster Gefühle. Ich sah die weißen Briefe vor mir, von denen Fulvia mir erzählt hatte, Liebesbriefe, die durch die Hände der Dienstmädchen und des alten Portiers wanderten. Am liebsten hätte ich sie alle gelesen, sie alle gestohlen.

Meine Mutter saß eine Weile schweigend an meinem Bett. Schließlich erhob sie sich, ohne mir einen Kuss zu geben. Ich sah ihre zarte Gestalt zur Tür hinausgehen. Kurz darauf kam Sista und riss mich aus dem Halbschlaf: »Du warst bei *denen da*. Sprich ein Reuegebet und ein Ave-Maria.«

Dann geschah zweierlei: Meine Mutter machte die Bekanntschaft der Familie Pierce, und die ersten Séancen mit Ottavia, dem Medium, fanden statt.

Familie Pierce kam ursprünglich aus England und war in jenem Jahr aus Florenz nach Rom gezogen. Die Mutter, eine Amerikanerin, war steinreich und verschwendete ihr Geld im Gegensatz zu vielen ihrer Landsleute nicht mit der Veranstaltung von Bällen oder mondänen Partys, sondern kaufte Kunstwerke und unterstützte junge Künstler. Sie wohnte in einer von dicht stehenden Bäumen und hohen Palmen umgebenen Villa auf dem Gianicolo. Der Ausblick von dort war zauberhaft: Die Kuppeln der Stadt waren im Fensterausschnitt wie Familienfotos eingerahmt, und der Tiber schlängelte sich unter den Brücken hindurch wie ein Band durch ein Spitzengewebe. Damals machte meine Mutter den Gianicolo häufig zum Ziel unserer Sonntagsspaziergänge, damit mein Vater und ich aus der Ferne den Park der Villa bewundern konnten. Manchmal wagten wir uns auch bis zu einem Seitentor vor. Dann ließ sie mich auf eine kleine Mauer klettern und zeigte mir drei große Fenster im ersten Stock. Sie gehörten zum Musiksalon. Dort standen der Konzertflügel, den Mrs. Pierce aus Amerika hatte kommen lassen, die Harfe, die sie spielte, und ein hochmodernes Grammophon mit selbsttätig wechselnden Schallplatten.

Die Villa im alten Stil war wunderschön. Die üppige Vegetation machte den Park undurchdringlich. Große, elegante Hunde liefen vorbei, und meine Mutter versicherte mir, dass es auf den Wiesen auch weiße Pfauen gab, die ich aber nie zu Gesicht bekam. Wir waren beide fasziniert von diesem Anwesen. Mein Vater teilte unsere Begeisterung nicht, vielleicht wegen seiner instinktiven Abneigung eines Menschen aus bescheidenen Verhältnissen gegen alle, die in Reichtum leben. Er trieb uns zur Eile an, weil er es kaum erwarten konnte, in einer nahe gelegenen Trattoria eine Limonade zu trinken.

Jeden Sonntagabend ging er mit uns ins Café. Ich bin immer verrückt nach Eis gewesen. Doch wenn ich den Park der Villa Pierce gesehen hatte, war ich mit meinen Gedanken woanders, stocherte mit dem Löffel in meiner Portion herum und ließ das Eis zu einer gelblichen Pfütze zerrinnen. Meiner Mutter ging es ähnlich, und dass wir uns so leicht beeindrucken ließen, reizte meinen Vater maßlos. Zu Unrecht sah er darin eine Geringschätzung unserer Lebensumstände und seiner Person, die unfähig war, viel Geld zu verdienen.

Dabei schenkten weder meine Mutter noch ich unserem

Lebensstandard je viel Beachtung. Sie trug jahrelang dieselben Kleider, und obwohl sie sie von Zeit zu Zeit mit einer Spange oder einem Schleifenband auffrischte – oder vielleicht gerade deswegen –, kamen sie allmählich so aus der Mode, dass sie von einer demonstrativen Extravaganz zu zeugen schienen. Sie besaß keinen Pelz, nur einen dürftigen, schwarzen Mantel, in dem sie allen Unbilden des Winters trotzte. Ihr schönes, langes Haar, das sie in einem Knoten im Nacken trug, nahm sich unter den schlichten Hütchen, die selbst eine alte Frau verschmäht hätte, kläglich aus. Unsere Mahlzeiten waren bescheiden, unsere Vergnügungen beschränkten sich auf die erwähnten Sonntagsspaziergänge. Wir zwei betrachteten die Villa nur deshalb so lange, weil uns die großen Bäume faszinierten, die sie wie Menschen in Grüppchen oder paarweise umstanden, und wir hielten es für ein großes Privileg der Familie Pierce, sich ständig an ihrem Anblick erfreuen zu können. Es war übrigens nicht das einzige. Für meine Mutter bestand das Glück dieser Familie auch darin, dank ihres Geldes ihren geistigen Neigungen folgen zu können, ohne sie den Alltagssorgen unterordnen zu müssen.

In solche Gedanken versunken saßen wir an einem kleinen Eisentisch auf einem Gehweg voller ähnlicher Tische, an denen Leute wie wir saßen, Mutter, Vater, Kinder. Ringsumher ragten große, graue Wohnblocks mit Fenstern dicht an dicht auf, und aus diesen Fenstern starrten die Bewohner missgünstig auf unser Eis, bis es aufgegessen war. Die Straßenbahn fuhr dicht vorbei, und jedes Mal übertönte ein scharfes Quietschen unsere zähflüssige Unterhaltung. Ich musste erneut an das große Gittertor denken, hinter dem die mit Efeu und Moos bewachsenen Bäume standen, an die saftigen Wiesen, auf denen die weißen Pfauen herumspazierten, die ich nicht gesehen hatte, und an die drei hohen Fenster mit dem geschlossenen Giebelfeld, hinter denen einsam im Halbdunkel der Flügel und die Harfe standen.

Die große Anziehungskraft, die dieser Flügel auf meine Mutter ausübte, war nicht nur seinem ausgezeichneten Klang geschuldet, sondern auch dem Umstand, dass auf ihm keine Tonleitern, Etüden und langweilige Sonatinen geübt werden mussten. Sie durfte frei auf ihm spielen, als wäre sie zu Hause. Denn man hatte sie aus einem eher seltsamen Grund in die Villa Pierce eingeladen. Bei ihrem ersten Besuch hatte die Hausherrin sie nicht flüchtig empfangen, ihr schnell die neue Schülerin vorgestellt und sie nach wenigen Minuten allein gelassen, wie die anderen Damen es taten, nein, sie hatte sie zum Tee eingeladen und ihr von ihrer Kunstsammlung, ihren Reisen und schließlich von ihrer Familie erzählt. Diese bestehe aus dem Vater, einem Industriellen, der in seiner Freizeit brasilianische Schmetterlinge sammele, einer in London verheirateten Tochter und den zwei jüngeren Kindern Hervey und Arletta, die bei ihr wohnten, wobei der ältere Sohn, wie sie beiläufig erwähnte, krank und oft auf Reisen sei.

Um Arletta solle meine Mutter sich kümmern, aber nicht, um ihr das Klavierspielen beizubringen, sondern um ihr Interesse für die Musik zu wecken, so wie andere Lehrer sie in Malerei und Dichtung einführten. Denn dieses Mädchen, gestand ihre Mutter mit gedämpfter Stimme, habe keinerlei Sinn für die Kunst. Das sei, führte sie weiter aus, für die anderen Familienmitglieder bedauerlich, die fast ausschließlich künstlerische Ambitionen hätten. Auch deshalb halte Hervey sich oft außerhalb von Rom auf. Erst vor Kurzem sei er wieder abgereist und werde etwa ein Jahr wegbleiben. Arlettas Wesen sei zunehmend so fehl am Platz, dass man es im täglichen Leben des Hauses nicht ignorieren könne. Sie höre lieber Schlager als Kammermusik und lese lieber Groschenromane als die Klassiker der Literatur. Daher müsse man ihren Geschmack nach und nach ausbilden. Das Mädchen sei noch sehr jung, gutwillig und folglich vielleicht heilbar.

Wenig später kam Arletta herein, und da sie womöglich ahnte, was zuvor über sie geredet worden war, spürte meine Mutter, wie sie sagte, eine gewisse Verlegenheit, als sie ihr die Hand gab. Sie habe sie sich anders vorgestellt, erzählte sie mir, lebhaft, furchtlos, zu Streitgesprächen und Ironie aufgelegt. Stattdessen war sie ein eher pummeliges, hausbackenes Mädchen in meinem Alter. Arletta erbot sich sofort, sie zum Musiksalon zu führen, und an der Art, wie sie die hohe, goldene Klinke herunterdrückte, erkannte meine Mutter, wie viel Ehrfurcht dieser Raum dem Mädchen einflößte.

Der Salon lag im Dämmerlicht. Vor den Fenstern rankte ein Geflecht aus Zweigen, und die Nachmittagssonne schien durch die frischen Blätter der Bäume, die bis an die Fenstersimse heranreichten, und tauchte den Raum in ein trübes Unterseegrün, in die Verschwommenheit eines Aquariums. Wie eine Insel ragten in einer Ecke die dunklen Umrisse des Flügels auf, und im diffusen Sonnenlicht schimmerte das Mattgold der Harfe. Abgesehen von einigen Empirestühlen mit einer Lyraverzierung in der Lehne und zwei Sofas mit deutlichen Sitzmulden gab es keine Möbel. Vor einem Fenster warfen vier hohe Notenständer transparente, skelettartige Schatten an die weiße Wand. Aus Angst, die Stille und die Ordnung zu stören, gingen meine Mutter und Arletta auf Zehenspitzen. Mitten im Raum blieb das Mädchen plötzlich stehen. Mit ihren weißen Armen und dem weißen Kleid wirkte sie im gedämpften Licht wie eine große Qualle.

»Signora«, sagte sie, »ich habe Angst. Mein Bruder will nicht, dass ich den Salon betrete.« Sie schien wirklich eingeschüchtert zu sein. »In seinen Augen bin ich unempfänglich, ja sogar schädlich für die Musik«, fügte sie hinzu. »Ich kann nichts dafür, ich verstehe sie nicht. Hervey hat Recht. Er unternimmt lange Reisen, nur um einen bestimmten Pianisten zu hören, und wenn er in Rom ist, wohnt er praktisch hier im Salon, allein mit seinen Schallplatten und der Geige. Er will nicht, dass ich hereinkomme, weil er fürchtet, etwas von mir könnte im Raum zurückbleiben und ihn stören, auch wenn ich gar nicht da bin. Das ist sehr schlimm für mich, Signora. Als hätte ich eine verborgene, ansteckende Krankheit. Sie müssen mich heilen. Vielleicht können wir mit leichten Stücken anfangen, mit solchen für Kinder. Ich muss gesund werden«, erklärte sie energisch. Dann sagte sie leise: »Weil ich meinen Bruder Hervey über alles liebe.«

Meine Mutter nahm Arletta bei den Händen und dankte ihr für ihre Aufrichtigkeit. Dann öffnete sie die Fenster, damit die mysteriöse Atmosphäre verflog, die im Salon entstanden war, und ein Tannenzweig schnellte herein wie ein Tier, das lange auf der Lauer gelegen hatte. Trotzdem blieb der große Raum unergründlich und geheimnisvoll. Die Musikinstrumente ähnelten Menschen mit Gefühlen und Gedanken. »Das ist Hervey«, sagte Arletta und schaute sich ängstlich um. Und auch meine Mutter begann sich unbehaglich zu fühlen.

»Nicht einmal meine Mutter traut sich, hier zu spielen, wenn er nicht da ist«, sagte Arletta und wies auf einen mit weißer Atlasseide bezogenen Stuhl neben der Harfe. »Wenn sie musiziert, legt sich Hervey auf das Sofa und hört ihr mit geschlossenen Augen zu.«

»Und du?«

»Ich bleibe in meinem Zimmer oder gehe im Park spazieren. Weit weg, damit er mich vom Fenster aus nicht sieht.«

Meine Mutter erlaubte sich eine kritische Bemerkung über

dieses merkwürdige Verhalten, aber Arletta verteidigte ihren Bruder vehement.

»Nein, nein, Signora, Hervey ist ein Künstler. Er spielt Geige und improvisiert am Klavier. Meine Mutter findet das wunderschön. Nein«, wiederholte sie, »es ist wirklich meine Schuld.« Und traurig fügte sie hinzu: »Auch Lady Randall, also meine Schwester Shirley in London, spielt hervorragend Klavier.«

Um diese neuen Klavierstunden geben zu können, musste meine Mutter andere abgeben, da sie sich zweimal in der Woche fast einen ganzen Nachmittag in der Villa Pierce aufhielt. Mein Vater hatte ihr davon abgeraten, ohne sich für die besonderen Umstände dieser Lektionen zu interessieren. Er fürchtete, wenn sie ihre langjährigen Schülerinnen erst einmal verloren habe, könne es schwer werden, Ersatz für sie zu finden, falls diese Einnahmequelle durch einen Wegzug der Familie Pierce plötzlich versiegen würde.

Aber sie hatte sich geradezu starrköpfig bereits entschieden. An den Tagen, an denen sie zu Arletta ging, war sie schon morgens aufgekratzt und unruhig wie vor einem Fest. So wie ich veranlagt war und meine Mutter liebte, hätte ich eifersüchtig auf die neue Schülerin sein müssen, doch meine Mutter war nach ihrer Rückkehr immer viel beschwingter als sonst. Nach einigen Stunden in der Villa Pierce war sie wie von einer neuen Begeisterung erfüllt. Ihr leichter, lebhafter Schritt riss unsere düsteren Zimmer aus ihrer Schläfrigkeit.

Oft brachte sie uns Süßigkeiten mit, die sie dort oben geschenkt bekommen hatte. Das ärgerte meinen Vater, und auch ich aß sie nicht gern. Vielleicht fürchtete er, seiner Frau könnte, da sie nun einen anderen Lebensstil kennenlernte, das Leben, das sie die restliche Woche über führte, nicht mehr genügen. Bis dahin hatte sie überwiegend Schülerinnen aus eher kleinen Verhältnissen gehabt, die nur lernten, um ihrerseits Lehrerinnen zu werden und sich so ihren Lebensunterhalt zu verdienen. Daher zog meine Mutter keine persönliche Befriedigung aus ihrer Arbeit und begegnete in den Häusern, in denen sie unterrichtete, auch nie bemerkenswerten oder interessanten Menschen. Nur um meinen Vater beim Geldverdienen für unsere Familie zu unterstützen, ging sie bei jedem Wetter aus dem Haus, drängelte sich in die volle Straßenbahn, stieg Treppen hinauf und hinab, die unseren ähnelten, und besuchte kleine, schmutzige Wohnungen, deren Geruch verriet, was es zum Essen gegeben hatte. Deshalb freute ich mich, dass die Nachmittage in der Villa Pierce ihr so gut gefielen, und ging gern Sista zur Hand, um meine Mutter bei der Hausarbeit zu entlasten. Ich lernte sogar flicken, was ich liebte, weil ich dabei still an meinem Lieblingsfenster sitzen und meinen Gedanken nachhängen konnte.

Gedanken, die kräftig durcheinandergewirbelt wurden, als ich durch das Medium Ottavia die Bekanntschaft mysteriöser, schauriger Gestalten machte, die denselben Himmel bevölkerten, an dem ich bei Sonnenuntergang die Schwalben fliegen sah.

Ottavia ging schon eine ganze Weile bei den Celantis ein und aus. Fulvia hatte mir oft von ihr erzählt, wenn man uns im Zimmer oder auf dem Balkon zum Plaudern allein gelassen hatte. Einmal hatte ich sie kurz auf der Treppe gesehen, eine stämmige, grauhaarige Frau mittleren Alters mit einer Männerfrisur. Sie hatte stets eine große Tasche bei sich – mit Heiligenbildchen, Amuletten an roten Bändern, Glückshörnern aus Koralle und Kräutersäckchen gegen den bösen Blick – und wurde von einem fünfzehnjährigen Jungen begleitet, den sie als ihren Neffen vorstellte und der selbst im tiefsten

Winter kahlgeschoren war. Sie hinkte auf dem linken Fuß, aber offenbar ohne dass es sie anstrengte oder verdross. Jeder Schritt war ein herrisches Aufstampfen, ein Schlusspunkt. Enea, so hieß der Junge, folgte ihr mit einigem Abstand, und soweit ich mich erinnere, war er immer schwarz gekleidet und trug auch schwarze Strümpfe und schwarze Handschuhe, so dass er wie ein junger Priester wirkte. Er hatte eine glänzende, olivbraune Haut, und seine dunklen, sanften Augen mit den dichten Brauen ähnelten denen meines Vaters.

Den Celantis zufolge geisterte Ottavia schon seit vielen Jahren durch unser dunkles Haus. Sie kündigte sich mit einem speziellen Klopfzeichen an den Wohnungstüren an, drei leichten, präzisen Schlägen, um sich zu vergewissern, dass die Männer nicht zu Hause waren. Andernfalls gab sie vor, sich im Stockwerk geirrt zu haben. Sie kam freitags, dem günstigsten Tag für die Séancen. Dann zog stets schon am Morgen ein schwerer Weihrauchduft durch das Treppenhaus. Die Wohnungstüren waren nur angelehnt, und die Dienstmädchen huschten von Wohnung zu Wohnung, um ein weißes Tuch oder einen kleinen Tisch auszuleihen. Kurz, ein kaum verhohlener Eifer prägte diesen Tag.

An diesen Vormittagen kehrten nämlich alle Toten wieder in ihre einstigen Wohnungen zurück. »Das ist Onkel Quintino«, sagte Fulvia ruhig, wenn sie ein Geräusch aus dem Nebenzimmer hörte. Die Frauen standen früher auf als sonst und gaben ihr Bestes bei der Hausarbeit, vielleicht, um die Toten daran zu erinnern, was für ein bitteres Gut das Leben war. Sie wandten sich dem Stammplatz zu, auf dem jene jahrelang gesessen hatten, und warfen ihnen mit harschen, ironischen Worten ihren Tod vor wie einen Verrat, wie eine listige Flucht. Manchmal seufzten sie beim Anblick des leeren Stuhls, auf dem die Mutter oder die Großmutter stets geses-

sen hatte, dann wischten sie auf der Lehne mit großer Behut-
samkeit Staub, so als zupften sie ein Halstuch zurecht. An
diesen Tagen wurden sie von dem leeren Stuhl aus von starren, mutlosen Augen beobachtet. Obwohl ich von den spi-
ritistischen Sitzungen ausgeschlossen war, ahnte auch ich
eine unsichtbare Präsenz um mich her. Schon ein Knistern
ließ mich herumfahren, schweißgebadet und mit klopfen-
dem Herzen. »Alessandro«, flüsterte ich ängstlich. Ich spürte,
dass er sich nicht wie die anderen damit begnügte, ein stum-
mer Schatten zu sein: Er wollte durch mich auch an unserem
Leben teilhaben.

Meine Mutter dagegen interessierte sich nicht für diese
Praktiken und glaubte auch nicht an Erleuchtungen und Prophezeiungen, so wie sie übrigens auch nicht neugierig auf die
Zukunft war, da sie damals nicht im Geringsten eine Ände-
rung unseres eintönigen Lebens erhoffte. Mein Vater würde
bis zu seiner Pensionierung im Ministerium arbeiten, und sie
würde bis ins hohe Alter Klavierlehrerin sein. Und die Träume,
in die sie uns manchmal einweihte – ein Leben als berühmte
Pianistin, ein eigenes Landhaus für uns –, währten niemals
länger als die Zeit, die sie brauchte, um sie zu erzählen. Seit
sie allerdings die Villa Pierce besuchte, zeigte sie ein größeres
Interesse an den Séancen. Sie lachte entzückt, wenn Lydia ihr
beschrieb, wie die Prophezeiungen der Geister stets in Erfüllung gingen. Aber erst als Lydia die Möglichkeit erwähnte,
durch Ottavias Aufzeichnungen mit Alessandro Kontakt auf-
zunehmen, sagte sie nach anfänglicher Ablehnung zögernd:
»Vielleicht.«

Ich habe schon erwähnt, dass mein Bruder Alessandro ertrank.
Es geschieht äußerst selten, dass ein Kind seines Alters im Tiber ertrinkt, einem Fluss, der mit hohen Mauern eingefasst

und gesichert ist. Schuld war die Nachlässigkeit eines Kindermädchens, weshalb meine Mutter keines mehr für mich einstellen wollte. Sie ließ mich lieber den ganzen Nachmittag allein in der Wohnung und riet mir, frische Luft auf dem Balkon zu schnappen, als dass sie mich einer Unbekannten anvertraute. Nur ungern willigte sie ein, dass ich mit Sista bis zur Kirche ging.

Alessandro war – wie bei Leuten mit wenig Geld üblich – in die Obhut eines kaum dreizehnjährigen Mädchens gegeben worden, das bis dahin auf dem Land gelebt hatte. Dieses Mädchen war daran gewöhnt, barfuß durch frisches Gras zu laufen, und konnte den kümmerlichen Bäumchen und dem staubigen Kies der Grünanlagen nichts abgewinnen. Die großen Wohnblocks und die lauten Straßen machten ihr Angst. Sie weinte in ihrer fensterlosen Kammer oft stundenlang, weil ihr die Wiesen und der Fluss fehlten. Entgegen den Anweisungen meiner Mutter legte sie mit dem Kind auf dem Arm jeden Tag den weiten Weg bis zum Tiberufer kurz hinter dem Ponte del Risorgimento zurück, einer damals noch unbebauten Gegend, die Piazza d'Armi genannt wurde. Sie ging zum Flussbett hinunter, zog sich und meinem Bruder Schuhe und Strümpfe aus, legte sich ins Grün und lauschte unter dem weiten Himmel glücklich dem Murmeln des Wassers und dem Vogelgezwitscher wie in ihrem Dorf. Das Kind spielte in ihrer Nähe, formte Lehmkugeln und lief zwischen Schilf und Ufer umher. Nach dem Unglück beteuerte sie, wie glücklich Alessandro in diesen Stunden gewesen sei. Sie gestand, dass sie selbst ihn dazu gedrängt habe, sich bis ans Wasser vorzuwagen. Sie sagte, alles sei sehr schnell gegangen. Sie habe mit geschlossenen Augen, die Arme hinter dem Kopf verschränkt, im Schatten des Schilfs gelegen, habe ein Plumpsen und einen erstickten Aufschrei gehört und sei aufgesprungen, habe aber nur noch eine kleine, zappelnde Hand über dem Wasser gesehen. Dann nichts mehr. Die Oberfläche sei wieder glatt und hell gewesen. Sie hatte nicht um Hilfe gerufen, hatte betroffen und enttäuscht dagestanden, als hätte der Fluss ihr ein Kopftuch entrissen.

Sie war nach Hause zurückgekehrt und hatte gesagt: »Der Fluss hat das Kind geholt.« Sofort liefen viele Leute dorthin, die Schiffer suchten und stocherten überall, der kleine Körper tauchte nicht wieder auf. Voller Abscheu würdigte meine Mutter den Fluss jahrelang keines Blickes, starrte beim Überqueren einer Brücke nur knapp vor sich hin und erwähnte ihn auch mit keinem Wort. Doch jedes Jahr am 12. Juli gingen wir drei zum Tiber, meine Mutter ganz in Schwarz, ich mit einer schwarzen Schleife um die Taille oder im Haar. Schweigend näherten wir uns der Brücke und gingen langsam zum Wasser hinunter. Der traurige Ort war an einem großen, raschelnden Schilfbüschel zu erkennen. Meine Mutter trat dicht ans Ufer heran und schaute gedankenvoll ins Wasser, als wäre es das Gesicht ihres Kindes. Dann warf sie eine nach der anderen die mitgebrachten Blumen in den Fluss, es waren immer weiße Margeriten. Sie schienen das Wasser kaum zu berühren und trieben in der Strömung davon. Am Abend rief sie uns in den Salon und spielte Bach.

In der unbändigen Phantasie meiner Mutter war dieser vom Wasser fortgerissene Sohn zu Höherem bestimmt gewesen. Sie liebte mich zärtlich, aber ich spürte, dass ihre Liebe zu Alessandro etwas anderes war. In mir erkannte sie das gleiche Naturell, das sie von ihrer Mutter geerbt hatte, die gleiche gefährliche Sensibilität. Oft fing ich einen liebevollen, aber auch so mitleidigen Blick von ihr auf, dass ich am liebsten geweint hätte, ohne zu wissen, warum. Ihr entging nicht, dass ich gern allein war, gern lange am Fenster saß und Gedichte liebte. Manchmal rührte sie unsere Ähnlichkeit, aber manchmal erschütterte sie sie so, dass sie mich plötzlich vom Fenster und von meinen einsamen Spielen wegriss wie von einer unsichtbaren Gefahr und mir barsch befahl: »Na los, geh hoch zu Fulvia, sei kein Stubenhocker, spiel mit Mädchen in deinem Alter, geh an die frische Luft, mach schon!«

Meine Mutter war davon überzeugt, dass Alessandro anders geworden wäre als wir. Sie glaubte, er hätte im Leben alles erreichen können, was sie nicht geschafft hatte: Er wäre ein großer Pianist geworden. Sie malte sich aus, wie wir ihn auf seinen Reisen in die großen Städte Europas begleitet hätten, beschrieb Paris, Wien, die Brücken der Seine und der Donau, Buda und die Margareteninsel. Sie war nie im Ausland gewesen, kannte diese Städte aber aus den detailgetreuen Erzählungen ihrer Mutter. Ich hielt es für unwahrscheinlich, dass es so viel Wunderbares gab, und argwöhnte manchmal, dass sie sich das alles nur ausdachte. Sie sprach über die Menschen, die wir kennengelernt hätten, Könige, Fürsten und die Künstler, deren Namen auf den Partituren standen. Sie beschrieb die Frauen, denen Alessandro begegnet wäre, und sagte, manche von ihnen hätten lange Reisen auf sich genommen und den Ozean überquert, nur um ihn kennenzulernen. Ich stellte sie mir schön und unglücklich vor wie Ophelia oder Desdemona und hörte fasziniert zu. In solchen Momenten verschwand sogar mein heimlicher Groll gegen Alessandro. Dann verstummte meine Mutter und hing mit starrem Blick ihren Gedanken nach. Ich vermutete, dass sie den dunklen Schlund der Brücke und die tückische Strömung des Tibers vor sich sah, wenn sie ihr blasses Gesicht in den Händen verbarg.

Ottavia kam zum ersten Mal an einem Freitagmorgen zu uns. Meine Mutter, Sista und ich standen an der offenen Wohnungstür wie in Erwartung des priesterlichen Segens zu Ostern. Die Celantis warteten mit uns.

Ottavia kam herein und verlangte sofort ein Kohlenbecken mit etwas Glut. Sie warf eine Handvoll Weihrauch aus einem großen Bündel hinein, das sie in ihrer Tasche trug, reichte ihrem Begleiter das Gefäß und ließ sich von meiner Mutter durch die ganze Wohnung führen. In jedem Zimmer machten wir halt, und während Enea den Behälter mit dem duftenden Rauch gewissenhaft in wirklich jeder Ecke schwenkte, stand Ottavia mit gesenktem Blick da und betete für die Toten. Dann ging sie mit ihrem harten, ungleichmäßigen Schritt weiter.

Als wir in jedem Winkel der Wohnung gewesen waren, blieb sie stehen und fragte:

»Wo?«

»Am besten wohl im Salon«, antwortete Lydia nach einem zustimmenden Blick meiner Mutter.

Diesen Raum betraten wir nur, wenn meine Mutter uns etwas auf dem Klavier vorspielte, hier standen die besten Möbel der Wohnung. Nicht einmal Luft kam hier herein; die schweren, altmodischen Vorhänge im provinziellen Stil verhinderten es. Auf Ottavias Wunsch blieben Fenster und Vorhänge geschlossen. Sista beobachtete uns mit einem Anflug von Tadel auf der gerunzelten Stirn. Energisch stellte Ottavia die Lampe mit dem grünen Schirm, die meine Mutter abends beim Klavierspielen brauchte, auf den kleinen Tisch, warf die mit roten Bändern verknüpften Amulette dazu, zog Papier und Stift hervor und ermahnte uns, zum Schreiben bereit, zu innerer Sammlung.

Ich saß zwischen Fulvia und Enea. Während sie aufgeregt

und neugierig war, schaute er mich so beharrlich an, dass ich immer wieder zu ihm hinsehen musste. Dieser Junge, der sich traute, täglich in der Gesellschaft von Geistern zu leben, flößte mir Ehrfurcht ein. Meine Mutter hatte sich neben das Medium gesetzt und legte die Hände flach auf den Tisch. Im Lichtkegel der Lampe erschien sie mir wieder so ganz anders als andere Frauen, als alle Frauen der Welt. Darum ärgerte es mich, sie neben Lydia sitzen zu sehen, die auch in solchen Situationen unbefangen bleiben konnte. Die Hand des Mediums auf dem weißen Blatt begann zu zittern. Fulvia flüsterte mir zu: »Da ist er.«

Ich hatte Angst. Ich war so blass geworden wie meine Mutter, und Eneas unablässig forschender Blick verstärkte mein Unbehagen noch. Ottavia schrieb und las die sich allmählich bildenden Silben vor: »Ich-seg-ne-al-le-die-hier-ver-sam-melt-sind.«

Lydia warf durch ein Lorgnon einen Blick auf das Blatt und sagte, als hätte sie die Schrift eines Verwandten erkannt: »Das ist Cola.« Das Medium nickte.

Dieser Cola war ein leitender Geist. Später erklärte uns Ottavia, er sei dazu verurteilt, durch ihr menschliches Leben mit unserer Welt verbunden zu bleiben, bis er in die höheren Sphären eintrete. Ottavia sprach von Cola wie von einem lebenden Menschen, einem alten, schrulligen Verwandten, der seit vielen Jahren zur Untermiete in ihrem Haus wohnte. Sie beschrieb seinen Charakter, seine Vorlieben und Launen. So erzählte sie, dass Cola, wenn er Kontakt zu ihr aufnehmen wolle und sie nicht zum Schreiben bereit sei, oftmals wütend auf sie losgehe, ihr etwas aus der Hand schlage oder ungehalten einen Gegenstand vor ihr verstecke, bis sie Papier und Stift nehme und zu schreiben beginne. Sie sagte, sie habe ihn sogar einige Male gesehen, allerdings abends, im Licht eines Kerzenstummels, den sie immer brennen lasse. Er sei groß und gehe gebeugt, als wäre er niedergeschlagen oder in Gedanken versunken. Ein einziges Mal habe sie auch kurz sein Gesicht gesehen. Es sei nicht klar gezeichnet, lasse aber eine tiefe Traurigkeit erkennen. Wenn er sich zeige, so Ottavia, sei dies ein Zeichen dafür, dass man eine Messe für ihn lesen lassen müsse.

Bei dieser ersten Séance konnte keine Verbindung zu Alessandro hergestellt werden. Als Ottavia sich bei Cola nach ihm erkundigte, klammerte sich meine Mutter erschrocken an den Tisch.

Cola diktierte: »Ich werde sehen, was sich machen lässt«, und verschwand. Mir war unbegreiflich, wie es möglich war, auf Wolken und durch Himmelsluft zu gehen. Cola kehrte zurück und diktierte: »Er hat jetzt keine Zeit. Er kann nicht kommen. Vielleicht nächsten Freitag.«

Meine Mutter senkte den Kopf, als sie diese Nachricht hörte. Ich zitterte, und Enea nahm meine Hand, um mir Mut zu machen. Seine Hand war trocken und heiß wie die meines Vaters. Ich erschrak bei dieser Berührung, traute mich aber nicht, von ihm abzurücken. Vielleicht weil ich nervlich schon angespannt war, vielleicht auch wegen des Duftes und der Dunkelheit, jedenfalls fühlte ich mich heftig zu ihm hingezogen. Diese trockene Hitze übte einen verborgenen, unaussprechlichen Reiz auf mich aus.

Währenddessen diktierte Cola schnell. Er sehe Ereignisse voraus, die das Leben meiner Mutter verändern würden.

»Wieso?«, fragte sie und beugte sich mit einer arglosen, erstaunten Miene über den Tisch.

Es entstand eine lange Pause. Der Stift näherte sich dem Papier und zog sich unschlüssig wieder zurück. Plötzlich schrieb Cola mit einer so stürmischen Holprigkeit los, dass Ottavia ihm kaum folgen konnte.

Als der Geist fertig war, blieb Ottavia einen Augenblick nachdenklich sitzen, ohne uns seine Botschaft zu verraten. Ihre Hand zitterte merklich. Schließlich schaute sie auf und sah meine Mutter feierlich an. Dann wanderte ihr Blick zu mir, als frage sie sich, ob sie offen sprechen könne. Meine Mutter nickte rasch.

Lydia, die ihre Neugier nicht mehr zügeln konnte, beugte sich vor und las, was auf dem Blatt stand. Dann ließ sie das Lorgnon sinken und schaute ebenfalls meine Mutter an.

Diese fragte entsetzt:

»Nun sagt schon, sind es schlechte Nachrichten?«

Ottavia schüttelte den Kopf und verkündete ehrfürchtig: »Er sagt, Ihnen wird eine große Liebe begegnen.«

Meine Mutter schwieg überrascht. Sie war errötet wie ein junges Mädchen. Lydia umklammerte fröhlich ihren Arm, sagte: »Ach, meine Liebe!«, und lächelte ihr verschwörerisch zu. Auch Ottavia schaute sie lächelnd an, erfreut darüber, trotz der natürlichen Bescheidenheit meiner Mutter diese Regung in ihr aufgespürt zu haben. Beklommen und vom freundlichen Zuspruch der anderen überwältigt, lächelte auch meine Mutter. Dann sah sie ängstlich zu mir.

Doch ich sprang auf, was die würdevolle Atmosphäre des Raumes zunichtemachte, und umarmte sie heftig.

Das alles geschah ein Jahr vor dem Tod meiner Mutter, ich war etwa sechzehn Jahre alt. Ich war schon sehr groß, größer als meine Altersgenossinnen, aber ich trug mein Haar noch immer in zwei langen, geflochtenen Zöpfen, die mir auf die Brust fielen. Mein Körper wies keinerlei weibliche Reize auf. Meine weißen Blusen schienen die schmale, magere Brust eines Jungen zu verhüllen. Und da mein eher nordisch wirkendes Gesicht mit seinen ebenmäßigen, harten Zügen nicht einmal, wenn ich lachte, Grübchen oder hübsche Formen aufwies, fürchtete ich lange Zeit, dieses männliche Aussehen könnte Alessandros teuflischer Inkarnation in meinem Körper geschuldet sein.

Den größten Teil des Tages war ich für mich allein. Da ich die Klassenbeste war, schlug mir schon bald von allen Seiten Misstrauen entgegen. Ich tat nichts, um das zu ändern. Die Schule interessierte mich wenig, und meine guten Leistungen waren nur darauf zurückzuführen, dass ich nichts leichthin und ohne Eifer tun konnte. Außerdem ärgerte mich die Lustlosigkeit meiner Klassenkameraden und auch ihr manchmal vulgäres Benehmen. Die Verspottung der, soweit ich mich erinnere, gerechten und wohlwollenden Lehrer, sarkastische Bemerkungen und beleidigende Antworten den Menschen gegenüber, die sich dafür einsetzten, uns zu unterrichten und voranzubringen, waren für mich ein Ausdruck von Grobheit und Kulturlosigkeit. Vielleicht rührte mein Urteil daher, dass der mir liebste Mensch auf der Welt, meine Mutter, auch Lehrerin war und ich den Gedanken nicht ertrug, sie könnte von ihren Schülern auf die gleiche Weise behandelt werden. Ich fand es auch albern, sich mit der eigenen Dummheit und mit schlechten Noten zu brüsten; für mich hieß das, keinerlei Sinn für das zu offenbaren, was den Geist schärfen und erheben kann.

Meine Klassenkameraden machten sich natürlich lustig über mich. Ich tat so, als kränkte mich das nicht, was ihren wütenden Spott noch stärker reizte. Doch eines Tages geschah etwas, das mir beinahe einen Schulverweis eingebracht hätte und das hier wohl erwähnt werden sollte. Unter meinen Mitschülerinnen, mit denen ich mich manchmal unterhielt, war ein Mädchen namens Natalia Donati. Sie musste eine Brille mit dicken Gläsern tragen, die sie etwas entstellte. Sie war auch nicht besonders klug, aber sanft und mitfühlend. Es hieß, sie sei in Andreani verliebt, einen älteren Jungen aus der zweiten Klasse der Oberstufe. Und wirklich wurde sie jedes Mal rot, wenn er vorbeikam, und auf unserem gemeinsamen Heimweg gestand sie mir einmal, dass sie schon weiche Knie bekomme, wenn sie in der Pause nur ein paar Worte mit ihm wechsele. Sie schaute ihm ständig nach, und vermutlich war sie auch zu aufdringlich, als sie versuchte, sich unaufgefordert seinem Freundeskreis anzuschließen.

Diese Manöver entgingen den Schlitzohren in der Klasse nicht, und sie nutzten die Gelegenheit, um sich einen ausgesprochen schlechten Scherz zu erlauben. So vertraute Natalia mir an, dass sie einen zärtlichen Brief von Andreani erhalten habe und später auch eine Liebeserklärung. In beiden Schreiben habe er sie angefleht, in der Pause niemandem ihr zärtliches Geheimnis zu verraten, um ihn nicht gehässigen Kommentaren auszusetzen.

Sie las mir die Briefe an dem einzigen grünen Fleckchen zwischen den düsteren, einförmigen Häusern von Prati vor. Wir waren auf Natalias Wunsch dorthin gegangen, denn, so sagte sie: »Ich möchte seine Briefe nicht auf offener Straße zwischen den Passanten lesen.« Das war eine sensible Geste. Sie setzte sich auf die äußerste Kante einer Bank und las mir mit gedämpfter Stimme die glühenden Worte des Geliebten vor. Ich merkte an ihrer Verwirrung, wie wichtig diese Worte für sie waren, aber als ich den Stil dieser Schriftstücke mit Andreanis sonst zur Schau getragenen Gleichgültigkeit Natalia gegenüber verglich, kam mir der Verdacht, dass diese Briefe gefälscht und der Grund für die neuerdings herrschende Heiterkeit waren, die durch die Schulbänke lief, wenn Natalia aufstand, um auf eine Frage zu antworten.

Ich fand schließlich heraus, dass die Briefe von Magini

stammten, einem älteren Jungen, der das Schuljahr wiederholen musste. Er hatte sie unter dem Beifall und mit der Hilfe einiger unverschämter, skrupelloser Mitschüler geschrieben. Ich traute mich nicht, Natalia von meiner Entdeckung zu erzählen. Wir gingen inzwischen oft zusammen nach Hause, vielleicht weil ich als Einzige in ihr Geheimnis eingeweiht war, und beim Abschied küsste sie mich auf die Wangen und versprach, mir alle Empfindungen zu beschreiben, die dieses eine Gefühl in ihr auslösten.

Natalia erhielt einen weiteren Brief, und wieder las sie ihn mir auf der Parkbank vor. Die geschickt formulierten Sätze bedrückten mich, und fast hätte ich ihr die Wahrheit gesagt, aber ich wollte nicht diejenige sein, die ihr wehtat. Ich muss ziemlich betrübt ausgesehen haben, denn sie schaute mich kurz an, umarmte mich und sagte, ich solle nicht traurig sein, schon bald werde auch ich einen so treuen Verehrer haben.

Wir gingen Arm in Arm nach Hause. Natalia erzählte so begeistert, dass ich fast glaubte, das alles wäre wirklich wahr. Doch als wir uns verabschiedeten und sie glücklich wegging, nachdem sie mir noch eine Kusshand zugeworfen hatte, sah sie in ihrem grünen Mäntelchen und mit ihren dicken Brillengläsern so bemitleidenswert aus, dass ich beschloss, etwas zu ihrem Schutz zu unternehmen.

Am folgenden Tag nach Unterrichtsschluss stellte ich Magini zur Rede. Ich hielt ihn am Arm zurück, als er durch die Vorhalle der Schule ging, und redete leise und hastig auf ihn ein.

Ich kannte ihn kaum, aber da er älter war als ich, schien es mir das Beste, kein Blatt vor den Mund zu nehmen. Ich erzählte ihm von Natalias Schwärmerei, von ihrer Sensibilität, von der großen Bedeutung, die diese Briefe für sie hatten. Er freute sich zu hören, dass sein Streich gelungen war, und klopfte auf seine Jackentasche, in der er, wie er mir verriet, schon einen neuen Brief für Natalia hatte, mit einer Verabredung im Giardino del Lago am kommenden Sonntag. Anstelle von Andreani werde sie dort ein paar Mitschüler vorfinden, die sie auslachen würden.

Entsetzt bat ich ihn, sein Vorhaben aufzugeben. Er schüttelte lachend den Kopf. Ich überwand die mir eigene Zurückhaltung und begann, ihm mit großem Ernst auseinanderzusetzen, wie wichtig zärtliche Gefühle für ein Mädchen seien und dass man sich nicht darüber lustig machen dürfe. Er hörte nicht auf zu lachen, und jetzt spottete er nicht nur über Natalia, sondern auch über die Liebe. Ich schaute ihm offen ins Gesicht und versuchte noch einmal inständig, ihn umzustimmen. Er antwortete, der Brief werde am nächsten Tag übergeben und wenn ich wolle, könne ich ja mit in den Giardino del Lago kommen.

Eine rasende Wut stieg in mir auf. Magini verabschiedete sich grinsend von mir. Impulsiv hob ich meinen Arm und versetzte ihm mit meinem schweren Zirkelkasten einen Schlag gegen die Schläfe.

Der große Kerl schlug der Länge nach hin, und seine Gefährten drängten sich um ihn, während ihm das herabrinnende Blut die borstigen Augenbrauen verklebte.

Ich wurde ins Zimmer des Direktors gebracht und dort allein gelassen. Noch immer sah ich die dicken, scharlachroten Tropfen vor mir, die von der Schläfe des Jungen auf sein weißes Trikot gefallen waren. Der Anblick von Blut war mir ebenso unerträglich wie Menschen, die sich im Streit zu ordinären Ausdrücken hinreißen lassen. Ich konnte nicht begreifen, wie ausgerechnet ich eine solche Szene hatte verursachen können. Schließlich kam der Direktor. Er war ein alter

Mann und kannte mich gut, weil ich schon seit einigen Jahren auf der Schule war. Bis dahin hatte ich sein Büro nur betreten, um gelobt zu werden. Er redete mir gut zu und wollte den Grund für mein schweres Vergehen wissen. Doch ich schaute ihn nur schweigend an, um zu ergründen, ob ein alter Mann wie er die Bedeutung einer Liebesgeschichte würde verstehen können oder ob er sich wie Magini darüber lustig machen würde. Da ich nichts sagte, fing er an, mir Fragen zu stellen und dabei einige Vermutungen zu äußern. Ich sagte noch immer nichts. Am Ende nahm er meine Hände und bekundete den Verdacht, Magini habe sich vielleicht Freiheiten herausgenommen, gegen die ich mich gewehrt hätte. Da brach ich mit der Bitte um Vertraulichkeit mein Schweigen. Ich sagte, nach meiner Tat sei ich entsetzt über das Blut gewesen, aber in dem Moment hätte ich mir gewünscht, dass Magini tot umfalle. Er schaute mich besorgt an, sagte aber: »Ich verstehe.« Dann sprach er mit Magini und den anderen Mitschülern. Wegen meiner bis dahin tadellosen Führung wurde ich nicht der Schule verwiesen. Es hieß dann, wir hätten uns wegen eines Buches gestritten. Allerdings büßte ich Natalias Freundschaft ein, da sie mich nun für brutal und rachsüchtig hielt.

Ich beichtete meiner Mutter noch am selben Tag, was geschehen war.

Dazu ging ich mit ihr an das Fenster, das zum Garten des Nonnenklosters zeigte. Dort, wo wir schon viele vertrauliche Gespräche geführt hatten, fiel es mir leichter zu reden. Ich schilderte ihr den Vorfall in allen Einzelheiten, weniger, um mich zu rechtfertigen, als vielmehr, damit sie verstand – und vielleicht auch ich verstand –, wie das alles hatte passieren können.

Ihr Blick schüchterte mich ein. Vermutlich war ich wegen

meiner Magerkeit und meinen Zöpfen noch immer ein kleines Mädchen für sie. Mit schiefgelegtem Kopf hörte sie mir aufmerksam zu. Selbst als ich erzählte, dass ich den Jungen an der Schläfe getroffen hatte, er umgefallen und das Blut auf sein weißes Trikot getropft war, unterbrach sie mich nicht und schimpfte nicht mit mir. Sie hörte mich bis zum Schluss an.

Dann fasste sie mich an den Schultern, schaute mir in die Augen und fragte mich, so als wäre ich erwachsen:

»Für dich ist die Liebe auch etwas sehr Wichtiges, nicht wahr, Sandi?« Ich sah sie an, nickte heftig und brach in Tränen aus, was überhaupt nicht zu meiner Tat passte. Ich spürte eine traurige Leere, der meine Mutter mit ihrer unerwarteten Frage einen Namen gegeben hatte, und klammerte mich ängstlich an sie, wie ich es als Kind getan hatte.

Eng umschlungen schauten wir aus dem Fenster. Ich erinnere mich noch, dass die Wolken tief hingen und ein auffrischender Wind Regen und Sturm ankündigte. Die Nonnen hatten vorsorglich alle Fenster geschlossen, die Klostermauer wirkte undurchdringlich. Die schwächsten Blätter hatten sich von den Ästen gelöst und wirbelten durch die Luft.

Die Umarmung schenkte mir Frieden, wenn auch mit einem bitteren Beigeschmack. Dann fuhr ich auf und flüsterte: »Und Vater?«

»Dem sagen wir nichts«, antwortete sie.

Nach einer Pause fügte sie leise hinzu:

»Man kann deinem Vater nicht alles erzählen. Männer verstehen nichts von solchen Sachen, Sandi. Sie kennen das Gewicht eines Wortes oder einer Geste nicht, sie brauchen Fakten. Und Fakten gegenüber sind Frauen immer im Unrecht. Das ist nicht ihre Schuld. Männer und Frauen leben auf zwei verschiedenen Planeten, und jeder Planet dreht sich unweigerlich um die eigene Achse. Manchmal begegnen sie sich kurz, sehr kurz vielleicht. Danach kehrt jeder in die eigene Einsamkeit zurück.«

Der Wind pfiff durch die Fensterritzen, ich fröstelte.

»Du bist schon fast so groß wie ich«, sagte meine Mutter. »Du bist jetzt erwachsen.«

Ich weiß noch, dass ich in diesem Augenblick ahnte, dass sie nicht mehr lange bei mir sein würde. Ihre Worte drangen bereits aus einer fernen Welt zu mir, wie durch viel Luft oder viel Wasser. Ich hielt sie fest und schaute ihr aus Angst, ein Zeichen des Abschieds zu entdecken, nicht ins Gesicht.

»Deshalb wollte ich, dass du ein Junge wirst«, fuhr sie fort. »Die Männer haben nicht wie wir so viele subtile Gründe, unglücklich zu sein. Sie passen sich an, sind glücklich. Und ich hätte gern ein glückliches Geschöpf in die Welt gesetzt. Meine Mutter wollte mich damals unbedingt von der Musik abbringen, von den Romanen und der Poesie. Sie wollte, dass ich Ablenkung hatte, dass ich stärker wurde als sie. Schon früh erzählte sie mir Liebesgeschichten mit blutigem Ausgang, um mich abzuhärten. Es waren erschütternde Geschichten, und sie sprach mit einer tiefen, dramatischen Stimme, die ihr schauspielerisches Talent verriet. Ich konnte mir das nicht anhören; ich weinte und wollte weglaufen, aber sie hielt mich am Handgelenk fest. Sie war eine sonderbare Frau, in ihren Maßnahmen lag eine gewisse Hartnäckigkeit, eine strenge, deutsche Hartnäckigkeit. Also las ich nachts heimlich Gedichte oder den *Werther* auf Deutsch, was sehr schwer war. Und ich übte so leidenschaftlich Klavier, dass ich einen Nervenzusammenbruch hatte. Da gab sie ihre Bemühungen auf. Nur einmal sagte sie, während sie mir die Haare aus der Stirn strich, wie sie es häufig tat: ›Schade, ich hätte mir gewünscht, dass du glücklich wirst.‹«

»War meine Großmutter denn glücklich?«

Meine Mutter zögerte einen Moment, dann sagte sie:

»Ich glaube nicht. Vielleicht vor ihrer Hochzeit, als sie auf der Bühne jeden Tag eine große Liebesgeschichte erlebte. Aber danach, nein, danach war sie bestimmt nicht glücklich. Es war zwar eine Liebesheirat, aber eigentlich war ihre Ehe auch nicht anders als andere. Von dem unwiderstehlichen Gefühl, das meine Mutter dazu gebracht hatte, das Theater aufzugeben, war nichts, rein gar nichts geblieben. Die beiden schienen ihr Zusammenleben sogar sattzuhaben. Sie hatten nicht viel Geduld, und meine Mutter war eine rabiate Frau. Sie starb relativ jung, darum kann ich mich kaum an sie erinnern. Aber ein paar Dinge weiß ich noch genau. Im Sommer fuhr sie mit mir immer nach Tirol in die Ferien. Wir wanderten an Kornfeldern entlang durch hohe Berge, die unsere Stimmen und jedes gesprochene Wort gewaltig verstärkten. Sie ging schnell, hatte mit einer Hand ihren Rock zusammengerafft und zog mich mit der anderen hinter sich her. Dabei deklamierte sie lautstark Auszüge aus einem Theaterstück. Sie sprach deutsch, was ich nicht gut verstand. Und ihre Stimme klang so anders als sonst, dass ich argwöhnte, in ihr könne ein Wesen wohnen, das sich nur bei solchen Gelegenheiten zeigte, jemand, der an ihrer Stelle auf der Bühne weiterlebte, im Geruch von Puder, Staub und Schminke, in der mit großen Blumenkörben geschmückten Garderobe, wo sie, zusammen mit dem Kleid und der Perücke am Schrank, Abend für Abend eine wunderbare Liebesgeschichte fand.« Nach einer Pause fügte sie hinzu: »Nein, glücklich war sie wirklich nicht. Ich weiß noch, mit welcher Verzweiflung sie mich immer an sich presste und küsste.«

Währenddessen presste meine Mutter mich fest an sich. Es war ihr nicht bewusst, doch auch ihre Art, mich zu umarmen, hatte etwas Verzweifeltes. Ich bekam plötzlich großes Mitleid mit allen Frauen. Wir waren, so schien es, eine sanfte, unglückliche Spezies. Meine Mutter und deren Mutter ebenso wie alle Frauen aus den Tragödien und Romanen und die Frauen, die aus den Fenstern zum Hof schauten wie durch die Gitterstäbe eines Gefängnisses, und die Frauen, denen ich auf der Straße begegnete, mit ihren traurigen Augen und ihren dicken Bäuchen, ließen mich die Last eines jahrhundertealten Unglücks spüren und eine trostlose Einsamkeit.

»Mama«, fragte ich verzagt, »kann Liebe denn nicht manchmal auch glücklich machen?«

»Aber ja«, sagte sie. »Ich glaube schon. Man muss nur abwarten. Manchmal«, fügte sie leise hinzu, »wartet man ein Leben lang.«

Nach diesem Gespräch veränderte sich etwas im Verhältnis zwischen meiner Mutter und mir. Ohne weiter darauf einzugehen, verzichtete sie von dem Tag an auf kindgemäße Koseworte und behandelte mich mit einer größeren Vertrautheit, eher wie eine Schwester. Sie kümmerte sich weniger darum, wie ich meinen Tag verbrachte, wusste, dass ich viel allein war, und ahnte sicherlich, dass ich auf diese Weise zu mehr Selbsterkenntnis kommen und die für mein Alter typischen Probleme wälzen konnte.

So verbrachte sie ohne Bedenken ganze Nachmittage in der Villa Pierce. Wenn sie nach Hause kam, sagte sie: »Mir tut der Arm weh, ich habe stundenlang ununterbrochen gespielt.« Sie legte sich aufs Bett und rief mich im sanften Dämmerlicht zu sich. Ihre Hände auf der dunklen Decke des Ehebetts wirkten blass. Die von freudigem Überschwang geröteten Wangen ließen sie jünger erscheinen. Selten hatte ich sie mit einer so frischen Gesichtsfarbe gesehen. Nur wenn sie aus ihrer Kindheit erzählte oder Shakespeare-Stücke wiedergab, strahlte ihr Gesicht auf diese Weise.

Und doch beunruhigte sie etwas dort oben in der großen Villa. Es war Herveys stille Gegenwart, der sich jedermann und alles unterzuordnen schienen. Sie klang nervös und leicht gereizt, wenn sie über diesen Hervey sprach. »Sie arrangieren die Blumen so, wie es ihm gefällt, kaufen die Bilder seiner Lieblingsmaler, und manchmal höre ich grässliche Axthiebe im Garten, wo die Bäume, die ihm nicht gefallen, wie hingerichtet umstürzen. Nein, nein, sage ich immer wieder zu Arletta, dagegen muss man etwas tun. Wenn ich zu spielen aufhöre und wir ein paar Schritte durch den Park gehen oder Tee trinken, fängt sie sofort an, von ihrem Bruder zu erzählen.« – »Und was sagt sie?«, fragte ich neugierig. »Ach, keine Ahnung«, antwortete sie leichthin. »Ich höre ihr kaum zu.« Aber ich wusste, dass das nicht stimmte.

Ich hatte sie einmal die Treppe hinunterlaufen sehen, als der Wagen der Pierces, der sie jeden Tag abholte, vor unserem Haus stand. Sie bewegte sich mit fliegender Eile, wie ein junges Mädchen, das es kaum erwarten kann, sich auf der Straße den Blicken der Männer zu präsentieren und die eigene Wirkung und weibliche Macht auszukosten. Niemand hätte gedacht, dass nur ein leeres Auto auf sie wartete.

Es war auch nicht leer. Darin wartete von nun an Hervey auf sie. In der Villa gab es keine Fotos von ihm, aber auf dem Flügel lagen die Wachsabdrücke seiner Hände. Sie waren weiß, am Handgelenk abgeschnitten und voneinander getrennt, weil, wie Arletta ihr erklärt hatte, sie als Modelle für eine Statue des heiligen Sebastian gedient hatten. »Ich habe sie berührt, als Arletta einmal kurz nicht im Salon war«, erzählte sie mir. »Sie sind nicht kalt, weißt du? Wachs hat die Wärme menschlicher Haut.« Sie habe sich eine der Hände auf den Arm gelegt, erzählte sie weiter. Als ich allein war, fuhr ich mir mit einer Hand über den Arm und weiter über den Hals, um zu spüren, wie das ist. Es war ein verwirrendes Gefühl.

Eines Abends fragte ich meine Mutter, warum Hervey nicht in der Villa Pierce wohne. »Er ist krank«, antwortete sie in einem sonderbaren Ton, zweifellos demselben, den auch Arletta und sogar die Bediensteten hatten, wenn sie über Hervey sprachen. Aber niemand erwähnte eine bestimmte Krankheit. Vielleicht schrieb man seine Andersartigkeit im Sprechen, Fühlen und Erleben einer körperlichen Anomalie zu.

Dabei hatte Hervey, wie Arletta versicherte, als kleiner Junge sogar manchmal Fußball gespielt. Und er hatte kleine Segelflugzeuge gebaut, weshalb man glaubte, aus ihm werde einmal ein Ingenieur. Über diese Flugzeuge wurde viel gesprochen, wenn Hervey nicht da war. Sie gehörten sogar zu den ersten Dingen, die meine Mutter über ihn erfuhr. »Und dann?«, fragte sie. Da wurde der Ton auf einmal leise und verstohlen. Dann sei der Krieg ausgebrochen. Hervey war fünfzehn Jahre alt, Shirley neun und Arletta gerade erst geboren. Familie Pierce wohnte damals in Brüssel in einer ähnlichen Villa wie der in Rom, aber die Zaungitter grenzten an eine große, belebte Straße. Abends verließ Hervey sein Zimmer und setzte sich an den Zaun. Damals schlenderten keine friedlichen Zivilisten mehr vorbei, die zum Essen nach Hause wollten. Nein, man sah schon viele junge Männer in Militäruniform, mit dem Gewehr über der Schulter oder mit Pistole oder Bajonett am Koppel. Hervey teilte die übliche Begeisterung kleiner Jungen für Soldaten nicht und empfand sogar Abscheu. Er rief sie unter einem Vorwand an den Zaun. Forschend betrachtete er ihre Uniform mit den Regimentsabzeichen und ihre Gesichter unter dem Barett. Dann sagte er: »Zieht nicht in den Krieg. Man darf nicht auf Menschen schießen, die nichts Böses getan haben.« Die Soldaten wunderten sich über die Reden des Jungen. Er fuhr fort: »Werft eure Uniform weg, lauft davon. Flieht aufs Land, versteckt euch.« Vor dem Zaungitter versammelten sich Grüppchen von Schaulustigen. Erschrocken über die Aufmerksamkeit, die er erregt hatte, lief Hervey zurück in sein Zimmer.

Damals hörte er auf, Segelflugzeuge zu bauen, und wenn über dem Haus das Brummen eines Flugzeugs ertönte, wurde er leichenblass. In plötzlichen, unerklärlichen Fieberanfällen phantasierte er von Männern in einem U-Boot, das nicht mehr auftauchen konnte und sie lebendig begrub. »Man muss sie retten«, sagte er, »retten und befreien. Sie lieben das ruhige Meer, sie sind Seeleute, Fischer.« Im Traum tauchte er bis in die größten Meerestiefen, wo es Korallenriffe und Perlenbänke gibt. Er wand sich im Fieberwahn. »Ich klopfe an den Schiffsrumpf, ich klopfe und klopfe und klopfe. Sie antworten nicht mehr.« Berühmte Ärzte kamen. Hervey sah sie mit fieberrotem Gesicht an. »Sie antworten nicht mehr«, wiederholte er mit weit aufgerissenen Augen, »sie antworten nicht mehr.« Die Ärzte untersuchten ihn, während Violet Pierce sie beobachtete und auf ein Wort wartete. Als sie sich anschließend die Hände wuschen und dabei die Seife gemächlich hin und her drehten, eröffneten sie der Mutter, die sie keinen Moment aus den Augen ließ: »Ihr Sohn ist kerngesund, Madame.« – »Und das Fieber?«, fragte sie. Sorgfältig trockneten sie sich die Hände ab, jeden Fingernagel, jedes Fingerglied, und schwiegen. Sie wartete. »Die Nerven, Madame, die Nerven. Eine kleine Neurasthenie.« Hervey verließ den großen Park nicht mehr, und seine Eltern drängten ihn auch nicht dazu. Er wollte die Aushänge an den Mauern der Stadt nicht sehen, die großen Werbeplakate für Kriegsanleihen, auf denen Männer mit schrecklichen Wunden in der

Brust und blutbefleckten Uniformen zu sehen waren. »Man darf nicht in den Krieg ziehen«, sagte Hervey immer wieder, das blasse Gesicht an die Gitterstäbe gepresst.

Inzwischen war der Junge allgemein bekannt. Manche Leute warteten gezielt auf ihn, um ihn zu beschimpfen. Hervey war blond und hochgewachsen. »Deutscher«, schrien sie, wenn sie ihn entdeckten. »*Boche*.« Er erwiderte: »Ich bin kein Deutscher, aber was für eine Schuld hätte ich, wenn ich es wäre?« Die anderen buhten ihn aus. »*Boche*«, schrien sie immer wieder. »*Sale boche*.« Sie warfen mit Steinen nach ihm, und einer traf Hervey an der Wange. Die Jüngsten waren auf den hohen Zaun geklettert, um ihn besser verhöhnen zu können. »Man darf niemanden verletzen«, sprach der Junge ohne Groll weiter. »Man muss alle Menschen lieben, auch die Deutschen, jeder Mensch ist eine von Gott erschaffene Welt.« Die anderen beschimpften ihn unaufhörlich. »Protestant«, brüllten sie. »Spion, *boche*.« Und sie zielten mit Steinen auf seine Beine. Hervey drehte sich um und ging ruhig zum Haus zurück, während ihm das Blut auf den Anzug tropfte. Als seine Mutter sah, dass er verletzt war, wurde sie ohnmächtig. Am folgenden Tag erschienen einige Männer in der Villa, und man forderte die Pierces auf, Belgien unverzüglich zu verlassen, da sie Ausländer waren. Zu ihrer Sicherheit, wie es hieß. Zur Sicherheit durchwühlten sie auch die Schubladen von Harold Pierce.

Familie Pierce kehrte nach England zurück und zog nach dem Krieg nach Italien, wo Hervey Musik studieren wollte.

»Damit fing alles an«, sagte Arletta kopfschüttelnd. »Mit diesem Hass auf den Krieg. Ich habe Ihnen erzählt, dass wir zunächst glaubten, er könnte Ingenieur werden. Ich hätte gern einen Bruder gehabt, der als Ingenieur Brücken und Häuser baut. Aber Hervey interessiert sich nicht für Häuser.

Wissen Sie, die schöne Aussicht, die wir ganz oben im Park haben, genießt er nie. Von dort aus sieht man all die Kuppeln und Häuser, alle Häuser Roms in Rosa, Rot und Gelb, ganz anders als die tristen Häuser in London, man sieht ein weites Panorama wie vom Gipfel des Gianicolo. Nur mein Vater und ich gehen manchmal hinauf, um diesen Anblick zu genießen. Meine Mutter hat kein Verständnis für unsere Vorlieben. Aber glauben Sie mir, Signora, am Abend ist der Blick von dort oben wunderschön. Man sieht die aufblitzenden Straßenbahnen, die großen Neonreklamen, die Lichter … Von Herveys Fenster aus sieht man nur eine große, uralte Libanonzeder, deren Geschichte mein Bruder ständig erzählt. Ich kann sie gar nicht wiedergeben, sie ist ziemlich lang. Außerdem würde sie in meiner Version ihren ganzen Reiz verlieren. Ich habe nicht Herveys Erzähltalent, das alles zu etwas Besonderem macht. Jedenfalls ist in diesem Baum wohl ein Pferd gefangen. Hervey hört es nachts im Blätterrauschen wiehern.«

Als meine Mutter mir das alles erzählte, war ihre Stimme warm und leise, wie die Ottavias, wenn sie die Botschaften der Geister vorlas. Aus dem Dämmerlicht des Schlafzimmers erhoben sich die dunklen Möbel wie düstere Felsen. An der Wand gegenüber des Bettes hing auf Wunsch meines Vaters eine große Fotografie seiner Eltern. Es war ein Brustbild, auf dem sich ihre Schultern berührten und ihre Augen den Fotografen ernst anschauten. In ihrer dunklen Kleidung auf dem Milchweiß dieser Vergrößerung wirkten auch sie wie Felsen in der Brandung.

»Mama«, sagte ich leise, »ich glaube nicht, dass Arlettas Bruder krank ist. Weißt du nicht mehr? Auch Papa sagt immer, dass wir krank sind, und tippt sich mit dem Finger an die Stirn, als wäre bei uns eine Schraube locker.«

»Sagt er das, ja?«

Sie wandte sich mir zu. Vielleicht wollte sie in meinen Augen nach der eigentlichen Bedeutung meiner Bemerkung forschen. Dann drückte sie mich an sich, und wir saßen still aneinandergeschmiegt auf dem hohen Bett. Gewiss nannte sie mich insgeheim »meine Kleine«, »Sandi« oder »mein Schätzchen«, aber das musste ich erraten, ohne zu fragen, musste es an der verzweifelten Art erkennen, mit der sie mich umarmte und die ihr zufolge auch typisch für meine Großmutter gewesen war. Und ich spürte, dass ich später einmal meine Tochter auch nur auf diese Art würde umarmen können.

Im Jahr darauf begann Arletta Klavier zu spielen. Den ganzen Winter über war meine Mutter täglich zur Villa Pierce gefahren, und ich war allein geblieben. Der Winter war trostlos und regnerisch, oder zumindest schien es mir in meiner Einsamkeit so. Denke ich an jene Tage zurück, habe ich unausweichlich den Geruch nach feuchter Erde in der Nase und sehe wieder den weißen, bedeckten Himmel hinter den Fensterscheiben vor mir.

Wenn mein Vater und ich allein waren, hatten wir oft Gelegenheit, miteinander zu sprechen. Er schien meine Nähe sogar zu suchen, nicht, um sich um meine Erziehung zu kümmern oder mich besser kennenzulernen, er wollte nur ein bisschen plaudern und die Zeit totschlagen. Er setzte sich zu mir und hätte gern ein paar Informationen oder Tratsch über die jungen Mädchen im Haus von mir gehört, die er von flüchtigen Begegnungen auf der Treppe kannte. Wenn er aus dem Büro kam und die Zeitung ausgelesen hatte, wusste er nichts mit sich anzufangen. Obwohl er nie etwas kaufte oder verkaufte, las er sogar die Annoncen und die belanglosesten Nachrichten aus der Provinz sorgfältig durch. Das Lesen der Zeitung war seiner Ansicht nach notwendig, das Lesen von

Büchern dagegen Zeitverschwendung. Dabei war einzig und allein er damit beschäftigt, Zeit zu verschwenden: Er saß in seinem Sessel und feilte sich die Fingernägel, schaute aus dem Fenster, ging hinunter in die Bar an der Ecke, um einen Kaffee zu trinken. Zweimal im Jahr fuhr er in die Abruzzen zu meiner Großmutter und kam mit dem Geld aus dem Verkauf von Oliven und getrockneten Feigen zurück.

Wir holten ihn zusammen vom Bahnhof ab, meine Mutter, Sista und ich, um ihm zu helfen, zwei große Körbe mit Lebensmitteln zur Straßenbahn zu tragen. Für uns war es ungewohnt, uns zwischen den vielen Leuten auf den lauten Straßen im Stadtzentrum zu bewegen. Und am Bahnhof verfolgten wir mit großen Augen das Kommen und Gehen der Reisenden auf ihrem Weg in unbekannte Länder. Ich dachte daran, wie meine Mutter von den wunderbaren Städten erzählt hatte, in denen meine Großmutter aufgetreten war. Das Stampfen der Kolben ließ unser Herz schneller schlagen. »Diese Schienen«, sagte meine Mutter, »führen nach Wien.« Wir beide kniffen die Augen etwas zusammen, um ihrem Weg in die Ferne zu folgen.

Sista rief: »Da kommt der Zug!« Ihre ernste Stimme, ihre strenge Erscheinung in dem schwarzen Kleid und dem schwarzen, unter dem Kinn verknoteten Kopftuch holte uns in unseren tristen Alltag zurück. Noch ganz verträumt traten wir zurück, um nicht von der Lokomotive erfasst zu werden. Schließlich verriet uns ein mit weißem Tuch bespannter Korb an einem offenen Fenster, dass mein Vater angekommen war.

Noch während er uns umarmte, verkündete er: »Ich habe Caciottakäse und Schweinenackenwurst mitgebracht.« Er liebte gutes Essen, das sah man ihm an, und seine Kleidung ließ einen reifen Mann erkennen, der den Frauen gefallen will. Er hatte immer einen kleinen Kamm bei sich und ein

Etui mit leichten Zigaretten, obwohl er nur selten rauchte. Wenn er samstagnachmittags ausging, strich er sich Pomade in den Bart und ins Haar, und wenn er die Tür hinter sich geschlossen hatte, hing ihr durchdringender, widerlicher Geruch noch in den Zimmern. Ich riss Türen und Fenster auf, um den Gestank loszuwerden, und erst wenn er ganz verflogen war, hatte ich das Gefühl, wieder allein zu sein. Ich liebte meinen Vater nicht. Obwohl ich normalerweise zu jedermann höflich war, konnte ich nicht anders, als ihm immer kurz angebunden zu antworten.

Manchmal kam er zu mir in meine Fensternische. Seine Anwesenheit störte mich so sehr, dass ich feindselig und störrisch reagierte.

»Was machst du?«, fragte er und unterbrach so meine Lektüre.

»Das siehst du doch.«

»Ja, wirklich. Worum geht es denn in dem Buch?«
Widerwillig zeigte ich ihm die Titelseite.

»Du liest gern, oder?« Dann fügte er hinzu: »Du bist wie deine Mutter.«

Sein Ton klang leicht verächtlich. Den hatte er immer, wenn er »deine Mutter« und nicht »deine Mama« sagte.

»Und das heißt?«

»Das heißt, dass ihr nicht wie andere Frauen seid, die gern ins Kino gehen oder im Café sitzen und die, wenn sie zu Hause sind, nähen, stricken und die Wohnung aufräumen. Ihr seid Prinzessinnen.«

Dieses Wort gebrauchte er oft, und er verband es mit Faulheit, Untätigkeit und einer Vorliebe für unnütze und erlesene Dinge. Obwohl ich vor Wut zitterte, bewahrte ich eine eisige Ruhe, um ihn nicht in ein so intimes Gefühl wie meinen Groll einzubeziehen.

»Was meinst du damit?«, fragte ich, ohne ihn anzusehen, und schnitt weiter die Buchseiten auf. »Geben wir etwa zu viel Geld aus?«

»Nein, das nicht.«

»Ist die Wohnung unordentlich? Schmeckt dir das Essen nicht?«

»Ganz im Gegenteil.«

»Amüsieren wir uns zu viel, wollen wir Luxuskleider haben?«

»Nein, nein.«

»Also was dann?«, fragte ich und schaute endlich mit einem Blick voller Abneigung zu ihm auf. »Was dann?«

»Das weiß ich nicht, aber ihr seid anders als die anderen Frauen, so viel steht fest. Vielleicht liegt es ja an den Büchern. Aber bei euch stimmt hier oben was nicht.«

Er drehte mit dem Zeigefinger an seiner Schläfe, als wollte er eine Schraube festziehen. Diese von ihm häufig wiederholte Geste konnte mich zur Weißglut bringen. Am liebsten hätte ich ihn mit Faustschlägen attackiert, vertiefte mich aber stattdessen mit größter Anstrengung wieder in mein Buch. Er blieb in seinem Sessel sitzen, denn er hatte ja nichts zu tun, säuberte sich die Fingernägel mit meinem Papiermesser und musterte mich wie ein beliebiges Mädchen, das in der Straßenbahn neben ihm saß. Unter seinem Blick hatte ich instinktiv das Bedürfnis, mir den Rock weiter über die Knie zu ziehen.

Ein langes, peinliches Schweigen folgte. Dann beendete er seine ausgiebige Begutachtung.

»Du bist schmächtig«, befand er. »Andere Mädchen in deinem Alter haben schon einen Busen.«

Ich errötete wie nach einer Ohrfeige, war beschämt und verlegen. Er hatte kein Recht, über so intime Dinge mit mir zu sprechen, die weit über die Vertrautheit eines väterlichen Verhältnisses hinausgingen.

»Du bist wie deine Mutter.«

»Meine Mutter ist wunderschön«, widersprach ich heftig.

»Ja«, sagte er ruhig. »Aber sie hat keinen Busen.«

Er stand auf, ging weg, um Zeitung zu lesen und Radio zu hören, und ließ mich als Unterlegene zurück.

Die Natur meines Vaters und seine Schwäche für schöne weibliche Formen entgingen auch Fulvia nicht, die zu mir sagte:

»Dein Vater ist hinter den Frauen her. Das merke ich an der Art, wie er mich ansieht. Vor ein paar Tagen hat er mich auf der Treppe angehalten und gefragt: ›Du bist doch die kleine Freundin von Alessandra, oder?‹ Ich habe genickt und bin weggerannt. Er wollte sich an mich heranmachen. Aber verheiratete Männer finde ich widerlich.«

Viele Jahre später erzählte mir Fulvia, dass er sie damals häufig im Treppenhaus abgepasst hatte. Er habe ihr keine Avancen gemacht und nicht versucht, sie zu küssen, er habe sie nur auf eindeutige Weise anfassen wollen. Sie erzählte mir weiter, sie habe aus Befangenheit einem älteren Mann gegenüber, dem Mann einer Freundin ihrer Mutter, sich trotz des Ekels vor seinen Händen nicht getraut, sich zu wehren. Also habe sie sich anfassen lassen und so getan, als wisse sie noch nicht, was das zu bedeuten habe, und als hielte sie es für einen Scherz.

Fulvia war damals sehr hübsch, aber hübsch ist vielleicht nicht das passende Wort. Sie war attraktiv und aufreizend wie viele Mädchen ihres Alters aus der römischen Mittelschicht. Sie hatte schwarzglänzendes, sorgfältig frisiertes Haar und einen aufregenden Busen, den sie gern zur Schau stellte. Wenn wir zusammen ausgingen und ihr jemand ein Kompliment zuraunte, antwortete sie laut mit einer witzigen Bemerkung. Meine Schüchternheit und meine Schamröte kümmerten sie nicht. Sie schrieb sich regelmäßig Briefchen mit einem Jungen aus dem Haus gegenüber und verständigte sich gestikulierend mit ihm am Fenster. Und mit einem Mitschüler schlenderte sie durch die Gegend, anstatt in die Schule zu gehen. Sie brauchte übrigens nicht zu lügen, da sie frei über ihre Zeit verfügen konnte. Lydia verbrachte oft den ganzen Nachmittag mit dem Hauptmann.

Diese Freiheit nutzte Fulvia nur selten aus. Wenn ihre Mutter aus dem Haus war, setzte sie sich vor die Frisierkommode, schminkte sich zum Spaß Lippen und Augen und probierte verschiedene Frisuren aus, das Haar im Nacken hochgekämmt und über der Stirn lockig aufgebauscht, wie auf den Fotos in den Kinoheftchen, die sie verschlang. In der Wohnung war sie nachlässig gekleidet wie fast alle Mädchen aus dem Haus und trug vom vielen Waschen ausgeblichene Baumwollkleidchen, die ihr zu eng und zu kurz geworden waren und unter den Achseln ausfransten, dazu alte Schuhe, die zu Pantoffeln heruntergetreten waren. Im Sommer lief sie praktisch nackt unter dem kurzen, geblümten Morgenmantel herum, der mit einem Gürtel eng in der Taille zusammengehalten war. Wenn sie allein war, pflegte sie ihr Gesicht mit Olivenöl, Kartoffelscheiben und Zitronensaft, obwohl ihre frische Haut ohnehin das Schönste an ihr war, hauchzart und samtweich. Wenn wir beide allein waren, hätte ich sie gern gefragt: »Darf ich mal anfassen?«, aber ich traute mich nicht.

Im Gegensatz zu Fulvia wurde ich zunehmend wortkarg und eigenbrötlerisch. Ohne sie hätte ich den ganzen Tag von allen abgesondert verbracht. Fasziniert und erschrocken beobachtete ich die Veränderungen an mir, die mein neuer Lebensabschnitt mit sich brachte. Was in der Schule mit Magini passiert war, hatte natürlich auch nicht zu meiner Beliebtheit beigetragen. Häufig waren die Worte, die ich mit den Lehrern wechselte, die einzigen, die ich vormittags sprach. Meine Mitschüler interessierten sich nicht im Geringsten für mich. »Sie ist hochnäsig und unsympathisch«, hörte ich sie eines Tages sagen. Ein andermal hieß es: »Sie ist hässlich.«

Oft ließ auch Fulvia mich tagelang links liegen. Dann rief sie mich plötzlich vom Balkon aus. »Komm hoch«, verlangte sie herrisch. Sofort klappte ich mein Buch zu und hastete, immer zwei Stufen auf einmal nehmend, die Treppe hoch zu ihr.

Ihre Tür war nur angelehnt, und in der leeren, stillen Wohnung traf ich Fulvia bei irgendeiner Körperpflege an, bei der sie sich auch durch meinen Besuch nicht stören ließ. Wir verplauderten die Sommerabende auf dem Balkon. Er lag hoch über der Stadt, so als trüge unser großes Wohnhaus uns wie im Triumph. Man sah von dort aus nur menschenleere Terrassen, rote Dächer und einen Glockenturm, auf dem die Schwalben Zuflucht suchten. Wir saßen auf einem schmalen, über zwei große, leere Blechdosen gelegten Brett. Manchmal legte sich Fulvia der Länge nach darauf und ließ mir nur ein wenig Platz zu ihren Füßen. Der Morgenmantel öffnete sich über ihren Schultern, ihrer Brust und ihren Beinen, die ich mit fiebriger Neugier betrachtete.

»Mir ist heiß, fächle mir Luft zu«, forderte sie mitten im Gespräch.

Ich gehorchte und nahm es hin, wie eine Dienerin behandelt zu werden. Ich spürte, dass Alessandro in sie verliebt war und sie mit den Augen verschlang. Aber ich war zu naiv, um diese Regungen bewusst zuzulassen. Ich erfreute mich an Fulvias Anblick, während sie etwas erzählte. Sie hatte eine schroffe, draufgängerische Redeweise. Für sie war Liebe etwas

Oberflächliches, Belangloses, leicht Schmutziges. Die Freunde, mit denen sie ausging, redeten in einer simplen, ordinären Sprache, erzählten schlüpfrige Geschichten und rauchten. Wenn sie mit ihnen zusammen war, benahm sie sich wie ein Junge. Bei allen, außer bei Dario.

Dario war der Junge aus dem Haus gegenüber. Er war Student, und wenn Prüfungen anstanden, war sein Fenster bis tief in die Nacht erleuchtet. Auch wenn er mit Fulvia ins Grüne fuhr, hatte er seine Bücher dabei, setzte sich mit dem Rücken an einen Baum und lernte, während sie sich sonnte. »Meistens ziehe ich dann meine Bluse aus«, erzählte sie mir.

»Und was hast du drunter?«

»Drunter? Nichts. Ich bin überall braun«, sagte sie und ließ mich tief in ihr Dekolleté schauen.

»Und Dario?«

»Dario lernt und hält Wache. Er warnt mich: ›Zieh dir was an, da kommen Leute.‹ Und wenn ich schlafe, wirft er Steinchen, um mich zu wecken. Wenn er genug vom Lernen hat, legt er sich zu mir ins Gras.«

Verstohlen schaute ich zur Tür, aus Angst, meine Mutter könnte uns überraschen. Dann wurde ich rot und wandte mich wieder Fulvia zu: »Und dann? Erzähl weiter.« Ich wollte mehr über Dario erfahren. »Liebst du ihn?«, fragte ich. Sie verneinte. Sagte, die Briefe und die Treffen lösten keine Gefühle bei ihr aus. Ich verstand damals nicht, warum sie das alles tat, und einmal überwand ich meine übliche Zurückhaltung und fragte sie schüchtern danach.

Sie sah mich ernst an und erwiderte: »Was soll ich denn sonst machen? Ich tauge nicht viel. Ich bin nicht wie du.«

Ich widersprach ihr heftig. Ich fand, eine Frau sollte nie so bitter daherreden.

Eines Abends, als es dunkel wurde – sie lag auf der Bank, ich saß zu ihren Füßen –, erklärte sie mir, wie Kinder gemacht werden.

Fulvias Erzählungen und die Séancen raubten mir nachts oft den Schlaf. Wenn meine Eltern sich in ihr Schlafzimmer zurückgezogen hatten und die Stimme meiner Mutter hinter der geschlossenen Tür verstummte, fühlte ich mich allein mit unzähligen in der Dunkelheit und in meinen Gedanken versteckten Gefahren.

Nach den jüngsten Erklärungen meiner Freundin, die ich scheinbar gleichgültig zur Kenntnis genommen hatte, lag ich lange wach. Ich ging selten zur Beichte und hatte bisher nur eine vage Vorstellung von Schuld gehabt. Doch plötzlich wurde mir klar, was Sünde bedeutet, ich spürte ihre Erbärmlichkeit, aber auch ihre unwiderstehliche, dunkle Macht. Nur von Liebe verblendet konnte man einen solchen Akt zulassen, den man, wie Desdemona oder Francesca, manchmal sogar mit dem Leben bezahlte. Dabei hatte Fulvia gesagt: »Das hat überhaupt nichts mit Liebe zu tun.« Und sie hatte nach meinem Protest hinzugefügt: »Das sagt Dario auch.« Aber ich konnte das nicht glauben. Ich argwöhnte, dass sie mich mit ihrer typischen Pose von Zynismus und Gleichgültigkeit täuschen wollte.

Abends im Bett ließ ich aufgeregt die mir bekannten Paare Revue passieren, ihr Leben, ihre Gefühle. Ich hielt es für unwahrscheinlich, dass dieselben Männer, die den ganzen Tag über kein einziges zärtliches Wort für ihre Frauen hatten, nachts plötzlich von ihnen erwarteten, zu dieser schrecklichen Umarmung bereit zu sein. Ich glaubte, in den Augen der Frauen, die morgens ihr Tagewerk wiederaufnahmen, noch die Erinnerung an diese zermürbende Erniedrigung zu entdecken.

Seitdem ich mir solche Dinge ausmalte, empfand ich ein zärtliches Mitleid mit den Nachbarinnen. Ich war allein auf dem Balkon, in eine Ecke gekauert wie ein Hund, und sie waren allein mit ihren Tätigkeiten, die von Weitem betrachtet wie die Aktionen von Verrückten wirkten: das Staubtuch unzählige Male ausschütteln, einen aufgehängten Teppich wieder und wieder ausklopfen. Jede von uns war allein auf der Welt, ein kleiner schwarzer Punkt in Europa, in Italien, in Rom, Via Paolo Emilio 30, Wohnung Nummer 6, Nummer 4 oder Nummer 1. Ich hätte mir wie ein Hund von irgendwem ein Streicheln gefallen lassen, und sie ließen sich diese schnelle Annäherung eines Mannes gefallen, der sie für eine Stunde mit der Hitze seines Lebens umfing.

Ich lernte, dass es nicht leicht war, der Versuchung zu widerstehen. Bei den Séancen saß Enea neben mir und legte mir seine heiße, trockene Hand auf den Arm. Überwältigt von dieser für mich neuen und doch auch hassenswerten Berührung, traute ich mich nicht, von ihm abzurücken. Einmal kam er zu uns nach Hause, um Bescheid zu sagen, dass Ottavia krank sei. Er betrat den Vorraum und ließ, während er redete, seinen Blick schweifen. Die Wohnungstür stand noch offen, und ich hielt mich mit zitternder Hand an ihr fest. »Bist du allein, Alessandra?«, erkundigte er sich. Ich nickte, und er drückte sanft gegen die Tür, bis sie ins Schloss fiel. Ich hatte ihn noch nie außerhalb der Séancen gesehen. Mit ihm schien Weihrauchduft hereinzuwehen, und mir war, als umflatterten Geister seine Arme. »Ich wollte dich schon längst mal allein treffen«, sagte er und trat näher, ich wich zurück bis an die Wand. Er war groß und kräftig, unter seinem Blick wurde mein Körper weich, als lösten sich meine Knochen auf. »Ich bin nämlich in dich verliebt, weißt du?«, sagte er. Er kam noch näher und mit ihm die Hitze seines Körpers. ›Vielleicht wird mir schlecht‹, dachte ich, ›wenn er noch näher kommt, wird mir bestimmt schlecht.‹

Als er mich küssen wollte, wich ich aus, um seinen Atem nicht zu spüren. Ich ekelte mich vor ihm, zum Glück ekelte ich mich. Ich riss die Tür auf, kalte Luft kam herein. »Verschwinde, sofort«, zischte ich, »hau ab.« Das Treppenhaus war dunkel. Hätte er einen weiteren Annäherungsversuch unternommen, hätte ich mich gewehrt, die Schere auf meiner abgelegten Handarbeit fiel mir ein. Ich wollte nicht, dass er mich berührte. Mein Blick verriet eine so entschiedene Abneigung, dass Enea ging und kaum hörbar murmelte: »Blöde Gans.«

Ich kehrte in meinen Winkel zurück und warf mich in einen Sessel. Mir war, als spukte Enea noch unsichtbar durch die Wohnung wie die Geister nach den Séancen, ich fürchtete, meine Mutter könnte es bei ihrer Rückkehr bemerken. »Woher weißt du das?«, fragte sie, als ich ihr erzählte, dass Ottavia am nächsten Tag nicht kommen würde. »Sie hat Enea geschickt.« Ich saß meiner Mutter gegenüber und starrte sie an, beschwor sie im Stillen: »Sieh mich an, Mama, lies meine Gedanken.« Erstaunt über meinen eindringlichen Blick, fragte sie: »Sandi, was hast du denn?« – »Nichts«, antwortete ich und wünschte mir, sie würde mir nicht glauben.

Aber sie glaubte mir immer. Vielleicht lag es an mir, dass es mir seit einiger Zeit nicht mehr gelang, mich zu erkennnen zu geben. Meine Mutter ging mit ihrer tugendhaften Anmut an mir vorbei, ohne zu ahnen, dass ich eine ungesunde Neugier und verwerfliche Gedanken hegte. »Gute Nacht, Sandi«, sagte sie und streichelte mich. »Gute Nacht, Mama«, antworte ich, während ich insgeheim nach ihr rief und sie verzweifelt bat: »Lass mich nicht allein, hilf mir.« Meine Mutter verstand mich nicht. Doch wenn meine Mutter mich nicht verstand, konnte mich niemand je verstehen. Vielleicht wollte sie mich gerade vor dieser kalten Einsamkeit bewahren, wenn es so schien, als hinderte sie mich daran, erwachsen zu werden. In Gedanken klammerte ich mich an sie: »Ich habe Angst, Mama«, schrie ich, und obwohl ich keinen Ton herausbrachte, hätte sie mich doch hören müssen, so wie es bis dahin immer gewesen war. Aber sie hörte mich nicht mehr, und ohne ihre Hilfe war ich nur eine schwache Sünderin. Wenn meine Mutter meinen Blick auffing, strich sie mir übers Haar und nannte mich lächelnd »meine Kleine«.

Aus Angst, mit meinen Gedanken allein zu bleiben, nötigte ich Sista, bis spät in die Nacht an meinem Bett zu sitzen.

»Sista«, fragte ich sie einmal unversehens, »warst du jemals verliebt?«

»Nein«, antwortete sie.

»Wirklich niemals?«

»Niemals.«

Ich betrachtete ihr ebenmäßiges Gesicht, ihre klare Stirn. Sie war gewiss einmal eine schöne Frau gewesen.

»Warum nicht? Hat sich in deinem Dorf nie einer um dich bemüht?«

»Doch, als ich jung war.«

»Und dann?«

Sie zögerte, bevor sie leise antwortete:

»Die Männer sind Schweine, Alessandra.«

Ich fuhr wütend auf: »Geh«, sagte ich. »Geh schlafen, geh weg.«

Ich drehte mich zur Wand, hinter der meine Mutter schlief, Und ich hoffte, dass sie in der nächtlichen Stille mein Weinen und meinen dringenden Hilfeschrei hörte.

Damals kannte ich nur wenige Männer. Mit ihren Umgangs-
formen und ihren Stimmen war ich nicht vertraut. Als mein
Vater sah, dass ich mich zu einem hübschen jungen Mädchen
entwickelte, nahm er mich schleunigst aus der gemischten
Schule und meldete mich in einem Mädchengymnasium an,
das von einer alten Jungfer geleitet wurde, deren Gesicht zur
Hälfte mit einem rauhen, violetten Muttermal bedeckt war.

So weckte das Bewusstsein, eine Frau zu sein, Schuldgefühle in mir. Jedes Zeichen an meinem Körper, das mir und
anderen diese Weiblichkeit enthüllte, nahm ich voller Scham
wahr.

Wenn ich im Treppenhaus einem Mann begegnete, wurde
ich rot und ging schnell weiter, wie um mich zu verstecken.
Trotzdem konnte ich meine krankhafte Neugier nicht zügeln.
In der Straßenbahn beobachtete ich, wie sich die Männer bewegten, wie sie ihre Brieftasche herauszogen und das Geld
abzählten, ich betrachtete ihre nikotingelben Finger. Wenn
ich im Gedränge stand, neigte ich meinen Kopf zum Mantel
eines Offiziers und sog den starken Geruch nach Tabak und
Leder ein, der mir zu einer anderen Sorte Mensch zu gehören
schien.

Manchmal kündigte mein Vater den Besuch eines Kollegen an. Er empfing diese Freunde gern im Esszimmer und
bestand darauf, ihnen ein Glas Wein anzubieten, was meiner
Mutter nicht gefiel. Den ganzen Nachmittag fieberte ich diesem abendlichen Besuch entgegen. Wenn es klingelte, konnte
ich meine Aufregung darüber, mich gleich einem Mann zu
zeigen, ihm die Hand zu geben und mit ihm zu sprechen, nur
mühsam verbergen.

Auf der einen Seite des Tisches saßen mein Vater und sein
Freund, auf der anderen Seite hatten meine Mutter und ich
Platz genommen und schauten die beiden an wie aus einer

Theaterloge. Wir hätten viel Unterhaltsames und Interessantes erzählen können, ich über die Bücher, die ich gelesen hatte, und meine Mutter vielleicht über Musik. Aber die Männer stellten uns keine einzige Frage.

Sie bemerkten erstaunt, wie groß ich geworden sei, so als hätte ich das absichtlich getan und es mir einfach so herausgenommen. Gleich darauf konstatierte mein Vater, dass er langsam alt werde, und sein Freund erwiderte: »Jaja«, und dabei lachten sie vielsagend und anzüglich. Dann kamen sie schnell auf den Dienst zu sprechen und wurden unbefangener.

Für uns war es unbegreiflich, dass sie auch abends noch in läppischen Büroangelegenheiten schwelgten, in armseligen Knausereien, die ihnen doch schon den größten Teil ihres Tages vergällen mussten. Und doch beschäftigte sie die Frage, ob ihnen anlässlich eines bevorstehenden Festes wohl ein freier Tag genehmigt werde. »Den müssen sie uns geben«, sagten sie. »Den werden sie uns geben«, und das Lachen, mit dem sie ihre Gewissheit demonstrierten, dass die von der Regierung Angst vor ihnen hatten, war feist und vulgär.

Dabei verstand mein Vater nichts von Politik. Seine Zeitungslektüre löste nur eine verständnislose, ironische Gereiztheit bei ihm aus, vor allem, wenn von der Besoldung der Staatsdiener die Rede war. Sobald sie aber eine kleine Gehaltserhöhung oder eine Prämie erhielten, zeigte er uns die gedruckte Meldung und knuffte uns augenzwinkernd gegen die Schulter, als hätte er dabei seine Hand im Spiel gehabt. Er empfand dem Staat gegenüber keinerlei Verpflichtung, nur Misstrauen wie gegen jemanden, der ihn ständig übers Ohr hauen will und mit dem er sich einen Wettkampf darin lieferte, wer der Gerissenere war. Er erzählte oft von kleinen Tricksereien im Büro, mit denen er erreichte, möglichst wenig zu arbeiten, und manchmal erwähnten er und seine Freunde einen allzu pflichtbewussten Vorgesetzten, dem sie den Spitznamen Mottenzöpfchen gegeben hatten. Schon die bloße Erwähnung dieses Namens löste Heiterkeit bei ihnen aus. »Hast du Mottenzöpfchen gesehen?«, sagten sie und bogen sich vor Lachen. Vom Toilettenfenster des Büros aus konnte man im Sommer offenbar sehen, wie die weiblichen Angestellten des Finanzministeriums zum Feierabend ihre schwarzen Kittel auszogen. Mein Vater und sein Freund bezichtigten sich gegenseitig, zu dieser Uhrzeit Stammgäste auf der Toilette zu sein. Ich wurde rot, meine Mutter errötete ebenfalls und wich meinem Blick aus. Ich starrte meinen Vater an, der selbstzufrieden weiterredete, und es gefiel mir nicht, dass er auf das Niveau meiner Mitschüler herabgesunken war. Ich versuchte, Zuneigung für ihn zu empfinden, aber es gelang mir nicht. Mir schien, dass die Zuneigung zu einem Mann ohnehin nicht aus Mitleid erwachsen sollte. Ich wollte kein Mitleid mit einem Mann haben. »Hast du gesehen, dass wir am Donnerstag doch frei haben? Sie mussten uns ja frei geben.«

Diesen freien Tag nutzten sie zur Erholung und zum Vergnügen, das heißt, sie saßen vor einem Glas Wein und warteten darauf, dass am nächsten Morgen der Dienst wieder losging. Aber es war ein freier Tag auf Kosten des Staates, also ein Grund zur Schadenfreude, auch wenn er viel Langeweile und Monotonie mit sich brachte. An seinen freien Tagen fragte mein Vater: »Wie spät ist es?«, wie jemand, der darauf wartet, dass nachts am Bahnhof ein Zug vorbeikommt. Ich weiß noch, dass meine Mutter einmal zu ihm sagte: »Der Staat seid ihr.« »Wir?«, fragte mein Vater mit gespieltem, spöttischem Erstaunen. »Wir?«, wiederholte er. »Ich und er?« »Ihr beide genauso wie alle anderen.« Da lachten die zwei wieder und ließen sich gegen die Stuhllehnen fallen. »Wenn wir zwei der Staat wären, würden wir es dir aber zeigen.« »Gib mir nur ein Jahr«, sagte da sein Freund mit warnendem Ernst. »Ach was«, widersprach mein Vater: »Einen Monat oder acht Tage.« Schließlich einigten sie sich darauf, dass ihnen vierundzwanzig Stunden genügen würden, um das Wohl des Landes zu retten, und gossen sich noch ein Glas Wein ein. »Vor allem«, sagte mein Vater, »möchte ich erleben, wie Mottenzöpfchen die Klos schrubbt.«

Ich konnte nicht glauben, dass »die Männer« wirklich so waren. In meinen Büchern standen ganz andere Dinge über sie. Ich wusste, dass sie so nicht sein konnten. Ich wusste es mit einer solchen Bestimmtheit, dass ich mir vehement wünschte, mir die beiden vom Hals zu schaffen, sie davonzujagen, damit meine Hoffnung nicht erlosch, auf einen Mann wie Dewuschkin aus *Arme Leute* zu treffen, einem Buch, das mich damals fasziniert und sehr berührt hatte. Nein, nein, dachte ich bei mir und muss dabei wohl den Kopf geschüttelt haben, denn meine Mutter griff unter dem Tisch nach meiner Hand und drückte sie fest.

Bei Fulvia wurde häufig über Männer gesprochen. Ja, es ging selten um etwas anderes. Besonders im Frühling und im Sommer trafen sich gegen Abend einige Mädchen bei ihr auf dem Balkon, der ihr als Salon diente. Die Mädchen wohnten im selben Haus oder gingen mit ihr zur Schule.

Fulvia stand im Mittelpunkt dieser Treffen. Sie hatte großen Einfluss auf ihre Altersgenossinnen, die ihr wie ich gehorchten. Oft behandelte sie sie schroff und kommandierte sie herum: »Hol mir ein Glas Wasser aus der Küche.« Oder sie sagte: »Ich habe Hunger, ich werde jetzt was essen«, und biss mit einer Taktlosigkeit, die mir peinlich war, vor den hungrigen Augen der anderen in ein in Öl getunktes Brot oder in eine saftige Frucht.

Wenn ihre Mutter nicht da war, erlaubte sich Fulvia, zwei, drei Zigaretten zu rauchen. »Die sind vom Hauptmann«, sagte sie. Wie berauscht sogen wir den blauen Rauch ein. »Das sind aber gute Zigaretten«, sagte Aida. »Mein Bruder raucht bloß Nazionali.« »Das hier sind ägyptische«, erklärte Fulvia. Und der Umgang mit so exotischen Waren machte den mysteriösen Hauptmann noch faszinierender. »Heute hat er Dienst«, ließ Fulvia uns manchmal wissen. An solchen Tagen blieb Lydia zu Hause und lächelte uns gedankenverloren zu wie eine junge Witwe. In ihrem runden Busen, an den sie oft eine Blume steckte, schien eine unbändige Leidenschaft zu wohnen. Wir stellten uns den in die Kaserne beorderten Hauptmann vor wie einen Patrioten im Exil.

Fulvia las uns oft Darios Briefe vor oder einen Zettel, den ihr ein Mitschüler zwischen die Schulhefte gesteckt hatte. Ihre Klassenkameradin Rita behauptete, sogar der Lehrer, ein dreißigjähriger Mann, sei in Fulvia verliebt.

»Ja, und dann gibt er mir doch nur ein Befriedigend«, erwiderte Fulvia.

»Aber du hättest ein Ungenügend verdient.«

Wir lachten, weil wir wussten, dass es stimmte. Maddalena, ein weiches, rosiges Mädchen mit blonden Haaren, das in dieselbe Klasse ging, sagte, auch ihr Bruder Giovanni sei in Fulvia verliebt. Und sie erklärte, seither sei er ein äußerst fürsorglicher Bruder. »Er holt mich sogar am Schultor ab«, sagte sie lachend. Es war offensichtlich, dass sie es gern gesehen hätte, wenn Giovanni mit Fulvia verlobt gewesen wäre (damals bezeichneten wir jeden Flirt zwischen Mädchen und Jungen unseres Alters als Verlobung), und vielleicht hatte er sie sogar gebeten, die Vermittlerin zu spielen, und sie fand Gefallen an dieser pikanten Aufgabe.

»Lass uns beide morgen in den Park der Villa Borghese

gehen, Giovanni wird auch dort sein. Wenn es dunkel wird, lasse ich euch allein auf einer Bank.«

»Ja, geh doch mit«, drängten die anderen Mädchen sie. »Geh doch mit, Fulvia.« Es war, als säßen sie in dem dunklen Park alle auf der Lauer.

Ich sah Fulvia ernst an und hätte sie am liebsten am Arm zurückgehalten.

»Dein Bruder gefällt mir nicht«, antwortete sie. »Er sagt immer Signorina zu mir.« Um Maddalena zu kränken, wiederholte sie: »Er muss ein Idiot sein.« Maddalena wehrte sich gegen diese Unterstellung, als stünde durch den Spott ihrer Freundin der Ruf ihrer ganzen Familie auf dem Spiel.

Als wir einmal alle auf dem Balkon zusammensaßen, fragte Fulvia Maddalena: »Ich sehe deinen Bruder ja gar nicht mehr. Was macht er denn so, ist er ins Priesterseminar eingetreten?«

Alle lachten und verspotteten ihn. Aida ahmte die Haltung eines Priesters nach, verdrehte die Augen und tat so, als leierte sie den Rosenkranz herunter.

Maddalena sah sie mit verhaltener Wut an. »Lacht nur«, sagte sie, »lacht nur. Wenn ihr wüsstet, was ich in der Schublade meines Bruders gefunden habe …«

»Was denn?«, fragten die anderen sofort.

Maddalena antwortete nicht, sondern wiederholte: »Lacht nur, lacht nur über Giovanni.«

»Was hast du denn gefunden? Liebesbriefe von Greta Garbo?«, erkundigte sich Fulvia geringschätzig.

»Nein, das Foto einer splitternackten Frau, die ihr Gesicht hinter den Händen verbirgt. Einer wunderschönen Frau.«

Es wurde still. Die Mädchen sahen zunächst Maddalena an, voller Bewunderung, weil sie ein solches Geheimnis kannte, und dann Fulvia, die in ihren Augen den Kürzeren gezogen hatte. Aber Fulvia war mit einem Satz auf den Beinen.

»Schöner als ich?«, fragte sie, ließ ihren Morgenmantel fallen und stand nun nackt vor dem grauen Wasserbehälter.

Die Mädchen schrien auf und starrten sie an. Ich wandte den Blick ab, noch bevor ich die Formen ihres Körpers klar erkennen konnte, und lief weg. Ich durchquerte die Küche, den dunklen Flur. Als ich die Hand auf die Türklinke legte, holte Fulvia mich ein.

Sie war immer noch nackt, presste aber, um sich zu bedecken, den Morgenmantel an sich. Sie stürzte auf mich zu und drängte mich in die Ecke neben der Wohnungstür. Ich sah ihr Gesicht und ihre Schultern als einen verschwommenen weißen Fleck.

»Du verachtest mich, stimmt's?«, sagte sie und drückte sich an mich, damit ich nicht wegkonnte.

Meine Kräfte verließen mich. »Lass mich los«, flüsterte ich.

»Du verachtest mich, stimmt's«, fragte sie noch einmal und streichelte mein Gesicht. »Du hast Recht«, murmelte sie. »Entschuldige. Los, geh. Verschwinde, Alessandra. Geh.«

Sie strich mir übers Haar und küsste mich zärtlich wie eine kleine Schwester. Dann öffnete sie die Tür und schob mich hinaus.

Als sie zum Balkon zurückging, hörte ich sie sagen: »Die blöde Gans ist schon weg.«

Etwa einen Monat lang sah ich sie nicht mehr. Dabei wäre ich am liebsten sofort wieder zu ihr gelaufen, um sie um Verzeihung zu bitten. Ich hörte sie singen und lachen und sehnte mich nach ihr. Mir war, als sei ich diejenige, die im Unrecht war, ich, die ihren Körper empfand wie eine Schuld. Wie gern hätte ich ihr von Alessandros Anwesenheit erzählt, aber ich traute mich nicht. Ich fürchtete, ich könnte unter einer angeborenen Anomalie leiden, so als würde ich einen Pferdefuß in meinem Schuh verbergen. Damals las ich in der Zeitung von einem Mädchen, das mit zwanzig Jahren entdeckte, dass sie ein Mann war. Ich schnitt den Artikel aus und versteckte ihn in einem Buch. Es gelang mir nicht, mich als ein Mädchen wie alle anderen zu betrachten. Vor allem schien mir die Offenherzigkeit meiner Freundinnen viel redlicher zu sein als meine unaufrichtige Zurückhaltung.

Als ich einmal auf dem Balkon saß und die alten Socken meines Vaters stopfte, rief mich Fulvia:

»Alessandra!«

Ich schaute nach oben und sah, dass sie aufgebracht war.

»Komm rauf«, sagte sie mit einer Regung weiblicher Verbundenheit, ohne nochmals auf den Vorfall auf dem Balkon einzugehen. »Sie haben Aidas Bruder verhaftet«, erklärte sie, kaum dass ich in ihrer Wohnung war. Sie nahm meinen Arm und dirigierte mich in ihr Zimmer, als hätten wir uns erst vor einer Stunde getrennt.

Aida saß mit ernstem Gesicht auf dem Bett, die anderen Mädchen rings um sie her. Maddalena hielt eine Puppe auf dem Schoß.

»Was hat er denn angestellt?«

Anstatt mir zu antworten, sahen die anderen mich nur zögernd an. Ich vermutete einen peinlichen Grund, über den niemand sprechen wollte.

»Hat er gestohlen?«, fragte ich mit leiserer Stimme.

Ich hatte Aidas Bruder nie gesehen. Ich wusste, dass er Antonio hieß und eine Buchdruckerlehre machte. Wir kannten seine Vorlieben, seine Fehler und seinen Charakter wie die von allen Brüdern unserer Gefährtinnen. Die Schwestern erzählten nur beiläufig von ihnen, weil ihre verwandtschaftliche Nähe sie daran hinderte, etwas Reizvolles an ihnen zu entdecken. Aber dieser Antonio, der Aida zufolge ein schweigsamer, scheuer Bücherwurm war, hatte mich schon immer interessiert. Der Gedanke, er könnte aus Habgier gestohlen haben, war mir unangenehm.

»Nein«, sagte Aida mit einem vielsagenden Blick. Alle schauten mich ernst an.

Ich fragte noch leiser:

»Also was dann?«

»Er ist mit Kommunisten zusammen verhaftet worden«, antwortete Aida schließlich.

Ensetzt schlug ich mir die Hand vor den Mund und ließ mich neben Fulvia auf einen Stuhl fallen.

Keine von uns wusste, was dieses Wort eigentlich bedeutete, aber wir hatten es noch nie gewagt, es auszusprechen. Es gehörte ebenso wenig zu unserem Wortschatz wie derbe oder unflätige Ausdrücke. Jetzt schauten alle zu Aida, und ich streichelte ihr tröstend die Hand.

»Was ist denn passiert?«

»Polizisten waren in der Druckerei, und dann haben sie ihn bei uns abgeholt. Wir waren allein zu Hause. Ich habe die Tür aufgemacht.«

»Du? Und dann?«, fragte Fulvia.

»Dann sind sie reingekommen und haben sich umgeschaut. Ich weiß nicht, warum, aber ich wusste sofort, dass dieser Besuch nichts Gutes bedeutete. Das wusste ich schon, aber als sie fragten: ›Sassetti Antonio?‹ sagte ich trotzdem: ›Das ist mein Bruder, er ist in seinem Zimmer.‹ Das habe ich wirklich gesagt.«

»Und dann?«

»Er lag auf dem Bett, als hätte er sie erwartet. Ich ging voran, weil ich etwas tun wollte, ihn warnen wollte, aber sie waren schon hinter mir. Einer durchwühlte die Bücher und packte einen Stapel zusammen. Mein Bruder stand auf, zog seinen Regenmantel an und folgte ihnen. An der Tür blieb er stehen und gab mir einen Kuss. Er sagte: ›Ciao Aida, sag unserer Mutter, ich komme bald wieder, vielleicht morgen.‹ Aber das glaubte er selbst nicht, das merkte ich genau. Meine Kehle war wie zugeschnürt, ich konnte nicht mal ›auf Wiedersehen‹ sagen. Ich lauschte den Schritten auf der Treppe nach, seinen und denen der anderen Männer. Dann ging ich zurück in sein Zimmer. Dort roch es noch nach seinen Nazionali, und ich musste weinen.«

»Stand etwas davon in der Zeitung?«, erkundigte sich Maddalena.

»Nein. Nichts. Mein Vater ist zur Polizeiwache gegangen. Zuerst haben sie ihm nichts gesagt, aber dann hieß es, mein Bruder ist Kommunist. Kein Mensch hat uns mehr besucht. Wir gehen am Portier vorbei, und er sieht uns durch die Scheibe finster an. Mein Vater konnte in Erfahrung bringen, dass sie alle so jung sind wie Antonio, auch einige Studenten sind dabei.«

»Was machen denn Kommunisten?«, fragte Maddalena mit gedämpfter Stimme.

»Keine Ahnung«, antwortete Aida. »Ich weiß es wirklich nicht. Sie sind unzufrieden. Antonio war immer unzufrieden. Seine Freunde kamen oft zu uns nach Hause, und auch sie wirkten unzufrieden, sie waren nie fröhlich wie andere Jungen in ihrem Alter. Wenn ich ihnen die Tür öffnete, sahen sie jedes Mal so aus, als hätten sie gerade eine schlechte Nachricht erhalten. Sie kamen zu Antonio, um zu lesen. Wir dachten, Antonio will sich weiterbilden und den Beruf des Buchdruckers aufgeben, und seine Freunde ebenso. Seltsam, wenn ich jetzt daran zurückdenke, fallen mir vor allem ihre traurigen Augen ein. Als ich einmal abends in Antonios Zimmer kam, um die Fensterläden zu schließen, blickten sie von ihren Büchern auf, und, du lieber Gott, was hatten sie für traurige Augen! Sie schauten mich nie an wie ein junges Mädchen, mit dem man herumschäkern möchte. Ich dachte, das sah nur so aus, weil durch das hohe Fenster kaum Licht hereinfiel. Aber Antonio hatte diesen Blick auch tagsüber.«

Plötzlich bewunderte ich diesen Antonio. Aida hatte gesagt, er habe Ähnlichkeit mit ihr, schwarzes Haar und braune Augen. Es schien mir eine noble Tat zu sein, sich abholen und einsperren zu lassen, weil man unzufrieden ist.

»Wir Mädchen sind auch unzufrieden«, sagte Fulvia und schaute zu dem Fenster gegenüber, hinter dem Dario schlechtgelaunt studierte. »Immer sind wir unzufrieden, und ich verstehe nicht, warum. Als würde uns etwas ersticken, von dem wir uns befreien wollen.«

Sie lehnte am Fensterbrett und schielte zu Darios Fenster hinüber, ohne dass ich erkennen konnte, ob sie es fragend oder herausfordernd tat. Sie war sehr schön, wie sie so dastand mit ihrer schlichten Bluse und ihrer einfachen Frisur.

»Wir denken, wir wollen uns von alten Vorurteilen befreien, von der Familie oder von bestimmten Prinzipien, die man uns aufzwingen will«, redete Fulvia weiter. »Aber vielleicht geht es gar nicht darum. Vielleicht geht es um das Totschweigen bestimmter Dinge, das uns erstickt, uns hier packt …« Sie fuhr sich mit den Händen an die Kehle. »Wir sind unzufrieden, stimmt's, und wir glauben, dass es …«, sie traute sich nicht, es auszusprechen. »… dass es …«

»Um Liebe geht«, schlug ich leise vor.

»Ja, genau«, sagte sie und stockte kurz. »Aber vielleicht eben nicht nur darum. Ich glaube, die Männer kennen die Wahrheit und sagen sie uns nicht, so wie man kleinen Kindern schlimme Nachrichten vorenthält.«

»Antonio wusste Bescheid, glaube ich«, sagte Aida. »Darum hat er mich immer so trübselig angesehen.«

»Ist Antonio verlobt?«, erkundigte ich mich nach kurzem Zögern.

»Das weiß ich nicht«, antwortete Aida. »Er hat nie über sich gesprochen. Er sagte guten Tag und guten Abend und rauchte wortlos seine Nazionali, eine nach der anderen.«

Maddalena sagte nichts. Sie hatte wie gewöhnlich ihre Puppe dabei, um vor ihren Eltern noch wie ein kleines Mädchen zu erscheinen und vielleicht auch vor sich selbst. Es war eine hübsche Stoffpuppe mit einem rosa Kleid, einem lächelnden Mund und lebhaften, blauen Glasaugen. Während unseres Gesprächs hatte Maddalena mit dem Fingernagel langsam im Stoff gebohrt und ihr ein Auge ausgerissen. Nun lag es auf dem Boden und starrte uns an. Nach und nach trennte sie auch das andere Auge ab und riss der Puppe nun mit der Ungerührtheit einer Magd, die ein Huhn rupft, langsam die Haare aus. Sie zerdrückte ihr mit der Fingerkuppe die Nase, so dass die Puppe – kahlköpfig und mit leeren Augenhöhlen – jetzt aussah wie ein Totenkopf mit rot angemalten Wangen.

Maddalena starrte die schreckliche Fratze an, senkte den Kopf und weinte. »Meine Puppe«, jammerte sie, »meine Puppe …«

Lydia, die das Weinen gehört hatte, kam herein und tröstete Maddalena. Solche Spiele seien doch nichts mehr für ihr Alter. Um sie aufzuheitern, schenkte sie ihr ein geblümtes Halstuch aus roter Seide. Am Abend sagte sie zu meiner

Mutter: »Sie sind noch Kinder, richtige Kinder.« Und sie erzählte ihr, dass Maddalena wegen einer Stoffpuppe geweint habe.

Manchmal fürchte ich, ich könne mich zu lange mit der Schilderung von dem aufhalten, was vor meiner Heirat mit Francesco geschah. Aber man würde garantiert nichts über mich und meinen Charakter erfahren, wenn ich unerwähnt ließe, wie ich damals lebte und was ich fühlte. So düster und beschwerlich die Zeit damals auch war, scheint sie mir heute doch vollkommen glücklich gewesen zu sein, auch deshalb, weil ich mit einem so außergewöhnlichen Menschen wie meiner Mutter zusammenleben durfte. Vielleicht war sie nach den herkömmlichen Moralvorstellungen nicht ohne Tadel, aber ihre Fehler, ihre Schwächen und das Mitgefühl, das ihr Handeln bestimmte, waren Wesenszüge, die sie für mich schon zu ihren Lebzeiten zu einer poetischen Legende machten. Der Abstand zwischen mir und meiner Mutter war so groß wie zu den Gestalten in den Büchern, sie war eine jener Frauen, denen man gern nacheiferte, ohne je ganz an sie heranzureichen. Sollte ich die Erinnerung an meine Kindheit und an sie verlieren, würde ich alles verlieren, was mir wichtig war, denn sie schenkte mir Freude, und so würde ich auch das Märchen meines Lebens verlieren. Mit diesen Erinnerungen kann ich noch heute die langen Stunden einsamer Meditation zubringen, aus denen mein eintöniger Tag besteht. Habe ich doch schon als Kind gelernt, in der Einsamkeit glücklich zu sein. Wir waren wie gesagt arm, und arme Leute sind daran gewöhnt, sich mit Hilfe ihrer Gedanken zu zerstreuen. Die früh erworbene Gewohnheit, immer allein zu sein, wurde praktisch mein einziger Reichtum. Trotzdem muss ich einsehen, dass die übertriebene Bedeutung, die ich ständig allen Dingen beimaß, und meine angeborene Neigung, mit großem Eifer und Verantwortungsgefühl durchs Leben zu gehen, vornehmlich die Gründe für meine jetzige Lage waren.

Vielleicht war ich nicht wie die anderen Mädchen, die ich kannte. In mir verklärte sich alles, wurde magisch, rief ein Echo hervor. Ich war den Dingen in meiner Umgebung, wie etwa den Pflanzen auf unserem Balkon, leidenschaftlich zugetan. Morgens lief ich gleich nach dem Aufstehen hinaus, um sie zu begrüßen. Und ich gestehe, dass ich mich bei kaltem Wetter hinunterbeugte, um sie mit meinem Atem zu wärmen.

Damals war ich besonders glücklich, wenn ich mit meiner Mutter am Fenster saß. Wir hatten uns angewöhnt, sonntagnachmittags zu Hause zu bleiben und zu sticken oder zu nähen. Sista saß hinter uns und besserte ihre schwarzen Kleider aus. Im Garten gegenüber genossen auch die Nonnen den ruhigen freien Tag. Manchmal drehten sie sich tanzend im Kreis und lachten arglos, während ihre Röcke aufwirbelten wie schwarze Blüten.

Ich nähte schweigend, aber in mir stiegen unzählige Bilder auf. Ich träumte davon, Näherin zu werden, still mit dem weißen Leinen auf meinem Schoß vor mich hin zu arbeiten und meinen Horizont auf das Stück Himmel zu beschränken, das sich wolkenlos und leicht über dem Hof auftat. Das Lachen der Nonnen und das Knirschen, das die Nadel meiner Mutter im Stoff erzeugte, vermittelten mir das Gefühl, Teil einer harmonischen, freundlichen Welt zu sein. Hinter mir säuselte Sista den Rosenkranz. Am liebsten hätte ich andächtig und fromm miteingestimmt, doch das schien mir überflüssig. In solchen Momenten war bereits mein Leben ein Gebet.

Meine Mutter arbeitete emsig. Zärtlich betrachtete ich ihren schlanken Hals, ihr zartes Profil, die duftige Fülle ihres Haars. Sie nähte mit dem gleichen Eifer, mit dem sie abends

Klavier spielte. Seit sie in die Villa Pierce ging, war etwas in ihr erwacht. Beim Sticken dachte sie sich bizarre Arabesken und einzigartige Blumen aus.

Es war die Zeit der späten Frühlingsabenddämmerungen. Im Garten der Nonnen hingen die Glyzinien wie schwere Tropfen, und ihr Duft trieb uns den Schweiß auf die Stirn. In der Kapelle wurden hinter den roten Fenstern die Kerzen angezündet. »Man sieht ja gar nichts mehr«, sagte meine Mutter. »Gleich kommt dein Vater.«

Anfangs hatte er gegen unseren Entschluss, sonntags zu Hause zu bleiben, protestiert. Dann hatte er sich an diese Freiheit gewöhnt und sie schließlich für sich zu nutzen gewusst. Gleich nach dem Mittagessen ging er aus dem Haus, kehrte zum Abendessen zurück und schloss sich, bevor er zu uns kam, im Bad ein, um sich seinen Bart und die Hände zu waschen.

Einmal, als Sista das Essen zubereitete und wir allein waren, sagte meine Mutter mit matter Stimme: »Du fragst dich vielleicht, warum ich ihn geheiratet habe.«

Über solche Dinge hatte sie noch nie mit mir gesprochen, so wie sie sich mir auch nie unbekleidet gezeigt hatte.

»Für dich ist das vermutlich nicht leicht zu verstehen«, fuhr sie fort, »und auch mir ist das heute unverständlich. Aber damals …«

»Doch, doch, das verstehe ich sehr gut«, sagte ich hastig, so dass sie den Blick senkte und nicht weitersprach. Sie hatte nicht geglaubt, dass ich schon über so viel Lebenserfahrung verfügte. Wie vor Jahren, als ich ihr gebeichtet hatte, dass ich Magini in der Schule blutig geschlagen hatte, war sie erstaunt und auch etwas erschrocken. In Wahrheit hatte ich viel über die Gründe für ihre Heirat nachgegrübelt, bis mir dann jede Nacht Enea in meiner Phantasie erschien.

Bis dahin hatte ich mich oft gefragt, wie meine Mutter ihr Bett mit einem Mann teilen konnte, der sich ihr gegenüber den ganzen Tag lang wie ein lästiger Fremder verhielt. Als ich klein war, hätte ich sie abends gern festgehalten, wenn sie den Kopf zur Tür hereinstreckte, um mir gute Nacht zu wünschen. Durch den Spalt, den sie absichtlich schmal hielt, sah ich, wie mein Vater sich im Schlafzimmer die Schuhe auszog.

Im Spiegel des Kleiderschranks war das hohe, ehrwürdige Bett mit seinen weißen Decken zu sehen, das aus den Abruzzen stammte und in dem, wie man mir erzählt hatte, eine Schwester meines Vaters gestorben war. Die Tapete an der Wand war eisengrau. Mich überfiel die Angst, die zarte Lichtgestalt meiner Mutter könnte diesen düsteren Raum nie mehr verlassen. Ich schaute sie an und reckte ihr meine dünnen Arme entgegen. »Schlaf bei mir, Mama«, schluchzte ich.

Meine Mutter schüttelte sanft den Kopf. »Hab keine Angst«, sagte sie. »Die Nacht geht schnell vorbei, und morgen früh sind wir wieder zusammen.« Langsam schloss sie die Tür. Es folgte jene schreckliche Stille, nie unterbrochen von einem Seufzer oder einem Wort. Ich stand auf meinem Bett und presste angestrengt mein Ohr gegen die Wand, um mich zu vergewissern, dass meine Mutter noch lebte. Doch ich konnte nichts hören. Als ich älter war, bildete ich mir ein, zu hören, wie in dieser Stille Eneas Schritte zu meinem Bett kamen.

»Doch, doch, das verstehe ich«, unterbrach ich sie also hastig, als sie mir die Gründe für ihre Heirat erklären wollte.

Mein Vater hatte mir erzählt, dass ihre Verlobungszeit nicht lang gewesen war. Meine Mutter war sehr jung gewesen, gerade siebzehn Jahre alt. »Wir fuhren sonntags mit dem Boot auf den Fluss hinaus, weißt du noch, Eleonora?« Als er das sagte, warf er sich in die Brust und lehnte sich etwas auf dem Stuhl zurück, als könnte er sich dieser Ausflüge wie glorreicher Heldentaten rühmen. »Weißt du noch?« Er ließ nicht locker, sah sie auffordernd an und nötigte sie, sich umzudrehen und zu sagen: »Ja, ja, ich erinnere mich.« Feixend erzählte er, meine Mutter habe am anderen Ende des Bootes gesessen, um Abstand zu ihm zu halten. Ängstlich und blass sei sie gewesen und habe Angst um ihren Hut gehabt. »Kreideweiß war sie«, sagte er lachend. Er weidete sich daran, sie mit ihrer damaligen Schüchternheit aufzuziehen. »Weißt du, Alessandra, sie hat versucht, mir auszuweichen, hat sich geziert und gesagt: ›Nein, Sonntag kann ich nicht, ich habe zu tun.‹ Aber dann kam sie doch, ich musste sie nicht mal lange bitten, sie kam immer. Stimmt's, Eleonora?« Ich stürzte zu meiner Mutter und umarmte sie mit Tränen in den Augen. »Wir legten am Ufer an und machten Picknick auf einer Wiese. Erinnerst du dich noch an die Wiese?« Er traktierte sie unentwegt mit Fragen, um ihre Gedanken in eine bestimmte Richtung zu lenken. »Ja«, sagte sie, »ich erinnere mich an alles.« – »Als wir abends zurückkamen, hatte deine Mutter Farbe bekommen, stimmt's Eleonora, oder etwa nicht?« Wenn sie nicht antwortete, wiederholte er sofort nachdrücklich: »Nicht wahr, du hattest doch wirklich eine schöne Farbe.« Dabei ließen seine glänzenden Augen nicht von ihr ab, bis sie schließlich kurzatmig wie nach einem schnellen Lauf antwortete: »Ja, natürlich, mein Gesicht war rot von der frischen Luft und der Sonne.« Bei diesen Worten kugelte er sich vor Lachen. Meine Mutter beschwor ihn mit einem kurzen Blick, doch meinetwegen den Mund zu halten. Aber ich hatte schon verstanden und hoffte nur, ich möge nie in so eine Falle wie meine arglose Mutter in ihrer Jugend geraten.

Seit fast einem Jahr ging meine Mutter nun schon in die Villa Pierce, und die Nachmittage, die sie mit Arletta verbrachte, alles, was sie von dem Mädchen über Hervey erfuhr, die blühenden Hortensien und Akazien, kurz, alles, was es dort gab, war zu unserem einzigen Gesprächsthema geworden. Ich sage »unserem«, weil sie alles so genau schilderte, dass ich das Gefühl hatte, dabei gewesen zu sein. Diese Geschichten – zusammen mit ihrer zauberhaften Stimme und ihren anmutigen Gesten – begeisterten mich so sehr, dass ich um die Zeit, zu der sie abends für gewöhnlich nach Hause kam, schon wie auf glühenden Kohlen saß. War sie zu spät, fühlte ich mich wie um eine Schuldzahlung oder ein mir zustehendes Recht betrogen. Sobald sie die Wohnung betrat, fragte ich: »Und weiter?«, denn ich hatte das Gefühl, einen spannenden Fortsetzungsroman zu lesen.

Es war natürlich kaum zu glauben, dass es dieses Leben wirklich gab. So fand auch meine Mutter sich manchmal nicht mehr zwischen dem zurecht, was sie von Arletta über deren Bruder hörte, und dem, was sie mir abends erzählte. Dann fuhr sie sich mit der Hand über die Stirn: »Nein, vielleicht stimmt das nicht ganz so«, sagte sie und kramte in ihrem Gedächtnis nach Anhaltspunkten. Sie war so nervös, dass sie Herveys Rückkehr wie einen Überfall, wie eine Gefahr fürchtete. »Ich gehe da nicht mehr hin, wenn er zurückkommt, nein, auf keinen Fall!«, rief sie. Arletta hatte ihr die Klavierpartituren seiner Lieblingsstücke geschenkt und sie gebeten, sie zu spielen. Sie schaute zu, wie sich die Hände meiner Mutter auf der Tastatur bewegten. »Ich möchte so spielen können wie Sie«, sagte sie mit verhaltenem Neid. Meiner Mutter war unbehaglich zumute. »Dann könnte ich für meinen Bruder spielen«, fügte Arletta hinzu. »Ich könnte stundenlang mit ihm hier im Salon bleiben. Aber daraus wird nichts. Sie dagegen werden es können.« Ein sehnsüchtiger Ausdruck erschien auf ihrem rundlichen, gutmütigen Gesicht.

»Sie werden sein Geigenspiel begleiten dürfen. Hervey wird hier stehen, neben Ihnen. Kommen Sie, wir probieren es mal.« Sie schob einen Notenständer beiseite. »So.«

Rings um den Notenständer entstand eine beängstigende Leere. Meine Mutter versuchte, lächelnd abzuwehren: »Jetzt ist es aber genug.« Doch Arletta ließ nicht locker: »Probieren wir es.« Sie fragte meine Mutter, warum sie immer Schwarz trage. »Ich würde Ihnen …«, begann sie und legte ihr die Hände auf die Schultern. »Wenn Sie nicht so groß wären, würde ich Ihnen gern ein Kleid von mir leihen.«

Als meine Mutter mir das alles erzählte, las ich in ihrem Gesicht wie in einem Buch. Wir waren in ihrem Zimmer, sie lag auf dem Bett, warme Frühlingsluft kam durch das offene Fenster. Auf dem Hof erklang die strenge Stimme einer Frau, die mit ihrem Kind schimpfte, das Kind weinte, und ärgerlich wurden Fensterläden zugeschlagen. Das Brutzeln von Öl in einer Pfanne war zu hören, und Zwiebeldunst zog ins Zimmer. Verlegen schloss ich das Fenster, und doch umarmte ich mit dieser Geste den ganzen Hof. Wir waren lebendige Menschen, während die in der Villa Pierce unnahbare Engel waren, so dass ich an dem Abend, als meine Mutter bei ihrer Rückkehr leise zu mir sagte: »Ich habe Hervey kennengelernt«, dies für eine ihrer Phantasien gehalten hätte, wäre da nicht die ängstliche Verblüffung in ihrem Blick gewesen.

Dabei änderte sich an diesem Tag alles für uns. Oder vermutlich hatte sich schon alles geändert, als sie zum ersten Mal leichtfüßig die Treppe hinuntergeeilt war und das große Auto sie abgeholt hatte.

Vielleicht hätte ich traurig sein oder sie scharf verurteilen müssen, stattdessen – das weiß ich noch genau – spürte ich einen sanften Frieden in mir, ich war froh. Ich fragte sie nicht wie an den anderen Abenden: »Und weiter?«, um sie zum Erzählen zu ermuntern, das hielt ich für taktlos. Von nun an sollte auch ich aus dem Musiksalon verbannt werden und draußen vor dem Gitterzaun bleiben, wie alles, was zu unserem Hof gehörte. Aber das machte mir nichts aus. Und da dieses Ereignis in meinen Augen längst zu erwarten gewesen war, wunderte ich mich, dass meine Mutter erst jetzt diesen ängstlichen Blick hatte. Sie fragte mich, ob mein Vater schon zu Hause sei, und atmete erleichtert auf, als ich verneinte. Sie ging in ihr Zimmer, und ich verstand, dass sie mich nicht wie sonst zu sich rufen würde. Ich blieb noch einen Moment im dunklen Flur stehen, dann ging ich in die Küche und ließ mich auf einen Stuhl fallen. Sista musterte mich: »Sie hat Arlettas Bruder kennengelernt, nicht wahr?«, fragte sie, und ich nickte.

Allerdings erwähnte meine Mutter Hervey wochenlang nicht mehr. Sie war nun ungewöhnlich still und zerstreut. Wenn mein Vater sie bei Tisch ansprach, fasste ich sie sanft am Arm, um sie darauf aufmerksam zu machen. Sie ging oft zu den Celantis nach oben, um zu telefonieren und einige Klavierstunden zu verschieben. Sie verlegte sie fast alle in die Morgenstunden. Ich hörte, wie sie in aller Frühe aufstand und leise mit Sista redete. Sie wollte in diesen Stunden die Zeit aufholen, die sie in der Villa Pierce verbrachte.

Sie war jeden Nachmittag dort. Bevor sie die Wohnung verließ, schaute sie ins Esszimmer, wo mein Vater am Radio saß. »Ich gehe dann also«, sagte sie. Manchmal kehrte sie plötzlich um und umarmte ihn wie vor einer Abreise. Wenn sie abends wiederkam, setzte sie sich zu mir ans Fenster. Sie erzählte nun gar nichts mehr. Und doch war ihr Schweigen die erste Beschreibung der Villa Pierce, die mir wahrhaftig zu sein schien.

Bei Sonnenuntergang sah man die Nonnen zu zweit oder

in Grüppchen durch den Garten spazieren. Die jüngeren unter ihnen spielten manchmal Fangen, mit scheuen Bewegungen, und sie wirkten dabei so anmutig, als hätten sie ihr strenges Gewand nur so zum Spaß angezogen. Sicherlich hatte der Frühling sie so verändert. Überall brach er mit Macht hervor. Das zarte Grün der Glyzinienblätter an der Klostermauer hatte sich innerhalb weniger Tage in eine kräftige, leuchtende Farbe verwandelt. Gras spross zwischen den alten Steinen hervor wie Federbüschel, Kobolde oder Kapriolen. Alles schien an der Liebe meiner Mutter teilzuhaben, und es kam mir so vor, als erwachte die Natur extra für sie zu neuem Leben.

Schon bald zeigten sich an solchen Abenden auf dem leichten Schleier des Himmels die ersten Sterne. Die Bäume wurden grau, dann schwarz. »Komm«, sagte meine Mutter und lud mich zu sich auf den Sessel ein.

Mein Vater, der plötzlich das Licht andrehte, riss uns aus der Dunkelheit. »Was macht ihr denn hier?« Das Essen war fertig, die Wohnung aufgeräumt. Ich spürte förmlich seinen Ärger darüber, dass er nicht den geringsten Anlass fand, uns Vorwürfe zu machen. »Ihr spinnt doch«, murmelte er vor sich hin und tippte sich an die Stirn. »Ihr spinnt doch.« Dann musterte er uns lange, um die Ursache unserer Andersartigkeit zu ergründen.

»Ihr seid blass«, stellte er fest. Zu meiner Mutter sagte er: »Du siehst krank aus.« Und wirklich war die frische Farbe von ihren markanten Wangenknochen verschwunden. Ihre Haut war so bleich wie Weizen, der in dunklen Kellern wächst.

»Du wirst langsam hässlich, Eleonora«, sagte mein Vater eines Tages.

Wir saßen noch am Tisch. Nur mein Vater trank Kaffee und zündete sich, was selten vorkam, eine Zigarette an. Da er kein Raucher war, hielt er sie umständlich zwischen Zeigefinger und Mittelfinger, führte sie an seine vorgewölbten Lippen und paffte dicke Rauchwolken.

Meine Mutter schaute auf, böse und spöttisch. Vielleicht wartete sie darauf, dass er sagte: »Das war nur ein Witz.«

Aber er wiederholte: »Du wirst hässlich. Ich sage dir, nicht mehr lange, dann bist du hässlich.«

Meine Mutter musterte ihn noch einen Moment, dann brach sie in Gelächter aus. Ich hatte sie noch nie so lachen sehen, den Kopf zurückgeworfen an der Stuhllehne. Sie war nicht auf ihr Äußeres bedacht. Üblicherweise zog sie sich schnell an und drückte sich einen Hut auf den Kopf, ohne auch nur einen Blick in den Spiegel zu werfen. Deshalb überraschten mich ihr selbstsicheres Lachen und ihr stolz aufgerichteter Oberkörper.

Sie sprang auf, lief blitzschnell um den Tisch herum und verschwand im düsteren Salon. Wir hörten, wie sie kühn ein pastorales Stück intonierte, das an grüne Wiesen, einen unbeschwerten Morgen und so weiter erinnerte, sich dämonisch steigerte und sich in fröhlichen Arpeggios und heiteren, silberhellen Klängen entlud. Sie spielte es übermütig, als lachte sie, wie zuvor am Tisch, noch immer mit zurückgeworfenem Kopf. Ich wollte zu ihr laufen und sie zum Aufhören bewegen, denn sie schien jede Beherrschung verloren zu haben und, ohne sich dessen bewusst zu sein, ihre geheimsten Gefühle preiszugeben. Aber der Blick meines Vaters hielt mich auf meinem Stuhl zurück.

Als sie fertig war, kam sie wieder ins Esszimmer, stützte sich auf den Tisch und beugte sich mit einem triumphierenden Lächeln zu uns. Ihre Wangen glühten.

»Wisst ihr, was das war?«, fragte sie. Und sagte, ohne unsere Antwort abzuwarten: »Sindings *Frühlingsrauschen*. Es ist zwar nichts Besonderes, aber man fühlt sich, als würde man am frühen Morgen über eine Wiese laufen.«

Sie tanzte glücklich um den Tisch und sang mit ihrer zarten Stimme erneut die Melodie. Mir war, als müssten unter ihren Füßen Grashalme und Hyazinthen hervorsprießen und Quellen sprudeln, als könnte das Fenster aufspringen und meine Mutter wie eine Schwalbe davonfliegen.

Sista starrte sie reglos an, die Hände auf dem Schoß gefaltet. Mein Vater betrachtete sie ernst. Ich vergötterte sie.

Plötzlich hielt sie außer Atem inne, lehnte sich mit dem Rücken an die Anrichte und sagte: »Das werde ich in ein paar Tagen auf einem großen Konzert in der Villa Pierce spielen. Ihr seid herzlich eingeladen.«

Meine Mutter hatte stets davon geträumt, ein Konzert zu geben. Mein Vater hatte entgegnet, die Kosten wären zu hoch und wir würden niemanden kennen, der sich eine Karte leisten könne. Ohne auf ihn zu hören, hatte sie weiter über die Musik gesprochen, die sie gern spielen wollte, und über den riesigen Erfolg, den sie haben würde. Von solchen Vorstellungen erhitzt, ging sie unruhig im Zimmer auf und ab und erwiderte auf die Einwände ihres Mannes, unsere Lebensumstände könnten sich ja verbessern. Womöglich wusste sie selbst, dass das nie geschehen würde. Trotzdem bat sie um seine Zustimmung, die es ihr erlauben würde, an ihrem Traum festzuhalten. »Nicht wahr?«, fragte sie mit einem Lächeln. Aber er schüttelte den Kopf und erklärte, er wisse nicht, wie so ein Konzert stattfinden solle.

Ich schaute meinen Vater an, die unterdrückte Feindseligkeit in meinem Blick sollte ihn verletzen. Nein, auf keinen Fall, das hatte sein Kopfschütteln bedeutet, und die Träume meiner Mutter waren verflogen.

Aber nun schien vielleicht mit dem Ende des Winters die traurige, düstere Phase ihres Lebens vorüberzugehen wie eine Jahreszeit. Ich hatte meine Mutter – sie war damals kaum neununddreißig Jahre alt – nie für alt gehalten, wie Kinder das sonst häufig tun. Aber seit ihrer Begegnung mit Hervey wirkte sie geradezu wie ein junges Mädchen. Wenn wir zusammen unterwegs waren, drehten sich die Leute nach ihr um. Dabei war sie schlicht gekleidet und hatte nichts Extravagantes an sich. Doch eine Frau mit so viel Anmut und Natürlichkeit war selten. Oft zögerte sie, bevor sie die Straße überquerte, als hätte sie Angst, überfahren zu werden. Doch ich wusste, dass sie überhaupt nichts wahrnahm. Droschken, Autos und Fahrräder zogen an ihr vorbei wie ein Strom.

Auch zu Hause überraschte ich sie in ihrer Zerstreutheit. Sie stand vor einem Schrank oder einem Schubfach, ohne sich zu erinnern, weshalb sie sie geöffnet hatte. Manchmal saß sie an meinem Fenster im Sessel und schaute hinaus, den Kopf leicht zur Seite geneigt. Wie jung meine Mutter in solchen Momenten war! Ihre Wangen wiesen eine kindliche Frische auf, und ihre Bewegungen wirkten scheu und keusch, nicht wie die einer verheirateten Frau, die männliches Begehren kannte und mich geboren hatte. Ihre Liebe zu Hervey, die andere verurteilen mochten, verlieh ihr in meinen Augen eine magische Unschuld, die schon durch ein Wort, ein Lachen oder eine Geste befleckt werden konnte. Ich weiß, dass meine Mutter sich damals Gott und seinen Geboten, gut und ehrlich zu sein, sehr nahe gefühlt hat. Sie wirkte dünn in ihrem Kleid, kaum mehr als ein Hauch. Ja, meine verliebte Mutter war das Anmutigste, was ich je gesehen hatte. »Komm, wir gehen«, flüsterte ich Sista dann zu, und wir ließen sie allein am Fenster zurück.

Leise setzten wir uns in die Küche. Ich wagte kaum zu atmen, damit meine Mutter sich in der Stille der Wohnung geborgen fühlen konnte wie in einer Muschel. Ich nähte verbissen und stach mir in die Finger, um mich zu bestrafen, mich zu verletzen. Ich war unzufrieden, fürchtete, die widerwärtige Neugier, die Enea in mir geweckt hatte, könne verhindern, dass ich meiner Mutter ähnelte. Daher wanderten meine Gedanken oft zu Aidas Bruder Antonio. Auch er war unzufrieden, hatte Aida gesagt, aber statt vor den Ursachen für seine Unzufriedenheit zu kapitulieren, war er ins Gefängnis gegangen. Ich beneidete ihn um diese Möglichkeit, stark zu sein, die allerdings auch mit dieser Schwermut einherging. Er würde mich beschützen und von Enea befreien können. Obwohl ich ihn nie gesehen hatte, versprach ich mich ihm, nahm mir vor, Monate und Jahre auf ihn zu warten, sagte im Stillen: »Ich bin deine Braut.« Mit diesem Gedanken wollte ich mich beruhigen. Wir würden heiraten, stellte ich mir vor, und ich würde ihn vom Gefängnis abholen. Aber das wäre in einer anderen Stadt, mit einem anderen Gefängnis. Ich wäre erwachsen, ernst, in einen alten Regenmantel gehüllt, und würde, an einen Torpfosten gelehnt, lange warten. Schließlich würde Antonio herauskommen und ich ihn zum ersten Mal sehen. Trotzdem wäre mir sein Anblick bereits vertraut. Das Gesicht abgezehrt unter dem braunen Haar, schmales Kinn, tiefliegende Augen. Er würde ein Bündel tragen, und ich würde mich sofort anbieten, es ihm abzunehmen. Das würde er nicht wollen, und mit diesem Päckchen zwischen uns würden wir uns auf den Weg machen. Wir würden aussehen wie arme Leute. Ich überlegte, dass dies mein erstes Rendezvous wäre, und erinnerte mich an den leichten, federnden Gang meiner Mutter aus der Zeit, als sie Hervey kennengelernt hatte. Mir dagegen würde das Gehen neben Antonio mit seiner Last schwerfallen, und ich würde vergeblich hoffen, dass wir einen Park, eine schöne Allee, kurz, ein wenig Grün erreichten. Wir würden an einer rauchgeschwärzten Fabrikmauer entlanggehen, am Rand einer großen Stadt mit einem Dickicht von Schornsteinen vor einem grauen Himmel, dahinter glatt und bleiern das Meer an einem dunklen Strand. »Antonio«, würde ich sagen und zärtliche Worte für ihn finden wollen, würde lächeln und selbst in dieser trostlosen Umgebung vor Freude strahlen wollen. Stattdessen würde ich ihn bitten, nachdem er mir seinen trübseligen Blick zugewendet hätte: »Lass mich dein Päckchen tragen.« Er würde den Kopf schütteln, und wir würden unseren Weg schweigend fortsetzen.

So trug ich nun zwei Geheimnisse mit mir herum: die niederen Impulse, die Alessandro mir eingab, und den Wunsch, mich gegen die Niedrigkeit aufzulehnen, wie Antonio es getan hatte. Diese widerstreitenden Gefühle machten mich noch ungeselliger. Vom Fenster aus beobachtete ich die Leute auf der Straße und versuchte zu erraten, welches Geheimnis sie wohl hatten. Vielleicht trugen auch sie einen unaussprechlichen Kampf oder ein Laster mit sich herum. Meine Mutter trug dagegen voller Stolz Hervey mit sich in ihrem Gang und in ihrem übermütigen Klavierspiel.

Für das Konzert ließ meine Mutter mir ein Kleid aus schwarzweiß kariertem Taft schneidern. Voller Stolz fragte ich sie: »Und welche Farbe hat dein Kleid?« Erstaunt drehte sie sich um und sagte nach einer Pause: »Ich ziehe eins von meinen alten Kleidern an.«

Aber später überraschte ich sie vor dem offenen Schrank, wo sie ein Kleid nach dem anderen durch ihre Hände gleiten ließ. Sie hatten durchweg neutrale Farben, Tabakbraun oder Grau, zwei oder drei waren aus Rohseide und durch einen kleinen, weißen Spitzenkragen verunstaltet, alles Sachen für eine alte Frau. Bei ihren Zweifeln ertappt, schien sie mich mit ihrem Blick um Rat zu fragen. Die Kleider hingen schlaff auf den Bügeln. Ich sagte leise: »Sie sehen alle aus wie tote Frauen.«

Beklommen umarmten wir uns. Dann riss sie sich von mir los, ging zur Kommode und holte eine große Schachtel heraus, die ich noch nie gesehen hatte. Eine alte Schnur hielt sie zusammen. Meine Mutter zerriss sie mit einem Ruck und nahm den Deckel ab. Rosafarbene und hellblaue Schleier kamen zum Vorschein, Federn und Satinbänder. Ich hätte nicht für möglich gehalten, dass sie so einen Schatz besaß. Verblüfft sah ich sie an, und sie schaute zum Bild ihrer Mutter. Da begriff ich, dass dies die zarten Stoffe von Julia oder Ophelia waren, und ich berührte sie ehrfürchtig.

»Was könnten wir daraus wohl machen?«, fragte sie unschlüssig.

Wir hatten keine Ahnung von der aktuellen Mode und waren angesichts dieser Schleiermengen vollkommen ratlos.

»Wir brauchen Hilfe, Mama.«

Sie packte die Schleier und die Seidenstoffe wieder ein, nahm mich an die Hand und ging mit der Schachtel unter dem Arm zur Wohnungstür. Dort stießen wir auf Sista, die gerade vom Markt kam.

»Sista, ich bekomme ein neues Kleid«, sagte meine Mutter und strich ihr im Vorbeigehen über die Schulter. »Ein Kleid aus den Schleiern von Julia und Desdemona«, fügte ich großspurig hinzu.

Wir schlossen die Tür vor ihren verdutzten Augen, liefen die Treppe hinauf und klingelten bei den Celantis. Ich klopfte noch dazu mit fröhlicher Ungeduld.

Fulvia kam in ihrem leichten Morgenmantel angelaufen. Ich umarmte sie und rief: »Wir müssen meiner Mutter ein Kleid aus Ophelias Schleiern nähen!« Lydia kam uns mit wedelnden Händen entgegen, denn ihr Nagellack war noch nicht trocken. Die beiden waren sofort Feuer und Flamme.

»Kommt in mein Zimmer, da ist ein Spiegel.«

Obwohl es fast Mittag war, lag das unaufgeräumte Zimmer noch im Dunkeln. Eine kleine Lampe brannte auf dem Nachttisch neben dem ungemachten Bett. Strümpfe und Unterwäsche häuften sich auf den Stühlen, und Schuhe lagen kreuz und quer auf dem Teppich. In der abgestandenen Luft hing der beißende Geruch von Nagellack.

»Darf ich?«, fragte meine Mutter zögernd.

Lydia gab ihr einen Schubs: »Na los, rein mit dir«, und hielt sich nicht damit auf, das Bett zu machen oder die Wäsche wegzuräumen. Sie riss das Fenster auf, und in der Vormittagssonne wirkte das Zimmer noch schlampiger. Dann öffnete Lydia jubelnd die Schachtel. Ich lachte in kindischer Aufregung und umarmte meine verwirrt lächelnde Mutter. Fulvia hatte ihren Morgenmantel ausgezogen, sich in einen Seidenstoff gewickelt und ihn geschickt zu einem Kleid drapiert, während Lydia sich nach Art der Inderinnen einen Schleier über den Kopf zog.

Amüsiert sah meine Mutter ihren Einfällen zu. Dann fragte sie: »Glaubt ihr, aus diesen Stoffen ließe sich ein Kleid für mich machen?«

»Ein Abendkleid?«, fragte Fulvia.

»Nein, nein, ich … also, ich möchte es zu meinem Konzert tragen.«

»Mal sehen«, sagte Lydia. »Zieh dich aus.«

Meine Mutter zögerte. Sie umschloss sogar mit beiden Händen ängstlich ihren Hals, wo die lange Knopfreihe ihres

Kleides begann. Ich hatte sie in all den Jahren noch nie ohne Kleider gesehen. Nie, selbst in der größten Augusthitze nicht, war sie nur im Hemd herumgelaufen wie andere Frauen in unserem Haus.

»Zieh dich aus«, wiederholte Lydia. »Wieso schämst du dich vor uns? Wir sind doch unter uns Frauen, oder nicht?« Fulvia lachte.

Die zwei schwenkten bereits ihren Lieblingsstoff. »Na los, Eleonora, mach schon.« Meine Mutter zog sich aus und entblößte eine feine, weiße Haut und wohlgeformte, schlanke Arme. Ihre Brust beschrieb unter dem Unterrock eine sanfte Wölbung.

»Du siehst aus wie ein junges Mädchen«, sagte Lydia.

»Wie eine Braut«, ergänzte Fulvia. »Kleiden wir also die Braut ein.«

Ich stimmte ihnen zu. Meine Mutter war hochrot im Gesicht. Glücklich, ihr nah sein zu können, und ohne Rücksicht auf ihr Schamgefühl machten sich Lydia und Fulvia ausgelassen an ihr zu schaffen. Sie hüllten sie in eine blaue Seide, die ihre Arme frei ließ und sich am Dekolleté überkreuzte.

»Das ist es, unbedingt«, erklärte Fulvia.

»Das muss wohlüberlegt sein. Geh raus und komm dann wieder rein«, sagte Lydia.

»Wie bitte?«, fragte meine Mutter.

»Ja, komm zur Tür herein und zeig dich.«

Meine Mutter ging hinaus. Für einen Augenblick war die Türöffnung leer. Mein Herz klopfte heftig. Ich hatte Angst, meine Mutter würde nie wiederkommen und uns mit der Erinnerung an das blaue Kleid zurücklassen. Ich wollte sie schon rufen, als ihre Hand den verblassten Samtvorhang beiseiteschob und sie leichtfüßig und mit einem schüchternen Lächeln hereinkam. Sie war wunderschön.

Fulvia und ich klatschten begeistert. »Das ist es«, riefen wir, »das ist es!« Auch Lydia applaudierte, bedeutete uns aber plötzlich, still zu sein, und sagte ernst:

»Moment mal. Bist du sicher, dass ihm Blau gefällt?«

Wir Mädchen schwiegen betroffen. Nach einer kurzen Pause antwortete meine Mutter: »Ich weiß nicht.«

»Vielleicht hat er ja mal eine Bemerkung über ein Kleid von dir gemacht …«

»Wir haben nie über meine Kleider gesprochen, und außerdem hat keins davon eine so kräftige Farbe.«

»Aber das muss man doch wissen. Der Hauptmann kann zum Beispiel Grün nicht ausstehen. Jeder Mann hat eine Farbe, die er nicht leiden kann. Die Mariani, weißt du, die aus dem ersten Stock, hat mir erzählt, dass ihr Mann ihr strikt verbietet, Rot zu tragen.«

Meine Mutter hatte sich hingesetzt und betrachtete den schönen blauen Stoff auf ihrem Schoß. »Ich weiß nicht«, wiederholte sie, »ich weiß es wirklich nicht.« Solche Probleme verwirrten sie.

»Ist dir aufgefallen, ob er oft eine blaue Krawatte trägt?«

»Er trägt fast nie eine Krawatte. Er trägt sein weißes Hemd am Kragen weit aufgeknöpft, und die Ärmel krempelt er hoch bis zu den Ellbogen.«

Sie hatte den Kopf an die Wand gelehnt und schaute zum Fenster hinaus, wo hinter den kahlen Terrassen unseres Viertels das Grün des Pincio zu sehen war. Sie redete leise, die Hände auf dem Schleierstoff, und wir hörten so gespannt zu, als spräche mein Bruder durch Ottavia zu uns.

»Die Vorhänge in seinem Arbeitszimmer sind weiß. Auch das Sofa ist hell, hellgrau. Das Zimmer ist groß und sein ständiger Aufenthaltsort. An den Wänden stehen hohe Regale voller Bücher, und dort hängen Gemälde von außergewöhnlichen Muscheln aus der Karibik. Sie stammen von einem mexikanischen Maler. Hervey hat mir erzählt, dass dieser Maler unter Wasser auf Fischfang geht. Er lockt die Fische mit einem Licht an, und sie prallen dann geblendet gegen seine Taucherbrille. Es gibt auch Fotos von Gazellen, Gemsen und Pumas. Und von Bäumen, eingerahmt wie die Porträts von Freunden.« Nach einer Pause fuhr sie fort: »Nein, ich kann beim besten Willen nicht sagen, welche Farbe er am liebsten hat. Vielleicht hat er gar keinen Blick für die Farbe eines Kleides. Ich glaube nicht, dass Kleider ihn besonders interessieren. Allerdings …«

»Allerdings?«

»Immer wenn er mich ansieht, möchte ich bildschön sein.« Sie stand auf, umarmte Lydia, Fulvia und dann mich, lief zum Spiegel und betrachtete sich prüfend. »Macht mich schön«, sagte sie, »macht mich schön.«

Ich möchte hier unmissverständlich klarstellen, dass meine Mutter in vollkommener Unschuld und Aufrichtigkeit über Hervey sprach.

Damals hatten sie noch kein einziges zärtliches Wort miteinander gewechselt, das ihre Beziehung in den Augen meiner Mutter hätte verwerflich erscheinen lassen können. Und mit meinen ständigen Fragen nach Hervey bestärkte auch ich sie in der Überzeugung, nichts Unrechtes zu tun, da diese Freundschaft sogar von einem jungen Mädchen wie mir, das zudem ihre Tochter war, verstanden werden konnte.

Wenn sie mir von ihren Begegnungen mit ihm erzählte, war es, als rezitierte sie ein Gedicht. Daher vermutete ich, dass ihre Liebe wirklich so war, wie ich sie mir immer vorgestellt hatte: angstvoll, märchenhaft, verzaubert und doch unerbittlich in ihrer schrecklichen Majestät. Denn das Leben meiner

Mutter hatte sich durch die Liebe verändert. Sie sah jetzt vieles klarer, so als wäre es für sie bis dahin unter einem Schleier verborgen gewesen. Wenn sie abends aus der Villa Pierce kam, erzählte sie mir von ihren Spaziergängen im Park, von den Aufenthalten im Musiksalon: meine Mutter am Klavier, die Herveys Geigenspiel begleitete.

»Und Arletta?«, erkundigte ich mich manchmal. Sie wich meiner Frage aus. Dann, eines Tages, antwortete sie, Arletta sei in Begleitung einer Gouvernante nach England abgereist, wo sie eine Weile bei ihrer großen Schwester bleiben werde. Und einmal sagte sie: »Wenn ich in den Musiksalon gehe, ist mir noch immer so, als käme sie mir in ihrem weißen Kleid entgegen.« Dann verbarg sie ihr Gesicht in den Händen.

Die Erzählungen meiner Mutter, die deutlich zeigen, dass alle ihre Gedanken und ihre zärtlichste Sorge stets um Hervey kreisten, könnten grausam mir gegenüber wirken, aber nur, wenn man außer Acht lässt, dass sie noch nie zuvor geliebt hatte und sich nicht mit ihrer Rolle als Mutter begnügen konnte, da sie als Mädchen und als junge Frau nichts vom Leben gehabt hatte.

Vielleicht könnte ich ihr vorwerfen, mich fortwährend exaltierten Gefühlen ausgesetzt zu haben, so dass ich ehrfürchtig an den Mythos der großen Liebe zu glauben begann, und dass sie dadurch ungewollt meine heutige unglückliche Lage verschuldet habe. Das könnte ich ihr vorwerfen, wenn nicht zuallererst sie selbst für ihre hochgesteckten Ziele bezahlt hätte. Und wenn ich hier nun all das über sie aufschreibe und die persönlichsten, dramatischsten Momente unseres gemeinsamen Lebens erneut heraufbeschwöre, dann bestimmt nicht, um sie dafür anzuklagen, dass sie mich zu dem gemacht hat, was ich bin, sondern, um anderen manche meiner Verhaltensweisen zu erklären, die sonst unverständlich bleiben würden.

Meine heutige Lage hilft mir, mich rückhaltlos und ohne Schonung anzuschauen und zu Handlungen und Gedanken zu stehen, die ich einem Mann unter anderen Umständen vielleicht lieber nicht offenbart hätte. Ich glaube, dass kein Mann das Recht haben sollte, über eine Frau zu richten, wenn er nicht weiß, dass Frauen ganz anders beschaffen sind als Männer. Wie ungerecht, dass ein ausschließlich aus Männern bestehender Gerichtshof darüber entscheidet, ob eine Frau schuldig ist. Denn wie könnte ein Mann, solange es eine gemeinsame Moral für Männer und Frauen gibt, nach der sich üblicherweise alle richten, jemals wirklich verstehen, aus welchen subtilen Gründen eine Frau glücklich oder verzweifelt ist, Gründe, die von ihrer Geburt an untrennbar mit ihrem Wesen verbunden sind?

Ein Mann wird vielleicht nicht verstehen, dass sich in unserem großen Mietshaus alles um die Liebe drehte, nicht einmal den Männern, die mit uns zusammenwohnten, war das klar. Sie glaubten, die Liebe sei für ihre Lebensgefährtinnen nur ein kurzes Märchen gewesen, ein leichtes Hochgefühl, das nötig war, um Hausfrau und Mutter zu werden und dann ihr ganzes Leben dem Einkaufen und der Küche zu widmen. Ja, sie glaubten tatsächlich, der Essensgeruch, die schweren Einkaufstaschen am Arm, die stundenlang geduldig erledigten Flickarbeiten und die Schreibübungen mit den Kindern könnten die Liebesromanze ersetzen, die am Anfang ihrer Begegnung stand. Sie kannten die Frauen so wenig, dass sie sich einbildeten, das alles könne allen Ernstes deren Ziel und Lebenstraum sein. »Meine Frau ist frigide«, stöhnten sie vor ihren Freunden. »Sie kümmert sich nur um Haushalt und Kinder.« Und mit dieser bequemen Schlussfolgerung weigerten sie sich, ein Problem anzuerkennen, das ihnen Engagement und Verantwortungsgefühl abgenötigt hätte. Dabei hätte es genügt, sich für die Gespräche zu interessieren, die die Frauen führten, wenn sie unter sich waren, und die sie unterbrachen, sobald ein Mann auftauchte, so wie Kinder es tun, wenn die Eltern kommen; es hätte genügt, sich ihre Bücher auf dem Nachttisch anzusehen, in Schlafzimmern, in denen oftmals auch ein oder zwei Kinder schliefen; es hätte genügt, darauf zu achten, wie die Frauen nach dem Abendessen leise stöhnend das Fenster öffneten. »Sie sind müde«, sagten die Männer, ohne je nach den Gründen für diese Müdigkeit zu forschen. Sie dachten höchstens: »Frauen eben«, aber nicht ein Mann fragte sich, was es bedeutete, eine Frau zu sein. Und keiner von ihnen ahnte, dass jeder Handgriff, jeder Verzicht und jede weibliche Heldentat dem heimlichen Wunsch nach Liebe entsprang.

Meiner verliebten Mutter wurde in unseren Augen also ein außergewöhnliches Privileg zuteil. Obwohl sie mit niemandem außer mit Lydia und Fulvia Celanti näher Kontakt hatte, wussten die Nachbarinnen, deren Neugier durch den großen amerikanischen Wagen geweckt worden war, dank einiger Indiskretionen unserer Freundinnen und Ottavias bestens über diese Liebesgeschichte Bescheid. Oft sprach mich eine von ihnen mit meinem Namen an, wenn ich vorüberging, machte mir ein paar Komplimente und nutzte die Gelegenheit, um mir scheinbar harmlose Fragen über meine Mutter zu stellen, so dass ich erfreut eine stärkere Zuneigung rings um mich her spürte.

Außerdem war dieser Frühling des Jahres 1939 besonders strahlend, oder zumindest kam es mir in meiner Stimmung so vor. Soweit ich mich erinnere, ist der Himmel nie wieder so blau, die Luft nie wieder so mild gewesen. Allerdings muss ich zugeben, dass sich unter meine sanften Frühlingsgefühle auch eine Verwirrung mischte, die das romantische Bild von

Hervey in mir auslöste. Er hatte nicht nur das Leben meiner Mutter auf den Kopf gestellt, sondern indirekt auch meines und das der Celantis. Seinetwegen behandelten Fulvia und ich unsere gleichaltrigen Freunde nun mit herablassendem Spott, und die Gespräche mit ihnen langweilten uns. Und zweifellos hatten auch einige Streitereien zwischen Lydia und dem Hauptmann damals mit Hervey zu tun. Einmal sah ich die beiden in der Milchbar in der Via Fabio Massimo schweigend vor zwei leeren, sahneverschmierten Gläsern sitzen.

Aber niemand außer uns hatte die Villa Pierce jemals auch nur aus der Ferne gesehen, selbst ich wusste nicht mehr genau, wo sie sich befand, doch in meinen Geschichten schmückte ich sie mit einzigartigen Attraktionen aus, erzählte von Pfauen und weißen Windhunden. Ich hatte von wilden, auf Bäumen wachsenden Orchideen auf den Westindischen Inseln gelesen und versetzte diese herrlichen Parasiten auf die großen Eichen im Park der Villa Pierce. Ich ging so weit, einen kleinen See zu beschreiben, auf dem zwischen idyllisch dahingleitenden schwarzen Schwänen meine Mutter und Hervey in einer Gondel fuhren. Ich weiß nicht, ob Fulvia mir glaubte, aber sie hörte mir gern zu.

»Erzähl weiter«, drängte sie mich. Und wenn ich über Hervey sprach, redete ich im Grunde immer über mich. Ich übertrug meine Wünsche und Sehnsüchte auf ihn und legte ihm die Monologe in den Mund, die ich selbst einsam am Fenster führte. Schließlich war mir, als wäre ich es, die meine Mutter auf ihren romantischen Spaziergängen begleitete und die mit ihr am Klavier saß. Und meinetwegen lief sie auch in fliegender Eile die Treppe hinunter.

Dann schwiegen wir. Manchmal rappelte Fulvia sich mit einem gereizten, spöttischen Lachen wieder auf. Wir schlenderten untergehakt umher, die späten Abende waren sommerlich warm und menschenleer, ein trostloser Frieden lag auf den Straßen. Meine Mutter hatte mir das Versprechen abgenommen, nicht über die Brücke zu gehen, die unser Viertel vom Rest der Stadt trennte. Es war eine fixe Idee von ihr, so als könne sie mich auf diese Weise davon abhalten, erwachsen zu werden. Fulvia wollte mich anstiften, mein Versprechen zu brechen und bei meiner Rückkehr zu lügen. »Nein«, sagte ich, »ich mag keine Lügen.« Das verblüffte sie, sie hielt mich für feige. »Aber deine Mutter würde es ja gar nicht erfahren«, sagte sie beschwichtigend.

»Es geht nicht um sie«, erklärte ich ihr einmal, »es geht um mich. Du hältst mich für brav, aber das bin ich nicht. Ich werde den ganzen Tag lang vom Teufel in Versuchung geführt.«

»Du glaubst an den Teufel?«, fragte sie spöttisch.

»Ja, ich glaube, dass der Teufel aus all den Versuchungen und aus den Fallen besteht, die wir uns ständig selbst stellen. An manchen Tagen halte ich es nicht mehr aus und kann mich kaum noch wehren. Wenn ich mir jetzt auch noch das Lügen angewöhne, bin ich verloren.«

»Was führt dich denn so in Versuchung?«

Ich schwieg einen kurzen Moment. Wir saßen in einer Parkanlage in der Nähe der Engelsburg. Leute gingen vorbei, und Kinder spielten Fangen.

Ich senkte den Blick: »Alles.«

Überrascht schaute Fulvia mich an, dann starrte sie wieder ins Leere und sagte plötzlich nachdenklich:

»Wir haben es wirklich schwer, oder? Ich habe das Gefühl, ich könnte ebenso gut eine Heilige werden wie eine von diesen käuflichen Frauen. Vielleicht kannst du das nicht verstehen und verachtest mich jetzt.«

»Doch, ich verstehe das alles«, antwortete ich leise. Nach einer Pause fügte ich hinzu: »Abgesehen davon, dass es mir schwerfällt zu lügen, hilft mir nur eines: Ich finde es ekelhaft, wenn mir ein Mann zu nahe kommt. Neulich, bei Maddalena, als die Jungen kamen und wir getanzt haben, dachtet ihr, ich halte mich abseits, weil ich nicht gut tanzen kann. Aber der Grund war, dass ich die Hand eines fremden Jungen auf meinem Rücken nicht ertrage. Glühend heiß durch den leichten Kleiderstoff. Noch am nächsten Morgen stinkt das Kleid nach Zigarettenrauch, und dieser Männergeruch ist mir zuwider. Verstehst du?«

»Ja, das verstehe ich gut.« Sie dachte kurz nach und kam zu dem Schluss: »Ich verstehe, dass Männer dir mehr gefallen als mir.«

Ich fuhr auf: »Wie kommst du denn darauf?«

»Weil es so ist. Mir sind Darios Lippen auf meinen kein bisschen zuwider: Ich wische mir einfach den Mund ab und kann sofort ins Tanzzimmer zurückkehren und mit einem anderen flirten. Das hast du doch gesehen, nicht wahr?«

»Ja, habe ich.«

»Ich kann nicht finden, was ich so oft in Büchern lese, dass nämlich eine Frau das Bedürfnis oder den Instinkt hat, sich zu wehren, oder sie von Zweifeln geplagt ist, bevor sie sich einem Mann hingibt oder ihn auch nur küsst. Letztes Jahr war ich mit Dario und den anderen aus der Clique in Fregene, am Meer. Manchmal auch mit Dario allein. Wir haben uns ein Boot genommen und sind weit rausgefahren, dann sind wir ins Wasser gesprungen und haben unsere Badesachen ausgezogen.«

»Im Wasser?«

»Ja. Wir warfen sie ins Boot, es war herrlich. Meine Haare klebten angenehm kühl an meinen Wangen, das Meer war grün und hellblau, wir haben uns berührt und sind unter Wasser geschwommen, unsere weißen Körper sahen aus wie

Fische in einem Aquarium. Ich war wirklich munter wie ein Fisch im Wasser.«

Ich lachte, um meine Verlegenheit zu überspielen. »Und wenn das Boot mit euren Sachen abgetrieben wäre?«

»Es war ja verankert«, sagte sie schulterzuckend. Dann erzählte sie weiter: »Ab und zu streifte mich Dario mit seiner Hand. Aber es war eine Wasserhand, ich musste lachen. Ich wäre gern aufgeregt gewesen, verstehst du? Ich hätte gern den Wunsch gehabt, mich zu wehren, oder hätte seine gewagten Annäherungen auch gern genossen, doch nichts. Gar nichts. Nur einmal möchte ich so beeindruckt sein wie du, wenn sich dir ein Mann nähert.«

Wir schlenderten am Tiberufer entlang durch Borgo, durch die unruhigen Schatten der Platanen und das Geschwätz der Spatzen auf den Ästen. Sie übertönten mit ihrem Spektakel unser Gespräch. Um diese Uhrzeit hasteten viele Priester vorbei, überrascht vom beginnenden Angelusläuten.

»Wollen wir rübergehen?«, fragte Fulvia lächelnd und knuffte mich leicht mit dem Arm, als wir zu den Brücken kamen.

»Lieber nicht.«

»Du bist so unschuldig«, sagte sie gerührt.

Ich blickte zu Boden, verlegen, weil ich sie so täuschte. Ich wusste inzwischen, dass meine ständigen Hemmungen und inneren Kämpfe nur meine allzu leidenschaftliche Natur im Zaum halten sollten. Mein Äußeres schützte mich, ich war dürr und noch nicht voll entwickelt. Die Männer beachteten mich nicht.

»Du bist so unschuldig«, wiederholte Fulvia. »Das hat mich schon bei unserer ersten Begegnung auf der Treppe fasziniert. Du bist mit deiner Mutter vorbeigegangen, sie hielt dich an der Hand. Und jetzt weiß ich, was man empfindet, wenn man dich sieht: das unwiderstehliche Verlangen, dich an die Hand zu nehmen und für immer in deiner Nähe zu sein. Viele Männer werden um deine Hand anhalten, das weiß ich. Wenn man dich gesehen hat, kann man sich nicht damit begnügen, nur für eine Stunde mit dir zusammen zu sein. Du bist wie deine Mutter.«

Nie zuvor hatte mir jemand gesagt, wie ich bin oder wirke. Unter Fulvias lebhaftem Interesse nahm ich allmählich Gestalt an. Ich war kein Knäuel mehr aus Wünschen, Zweifeln und Sehnsüchten, sondern ein fertiger Mensch mit konkreten Konturen. Bis dahin hatte ich geglaubt, andere würden keinen Gedanken an mich verschwenden. Als ich Fulvia so reden hörte, hatte ich zum ersten Mal das Gefühl, mich im Spiegel zu sehen. Ich schmiegte mich an ihren Arm, an ihre zarte Haut, an ihre Wärme.

Als wir an einem großen Gebäude vorbeikamen, sagte ich: »Da drin sitzt Antonio.«

Wir lehnten uns an die Uferbrüstung und betrachteten die Gitterfenster und die Aufschrift an der Fassade: »Untersuchungsgefängnis«.

»Nein, er ist jetzt auf einer Insel«, sagte Fulvia mit gesenkter Stimme.

»Aber was hat er denn gemacht?«, fragte ich ungeduldig.

»Das weiß man nicht.«

Die Antwort war immer die gleiche. Über Antonio wurde so gut wie gar nicht mehr gesprochen, ich musste einsehen, dass wirklich keiner etwas wusste. Mein Vater hatte sich über meine wiederholten Fragen aufgeregt und mir verboten, mich in diese Angelegenheiten einzumischen. Aida erzählte, man habe ihren Bruder angeklagt, Flugblätter gedruckt zu haben. »Und was stand darin?«, fragte ich sofort. Auch Aida antwortete: »Das weiß man nicht.«

Ich starrte auf die Gefängnisfenster und rief Antonio in Gedanken so inständig, dass mir plötzlich so war, als tauchte sein Gesicht hinter den Gittern auf. Mir fiel wieder ein, was Aida am ersten Tag gesagt hatte, dass nämlich Antonio und seine Freunde unzufrieden seien. Von nun an war mir das Wissen um ihre schlimme Lage eine ständige Mahnung.

Im grauen Licht der Abenddämmerung gingen viele Menschen zwischen uns und dem Gefängnis vorbei. Sie unterhielten sich, lasen Zeitung, lachten, zwei Frauen fuhren in einer Droschke vorüber, und eine von ihnen puderte sich die Nase. All das schienen sie mit großem Eifer zu tun, um nicht nachdenken zu müssen, und so kam mir ihr Tag – und auch meiner – wie eine Abfolge überstürzter Aktionen vor, die pausenlos weitergingen, damit man ja nicht das eigene Gewissen befragen musste. Hätten sie in sich hineingehorcht, hätten sie vielleicht entdeckt, dass sie alle unzufrieden waren.

»Das ist schrecklich«, sagte ich leise.

»Ja«, sagte Fulvia. »Es ist schrecklich, dort eingesperrt zu sein, während draußen Frühling ist.«

Sehnsüchtig ließ sie ihren Blick schweifen. Hinter dem Gefängnis legte die späte Abendsonne ein zartes Rosa auf die Häuserdächer und auf die prallen Baumkronen des Gianicolo.

»Da oben liegt die Villa Pierce, nicht wahr?«, fragte sie.

Ich nickte.

»Von hier aus sieht man sie nicht, oder?«

»Nein«, antwortete ich schroff. »Weder von hier aus noch von anderswo. Sie liegt versteckt hinter Bäumen, man kann sie überhaupt nicht sehen.«

Schweigend gingen wir weiter.

»Weißt du was?«, sagte sie plötzlich. »Manchmal denke ich, dass es die Villa Pierce gar nicht gibt. Und Hervey auch nicht.«

»Warum?«

»Keine Ahnung, das ist nur so ein Gefühl. Ich habe mal eine Geschichte von einem Wanderer gelesen, der nachts durch einen Wald kam, hungrig, todmüde und ohne die Hoffnung, der Kälte und der Erschöpfung standhalten zu können. Auf einmal sah er in der Ferne das Licht eines Hauses. Er trat ein, fand ein stärkendes Mahl vor und wärmte sich an einem großen Feuer. Ein eleganter alter Herr und eine alte Dame hießen ihn willkommen und behandelten ihn mit einer Höflichkeit und Fürsorge, wie er sie bis dahin nicht gekannt hatte. Sie brachten ihn zu Bett und deckten ihn zu, und er fiel in den wohltuendsten Schlaf seines Lebens. Aber als er am Morgen erwachte, lag er am Waldrand in der Nähe der Landstraße auf der Erde. Das Haus und die Alten waren verschwunden.«

»Und wer waren sie?«, rief ich.

»Seine Eltern, die er schon als Kind verloren hatte. Sie waren es wirklich, so als wären sie anderswo alt geworden, weit weg von ihm. Ist das nicht eine schöne Geschichte?«

»Ja, aber du hast gesagt …«

»Ja eben. Genauso stelle ich mir die Villa Pierce vor. Auch Hervey hat für mich etwas von einem Geist. Und Eleonora auch. Weißt du, ich habe manchmal das Gefühl, deine Mutter könnte verschwinden und nie mehr wiederkommen, so, wie du es immer befürchtest.«

»Hör auf«, sagte ich erschrocken, und wir bogen in das Schachbrettmuster der Straßen in der Nähe unseres Hauses ein. Von einem plötzlichen Frösteln erfasst, gingen wir eng untergehakt weiter. Ich trug das Leben meiner Mutter bei mir, wie man einen schönen, bunten Luftballon trägt, der in der freien Himmelsluft schwebt und nur durch die dünne Komplizenschaft eines Fadens mit uns verbunden ist.

Am Tag des Konzerts aßen mein Vater und ich allein. Meine Mutter war zum Mittag in die Villa Pierce eingeladen. Wir saßen uns zum ersten Mal allein am Tisch gegenüber, wie es später allerdings viele Jahre lang sein sollte. Ich hielt das, wie ich mich erinnere, für ein böses Omen, aber ich war – in einer unwillkürlichen Solidarität mit meiner Mutter – trotzdem entschlossen, so zu tun, als fühlte ich mich vollkommen wohl. Ich war noch aufgewühlt von dem Überschwang, mit dem ich ihr geholfen hatte, das blaue Kleid anzuziehen. Es war wirklich elegant. Lydia hatte darauf bestanden, dass eine renommierte Schneiderin es anfertigte, und Sista hatte sich erstmals zum Pfandhaus aufmachen müssen und eine goldene Ansteckadel meiner Großmutter versetzt, damit wir die Rechnung bezahlen konnten. Meine Mutter war in dem Kleid wunderschön. Die an Brust und Hüften geraffte Seide kaschierte ihre Magerkeit, und die Farbe des Kleides passte hervorragend zu ihren Augen. Als ich sie so zurechtgemacht in den Räumen sah, in denen sie sich sonst bescheiden in ihren schwarzen Kleidern bewegte, musste ich einen überraschten Ausruf unterdrücken.

Sie kam uns entgegen und hob das Kleid an beiden Seiten an wie ein junges Mädchen auf ihrem ersten Ball. Ich hatte das Gefühl, sie könnte leichthin und mühelos für immer fortgehen, ohne dass es den Anschein gehabt hätte, sie tue etwas wirklich Schwerwiegendes. Daher schaute ich sie für einen langen Moment liebevoll an, winkte ihr dann zum Abschied und brach in Tränen aus. Ich lehnte meinen Kopf an Sistas Schulter und spürte ihren herben Geruch nach Küche und schwarzer Kleidung, der meine einsamen Tage begleitete.

Erstaunt blieb meine Mutter stehen.

»Warum weint ihr denn? Sandi, warum weinst du? Was habe ich getan, um Gottes willen?«

Wir konnten es ihr nicht erklären. Zwischen Sista und mir herrschte ein stilles Einvernehmen, ähnlich der Angst, die wir beide hatten, wenn wir in der Küche auf sie warteten und mit jedem Augenblick, der markiert von den großen Zeigern der Uhr verging, mehr fürchteten, sie nie wiederzusehen. Sie wusste nicht, dass ihre Gegenwart die einzige Freude in unserem Leben war. Wir lächelten sie unter Tränen an. Da lächelte sie auch und umarmte uns, gerührt von unserer Anteilnahme an ihrem Glück.

»Ich habe ein bisschen Angst«, sagte sie und blieb zögernd an der Tür stehen. »Nein, große Angst.« Aber sie gab sich einen Ruck und lief die Treppe hinunter, beugte sich noch mehrmals über das Geländer und schaute zu uns hoch. »Adieu!«, rief sie uns mit einer Kusshand zu, und ihr Lächeln strahlte durch das schmutzige Treppenhaus.

Später kam der Wagen zurück, um uns abzuholen. Ich war schon eine Weile ausgehfertig und sehr aufgeregt, als ich die Hupe hörte. Mein Vater sagte: »Einen Moment«, und tat so, als müsste er noch eine wichtige Zeitungsmeldung lesen. Dann gingen wir betont langsam die Treppe hinunter, ich in der Wolke seines widerlichen Pomadegeruchs.

Im Auto saßen wir unbeholfen voneinander abgerückt. Mein Vater gab sich gleichgültig und sogar gelangweilt, aber ich wusste, dass er stolz darauf war, von einem betressten Chauffeur in einem teuren Wagen herumkutschiert zu werden. Ich stellte mir vor, wie meine Mutter diesen Weg zur Villa Pierce tagtäglich zurücklegte. Natürlich fiel ihr eintöniges Alltagsleben unterwegs von ihr ab. Unsere Straße, das große Mietshaus, die düsteren Zimmer, mein Vater, Lydia und Sista sanken hinter ihr zusammen, schlaff und geräuschlos. Und vielleicht vergaß sie, wenn das Auto in die große, dichtbelaubte Allee auf dem Gianicolo einbog, auch mich.

Das Tor war offen, die Räder des Wagens knirschten über den Kies. In der Eingangshalle hieß Violet Pierce, mit einer lila Tönung in ihrem weißen Haar, die Gäste willkommen. Sie begrüßte uns überschwänglich, als hätte sie ausschließlich auf uns gewartet.

Im Salon setzten mein Vater und ich uns verlegen auf die hintersten Plätze. Auf den Sitzen lagen Programmzettel, die das »Konzert der Pianistin Eleonora Corteggiani« ankündigten. Diese Pianistin Eleonora Corteggiani war meine Mutter, Corteggiani war der Name meines Vaters, und mit diesem Namen wurde ich in der Schule gerufen. Trotzdem hatte ich das Gefühl, dass sie nicht zu unserer Familie gehörte, dass sie nur zufällig so hieß wie wir. Ich warf einen Blick in die Runde und erkannte den Musiksalon nicht wieder, den meine Mutter mir beschrieben hatte.

Viele Leute sprachen Englisch, und wir fühlten uns verlassen wie in einem fremden Land, dessen Sprache und Gebräuche wir nicht kannten. Ich hielt Ausschau nach Hervey und sah schnell, dass er noch nicht da war. Um mir Mut zu machen, schaute ich unverwandt zum Flügel, an dem gleich meine geliebte Mutter sitzen würde.

Es war ein großer, blankpolierter Konzertflügel, etwas ganz anderes als unser altes Pleyel-Klavier zu Hause. Mein Vater betrachtete ihn missbilligend, und durch unser gemeinsames Unbehagen fühlte ich mich unweigerlich mit ihm verbunden: Unsere Wohnung, die in der Küche sitzende Sista, die Stimmen auf dem Hof und das staubige, dunkle Treppenhaus schienen mir besser zu uns zu passen und sogar gastlicher zu sein. »Komm«, wollte ich gerade zu meinem Vater sagen, »wir gehen nach Hause«, als livrierte Diener die Türen schlossen, Mrs. Pierce mit einer Handbewegung um Ruhe bat und durch eine Seitentür meine Mutter eintrat. Sie schritt leichtfüßig zum Flügel. Dort legte sie eine Hand auf das Notenpult, und nun applaudierte das Publikum. Es war mehr als nur Beifall, es war etwas, das ihre Erscheinung geradezu einforderte.

Sie war sehr blass, und ihr Kleid aus den Schleiern Ophelias, das in unseren vier Wänden so atemberaubend ausgesehen hatte, wirkte hier altmodisch.

»Deine Mutter ist zu mager«, befand mein Vater. »Ich werde sie zu einer Erholungskur schicken.«

Ich schaute ihn an. Mit diesen Worten gab er vor, nicht zu bemerken, was für ein außergewöhnlicher Mensch seine Frau war. Genüsslich kostete er sein Recht aus, sie zu beurteilen und von ihr zu verlangen, sein Urteil anzuerkennen. Ich setzte zu einer schroffen, ironischen Antwort an, aber da begann meine Mutter ein Präludium mit Fuge von Bach zu spielen.

Dieses Stück und die nun folgenden hatte ich schon unzählige Male gehört, doch auch sie hatten hier eine andere Wirkung. Vielleicht weil meine Mutter von den Noten verdeckt war, fragte ich mich, ob es wirklich sie war, die die Stücke spielte. Ihr Anschlag war der eines starken, couragierten Menschen, nicht der der Frau, die bei uns zu Hause für gewöhnlich leise und nachgiebig sprach und sich sanft den Befehlen ihres Mannes fügte.

Sofort nach jedem Stück klatschte das Publikum begeistert. Meine Mutter stand nicht auf, um sich zu bedanken, sondern senkte in großer Verlegenheit den Kopf. In diesen Pausen schwirrte Violet Pierce zwischen den Gästen umher und raunte ihnen sicherlich etwas Schmeichelhaftes über meine Mutter zu, denn sie schaute dabei lächelnd zum Podium. Sie huschte auch für einen Augenblick zu uns und sagte: »*Isn't she wonderful?*« Offenbar wusste sie nicht mehr, wer wir waren.

Dann ging sie zu einem Platz in der ersten Reihe und redete auf Englisch ununterbrochen auf jemanden ein. Ich verstand kein Wort, konnte aber aus ihrer Miene schließen, dass sie mit Hervey sprach, und war plötzlich sehr aufgeregt. Es war nicht schwer zu erraten, dass sie ihn zum Musizieren aufforderte. Schließlich schaute meine Mutter von den Tasten auf und warf ihm einen aufmunternden Blick zu. Da stieg er sofort aufs Podium.

Meine Mutter hatte ihn mir nie beschrieben, ich wusste nur, dass er groß und blond war. Trotzdem entsprach er von Anfang an dem Bild, das ich mir von ihm gemacht hatte. Er hatte die Geige angesetzt und stimmte sie, zum gemeinsamen Spiel meiner Mutter zugewandt, ohne sich um das Publikum zu scheren. Aber obwohl ich sein Gesicht nicht sehen konnte, entdeckte ich eine gewisse Ähnlichkeit zwischen uns, wie bei manchen Pflanzen aus derselben Familie. Hervey schien mir, vielleicht wegen seiner schlanken Gestalt oder seines der Geige zugeneigten Halses, der dem eines Pferdes glich, alles zu vereinen, was mir im Leben gefiel, auch schöne Tiere oder Bäume, und nicht nur das, was mir an einem Menschen gefiel.

Er hatte zu spielen begonnen. Das Stück kannte ich nicht. Es entwickelte sich aus einem der pastoralen Themen, wie Hervey sie meiner Mutter zufolge liebte, und anstatt ihn zu begleiten, antwortete ihm das Klavier auf jede Phrase. Die Geige fragte, das Klavier reagierte leise, es war ein heiterer Dialog. Doch allmählich wurde das Klavier lauter und heftiger, als wären auch die Fragen nun ungestümer. Mit den Schlussakkorden schien das Klavier entfliehen zu wollen, und die Geige lief ihm nach.

Als die Musik verklungen war, klopfte uns allen das Herz

bis zum Hals, als wären wir dem schnellen Lauf der beiden nachgejagt. Einen Moment lang war es still, dann kamen die Zuhörer wieder zu sich, und es gab tosenden Applaus. Mein Vater schwieg, blass in seinem schwarzen Anzug.

Ich klatschte und konnte nur mit Mühe ein lautes Jubeln unterdrücken. Violet Pierce war aufs Podium gestiegen, um den Künstlern zu gratulieren. Es war vorbei. Meine Mutter stand mit gerötetem Gesicht vom Flügel auf und wollte sich davonstehlen, aber Hervey hielt sie am Arm zurück. Sie schauten sich an und lächelten, verlegen, weil sie ein Gefühl offenbart hatten, das sie sich bis dahin nicht eingestanden hatten. Mit diesem Lächeln wandten sie sich zu uns.

Beeindruckt hörte ich auf zu klatschen. Ich sah die beiden gedankenverloren an, und Tränen traten mir in die Augen. Ich war stolz und gerührt, als wäre ich die Mutter und sie das Kind. Durch den Tränenschleier sah ich, wie meine Mutter und Hervey sich vom Boden lösten und Hand in Hand in die Höhe stiegen, immer weiter hinauf, sie schwebten auf dem blauen Kleid wie auf einer Wolke. Ich konnte ihre Gesichter nicht erkennen, aber mir war, als hätten beide dasselbe Geschlecht: nicht Mann, nicht Frau, sondern Engel. Denn beide waren hochgewachsen und wirkten, wohl durch ihre Haarfarbe, wie Geschwister. Dieser kurze Zweifel erstaunte und verunsicherte mich. Ich konnte mir die geheimnisvolle Ähnlichkeit und die Harmonie, die von den beiden ausging, nicht erklären. Sie flimmerten von der Erde losgelöst vor meinen getrübten Augen, und meine Mutter lächelte wie in dem Moment, als sie sich zum Abschied zu mir umgedreht hatte, bevor sie die Treppe hinuntergelaufen war.

Schließlich setzte sie sich auf Drängen des Publikums wieder an den Flügel und stimmte das *Frühlingsrauschen* an, das sie an dem Abend gespielt hatte, als sie uns erstmals von dem

Konzert erzählt hatte. Wieder war in der Musik ihr Lachen zu hören. Viele Leute waren aufgestanden. Mein Vater sagte: »Komm, wir gehen«, und schob seine Hand unter meinen Arm.

Wir durchquerten die großen, leeren Säle, begleitet von heiteren Glockentönen und Arpeggios. Draußen war es noch hell, aber die großen Bäume hatten sich schon ins Dunkel gehüllt wie in einen Mantel. Die Musik aus den Fenstern verfolgte uns und trieb uns vorwärts. Wir beschleunigten unsere Schritte. Vor dem Tor war das Klavier dann nicht mehr zu hören.

Mein Vater stützte sich vertrauensvoll auf mich. Später, als er blind wurde und ich ihn auf seinen Spaziergängen führen musste, erkannte ich diese Art, sich aufzustützen, wieder. Sein Gesicht war plötzlich gealtert und erschlafft, wie es in Augenblicken der Müdigkeit typisch für Gesichter ist, die lange jugendlich wirken. Er erwähnte das Konzert mit keinem Wort mehr und wagte es auch nicht noch einmal, meine Mutter als mager zu bezeichnen. Da er seine Gefühle nur durch unmittelbare körperliche Reaktionen ausdrücken konnte, machte er nun schlapp, hing schwer an meinem Arm und schlurfte. Anstatt Mitleid mit ihm und seinem Leben zu haben, das nun verfiel, nachdem er meines, ein starkes und junges, gezeugt hatte, freute ich mich, wie ich gestehen muss, über seine Schwäche. Ich spürte, dass meine Mutter und ich das Geheimnis ewiger Jugend besaßen: An diesem Tag und viele Jahre später würden uns noch dieselben Dinge begeistern, wir würden die Zeit und auch den körperlichen Verfall besiegen, Freuden verhaftet, die mein Vater nie kennengelernt hatte. Mit ihm an meinem Arm schien ich alles zu tragen, was in unserem Leben vergänglich ist: den alternden und irgendwann verwesenden Körper. Ich empfand beinahe Abscheu,

Widerwillen, Ekel, wie damals, als Enea mich an die Wand drängen wollte, damit ich seinen Körper kennenlernte. Meine Mutter war für meinen Vater die einzige Verbindung zur Poesie des Lebens gewesen. Sie war viele Jahre bei ihm geblieben und hatte ihn ermuntert, ihr zu folgen. Jetzt war sie fortgegangen, und er war allein.

Ich brachte ihn durch die Gassen von Borgo langsam nach Hause. Wir erkannten die vertrauten Stimmen und Gerüche. Das war unser Viertel, waren unsere Nachbarn, ein Ort, an den meine Mutter wohl nur versehentlich geraten war.

Ich schaute meinen Vater an, der sich, ohne sich dessen bewusst zu sein, auf mich verließ, auf ein junges Mädchen, dessen Gedanken und Gewohnheiten er oft verspottet hatte. Ich roch seine Pomade und sah ihn wieder mit der aufgeschlagenen Zeitung und dem goldenen Ring an seinem Finger am Tisch sitzen, dazu das ironische Kopfschütteln, mit dem er uns musterte.

Kaum waren wir zu Hause, erkundigte er sich bei Sista, ob das Abendessen fertig sei, und forderte sie auf, es zu servieren, obwohl es noch recht früh war. Sista wagte es nicht, Fragen zu stellen. Sie stellte die Suppenterrine auf den Tisch und blieb dann verblüfft sitzen, die Hände auf der schwarzen Schürze gefaltet, den Blick starr auf den leeren Platz der Hausherrin gerichtet. Meine Mutter hatte die Angewohnheit, ihre Serviette in Form eines Kaninchens zu falten, und der Anblick dieser Serviette rührte mich nun genauso an wie Alessandros Spielzeug, das sie in treuem Gedenken in einer Schublade aufbewahrte. Draußen senkten sich die Abendschatten herab, auf die wir beide manchmal gemeinsam warteten, aber ich war allein. Ich ertappte mich dabei, wie ich mit Tätigkeiten, die bis zum Vortag noch sie erledigt hatte, ihren Platz einnahm. Ich tat Sista auf und reichte ihr den Teller mit den freundlichen Worten und dem freundlichen Tonfall meiner Mutter.

Da schaute mein Vater von seinem Teller auf und sah mich forschend an. Er bemerkte, dass ich nun erwachsen war, und da ich in meinem Äußeren und in meinen Bewegungen große Ähnlichkeit mit meiner Mutter hatte, sah er in mir sofort eine Gegnerin. Sista saß in einer Ecke und knabberte an einem Stück Brot, und zwischen uns lag die Stille wie eine Eisfläche, auf die sich keiner wagte. Doch bald hörten wir eilige Schritte die Treppe heraufkommen. Ich sprang freudestrahlend auf, lief zur Wohnungstür und riss sie auf.

In meiner Erinnerung sehe ich meine Mutter noch heute, nach so vielen Jahren, oftmals so vor mir wie in jenem Augenblick. Sie presste einen großen Rosenstrauß an sich, den sie geschenkt bekommen hatte, und unter ihrem kurzen Mantel schaute ein blauer Saum hervor, als könnte sie nie wieder in ihr bescheidenes Alltagskleid zurückschlüpfen. Ihre Haare waren etwas zerzaust, und sie hatte einen bezaubernden, rosigen Teint. Sie lehnte sich an die Wand, als wäre ihr plötzlich schwindlig geworden. »Ach, Sandi«, sagte sie leise, und mir war, als hätte sie meinen Namen noch nie so zärtlich ausgesprochen. Ich hätte mir gewünscht, dass sie sich in dem Kleid Ophelias auf mein Bett gelegt und mir die Geschichte ihres märchenhaften Tages erzählt hätte wie damals die Stücke Shakespeares, als ich klein gewesen war.

Unsere Zweisamkeit wurde von der Stimme meines Vaters aus dem Esszimmer abrupt gestört. Diese Stimme hatte riesige Klauen und ein dichtes, schwarzes Fell, es war die Stimme der Unholde aus den Märchen.

»Eleonora!«, rief er, und da sie nicht sofort antwortete, noch einmal: »Eleonora!«

Er erschien an der Tür, und meine keineswegs einge-schüchterte Mutter begrüßte ihn mit einem Lächeln. Sie war so glücklich, dass sie sich einbildete, er würde wenigstens an diesem Abend ihre Freude teilen. Ich spürte ihren Impuls, freundlich auf ihn zuzugehen und ihm von Hervey zu erzäh-len, und auch ihren Wunsch, dass er ihr zuhörte und sich mit ihr freute. Ich gebe gern zu, dass ich das nur natürlich fand, denn ich sah keinerlei Zusammenhang zwischen dem, was meine Eltern verband, und den Gefühlen, die meine Mutter für Hervey hegte.

»Komm mit«, befahl ihr mein Vater.

Zerknirscht folgte sie ihm auf dem Fuß. Wieder wirkte sie sehr jung, vielleicht wegen des kurzen Mantels, der ihr Kleid kaum bedeckte: ein junges Mädchen, das bei ihrer Rückkehr von einem heimlich besuchten Tanzvergnügen erwischt wird. Bevor sie das Schlafzimmer betrat, ließ sie die Rosen fallen, die ich hastig aufhob, wobei ich mir in die Finger stach. Ohne mich anzuschauen, schloss sie die Tür hinter sich.

Ich setzte mich auf den Backsteinboden und presste mein Ohr an die Tür. Sista hatte versucht, mich wegzuziehen, sich dann aber neben mich gekauert. Anfangs war es still. Schließ-lich hörten wir die Stimme meines Vaters, von einem glühen-den Hass erfüllt, den ich ihm nie zugetraut hätte: »Das war das letzte Mal, dass du die Villa Pierce besucht hast!« Wir ver-muteten, dass er sie grob am Arm gepackt hatte und festhielt, denn sie stöhnte leise auf.

Sie redete mit gedämpfter Stimme, wir konnten ihre Wor-te kaum verstehen. Er antwortete auf die gleiche Weise. Offen-bar schämten sich beide für das, was sie sich sagten. Diese harte Auseinandersetzung erschreckte mich genauso wie die Stille, die früher ihre einvernehmlichen Liebesnächte beglei-tet hatte, und erinnerte mich an die Stunden, in denen ich mich angesichts der beunruhigenden Verschworenheit meiner Eltern als Tochter voller Bitterkeit ausgeschlossen gefühlt hatte. Ich entdeckte, dass das, was zwischen Mann und Frau geschah, wenn sie allein waren, immer schrecklich war. Und ich musste daran denken, was Fulvia mir darüber erzählt hatte, wie Kinder gezeugt werden. Dieser Akt war nicht so glücklich, strahlend und rein, wie er doch hätte sein sollen, da mit ihm Leben weitergegeben wird. Stattdessen suchte man dafür die Finsternis und Heimlichkeit der Nacht. In den wütenden Stimmen, die ich hinter der grauen Tür hörte, offenbarte sich das ganze Elend der Intimität, die sich zwischen einem Mann und einer Frau entwickelt. Und auch ihre Art, sich zu lieben, schien mir nach allem, was ich wusste, so grauenvoll und vulgär zu sein wie der Streit, den ich nun mitanhörte.

»Ich sperre dich hier ein«, sagte er. »Hier, verstanden?«

Entsetzt umklammerte ich Sistas Hand. Ich stellte mir meine Mutter vor, gefangen zwischen dem großen Eisenbett, in dem Tante Caterina gestorben war, und der schwarzen Kommode mit der dunklen Marmorplatte, stellte mir ihren zarten Körper vor, erdrückt von diesen düsteren Möbeln.

»Bitte, Ariberto, bitte«, beschwor sie ihn. »Ich flehe dich an.« Es klang, als läge sie auf Knien vor ihm, als erniedrigte sie sich ausgerechnet vor dem Mann, den ich auf dem Heimweg mitleidig gestützt hatte.

Ich drehte mich zu Sista: »Wir müssen sie retten, müssen irgendetwas tun!«

Sista antwortete nicht. Im schwachen Licht der Flurlampe sah ich ihre magere, dunkle Gestalt am Türrahmen lehnen. Ihr Gesicht war reglos, wie aus Wachs. Sie hatte sich oft Sorgen gemacht, wenn meine Mutter sich auch nur ein bisschen verspätet hatte, und befürchtet, sie würde sie nicht wiedersehen, deshalb überraschte es mich, dass sie in dieser kritischen Situation so ungerührt bleiben konnte.

»Wir müssen sie retten«, sagte ich erneut. Und sie schwieg weiter. Als ich sie am Arm rüttelte und fragte: »Was können wir tun, los, sag schon?«, sagte sie endlich, mit ihrer versteinerten Miene:

»Was willst du machen? Er ist doch ihr Mann.«

Nach diesem furchtbaren Abend ging unser Leben exakt so weiter, wie es immer gewesen war. Meine Eltern ahnten nicht, dass ich belauscht hatte, was zwischen ihnen vorgefallen war. Darum verhielten sie sich zueinander wie in der Zeit vor dem Konzert. Nur eines hatte sich geändert. Ich wusste jetzt, was geschah, wenn sie sich in ihr Zimmer zurückzogen, und so war der liebenswürdige Ton, in dem sie sich unterhielten, eine unerträgliche Heuchelei für mich. Doch meine Mutter hörte auf, mir von ihren Tagen in der Villa Pierce zu erzählen, und dass ich sie bei ihrer Rückkehr nicht mehr wie bisher ungeduldig mit Fragen löcherte, zeigte, dass ich die Gründe für ihre Zurückhaltung und ihr Schweigen kannte.

Von den meisten Dingen, die ich nun schildern werde (und die sich nicht in meinem Beisein oder in unserem Haus zugetragen haben), erfuhr ich erst nach ihrem Tod von Lydia und aus einem Notizbuch, das im Klavier versteckt war und dem sie ihre Gedanken anvertraut hatte. So konnte ich die Ereignisse mühelos rekonstruieren.

Wenige Tage nach dem Konzert gestand Hervey meiner Mutter seine Liebe. Das muss am 21. Mai gewesen sein, denn dieser Tag war in dem Büchlein dick angestrichen, und in ihrer Schrift, groß und weich wie ein Schleifenband, stand dort überall: »Ich liebe dich, Eleonora.«

Nach diesem Datum hatte sie romantische Spazierwege notiert, »Villa Celimontana«, »einen Mandelbaum auf dem Palatin gesehen«, »Hadriansvilla«, »Schwertlilien an der Via Appia«. Ein gepresstes Blütenblatt dieser Schwertlilien lag zwischen den Seiten, und ich trug es später in einem Medaillon von Großmutter Editta um den Hals.

Dieses Medaillon ist der einzige Schmuck, der mir von ihr geblieben ist. Meine Mutter hatte fast alle ihre Unterrichtsstunden aufgegeben und, wie ich später erfuhr, von dem Tag an, als sie Hervey kennenlernte, kein Honorar mehr von der Familie Pierce angenommen. An jedem Monatsende übergab sie ihrem Mann, wie in all den Jahren zuvor, einen Umschlag. Das war der Preis ihrer ganztägigen Freiheit. Sie zahlte ihn pünktlich und vielleicht mit einer Spur von Verachtung: »Hier dein Geld, Ariberto.« Sista war oft im Pfandhaus gewesen, und als mein Vater nach dem Tod seiner Frau deren Schubladen öffnete, fand er in dem mit roter Atlasseide ausgeschlagenen Schmuckkästchen neben dem Medaillon nur noch ein Bündel Pfandscheine, die mit einer Nadel zusammengeheftet waren.

Meine Mutter weihte mich Ende Juni in ihre Pläne ein.

Das war an einem Sonnabend, einem heißen Tag. Mein Vater war ausgegangen, ganz in Weiß, mit einer blauen Krawattenschleife.

Ich las am Fenster, meine Mutter saß neben mir im Sessel. Seit Kurzem durfte ich Romane lesen, sie empfahl mir einige und stellte mir so nach und nach ein geeignetes Programm zusammen.

Ich erinnere mich noch gut, dass ich damals die Geschichte von Madame Bovary las. Meine Mutter schien das Buch mehrmals gelesen zu haben, denn es war sehr abgenutzt.

Einige Passagen waren unterstrichen und offenbarten so Gefühle und Regungen, von denen sie mir trotz unseres vertrauten Verhältnisses niemals erzählt hätte. Auf solche unfreiwilligen Bekenntnisse zu stoßen, während ich doch nur der Romanhandlung folgen wollte, brachte mich oft in Verlegenheit, denn ich kam mir indiskret vor. Außerdem war mir Madame Bovary keineswegs sympathisch, obwohl sie meiner Mutter sehr gefiel, und ich wollte nichts von den entfernten Gemeinsamkeiten zwischen den beiden wissen, so wie ich auch nicht wissen wollte, warum sie meinen Vater geheiratet hatte.

Mit diesen Gedanken schlug ich mich herum, als meine Mutter sagte:

»Ich bleibe heute zu Hause, Sandi. Ich muss mit dir reden.«

Dankbar wandte ich mich ihr zu. »Bleiben wir hier am Fenster?«

»Ja, natürlich«, antwortete sie lächelnd.

Ich schob meinen Sessel dicht neben ihren, und wir schwiegen froh und zufrieden. Ich fragte mich nicht einmal, was sie mir sagen wollte, obwohl ihr ernster Tonfall mich überrascht hatte. Ich war ganz einfach glücklich in ihrer Nähe. So ging es mir auch mit Francesco bei unseren ersten Treffen.

Nach einer Weile fragte meine Mutter mit einem Blick aus dem Fenster:

»Sandi, würdest du gern verreisen?«

Etwas Stachliges schnürte mir die Kehle zu, und mein Herz begann zu hämmern. Ich hatte Angst, sie wolle mich wegschicken und verschleiere es mit einer verlockenden Reise.

»Mit dir?«, fragte ich sofort.

»Natürlich mit mir.«

»Aber ja, Mama, gern!« Und als wollte ich sie zu einer gewagten, schlimmen Tat verleiten, fuhr ich mit gesenkter Stimme fort: »Lass uns von hier weggehen.« Sie antwortete nicht gleich und wandte sich mir auch nicht zu. Dann flüsterte auch sie: »Lass uns weggehen.« Ich begriff, dass diese Worte sie ständig umtrieben, dass sie eine fixe Idee waren, die sie unentwegt im Kopf hin und her wälzte, wenn sie nachts wach in dem großen Bett lag und wenn sie in der Wohnung umherging. Sie steckte hinter jedem anderen Gedanken, hinter jedem Wort, das sie sprach. »Lass uns weggehen.« Vergeblich schüttelte sie den Kopf, um diese Worte zu verjagen. Sie umzingelten sie, umschwärmten sie, hüllten sie ein, sie waren in der Luft, die sie atmete: »Lass uns weggehen.«

Es muss eine Erleichterung gewesen sein, sie endlich laut auszusprechen. Sie zuzulassen war eine Befreiung. »Wir gehen ins Ausland, ja? Vielleicht in die Schweiz.«

Sie schien sich ein Spiel auszudenken wie damals, als ich klein war und sie so tat, als würde sie mit mir in die ausländischen Städte reisen, in denen meine Großmutter aufgetreten war.

»Wir werden auf dem Land wohnen, weit weg von Städten mit ihren großen Wohnblocks, vollen Straßen und die ganze Nacht lang quietschenden Straßenbahnen. Wenn wir aus dem Haus treten, wird das auf Gras sein. Und ich werde einen Konzertflügel haben. Ein ganzes Zimmer nur für den Flügel.«

Ich ging auf ihr Spiel ein. Es gefiel mir, in diese Vision unseres künftigen Lebens alle Wünsche einfließen zu lassen, auf deren Erfüllung ich bisher nicht gehofft hatte.

»Ich werde im Wald spazieren gehen«, sagte ich, »und auf meinem Heimweg wird mich dein Klavierspiel leiten wie der Stern von Bethlehem.«

Sie nickte. »Ja, genau. Und im Winter wird unser Haus und alles ringsumher eingeschneit sein. Dann machen wir ein großes Feuer im Kamin und bleiben im Warmen am Klavier und bei den Büchern.«

Sie redete leise weiter. Landschaften und schöne Tage zogen in meiner Phantasie vorüber wie in einem Film. Schadenfroh stellte ich mir vor, wie mein Vater am Tag unserer Flucht nach Hause kommen würde. Er würde uns in seinem ungeduldigen, ironischen Tonfall rufen, würde sagen: »Ich habe Hunger!«, würde fragen: »Ist das Essen fertig?« Aber seine Worte würden nur auf Schweigen treffen und übertrieben laut klingen. »Eleonora!«, würde er rufen, »Alessandra!« Ich hörte seine zunächst ärgerliche, dann wütende und schließlich besorgte Stimme und sah, wie er die Türen zu den einzelnen Zimmern aufstieß, in denen nur die düsteren Möbel auf ihn warteten und ihn niederdrückten, wie er jahrelang meine Mutter niedergedrückt hatte.

»Sandi …«

»Ja.«

In der nun einsetzenden Stille schaute sie mich ernst an.

»Sandi, wir werden nicht allein sein.«

»Ach, Mama«, antwortete ich lächelnd, »mir war doch klar, dass wir nicht ohne ihn fahren würden.«

Sie legte ihre Hand auf meine und drückte sie fest, wie um mich ganz in ihre Gefühle und Probleme einzubeziehen.

»Das ist eine sehr ernste Angelegenheit«, sagte sie.

»Du kannst nicht hier eingesperrt bleiben«, widersprach ich heftig. »Du musst …«

»Das ist eine sehr ernste Angelegenheit«, wiederholte sie. »Ich möchte, dass du das verstehst. Darüber sollte eine Mutter mit ihrer Tochter, einem Kind, nicht sprechen. Aber eigentlich (und das war vielleicht ein Fehler) habe ich in dir nie ein Kind gesehen und dich wohl auch nie so behandelt. Seit deiner Geburt habe ich dich immer wie eine Frau behandelt und dich jeden Tag begleitet, ich habe dich getröstet und dir Mut zugesprochen, denn ich wusste ja, wie schwer es ist, eine Frau zu sein. Strenggenommen hat eine Frau gar keine Kindheit, sie ist von klein auf immer schon Frau. Vielleicht habe ich etwas falsch gemacht. Ich fürchte wirklich, ich habe dich falsch erzogen, denn so bist du so schwach und wehrlos geworden wie ich. Als du klein warst, stellte ich mir gern vor, du wärst ein Junge wie Alessandro, und dann ... Dann sah ich dich eines Tages hier am Fenster sitzen und habe dich gefragt, was du da tust und ob dir nicht langweilig ist, so ganz allein. »Nein«, hast du geantwortet, »mir geht es sehr gut.« Da habe ich mich an das Fenster erinnert, an dem ich oft gesessen habe, als ich noch bei meinen Eltern in Belluno wohnte. Ich kannte also die Bedeutung der allzu frühen Einsamkeit. Ich wusste, dass du leiden würdest, dass viele Dinge dich verletzen würden, andere dich wiederum reich beschenken würden. Denn wie in jeder Frau steckte in dir die Chance, dich als etwas Außergewöhnliches, Wunderbares zu erweisen, voller Anmut und Harmonie. Eben als eine Frau. Sandi, eine Frau ist wie das Universum, sie trägt die ganze Welt in sich, in ihrem Schoß, die Sonne und die Jahreszeiten und den Himmel über Stadt und Land.« Nach einer kurzen Pause fuhr sie fort: »Ich weiß gar nicht, wie wir auf das alles gekommen sind ... Was habe ich anfangs gesagt? Ich bin ganz durcheinander ...«

»Du hast gesagt, dass wir bald wegfahren.«

Meine Mutter sprang auf. Sie ging im Zimmer auf und ab und schien ihre Ungeduld nicht zügeln zu können. Sie rang die Hände und schaute um sich, spürte an den Wänden und auf den Möbeln den Zeichen ihres eintönigen Lebens, ihrer überraschungslosen Tage nach. »Fort ... nur fort ...«, murmelte sie, sich nun in Sicherheit vor der Falle fühlend, die diese Räume mit der unerbittlichen Hartnäckigkeit von Treibsand jahrelang für sie gewesen waren. Sie öffnete die Tür zum Salon, aus dem der muffige Geruch der Sessel aus den

Abbruzzen drang. »Fort!«, rief sie in die schwarze Leere des Zimmers hinein, und es klang wie eine Beschimpfung. Dann lief sie wieder leichtfüßig umher: »Fort«, wiederholte sie mit singender Stimme. »Fort …«

Sie blieb abrupt stehen:

»Und Sista?«

Sie zögerte einen Moment, dann entschied sie:

»Schnell, hol sie her.«

Sista besserte in der Küche Kleider aus.

»Komm«, sagte ich leise und zog sie am Arm. »Komm schnell.«

Meine Mutter ging ihr lebhaft entgegen.

»Hör zu«, sagte sie. »Wir fahren weg. Und du kommst mit.«

»Wohin denn?«, fragte Sista erstaunt.

»Ist doch egal! Du kommst auf jeden Fall mit.«

»An einen wunderschönen Ort«, sagte ich. »Dort gibt es Bäume, Kühe, Wiesen. Du wirst schon sehen. Wir verschwinden von hier. Verstehst du? Wir drei … Wir gehen fort, fort, fort.«

Wie berauscht tanzte meine Mutter erneut durch das Zimmer, mit anmutigen Bewegungen und Abschiedsgesten. Dann umarmte sie uns.

»Ach, meine Lieben!«, flüsterte sie.

Dann sagte sie, dass wir schon sehr bald losfahren würden.

Etwa zwei Wochen vergingen, ohne dass meine Mutter unsere Fluchtpläne nochmals erwähnte. Allerdings fiel mir auf, dass sie mich nun, bevor sie das Haus verließ, noch zärtlicher umarmte als sonst, sie beruhigte mich. »Ich komme bald wieder, hörst du, mein Schatz«, sagte sie in einem liebevollen, aufgeregten Ton, der wohl bedeutete: »Hab noch ein bisschen Geduld.«

Das heimliche Warten versetzte mich in eine ständige, schwer zu unterdrückende Erregung. Ich hatte Angst, meine ungewohnte Redseligkeit und meine Munterkeit bei allem, was ich tat, könnten auffallen, obwohl die Sommerzeit, die langen Tage und die Ferien auch den anderen Hausbewohnern neuen Schwung gaben. Die Pflanzen auf dem Hof blühten, und die aufgehängte Wäsche flatterte und klatschte fröhlich im Wind. An den offenen Fenstern blähten sich die Gardinen wie Segel. Die Wintergarderobe war verächtlich ausgeklopft und tief im Schrank vergraben worden. Durch ein neues Kleid ermutigt, sprachen die Frauen lauter und bewegten sich mit neu erwachter Sicherheit. Kurz, das graue Mietshaus summte heiter und schöpfte am Nachmittag durch die geöffneten Fenster frische Luft. Das Hämmern des Schusters klang beschwingter, und die Portiersfrau saß freudestrahlend am Eingang, während die kleinen Töchter der Hausbewohner um sie herum spielten, die Ohren mit Kirschen geschmückt.

Ich ging häufig mit Fulvia nach draußen, in einem schnellen, jugendlichen Gleichschritt. Wir redeten ununterbrochen, flüsterten uns Heimlichkeiten zu und lachten über Kleinigkeiten oder ganz ohne Grund. Unser Viertel war im Sommer stets vom schrillen Gezwitscher der Schwalben erfüllt. In keiner anderen Gegend von Rom sind so viele Schwalben zu hören wie in Prati. Morgens, kurz nach Sonnenaufgang, jagen sie sich hoch in der Luft. Sie rufen uns ins dunstige Himmelsblau. Abends dagegen fliegen sie in die Straßen hinunter, streifen die Fenster und versuchen mit verzweifeltem Spektakel, der tückischen Nacht zu entkommen. Wenn es dunkel wird, verstummen sie urplötzlich wie Musikinstrumente auf das Zeichen des Dirigenten. Fulvia und ich kehrten schnell zu unserem Haus zurück, wo schon viele Familien beim Abendbrot saßen, im Dämmerlicht, um Strom zu sparen.

Oft begleitete uns Dario. Wir verabredeten uns nie konkret mit ihm. Er machte Fulvia Zeichen am Fenster gegenüber: »Gehst du raus?« Und sie nickte.

Wir verließen das Haus, Dario war nicht zu sehen. Doch schon bald trafen wir ihn irgendwo in unserer Straße, jeden Tag an einer anderen Stelle. Er wartete rauchend auf dem Gehsteig und warf uns einen trägen, gleichgültigen Blick zu. »Ciao«, sagte Fulvia. Und er schloss sich uns an.

Er war dünn und hatte das spitze Kinn eines Fuchses. Seine Gesichtszüge waren eher gewöhnlich, aber seine blauen, nachdenklichen Augen unter der breiten Stirn verliehen ihm etwas Edles. Er ging wortlos neben uns her. Mit einer fahrigen Handbewegung versuchte er immer wieder vergeblich, sein glattes, zerzaustes Haar in Ordnung zu bringen. Sein Schweigen ärgerte Fulvia, die auf einen amüsanten Nachmittag gehofft hatte. Daher schnitt sie die verschiedensten Gesprächsthemen an, um sein Interesse zu wecken, aber zumeist mit wenig Erfolg. Anfangs hatte ich nicht verstanden, was Fulvia überhaupt an Dario gefiel, doch dann hatte auch ich den Eindruck, dass Darios mürrisches Schweigen der geistlosen Angeberei mancher unserer Altersgenossen durchaus vorzuziehen war. Diese schienen nach einer originelleren Version ihrer selbst zu suchen und taten mit viel Gehabe so, als wären sie einzigartig. Dabei ähnelten sie sich alle wirklich erstaunlich. Sie kleideten sich auf die gleiche Weise und redeten alle im selben Soldaten- oder Matrosenjargon. Es fiel mir schwer, mich an diese banale Sprache zu gewöhnen, die Fulvia dagegen mühelos beherrschte. »Was wollt ihr machen, wenn ihr erwachsen seid?«, fragte ich gelegentlich einen von ihnen. Sie antworteten immer spöttisch, und ich fühlte mich so unbehaglich wie damals in der gemischten Schule, als meine Mitschüler mich wegen meiner guten Noten gehänselt hatten.

»Wir werden irgendwann alle verrecken«, sagte einer. »Auch du mit deinem ›Sehr gut‹ in Latein.«

»Ihr seid Mädchen, ihr versteht das alles sowieso nicht«, sagte Dario und warf uns einen freundlichen Blick zu, der die teilnahmslose Kälte aus seinem Gesicht verbannte. »Über so was kann man mit euch einfach nicht sprechen.«

»Warum denn nicht?«, fragte ich, beleidigt wegen des Unterschieds, den er zwischen uns konstruieren wollte.

»Das weiß er doch selbst nicht«, sagte Fulvia. »Wer weiß schon, warum?«

Sie alle schienen in einer trostlosen Einsamkeit gefangen, aber anstatt sich darüber zu beklagen, brüsteten sie sich damit, sich selbst zu genügen und keinerlei Unterstützung im Leben zu brauchen, auch keine Freundschaft oder Liebe. Sie trugen einen gnadenlosen Zynismus zur Schau, eine sinnlose, forcierte Grausamkeit. Einmal prahlte einer von ihnen damit, einem Distelfinken, den seine Schwester im Käfig gehalten hatte, bei lebendigem Leib die Federn ausgerupft zu haben. Die anderen lachten, auch Fulvia, auch die sanfte, dicke Maddalena. Ich war entsetzt und echauffierte mich über diese blödsinnige Bosheit.

»Warum hast du das gemacht?«, fuhr ich ihn an. »Schämst du dich denn nicht? Du widerst mich an.«

Die anderen gingen lachend weiter, aber ich sah, dass sie verlegen waren und uns deshalb allein ließen.

Claudio, so hieß der Junge, versuchte erneut zu lachen, doch diesmal schon schwächer. »Wie konntest du so was nur tun?«, bohrte ich weiter. Sein Gesicht verfinsterte sich. Die anderen konnten uns nicht mehr hören. Wir gingen durch eine breite Allee auf dem Monte Mario, Vögel zwitscherten.

»Was hätte ich denn machen sollen?«, antwortete Claudio schließlich gereizt. Ich merkte, dass er einer Wut, einem verborgenen Gefühl der Machtlosigkeit Luft machen wollte. »Ich bin feige und reagiere mich an denen ab, die schwächer sind als ich.«

»Was ist denn?«, fragte ich ihn freundlich. »Was hast du?«

Erstaunt über das Interesse, das ich ihm entgegenbrachte, schaute er mich an. Er musterte mich kurz, als fragte er sich, ob er mir trauen könne.

»Keine Ahnung«, sagte er. Und aus Angst, ich würde seine Zurückhaltung für mangelnde Aufrichtigkeit halten, fügte er hinzu: »Ich weiß es wirklich nicht, Alessandra.« Er hakte sich bei mir unter.

Sein Arm war dünn, rauh, knorrig, und seine Hände unverhältnismäßig groß. Er trug ein weißes Netzhemd und hatte seine Jacke über die Schulter geworfen. Wie alle Jungen, die wir kannten, roch er stark nach Schweiß und ein wenig ungewaschen. Ich nahm an, die Jungen wuschen sich morgens nur flüchtig, weil sie es eilig hatten, aus dem Haus zu kommen. Dieser Geruch, vermischt mit dem nach billigem Tabak, stieß mich aber nicht ab, sondern machte ihn mir sympathischer.

»Du bist unzufrieden, stimmt's?«, fragte ich leise und starrte vor mich hin, wie ich es auch tat, wenn ich im Stillen mit Antonio sprach.

»Ja«, antwortete er ebenso leise und wachsam. »Wie könnte man denn auch zufrieden sein?«

Wir sagten nichts Schlimmes, und doch sah Claudio sich nach allen Seiten um. Rechts von uns wuchs hohes, hartes Schilf, es raschelte im Wind, als hätte sich jemand darin versteckt, um uns zu belauschen. Zu unserer Linken standen große Mietskasernen, mit Fenstern dicht an dicht in den gelben Fassaden, so dass sich die dort aufgehängte Wäsche berührte und die Bewohner aller Stockwerke miteinander verband.

»Wie könnte man denn zufrieden sein? Mit niemandem kann man sprechen. Das ist das erste Mal, dass ich was sage, Alessandra, und ich fühle mich gleich besser, wie von einer Last befreit. Vielleicht kann man nur mit einer Frau offen reden. Ich halte es nicht mehr aus.«

Ich sprach noch leiser und stützte mich beim Gehen auf ihn. Aber eigentlich stützte er sich auf mich, wie mein Vater am Abend nach dem Konzert. Claudio war drei Jahre älter als ich und wirkte schon wie ein erwachsener Mann. Die Freundschaft mit ihm war meine erste zu jemandem vom anderen Geschlecht. Gern hätte ich mich bei ihm ausgeruht, ihm die Last meiner Unsicherheiten und Zweifel anvertraut und mich trösten lassen. Aber er war mir zuvorgekommen, und so war das nicht mehr möglich. Schwach zu sein war nie möglich, niemals, mein Gott, nicht einmal einen Augenblick lang. Von nun an musste ich lernen, die starke Schulter zu sein, die leitende Hand, die tröstende Stimme. Erst hier und heute habe ich Ruhe gefunden, und dabei hatte ich Angst, sie niemals zu finden.

Wir gingen also nebeneinander her, und Claudio hängte sich bei mir ein. Ich hatte das Gefühl, dass andere Paare hinter uns gingen und die gleiche liebevolle Hingabe vortäuschten, aber stattdessen nur versuchten, sich gegenseitig zu stützen, Mann und Frau, und einen festen Schutz gegen eine unbekannte Gefahr aufzubauen, die uns von allen Seiten bedrängte.

»Kennst du Aidas Bruder?«, fragte ich ihn.

»Ja.«

»Er sitzt im Gefängnis.«

»Ich weiß«, sagte Claudio leise. Mit einer Spur von Verachtung in der Stimme fuhr er fort: »Das ist genauso feige, wie einem Distelfinken die Federn auszurupfen oder sich aus dem Fenster zu stürzen. Glaub mir, Alessandra, das ist feige. Widerstand ist leicht, dafür reichen fünf Minuten. Dann bist du schon ein Held, und im Gefängnis musst du dich nur zu Ordnung, Nachdenken und innerem Frieden zwingen. Aber du brauchst Mut, um Tag für Tag weiter mit deinem Vater zusammenzuleben, der dich nicht versteht, und mit deiner Mutter, die dich drangsaliert, und hinter einem der Fenster da zu wohnen«, sagte er und wies auf die gelben Mietskasernen, »still zur Schule zu gehen, still ins Büro, nie Fragen zu stellen, dich nie aufzulehnen und dem leichten Leben zu trotzen, das dich nach und nach umgarnt und dich vereinnahmt.«

Wir gingen hinter unseren Freunden her, hörten sie reden und lachen. Claudio drückte mich an sich und fragte:

»Hast du mich gern, Alessandra?«

»Ja, ich habe dich gern.«

»Liebst du mich?«, fragte er leiser und presste seinen harten Arm gegen meinen, er wollte ein einziges Ganzes aus uns machen.

Ich senkte den Kopf, beschämt, weil ich ihm diese Unterstützung verwehrte. Ich hätte mit ja antworten können, Fulvia an meiner Stelle hätte es getan, aber bei aller spontanen Sympathie, die ich für ihn hegte, wollte ich doch vor allem ehrlich sein. Mir schien, dass mein Gefühl nichts mit Liebe zu tun hatte. Ich kannte doch das verklärte Gesicht meiner Mutter, mit dem sie nach Hause kam, wenn sie Hervey getroffen hatte.

Ich blieb die Antwort schuldig, und wir gingen schweigend weiter, bis unsere Freunde stehen blieben und für den gemeinsamen Heimweg auf uns warteten.

Am selben Abend griff meine Mutter in dem dunklen Durchgang zur Küche nach meiner Hand und sagte leise: »Nachher rede ich mit deinem Vater, ich werde ihm sagen, dass wir fortgehen. Bleib bei uns und lass mich nicht allein, es sei denn, ich bitte dich darum.«

Ihr Blick war ernst, nüchtern und entschlossen. Dabei hatte sie sich in den letzten Tagen noch nachgiebiger und fügsamer als sonst gezeigt und alle launischen Anwandlungen aus ihren Gesichtszügen verbannt. Manchmal hatte ich mich ängstlich gefragt, ob sie unseren kostbaren Plan aufgegeben hatte, aber doch gehofft, dass sie nur eine Rolle spielte, die einer ganz gewöhnlichen Frau, auf die, besiegt und gebändigt, Verlass war.

»Nur Mut«, sagte ich und küsste sie flüchtig auf die Wange.

Beim Essen redete mein Vater über die üblichen Dinge. Er wickelte seine Spaghetti mit der gewohnten Pedanterie um die Gabel, und ich wunderte mich, dass er nicht ahnte, was vor sich ging, nicht die unsichere Atmosphäre spürte, in der wir uns alle bewegten. Aber er war so in seinem Egoismus gefangen, dass nichts zu ihm durchdringen konnte. »Blödsinn«, sagte er immer, wenn die Rede von jemandem war, dem etwas zu Herzen ging, und wenn es sich um eine Frau handelte, fügte er hinzu: »Die soll lieber Socken stricken gehen.«

Sista räumte Teller und Gläser ab. Meine Eltern saßen sich noch immer gegenüber, durch das weiße Tischtuch getrennt. Mit einer Handbewegung fegte meine Mutter die Brotkrümel von der Decke. Sie schien sich zu wünschen, dass alles zwischen ihnen sauber und klar war. Als mein Vater aufstehen wollte, hielt sie ihn mit einem Blick zurück und sagte:

»Einen Augenblick, Ariberto, ich muss mit dir sprechen.«

Er hielt inne und versuchte, zu erraten, was sie wollte. Wohl oder übel setzte er sich wieder und fragte argwöhnisch:

»Was ist denn?«

Meine Mutter war vollkommen ruhig. Sie faltete die Hände auf dem nun krümelfreien Tischtuch und sagte:

»In ein paar Tagen fahre ich mit Alessandra weg.«

Wir waren noch nie verreist. Unsere altmodischen Koffer aus Pappe und Korbweide lagen hoch oben auf dem Schrank.

»Ihr fahrt weg?«, fragte er und täuschte ein amüsiertes Staunen vor. »Und wohin, wenn man fragen darf?«

»Wir gehen fort«, antwortete meine Mutter ruhig. »Fort von hier.«

Stille. Ich hatte meinen Stuhl an ihren herangerückt, und nun sahen wir meinen Vater beide sehr ernst an.

»Wir wollen nicht mehr hierbleiben, in dieser Wohnung.«

»Was ist denn so schlimm an dieser Wohnung? Sie ist gemütlich, und die Miete ist günstig. Was habt ihr daran auszusetzen?«

Meine Mutter zögerte in der Hoffnung, er würde ohne weitere Erklärungen verstehen, allein durch ihre Blicke, und ihr würde diese unangenehme Aufgabe erspart bleiben.

Doch schließlich sagte sie: »Wir wollen nicht mehr mit dir zusammenleben.«

Er war unschlüssig, versuchte einzuschätzen, wie ernst es uns war. Da wir nebeneinandersaßen, sah er sich wohl zwei gleichermaßen standhaften, gleichermaßen entschlossenen Eleonoras gegenüber, die mit Leib und Seele ihren Wunsch ausdrückten, ihn zu verlassen.

Aber nachdem mein Vater einige Male zwischen uns hin- und hergeschaut hatte, brach er in Gelächter aus. Er ließ sich gegen die Stuhllehne fallen und lachte widerwärtig, als hätten wir einen ausgesprochen guten Witz gemacht: »Ha, ha, ihr wollt also nicht mehr mit mir zusammenleben.«

Meine Mutter sagte mit blassem Gesicht: »Hör auf damit, bitte, es ist uns ernst.«

Er lachte immer weiter. Der Abend war schwül, die Fenster standen offen, und durch die Hitze schien das Haus gegenüber näher gerückt zu sein. Ich fürchtete, alle in unserem Haus, in den umliegenden Häusern und auf der Straße könnten das Lachen meines Vaters hören und neugierig an unsere Tür klopfen, um den Anlass für diese unbändige Heiterkeit zu erfahren. Dieser Anlass waren wir und die Beklemmung, die unser Leben beherrschte.

»Und wovon wollt ihr leben?«, fragte er plötzlich ernst, mit scheinbar wohlwollender Neugier. »Na, wovon?«

Der gelbe Umschlag, den er am 27. jeden Monats im Ministerium erhielt, gab ihm wieder einmal ein Gefühl von Stärke. Mit diesem Geld glaubte er, nicht nur das Recht erworben zu haben, uns wie Untermieterinnen oder Dienstmädchen zu behandeln, sondern auch das Recht, uns auszulachen, ohne sich zu fragen, was hinter unserem Entschluss steckte.

Und er ließ nicht locker. »Na los, sagt schon: Wovon wollt ihr leben?«

»Ich habe immer Geld verdient«, antwortete meine Mutter. »Ich kann auch noch mehr verdienen.«

»Etwa mit Konzerten?«, schlug er vor.

»Ja, auch mit Konzerten.«

Mein Vater lachte wieder los. Dabei öffnete sich das Hemd über seiner kräftigen, behaarten Brust. Unsere Worte konnten an seiner dicken Schale nicht einmal kratzen. Selbstsicher, wie er war, hielt er es nicht für nötig, uns von unserem Vorhaben abzubringen. Er zeigte sogar auf die nur wenige Schritte entfernte Tür. Wir hätten sie nur öffnen müssen, um frei zu sein. Aber wir blieben wie festgewurzelt sitzen, und er lachte.

»Es ist uns ernst, Ariberto«, wiederholte meine Mutter, die versuchte, in den Pausen zwischen seinem Gelächter zu Wort zu kommen. »Unser Entschluss steht fest.«

Da befand er, dass das Spiel lange genug gedauert hatte. Er

hörte abrupt auf zu lachen, richtete sich auf seinem Stuhl auf und schlug einen anderen Ton an.

»Ihr seid ja verrückt«, sagte er hart. »Verrückt«, wiederholte er. »Ihr braucht eine Kur, eine Nervenkur, eine Bromkur. Ich habe es euch schon mal gesagt: Bei euch ist eine Schraube locker.« Sein Zeigefinger vollführte eine Drehung an der Schläfe, und mit einem spöttischen Blick sagte er: »Hier, genau hier.«

»Hör auf damit, Ariberto!«, fuhr meine Mutter ihn an. »Lass das, bitte!«

»Eine Nervenkur«, wiederholte er.

Er stand auf und ging ohne ein weiteres Wort aus dem Zimmer. Dann hörten wir wie üblich die Tür ins Schloss fallen.

Die folgenden Tage waren nicht leicht. Unsere Freundschaft mit den Celantis ähnelte der herzlichen Solidarität, dem tiefen, mitfühlenden Verständnis, das die Angehörigen einer verfolgten Minderheit vereint.

Nachmittags, wenn ich meine Schulaufgaben machte, kam meine Mutter manchmal in mein Zimmer und forderte mich ohne ersichtlichen Grund auf, sofort zu Fulvia hinaufzugehen. Wenn ich mich weigerte, weil ich ahnte, dass sie das nur tat, um mit meinem Vater allein zu sein, bat sie mich inständig: »Geh schon, Sandi, bitte geh.«

Sobald ich bei den Celantis auftauchte, wussten sie, dass meine Mutter mich weggeschickt hatte, damit ich nicht Zeugin einer quälenden, dramatischen Auseinandersetzung wurde, und sie kümmerten sich liebevoll um mich. Eines Abends hörte ich, wie Lydia dem Hauptmann am Telefon sagte, dass sie wegen Eleonora nicht ausgehen könne. Ich wollte sie bitten, meinetwegen keine Umstände zu machen, aber mein Bedürfnis, nicht allein zu bleiben, war stärker. Wir saßen auf dem Bett und sprachen wenig, wir taten nichts, warteten nur, dass die Stunden vergingen, und gemeinsam zu warten, war leichter. Angespannt zuckten wir beim leisesten Ton, bei jedem Geräusch zusammen, bereit, sofort zu Hilfe zu eilen. Mit unserem quälenden Warten kämpften auch wir gegen meinen Vater, aus all den Gründen, die Frauen haben und die Männer nicht verstehen können.

Einmal erzählte mir Lydia, gleich als ich zu ihr kam, aufgeregt: »Heute sagt sie ihm alles.«

»Was denn alles?«

»Über Hervey.«

Das gefiel mir nicht, ich fürchtete, das Gelächter meines Vaters könne das schöne Märchen, das ich durch meine Mutter miterlebte, beschädigen, beschmutzen und sogar zerstören.

»Irgendwann muss man Farbe bekennen«, sagte Lydia. »Es geht nicht anders.«

»Ja, aber nicht bei meinem Vater. Der versteht überhaupt nichts.«

»Gerade deshalb«, erwiderte Lydia. »Wir dürfen nicht vergessen, dass es Gesetze gibt.«

»Was haben denn Gesetze damit zu tun? Hier geht es doch um Gefühle.«

»Oh!«, rief Lydia. »Das Gesetz schert sich nicht um die Gefühle der Frauen.«

»Aber wie kann man denn Gesetze erlassen, die wirklich gerecht sind, wenn man das außer Acht lässt, was für uns Frauen am wichtigsten ist?«

»So ist es aber«, sagte Lydia.

»Und für die Männer?«, fragte Fulvia nach einer Pause.

»Das ist etwas anderes. Bei Männern geht es nie um Gefühle, sondern nur um ihr Bedürfnis zu … Wie soll ich sagen. Das ist nicht so einfach zu erklären …«

»Meinst du, mit einer Frau ins Bett zu gehen?«, fragte Fulvia grob.

»Du sagst es.«

Alles in mir rebellierte, und mein Abscheu war so groß, dass ich mit der Frage herausplatzte: »Und solche Dinge berücksichtigt das Gesetz, ja?«

»Ja«, antwortete Lydia. »Was die Männer angeht, schon.«

Mein Gesicht glühte. »Aber vielleicht«, sagte ich, »kann man auf diese Dinge verzichten. Es ist schwer, aber ich glaube, es geht.« Ich dachte an Enea und redete, ohne meine Freundinnen anzusehen. »Aber wie könnte man dagegen auf Gefühle verzichten?«, fragte ich ängstlich.

Fulvia und Lydia antworteten nicht. Dann erklärte mir Lydia, worum es in dem Gesetz ging: um die unterschiedliche Deutung des Wortes Treue für Männer und für Frauen. Sie sagte auch, meine Mutter habe beschlossen, ihrem Mann zu gestehen, dass sie Hervey liebe, dass sie aber nie seine Geliebte gewesen sei, dass sie gerade deswegen fortgehen wolle, um ehrlich zu bleiben und um mit Hervey ein Leben zu führen, das auf gemeinsamen Neigungen und Wünschen beruhe.

Bei diesen Worten kamen mir die Tränen. Ich hatte lange nicht geweint, vielleicht seit Jahren nicht. Meiner Mutter war es zu verdanken, dass ich ein glückliches Kind geworden war. Sie hatte mich gelehrt, mich mit wenigen materiellen Dingen zu begnügen und mich mit allem anderen reich zu fühlen. Tatsächlich kann ich mich nicht erinnern, als Kind je geweint zu haben. Einmal nur, ich war damals kaum mehr als elf Jahre alt und hatte Angst, schwerkrank zu sein. Ich vertraute mich Sista an, weil ich nicht wollte, dass sich meine Mutter Sorgen um mich machte. Sista erklärte mir, dass ich nicht krank, sondern nun eine Frau sei. Ohne weitere Fragen war ich in mein Zimmer gegangen und hatte mich auf mein schmales Bett zwischen den Schränken geflüchtet, und das Knäuel schmerzhafter Beschämung in mir löste sich in meinem Weinen auf.

»Man muss was für die Frauen tun«, sagte Fulvia.

»Dario sagt, mit der Zeit wird das auch passieren.«

»Mit der Zeit!«, rief Lydia. »Alle Frauen warten ständig darauf, dass diese Zeit kommt, und inzwischen vergeht ihr ganzes Leben, Schluss, aus.«

»Aber Dario sagt, mit der Zeit wird sich was tun. In Amerika sind die Frauen wahlberechtigt und dürfen sogar Abgeordnete werden.«

Ich lag auf dem Bett und weinte leise, das tat mir gut. Fulvia redete weiter, aber ich schüttelte den Kopf, damit sie aufhörte. Ich wusste kaum, was Wörter wie wahlberechtigt oder Abgeordnete bedeuteten, und hatte nicht den Wunsch, etwas dergleichen zu sein. Aber ich wollte auch nicht, dass man davon sprach, etwas für die Frauen zu tun, als wären sie niedere oder behinderte Wesen. Ich wollte, dass man uns unserer feinfühligen Natur gemäß leben ließ, so wie es den Männern gestattet war, gemäß ihrer Stärke und Selbstsicherheit zu leben. Nein, sagte ich, man müsse nichts für uns tun, denn auch wir sollten wie die Männer von Geburt an das Recht auf Respekt vor unserer Art zu leben haben.

Ich weinte, und sie ließen mich weinen. Lydia klopfte mir tröstend auf die Schulter. Ich nahm ihre Hand und küsste sie dankbar. Schließlich sagte sie: »Jetzt werden sie wohl fertig sein«, und ich ging wieder nach unten. Es war dunkel.

Ich ging in die Küche, wo Sista im gelben Licht der spartanischen Lampe bügelte. Sie schaute auf, als ich kam, und ich machte eine Geste, die bedeutete: »Wo sind sie?«

»Er ist nicht da«, antwortete sie.

»Und meine Mutter?«

»In ihrem Zimmer, im Dunkeln. Sie wird wohl ins Bett gegangen sein. Sie hat sich eingeschlossen.«

Ich nahm einen Stuhl und setzte mich an den Tisch zu Sista, die eifrig weiterarbeitete. Das hin und her gleitende Bügeleisen schickte Hitzewellen zu mir herüber.

Sista bügelte ein Hemd meines Vaters, ein Hemd mit langen, schwer handhabbaren Ärmeln. Obwohl sie sehr geschickt war, kam sie jetzt nicht damit zurecht.

»Was ist passiert?«, fragte ich.

»Ich weiß nicht. Dein Vater hat herumgeschrien, und deine Mutter hat die ganze Zeit geweint.«

»Und warum?«

Nach kurzem Zögern antwortete sie: »Keine Ahnung.«

»Sista, du lügst. Garantiert konntest du es dir nicht verkneifen, an der Tür zu horchen. Was haben sie gesagt?«

Nach einer Pause gestand sie leise:

»Ich konnte nicht viel hören, deine Mutter hat etwas geflüstert, und er hat gesagt: ›Das geht vorbei.‹ Sie weinte und sagte: ›Unmöglich, das geht nie vorbei. Solange ich lebe, nicht.‹ Er antwortete, dass die Frauen alle …«

»Na, was denn?«

»Er sagte: ›Sie sind alle Huren.‹«

»Das hat er zu meiner Mutter gesagt?«

»Ja«, antwortete Sista mit gesenktem Kopf und bügelte weiter. »Und dann hat er gesagt: ›Du bleibst hier, in diesem Haus.‹«

»Und was noch?«

»Ich weiß nicht. Er ging im Zimmer auf und ab, ich hatte Angst, dass er mich erwischt.«

Das Bügeleisen glitt wieder und wieder über das große Hemd meines Vaters. Sista schwieg, und ich hatte keine Kraft mehr für weitere Fragen. Ich starrte auf das Hemd, von seinem Weiß geblendet. Ich wollte mich nicht einmal bewegen, nicht zu meiner Mutter gehen, um sie zu trösten. Ich schaute Sista an, und in ihrem reglosen Gesicht, in ihren ausdruckslosen Augen las ich die uralte Gewohnheit zu gehorchen. »Was können wir tun, Sista?«, hatte ich sie einmal gefragt. Und sie hatte geantwortet: »Was willst du machen? Er ist doch ihr Mann.« Ein andermal hatte sie gesagt: »Das ist ihre Sache, die Sache von Eheleuten, die ihr Leben zusammen verbringen müssen. Und das Leben ist lang.« Damit wollte ich mich nicht abfinden, und doch stellte ich bestürzt fest, dass ich meine Mutter bereits aufgab, sie alleinließ, in ihrer großen Not und vom Weinen erschöpft, während ich Sista beim Bügeln zusah. Im Licht der Lampe sah das große Hemd aus wie ein lebendiger, aufdringlicher Mann, der mit dem ganzen Ausmaß seines Körpers vor uns lag, großspurig und selbstsicher. Wir kümmerten uns um ihn, bedienten und versorgten ihn. Ich sah das schwarze Bügeleisen langsam über den weißen Stoff gleiten wie über eine straffe, fahle Haut. Das Eisen ähnelte einem widerlichen Blutegel. Sista stieß es in den Ausschnitt des bereits steifgebügelten Kragens, damit der Stoff auch ringsumher die Wäschestärke annahm. Sie rammte es wieder und wieder hinein, beharrlich, voller Ingrimm. Es schien, als wollte sich das schwarze Tier am Hals festsetzen, um alles Blut auszusaugen. Plötzlich entdeckte ich in diesen harten, bohrenden Stößen eine heimliche Absicht.

»Sista, du musst mir zeigen, wie man bügelt«, sagte ich leise.

Sie schaute zu mir auf wie auf frischer Tat ertappt. Ihr starrer, forschender Blick beherrschte das hagere Gesicht. Vielleicht hätte sie gern widersprochen, doch stattdessen stieß sie das schwarze, spitze Eisen erneut in das zarte Weiß des Kragens.

»Ja«, antwortete sie. »Das sollten alle Frauen können.«

So kam der 12. Juli heran, der achtzehnte Todestag meines Bruders. Seit vielen Jahren schon gingen meine Mutter und ich an diesem Tag allein zum Fluss hinunter. Mein Vater war dieser Zeremonie müde geworden, die ihm wohl, nachdem der erste, stechende Schmerz vergangen war, überflüssig oder vielleicht sogar grotesk vorkam. »Ich kann heute nicht«, hatte er beim ersten Mal gesagt, als wir uns wieder in unseren schwarzen Kleidern auf den Weg machen wollten. »Ich habe etwas Wichtiges zu erledigen.« Bei dieser Ausrede war er so verlegen, als hätte er etwas Schlimmes vor. Und wir wussten nur zu gut, dass er noch nie etwas Wichtiges zu erledigen gehabt hatte. Im Jahr darauf erfand er erneut eine Ausrede, danach sagte er gar nichts mehr.

Am 12. Juli hatte meine Mutter frühmorgens Ottavia zu uns bestellt. Sie besuchte uns jetzt ziemlich oft, ohne dass mein Vater sie je gesehen hatte. Wenn Ottavia mit ihrem energischen Hinken erschien, erlag das ganze Haus sofort ihrer Macht.

Auch Enea wurde damals aus dem Salon ausgesperrt. Er wartete das Ende der Séance bei Sista in der Küche ab. Ich stellte mir vor, dass alle seine Tage so verliefen, mit dem Wechsel von einer Küche zur nächsten, während er in jeder Wohnung gekonnt sein ernstes, beherrschtes Verhalten beibehielt. Wenn die Séance länger dauerte, gab ihm Sista ein Stück Brot und etwas Käse. Auch beim Essen blieb seine Miene finster, als könne nicht einmal eine Mahlzeit ihn aufheitern. Er schlang schweigend einen Bissen nach dem anderen hinunter, die schäbige Tasche mit den Kräutern und den Amuletten klemmte fest zwischen seinen Knien.

In solchen Momenten nahm er es sich nicht einmal heraus, mich wie sonst so oft mit seinem schmierigen Begehren anzuschauen. Er war vollkommen auf den plumpen, gierigen

Akt der Nahrungsaufnahme konzentriert, seine animalische Art beschränkte sich auf Abbeißen, Kauen und Schlucken. Sowohl sein Hunger als auch sein klägliches Wanderleben weckten so etwas wie Mitleid in mir. Die Zeit hatte ihn kaum verändert. Sein Körper war immer noch gedrungen. Und sein bauernschlauer Gesichtsausdruck war mit seiner schon gereiften Erfahrung vulgärer geworden.

»Ich hatte auch Visionen«, erzählte er mir am 12. Juli. »Ich habe ein Gesicht an der Wand gesehen, und eines Nachts habe ich deutlich gehört, wie eine Stimme zu mir sagte: ›Schreib‹!«

»Also willst du diesen Beruf nun auch ausüben?«, fragte ich.

»Das ist kein Beruf«, korrigierte er mich, »das ist eine Berufung.«

Sista war hinausgegangen, um an der Tür zum Salon zu horchen, was er ausnutzte, um nach meiner Hand zu greifen. Die Berührung mit seiner Haut verwirrte mich, und der Gedanke, dass ausgerechnet ein Mann wie er diese starke Sehnsucht in mir wecken konnte, machte mich wütend. Die Kunden steckten ihm ein kleines Trinkgeld in die Tasche mit den Kräutern und den Amuletten, ein paar Lire oder auch ein Ei oder ein Stück Brot. Aber er schämte sich nicht für seine Knechtschaft, im Gegenteil, er wollte diese Almosen sein Leben lang annehmen, obwohl er kräftig und gesund war und leicht einen richtigen Beruf hätte ergreifen können.

»Lass das«, fuhr ich ihn an und schlug seine Hand weg. »Ich verreise bald, weißt du das? Ich gehe weg von hier. Du und deine Tante werdet nie mehr herkommen. Vielleicht«, sagte ich mit einer Spur Verachtung, »sehen wir uns heute zum letzten Mal.«

Enea lächelte widerwärtig und sagte: »Vergiss das mal.

Denk jetzt lieber an mich.« Dabei versuchte er, seine Hand in den Ausschnitt meiner Bluse zu schieben.

Ich stieß ihn weg. Und als wolle sie mir zu Hilfe kommen, hörte ich plötzlich meine Mutter, die aus dem Salon kam und den Vorhang mit seinen klingelnden Ringen beiseiteschob.

Wir umarmten uns im dämmrigen Flur. Ihre Augen glänzten verzückt.

»Alessandro wird heute auch erscheinen«, sagte sie.

Bei Sonnenuntergang gingen wir zum Fluss hinunter. Das Tiberufer war nicht mehr unbebaut wie in meiner Kindheit. Hinter dem Ponte del Risorgimento bis zum Ponte Milvio stand eine Reihe schrecklicher Wohnblocks in Grün, Gelb und Hellblau. Aber hier am Ufer war noch alles unberührt und friedlich. Hier wuchs noch das hohe Schilf, hinter dem der kleine Alessandro gespielt hatte, und das weiche Gras war mit Gänseblümchen übersät.

Meine Mutter ging zum Wasser, beugte sich vor und warf Blumen in die Strömung. Dann setzte sie sich neben das Schilf und schaute unverwandt auf den Fluss. Der Wind fuhr ihr durchs Haar, und ihr zarter Oberkörper schien zusammen mit dem Schilf zu schwanken. ›Liebe Mama‹, dachte ich mit stürmischer Leidenschaft.

Aber sie sah mich nicht an, abgelenkt vom Rauschen der scharfen Schwerter des Schilfrohrs.

»Hörst du das?«, flüsterte sie. »Das ist er.«

Ich ließ mich nach hinten ins Gras fallen, dessen kühle Nässe ich im Nacken spürte. Rings um uns her hatte sich ein magischer Kreis aus Stille und Frieden gebildet. Weder Stimmen noch Straßenlärm waren zu hören. Über mir wölbte sich der weite Himmel, neben mir floss ruhig und träge der Tiber. Ich spürte, dass Alessandro in diesem Moment tatsächlich da war: Er wirbelte um uns herum, riesig, in einem großen Luftgewand, und er, der Tote, und wir, die Lebenden, waren ein einziger, weicher Strom. Der Mond stand blass am Himmel, und mir war, als könnte ich ihn einfach wegschnipsen. Adieu, Enea, adieu, dachte ich. Der Fluss trug mich fort, weit weg von den Brutalitäten des Lebens.

»Mama, wir gehen doch bald fort, nicht wahr?«, fragte ich mit einem Lächeln.

»Ich weiß nicht«, antwortete sie leise. »Ich glaube nicht. Denk nicht mehr daran, Sandi. Denk nicht mehr daran.«

Unsicher wartete ich darauf, dass sie sich zu mir umdrehte und über mich lachte, wie sie es häufig tat, wenn sie sich gutmütig über meine Leichtgläubigkeit lustig machte. Doch diesmal war sie reglos und ernst. Ich hatte Angst, sie könnte plötzlich verschwinden, könnte diesen Ort sanfter Einsamkeit extra gewählt haben, um mich zu verlassen. Erschrocken setzte ich mich auf und schrie fast schon:

»Bitte geh nicht ohne mich!«

Erstaunt über meinen erregten Tonfall, wandte sie sich mir zu. Nach einem langen, zärtlichen Blick sagte sie:

»Nein, Sandi. Hab keine Angst. Ich könnte nie ohne dich fortgehen. Deshalb habe ich ja gesagt, du sollst nicht mehr daran denken.« Dann erklärte sie: »Dein Vater will dich nicht weglassen. Er hat gesagt: ›Geh, wenn du willst, aber meine Tochter bleibt hier.‹«

»Ich?«, rief ich verblüfft. »Aber warum denn? Wir haben doch überhaupt nichts gemeinsam!«

»Tja, ich weiß. Aber er sagt: Ich habe das Gesetz auf meiner Seite.«

Sie schaute mit trauriger Miene rasch wieder zum Fluss. Sicher sprach sie in Gedanken mit Alessandro. Auf einmal fühlte ich mich von ihrem Gespräch ausgeschlossen, wegen all der Dinge, die ich von meinem Vater geerbt hatte und die Alessandro durch seinen Tod hatte hinter sich lassen können. Ich hatte einige Ähnlichkeit mit meinem Vater, manche sagten, ich hätte seine Hände oder auch seine Zähne. Nicht einmal meine grenzenlose Liebe zu meiner Mutter konnten diese Merkmale auslöschen, auf die er sich nach dem Gesetz berufen konnte.

Sie stand schnell auf, wir stiegen die Treppe hoch und machten uns auf den Heimweg. Die Uferstraße war voller Menschen, es war Sonntag, die Familien gingen, abgestumpft vom ständigen Zusammenleben, wortlos spazieren. Auf der Suche nach etwas Abwechslung musterten sie die Gesichter der Passanten. Sie schlenderten am Tiber entlang, der die Grenze und der Stolz ihres Viertels war. Junge Männer schoben ihr Fahrrad, mancher hielt eine Frau im Arm, die sich verliebt an ihn schmiegte. Wir gingen an den Häusern vorüber, in denen wir uns schlafen legten, wenn wir müde waren, und unseren Hunger stillten, wenn unser Bauch nach Nahrung verlangte; die Zimmer hatten den Geruch unserer Haut, unseres Schweißes, unserer Mahlzeiten. Am Lungotevere Mellini standen alte Mietshäuser wie unseres, in denen seit Jahr und Tag viele Menschen geboren wurden, heirateten, starben. Alle diese Leute, schien mir, sahen sich ähnlich, als wären sie durch eine Vielzahl von Generationen miteinander verwandt. Am liebsten hätte ich protestiert, aber etwas bremste mich, hielt mich zurück, vielleicht die traurigen, gutmütigen Blicke der Passanten oder das Mitleid, das die Gefasstheit in mir weckte, mit der sie durch ihr düsteres Leben gingen.

Meine Mutter blieb dicht neben mir, es war, als kämpften wir gemeinsam gegen einen starken Strom an. Mich quälte eine unsägliche Angst, ich fühlte mich schäbig und egoistisch, denn ich liebte meine Mutter, liebte sie verzweifelt und hatte trotzdem nicht die Kraft, mich für ihre Freiheit zu opfern. Also liebte ich sie doch nicht so, wie es nach meinen Vorstellungen hätte sein müssen. Dabei genügte so wenig: Um einen Schmetterling fliegen zu lassen, brauchte man nur die Hand zu öffnen.

»Mama«, sagte ich, »fahr ohne mich.«

Mein Ton war unbefangen, als redete ich über eine Kleinigkeit, während die Leute zwischen uns durchgingen und uns trennten.

»Nein«, antwortete sie im gleichen Ton. »Ausgeschlossen.«

Wir schwiegen. Eine Schulkameradin kam vorbei und sagte: »Ciao.« Ich grüßte lächelnd zurück.

Da hakte sich meine Mutter bei mir unter, damit sich niemand mehr zwischen uns schieben konnte, und redete leise, als spräche sie zu sich selbst.

»Ich kann dich nicht im Stich lassen«, sagte sie. »Was ich tun möchte, ist etwas Schönes. Es würde aber hässlich werden, wenn ich ohne dich ginge. Ich habe versucht, offen mit deinem Vater zu sprechen, und gehofft, er würde mich verstehen. Aber er hat nichts verstanden.«

»Das kann er gar nicht«, sagte ich.

Es dämmerte. In den Bäumen lagen schon tiefe Schatten. Meine Mutter blieb stehen, wir lehnten uns an die Uferbrüstung. Hinter uns zogen die Spaziergänger vorbei.

»Lass uns fortgehen, Mama«, beschwor ich sie, »sofort, auf der Stelle, ohne vorher nach Hause zurückzukehren. Papa wird nicht darunter leiden, ganz sicher nicht. Sista wird bei ihm bleiben, für ihn kochen und sich um seine Wäsche kümmern. Was wollte er schließlich sonst von uns? Garantiert rührt er keinen Finger, um uns zu suchen.«

»Ich weiß nicht, vielleicht hast du Recht, aber es wäre sehr hässlich und unehrlich. Ich will nicht unehrlich sein. Das wäre gegen alle meine Lebensprinzipien. Dann würde alles andere sinnlos werden, verstehst du?«

In dem Strom der Passanten hinter uns fragte eine Frauenstimme: »Hast du Hunger, Gigino?«

»Alles wäre dann sinnlos«, fuhr meine Mutter fort, »auch die Liebe. Und das nicht, weil ich nicht imstande wäre, gegen ein strenges Gesetz zu verstoßen. Oh nein, Sandi, das ist es nicht, und vielleicht ist das schlecht, ich habe dir schon gesagt: Es ist schlecht. Aber ich könnte mich nicht mit einem mittelmäßigen geistigen Leben abfinden und ebenso wenig mit einer mittelmäßigen Liebe. Was ist eine mittelmäßige Liebe denn wert? Die Straße ist voll von dieser Mittelmäßigkeit«, sagte sie, »schau dich nur mal um. Viele dieser Leute stellen sich nicht eine der Fragen, die mich beschäftigen. Sie leben in den Tag hinein, ohne sich Gedanken über den Sinn ihres Lebenswegs zu machen, über die Bedeutung ihrer Handlungen und Taten. Sie sind es, die sich diese unmenschlichen Gesetze gewünscht haben, sich ihnen dann aber als Erste mit kleinen Kompromissen und Gemeinheiten entziehen wollen.«

Ich schaute schweigend auf den schwarzen Fluss. Gern hätte ich meine Mutter gefragt, ob sie wirklich glaube, dass die anderen ein einfaches Leben hätten, oder ob nicht im Leben selbst schon ein zermürbendes, tiefes Leid angelegt sei, das niemand lindern könne. Aber ich war zu fasziniert von ihren Gesten und vom harmonischen Dahinfließen ihrer Worte.

»Ich habe mich oft gefragt«, sprach sie weiter, »auf wessen Seite das Recht ist, auf meiner oder auf ihrer. Ich fühlte mich unnormal, so als wäre ich mit zwei Köpfen oder sechs Fingern zur Welt gekommen. Ich versuchte, mich ihren Kompromissen anzupassen. Dann gelangte ich zu der Überzeugung, dass ich im Recht bin. Ich bin im Recht. Wir sind im Recht. Aber sie sind stärker.«

Wir spürten, wie die Leute hinter uns vorbeigingen, manche streiften uns und bildeten einen starken, unnachgiebigen Strom, dessen Lauf uns festhielt. Wir waren eingezwängt zwischen zwei feindlichen Flüssen. Im Tiber schienen ein paar Lichtreflexe auf und formten scheußliche Gesichter, die die Strömung wieder auslöschte. Hinter der gegenüberliegenden Uferwand leuchteten einladend alle Lichter der Stadt. Sie wirkten wie eine Insel der Seligen, vor der wir in Quarantäne lagen, ohne an Land gehen zu dürfen.

»Es ist schon spät«, sagte meine Mutter.

Wir bogen in die Via degli Scipioni ein. In dieser Straße beanspruchen die Bäume den ganzen Raum, knorrige Platanen, deren lange, dichtbelaubte Äste voller Vögel sich miteinander verflechten, so dass der Blick zum Himmel versperrt ist. Die Häuser sind hoch und düster. Und abends setzen sich die Bewohner des Erdgeschosses ans Fenster um das bisschen frische Luft zu schnappen, das zwischen Blättern und Mücken zu ihnen dringt. An manchen Fenstern sitzen Vater, Mutter und Kind. Hinter ihnen sind dunkle, schäbige Räume zu erkennen, und in ihren Augen liegt eine unendliche Traurigkeit.

Meine Mutter und ich spürten die forschenden Blicke in unserem Rücken. Uns war, als gingen wir zwischen den Bäumen, Häusern und Blicken wie durch einen niedrigen, endlosen Steintunnel ohne Licht am Ende. ›Sie sind stärker als wir‹, dachte ich, und meine Mutter hatte wohl den gleichen Gedanken, denn sie beschleunigte ihre leichten Schritte mit der unvergleichlichen Grazie ihrer schönen Gestalt. Sie hielt mich an der Hand, und nur an den Kreuzungen ging sie langsamer, in der Hoffnung auf einen Lichtschein, auf Rettung. Aber überall waren nur geradlinige, unerbittliche Straßen mit riesigen Platanen, grauen Häusern und vielen Fenstern.

An diesem Punkt meines schon recht weit fortgeschrittenen Geständnisses kommt mir der beunruhigende Gedanke, dass ich nicht immer ganz so aufrichtig gewesen bin, wie ich es mir vorgenommen hatte. Oh Gott, vielleicht ist mir das passiert. Es ist mir wirklich passiert, das merke ich, aber hatte ich eine Wahl? Das hier ist meine einzige Wahrheit, es gibt keine andere. Ich meine das Bild, das ich von meiner Mutter zeichne. Ich fürchte eher ein Märchen erzählt zu haben als ihren wahrheitsgetreuen Lebenslauf. Vielleicht war sie doch nicht immer so perfekt, wie ich sie hier beschreibe, waren ihre Gesten nicht immer so zart, ihre Stimme nicht immer so wohlklingend. Vielleicht gebrauchte sie manchmal auch grobe Worte oder hatte kleinliche Gefühle wie jede andere Frau auch.

Doch daran erinnere ich mich überhaupt nicht. Für mich lebt sie anmutig und rein in diesem Märchen fort, dem ich mit leiser Stimme gern mein eigenes hinzufüge. Denn das *war* die Wahrheit für mich. Ich glaube, das Märchen, das wir von uns hinterlassen wollen, ist der geheime Antrieb für unsere Taten und Worte; warum nicht sogar sagen, dass es der Sinn unseres Lebens ist?

Meine Mutter war für mich der Inbegriff einer bewundernswerten Frau, und je unwürdiger meine Lebensgeschichte im Laufe der Jahre wurde, umso glanzvoller wurde ihr Bild für mich.

Unser Gang zum Fluss hatte mich verstört. Gern hätte ich etwas für meine Mutter getan, sie für alles entschädigt, was sie für mich opferte. Ich fürchtete, meine grenzenlose Ergebenheit reiche nun nicht mehr aus, um ihr zu helfen. Und das dachte vielleicht auch Sista, denn wir sahen uns oft bestürzt an und hatten uns wieder angewöhnt, am Fenster auf meine Mutter zu warten. Damals wurde Sista genau wie sie immer blasser und dünner. Sista schien ihr den unangetasteten Reichtum der eigenen, verhinderten Jugend zur freien Verfügung überlassen zu haben. In Gestalt meiner Mutter lebte sie die feurige Leidenschaft aus, die unterdrückt gewiss auch in ihr schlummerte. Wenn die Signora ausging, kostete auch Sista eine persönliche Rache aus, eine Rebellion, eine Flucht. Doch gleich darauf hätte sie für diese Anwandlungen gern Buße getan und fieberte ihrer Rückkehr entgegen.

Wir standen am Fenster, und ich betrachtete Sistas Profil, das hart wie ein Münzbild war. Sie hatte schönes Haar und die schlichte, nüchterne Würde sardischer Frauen.

»Wie alt bist du eigentlich, Sista?«

Erstaunt über die Frage, drehte sie sich um.

»Ich weiß nicht«, sagte sie, »das musst du ausrechnen. Ich bin 99 geboren«.

»Du bist vierzig? Dann bist du nicht viel älter als meine Mutter.«

Ohne zu antworten, schaute Sista wieder die Straße hinunter zu den Bäumen der Via Cola di Rienzo. Ich betrachtete ihr dichtes, kräftiges Haar und dachte an ihren noch jungen Körper, der unter den schwarzen Kleidern lebendig begraben war und einen zermürbenden Dienst in einem ärmlichen Haushalt wie dem unseren verrichten musste.

»Sista …«, sagte ich und wollte sie umarmen.

»Was hast du denn?«, erwiderte sie schroff. »Hör auf damit. Schau lieber auf die Straße. Gleich kommt auch dein Vater nach Hause.« Kopfschüttelnd murmelte sie: »Ich verstehe einfach nicht, was sie den ganzen Tag lang bei dem da zu schaffen hat.«

»Ich verbiete dir, so von ihm zu sprechen, hast du verstanden?«, sagte ich und versetzte ihr einen harten Stoß mit dem Ellbogen. »Er ist kein Mann wie alle anderen.«

Sista sah mich von der Seite mitleidig an und schüttelte erneut den Kopf.

»Die Männer sind alle gleich. Männer bringen nur Unglück«, sagte sie leise und fuhr sich mit der Hand über die Stirn, wie um eine böse Ahnung abzuwehren. »Sie ist immer noch nicht zu sehen«, flüsterte sie, wobei sie die Augen zusammenkniff, um meine Mutter schon von Weitem zu entdecken. »Immer noch nicht«, wiederholte sie verstört, und ihr Arm auf dem kalten Marmor der Fensterbank zitterte.

Tatsächlich kam meine Mutter erst nach meinem Vater nach Hause. Sie hörte sich seine Vorwürfe teilnahmslos an und ging früh zu Bett, ohne ein Wort mit mir gewechselt zu haben. Das war an einem Freitagabend.

Am folgenden Tag stand meine Mutter nervös auf. Sie sagte:

»Ich habe die ganze Nacht nicht geschlafen. Ständig habe ich Alessandro nach mir rufen hören.«

Sie wirkte verwirrt und aufgewühlt. »Du darfst nicht mehr auf Ottavia hören«, riet ich ihr sanft.

»Warum sagst du so etwas?«, brauste sie auf. »Bist du jetzt auch gegen mich? Redest du jetzt auch schon so?«

Ich warf ihr einen zärtlichen, vorwurfsvollen Blick zu. Auf diesem Tag ohne Sonne lastete der Schirokko. Vor dem Fenster zum Hof zogen Wolken auf. Das Haus war noch düsterer als sonst, es war drückend heiß.

»Uns steckt das Gewitter in den Knochen. Wir müssen ruhig bleiben, Mama.«

Ich räumte auf und wischte Staub, um meine Unruhe mit einer konkreten Beschäftigung im Zaum zu halten. Schon als Kind war ich wetterfühlig gewesen. Wind und Sonne beeinflussten meine Stimmung. Und wenn ein ferner Donner zu hören war, schauderte ich, als liefe er mir über den Rücken.

»Ich will zur Ruhe kommen, mein Gleichgewicht wieder-finden«, sagte ich. »Heute früh wollte ich gleich nach dem Aufwachen für die Schule lernen. Aber ich konnte es nicht.«

Meine Mutter zog mich an sich und schaute mir ins Gesicht wie in einen Spiegel.

»Du musst mir verzeihen«, sagte sie. »Es ist meine Schuld. Ich habe alles falsch gemacht. Wenigstens dich hätte ich retten müssen.«

Sie sah mich noch einmal forschend an und umfasste meine Schultern. »Du musst dich selbst retten. Du hast eine verborgene Kraft in dir, die mir fehlt.«

Ich schaute sie an und wünschte mir, dass das nicht stimmte. Aber ich hatte und habe selbst jetzt noch die Zähigkeit meiner Großeltern aus den Abruzzen, die Kraft von Menschen, die von Kindheit an daran gewöhnt sind, einsam gegen die Tücken der Seele und der Natur zu kämpfen. Sie erkannte diese Veranlagung in mir und beneidete mich wohl darum. Aber ihr war nicht klar, dass ich, wie viele Menschen dieses Landstrichs, auch zu unkontrollierten Gewaltausbrüchen neige und nicht verzeihen kann.

»Ich habe deinen Vater angefleht, uns gehen zu lassen. Immer wieder habe ich ihn darum gebeten. Ich sollte dir solche Dinge nicht erzählen«, sagte sie mit leicht abgewandtem Gesicht, »aber du musst sie erfahren. Ich habe gehofft, ihn von seiner sturen Entscheidung abbringen zu können. Ich habe zu ihm gesagt: ›Ich glaube, in jeder Ehe kommt der Moment, in der es Kameradschaft geben sollte, eine Kameradschaft wie zwischen zwei Fremden.‹ Meinst du nicht?«

»So sollte es wohl sein.«

»Ja.« Nach einer Pause fuhr sie leise fort: »Aber er wollte nichts davon wissen. Er sagte nur: ›Ich lasse mich in die Provinz versetzen, in die Abruzzen, in die Nähe meiner Familie, dann werden dir deine Launen schon vergehen.‹ Das hat er gesagt: deine Launen. Ich habe geantwortet: ›Ich komme nicht mit.‹ Und er darauf: ›Doch, das wirst du.‹ Wieder und wieder sagte er: ›Du wirst mitkommen, jawohl, das wirst du.‹ Er sagte das nicht, um mir zu helfen, sondern so, als würde er einen Stein nach mir werfen. ›Dein Platz ist hier‹, sagte er. Und ich schaute in die Runde … Ach, Sandi, ich sollte dir das wirklich nicht erzählen …«

»Doch, Mama, sprich weiter.«

»Ich warf also einen Blick auf den großen schwarzen Kleiderschrank und auf die schwarze Kommode, Möbel aus seinem Dorf, die vom ersten Tag an feindselig auf mich gewirkt haben. Als ich dieses Zimmer kurz nach der Hochzeit zum ersten Mal betrat, kam ich mir vor wie lebendig begraben. Zwischen mir und diesen Möbeln herrscht eine stille Unversöhnlichkeit, ein seit langem andauernder Kampf. Du wirst es nicht glauben, aber diese Möbel haben eine gewaltige Macht über mich, sie weisen mich seit Jahren ab, wollen mich vertreiben. Ich habe versucht zu lachen, zu singen, mein offenes Haar zu kämmen, wie um einen Spuk zu vertreiben. Aber wenn ich vor der Frisierkommode sitze, sehe ich im Spiegel das große Porträt seiner verstorbenen Schwester, das über unserem Bett hängt.«

»Tante Caterina?«

»Ja. Die Kommode hat ihr gehört, und sie ist noch immer in ihrem Besitz. Jeden Morgen zeigt mir ihr Spiegel mein Gesicht verzerrt, entstellt und voller Falten: Es ist eine Kritik, verstehst du, eine Art Wettstreit zwischen ihrem Leben und meinem. Du weißt vieles nicht. Caterina war eine starke, harte Frau. Ihr Mann hatte sie verlassen, als sie noch sehr jung war, er zog zu einer Bäuerin in ein Nachbardorf. Caterina gab niemals zu erkennen, dass sie verletzt und besiegt worden war, niemals, kein einziges Mal, wollte sie die Tatsache anerkennen, dass sie verlassen worden war. Vielleicht, weil sie sich nicht herabgesetzt fühlen wollte, auch nicht vor sich selbst. Gleich nachdem ihr Mann auf und davon war – und obwohl alle wussten, was geschehen war –, erklärte sie, er sei wegen einer vorteilhaften Anstellung nach Amerika gegangen. Sie gab vor, Briefe und sogar Geldsendungen zu erhalten, und war stolz darauf, dass ihr Mann in Amerika einen hohen Posten bekommen habe. Während dieser ganzen Zeit war die Geliebte ihres Mannes im Dorf unterwegs und immer wieder schwanger, denn sie bekamen viele Kinder. Aber das konnte Caterinas Stolz nichts anhaben. Das ganze Dorf bewunderte sie. Ariberto hält sie mir ständig als Beispiel vor. Sie starb jung und erhielt ihre tapfere Lüge aufrecht bis zum Schluss. Der Priester, der ihr in ihrer Sterbestunde beistand, sagte, Gott werde sie für die Kraft belohnen, die sie in ihrem Unglück bewiesen habe. Er tat das in dem Glauben, sie zu trösten. Aber Caterina fragte finster: ›Was denn für ein Unglück?‹ Nicht einmal von Gott wollte sie Mitleid. Sie war wirklich eine starke Frau. Ich sehe sie reglos in den Winkeln unseres Schlafzimmers stehen, das Gesicht mitleidig verzogen.«

Blass und ängstlich schaute sich meine Mutter um. Ich bemerkte, dass ihr Verstand ins Wanken geriet.

»Beruhige dich, Mama, bitte.«

»Sandi, ich bin nicht so stark, ich habe keine Kraft mehr, überhaupt keine Kraft mehr.« Sie warf mir einen unvergesslichen Blick zu, in dem das ganze Leben aufflammte: »Und ich liebe ihn«, gestand sie mir erschöpft.

Ich schaute sie mitfühlend an: Welche Kraft hätte sie denn damals noch haben können?

»Geh fort«, riet ich ihr, »geh zur Villa Pierce. Geh mit Hervey weg, ich bleibe hier.«

Es war das erste Mal, dass ich seinen Namen nannte. Ich sagte ihn vollkommen ruhig. Während unseres Gesprächs polierte ich hartnäckig einen alten, dunklen Briefbeschwerer, den ich schon immer besonders abstoßend gefunden hatte. Er hatte die Gestalt eines Buckligen mit einer Dreizehn in der Hand. Ich wollte, dass er blitzblank wurde, wollte die Kraft finden, in dieser Wohnung auszuharren und noch mehr solcher ekelhafter Gegenstände zu polieren. Und meiner Mutter ihre Freiheit zu ermöglichen.

»Nein«, entgegnete sie. »Das geht nicht.«

Sie wurde noch blasser und fügte hinzu:

»Ich muss Verzicht üben.«

Sie löste sich von mir, als wollte sie sofort zu ihm und mit ihm sprechen. Sie nahm den Regenmantel, der im Flur hing, warf ihn sich über die Schultern. Dann rief sie mich:

»Sandi … Alessandra …«

Ich lief zu ihr. Wir umarmten uns verzweifelt. »Geh, Mama«, flüsterte ich. »Komm nicht wieder, geh.«

Sie antwortete nicht, wirkte zerbrechlich in meinen Armen, starrte ins Leere, und ihr Gesicht leuchtete sanft. Offenbar hatte ich sie überzeugt. Ich schob sie aus der Tür. »Geh, geh«, wiederholte ich, innerlich starr vor Einsamkeit.

»Geh.«

Sie verschwand im gewitterdunklen Treppenhaus.

Zum Mittagessen war sie noch nicht zurück. Es regnete und stürmte, dann schlugen harte Hagelschauer an die Fenster. Wir warteten lange, schließlich sagte ich:

»Bei diesem Wetter wird sie nicht kommen. Sie wird zum Mittag in der Villa Pierce bleiben.«

Mein Vater sah mich argwöhnisch an. Die Szene in der vorangegangenen Nacht hatte in ihm nur das kalte Misstrauen eines Gefängniswärters geweckt. Als er nach Hause gekommen war und sich von Sista und mir unbeobachtet fühlte, hatte er den Schrank mit den wenigen Kleidern meiner Mutter geöffnet. Sie waren alle noch da.

»Geh hoch zu den Celantis und ruf in der Villa an«, trug er mir auf. »Erkundige dich, ob sie wirklich dort ist.«

Scheinbar ruhig ging ich los. Im Treppenhaus machte ich nach ein paar Stufen halt, drückte mich an die Wand und wartete ab. Ich wollte meiner Mutter Zeit lassen, sich in Sicherheit zu bringen. Vielleicht waren die beiden schon mit dem großen Wagen losgefahren. Ich versuchte, mir ihre Profile vorzustellen, dicht aneinander vor der Landschaft, die am Autofenster vorüberglitt. Ich weiß noch, dass ich sie durch eine sonnige, grüne Natur wegfahren sah. Meine Mutter würde diese Treppe nie wieder hinaufgehen, nie wieder ihre Hand auf dieses Geländer legen. Mir tat alles weh.

»Ja, sie ist dort«, sagte ich, als ich zurückkam. »Das Auto ist kaputt. Zum Abendessen ist sie wieder hier.«

Am Nachmittag ging mein Vater aus dem Haus, und ich setzte mich ans Fenster, das zum Nonnenkloster zeigte. Ab und an kam Sista, setzte sich hinter mich und bettelte um ein Wort. Ich drehte mich nicht um, tat so, als ruhte ich mich im Sessel aus, und innerlich ließ ich dabei die Kindheit hinter mir.

Gegen Abend kam Lydia mit Fulvia herunter.

»Wo ist Eleonora?«, fragte sie mich.

»Sie ist nicht da«, anwortete ich, ohne mich zu rühren.

Es dämmerte, die Dunkelheit roch herbstlich nach feuchter Erde. Es schien ein Abend wie jeder andere zu sein. Aus dem Kloster drangen wie immer die Harmoniumklänge des Vespergottesdienstes herüber. Trotzdem hatte ich das Gefühl, erst seit diesem Tag in dem Haus zu wohnen und mich an eine neue Situation gewöhnen zu müssen. Fulvia und Lydia schauten schweigend auf die vom Regen glänzenden Blätter im Hof. Dann fragte Lydia:

»Wo ist sie hingegangen?«

»Ich weiß nicht.«

Mutter und Tochter setzten sich zu mir. Lydia saß auf der Stuhlkante. Gern hätte sie mich ausgefragt, aber sie scheute sich genau wie ich, die Angelegenheit anzusprechen. Jetzt, da es dunkel wurde, fühlte ich mich nicht mehr so stark.

Sista kam herein und blieb bei uns. Die Minuten verstrichen, über unser Warten ging der Tag zu Ende.

»Worauf wartet ihr denn?«, fuhr ich die drei Frauen unvermittelt an. »Meine Mutter kommt nicht mehr zurück.«

Sie starrten mich zunächst ungläubig, dann entsetzt an.

»Sie kommt nicht mehr zurück«, wiederholte ich. »Sie ist fort.«

»Hat sie dir das so gesagt?«, fragte Lydia, die sich sogleich wieder gefasst hatte.

»Nein, nicht direkt, aber ich habe es an der Art gemerkt, wie sie mich umarmt hat. Sie ist nicht zum Mittagessen gekommen. Sie kommt nie mehr.«

Nach kurzem Zögern trug Lydia ihrer Tochter auf: »Lauf nach oben, ruf in der Villa Pierce an.«

Wir warteten eine gefühlte Ewigkeit, bestimmt fünf Minuten. Als Fulvia zurückkehrte, sagte sie, dass meine Mutter nicht in der Villa Pierce sei.

»Wer war am Apparat?«, wollte Lydia wissen.

»Ein Mann.«

»War er es?«

»Ich weiß nicht. Er war sehr höflich.«

»Dann war er es.«

Ich sagte: »Die Bediensteten in der Villa Pierce haben vornehme Manieren. Auch sie sind sehr höflich.«

Wir warteten weiter. Lydia stellte ein paar Mutmaßungen an. Ich wiederholte: »Sie ist fort«, und jedes Mal, wenn ich das sagte, brach mir der kalte Schweiß aus.

Sista fuhr auf, als hätte sie erst jetzt begriffen, was vor sich ging. Sie stellte sich vor mich hin und fragte:

»Willst du damit sagen, sie ist mit dem aus der Villa fort?«

»Ja.«

»Das kann nicht sein«, sagte sie mit Nachdruck. »Ihre Schubfächer sind unberührt. Sie hat nichts mitgenommen, nicht einmal ihre Haarbürste.«

Fulvia lachte. »Er ist so reich, dass er ihr so viele Haarbürsten kaufen kann, wie sie möchte, und auch Wäsche und Kleider und Pelze. Weißt du denn nicht, wie viel Geld die Familie Pierce hat?«

»Was spielt denn das für eine Rolle?«, entgegnete Sista. »Das ist schließlich nicht ihr Geld, er ist nicht ihr Ehemann. Die Signora würde keine von fremdem Geld gekauften Kleider tragen.«

Dieser Einwand brachte mich aus der Fassung. Vielleicht würden wir die Schritte meiner Mutter ja doch demnächst auf der Treppe hören und sie würde an der Tür erscheinen wie ein Wunder.

»Sie könnte etwas Gold mitgenommen haben«, sagte Lydia.

Sista schüttelte den Kopf: »Der ganze Schmuck ist im Pfandhaus.«

Wir warteten weiter. Inzwischen war es dunkel geworden, mein Vater würde bald nach Hause kommen. Wir hörten schon die Schritte der anderen heimkehrenden Männer, Schlüsselgeklapper und Türen, die sich öffneten und zuklappten. Wir gingen in die Küche, und obwohl uns der Gedanke an seine Rückkehr und an das, was wir ihm würden mitteilen müssen, beschäftigte, begannen wir alle, das Abendessen für ihn zuzubereiten. Lydia richtete den Salat an, Fulvia schälte Kartoffeln.

Sista war ins Treppenhaus gegangen.

»Sollen wir bei dir bleiben?«, fragte Lydia und legte ihren Arm um meine Schulter. Sie schaute mich freundlich an. Ich musste an die Zeit denken, da ich eifersüchtig auf sie gewesen war. Nun tröstete mich ihre Gegenwart, und auch Fulvia war anders als damals im Morgenmantel auf dem Balkon. Diese Frauen kamen zu mir, um mir beizustehen, wie nur Frauen anderen Frauen beistehen können. Lydia bot mir an, mit zu ihr zu kommen und bei Fulvia im Bett zu schlafen.

»Nein, danke«, sagte ich. »Ich habe keine Angst.«

Da stürzte Sista herein und verkündete atemlos: »Er kommt.« Die Celantis ergriffen die Flucht, hastig wurde die Wohnungstür hinter ihnen geschlossen.

Mein Vater kam sofort in die Küche. Er stellte keine Fragen, ließ aber seinen Blick schweifen, als könnte meine Mutter sich in einer Ecke versteckt haben. Dabei hätte er an unseren Mienen sofort erkennen müssen, dass wir allein waren. Ich schaute ihn an, ohne ihm einen guten Abend zu wünschen, denn das, was sich hier zusammenbraute, würde kein guter Abend werden. Ich weiß noch, dass er sagte, er habe Hunger und wolle schnellstmöglich essen, auch wenn wir zwei letztlich fast keinen Bissen herunterbrachten. Es war Sonnabend, aber mir fiel auf, dass sein unerträglicher Pomadegeruch fehlte.

Bei Tisch wechselten wir nur wenige belanglose Worte. Zwischen uns war der eine Platz frei, an den Sista wie jeden Abend das Fläschchen mit der Medizin gegen Blutarmut gestellt hatte, die meine Mutter immer vor den Mahlzeiten einnahm. Ich war stark, doch beim Anblick dieses Fläschchens hätte ich am liebsten meinen Kopf auf die Arme gelegt und geweint.

Sista räumte eilig ab, darauf bedacht, den leeren Platz vergessen zu machen. Ich griff zu einem Buch.

Mein Vater hatte ein altes Kartenspiel aus einem Schubfach genommen und legte eine Patience. Das tat er sonst nie. Und ich las um diese Zeit nur selten. Es schien so, als suchten wir beide nach neuen Gewohnheiten. Durch das offene Fenster drang Radiomusik herein, das Lied *Me ne vogl'i' a Surriento*. Seither bekomme ich immer Gänsehaut, wenn ich es höre: *Me ne vogl'i' a Surriento*. Ich nahm an, dass meine Mutter zu dieser Stunde schon weit weg war, weit weg von allem, was ich kannte. In meiner Phantasie sah ich zwei Scheinwerfer unter einem hohen Gebirgskamm durch die Dunkelheit pflügen. Meine Mutter würde nicht schreiben, nichts mehr von sich hören lassen. Vermutlich war das hier nun mein alltägliches Leben. Das vorige war ein schöner Urlaub gewesen, ein Geschenk. Trotzdem ging es mir nicht schlecht. In Gedanken konnte ich sogar *Me ne vogl'i' a Surriento* summen.

Wenig später stand mein Vater auf und schloss die Tür zur Küche. Der will mich von Sista trennen, dachte ich argwöhnisch. Unwillkürlich sprang ich auf und stellte mich mit dem Rücken zur Wand, um mich zu schützen.

»Alessandra«, sagte er, »wo ist deine Mutter?«

Er hatte leise gesprochen, mit einer schneidenden Stimme, die ich nicht an ihm kannte. Sie ähnelte einer Klinge, die das Schloss einer Schatztruhe aufbrechen will. Sicherlich sprach er so mit meiner Mutter, wenn sie sich ins Schlafzimmer zurückzogen. Ich antwortete nicht und sah ihn herausfordernd an.

Er machte einige Schritte auf mich zu und fragte noch einmal:

»Wo ist sie?«

Er stand dicht vor mir. Ich spürte die unangenehme Hitze seines Körpers. Aus seiner Westentasche ragte der Schlüssel zu unserer Wohnung, in der ich künftig allein mit ihm würde leben müssen.

Ich hatte keine Angst. Ich dachte daran, dass meine Mutter weit fort war und ich sie um jeden Preis beschützen musste. Daher sah ich ihn nur kurz an und sagte mit absichtlicher Brutalität, so als würde ich ein Messer nach ihm werfen:

»Sie ist weggegangen.«

»Wohin?«

»Das weiß ich nicht.«

»Doch, das weißt du.«

»Ich weiß es nicht«, wiederholte ich. Ich wollte, dass er mir glaubte. Dann wäre sie für ihn noch unerreichbarer gewesen, unauffindbar.

»Wo ist sie hin?«, bedrängte er mich weiter mit einer nur mühsam beherrschten, ohnmächtigen Wut.

»Weg. Sie ist weg. Weg.«

Er packte mich am Handgelenk und schüttelte mich. Ich wünschte mir, dass er mich misshandelte, dass er mir körperlich wehtat. Ich wollte Kraft aufbieten müssen, weil sie mich in diesem Moment zu verlassen drohte. Aber eigentlich war sein Griff nicht sehr fest, und vielleicht hatte er mich auch nur gepackt, um sich auf mich zu stützen.

»Wo ist sie?«, wiederholte er.

»Ich weiß es nicht.«

In Gedanken sah ich den großen Wagen davonrasen und in den Kurven schleudern. »Schnell, na los!«, feuerte ich ihn insgeheim an, denn wäre er zu langsam gewesen, schien mir, hätten wir alle verloren.

»Sie kommt nicht mehr zurück!«, wiederholte ich. »Sie wird keinen Fuß mehr in dieses Haus setzen!«

»Mit wem ist sie weggegangen?«, fragte er leise.

»Woher soll ich das wissen? Sie ist eben fort.«

Ich schaute ihn anmaßend und unverschämt an, wollte ihn reizen, ihm zu verstehen geben, dass ich auch zusammen mit meiner Mutter weggegangen wäre, obwohl das Gesetz mich zum Bleiben zwang.

»Du weißt es«, sagte er. »Du weißt alles.« Dann fragte er barsch: »Wie spät ist es?«

Wir schauten beide auf die große Uhr über dem Büfett. Es war ein paar Minuten vor zehn, in Kürze würde die Haustür abgeschlossen werden und meine Mutter wäre folglich ausgesperrt. Es war geschafft, sie war entkommen. Ich atmete auf.

Alle Geräusche verstummten. Die Nachbarn hatten das Radio ausgeschaltet, die Jungen spielten nicht mehr auf der Straße, wie sie es im Sommer vor dem Schlafengehen immer taten. Nie zuvor war die Stille so tief gewesen. Nur das dumpfe Ticken der Uhr war zu hören, monoton, unerbittlich, bedrückend.

»Und ob sie zurückkommen wird«, sagte mein Vater. »Morgen früh lasse ich sie von der Polizei suchen.«

Eilig ging er ins Schlafzimmer, ohne vorher die Wohnungstür abgeschlossen zu haben, vielleicht um so einen letzten Hoffnungsschimmer zu bewahren.

Sista und ich trafen uns im Flur. Mir war, als hätte ich Fieber. Ich klammerte mich an sie, um nicht ihren deprimierenden Blick ertragen zu müssen.

»Sie ist in Sicherheit«, sagte ich. »Morgen ist es zu spät. Dann kann er sie nicht mehr zurückholen, sie ist fort.«

In meiner Phantasie schloss sich die Landesgrenze wie ein hohes Tor hinter meiner Mutter: Der große Wagen fuhr durch eine frische, grüne Landschaft. Mir wurde elend zumute.

»Sie ist fort«, wiederholte Sista düster, »fort«.

Da hörten wir Schritte im Treppenhaus. Entsetzt ließ ich Sista los. Die Schritte kamen näher, wurden lauter, erreichten unseren Treppenabsatz. Vor unserer Tür machten sie halt, und ich lief, um zu öffnen.

Vor mir standen zwei dunkel gekleidete Männer, und obwohl Sommer war, trugen sie einen Hut, den sie auch zum Grüßen nicht abnahmen.

»Wohnt hier Eleonora Corteggiani?«, fragte der eine leise. Der andere trug die Handtasche meiner Mutter.

Wie betäubt starrte ich die beiden an. Dann flüsterte ich:

»Sie ist tot, nicht wahr?«

Der Mann, der gesprochen hatte, nickte ernst. Der andere sah sich misstrauisch um.

Ich löste mich von der Tür, rannte durch den Flur und, ohne anzuklopfen, weiter ins Schlafzimmer meiner Eltern. Mein Vater hatte aus dem Klappen der Wohnungstür wohl geschlossen, dass seine Frau zurückgekommen war. Streng und mürrisch stand er vor der Frisierkommode und wartete.

Ich bekam einen Lachkrampf.

»Was habe ich dir gesagt«, kicherte ich, »sie kommt nicht mehr zurück.«

Argwöhnisch schaute er mich an.

»Sie ist tot«, erklärte ich. »Sie hat sich umgebracht.«

Ich sah noch seine schreckgeweiteten Augen, dann brach ich ohnmächtig zusammen.

Zwei Tage nach dem Unglück kam mein Onkel Rodolfo. Wir trafen ihn an der Haustür, als wir uns mit den Celantis auf den Weg zur Beerdigung machten. Die beiden Brüder umarmten sich schweigend. Onkel Rodolfo nahm sofort meinen Arm, um mich zu stützen, und blieb bis zu unserer Rückkehr in meiner Nähe. Ich kannte ihn kaum, und er hatte mir in all den Jahren nicht geschrieben, aber er war mein Taufpate, und mir wurde klar, dass ich bald in seine Obhut kommen würde.

Vor dem Haus hatten sich der Portier, tadellos gekleidet mit Schlips und Kragen, und einige Nachbarn versammelt. Die Frauen trugen Schwarz. Als wir an ihnen vorbeigingen, schauten sie uns ohne ein Wort des Trostes an und folgten uns zur Straßenbahnhaltestelle.

In der Bahn saß ich zwischen meinem Vater und Onkel Rodolfo. Da beide groß und breitschultrig waren, fühlte ich mich wie zwischen zwei grauen, unbezwinglichen Mauern eingezwängt. Uns gegenüber saßen Lydia und Fulvia. Signor Celanti hatte neben meinem Vater Platz genommen und klopfte ihm von Zeit zu Zeit auf die Schulter. Die beiden Frauen sahen mich liebevoll an. Seit dem Tod meiner Mutter hatte ich bei ihnen gewohnt, doch nun wurde mir bewusst, dass ich mich auch von ihnen trennen musste, und ich spürte, wie meine Kräfte schwanden.

Mit einer scharfen Kurve verließ die Straßenbahn die Uferstraße und fuhr über den Ponte del Risorgimento. Ganz in der Nähe hatte meine Mutter sich umgebracht, genau an der Stelle, wo auch Alessandro ertrunken war. Mir war, als würde die Bahn mit ihren donnernden Rädern über den Körper meiner Mutter fahren und ihn zermalmen.

Vor der Leichenhalle trafen wir weitere Nachbarn, dazu Ottavia, Enea und unsere Schneiderin aus dem Haus gegenüber. Es war noch früh am Tag, vielleicht neun Uhr, und das Wetter versprach schön zu werden. Aus dem Garten des Policlinico wehte ein herber, frischer Oleanderduft herüber. Ich weiß noch, dass ich keinerlei Schmerz empfand. Antonios Schwester Aida war auch da, und Maddalena, die weinte, obwohl sie meine Mutter nur vom Sehen gekannt hatte. Die beiden trauten sich wegen meines Vaters und Onkel Rodolfos nicht zu mir und beobachteten mich von Weitem mit ernster Neugier, wie um den Grad meiner Trauer zu ermessen.

Wir hatten uns vor der Leichenhalle versammelt. Celanti ging in Begleitung eines alten, schwarzgekleideten Mannes hin und her, und mein Vater warf ihm einen dankbaren Blick zu. Kurze Zeit später erschien ein kleiner Mann im Chorhemd und mit einem weißen Käppchen auf dem Kopf. »Sie wird jetzt hergebracht«, sagte er. Ich begriff, dass er meine Mutter meinte.

Ich habe ihren Leichnam nicht gesehen, mein Vater hatte mich nicht gebeten, mich ein letztes Mal von ihr zu verabschieden, und hätte er es getan, hätte ich mich wohl geweigert. Ich wollte sie so in Erinnerung behalten, wie ich sie gern sah, von einer leidenschaftlichen Unruhe beseelt, mit sanften Augen und ihrem schwebenden Gang. Außerdem hatte ich noch nie einen toten Menschen gesehen. Ich fürchtete, Angst oder Ekel zu empfinden, und vor ihr wollte ich weder Angst haben noch mich ekeln. Und so hatte ich trotz allem den Eindruck, sie sei gar nicht tot, sondern nur verreist. Seit dem schrecklichen Abend, an dem sie nicht zurückgekehrt war, hatte ich bei Lydia gewohnt. Sie war bei mir gewesen, als ich wieder zu mir kam, während mein Vater mit den Polizisten gesprochen hatte. Sie hatte mir Essig unter die Nase gehalten. Fulvia hielt meine Hand und streichelte sie. Sista kniete in ihrem schwarzen Kleid betend auf dem Boden. Mein Vater kam zu uns, seine Lippen zitterten. »Signora«, sagte er zu Lydia, »man will Ihnen ein paar Fragen stellen, Sie waren ihre einzige Freundin. Sie hat sich dort in den Fluss gestürzt, wo unser Sohn ertrank. Ich habe darum gebeten, dass Alessandra nicht befragt wird, doch vielleicht will man noch mit Sista sprechen. Und ihr beiden vergesst nicht, dass sie sich umgebracht hat, weil sie nicht über den Tod ihres Kindes hinweggekommen ist. Verstanden?« Sein fahles Gesicht hatte einen harten Zug bekommen. Wir nickten betreten. Dann ging mein Vater mit den Polizisten weg, um die Tote zu identifizieren. Sista raffte mein Bettzeug zusammen, und ich bekam einen Schlafplatz auf dem Boden in Fulvias Zimmer.

»Hier ist sie«, sagte der Mann mit dem weißen Käppchen, und wir sahen hinter ihm einen schmalen Holzsarg, den fremde, grobschlächtige Männer auf den Schultern trugen.

Da übermannte mich ein entsetzlicher Schmerz. Seit ich wieder zu mir gekommen war, hatte ich mir meine Mutter als eine sanft in der Luft schwebende Gestalt vorgestellt. Sie in diesem Kasten eingesperrt zu wissen, war für mich unfassbar. Der grausige Anblick gab mir die Gewissheit, dass mein schönes Leben vorbei war. Ich fühlte mich einsam zwischen den Menschen um mich her und ahnte, dass ich mit niemandem mehr über all die Dinge würde sprechen können, die uns beiden so wichtig gewesen waren.

Das Pferd trottete langsam vor uns her. Wir folgten zu Fuß, ich zwischen meinem Vater und Onkel Rodolfo. Der Sarg wurde vollständig von einem großen Kissen aus roten Rosen bedeckt. Auf der Trauerschleife stand kein Name, aber jeder wusste, von wem es war. Bestimmt hatte mein Vater den Impuls gehabt, es von den schwarzgekleideten, geschäftig herumlaufenden Herren wegräumen zu lassen, sich dann aber erinnert, dass seine Frau ja gestorben war, weil sie nicht über den Tod ihres Sohnes hinweggekommen war, weshalb er nichts sagen konnte. Die Luft war frisch und klar, die Bäume neigten sich unter einer sanften Brise. Im Rhythmus der Schritte, die meiner Mutter unter ihrem Rosenkissen das letzte Geleit gaben, überließ ich mich allmählich einem tröstenden Frieden. Es tat mir gut, mich auf Onkel Rodolfos Arm zu stützen, einen starken Arm, dem man sich getrost anvertrauen konnte.

Wir betraten eine Kapelle der Basilika San Lorenzo, in der ich noch nie gewesen war. Es war eine Nebenkapelle, weil Menschen, die sich selbst getötet haben, nicht mehr in den Schoß der Kirche zurückkehren dürfen. Der Priester erschien im Trauergewand und musterte uns mit einer Mischung aus Mitleid und Argwohn, vermutlich weil wir die Angehörigen einer Frau waren, die sich in den Fluss gestürzt hatte. Der Sarg wurde mit einem schwarzen Tuch bedeckt und das Rosenkissen wieder daraufgelegt.

Fulvia und Lydia waren dicht bei mir. Unwillkürlich waren die Frauen auf die linke Seite des Sargs gegangen und die Männer auf die rechte, wie es bei den Bauern in Dorfkirchen üblich ist. Als ich erneut die Wärme dieser mir vertrauten Geschöpfe spürte, wurde ich noch trauriger.

Der Priester sprach das Totengebet. Allem, was er tat, gleichgültig gegenüber, musterte ich über den Sarg hinweg die Gruppe der Männer, die mit ernster Miene zuhörten, manche von ihnen mit verschränkten Armen. Sie wirkten eher verdrossen als betrübt. Ihnen war die Fassungslosigkeit über die unüberlegten Handlungen anzusehen, zu denen Frauen unvermutet fähig sind und deren Ursache sie dunkel in sich selbst ahnten. Die Heftigkeit solcher jähen Rebellionen schien sie zu verblüffen, waren sie doch davon überzeugt, der Ruf eines Kindes, die Anwesenheit eines Außenstehenden oder sogar ein neues Kleid könnten genügen, um eine Frau zu trösten. Der Portier hatte immer wieder erklärt, meine Mutter habe ihn an jenem Morgen beim Hinausgehen mit einem freundlichen »Guten Tag, Giuseppe« gegrüßt. Erstaunt erzählte er jedem von diesem sonderbaren Verhalten. Für einen Mann ist es unverständlich, dass eine Frau es kurz vor ihrem Tod fertigbringt, lächelnd »Guten Tag, Giuseppe« zu sagen. Und doch fesselt etwas sie so sehr ans Leben, dass sie bis zum letzten Augenblick versucht, ein Teil davon zu bleiben, vielleicht in der Hoffnung, von ebendieser Lebenskraft gerettet zu werden. Meine Mutter hatte sogar an den Regenmantel gedacht, weil Wolken aufgezogen waren, »Guten Tag, Giuseppe«, und dann hatte sie sich in den Fluss gestürzt.

Inzwischen waren noch mehr Leute in die Kapelle gekommen. Hinter einer Säule entdeckte ich den Hauptmann, der so tat, als wäre er nur zufällig da. Ich drückte Lydias Arm, und sie antwortete mir mit einem leichten Nicken. Weitere Frauen aus unserem Haus traten ein, tiefbewegt, zaghaft und taktvoll. Manche weinten, und alle bewegten in einem inbrünstigen Gebet unaufhörlich die Lippen.

Ihre Anwesenheit und ihr Bedürfnis, sich mit meiner Mutter solidarisch zu zeigen, obwohl sie sie kaum kannten, weckten eine verzweifelte Kraft in mir. Und so starrte ich die Gruppe der Männer hinter dem Sarg noch verbissener an. Eine unbändige Wut stieg in mir auf, der Wunsch, sie wegzujagen, damit sie uns Frauen in Ruhe ließen. Wir standen uns getrennt gegenüber wie zwei Armeen vor einem Gefecht. Und schon gab es unter uns, in diesem Sarg, ein erstes Opfer.

Meine Mutter wurde auf dem Armenfriedhof beigesetzt. Die Totengräber legten das Rosenkissen auf das Grab, zupften es zurecht und zogen es wie ein Laken an den Seiten herunter. Mein Vater beobachtete das alles nunmehr ohne Spott und Drohungen. Mit seiner Macht war es vorbei.

»Kommt, wir gehen«, entschied er schließlich. Onkel Rodolfo fasste mich am Arm, und Celanti sagte, die Ringbahn fahre um diese Zeit nicht.

So gingen wir zu Fuß nach Hause. Ich war sehr müde, wollte nur noch ins Bett, niemanden mehr sehen und schlafen. Ich hoffte, im Traum meiner Mutter zu begegnen und mit ihr sprechen zu können. Aber mein Vater bat Lydia, mich zum Essen noch einmal mit nach oben zu nehmen, da er etwas mit seinem Bruder zu besprechen habe. Später ließ er mich holen und eröffnete mir, dass ich am folgenden Morgen mit Onkel Rodolfo in die Abruzzen abreisen würde.

Im Zug saßen wir uns gegenüber und hatten uns nichts zu sagen, da wir uns kaum kannten. Wir taten beide miteinander so vertraut, wie wir es angesichts unserer engen Verwandtschaft eigentlich hätten sein sollen. Doch kaum hatte er die Augen geschlossen, um zu schlafen, betrachtete ich ihn aufmerksam, so wie ich auch seinen forschenden Blick auf mir spürte, als ich einschlummerte und er wohl versuchte zu ergründen, was sich hinter meiner sanften Erscheinung verbarg. Sicherlich wollte er sie mit der Beschreibung abgleichen, die sein Bruder ihm von mir gegeben hatte. Mit einem Lächeln schlug ich die Augen auf, um ihm zu zeigen, dass mich sein prüfendes Interesse nicht störte.

»Wie alt bist du eigentlich?«, fragte er unvermittelt.

»Siebzehn«, antwortete ich. »Im April werde ich achtzehn.«

»Und wie lange warst du in der Schule?«

»Ich bin jetzt in der Oberprima.«

Erstaunt fragte er: »Willst du etwa weiter zur Schule gehen?«

»Natürlich, was soll ich denn sonst tun?«

»Nähen und stopfen lernen.«

»Das kann ich schon. Ich kann auch kochen.«

Er drohte mir zum Spaß mit dem Finger: »Na, dann pass auf, was für eine Prüfung die Großmutter für dich bereithält.«

Ich antwortete, dann würde ich wohl durchfallen, da ich nur die nötigsten Grundkenntnisse hätte, diese aber für ausreichend hielte. Ich fügte hinzu, dass ich gern studieren und mich mit Literatur und Poesie beschäftigen würde. Und ich offenbarte ihm meine Absicht, schnellstmöglich das Examen zu machen, um mir meinen Lebensunterhalt selbst zu verdienen.

Er schien wirklich überrascht zu sein. »Wozu soll das gut sein?«, sagte er. »Du bist ein hübsches Mädchen, wirst bald heiraten und einen Haushalt und Kinder haben.«

Bei den letzten Worten lächelte er. Trotz der undankbaren Aufgabe, die er meinetwegen erfüllen musste, war er mir von Anfang an sympathisch gewesen. Er wirkte aufrichtig, und darüber hinaus beruhigte mich sein schlichtes Äußeres. Seine Augen und seine Hände hatten nichts von der Weichlichkeit, die bei einem Mann wie etwa meinem Vater eine hinterhältige Sinnlichkeit verriet.

»Vielleicht hat Ariberto Recht«, fuhr er mit leiserer Stimme fort, »hätte deine Mutter viele Kinder gehabt, wäre ihr keine Zeit zum Klavierspielen geblieben. Er sagt, das war das ganze Unglück.«

Ängstlich wich ich auf meiner Bank zurück. Ich spielte

mit dem Gedanken, davonzustürzen und aus dem fahrenden Zug zu springen. Bis dahin hatte ich mich sanft gefügt und meine Abreise als eine selbstverständliche Lösung hingenommen. Mit meiner Mutter war alles verschwunden, was mir in der Wohnung in der Via Paolo Emilio wichtig gewesen war. Sista hatte ein weißes Tuch über das Klavier geworfen, das nun einem Gespenst glich. Und überall im Haus herrschte eine drückende Atmosphäre, die meine Mutter immer mit einer Geste oder einem Wort hatte vertreiben können. Daher war es ein Trost für mich gewesen, als mein Vater mir ankündigte, dass ich am nächsten Tag wegfahren würde. Fulvia und Lydia hatten beim Abschied geschluchzt, und mit ihnen nahm ich auch Abschied von meiner Kindheit und frühen Jugend und von allem, was Alessandra bis dahin ausgemacht hatte. Alles bot einen traurigen Anblick, mein Lieblingsfenster, das Treppenhaus, der Kaltwasserhahn, unter dem ich mich jeden Morgen gewaschen hatte, der Innenhof und die Wand neben unserer Wohnungstür, wo Enea mich bedrängt hatte und mir klar geworden war, was ein Mann ist. Als ich Fulvia und Lydia so mitgenommen vom Kummer jener Tage sah, tröstete ich sie zärtlich und wiederholte immer wieder, es sei besser so, mit meinem Vater könne ich nicht zusammenleben.

Vor meiner Abreise hatte ich mich von ihm verabschiedet. Es war früh am Morgen, also noch nicht hell, und ich dachte, er wäre noch im Bett, da er beschlossen hatte, mich nicht zum Bahnhof zu begleiten. Ich drückte langsam die Türklinke herunter, ging in sein Zimmer und sah ihn dort auf einem Stuhl sitzen, schon vollständig angezogen, mit Jackett und gebundener Krawatte. Er saß breitbeinig und nach vorn gebeugt da, eine Hand lag auf dem Nachttisch. Im kalten Licht, das durch das Fenster drang, wirkte er wie ein Mann, der jeden Anspruch und alle Energie verloren hat, ein Greis.

Er drehte sich um, und als er mich in meinem schwarzen Kleid an der Tür stehen sah, brach er in Tränen aus. »Nora«, schluchzte er, »Nora …« und suchte in meinen Gesichtszügen wohl nach ihrem Bild.

Ich hatte diesen Kosenamen meiner Mutter in den vielen Jahren nie von ihm gehört. Darum wollte ich auch jetzt nichts von dieser Vertraulichkeit hören.

»Ich will mich von dir verabschieden, Papa«, sagte ich schroff.

Er nickte und gab so zu verstehen, dass auch er für diese Trennung bereit war. Durch das offene Fenster drangen die Rufe der Schwalben herein, die ich schon als Kind gehört hatte, wenn ich morgens aufgestanden war, um mit Sista zur Kommunion zu gehen. Ich versuchte, diese Laute im Ohr zu behalten und mit ihnen den Klang meiner glücklichen Kindheit.

Im Zug stellte ich mich schlafend, um diesen lebhaften, schrillen Rufen nachzuspüren. Aber es gelang mir nicht. Vielleicht lag es am Rattern des Zuges. Nur mit Mühe konnte ich sie in meiner Phantasie hören.

Onkel Rodolfo legte seine Hand auf meinen Arm, um mich zu wecken.

»Du bist müde, nicht?«, fragte er freundlich, als ich mühsam die Augen öffnete. Dann lächelte er aufmunternd: »In ein paar Minuten sind wir da.«

Die Großmutter erwartete uns im Speisezimmer. Zu ihren beiden Seiten standen wie zwei schwarze Flügel Tante Violante und Tante Sofia.

»Komm, komm schon her, Alessandra«, sagte sie. »Hab keine Angst.«

Aber ich hatte Angst. Die Großmutter war eine hochgewachsene Frau mit einem imposanten Gesicht, einer kräftigen Nase und dem Verhalten eines großen Tiers. Die Geste, mit der sie mich heranwinkte, schien die Luft des ganzen Raumes einzufangen. Sie saß auf einem breiten Stuhl mit weißen Polstern, und ihre Schultern überragten die Rückenlehne. Ihre Stimme hatte, vielleicht wegen des Akzents, Ähnlichkeit mit der meines Vaters.

Langsam ging ich über die großen, schwarzweißen Fliesen und blieb, vorwärtsgeschubst von meinem Onkel, unmittelbar vor ihr stehen. »Küss ihr die Hand«, flüsterte er mir zu. Es war die kalte Hand einer Statue.

Als ich mich wieder aufrichtete, schauten wir uns an. Die Großmutter hatte schwarzglänzende Augen wie mein Vater, aber sie verrieten einen natürlichen Stolz, den ich von ihm nicht kannte. Mit einem schnellen, gezielten Blick begutachtete sie meine Figur, den Umfang meiner Hüften.

»Du hast keine Ähnlichkeit mit Ariberto«, sagte sie schließlich.

»Nein«, antwortete ich, und meine Stimme verlor sich zwischen den hohen Wänden, »ich komme nach meiner Mutter.«

Nach diesen Worten breitete sich ein kühles Schweigen aus. Aber sie hatten genügt, um mir etwas Kraft zurückzugeben. Ich schaute mich um. Die weißen Leinenvorhänge und die weißen Wände des Raumes erinnerten an das große Parlatorium eines Klosters.

»Es ist schön hier«, sagte ich leise, obwohl ich mich wie unter Toten fühlte, oder vielleicht auch gerade deswegen.

»Ja«, sagte die Großmutter. »Das Haus ist wohnlich. Hier bin ich geboren und deine Tanten auch. Hier sind dein Vater und dein Onkel Rodolfo geboren und auch die arme Tante Caterina, Gott hab sie selig. Hier ist dein Cousin Giuliano geboren, Violantes Sohn«, erklärte sie und zeigte auf die Tante zu ihrer Rechten. »Und hier solltest auch du geboren werden, aber deine Mutter wollte das nicht, sie ging lieber in eine Klinik in der Stadt. Jetzt bist auch du hier.«

Ich nickte und lächelte sie aufmunternd an, aber die Großmutter, wie ich später bemerkte, lächelte nie. Sie musterte mich nur weiter, und mein Körper schrumpfte unter meinem Kleid förmlich zusammen.

»Du bist mager«, befand sie. »Warst du als Kind oft krank?«

»Nein«, antwortete ich. »Ich hatte nur Masern und Grippe.«

»Das zählt nicht. Vielleicht bist du zu schnell gewachsen. Du hast weder Busen noch Hüften. Dabei bist du doch schon siebzehn, oder? Wir werden einen Arzt zu Rate ziehen müssen. Mit so einer Brust kann man ja nicht stillen.«

Ich wurde rot, mein Nacken schmerzte empfindlich. Ich wusste Onkel Rodolfo hinter mir und fühlte mich, als hätte die Großmutter mir das Mieder vom Leib gerissen.

»Nimm dir einen Stuhl, Alessandra«, sagte Tante Violante. Ich war froh, gehorchen zu können, mich unterzuordnen und so meine Fügsamkeit zu beweisen. Dann fragten sie mich, ob ich Hunger oder Durst hätte. Und um mir einen Krapfen zu holen, trennten sich meine Tanten vom Lehnstuhl und verließen so das Bild, dessen Figuren sie gewesen waren.

Auch sie waren hochgewachsen, aber selbst als sie sich bewegten, wirkten sie unscheinbar gegen die stattliche Büste der Großmutter. Ein Wink von ihr genügte, um sie vom Schrank zur Anrichte zu scheuchen. Onkel Rodolfo war gegangen, nachdem er mir zum Abschied komplizenhaft zugenickt hatte, und ich blieb allein mit diesen fremden Frauen, bei denen ich familiäre Verbundenheit vortäuschen musste.

»Iss«, befahl mir die Großmutter. »Tunke den Krapfen in den Wein.« Ich aß konzentriert, sorgsam darauf bedacht, mein Kleid nicht zu bekleckern. Ich fühlte mich, als wäre ich so tot wie meine Mutter und als wäre das hier das Jenseits, das wir uns beide oft gemeinsam ausgemalt hatten. »Ich glaube an ein Leben nach dem Tod«, hatte meine Mutter gesagt, »daran, dass wir ein neues Leben wie dieses beginnen werden. Wenn nur die Erinnerung an mein gelebtes Leben bewahrt bliebe.« Es war genauso, wie sie es vermutet hatte: Sobald ich meine Mutter oder unsere Wohnung in Rom erwähnte, taten die Großmutter und meine Tanten so, als hätte ich nichts gesagt.

»Meine Mutter hat nie Wein getrunken«, versuchte ich es noch einmal. Aber wieder redete ich wie gegen eine Wand.

Ich ließ mir Zeit, nahm nur kleine Bissen. Verstört fragte ich mich, was ich danach tun würde, was bis zum Abend und was am nächsten Tag. Ich sah schwarz. Bis zum Abend würde ich es noch aushalten, doch länger nicht. Nicht eine Woche, nicht einen Monat. Allerdings war mir auch klar, dass ich nicht mehr zurückkonnte. Nicht Rom war meine Vergangenheit, nicht eine Stadt oder ein Haus, sondern meine Mutter. Und sie war tot.

»Geh jetzt in dein Zimmer«, sagte die Großmutter. »Tante Sofia bringt dich hinauf. Ruh dich aus, wenn du willst, danach lasse ich dich rufen, damit du vor dem Abendessen mit uns beten kannst. Vergiss deinen Rosenkranz nicht.«

»Ich habe keinen«, sagte ich.

Die Großmutter sah mich fragend an: »Soll das heißen, du hast ihn in Rom gelassen?«

»Nein. Ich habe gar keinen.«

»Also war deine Mutter nie mit dir in der Kirche?«

»Doch, manchmal. Um Musik zu hören.«

Die Großmutter schwieg. Neben ihr fühlte ich mich wie neben einem großen Bergmassiv, verloren in einem Tal der Einsamkeit. Ich hätte ihr gern erklärt, wie ich an meinem Fenster betete, ihr erzählt, dass wir durch Ottavia mit Alessandro und mit vielen anderen Seelen aus dem Fegefeuer sprachen. Aber das hätte sie nicht verstanden.

Nach einer langen Pause versprach sie mir, tags darauf zu einem Priester zu gehen. »Geh jetzt nach oben«, befahl sie. Ich wollte schon gehorchen, als die Tür geöffnet wurde und Tante Clarice erschien.

Sie war ein altes, lächelndes Weiblein, weich und weiß wie Eischnee, und hatte die Statur eines zehnjährigen Kindes. Ihr Gesicht hatte ein kindliches Staunen bewahrt. Über dem Arm trug sie eine zu ihrer Größe passende Fußbank.

»Ich will das Mädchen sehen«, sagte sie. »In der Küche habe ich gehört, dass sie schon da ist.« Neugierig kam sie auf mich zu.

»Ich bin Clarice«, sagte sie kichernd und hob den Zeigefinger, wie um mir etwas Überraschendes mitzuteilen: »Tante Clarice.«

Die Großmutter sagte: »Meine Schwester.«

»Was für schöne Haare du hast«, sagte Tante Clarice. »Die hast du von Eleonora. Wenn sie uns besuchte, hat sie sie jeden Tag gewaschen, und dann setzte sie sich in die Sonne, um sie zu trocknen. Sofia war neidisch auf sie«, fügte sie mit kindlicher Schadenfreude hinzu, »weil sie damals vom Typhus Haarausfall bekommen hatte. Ich durfte Eleonora auf der Terrasse Gesellschaft leisten. Sie war nett. Gab mir Geld für Süßigkeiten. Kann ich einen Krapfen haben?«, fragte sie und zog einen Schmollmund.

Sie bekam einen und aß ihn, ohne mich noch weiter zu beachten. Die Großmutter schickte mich mit einem Wink fort, und Tante Sofia brachte mich in mein Zimmer. Das Haus war schr groß. Übcr klcine, dunkle Gänge, in denen man leicht auf den Stufen stolpern konnte, gelangte man von einem Zimmer zum anderen. Die Schlafräume lagen auf unterschiedlichen Etagen, abgeschieden wie Klosterzellen. Ihre Türen waren so schmal, dass man sich fast schon hindurchzwängen musste. In meinem Zimmer gab es nur einen Schrank, einen Nachttisch, einen Stuhl und ein Eisenbett.

»Es regnet«, sagte Tante Sofia. »Wir sollten das Fenster schließen.« Währenddessen erzählte sie mir, dass mein Vater als Kind in diesem Zimmer geschlafen hatte.

»Hier sollte ich geboren werden, nicht wahr?«

»Kann sein«, antwortete sie lächelnd. Sie schaute mich mit einer offenbar aufrichtigen Freundlichkeit an: »Ich hoffe, du fühlst dich wohl hier. Ruh dich ein bisschen aus, räum deine Sachen ein und komm dann nach unten.«

Kaum war ich allein, riss ich das Fenster wieder auf. Dichter Regen hing wie ein heller Schleier zwischen Himmel und Erde. Das hohe, schmale Fenster war grau lackiert und reichte bis auf den roten Backsteinboden. Statt eines Fensterbretts gab es ein fast brusthohes, graues Geländer. Das Haus thronte mitten im Dorf über Hütten, die sich aneinanderdrängten, wie um sich gegenseitig zu stützen. An ihnen vorbei verliefen keine Straßen oder Gassen, sondern breite, von den Bauern und ihren Eseln ausgetretene Steinrampen. Unter den Hütten erstreckte sich ein kleines Tal mit einem ausgetrockneten Bach, und vor mir erhob sich ein teils landwirtschaftlich genutzter Hügel, der aber überwiegend aus verdorrten Wiesen und Steinen bestand. Zu meiner Rechten war hinter den nahe gelegenen Hügeln ein hoher, majestätischer Gebirgszug zu erkennen. Das war das Majella-Massiv, wie ich später erfuhr.

Nachdem sich die eisengrauen Wolken rasch abgeregnet hatten, schimmerte die Landschaft wie Stahl. Über dem frischen Grün der Bäume stieg ein gleißend weißer Nebel in den Himmel. Überall rauschte Wasser. Es klang, als wäre das Haus von Bächen umströmt, dabei hörte man nur das Plätschern in den Regenrinnen. Der Geruch nach feuchter Erde erinnerte mich an die Tage, an denen meine Mutter und ich unmittelbar nach dem Regen spazieren gegangen waren.

»Mama«, flüsterte ich, »rette mich, bring mich hier weg.«

Mein Zimmer glich mit seinen nackten Wänden einer Gefängniszelle. Über dem Bett hing ein Kruzifix. Ich öffnete den Schrank, in dem mit einem unheimlichen Pochen zwei Kleiderbügel schaukelten. Auf dem Nachttisch lag eine schäbige grünliche Decke, die muffig roch. In diesem Zimmer zu wohnen hieß, tagtäglich nur mit dem Allernötigsten auskommen zu müssen. Vor mir bekundete Jesus – über dem Eisenbett an ein Eisenkreuz genagelt –, dass man leiden und sich opfern musste. Ich saß fest, in der Falle, gefangen wie Antonio.

»Antonio …«, flüsterte ich, sank am Fenster auf die Knie und legte mein Gesicht an das Geländer.

Sein Name brachte mir augenblicklich Erleichterung und Frieden. Ich hatte sogar das Gefühl, dass mir nur Antonio, der weit weg war und den ich nie gesehen hatte, von meinem früheren Leben geblieben war.

»Vergiss mich nicht«, hatte Fulvia gesagt, während sie mich fest umarmte. Sie hatte mich geholt, damit ich von dem Balkon Abschied nehmen konnte und von dem Zimmer, in dem wir zusammen gespielt hatten, als ich zum ersten Mal in ihre Wohnung gekommen war. »Mein Gott, wie die Zeit vergeht«, seufzte Lydia. »Ich hatte damals gerade den Hauptmann kennengelernt.« Und mitgenommen vom Tod ihrer Freundin, beklagte sie auch sich selbst und ihre Vergangenheit. »Was für eine Tragödie!«, rief sie und trocknete sich die Augen. »Wie viel Leid verursacht die Liebe! Fulvia, hüte dich davor, dich zu verlieben, und auch du, Alessandra, nimm dich in Acht! Ihr sollt frei sein und glücklich und einen reichen Mann heiraten … Was für ein Desaster ist doch die Liebe!« Wir hatten schweigend so getan, als akzeptierten wir das Schicksal, das sie sich für uns wünschte. Dabei brannten wir doch heimlich darauf, diese Liebe zu erleben, die zu Tränen und Tod führte.

»Ich hätte sie nicht ermuntern dürfen«, hatte Lydia tränenüberströmt gesagt. »Ich hätte ihr sagen müssen: ›Triff ihn nie wieder, sei vernünftig, du hast eine Familie.‹ Ich habe einen Fehler gemacht, es ist meine Schuld …«

Aber kurze Zeit später nutzte sie schon wieder die Gelegenheit, als ihr Mann einen Moment nicht da war, und kam herunter, um mir verschwörerisch mitzuteilen, dass im Treppenhaus Claudio auf mich warte.

Ich war lustlos hinausgegangen, denn ich empfand nichts für Claudio. Doch seit unserem Spaziergang auf dem Monte Mario folgte er mir ergeben und treu wie ein Schatten. Ich hatte mich nie gefragt, ob er mich wirklich liebte. Manchmal argwöhnte ich, dass er nur die Möglichkeit liebte, sich selbst zu erkennen, und die hatte ich ihm als Erste geboten.

»Mit niemandem kann man sprechen«, hatte er damals gesagt. »Schon gar nicht mit den Eltern. Immer müssen wir so tun, als hätten wir nichts als essen, lernen, schlafen im Kopf. Und wenn wir versuchen wollten, ihnen zu erklären, dass wir nachts schlaflos Probleme wälzen und dass wir als einzigen Ausweg aus diesen Problemen die Beendigung unseres Lebens sehen, den Selbstmord, wüssten sie uns nicht anders zu helfen als mit Geschrei und Drohungen. Mein Vater würde mit der Faust auf den Tisch schlagen und fragen: ›Was fehlt dir denn?‹ Ohne zu ahnen, dass nicht das, was mir fehlt, mich zu dieser Lösung treibt, sondern das, was ich an Gutem und Schlechtem in mir habe. Ich glaube, mit ihren Vorwürfen (mit denen sie uns davon abhalten, ihnen von unseren Zweifeln und Unsicherheiten zu erzählen) wehren sich unsere Eltern instinktiv gegen ihre Pflicht, uns bei einer Lösung zu unterstützen. Weil sie schon wissen, dass es keine Lösung gibt oder sie sie für sich zumindest oftmals noch nicht gefunden haben. Es fehlt ihnen an Mitgefühl. Aber du, Alessandra …« Er sah mich an wie eine wundersame Erscheinung, von der er wusste, dass er sie nicht erreichen konnte, oder besser, nicht erreichen wollte, um mich mit dem Geheimnis, das mich umgab, unversehrt zu lassen. Als ich ins Treppenhaus kam, fiel mir sofort sein unruhiger Blick auf. Ich gab ihm die Hand und blieb reglos wie ein Bild eine Stufe über ihm stehen.

»Du weißt, was passiert ist?«, fragte ich ihn niedergeschlagen. Er seufzte betrübt und hilflos. »Und jetzt gehe ich fort«, sagte ich abschließend. »Darf ich dir schreiben?«, fragte er schüchtern.»Ich glaube nicht«, sagte ich nach kurzem Zögern. »Das würde meinen Verwandten wohl nicht gefallen.« Er schlug vor, mir mit »Claudia« unterschriebene Postkarten zu schicken.»Schreib du mir doch auch manchmal«, fügte er mit leicht zitternder Stimme hinzu. Auf der Treppe war es jetzt dunkel, und ihre harmonische Spiralform stimmte mich melancholisch. Ich wartete darauf, dass mich bei dem Gedanken, diese Stufen zu verlassen, über die noch zwei Tage zuvor meine Mutter gegangen war, ein unerträglicher Schmerz ergreifen würde. Das Geräusch des kleinen Brunnens auf dem Hof erinnerte mich an das Rollen des Karrens, mit dem sie weggebracht worden war.

Schließlich sagte Claudio: »Ach übrigens, ich habe das Examen bestanden. Mit einer sehr guten Note in Philosophie. Im Oktober gehe ich an die Universität. Medizin. Freust du dich?« »Ja. Ich weiß nicht. Ich weiß überhaupt nichts mehr.« Er fixierte mich, jedes Detail, wie um es mir zu stehlen und für die Zeit zu bewahren, wenn ich fort sein würde. »Eins sollst du wissen, Alessandra. Ich werde auf dich warten, monatelang, jahrelang. Immer.«

Das letzte Wort hatte er beinahe wütend hervorgestoßen. Dann hatte er meine Hand genommen, sie kurz gedrückt und war davongestürzt, ohne sich noch einmal umzudrehen. Ich stand still im Dunkeln und klammerte mich an das kalte Eisengeländer.

Und jetzt klammerte ich mich an das Eisengeländer eines Fensters, vor dem ein karger Hügel und das majestätische Majella-Massiv zu sehen waren.

Im grau umrahmten Fenster betrachtete ich mein Spiegelbild, sah die weichen Umrisse meines auf den Boden gekauerten Körpers, meine weißen Hände auf dem Mattschwarz des Kleides. Ich wollte mich befragen, herausfinden, wer ich war.

Doch die Tür ging auf, und ich drückte mich ans Geländer. Vor mir stand die dünne Gestalt von Tante Violante in ihrem langen schwarzen Kleid.

»Was machst du denn da auf dem Boden, Alessandra?«

Ihre Stimme klang sanft, ich regte mich nicht. Entgeistert starrte ich sie an, denn sie hatte mich in eine Realität zurückgerissen, der ich mich nicht gewachsen fühlte.

»Du hast ja noch gar nicht ausgepackt«, sagte sie. »Aber das kann ich verstehen. Natürlich hast du keine Lust hierzubleiben. Trotzdem wirst du bleiben müssen. Das sind jetzt schwere Tage, nicht wahr? Das verstehe ich. Aber du wirst dich schon noch eingewöhnen, denn eigentlich sind ja alle Tage schwer. Du hast Glück, dass du hier zu uns aufs Land gekommen bist. Die Großmutter wird dir ein paar Tage Zeit lassen, damit du dich mit dem Haus und den Leuten vertraut machen kannst. Dann wird sie dir eine Arbeit geben. Was kannst du denn?«

»Nichts«, antwortete ich schroff.

Noch heute, mit dem Abstand vieler Jahre, sehe ich, wie Tante Violantes Gesicht zuckte, als hätte sie eine Ohrfeige bekommen. Sie schwieg. Dann löste sich ihr Ärger plötzlich auf, und sie sagte freundlich:

»Das wünsche ich dir nicht. Aber ich weiß ja, dass es nicht stimmt. Ariberto hat mir oft geschrieben, dass du kochen und den Haushalt führen kannst.«

»Ich will studieren«, sagte ich bissig. »Nächstes Jahr will ich zur Universität. In meinem Koffer sind jede Menge Bücher.«

»Wenn du das möchtest, wird es dir niemand verbieten, glaube ich jedenfalls. Aber vielleicht willst du es ja schon bald selbst nicht mehr. Die Stadt ist weit. Manchmal scheint es sie gar nicht zu geben. Und der Tag auf dem Land ist kurz. Er beginnt mit dem Glockengeläut und ist jetzt, hörst du?, mit dem Glockengeläut auch schon wieder vorbei.«

Ich sprang auf und ging mit gefalteten Händen auf sie zu: »Bitte, Tante Violante, lass mich studieren, du darfst mich nicht davon abhalten!«

»Ich?«, rief sie überrascht. »Ich doch nicht, Alessandra! Du musst es nur wirklich wollen, verstehst du? Du selbst. Es ist nicht leicht, sich durchzusetzen. Der Rhythmus des alltäglichen Lebens ist so einschläfernd, dass wir, ohne es zu wollen, allmählich davon eingelullt werden. Und nie ist Zeit, nie ist für irgendetwas Zeit. Siehst du?« sagte sie und schob mich an den Schultern vor sich her ins Treppenhaus. »Jetzt muss schon wieder der Rosenkranz gebetet werden.«

Sie zog eine Kette aus groben, tabakbraunen Perlen aus ihrer Tasche und gab sie mir. Die Treppen waren nur spärlich beleuchtet, ebenso die Durchgänge, die Flure und die unebenen, brüchigen Stufen. »Sieh mal«, sagte sie und blieb vor dem kleinen Bild eines Schmetterlings stehen. »Den habe ich gemalt, als junges Mädchen. Ich war in deinem Alter und verlobt.«

»Und dann hast du es aufgegeben?«

»Nein, ich habe noch einige Märchenbilder für Giuliano gemalt.«

»Und dann?«

»Dann hatte ich keine Zeit mehr dafür.« Sie bedeutete mir, still zu sein, und öffnete behutsam eine Tür.

Die Großmutter war allein im Speisezimmer und schien zu schlafen. Mit geschlossenen Augen und den Händen auf den Armlehnen ruhte sie aufrecht wie ein stolzes Pferd. Ihr Lehnstuhl stand jetzt vor einem großen, polierten Schrank aus schwarzem Holz. Ich fand es sonderbar, sie in dieser Haltung anzutreffen, aber ich traute mich nicht, Fragen zu stellen, da auch Tante Violantes Gesicht nun streng und unzugänglich war.

»Hast du Alessandra den Rosenkranz gegeben?«, fragte die Großmutter, ohne die Augen zu öffnen, und versenkte sich nach der bestätigenden Antwort wieder in ihre Andacht. Wir nahmen auf zwei Stühlen hinter ihr Platz. Tante Clarice kam herein und setzte sich neben mich auf ihre Fußbank. Mit einem verschmitzten Augenzwinkern zeigte sie mir ihre Tasche voller Pflaumen. Zwei Mägde traten ein und setzten sich auf den Boden, gefolgt von zwei Frauen, die gerade zufällig in der Küche waren, um ihre Trödelwaren anzubieten. Schließlich erschien Tante Sofia mit einem Schleier auf dem Kopf und öffnete den Schrank.

Darin befand sich ein Altar. Tante Sofia zündete die Kerzen an, so dass aus dem Dunkel allmählich das schwarze, unheimliche Gesicht der Madonna von Loreto hervortrat. Alle knieten nieder, und ich folgte ihrem Beispiel. Nur die Großmutter blieb sitzen, als gäbe es zwischen ihr und dem Himmel eine Art Gleichheitspakt. Sie betete den Rosenkranz vor, und ich antwortete mit den anderen Frauen.

Da es Nacht wurde, war der Raum nur noch vom rötlichen Flackerlicht der Kerzen erhellt. Bestürzt beobachtete ich die Menschen um mich her, die ich erst wenige Stunden zuvor kennengelernt hatte und die mich nun ernst und wortkarg in ein robustes Räderwerk pressten, in dem man gewiss leicht zermalmt werden konnte. Vergeblich versuchte ich, Erinnerungen aus meinem früheren Leben heraufzubeschwören, Fulvias gewitzte Miene, Lydias Nachsicht. Doch aus meiner Vergangenheit tauchte – auf der geöffneten, schwarzen Schranktür – nur Tante Caterinas düsteres Gesicht auf, das ich von dem großen Foto aus dem Schlafzimmer meiner Eltern kannte. An dieser Tür hingen dicht nebeneinander in identischen schwarzen Rahmen die Porträts aller verstorbenen Familienmitglieder. Da waren alte, mürrische Frauen und junge Mädchen mit ängstlich geweiteten Augen. Die einen trugen einen Haarkranz aus schweren, schwarzen Zöpfen, die anderen hatten weißes, schütteres Haar. Ihnen gemeinsam war das grobgeschnittene Gesicht und der volle Busen. Die Männer wirkten dagegen schlaff und unterwürfig, und sicherlich war es dieser Busen, der über sie triumphierte und sie einschüchterte, barg er doch die verlässliche, kraftvolle Fortpflanzung des Lebens von Generation zu Generation in sich. Glatzköpfig im Alter oder bartlos und verloren als Schuljungen oder Soldaten, waren diese Männer die Verlierer an dieser Totenwand. Ich stellte mir das Bild meiner Mutter neben dem einer alten Großtante vor, die kürzlich an ihrer Fettleibigkeit erstickt war. Nein, dachte ich, nein, nein. Ich fühlte mich von meiner Mutter wie von einem Nimbus umgeben, und ihre Kräfte vereinten sich mit meinen. »Na dann versucht mal, uns kleinzukriegen«, sagte ich im Stillen herausfordernd zu meinen knienden Verwandten und zu Tante Caterina an der schwarzen Schranktür.

Nach der Andacht bemerkte ich hinten im Raum Onkel Rodolfo, Onkel Alfredo (den Mann von Tante Violante) und seinen Sohn Giuliano. Die drei starrten mich verlegen an, als sie mich in ihrem Haus, zwischen ihren Möbeln und ihren Gewohnheiten entdeckten.

Onkel Alfredo gab mir einen Kuss, obwohl er mich noch nie gesehen hatte. Giuliano streckte mir die Hand hin, die weich und feucht wie die eines Geistlichen war. Wir wurden zu Tisch gerufen. Die Großmutter stand auf, und ich sah sie erstmals in voller Größe. Sie war größer als mein Vater, größer als Onkel Rodolfo, und die Türen waren kaum hoch genug für sie. Daher fand ich es ganz normal, dass ihr Weinglas größer war als die der anderen. Sie aß reichlich und hatte trotz ihres Alters einen gesunden Appetit. Von ihr wanderte die Servierplatte weiter zu Onkel Rodolfo, zu Onkel Alfredo und dann zu Giuliano, der sich mit einer boshaften Gier bediente, darauf bedacht, nur ja keinen Leckerbissen übrig zu lassen. Tante Violante suchte mir von dem, was übrig war, das Beste heraus und teilte sich den Rest mit Tante Sofia.

Mir war schon bei meiner Ankunft aufgefallen, dass die Möbel in diesem großen Raum nicht klobig und grob wirkten wie die in unserer Wohnung in Rom, sondern vornehm. Vor den weißen Vorhängen aus feinem Leinen hoben sich die schwarzen Kleider und Haare der Frauen noch dunkler ab. Wir aßen schweigend wie in einem Refektorium, und ich machte ein möglichst unbefangenes Gesicht, dabei war ich, auch weil ich noch nicht oft in fremden Häusern gewesen war, voller skeptischer Neugier. Ich schaute zu Onkel Alfredo, der mich mit schnellen Blicken musterte. Wie Onkel Rodolfo und meinem Vater sah man auch ihm sein Alter nicht an. Das hatte ich bei Männern aus Süditalien schon oft beobachtet. Sie hatten alle rosige Wangen, glänzende, zufriedene Augen und schneeweiße Zähne. Außerdem schienen sie großen Wert auf die Pflege ihrer Fingernägel zu legen, die ihre rosa Farbe behielten, während die der Frauen schon früh gelb und rissig wurden.

Neben mir saß Giuliano. Er war in Hemdsärmeln, sein nackter Arm streifte häufig meinen. Jedes Mal war mir, als berührte mich eine Brennnessel und hinterließe eine unangenehme Reizung auf meiner Haut.

»Ihr seid im selben Alter«, sagte Tante Violante unvermittelt. »Giuliano ist nur wenig älter. Aber ihr ähnelt euch überhaupt nicht, obwohl ihr Cousin und Cousine mit deutschen Wurzeln seid.«

Wir musterten uns gegenseitig. Alles, was mir an einem Mann nicht gefiel, fand ich in Giuliano versammelt. Er war nicht hässlich, auch er hatte, wie alle Männer dieser Familie, schöne Augen. Aber er wirkte ungepflegt, spöttisch, verschlagen, sein Haar war unordentlich, sein Gesicht mit roten Pusteln übersät, und besonders schrecklich waren seine Hände. Plump und unansehnlich, passten sie zu den mit Narben und Schrammen bedeckten Armen.

»Nein, sie ähneln sich nicht«, sagte die Großmutter.

Aus Höflichkeit überwand ich meine Abneigung und fragte Giuliano: »Was machst du so?«

»Na, was wohl? Ich arbeite auf dem Feld.«

»Gehst du nicht in die Schule?«

»Wozu denn? Ich will ja kein Priester werden.«

»Ich auch nicht«, sagte ich und versuchte zu lachen. »Trotzdem gehe ich in die Schule.«

»Da sieht man mal, wie gern du deine Zeit verplemperst«, entgegnete er schroff.

Ich schwieg. Die Großmutter ließ taxierend ihren stechenden, harten Blick von Giuliano zu mir wandern. Heute, aus der Distanz vieler Jahre, wage ich zu behaupten, dass es ihr Spaß machte, uns aufeinanderzuhetzen wie zwei Kampfhähne, um zu sehen, wer der Stärkere war. Ich antwortete nicht, und mir schien, dass dieser Punkt in den Augen der Großmutter an mich ging.

Die Männer waren aufgestanden, ohne zu warten, bis wir mit dem Nachtisch fertig waren. Onkel Rodolfo ging auf die Tenne, während Onkel Alfredo mich umkreiste und betrachtete. Sein Blick glitt von meinem Hals hinunter in meinen Ausschnitt und von meinen Füßen hinauf zu meinen Beinen, die in schwarzen Strümpfen steckten, und ich spürte, dass ich stillhalten und diesen Blick ertragen musste.

»Bist du müde?«, fragte mich Tante Violante, als sie mein blasses Gesicht sah.

»Nein, danke, überhaupt nicht.«

»Dann wollen wir arbeiten«, sagte die Großmutter. »Möchtest du mit einem Strumpf oder einem Söckchen anfangen?«

»So etwas kann ich nicht«, gestand ich schnell.

»Was kannst du dann, vielleicht säumen?«, fragte sie geduldig.

»Ja, säumen kann ich gut.«

Wir saßen zu viert im Kreis und Tante Violante breitete ein großes weißes Tuch zwischen uns aus. »Dann machen wir das hier. Jede an einer Seite.«

»Und ich?«, fragte Tante Clarice und wiegte sich wie ein kleines Mädchen. »Mir ist langweilig, wenn ich nichts zu tun habe. Gebt mir auch eine Arbeit.«

»Das geht nicht, Clarice«, sagte die Großmutter streng. »Setz dich in eine Ecke und sieh zu.«

»Dann singe ich, solange ihr arbeitet.«

»Gut«, sagte die Großmutter. »Dann sing uns ein schönes Marienlied.«

»Ich setze mich neben Alessandra«, sagte Tante Clarice. Ich lächelte ihr zu. Ihre kleinen, grünlichen Augen glänzten wie die eines Kindes.

»Ja, sing«, bat ich sie.

»*O Maria, Kelch der Rose* …«, stimmte sie an.

Wir beugten uns über den makellos weißen Stoff. Nur die Großmutter hob das Tuch zu sich hoch, so dass es aussah, als nähten wir wie Büßerinnen zu ihren Füßen. Das verdoppelte meinen Eifer. Ich nähte schnell, geduckt und konzentriert. Bei jedem Stich knirschte meine Nadel in dem festen Gewebe, es klang wie ein Wehklagen. Auch bei Tante Violante und in den kräftigen Fingern von Tante Sofia knirschte die Nadel. Die Großmutter mit ihren Marmorhänden nähte langsamer als wir, bedächtig. Meine Finger taten mir weh wie früher in meiner Kindheit die Knie, wenn ich lange in der Kirchenbank gekauert hatte. Trotzdem ließ ich in meinem Eifer nicht nach, so wie ich mich damals auch nicht hingesetzt hatte, um mich auszuruhen. Auch damals verschaffte mir der Schmerz eine wohltuende Erschöpfung. Die Gesichter von Tante Violante und Tante Sofia rührten mich an. Wieder fühlte ich mich geborgen im engen Rahmen der üblichen weiblichen Tätigkeiten. Zwischen diesen Frauen floss meine Geschichte flink wie ein Bach zwischen vertrauten Ufern dahin. Ringsumher herrschte eine sanfte Stille. Nur von Zeit zu Zeit drangen aus dem Nachbarzimmer, von lauten Lachsalven unterbrochen, die Stimmen der Männer herüber.

»Was tun sie?«, fragte ich und schaute von meiner Näharbeit auf.

»Na, was schon?«, antwortete die Großmutter achselzuckend. »Sie spielen Karten.«

Die ersten Tage im Haus der Großmutter waren sehr schwer für mich. Der Tod meiner Mutter wurde nie erwähnt, schlimmer noch, er wurde ignoriert, so dass ich schon befürchtete, ich hätte ihn mir nur eingebildet, um mir selbst leidzutun. Auf die Welt, in der ich bis dahin in Rom gelebt hatte, konnte ich nicht mehr zählen, und nur mit Mühe gewöhnte ich mich an die strenge, unbegreifliche Ordnung, in die ich mich nun einfügen musste.

Außerdem hatte ich mich bisher für einen eher zurückhaltenden, völlig durchschnittlichen Menschen gehalten. Ich war daran gewöhnt, im Licht der Sympathie zu leben, die meine Mutter in ihrer Umgebung weckte. Ich hatte sogar geglaubt, für andere Menschen uninteressant zu sein, weil es mir schwerfiel, meine Gefühle auszudrücken.

Aber in den Abruzzen hielten mich alle für launisch und extravagant. Und in dieser Verwunderung über mein Verhalten – das wusste ich nur zu gut – steckte ein Vorwurf. Die Großmutter gewährte mir anfangs viel freie Zeit zum Ausruhen, damit ich mich, wie sie sagte, von der Reise erholen und mich akklimatisieren konnte. Doch diese Freiheit, die ich in den ersten Tagen erfreut nutzte, wurde mir unerträglich, als ich feststellte, dass sie nur dazu dienen sollte, mich besser beobachten zu können. Denn alles, was ich tat und sagte, wurde zu einem Geständnis. Manchmal bereute ich ein Wort und hätte es gern zurückgenommen, aber meine Verwandten hatten es schon aufgeschnappt und es unerbittlich meinem Charakter angelastet.

Natürlich musste die Schicksalsergebenheit, mit der ich den Tod meiner Mutter und die Trennung von meinem Vater ertrug, in der starren Sittenstrenge jener Gegend als Zeichen für Gefühlskälte und Eigensinn gedeutet werden. Niemand konnte ahnen, wie unangenehm mir der tägliche Umgang mit meinem Vater gewesen war. Und letztlich wusste auch niemand außer der Großmutter, wie trostreich es für mich war, zum ersten Mal in Kontakt mit der Natur zu leben.

Wenn ich frühmorgens aufstand, war im Gemüsegarten die Großmutter bereits auf den Beinen. Mit einem langen Stock in der Hand gab sie ihre Anweisungen für die Ernte, ohne sich vom Fleck zu rühren. Die gebeugt arbeitenden Frauen trugen weite, bunte Röcke, die fröhlich aus dem Grün herausstachen. Für jemanden aus der Stadt hatte diese Stille etwas vollkommen Neues. Sogar der Gesang der Nachtigall mit allen silberhellen Verzierungen war zu hören. Und in der kräftigen Morgensonne erstrahlte ringsumher alles: die Blätter im Wind, ein kleiner Wasserlauf, das Smaragdgrün der Berge und die Schotterausläufer des Majella-Massivs.

Das Gut war klein, lieferte aber viel Gemüse und ließ eine sorgsame Bewirtschaftung erkennen. Es grenzte an einzelne Wiesen und kleinere Waldstücke, die in dem bergigen Gelände von Terrassen und Stufen unterbrochen waren. Der Wald bestand aus Eichen und Ahornbäumen. In dieser vollkommenen Einsamkeit sprach ich mit den Bäumen, pflückte eine mir unbekannte Blume oder bewunderte die zarte Zeichnung eines Blattes. Diese armseligen Zeilen hier können nicht annähernd beschreiben, wie sehr ich damals Anteil am Wachsen und Werden der Natur nahm. Manchmal saß ich im Gras, und ein Sonnenfleck fiel mir in den Schoß wie eine Frucht. Und eines Nachmittags schlief ich wie an eine Schulter gelehnt zwischen den Wurzeln einer alten Eiche ein.

»Gefällt es dir auf dem Land, Alessandra?«, erkundigte sich die Großmutter, als ich von einem meiner Spaziergänge heimkehrte. »Gefällt dir das Leben auf dem Land?«, fragte sie noch einmal und beugte sich vor, um, Gleichgültigkeit vortäuschend, etwas Unkraut zu zupfen. Aber eine von ihr gestellte Frage ähnelte immer einer Frage vor dem Jüngsten Gericht. Ich schwieg, sie sah mich an. Ich hielt ihrem Blick stand. Er war hart und energisch. Trotzdem war in diesem Moment leicht zu erkennen, dass die Großmutter mich liebte.

In der schwülen Hitze der frühen Nachmittagsstunden, deren Stille nur durch einen Hahnenschrei oder eine Kuhglocke gestört wurde, lernte ich für die Schule. Durch das unruhige Blattwerk der Robinien fiel ein gedämpftes, grünes Licht ins Zimmer, so dass ich manchmal den Kopf auf den Tisch sinken ließ. Sich um diese Tageszeit zu konzentrieren, war schwer. Aber abends wurde mein Zimmer nur schwach von einem mit Perlenfransen verzierten Lämpchen erhellt, weshalb ich vor dem Einschlafen nicht lesen konnte. Als ich über meine neue Angewohnheit nachdachte, fürchtete ich, sie könnte ein erstes Anzeichen für den Verzicht sein, den Tante Violante prophezeit hatte. Außerdem würde ich die wenigen Romane und Gedichtbände, die ich aus der bescheidenen Bibliothek meiner Mutter aus Rom mitgebracht hatte, schon bald ausgelesen haben, obwohl ich sie absichtlich langsam las und manche Kapitel sogar mehrmals. Und ich brauchte Schulbücher.

Daher beschloss ich, mit Onkel Rodolfo zu sprechen. Er schien mir der Einzige zu sein, auf den ich zählen konnte, denn er hatte sich meinetwegen einmal einen heftigen Streit mit der Großmutter und den anderen Frauen im Haus geliefert. Ich fühlte mich geschmeichelt, weil er sich für mich einsetzte.

Ich besuchte ihn fast jeden Tag in seinem Büro. Dort hielt er sich jeweils mehrere Stunden auf, für den Fall, dass ein Bauer seinen Rat brauchte. Allerdings existierte sein Büro nur der Form halber. Er selbst war der Erste, der das zugab und darüber lachte. Denn in Wahrheit hätte die Großmutter nie zugelassen, dass die Bauern zu ihm kamen.

Der Raum gefiel mir, er übte einen besonderen Reiz auf mich aus. Er erinnerte an das Büro eines alten Notars und wirkte nicht so klösterlich wie der Rest des Hauses. Eine Lampe mit einem grünen Schirm verbreitete ein ruhiges, angenehmes Licht. An den Wänden standen hohe Regale, und hinter Glas reihten sich dort dicke, in Pergament gebundene Bücher aneinander. Onkel Rodolfo zufolge waren es lateinische Texte und alte Gesetzbücher von meinem Großvater, der im Dorf der Advokat gewesen war. Einmal hatte mir mein Onkel einen großen, staubigen Band gezeigt, unser Familienstammbuch. Nicht ohne Stolz hatte er erzählt, unser Geschlecht lasse sich über mehrere Generationen zurückverfolgen, unsere Vorfahren seien rechtschaffene Leute gewesen und hätten ihr Leben alle mit einem friedlichen Tod beschlossen. Aus diesen Worten hörte ich eine Anspielung auf meine Mutter heraus und errötete gekränkt. Aber ich merkte sofort, dass Onkel Rodolfo mich nicht hatte verletzen wollen. Um die Verlegenheit zu überspielen, die zwischen uns entstanden war, fasste er mich am Arm, zeigte mir das gerahmte Bild eines großen, weitverzweigten Stammbaumes und half mir, zwischen den jüngsten Ästen meinen Namen zu finden.

Für mich hatte der kräftige Baum Ähnlichkeit mit Onkel Rodolfo, und das sagte ich ihm. Er lachte und zeigte dabei eine Reihe starker, weißer Zähne. Dann antwortete er, der Vergleich hinke, da er ja eben keine Kinder habe. Ich fragte: »Warum hast du eigentlich nicht geheiratet, Onkel Rodolfo?« Er schwieg und schaute blinzelnd zum Fenster. Offenbar ließ er sein Leben Revue passieren, und so schwieg auch ich respektvoll. »Wer weiß das schon«, sagte er danach ausweichend.

Mit einem bitteren Lächeln fügte er hinzu: »Manche Äste müssen verdorren, damit andere umso kräftiger wachsen können.«

Seine Zurückhaltung berührte mich. Der harte, entschlossene Ausdruck seines Gesichts wurde durch eine Scheu gemildert, die ich an ihm schon kannte. Wir waren allein, durch ein starkes, ehrliches Gemeinschaftsgefühl verbunden, das bei mir sogar zärtliche Züge annahm. Ich betrachtete seine Jagdgewehre an der Wand, seine Mütze, die Patronentasche, die zwei Tabakpfeifen, alles, was die Vorlieben eines einsamen, einfachen Mannes verriet. Auf dem verschlissenen Stoffbezug des Schreibtischs standen ein paar alte Dinge, die aus seinem Leben zu entfernen er sich offenbar nicht traute: ein Uhrenhalter, ein Briefbeschwerer in Form eines Löwen, ein Kalender mit der Aufschrift *Zur Erinnerung*.

Mein Onkel erläuterte mir eine große Tafel, auf der der Familienstammbaum schematisch dargestellt war. Geschwisterpaare hingen nebeneinander wie Waagschalen, während ein größerer Kindersegen die Form einer Harke hatte. Neben meinem Vater Ariberto stand der Mädchenname meiner Mutter, und ich sah sie wie eingesperrt zwischen diesen Linien, mit ihrem hellen, hochgesteckten Haar, ängstlich und blass wie damals auf der Bootsfahrt mit meinem Vater. Schweigend zeichnete Onkel Rodolfo ein kleines Kreuz neben ihren Namen und schrieb das Datum dazu. Kurz darunter hingen mein Name und mein Geburtstag einsam und verlassen im Leeren.

Um mit Onkel Rodolfo zu sprechen, wartete ich einen Nachmittag ab, an dem die Großmutter und meine Tanten im Weinberg waren. Es war still im Haus, und die erste Oktoberkälte zog in die großen, schmucklosen Zimmer. Aber das Büro war warm und gemütlich. Mein Onkel saß in seinem alten

Ledersessel und ich ihm gegenüber auf der anderen Seite des Tisches. Er hatte sein Kinn in die Hand gestützt, hörte mir zu und schaute mich im Schein der Lampe aufmerksam an. Vielleicht wunderte er sich über meine Lebhaftigkeit. Tatsächlich überwand ich zum ersten Mal die Apathie, mit der ich die täglichen Aufgaben erledigte, die andere für mich festlegten. Schon seit einigen Wochen verrichtete ich Hausarbeiten, die die Großmutter mir gewiss deswegen aufgetragen hatte, weil sie in ihren Augen meinem Wesen und meinen Fähigkeiten entsprachen. Zumeist waren es organisatorische Dinge, denn die Großmutter war die Einzige, die hinter der Gleichgültigkeit meines Gesichtsausdrucks und meines Verhaltens meine Eignung für solche Aufgaben erkannt hatte. Ich erinnere mich, dass ich einmal einige Korbflaschen Wein in den Keller bringen sollte. »Großmutter, ich brauche die Schlüssel«, sagte ich. »Die Schlüssel?«, wiederholte sie überrascht. Die hatte in all den Jahren noch niemand von ihr verlangt, und meine Kühnheit irritierte sie. In meinem Gesicht las sie vielleicht eine Entschlossenheit, ja Unbeirrbarkeit, die sie zum Nachgeben veranlasste. Langsam schob sie die Schürze beiseite und löste das große, silberne Schlüsselbund von ihrem Gürtel. Ich streckte die Hand aus. Sie zögerte noch kurz, dann sagte sie mit einer mir fremden Stimme: »Hier, nimm.« Verblüfft nahm ich die im Dämmerlicht des Flurs schimmernden Schlüssel. Sie waren kalt und schwer. Ich lief die Kellertreppe hinunter und kehrte dann atemlos zur Großmutter zurück. Ich gab ihr die Schlüssel wieder. Mir war, als hätte ich eine Schlacht gewonnen.

Onkel Rodolfo hörte mir also aufmerksam zu. Dann zog er mit dem Anflug eines Lächelns, das ich zunächst für spöttisch hielt, einen Einhundert-Lire-Schein aus der Tasche und gab ihn mir.

»Das ist für die Schulhefte«, sagte er. »Falls du noch mehr Geld brauchst, sag mir Bescheid. Und schreib mir eine Liste der Bücher, ich lasse sie dann aus Rom kommen.«

Dankbar sprang ich auf und wollte ihn überschwänglich umarmen. Aber aus Angst, schamlos zu wirken, hielt ich mich zurück.

»Danke«, rief ich, »vielen, vielen Dank!« Ich freute mich über unser heimliches Komplott, das mir wieder zu Frieden und Glück verhalf.

»Ach, noch etwas«, sagte er leise und winkte mich zu sich. »Hast du eine Tasche?«

Ich nickte erstaunt, wobei ich auf meine Schürze zeigte.

»Komm, nimm das, und trag es immer bei dir.«

Ich schaute mir an, was er in meine Hand gleiten ließ. Es war ein Glückshorn aus roter Koralle.

»Steck es ein und zeig es niemandem. In diesem Dorf herrschen der böse Blick und Hexerei. Vor allem, wenn man nicht zwischen den Zweigen verborgen bleiben will«, fügte er lächelnd hinzu und wies auf unseren Familienstammbaum. Ich erinnerte mich an die Worte meiner Mutter wenige Tage vor ihrem Tod: »Kein Mensch ist frei, niemand ist frei. Unsere Freiheit endet wenige Stunden nach unserer Geburt, wenn man uns einen Namen überstülpt und uns in eine Familie zwängt. Dann können wir nicht mehr entkommen, uns nicht mehr losreißen, nicht mehr wirklich frei sein. Das große Standesamtsgebäude ist unser Gefängnis. Wir alle werden zwischen die Seiten seiner Bücher gezwängt, eingepfercht und zerdrückt. Auch junge Frauen und kleine Kinder. Unser Lebensweg wird überwacht, registriert und kontrolliert. Wohin du auch gehst, die Männer, die in diese Bücher schreiben, folgen dir.«

Gebannt betrachtete ich meinen Namen zwischen dem

von Giuliano und dem einer früh verstorbenen Cousine. Gern hätte ich mich von den zudringlichen Zweigen befreit, mir Luft verschafft. Und doch schienen mich diese Zweige, die mich verdeckten, auch zu beschützen. Die Familien, die ich in Rom kannte, hatten überhaupt nichts mit einem schönen Baum gemein. Aber seit ich in den Abruzzen war, kam es mir so vor, als wäre auch ich, wie dieser Stammbaum, tief in der Erde verwurzelt, und ich ahnte, dass das vor allem damit zu tun hatte, dass ich eine Frau war. Gerade weil ich eine Frau war, schienen alle etwas von mir zu erwarten. Was das war, konnte ich noch nicht genau erkennen. Ich fuhr mir mit der Hand über meine kleine, kaum gerundete Brust und dachte an die reglosen Gesichter der Frauen, die mich jeden Abend von der schwarzen Altartür herab ansahen, an ihre üppigen, triumphierenden Busen. Ich war ein Ast des Baumes, durch den der Lebenssaft floss. Nein, dachte ich, nein. Und ich flüchtete mich in die Gedanken an meine Mutter. Die Erinnerung an sie rief bei mir einen eitlen Ehrgeiz hervor, so wie ihn die Inhaber von Adelstiteln haben. Mit ihr schmückte ich mich hochmütig. Und die Großmutter ließ mich inzwischen gewähren. Da ich einige solide Eigenschaften aufwies, verzieh sie mir diese unschuldige Marotte. Manchmal, wenn wir in der Küche oder im Esszimmer zusammensaßen, erzählte ich die Shakespearestücke nach, wie meine Mutter es in meiner Kindheit getan hatte. Tante Violante ließ die Nadel sinken, und in ihrem schönen, ebenmäßigen Gesicht spiegelte sich der spannende Handlungsablauf wider. Tante Sofia dagegen arbeitete noch emsiger und tat so, als hörte sie nicht zu. Am Ende klatschte Tante Clarice in die Hände.

»Wie schön du erzählen kannst!«, rief sie. »Ist das eine wahre Geschichte?«

»Nein«, sagte die Großmutter trocken und kam so meiner

Antwort zuvor. »Im wahren Leben passieren solche Sachen nicht.«

Ich wollte protestieren und kramte in meinen Geschichtskenntnissen, um zu beweisen, dass, zum Beispiel, die Malatesta tatsächlich in Rimini gelebt hatten und es folglich nicht unwahrscheinlich war, dass die Tragödie auf wahren Begebenheiten beruhte.

»Nein«, widersprach die Großmutter entschieden. »Schlag dir das aus dem Kopf, Alessandra. Wenn du verheiratet bist, wirst du einsehen, dass das Hirngespinste und Ammenmärchen sind.«

»Ich will das aber nicht einsehen, Großmutter!«

»Das wirst du aber müssen.«

Die hohe Statur der Großmutter schien jede Diskussion mit ihr von vornherein auszuschließen. In Gedanken suchte ich Halt bei meiner Mutter, aber ihre Person war verglichen mit der Großmutter so fragil, dass sie mir keine große Hilfe war. Darüber hinaus hatte ich bemerkt, dass die Großmutter sie in meiner Abwesenheit immer »diese Unglückliche« nannte, und die anderen taten es ihr gleich. Diese Bezeichnung für das liebste Wesen, das je auf Erden gelebt hatte, tat mir sehr weh. Ich konnte es nicht ertragen, dass man in diesem Haus hinter vorgehaltener Hand so über sie sprach. Darum beschloss ich, offen mit der Großmutter darüber zu reden. Es war Abend, vor der Betstunde. Die Großmutter saß in ihrem hohen Lehnstuhl, und obwohl ich stand, war ich kleiner als sie.

»Diese Bezeichnung ist nicht kränkend gemeint, Alessandra«, antwortete sie nach kurzem Nachdenken. »Sie drückt nur Mitgefühl aus.«

»Ich will nicht, dass man sie bemitleidet«, erwiderte ich heftig. »Sie ist lieber gestorben, als Kompromisse einzugehen, zu denen viele andere Frauen ohne Weiteres bereit sind. Ich weiß nicht, was ihr hier denkt, was euch die Priester eingeredet haben. Aber meine Mutter hat nie etwas Schlechtes getan, nichts, wofür man sich schämen müsste.«

Die Großmutter schaute mich mit einer Mischung aus Erstaunen und Mitleid an. In ihren Augen blitzte kaum merklich das Vergnügen auf, mit dem sie mich manchmal wie einen Kampfhahn reizte.

»Das glaube ich dir, Alessandra«, sagte sie ruhig. »Wenn du das sagst, glaube ich dir. Doch auch nach dem, was du mir erzählt hast, und vielleicht gerade deswegen, denke ich weiterhin, dass deine Mutter eine unglückliche Frau war. Es ist ein Unglück, wenn man seine Reaktionen und Instinkte nicht unter Kontrolle hat, kurz, wenn man nicht Herr über das eigene Leben ist. So veranlagt zu sein, ist ein Unglück.«

Wie um eine unüberwindliche Barriere zwischen uns zu errichten, sagte ich kalt:

»Ich habe die gleiche Veranlagung.«

Das traf sie. Sie wurde blass, fing sich aber sofort wieder, während sie mich aufmerksam betrachtete.

»Das ist nicht wahr, Alessandra, ich glaube, ich kenne dich jetzt gut genug, um das zu wissen. Und du irrst dich, wenn du deine Mutter für eine außergewöhnliche Frau hältst. Außergewöhnlich sind die Frauen, die sich nicht unterkriegen lassen …«

»Die nicht ins Wasser gehen …«, unterbrach ich sie, meinen eigenen Gedanken folgend.

»Ja, wenn du so willst. Also Frauen, die durchhalten, sich nicht von der Strömung fortreißen lassen wie kraftlose Bäumchen.« Missbilligend verzog sie das Gesicht. »Für die anderen habe ich kein Verständnis. Frauen müssen ein Leben führen, das ihrem Wesen und ihrer Natur, ihren Gefühlen und ihren

Impulsen entgegensteht. Deshalb müssen sie sehr stark sein. Männer müssen sich nicht dazu zwingen, stark zu sein. Ihnen ist ihre Kraft in die Wiege gelegt wie uns unsere Schwäche. Außerdem spüren sie nie einen wirklichen Impuls. Und falls doch, geben sie ihm einfach nach«, fügte sie missgünstig hinzu. »Wenn ein Mann im Krieg fällt, ist er ein Held, auch wenn er gar nichts von seinem Heldentum wusste. Ach!« Die Großmutter schlug mit der Hand auf die Armstütze des Stuhls und richtete sich in ihrer ganzen majestätischen Größe auf: »Aber wie oft muss eine Frau in ihrem elenden Alltagsleben mit vollem Bewusstsein sterben?«

Ihre Stimme war schrecklich, als sie das sagte, und noch heute, Jahre später, habe ich sie im Ohr. Ihre Augen funkelten im schwachen Licht der Dämmerung. Und wie bei meiner Ankunft hatte ich große Angst.

»Nein«, flüsterte ich kopfschüttelnd, »nein, Großmutter, nein«.

»Komm her«, sagte sie mit einer Grabesstimme, die sie gewiss für zärtlich hielt. »Es ist trotzdem schön, eine Frau zu sein. Frauen tragen das Leben in sich, so wie die Erde Blumen und Früchte. Es ist falsch zu glauben, dass man vom Leben alles verlangen kann. Das Leben verlangt immer etwas von uns, und immer müssen wir dem Leben etwas geben.«

Vor dem Fenster lag das weite Land, das mir inzwischen sehr vertraut war, und in dem sanften, traurigen Abendlicht hätte ich am liebsten geweint.

»Großmutter«, sagte ich in meiner Verwirrung hilfesuchend.

»Mein Kind«, antwortete sie und legte mir ihre Hand auf den Kopf.

Meine Tanten und die Küchenfrauen kamen zum Gebet herein. Schweigend gingen sie in ihren langen, schwarzen Röcken an mir vorbei, während sie Stühle, das Weihwasser und Kerzen bereitstellten, und das Auf und Ab ihrer Schritte fesselte mich, wob mich ein mit unsichtbaren Fäden. Unwillkürlich bewunderte ich den trübseligen Stolz ihrer Handgriffe, die sie Tag für Tag immergleich wiederholten und deren Gefangene sie gerade wegen ihrer unaufhörlichen Trübseligkeit waren. Mir lief es kalt den Rücken herunter. Am liebsten wäre ich schreiend davongelaufen. Trotzdem drängte es mich wie von selbst, dieser schweigsamen, geschäftigen Ordnung meine Lebenskraft hinzuzufügen. Ich wollte mich ihren Schritten anpassen, ohne jede Begeisterung oder Abenteuerlust. Ich kniete in einer Ecke nieder und legte meine ganze Leidenschaft in das Gebet. Aber meine Leidenschaft erschöpfte sich nie.

Abends, wenn wir noch am Tisch saßen, kamen oft Verwandte zu Besuch. Die Familie war sehr groß, weil in den Abruzzen auch Cousins und Cousinen dritten oder vierten Grades als nahe Verwandte galten. Die Besuche waren seit meiner Ankunft häufiger geworden, da alle – wenn auch ohne es zu zeigen – darauf brannten, die Tochter einer Verrückten kennenzulernen, die sich aus Liebe umgebracht hatte.

Schnell nannten mich alle beim Vornamen und duzten mich, und ohne die Höflichkeitsformen, die unsere mangelnde Vertrautheit eigentlich verlangt hätte, baten sie mich, ihnen ein Glas Wasser, einen Aschenbecher oder einen Stuhl zu bringen. Kaum schaute ich weg, musterten sie mich eingehend und ließen kein Detail meiner Kleidung außer Acht, die allerdings äußerst schlicht war. Meistens kamen sie als Paar, manchmal auch die Männer allein, weil, wie sie sagten, ihre Frauen bei einem kranken oder trotzigen Kind bleiben mussten. Ich habe die Männer dieses Dorfes als fröhlich, gutmütig und großzügig in Erinnerung. Wenn sie allein kamen, erlaubten sie sich, mir etwas Obst oder Gebäck zu schenken, das sie zu Hause von der Anrichte stibitzt und rasch eingesteckt hatten. Sie machten gern Späße, führten Kartentricks vor und gaben unbefangen harmlose Anekdoten aus ihrer Junggesellenzeit zum Besten. Kamen sie dagegen mit ihren Frauen, sagten sie kaum mehr als »Guten Abend, Alessandra«, und die Älteren klopften mir zum Zeichen ihres Wohlwollens auf die Schulter. Dieses veränderte Verhalten kränkte mich, was ich aber nicht zu zeigen wagte.

Wenn auch gewiss zu Unrecht, kamen mir die Männer unscheinbar, die Frauen dagegen groß und imposant vor. Die Männer fanden sich zusammen, um sich zu unterhalten, und die Frauen, froh darüber, unter sich zu sein, spähten oft wachsam zu ihnen hinüber. Wie die Großmutter lächelten auch die anderen Frauen nur selten, und wenn ich mich zu einem kleinen Heiterkeitsausbruch hinreißen ließ, trafen mich sofort ihre strengen und ärgerlich erstaunten Blicke. Sie trugen immer Schwarz, so dass sie die drückende Atmosphäre eines kürzlich eingetretenen Trauerfalls umgab. Ihre Gespräche, in denen es überwiegend um Alltägliches ging, wurden von Seufzern und Bemerkungen darüber unterbrochen, wie schwer das Leben einer Mutter und Hausfrau doch sei.

Die Besuche zogen sich in die Länge, seit Onkel Rodolfo ein brandneues Radio erworben hatte, das selbst die entferntesten Sender empfing. Damals war auch bis in diese ländliche Region die Nachricht vorgedrungen, dass wir schon bald in einen Krieg eintreten würden. Krieg war ein Wort, unter dem ich mir nichts Genaues vorstellen konnte. Den anderen Krieg hatte es vor meiner Geburt gegeben, und wenn mein Vater – der in einem Sanitätstrupp daran teilgenommen hatte – davon erzählte, glaubte ich, dass er sich mit Lügenmärchen brüstete. Ich erinnere mich, dass ich nicht verstehen konnte, wie man überhaupt einen Krieg führen konnte und wo die Soldaten den Mut hernahmen, sich kaltblütig in einen Angriff zu stürzen, dessen Ziele ihnen oftmals unklar waren. Darum hatte ich damals angefangen, Zeitungen zu lesen, aber die politischen Artikel ermüdeten mich schnell. Darüber hinaus waren die Zeitungsmeldungen stets so gehalten, dass sie keinerlei Besorgnis auslösten. Wenn ich an den Bauern vorüberging, nahmen sie die Pfeife aus dem Mund und fragten mich: »Signorina, Sie kommen doch aus Rom. Stimmt es, dass es Krieg geben wird?« Ich antwortete, dass ich Rom schon vor einer Weile verlassen hätte, den Zeitungen zufolge aber alles in Ordnung sei. Da arbeiteten sie beruhigt weiter. Nur die Frauen blieben misstrauisch. Jeden Abend vor dem Radio fragten sie: »Was sagen sie?«, obwohl die Ansagen klar gewesen waren. Sie waren von Natur aus argwöhnisch, weshalb sie versuchten, den wahren Sinn hinter den scheinbar harmlosen Worten zu erkennen. Mit dem Blick auf Giuliano sagte Tante Violante verhalten: »Es kommen schon die ersten Einberufungen.« Wenn so ein Stellungsbefehl eintraf, kamen die Bauern zur Großmutter, um sich zu verabschieden. Sie waren jung, und ihr Blick verriet Angst und Unsicherheit. Alle sagten: »Es heißt, dass es nach Afrika geht.« Die Großmutter sprach ihnen Mut zu und versicherte ihnen, dass sie eine wunderschöne Reise vor sich hätten. Sie würden neue Länder kennenlernen und bald zurückkehren, denn natürlich werde der Krieg unser Land verschonen. Sie lächelten voller Hoffnung und sagten: »Die in Rom werden schon für uns sorgen.«

Auch die Männer, die Abend für Abend zum Radiohören kamen, lächelten. Sie schienen das alles für eine plötzliche Laune zu halten, deren Sinn sie nicht durchschauten, die sie aber für ungefährlich hielten. »Wer versteht schon, was die da in Rom umtreibt?«, sagten sie. Sie meinten das nicht abfällig, höchstens etwas mitleidig, so als herrsche in Rom ein leichter Wahnsinn. Sie hielten sich für Beteiligte in einem Spiel, das keine Konsequenzen haben würde. Die in Rom waren ein bisschen seltsam, aber nicht bösartig. Ich kannte in Rom nur Menschen, die zur Arbeit gingen, nach Hause kamen, aßen, schliefen und wieder zur Arbeit gingen.

»Die in Rom sind unzufrieden«, sagte ich und dachte an so manchen düsteren Abend zurück, wenn sich die Dunkelheit auf unseren Hof herabgesenkt hatte. Aber die Männer schüttelten lächelnd den Kopf. Die Frauen fragten: »Aber warum wollen sie denn jetzt Krieg führen?« »Wer weiß das schon«, antworteten die Männer. Dann witzelten sie: »Von Zeit zu Zeit wollen sie eben was unternehmen. Vielleicht ist das jetzt gerade das Richtige für sie.«

Sie lachten, und das weckte Vertrauen. Auch die Frauen, die sie anfangs unsicher angesehen hatten, ließen sich schließlich überzeugen und wiegten sich in dem bequemen Glauben, dass für so obskure Dinge wie Politik und Krieg die Männer zuständig waren. Auch ich ließ mich allmählich von ihrer Zuversicht anstecken. Ringsumher herrschte tiefer Frieden in der mondhellen Landschaft, und es schien nichts Böses auf der Welt zu geben. Der Sangro schlängelte sich am Fuß des schon schneebedeckten Majella-Massivs entlang. Bald war Weihnachten. Ich lachte: Ja, natürlich war das jetzt wohl gerade das Richtige, obwohl ich nicht wusste, was eigentlich gemeint war. Aber ich wollte, dass alles um mich her friedlich war, wie ein heiteres Versprechen, denn ich war jung, und ich hatte das ganze Leben noch vor mir. Wir brachten unsere Gäste zur Tür, sie verabschiedeten sich herzlich und voller Überschwang. Rasch verdrängte ich den Gedanken an Antonio, der mir seit einer Weile Schuldgefühle verursachte.

Und noch etwas anderes bedrückte mich in jener Zeit: die Lebensverhältnisse der Landbevölkerung in Dörfern wie unserem. Von meinem Fenster aus konnte ich die zum Flusstal hin abfallenden Häuser sehen, eine große Ansammlung von Steinen, die nicht so wirkte, als könne dort jemand Zuflucht finden. Nur der Rauch aus den schwarzen Schornsteinen ließ menschliches Leben vermuten.

Zunächst hatte es mir gefallen, durch die engen Gassen zu streifen, die an den Behausungen vorbeiführten. Aber meine fröhliche Neugier auf andere Sitten und Landstriche erlosch bald. Die Häuser bestanden aus unbehauenem, nacktem Stein, und keines ruhte auf einem ebenen Fundament. Sie stützten sich gegenseitig, und ihre Dächer bildeten Stufen. So klammerten sie sich an den Berghang, der Schutz vor Wind und strenger Kälte bieten sollte. Bei Hitze verwandelte sich der Kalkstein für die Bewohner dagegen in einen glühenden Backofen.

Die Hügel und Berge umschlossen das Tal in einem weiten Bogen und färbten sich je nach dem Stand der Sonne rosa oder gelb. Im Sonnenlicht wirkten sie freundlich und einladend. Aber an ihren Hängen wuchsen, durch Täler und Rinnsale getrennt, wie Pilze oder Warzen weitere elende Marktflecken, in deren Mitte sich der Kirchturm erhob wie ein Schrei.

Verstört schaute ich durch die Tür in diese Elendshütten. Es waren dunkle, verräucherte Höhlen. Durch einen Fensterschlitz fiel etwas Licht hinein, und auf dem grob behauenen Fenstersims blühte in einer Konservendose eine Geranie. Die Küchen waren schwarz vom Ruß der Feuerstelle und bewahrten trotzdem eine Würde, der ich überall in den Häusern und bei den Menschen in den Abruzzen begegnete. Trotz der Armut gab es in diesen Räumen nur den angenehmen Geruch nach Brennholz. Dieser Geruch war typisch für das ganze

Dorf, es roch wie in einem Holzschuppen. Ein kräftiger Geruch, der auch im Sommer an Schnee und an ein Herdfeuer erinnerte.

Die Frauen hatten braune, erloschene Gesichter und trugen schwarze Kopftücher. Sie sahen mich groß an, denn alles an mir – mein Gang, meine Bewegungen, mein helles Haar – verblüffte sie. »Guten Tag«, sagte ich lächelnd. Aber sie lächelten nie, sagten nur »Komm herein«, ohne sich für den Grund meiner Neugier zu interessieren. Ihnen war alles egal, wie ich bemerkte. Sie schauten mich mitleidig an, als müsste ich, die mit einem Hund spazieren ging, erst noch lernen, was für eine Mühsal das Leben war. Ich fragte sie nach ihren Männern, die in der Sommerzeit selten im Dorf zu sehen waren. »Sie schuften«, antworteten sie ohne viel Aufhebens oder Bedauern, denn die Schufterei gehörte zur Arbeit dazu, und Arbeit brachte Brot.

Einmal antwortete mir eine Frau verächtlich: »Im Sommer schuften die Männer auf dem Feld. Die Arbeit ist hart, härter als die Hausarbeit, das Haus bietet Schutz, die Erde ist mörderisch. Aber im Winter schlafen die Männer am Feuer, rauchen ihre Pfeife und ruhen sich aus. Wir nicht. Kinder werden auch im Winter geboren, und Polenta muss immer gekocht werden. Die Erde ruht, das Haus niemals.« In ihren Worten lag ein unterdrückter, aufgestauter Hass. Nach einer Pause fuhr sie fort: »Auch wir schuften zur Ernte oder zur Saatzeit auf dem Feld. Und auch wenn Krieg ist, gehen wir schuften. Der Krieg ist Männersache. Ich hatte drei Ehemänner«, sagte sie ruhig und ohne den Kummer, den eine Frau aus der Stadt bei einer solchen Mitteilung wohl empfunden hätte. »Der erste ist in Afrika gefallen, der zweite in Spanien. Mal sehen«, setzte sie mit schriller Stimme hinzu, »wohin sie den dritten zum Sterben schicken.« Sie war noch jung, aber ihre Falten an Mund, Stirn und Augen waren wie steinerne Furchen. Ihre Haut war ledern und braun wie die von Sista, und wie Sista wirkte sie alterslos. Sie hatte vor wenigen Wochen geheiratet, war aber für alle weiterhin »die Witwe Martina«. Ich saß da und schaute zu, wie sie Brotteig knetete. Ihre Ärmel waren hochgekrempelt und die Unterarme so muskulös wie die eines jungen Mannes. Ihre Hände, die den weichen Teig bearbeiteten, verrieten einen gewalttätigen Impuls, der sich in dieser Tätigkeit entlud. Plötzlich fiel mir wieder ein, wie erbittert Sista das Bügeleisen auf das Hemd meines Vaters gepresst hatte.

»Und was tut ihr jetzt?«, fragte ich leise.

»Was können wir schon tun?« Verbissen walkte sie den Teig in Form. »Die da sind in Rom, und wir sind hier, Friede sei mit ihnen, wir warten. Wir warten und danken Gott, dass nicht wir über den Krieg entscheiden und Einberufungsbefehle verschicken müssen. Uns bleibt nur die Schufterei. Der Rest ist Sache der gebildeten Leute, von denen, die Zeitungen und Bücher lesen.«

Das schien auf mich persönlich gemünzt zu sein, weshalb ich schnell ging, ohne nochmals in die Häuser zu schauen oder die Frauen zu grüßen. Von nun an hatte ich das Gefühl, dass ich es war, die über den Tod von Martinas drittem Mann zu entscheiden hatte.

Über das alles wollte ich mit Onkel Rodolfo sprechen. Ich ging nun oft hinunter in sein Büro. Ich las, und er schrieb, wir beide im Lichtkegel derselben Lampe. Zwischendurch schaute ich zur Wand, wo ein einziges Foto hing, auf dem er in seiner Zeit an der Front zu sehen war, selbstsicher, mit einem Fuß auf einem großen Stein, verschränkten Armen und keckem Schnurrbart. Ich schrieb diese Selbstsicherheit seiner jugendlichen Illusion zu, ein Glückspilz zu sein und von den Frauen geliebt. Wäre er im Krieg gefallen, hätte man beim Anblick dieses Bildes gesagt: »Schade, er hatte das ganze Leben noch vor sich, wer weiß, was aus ihm geworden wäre.« Jetzt war er nicht mehr jung, lebte in einem alten Haus in einem gottverlassenen Dorf in den Abruzzen, führte die Bücher des Gutshofs und stand, wie ich wusste, unter der Fuchtel seiner Mutter, die nur mit dem Finger zu schnippen brauchte, damit er tat, was sie wollte.

Als ich über sein Schicksal nachdachte, begann ich sofort um meines zu fürchten. Ich wollte nicht, dass es mit mir so bergab ging wie mit ihm, wollte mich nicht wie er einfach an Mittelmäßiges anpassen. Ich erschrak bei dem Gedanken, meine Kraft könne nur zum Schein existieren wie die von Onkel Rodolfo auf dem Foto. Vielleicht würde man auch mich ersticken, kleinkriegen, weil mir die nötige Widerstandskraft fehlte. Außerdem wurde mir klar, dass ich keinerlei Lebenserfahrung hatte. Die Einsamkeit hatte mich weich gemacht, und meine Kenntnisse waren fast ausschließlich literarischer Natur. Ich hatte aus Büchern gelernt und von meiner Mutter, die jedes Ereignis in ein Märchen verwandelt hatte. »Ich werde ewig jung sein«, hatte sie gesagt. »Wir werden ewig jung sein«, versicherte sie mir überschwänglich. Vielleicht hatte auch Onkel Rodolfo solche Gedanken gehabt, als er im Krieg mit dem Fuß auf dem Stein für das Foto posierte. Nun war meine Mutter tot, und Onkel Rodolfo hatte eine weiche Falte unter dem Kinn, während er das Rechnungsbuch führte.

»Warst du damals zufrieden, Onkel Rodolfo?«

»Wann«, fragte er und sah überrascht von seinen Papieren auf.«

»Damals«, antwortete ich und wies auf das Foto.

Er drehte sich um und schaute in die angegebene Richtung: »Damals ja. Es war eine herrliche Zeit, die schönste meines Lebens.« Er lächelte versonnen, als hätte er die Menschen, Orte und Bilder wieder vor sich, und dieses Lächeln verjüngte ihn. »Aber nicht nur aus dem wesentlichen Grund, dass ich damals kaum älter als zwanzig war. Wir hatten damals ein natürliches Vertrauen, eine kulturvolle Freundlichkeit, ein Gemeinschaftsgefühl mit unserem Nächsten, so dass wir oft vergnügt und zufrieden waren, ohne Zurückhaltung und Misstrauen …«

Er verstummte plötzlich, als hätte er Angst, sich zu weit aus dem Fenster gelehnt zu haben, und warf mir einen schnellen Blick zu, um die Wirkung seiner Worte abzuschätzen.

»Und heute ist niemand mehr zufrieden, nicht wahr?«, sagte ich mit gesenkter Stimme.

»Tja, so sieht es wohl aus.«

Er widmete sich wieder seinen Papieren. Allerdings schien er noch darüber nachzudenken, was sich hinter meiner Frage verbarg, denn sein Blick wanderte wieder zu mir. Ich traute mich nicht, weiter nach den Gründen dieser Unzufriedenheit zu forschen, aber als ich so zurückdachte, fiel mir auf, dass es sie schon in meiner Kindheit rings um mich her gegeben hatte, undurchsichtig und schwer. Aber kein Mensch wagte es, darüber zu sprechen, nicht einmal Fulvia und ich, wenn wir allein auf dem Balkon die heikelsten Themen anschnitten. Onkel Rodolfo wollte nicht, dass ich weitersprach, und gab mir das mit einem verlegenen Blick zu verstehen.

»Wir dürfen nicht laut sagen, dass wir unzufrieden sind, nicht wahr?«

»Nein.« Er schüttelte den Kopf. »Niemand sagt das laut. Das habe ich bis jetzt auch nie getan. Und es tut mir leid, dass du die Erste bist, die mich danach fragt, denn deine Generation unterscheidet sich sehr von meiner. Manches mag euch sogar unverständlich erscheinen. Aber damals, als ich aus dem Krieg zurückkehrte, lag manches einfach an unserem Selbstbewusstsein, unserem Übermut, bestimmte Verhaltensweisen waren einfach normal. Wir glaubten, nach den durchgestandenen Gefahren und Entbehrungen das Recht zu haben, anderen die grelle Strahlkraft unseres Lebens, unserer Stärke, unseres Gesetzes aufzuzwingen. Nein, ihr werdet nie verstehen, wie normal das alles damals war. Wie gesund, einfach und harmlos. Wir waren kaum älter als du jetzt. Die Welt schien erst mit uns zu beginnen, mit unseren schrecklichen Erfahrungen. Damals …«, wiederholte er und zeigte auf das Bild. »Dann kam ich hierher zurück, aufs Land, zog mich in dieses Büro zurück und konzentrierte mich auf mein Privatleben. Ich verliebte mich auch, aber das ist eine lange Geschichte«, fügte er mit einem schüchternen Lächeln hinzu. »Ich beschränkte mich also auf meine unmittelbaren Interessen, Haus, Landwirtschaft und Familie, ich verlor meine Selbstsicherheit, meine Überheblichkeit, und darüber hinaus, das muss ich zugeben, fraß der Alltag meine Begeisterungsfähigkeit auf, meine natürliche Anteilnahme an den Dingen der Vergangenheit, einer verlorenen Epoche. Auch die anderen zogen sich in Büros zurück, heirateten und gründeten eine Familie. Niemand sprach mehr wie früher voller Eifer über bestimmte Dinge. Und manches änderte sich, verwandelte sich, nahm gewaltige Dimensionen an. Gerade unser Schweigen trug dazu bei. Und jetzt …«, sagte er abschließend und breitete die Arme aus.

Er schaute mich an wie in Erwartung einer Absolution oder einer heftigen Gegenrede. Ich wusste nicht genau, worauf er hinauswollte, erkannte aber, dass es ihm um die Schwierigkeit ging, den eigenen Idealen treu zu bleiben, um die

Schwierigkeiten des Lebens, die unbegrenzt und entmutigend waren und die ich stets mit einer Verzweiflung vorausgeahnt hatte, die meine Momente der Freude trübte. Schon als kleines Mädchen hatte ich die bekümmerten Frauengesichter an den Fenstern zu unserem Hof kennengelernt. Ich sah die Männer frühmorgens aus dem Haus gehen, zum Mittagessen heimkommen, wieder ins Büro gehen, erneut essen, und dann fielen sie müde und abgestumpft ins Bett. Ich wusste, was für eine erniedrigende Tretmühle das Leben der Männer war. »Das Geld ist alle«, sagen die Frauen, und die Kinder warten mit großen, feindseligen Augen. »Ich kümmere mich darum«, antworten die Männer und gehen wieder los, voller Sorgen, und währenddessen geschieht so vieles, worum sie sich auch noch kümmern müssen. Aber sie sind keine starken, freien Männer mehr, sie sind Familienoberhäupter. Und was kann eine Familie angesichts bestimmter Dinge schon ausrichten?

Ich hatte den unbändigen Wunsch, eine gefährliche Mission zu erfüllen und mich mit diesem Wagnis von einer Verantwortung loszukaufen, deren Ursprünge ich nicht kannte, deren schmerzhafte Auswirkungen ich aber sah. Ich war frei und konnte, allein auf mich gestellt, alles riskieren, selbst mein Leben. Ich würde in der Nacht weglaufen und nach einer langen, anstrengenden Fahrt Rom erreichen. Die Stadt war mir wie ein heller Sonnenfleck in Erinnerung geblieben, mit ihren weißen Häusern, dem kräftigen Grün der Bäume und dem leuchtenden Blau des Himmels. Ich sah mich selbstsicher durch die Straßen gehen, ganz in Anspruch genommen von einer Aufgabe, nämlich zu sagen: »Die Bauern sind unzufrieden«, und von ihren Lehmhütten und Steinhäusern an den Berghängen zu berichten, von der Unzufriedenheit, die uns die Luft abschnürte. Aber mich entmutigte der Gedanke, diese Unzufriedenheit nicht deutlicher benennen zu können, ihre Ursachen und Grenzen nicht zu kennen. Meine Unwissenheit machte mich wütend, mir zitterten die Hände, und ich schaute mich nach einem rettenden Hinweis um. Ich hätte nicht einmal gewusst, wohin ich gehen sollte. Sobald ich überlegte, an wen ich mich wenden könnte, durchfuhr es mich wie ein Blitz. Eine dunkle Ahnung riet mir von meinem Vorhaben ab, bist du verrückt geworden?, das geht nicht, wir müssen still, still, still sein, auch von Antonio sprach man nur hinter vorgehaltener Hand.

Trotz meines Misstrauens Giuliano gegenüber hätte ich gern auch mit ihm über diese Dinge gesprochen. Er war im Dorf der Einzige in meinem Alter. Vielleicht hätten wir es ohne das Wissen unserer Verwandten tun können, so wie ich mit Fulvia über die Liebe und über die Art, wie Kinder gezeugt werden, gesprochen hatte, wenn die Erwachsenen ausgegangen waren, also über genauso geheimnisumwitterte Dinge wie nun diese hier. Aber unsere gegenseitige Abneigung wurde mit jedem Tag offensichtlicher. Er hatte bemerkt, wie gern mich die Großmutter hatte, und kämpfte gegen mich, obwohl ich nicht die geringste Absicht hatte zu kämpfen. Er versuchte, mich herabzusetzen, und dies vor allem mit einem unverhohlenen, derben Spott. Ich war weniger von seiner primitiven Art abgestoßen als vielmehr von den vulgären Gefühlen, die ihr zugrunde lagen. Wenn ich mich zum Lesen in den Garten oder ins Esszimmer setzte, strich er um mich herum und stichelte, um mich zu stören. Mein Leben verlief nun in harmonischen Bahnen, was Giuliano ärgerte. Vielleicht hatte er noch nie eine Freundin gehabt, und seine Neugier machte ihm zu schaffen. Deshalb regte ihn meine unverdorbene, anständige Erscheinung auf. »Warum spielst du dich so auf?«, fragte er mich wieder und wieder. »Du bist so hässlich.«

»Na und«, antwortete ich lächelnd. »Wirklich, Giuliano, das ist mir egal.«

»Das sagst du bloß, weil du eingebildet bist. Dabei ist Schönheit das Wichtigste für eine Frau. Du bist zu groß, du bist mager. Frauen müssen Hüften haben, einen Busen und schöne, runde Wangen. Merkst du nicht, dass du zu dünn bist? Du kriegst bestimmt keinen Mann. Der würde sich ja wehtun, mit dir im Bett.«

Er lachte und kam näher, und ich sah in seinem boshaften, verächtlichen Blick eine hartnäckig unterdrückte Begierde. Ich rückte von ihm ab und presste zum Schutz mein Buch an mich.

»Das macht nichts«, antwortete ich ruhig. »Ich will ja gar nicht heiraten.«

»Gut so, denn keiner wird dich nehmen. Du solltest also nicht so hochnäsig sein.«

»Wieso?«, fragte ich, darauf bedacht, mich nicht provozieren zu lassen. Aber ich war aufgestanden, und meine Hände zitterten.

»Weil alle wissen, dass deine Mutter einen Liebhaber hatte.«

»Das ist nicht wahr!« Ich starrte ihn wütend an.

»Aber ja. Alle sagen das. Warum sollte sie sich denn sonst umgebracht haben? Das hat sie gemacht, weil sie sich schämte.«

»Das ist nicht wahr«, wiederholte ich heftig. »Sie hat es getan, weil …« Ich konnte nicht weitersprechen. Es war unmöglich, im Einzelnen zu erläutern, warum meine Mutter so unglücklich gewesen war. Und vor allem war es unmöglich, diese Gründe einem Menschen wie Giuliano begreiflich zu machen. Besiegt stürzte ich davon.

Er folgte mir unverzüglich. »Doch, sie hatte einen Lieb-

haber, das wissen alle!« Das Haus war menschenleer, ich sah
keine Fluchtmöglichkeit. In die Küche wollte ich nicht, damit
die Frauen dort die Worte Giulianos nicht hörten, der mir
dicht auf den Fersen war, und ich vermied es instinktiv auch,
in mein Zimmer hochzulaufen. Ich hielt mir die Ohren zu.
Vom Flur aus gelangte ich in einen kleinen Vorbau, wo sich
der Verschlag mit der Toilette befand. Atemlos schlüpfte ich
hinein und legte die Kette vor.

Giuliano wiederholte vor der dünnwandigen Tür: »Sie
hatte einen Liebhaber. Mach auf! Das wissen doch alle. Hör
auf, dich so aufzuspielen!«

Er rüttelte an der Klinke, die Kette war schwach. Sie würde nachgeben. Außerdem war ein Milchglasfenster in der Tür.
»Mach auf«, sagte er, »oder ich schlage die Scheibe ein.«

Da das Haus hoch über dem Dorf lag, hing der Vorbau im
Leeren. Ich hatte das Gefühl, mich nur in Sicherheit bringen
zu können, wenn der Boden einbrechen und ich auf das harte
Straßenpflaster stürzen würde. Es war ein erlösendes Gefühl,
mir vorzustellen, wie ich zerschmettert dort unten lag. Giuliano rief pausenlos: »Mach auf, du blöde Gans, mach auf!«
Er rüttelte mit fürchterlicher Hartnäckigkeit an der Klinke.
»Du hörst mich ja trotzdem: Deine Mutter hatte einen Liebhaber, jawohl!«

Panik erfasste mich. Bestimmt würde er die Tür aufbrechen, und dann würde ich keinen Widerstand leisten können,
wogegen genau, wusste ich allerdings nicht. Seine Worte hatten mich dort hineingetrieben und mich meiner Sicherheit
und Freiheit beraubt. Durch eine schmale Fensteröffnung sah
ich das Tal und die kraftvolle, schöne Landschaft, die meine
liebste Begleiterin geworden war. Aber so tröstlich sie sonst
auch war, konnte sie mir jetzt doch nicht helfen. Der Verschlag war eng, Giuliano würde mich mit einem Schritt an

die Wand drängen und mir seine schlimmen Worte ins Ohr zischen.

Er presste sein Gesicht gegen die Milchglasscheibe. Ich konnte seine Augen erkennen, seine dicken Lippen und die plattgedrückte Nase, ein Fleck aus weißem Fleisch. »Ich sehe dich«, sagte er. »Ich sehe dich genau.«

Er lachte höhnisch über meine Zwangslage an diesem schmutzigen Ort. Ich hatte keine Möglichkeit, mich seinem Blick zu entziehen. Mit dem Rücken an der grauen Wand verbarg ich mein Gesicht in den Händen.

»Ich sehe dich. Also hör auf mit den Mätzchen, klar? Deine Mutter hatte einen Liebhaber. Da hilft es auch nichts, dass du dich im Klo einschließt.«

Die Zeit verging, und ich nahm meine Hände nicht vom Gesicht, um Giulianos dunklen Mund an der Scheibe nicht zu sehen. Plötzlich hörte ich den Hund winseln. Er wollte zu mir und kratzte beharrlich an der Tür. Sonst war nichts zu hören, ich war also allein. Vorsichtig kam ich heraus und hockte mich auf der Galerie neben ihn.

Es dunkelte, die Hundeaugen waren im Dämmerlicht kaum zu erkennen, wohl aber der traurige Ausdruck, wie er typisch für jeden Hund ist. Er legte seinen Kopf in meinen Schoß und schlief, durch meine Anwesenheit beruhigt, mit tiefen Atemzügen schnell ein. Die Wärme seines Körpers übertrug sich auf meine Glieder und entspannte sie. Ich lehnte meinen Kopf an die Wand und schaute zu den Sternen, die hell und klar aus dem dunklen Himmel auftauchten. Es war ein schöner, friedlicher Abend. Ich streichelte den Hund. Wenig später rief Tante Violante nach mir: »Alessandra … Alessandra …« Ich antwortete nicht. Ich hoffte, man würde mich hier draußen im Dunkeln vergessen, und zwar nicht nur an diesem Abend, sondern für immer.

In dieser Nacht schlief ich kaum, und am folgenden Tag passierte die Sache mit dem Hahn. Diese Geschichte führten alle als Beweis für meine Gewalttätigkeit an. Als man mich damals und auch jetzt, vor Kurzem, fragte, warum ich das getan hatte, antwortete ich: »Ich weiß es nicht.« Das wurde als Aussageverweigerung gewertet, dabei war es die Wahrheit. Im Hühnerstall gab es unzählige Hühner und einen prachtvollen Hahn. Dieser Hahn war sogar Dorfgespräch, weil er eine Menge goldgrüner Federn und einen stolz geschwellten Kamm hatte. Er war in einem Käfig aus dem Norden gekommen, und in den Augen der Mägde war er so etwas wie hoher Besuch.

Nie stürzte er als Erster herbei, wenn Mais gestreut wurde. Zunächst kamen fröhlich die Hennen angelaufen und wackelten mit ihrem breiten Hinterteil wie geschäftige Hausfrauen. Sie pickten gierig und flink, aber mit Rücksicht aufeinander. Dann kam der Hahn. Er war viel größer als die Hühner und stolzierte mit den gefiederten Sporen an seinen Beinen majestätisch herum. Er beugte sich zu den Hennen hinunter, zielte auf ihren Nacken und hackte plötzlich brutal auf sie ein. Er hackte eine nach der anderen, als versetzte er ihnen rasche Dolchstiche. Nicht selten erschien ein Blutfleck auf dem weißen Federkragen der Hennen. Sie liefen davon, ließen ihn mit dem Futter zurück, und nun pickte er zielsicher und mit plötzlicher Gier die dicken, gelben Maiskörner auf. In seiner Gefräßigkeit schüttelte er sein Gefieder, die Kehllappen wurden blutrot und sein Kamm schwoll noch mehr an. Besonders sein vom Wohlgefühl der Sattheit dicker Hals zog meinen Blick auf sich.

Ich rief den Hahn, lockte ihn mit einer Handvoll Mais. Da er an mich gewöhnt war, kam er näher. Er bewegte sich vorsichtig und würdevoll. Einen Moment lang taxierte er mich, wie er es mit den Hennen tat. Ich kauerte auf dem Boden. Er hätte mich verletzen können, mich plötzlich hacken können, nicht aus Bosheit, sondern in einer Art Naturrecht. Wir starrten uns an, sein Auge wie aus Stein. Blitzschnell packte ich ihn am Hals, meine Finger gruben sich in sein Gefieder, und voller Abscheu klemmte ich seinen weichen Körper zwischen meine Knie.

Ich habe lange, dünne Hände, scheinbar zarte Frauenhände. Aber nur scheinbar. Meine Hände waren schon immer ausgesprochen kräftig, und ich verbog gern etwas mit ihnen, brach Äste oder Zweige ab. Der Hals des Hahns unter den grellfarbigen, gesträubten Federn erwies sich als wenig robust, obwohl er noch mit Futter vollgestopft war. Ich stellte ihn mir weiß vor, dann bläulich und violett. Ich drückte zu. Der Körper wand sich mit zitternden Flügeln zwischen meinen Knien, was Entsetzen und Ekel bei mir auslöste. Aber dieser Ekel ließ mich noch fester zudrücken, bis der Hahn sich nicht mehr regte, zu Boden rollte und mich von dort mit seinem schrecklichen steinernen Auge anstarrte.

Es war fast Mittag. Sonnenlicht lag auf der Tenne, und doch erlosch die Pracht der Hahnenfedern nach und nach, als würde mit dem Leben auch die Farbe aus ihnen weichen. Ich kniete noch immer auf dem Boden, mein schwarzes Kleid war staubig. Hastig wusch ich mir am Brunnen die Hände, lief die schattenkühle Treppe hinauf zu meinem Zimmer, warf mich aufs Bett und schloss erschöpft die Augen.

Obwohl niemand mich gesehen hatte, gab ich sofort zu, dass ich den Hahn getötet hatte. Die Mägde sahen mich wegen dieser kühnen Tat respektvoll an. Es wurde lange darüber gestritten, wer den Hahn rupfen sollte. Keine der Frauen wollte diese Aufgabe übernehmen, so als wäre sie die Fortsetzung meiner Übeltat. Schließlich sagte Adele, eine kräftige, brünette Frau: »Ich mach's«, und ging eifrig an die Arbeit. Die Federn flogen nur so, und bei jedem Rupfen schüttelte sie ihren lockigen Kopf. »Nichts als Federn und ein armseliger Körper«, sagte sie.

Die Großmutter kam in mein Zimmer hinauf, um mich zur Rede zu stellen. Man hatte mir angekündigt, dass sie kommen würde, und ich wartete ruhig auf sie, so wie ich auch auf den Direktor gewartet hatte, nachdem ich Magini verletzt hatte.

Aber als ich sie dann auf der Treppe hörte, erfasste mich Panik. Wie sollte ich eine Tat rechtfertigen, die ich nicht einmal mir selbst erklären konnte? Gern hätte ich, wie schon als kleines Mädchen, geglaubt, dass ich von einem übernatürlichen Wesen besessen war, von meinem Bruder Alessandro, dem ich jede ehrenrührige oder grausame Tat in die Schuhe schieben konnte. Doch inzwischen fand ich in diesen simplen Ausflüchten keinen Trost mehr. Ich fühlte mich voll verantwortlich, aber auch unfähig, meine Unschuld zu beweisen.

»Warum hast du das getan?«, fragte mich die Großmutter.

Sie saß vor mir. Auf ihren Knien hatte sie ein Stövchen, und ihr schwarzes, um ihre Füße drapiertes Kleid sah aus wie ein Sockel, auf dem feierlich ihre Büste ruhte.

»Ich weiß es nicht«, antwortete ich, aber sie glaubte mir nicht. Ich gab mir alle Mühe, den Grund für meine rätselhafte Tat herauszufinden, doch ich fühlte mich nur leer und müde. »Ich weiß es nicht«, wiederholte ich.

»Das kann nicht sein. Wolltest du ihn essen?« Ich schüttelte lächelnd den Kopf. »Giuliano hätte es vielleicht aus reiner Bosheit getan. Aber du nicht, du wusstest, dass ich sehr an diesem Hahn hing. Warum also?«

»Ich weiß es doch nicht, Großmutter.«

Sie wirkte enttäuscht, sogar argwöhnisch. »Ich habe geglaubt«, sagte sie bedauernd, »du würdest nie lügen. Du sollst keine Angst vor mir haben. Ich habe dir verziehen. Und jetzt sag mir den Grund.«

»Ich weiß es nicht«, wiederholte ich kopfschüttelnd. »Wirklich nicht.« Ich war verzweifelt, fand meine Tat schrecklich, doch sie hatte mich auch zutiefst befriedigt. Ich dachte daran, wie energisch Adele den Hahn gerupft hatte, wie schmächtig sein Körper gewesen war, wie dünn und biegsam sein Hals. »Sie hat ihn sehr geschickt getötet«, hatte sie gesagt, und alle hatten auf meine Hände gestarrt.

»Es wäre schön, wenn du mir vertrauen könntest, Alessandra«, sagte die Großmutter. »Ich habe großes Vertrauen zu dir. Seit du hier bist, fühle ich mich stärker, obwohl ich mir anfangs große Sorgen um dich gemacht habe, weil du behauptet hast, du hättest Ähnlichkeit mit Eleonora. Aber das stimmt nicht. Du bist nicht wie deine Mutter.« Nach einer Pause fügte sie hinzu: »Du bist wie ich.«

Ich schaute sie an, ihre außergewöhnliche Erscheinung faszinierte mich. Vielleicht würde sich die Ähnlichkeit, die ich noch nicht sehen konnte, bald unweigerlich Bahn brechen, so wie der Impuls, der mich dazu getrieben hatte, den Hahn zu töten. Ich beugte mich zu ihr, fühlte eine neue Kraft, die mich größer werden ließ.

»Vielleicht erkennst du das nicht gleich«, fuhr sie fort. »Auch ich wusste lange nicht, wo mein Platz war. Dann bin ich mit der Zeit stärker geworden, mit jedem Tag. Du verbringst deine Zeit damit, zu lesen, das ist schlecht. Bücher machen dich schwach, lassen dich leiden, versklaven dich. Man darf nicht leiden. Wenn man stark sein will, muss man den Schmerz aus dem eigenen Leben verbannen. Schmerzen haben nur einen Sinn, wenn man Kinder zur Welt bringt. Bei jedem Kind, das ich geboren habe, hatte ich das Gefühl, noch ein Leben zu leben.«

Fasziniert sah ich sie an. Sie war wie eine majestätische Gottheit, der man wie selbstverständlich Menschenblut und lebende Kinder als Opfer darbrachte.

»Ich habe bemerkt, dass dir das Landleben gefällt und du gern über das Gut streifst. Du kennst es inzwischen genau. Du sollst wissen«, vertraute sie mir mit gesenkter Stimme an, »dass das Gut dir gehört.« Sie wies auf das Tal und den Berghang. »Sieh nur, wie schön und gepflegt alles ist. Die beschnittenen Weinstöcke und dazu die Kornfelder in Terrassen bis hinunter zu den Olivenbäumen.«

Zum ersten Mal klang ihre Stimme zärtlich. Es war die Stimme einer Frau, nicht mehr die eines Bergmassivs.

»Die Ländereien liegen am Fluss. Er versorgt sie mit Wasser, nährt den Boden wie eine Mutter ihr Kind. Das Gras wächst dicht, das Korn wird mit jedem Jahr saftiger. Bald werden die Obstbäume blühen. Später werden sie viele pralle Früchte tragen. Der Keller ist gefüllt mit Obst, der Duft ist herrlich.«

Sie hatte meine Hand genommen. »Giuliano bekommt nichts«, fuhr sie fort. »Nichts als das kleine Erbteil seiner Mutter. Nur wenig, ein Almosen. Er kommt nach seinem Vater. Wie oft habe ich ihm gesagt: ›Lerne etwas, such dir eine Arbeit in der Stadt.‹ Ich habe auf ein Mädchen gewartet, dich gab ich verloren. Als ich vom Tod deiner Mutter erfuhr, sagte ich zu Rodolfo: ›Fahr hin und hol sie zu uns.‹ In der Nacht vor deiner Ankunft konnte ich nicht schlafen.«

Gemeinsam schauten wir durch das Fenster ins Land hinaus, die Augen meiner Großmutter strahlten vor Entzücken. Dann schob sie langsam ihre dunkle Schürze zur Seite. Auf ihrem schwarzen Kleid glänzte silbern das Schlüsselbund.

Der Stahl spiegelte das Abendlicht. Genüsslich fuhr die Großmutter mit ihrer großen Hand über die Schlüssel.

»Ich erinnere mich noch an den Tag, als du die Schlüssel
von mir verlangt hast. Es kam mir so vor, als wäre ich schon
tot und du hättest meinen Platz eingenommen. Du gingst mit
sicherem Schritt in den Keller. Dein helles Haar leuchtete im
Dunkeln. Sofia und Violante fürchten sich vor der Dunkelheit, du nicht. Genauso wenig wie ich.«

Sie strich mir spontan über die Hand, den Arm, die Schulter. Ihr Gesicht verriet die energische Ungeduld einer Wün-
schelrutengängerin, die auf Wasser gestoßen ist. Reglos wartete ich darauf, dass sie mich an sich zog und umarmte. »Du
darfst keine Bücher mehr lesen«, sagte sie leise. »Überlass das
den Männern … Auch ich habe vor meiner Heirat viel gelesen, und ich spielte Harmonium. Als dein Großvater starb,
ließ ich das Harmonium auf den Dachboden bringen und
schloss es dort ein. Ich war noch jung, kaum älter als dreißig,
und ich musste mich um fünf Kinder kümmern, um das
Haus und den Hof, kurz, ich musste stark sein. Zum Glück
hatte ich das begriffen. Ich wurde stark, sehr stark sogar.« Bei
diesen Worten richtete sie sich kerzengerade auf. Vielleicht
war sie damals zu ihrer jetzigen, vornehmen Größe herangewachsen. »Das Harmonium schadet nur, genauso wie das Lesen. Du brauchst keine Bücher, du wirst die Herrin über den
Hof sein.«

Durch die Worte der Großmutter angeregt, betrachtete
ich das Tal und den Hügel gegenüber und versuchte mir vorzustellen, dass sie mir gehörten. Ich wartete auf ein aufregen-
des Gefühl, auf einen begehrlichen Impuls. Ich versuchte mir
vorzustellen, dass dieses Land mir gehörte wie meine Schultern oder meine Brust und dass der Fluss durch meine Adern
strömte. Aber stattdessen schien umgekehrt ich diesem Land

zu gehören. Man konnte Land nicht besitzen, das war gegen die Natur. Stärker als sonst spürte ich meine Abneigung gegen jede Form von Besitz.

Die Großmutter war für alle die »Padrona«, die Herrin, was nur natürlich war, da ihr dieser Titel durch ein angestammtes Recht zustand, das nicht nur auf Besitz fußte. Dort auf dem Land lernte ich, dass Besitz die gesellschaftliche Stellung bestimmte. Ein Feld hatte den Wert eines Adelstitels. Die Großmutter trug die Krone einer Königin, obwohl ihr Besitz bescheiden war. Aber mit jeder Geste und jedem Wort offenbarte sie eine Stärke, die ihr aus dem Wissen um diesen Besitz erwuchs. Manchmal, wenn das Wetter mild und klar war, setzte sie sich mitten auf die Wiese. Eine Magd brachte ihr einen Stuhl. Ich glaube, es war ein ganz gewöhnlicher Stuhl, aber er wirkte größer als die anderen. Sie setzte sich, sog die Luft, den Wind ein und schaute sich langsam um. Ihr Rock verdeckte den Stuhl, so dass es aussah, als diente die Erde selbst ihr als Thron. Daher schien es nur richtig zu sein, dass das Land ihr gehörte und auch die Obstbäume bis zur Hochebene mit den Oliven. Sie dirigierte sie von Weitem wie ein Kapellmeister die entferntesten Instrumente. Unter ihrem Blick erbebten die Bäume und warfen ihre Früchte ab, die Oliven ließen sich ohne Weiteres in der Ölmühle pressen und schenkten der Großmutter ihren dicken, gelben Saft. »Ausgezeichnet«, befand sie würdevoll, nachdem sie das Öl von ihrem Finger geleckt hatte.

Manchmal saß ich unter der leichten, lichtdurchlässigen Krone eines Kirschbaums. »Lassen Sie ihn sich doch schenken, Signorina«, riet mir eines Tages Adele. Tante Sofia gehörten die Mandelbäume, Tante Violante ein Nussbaumwäldchen. Während der Ernte standen sie wachsam neben den Bäumen und rechneten den Ertrag sofort in Geld um. Aber ich wurde bei Adeles Vorschlag rot. Ich hatte das Gefühl, sie wollte mich dazu verleiten, einen Sklaven zu kaufen. Außerdem gehörten die Bäume der Großmutter. Sie waren auf ihr Geheiß gepflanzt worden, sie hatte sie wachsen sehen, hatte sie gepflegt und gegossen. Man erzählte sich, wenige Jahre zuvor habe es eines Nachts geschneit und nach dem Schnee sei der Frost gekommen. Die Äste hätten unter der Last des Eises geknackt und geächzt. Die Großmutter sei allein in den Obstgarten gegangen und habe mit ihrem langen Stock die Äste vom Eis befreit, das auf dem Boden klirrend zersprang. Am Morgen wehrte sie die wohlmeinenden Vorwürfe der Familie ab: »Auch in den Nächten, in denen Rodolfo nicht nach Hause kam und ich an der Tür auf ihn gewartet habe, war es kalt und auch in der Nacht, in der Caterina starb und ich bei ihr wachte.« Ich hatte nie über die Bäume gewacht wie über Kinder, und darum waren es nicht meine Bäume.

Aber da man mir nun größere Hochachtung entgegenbrachte, schlussfolgerte ich, dass die Großmutter mit jemandem über ihre Absicht gesprochen hatte, mir den Hof zu vererben. Zuvor hatte ich Sympathie nur bei einfachen Leuten geweckt, die anderen schienen sich zu fragen, wer ich eigentlich sei und was ich wolle. Dann wurde ihnen langsam klar, dass ich wahrscheinlich die Erbin von Haus, Hof und Hügel sein würde. Und so entstand, wenn ich vorüberging, ein argwöhnisches Schweigen wie in der Gegenwart von Gutsherren. Ein kleines Mädchen stand von einer Stufe auf und starrte mich verängstigt an. Mir war unbehaglich zumute, eine plötzliche Kälte packte mich wie eine düstere Warnung. Vor allem überkam mich die Vorahnung, von nun an immer allein zu sein, ohne die Möglichkeit, mit irgendjemandem zu sprechen. »Warum bist du aufgestanden?«, fragte ich die Kleine und zerrte an ihrem Arm. Ohne zu antworten, schaute sie mich

weiter verstört an. »Warum?«, fragte ich hartnäckig. »Warum?«
Ich schüttelte sie heftiger, sie wehrte sich nicht. Da ließ ich sie
hart auf die Stufe zurückfallen. Das Mädchen weinte nicht, sie
schien dieses Verhalten, irgendein unverständliches, herzloses
Verhalten, von mir erwartet zu haben.

Ich würde auch Herrin über das Schwein sein. Sein Stall
lag hinter dem Haus. Es kam heraus und sah die Großmutter
an, die mit ihren Blicken sein Gewicht abschätzte. Sie taxier-
ten sich gegenseitig. Aus dem schaukelnden Fett des Schweins
stach ein durchdringender, böser Blick. »Noch nicht«, entschied die Großmutter.

Als der Ahorn im Wäldchen sich rot gefärbt hatte, wurde
das Schwein geschlachtet. Von der Tenne war ein herzzerrei-
ßender, menschlich klingender Schrei zu hören, ein jämmer-
liches Klagen. Wir saßen um die Großmutter herum im Esszimmer und nähten, meine Hände zitterten. Erschüttert von
dem schrecklichen Wehklagen, hätte ich am liebsten meine
Arbeit weggelegt, mir die Ohren zugehalten und das Weite
gesucht. Stattdessen schaute ich zum ruhigen Gesicht der
Großmutter auf und nähte dann weiter. Schließlich war ein
gellendes Quieken zu hören, dann ein Gurgeln. »Es ist vorbei«,
sagte die Großmutter und ließ ihr weißes Nähzeug in den
Schoß sinken.

Das Schwein wurde auf einer Trage aus Zweigen wegge-
schafft wie ein würdiger, besiegter Gegner. Auf der Tenne
blieb der warme, süßliche Geruch nach Blut zurück.

Dieser Geruch lag auch schwer in der Küche, während
das Schweinefleisch für den Winter verarbeitet wurde. Alle
Frauen waren in einer ungewöhnlichen Hochstimmung ver-
eint. Manche saßen am Tisch, andere gingen zwischen dem
Tisch und dem großen Spülbecken hin und her, ihre weißen
Schürzen waren blutbefleckt. »Komm her, Alessandra«, sagte

die Großmutter, als sie mich an der Tür stehen sah. »Ja, komm«, sagten alle mit einer kindlichen Fröhlichkeit, »komm her.«

Es war Spätherbst, die Tage waren kurz. Das warme Lampenlicht über dem Tisch beleuchtete das zarte Rot des für die Würste durchgedrehten Fleisches und den dunkelroten Fleischklumpen, der eingepökelt werden sollte. Ich bewegte mich zaghaft vorwärts, mir schien wie durch lebendes Fleisch. Die Großmutter hielt die Därme des Schweins prüfend gegen das Licht: Weißlich trüb und widerlich aufgebläht schaukelten sie hin und her. Da sie nicht beschädigt waren, gab die Großmutter sie ihren Töchtern und den Mägden zum Füllen und Verschnüren. Fröhlich stopften die Frauen das Fleisch in die Darmhüllen und banden sie zu.

In einem großen Kessel spiegelte das glänzende Blut das Lampenlicht wider. Tante Sofia schob ihn beiseite, und das Blut schwappte in einem großen Schwall über den Rand auf den Boden. »Das bringt Glück«, riefen die Frauen. Alle wollten ihre Fingerspitzen in die Lache tauchen. Adele malte sich mit dem Blut die Wangen rot. »Das Schwein ist tot«, trällerte sie und zeichnete ein blutiges Kreuz auf den großen Schweinerüssel, der im Spülbecken lag. »Das Schwein ist tot«, wiederholte Tante Clarice händeklatschend.

Sie arbeiteten eifrig und erstaunlich geschickt, wobei sie sich gegenseitig zu größerer Eile anfeuerten. Gewaltsam lösten sie das Fleisch von dem stämmigen Schweinsfuß und fuchtelten anschließend mit dem Huf vor dem Gesicht ihrer Nachbarin herum, um sie zu erschrecken. Sie lachten. Ich sah ihre Hände, die rot glänzten oder schwarz von geronnenem Blut waren. Der Blutgeruch setzte sich in meiner Kehle fest und verursachte mir einen starken Ekel. Die Großmutter stand da und stach das Messer in das kalte, kompakte Fleisch. Ich würde auch Herrin über das Schwein sein.

»Nein!«, schrie ich laut. Ich drehte mich um und rannte weg, tastete mich durch den Flur, während rote Blutspritzer vor meinen Augen tanzten. »Nein, nein«, wiederholte ich. Von den Bildern an den Wänden schauten mich meine ländlichen Vorfahrinnen an. Ihre reglosen Gesichter waren düster und streng. Ich sah ihnen die tiefe Befriedigung an, Herrinnen über das Schwein gewesen zu sein. »Nein«, murmelte ich, »nein«, das war nicht meine Geschichte. Meine Geschichte war in der großen, von meiner Mutter sorgsam gehüteten Schachtel mit den Schleiern von Julia und Desdemona.

Einige Tage später kam Tante Clarice in mein Zimmer.

»Sag mal, Alessandra«, sagte sie, kletterte auf einen Stuhl und ließ ihre kleinen Füße mit den schwarzen Strümpfen baumeln: »Stimmt es, dass Eleonora tot ist?«

Einen Augenblick sah ich sie zögernd an. Ich glaubte, zu einer Lüge greifen zu müssen, wie man es bei kleinen Kindern tut.

»Wenn sie tot ist«, fuhr sie fort, ohne meine Antwort abzuwarten, »dann freut mich das sehr. Denn so kann ich sie im Paradies wiedersehen. Dort warten schon viele auf mich: Mama, Papà, Cesira und viele Onkel und Tanten, Cousins und Cousinen, Neffen und Nichten und meine Großmutter, die mich sehr lieb hatte, als ich klein war. Wenn sie mich sehen, werden sie ein großes Fest veranstalten. Ich kann es kaum erwarten. Das wird bestimmt schön. Am liebsten würde ich überraschend kommen, wenn alle im Kreis zusammensitzen und sagen: ›Wie lange Clarice doch auf sich warten lässt!‹«

Ich strich ihr über das glatte, weiße Haar. »Würdest du dich wirklich freuen?«, fragte ich.

»Natürlich«, antwortete sie beinahe entrüstet und reckte sich zierlich wie eine Katze. »Ich will hier nicht mehr bleiben.

Ich bin alt, mir ist langweilig. Ich verbringe den ganzen Tag mit Nichtstun. Der Winter vergeht schnell, weil ich bei Sonnenuntergang schlafen gehe, aber im Sommer wollen die Tage kein Ende nehmen. Mir ist langweilig, ich will ins Paradies, Musik hören.«

Ihre Haut roch nach Reispuder und Mandeldragées. »Welche Musik gefällt dir denn, Tante Clarice?«

»Jede. Wenn ich Musik höre, fühle ich mich wie in der Kirche, und es geht mir gut. Als Eleonora hier war, hat sie auf dem Harmonium gespielt. Du warst gerade erst geboren. Einmal sind wir zusammen auf den Dachboden gegangen, wo das Harmonium steht, und sie spielte *Ein Walzertraum*, das weiß ich noch genau. Sie spielte leise, damit die Großmutter es nicht hörte, es schien etwas Böses zu sein. Ich verstehe nicht, was an Musik böse sein soll, aber ich verstehe ja nie etwas. In der Küche machen sich die Mägde über mich lustig, wenn sie über Ferkeleien reden, Sachen, die die Männer machen. Davon verstehe ich nichts, und ich bin froh darüber. Ich mag Männer nicht.«

»Haben sie dir nie gefallen? Auch nicht, als du jung warst?«

»Ganz und gar nicht! Damals hatte ich große Angst vor ihnen. Heute beachte ich sie nicht mehr. Und weißt du was«, fuhr sie mit gesenkter Stimme fort, »Männer haben von nichts eine Ahnung, das kann ich dir sagen. Wer führt den Haushalt, wer wäscht, bügelt, kocht, bäckt? Die Frauen. Alles nur die Frauen. Die Männer besaufen sich, streiten sich über Politik und erreichen gar nichts. Wenn sie im Haus sind, muss man immer ›ja, ja‹ sagen, um dann das Gegenteil zu tun. Meinst du etwa, ein Mann könnte *Ein Walzertraum* spielen?«

»Vielleicht«, sagte ich schnell.

»Aber woher denn! Auf keinen Fall, das kannst du mir glauben. Giuliano schießt kleine Vögel ab: Soll das etwa eine

Heldentat sein? Alfredo verschwindet mit den Bäuerinnen im Holzschuppen, und sie kommen dann mit hochrotem Kopf und zerrauft wie die Hennen wieder heraus. Was für blöde Kerle. Weißt du, dass Onkel Rodolfo mich aufzieht, weil ich schnell ins Paradies will? Er glaubt doch wirklich, es ist schöner, ihm beim Kartenspiel und beim Trinken zuzusehen.«

Sie hatte die Stirn gerunzelt. »Aber du mach dir keine Sorgen«, setzte sie eifrig hinzu, »sobald ich dort bin, sage ich Eleonora, dass sie dich auch holen lassen soll. Freust du dich?«

Ich saß zu ihren Füßen und schaute sie schweigend an. Das Licht, das von ihrem weißen Haar ausging, umfing ihre ganze Gestalt. Es war, als wäre auf wundersame Weise eine Taube in mein Zimmer gekommen.

»Du sagst ja gar nichts. Ach, ich verstehe. Du möchtest noch nicht sterben. Bestimmt, weil du nicht auf die Männer verzichten willst. Sie haben dir schon den Kopf verdreht. Warum sonst sollte eine Frau nicht sterben wollen? Im Himmel duftet es nach Lilien wie zu Fronleichnam in der Kirche. Die Heiligen halten weiße Blumen in den Händen, die heilige Cäcilia musiziert, und Eleonora spielt *Ein Walzertraum*. Aber hier unten? Hier heißt es arbeiten, Kinder zur Welt bringen, die Kleinen stillen, auf dem Feld arbeiten, im Haus arbeiten, den ganzen Tag lang arbeiten. Und ständig Angst vor den Männern haben, weil sie schlechte Laune haben oder eine Geliebte, mit der sie das Haushaltsgeld durchbringen. Immer zittern und weinen wegen der ekelhaften Männer. Wären die Frauen nicht von ihnen geblendet, warum sollten sie sich dann nicht den Tod wünschen?«

Mit einem Hüpfer sprang sie vom Stuhl und nahm mich bei der Hand. »Komm, wir fragen die Großmutter, ob sie mit uns auf den Dachboden geht und Harmonium spielt.«

Die Großmutter willigte ein. Sie holte den Schlüssel aus

einem Schränkchen, rief ihre Töchter und ging uns voran die dunkle Treppe hinauf.

Sie bewegte sich langsam. Respektvoll blieben wir zurück, und da wir alle schwarz gekleidet waren, sahen wir aus wie eine Prozession.

Auf dem Dachboden war es dagegen hell. In den Ecken stapelten sich alte Möbel. Vor dem niedrigen Fenster waren die sanften Hügel und der bleiche Abendhimmel zu sehen.

»Da wären wir«, sagte die Großmutter und schloss die Tür hinter sich.

Überall waren Spinnweben, doch so fein säuberlich gesponnen, dass sie wie eine dauerhafte Verzierung aussahen. Der Staub lag auf den Gegenständen wie ein Schleier, verwischte ihre Konturen und ließ sie wie phantastische Traumgebilde erscheinen.

Tante Violante warf einen Blick in die Runde und sagte leise: »Wir waren schon lange nicht mehr hier oben.« Und Tante Clarice rief: »Wie schön es hier ist! Als wir jung waren, sind die Großmutter und ich oft auf den Dachboden gestiegen, um in den Truhen zu stöbern. Den ganzen Nachmittag haben wir Sachen angeschaut und anprobiert. Alle Brautkleider sind hier oben: das von unserer Mutter, von der Großmutter und von vielen Großtanten. Wir haben sie auf den Stühlen ausgebreitet. Die Seide wispert und knistert noch. Wenn es dunkel wurde, sahen die weißen Kleider aus wie Gespenster. Wollen wir heute nicht mal in die Truhen schauen?«, schlug sie mit einer schmeichelnden Piepsstimme vor.

»Nein«, sagte die Großmutter energisch. »Das ist vorbei, dafür sind wir zu alt. Ich will nicht mehr rührselig werden. Alessandra wird das alles schon noch zu sehen bekommen. Wir sind hier, um in Frieden einen schönen Choral zu singen.«

Das Harmonium war groß, dagegen wirkten sogar die Bewegungen der Großmutter reduziert. Ja, als sie sich an das Instrument setzte, kam sie mir zum ersten Mal nicht dominant vor. Sie zog das Register, auf dem *Vox angelica* stand, schlug das Notenheft auf und begann zu spielen.

Es war ein Marienlied, und meine Tanten sangen es sehr andächtig. Um den Text besser ablesen zu können, war Tante Clarice auf ihre Fußbank gestiegen.

Durch den gemeinsamen Gesang entdeckte ich die enge Verbundenheit zwischen allen Frauen der Familie. Die Großmutter führte, und wir folgten ihr, sorgsam darauf bedacht, die eigene Stimme nicht in den Vordergrund treten zu lassen, damit der Gesang harmonisch und für alle angenehm war. Tante Violantes bekümmertes Gesicht hellte sich auf, und auch die strengen Züge von Tante Sofia wurden durch die sanfte Melodie ganz weich.

Der Dachboden vereinigte uns in einem friedlichen Wohlgefühl. Und ich verstand, warum es manchen Frauen leichtfiel, einer Ordensgemeinschaft beizutreten, und welches Entzücken auch ich darin finden könnte. Ich sehnte mich nun glühend nach so einem zurückgezogenen, hingebungsvollen Leben und legte diese Sehnsucht inbrünstig in meinen Gesang.

Ich stellte mir eine kleine Zelle mit sauberen Fliesen vor und ein Fenster wie das, an dem ich hier nun für gewöhnlich schreibe; der Schatten seines Gitters bildet ein großes Kreuz auf dem Boden. Diesem Kreuz zu folgen, schien mir das höchste Glück zu sein. Ich vermutete hinter den Mauern die zermürbende Einsamkeit anderer Frauen, die wie ich waren, und spürte, wie die den Frauen auferlegten Probleme in dieser Einsamkeit an Gewicht verloren.

Wenn ich von meinen Spaziergängen zurückkam, tauchte das Dorf grau und abweisend vor mir auf, ähnlich denen, die die Schutzheiligen auf ihren Händen tragen. Es war eine düstere Ansammlung von Steinen. Diese Steine waren Häuser, die weder Schutz noch Luft zum Atmen boten. Hoch über allen anderen erblickte ich unser Haus mit den schmalen Fenstern. Ich trat ein, und aus dem Licht von draußen in dieses Dunkel zu kommen, war, als würde man sich unter ein Joch spannen. Nachts lag ich oft wach. Im Winter klang das Rauschen des Sangro wie das Wirbeln von Trommeln. Und das Haus sprach in der Stille, es war uralt, der Großmutter zufolge zweihundert Jahre alt. Seit zweihundert Jahren kauerten sich die Frauen jeden Morgen hin, um die Asche von der Glut zu trennen und auf die Kohlen zu pusten, so dass das Feuer in der Dunkelheit des verschlafenen Hauses wieder zu prasseln begann. In diesem Haus hatten sich sämtliche Stunden ihres Lebens abgespielt: Hier waren sie vom Mädchen zur Frau herangewachsen, hatten im Ehebett einen Mann erkannt, hatten Kinder zur Welt gebracht und waren alt geworden, und schließlich hatten sich die Männer ihren Sarg auf die Schultern geladen und sie fortgetragen, wobei die schweren Schuhe auf dem Pflaster der Gassen dröhnten. In der furchteinflößenden Stille der Nacht hörte ich die toten Frauen ruhelos auf den Gängen und Treppen umherstreifen und mit den Schlüsseln an ihrem Gürtel rasseln. Die Großmutter behauptete, Tante Caterina viele Jahre nach deren Tod eines Nachts lachen gehört zu haben, weil die Geliebte ihres Mannes ihn betrogen hatte. Sie behauptete weiter, man höre im Haus auch eine junge Frau aus dem Veneto umhergehen, Ortensia Boni, die im Kindbett gestorben war. Ich hörte Ortensias leichten Schritt, wenn der Wind auffrischte, und Tante Caterinas Lachen, wenn ein Fensterladen knarrte. Alle sagten: »Du wirst dich hier verheiraten«, und die Großmutter redete von einer vorteilhaften Ehe. Also würde dieses Zimmer mein eheliches Schlafzimmer sein, zu dieser Decke würde ich aufschauen, wenn ein Mann sich zu mir legte, hier würde ich entbinden. »Die Betten sind bequem«, sagte die Großmutter, »Eisenbetten, man kann sich gut daran festhalten.« Und wenn ich starb, brauchte man nur das Kruzifix von der Wand zu nehmen, um es mir auf die Brust zu legen.

Ich wollte mich gegen dieses armselige Schicksal zur Wehr setzen, spürte die Kraft in mir, die Botschaft weiterzutragen, die meine Mutter mir mitgegeben hatte. Ich stellte mir vor, in einem weißen Kittel zwischen Reagenzgläsern und Destillierkolben in einem Labor zu stehen. Doch nein. Mich haben schon immer Menschen interessiert. Also sah ich mich sofort in einem Talar in einem Gerichtssaal. Hinter mir saß eine Frau mittleren Alters, die Hände auf den Knien. Ich redete, verausgabte mich. »Retten Sie sie«, sagte ich, »sie ist unschuldig.« Ich wiederholte: »Meine Herren Geschworenen, sie ist unschuldig, alle Frauen sind unschuldig.« Aber ich war zu schüchtern, um Anwältin zu werden. Gleichwohl hielt ich es für meine Pflicht, mich für die Frauen einzusetzen, unbedingt, selbst auf die Gefahr hin, mich auszulöschen, mich selbst zu opfern. Eine innere Stimme gebot mir: »Werde eine Heilige.« Die Geborgenheit einer weiblichen Ordensgemeinschaft zog mich unwiderstehlich an. Ich sehnte mich nach einer kargen Zelle mit einer harten Bettstatt, ähnlich der von Klara von Assisi. Das hagere Gesicht des heiligen Franziskus erschien mir hinter einem Fenstergitter. »Mein Gott«, flüsterte ich und presste die Arme an meine Hüften, »Herr, nimm mich.«

Aber ich war im Grunde nicht gläubig. Wenn ich mit dem Gedanken spielte, eine Heilige zu werden, ging es mir in

Wahrheit darum, mich selbst zu erhöhen. Ich versteifte mich darauf, ein besserer Mensch zu werden, mit jedem Tag reiner und möglichst makellos, ein außergewöhnliches Geschöpf, eine wundervolle Frau. Ich konnte ja auch heilig werden, ohne zu beten, ohne die Gelübde abzulegen. »Ja«, ermunterte mich meine Mutter mit ihrer sanften Stimme. »Ja, werde eine Heilige.« Das blasse Gesicht des heiligen Franziskus wurde nach und nach durch Antonios schmales Gesicht hinter den Gefängnisgittern verdrängt. Seine Augen waren fiebrig. »Alessandra«, sagte er, »Alessandra.« Und ich antwortete: »Ja, heilig aus Liebe.«

Ausgerechnet in diesem Dorf in den Abruzzen, wo mein Äußeres etwas verwildert und mein Haar kaum gepflegt war und ich in unvorteilhaften schwarzen Kleidern steckte, wurde ich mir meiner körperlichen Reize bewusst.

Ich betrachtete mein Spiegelbild im Fluss, und in der Schönheit der Landschaft fand ich die Bestätigung für meine eigene Schönheit. Die Jahreszeit schmückte mich, so wie sie Sträucher und Beete verzierte. ›Wie hübsch ich bin‹, dachte ich und betrachtete meine Hände im Gegenlicht. Ich war erhitzt wie das Weideland, wie der Sand im Flussbett, und mein pulsierendes Blut verriet mir, dass ich nun eine Frau war.

Wenige Tage später ging ich die Außentreppe hinunter, die zur Tenne führte. Ich trug einen Krug mit frischem Brunnenwasser. Es war die reglose, öde Zeit der Mittagsruhe. Das Haus warf einen blauen Schatten auf die Treppe, und so ging ich langsam, um die Kühle auszukosten. Die Tenne, der Gemüsegarten und die Felder lagen im gleißenden Sonnenlicht.

Da hörte ich ein wütendes Keuchen, das augenblicklich von einem zweiten Keuchen beantwortet wurde. Ich blieb stehen, das Wasser in meinem Krug schwappte.

Zwei Männer droschen auf der Tenne Mais. Ihre nackten Oberkörper glänzten vom Schweiß. Die beiden ließen ihre Dreschflegel wie zwei aufeinander abgestimmte Maschinenteile abwechselnd auf die Kolben niedergehen und dann mit einem kräftigen Schwung hoch durch die Luft wirbeln. In einem gleichmäßigen, verblüffenden Takt. Beim Heruntersausen des Dreschflegels stießen sie diesen rauhen, verzweifelten Laut aus, dieses Keuchen.

Ich stand an der Hauswand und rührte mich nicht. Die rhythmische Bewegung faszinierte mich, ich konnte meinen Blick nicht von den Männern lassen. Mir wurde glühend heiß auf der schattigen Treppe, die Zikaden zirpten, und das Blut in meinen Schläfen pochte. Ich atmete kaum, um nicht entdeckt zu werden. Bei jedem Hieb zuckte ich zusammen, und mein Körper schwitzte im kühlen Schatten genauso wie ihrer in der prallen Sonne. Sie arbeiteten unermüdlich. Mir kam es so vor, als sporne meine verborgene Anwesenheit sie an. Und ich wünschte mir, dass sie niemals aufhörten. Ich fühlte mich einer Ohnmacht nahe. Als ich es nicht mehr aushielt, trank ich gierig aus dem Krug. Das kalte Wasser tropfte mir von den Lippen in den Ausschnitt meines Kleides. »Du bist also wieder da, Alessandro«, flüsterte ich. »Mach, dass du wegkommst!«

Dabei galt ich in den Abruzzen allgemein als ein sonderbares Wesen ohne Alter oder Geschlecht, während meine Altersgenossinnen umschwärmt und umworben wurden. Nur Onkel Alfredo schien mich attraktiv zu finden. Ich las in seinen Blicken allerdings immer einen Anflug von gönnerhaftem Spott. Er wirkte, als wüsste er um ein Verbrechen, das ich begangen hatte, und als hätte er mich in der Hand, gewährte mir aber die Freiheit. »Wie gut du dich verstellen kannst«, schienen seine Augen zu sagen. Er saß schweigend da und rauchte, während er mir dabei zusah, wie ich den Tisch abräumte, nähte oder eine andere Hausarbeit verrichtete. »Ich weiß, was du wirklich bist«, schien sein Blick zu bedeuten. Am liebsten hätte ich mich umgedreht und ihn zur Rede gestellt: »Na los, sag schon, was willst du? Spielen wir mit offenen Karten.« Ich konnte nicht ruhig bleiben, wenn Onkel Alfredo mich so anschaute, seine Anwesenheit überschattete alles. Er schien mir vorzuwerfen, dass ich meinen Verwandten etwas vormachte, indem ich das anständige Mädchen spielte. »Das bin ich auch«, hätte ich ihm gern geantwortet. Aber da ich schwieg, machte ich mich zu seiner Komplizin.

Seine Frau und seine Schwägerin schien Onkel Alfredo bereits satzuhaben. Er ging abends lieber in die Küche hinunter, wo er im Stehen ein Glas Wein trank und mit den Mägden schäkerte. Seit einer Weile zeigte er auch sein Interesse an mir, er reizte mich mit schäbigen Witzchen. Tante Violante ließ ihn gewähren und behandelte ihn wie ein kleines Kind, das sich an einem neuen Spielzeug erfreut. Doch sie passte auf, wie weit die neue Spielerei ging. Als er mich eines Abends einlud, mit ihm auf den Hügel zu gehen, um die Mondfinsternis zu betrachten, verwehrte sie es mir mit einem Kopfschütteln. Dasselbe tat Tante Sofia, als sie einmal hörte, wie er mich um etwas Wein bat, und ich fragte nicht nach dem Grund für diese Verbote.

Er war der Einzige, der über meine Mutter sprach. »Reizend war sie«, sagte er. »Sie badete im Fluss, wenn es ihr zu heiß war. Sie war reizend.« Dabei sah er mich an. Unter seinem Blick wurden meine Kleider durchsichtig und ich sank zu einem Flittchen herab. Der Gedanke, er könnte meine Mutter genauso angesehen haben, war mir unerträglich. Ich schloss die Augen und versuchte zu vergessen, dass uns beide als Frauen vieles verband, auch die hässlichen, ekelhaften Erfahrungen, die sich die Frauen untereinander verschweigen. »Komm schon«, schien Onkel Alfredo zu sagen, »komm her, ich weiß doch, was du willst.«

Ich verachtete ihn, er war ein Feigling. Das Draufgängertum, das er im ungefährlichen Familienkreis hervorkehrte, war typisch für einen feigen Charakter. »Macht das Radio aus«, sagte er blass und wütend, wenn wir heimlich ausländische Sender hörten. »Macht das aus, ich will keinen Ärger bekommen.« Offenbar trieb ihn gerade seine Feigheit zu mir, denn er vertraute auf all die kleinen Feigheiten, die in jedem Menschen stecken, die auch in mir steckten und mit denen ich zu kämpfen hatte.

Die Großmutter hörte nie zu, wenn er redete. Einmal winkte sie mich zu sich und sagte: »Schließ dich abends in deinem Zimmer ein.« Tante Violante und auch Tante Sofia hatten das gehört, aber nicht nach dem Grund gefragt. Ich wollte danach fragen und hoffte, sie würden antworten: »Es gibt Diebe in der Gegend, Hühnerdiebe. Du könntest einen Schreck bekommen.« Aber ich fragte nicht. Als ich in der Nacht den Schlüssel im Schloss herumdrehte, zitterten mir vor Scham die Hände.

Ich lernte mit großem Eifer für die Schule. Viele Stunden saß ich am Tisch, bis meine Augen müde und gerötet waren und mir der Rücken wehtat. Ich wollte mich um jeden Preis bilden und meine Kenntnisse erweitern. Immer wieder bat ich Onkel Rodolfo um neue Bücher oder um Geld, damit ich mir Hefte kaufen konnte. Ich schrieb oft nach Rom, hielt Kontakt zu meinen Freunden und Schulkameraden, berichtete ihnen von meinen Fortschritten und den Büchern, die ich las, und war fest entschlossen, mich auf meine größten Interessen zu konzentrieren.

Fulvia erwähnte in ihren Briefen oft die Absicht meines Vaters, sich eine neue Wohnung zu suchen. Anfangs glaubte ich, die Erinnerung an meine Mutter ließe ihm in den düsteren Räumen der Via Paolo Emilio keine Ruhe. Vielleicht hörte er sie dort Klavier spielen oder ihn flehentlich bitten, sie doch gehen zu lassen. Fulvia zufolge suchte Sista sie überall. Sie saß in der dunklen Küche und rief nach ihr: »Signora …«. Eines Abends war sie bei den Celantis gewesen und hatte verstört gesagt: »Ich habe auf der Treppe die Schritte der Signora gehört, sie ist zu Ihnen hinaufgegangen.«

Ich dagegen litt nicht mehr unter dem Tod meiner Mutter. Ich war der festen Überzeugung, dass ich ihr Andenken mit einem engagierten Leben als Frau ehren sollte. Denn tatsächlich hatten mir der Grund und die Art ihres Todes eine große Verantwortung auferlegt. Ich würde nicht tief sinken können, ohne nicht auch ihren Namen zu beschmutzen.

Hätte ich Tante Violante von diesen Dingen erzählt, hätte sie es gewiss verstanden. Vielleicht kam sie so oft in mein Zimmer hinauf und leistete mir beim Lernen Gesellschaft, damit wir darüber sprachen. Sie las die Titel meiner Bücher und sah mich betroffen an. »Ich glaube nicht, dass es gut ist, so viel zu wissen«, sagte sie. »Je mehr man weiß, umso schwerer ist das Leben.«

Tante Violante war trotz ihres trübseligen Gesichts, des Gesichts einer trauernden Frau, sehr schön. Sie erzählte oft, dass sie sich als junges Mädchen ihre langen, mandelförmigen Nägel lackiert hatte. Gegen Abend öffneten wir das Fenster und betrachteten die blühenden Bäume und die grünen Wiesen. Ich begann zu verstehen, dass es im Leben jeder Frau so ein Fenster gibt. Als der April kam, sagte Tante Violante mürrisch: »Der Frühling hat uns gerade noch gefehlt.«

Ich schaute sie an, und ihr Missmut übertrug sich auf

mich. Überall, im einladenden Blau des Himmels, in der weichen Hingabe der Erde, sah ich eine heimtückische Gefahr für meinen Frieden.

»Tante Violante«, sagte ich leise, »in meinem Alter hat man es wirklich schwer.«

Ich hoffte, sie würde mich beruhigen, wie meine Mutter es vielleicht getan hätte. Aber sie antwortete ernst: »Ich weiß. Doch du bist stark, nicht so wie das junge Mädchen, das ich gewesen bin. In meiner Jugend fühlte ich mich … Nein, das ist lächerlich.«

»Ja?«

»Ich fühlte mich, als wäre ich aus Glas. Jede Kleinigkeit verletzte mich, brachte mich zum Weinen. Der Regen oder ein Blick meiner Mutter genügten. Mit ihr konnten wir nicht reden, sie schüchterte uns ein. Wir waren eng in unsere Korsetts eingeschnürt. Zum Glück müsst ihr die nicht mehr tragen. Mein einziger Zeitvertreib war damals, Blumen zwischen Buchseiten zu pressen oder sie manchmal mit Aquarellfarben zu malen. Mit Sofia zusammenzuleben, war anstrengend, sie war hochnäsig, unnachgiebig und verurteilte mich immer gnadenlos.«

»Tante Sofia?«, fragte ich überrascht.

»Ja. Sie hat sich verändert, heute ist sie ganz anders. In den letzten zwanzig Jahren ist einiges passiert. Ja, sie hat sich verändert, die arme Sofia.« Nach einem betretenen Schweigen fuhr sie fort: »Ja, du bist in einem unruhigen Alter, aber das dauert nicht lange. Danach wird es viel schwerer. Jeden Tag hofft man, dass es vorbei ist. Aber es scheint nie aufzuhören, dieses schreckliche mittlere Alter. Du hast Glück, du bist stark. Ich bin sehr fromm, und ich habe Giuliano. Wenn er heiratet, werde ich Enkelkinder haben. Daran denke ich unentwegt. Dann werde ich viel zu tun haben. Kinder weinen nachts, und ich stehe gern nachts auf, um die Kinder zu wiegen. Aber es ist nicht recht, dass die Frauen ihre Kinder erst jede Nacht wiegen, sie großziehen, sie umsorgen, ihnen etwas beibringen, und dann kommt der Krieg. Es heißt, es gibt bald Krieg. Das ist doch nicht möglich: Es gibt zu viele Kinder in Italien, da kann man doch keinen Krieg führen. Meinst du, ich könnte Giuliano irgendwo verstecken? Ich fürchte, dass mir auch diese Erfahrung nicht erspart bleibt. Danach werde ich endlich alt sein. Alt.«

Als sie dieses Wort wiederholte, erfüllte sie ein wunderbarer Frieden. Jeder Muskel ihres Gesichts entspannte sich, und ihre Haut wurde glatt wie ein polierter Stein.

Sie stieß einen tiefen Seufzer der Erleichterung aus. »Auch ich werde ein Recht darauf haben, alt zu sein. Ich möchte gern dick werden. Es dauert ja nicht mehr lange: Ich bin schon zweiundvierzig.«

»Das sieht man dir gar nicht an«, sagte ich.

»Egal, ich bin eigentlich schon viel älter. Ich habe ein Recht darauf, alt zu sein«, wiederholte sie mit leisem Groll. »Sofia ist viel jünger als ich.«

Von oben sahen wir Tante Sofia auf der großen Tenne. Sie gab einigen Landarbeitern Anweisungen. Präzise und ernst, aber ohne Eifer widmete sie sich ihrer Aufgabe. Zum ersten Mal fiel mir auf, dass sie schlank war, rundliche Hüften hatte und sich anmutig bewegte. Sie war wohl neununddreißig Jahre alt, so alt wie meine Mutter, als sie ihr Konzert gegeben hatte, so alt wie Lydia, als sie mit ihrem schwarzen Hut auf dem Kopf zum Rendezvous mit dem Hauptmann gegangen war.

»Sie ist noch jung«, flüsterte ich.

»Ja«, sagte Tante Violante und fügte nach einer Pause hinzu: »Aber auch sie wird einmal alt.«

Sie starrte Tante Sofia gereizt an und rief sie sogar: »Sofia … Sofia«, nur damit sie sich umdrehen musste und somit das tat, was sie, Violante, wollte. Tante Sofia wandte sich gleich wieder ihrer Arbeit zu. »Sie hat sich verändert, die arme Sofia«, hatte Tante Violante gesagt. Adele hatte einmal von Misshelligkeiten zwischen den Schwestern gesprochen und über Tante Violante gesagt: »Sie ist eifersüchtig.« Plötzlich erinnerte ich mich an den Ton, mit dem Onkel Alfredo »Sofia« rief, und an die Sanftheit, mit der sie ihn bediente, nicht ohne ihrer Schwester vorher einen schnellen Blick zugeworfen zu haben, wie um ihr Einverständnis einzuholen. »Nein«, hatten mir beide energisch zu verstehen gegeben und dabei die gleiche wissende Miene gehabt.

»Auch sie wird einmal alt, die arme Sofia«, sagte Tante Violante und ließ sich gegen die Rückenlehne fallen, als streckte sie die Waffen. »Wir Frauen werden alle alt, Gott sei Dank.«

Damals kamen wegen des drohenden Krieges nun fast jeden Abend Freunde und Verwandte zu uns, um Radio zu hören. Wir saßen um den Apparat herum und warteten auf die übliche arrogante Stimme. Sie redete ständig davon, dass alle es kaum erwarten könnten, in den Krieg zu ziehen. Obwohl mein Lebensumfeld recht begrenzt war, hatte ich große Zweifel daran, dass das stimmte, denn keiner von uns hasste diejenigen, die wir angreifen sollten, oder empfand Freundschaft für die, an deren Seite wir kämpfen sollten. In Wahrheit waren sie uns alle gleichermaßen egal, aber nach meinem Gefühl machte uns diese Gleichgültigkeit zu Schuldigen.

Manchmal schien es unmöglich zu sein, dass gerade tatsächlich etwas Neues geschah. Ein Tag war wie der andere, und es genügte, das Radio abzuschalten, um von nichts zu wissen und die Natur und das alltägliche Leben zu genießen.

Ich dachte an meine Kindheit zurück, als meine Mutter mir viel über den Krieg und die entsetzliche Angst erzählt hatte, die Hervey schon als kleiner Junge davor gehabt hatte. Sie hatte mir auch erklärt, was ein »Kriegsdienstverweigerer aus Gewissensgründen« ist. Aber diese Dinge passten eher in die außergewöhnliche Welt Herveys und meiner Mutter, die mir und meinen Altersgenossen wohl für immer verwehrt war.

Claudio erwähnte die Kriegsgefahr in seinen Briefen häufig. Mich wunderte, dass auch er dieses Unheil wie ein Wetterphänomen, wie einen Platzregen hinnahm, obwohl er sonst so viel nachdachte. »Bevor ich einrücke, möchte ich dich gern noch einmal sehen«, schrieb er. Um mich, darum, was mir zustoßen könnte, sorgte er sich nicht. Vielleicht dachte er, dass wir beide gleichermaßen für diese Katastrophe verantwortlich waren und gemeinsam dafür büßen müssten. Seine Haltung überzeugte mich davon, dass meine Verantwortung genauso groß war wie seine und die Verantwortung der Frauen genauso groß wie die der Männer war.

Ich bereute, dass ich mich nie für Politik interessiert hatte und wegen meiner Unwissenheit auf fremde Behauptungen angewiesen war. Bis dahin hatten mich politische Fragen gelangweilt, obwohl ich mich sonst schnell für jedes Thema erwärmte. Kaum war nun meine Neugier geweckt, wurde mir klar, dass bestimmte Dinge verschwiegen werden mussten. Darum hätte ich sie am liebsten ignoriert und mich mit den Erklärungen zufrieden gegeben, die die Stimme aus dem Radio uns vorsetzte. Allerdings stieß mich diese Stimme ab, ihr Tonfall und ihre Worte waren ganz anders als die, die mir angenehm und vertraut waren. Das war eine instinktive Reaktion. Und mit demselben Instinkt versuchte ich auch, mir zumindest den Schmerz vorzustellen, den ich beim Einmarsch ausländischer Truppen in unser Land empfinden würde, von

Truppen mit einer fremden Sprache. Es mag ketzerisch klingen, aber ich weiß noch, dass mich diese Vorstellung vollkommen kaltließ. Mich entrüstete nur der Gedanke, dass diese bewaffneten Männer Unordnung in unser kleines Dorf bringen könnten; mir das Geräusch ihrer Schritte auf der Tenne vorzustellen, war mir unangenehm, wusste ich doch, dass ich alles tun würde, um sie und uns an einer Gewalttat zu hindern. Ich gab mir Mühe, mich stärker für das Wort »Italien« zu begeistern, wiederholte es in Gedanken zärtlich, bis mich bei der Erinnerung an bestimmte Schulbuchseiten Rührung überkam. Ergriffen trat ich ins Freie. ›Das ist Italien‹, dachte ich beim Anblick der Straßen, auf denen unsere Landsleute unterwegs waren: Frauen mit Krügen auf dem Kopf, Bauern mit Strohbündeln, barfüßige Kinder. Unsere Leute, dachte ich und empfand eine große Zuneigung zu ihnen, nicht so sehr weil sie arm waren und von der Arbeit beansprucht, sondern weil sie vom Leben beansprucht waren. Ich bemühte mich, mir vorzustellen, was ich empfunden hätte, wenn diese jätenden Bauern keine Italiener, sondern Ausländer gewesen wären. Ich spürte keine Ablehnung, keine Feindseligkeit, sondern im Gegenteil den Wunsch, alle Sprachen sprechen und mich mit allen Völkern verständigen zu können.

Morgens tauchten am Himmel über den Bergen oft metallisch glänzende Fliegergeschwader auf. Ihr Dröhnen bohrte sich in meine Ohren, ja, es war mir wegen der konkreten Absicht, die es zum Ausdruck brachte, unerträglich. Zielgerichtet rasten die Maschinen durch die blaue Luft, und natürlich suchten alle Vögel das Weite. Die Sonne blitzte unheilvoll auf den Flügeln, der ländliche Frieden war zerstört. In dem engen Tal hallte der Motorenlärm von den verschlafenen Berghängen wider, die Erde bebte, die Bäume zitterten, und das Wasser des Flusses kräuselte sich. Die Flugzeuge durchschnitten die Sonnenstrahlen und warfen kalte Schatten wie Wolken vor einem Unwetter. Einer nach dem anderen glitten diese Schatten über mich hinweg, und ich schauderte. Das Dröhnen löschte jedes Bild und jedes sanfte Wort in mir aus.

Auf den Flugzeugflügeln waren in einem Kreis die Farben der italienischen Flagge zu sehen, ich hasste sie. Die Kreise mit der Trikolore zogen bedrohlich vorbei. Ich fürchtete mich, und das erfüllte mich mit Scham und Abscheu, denn nie zuvor hatte ich solche Angst gehabt.

Zusammen mit den anderen Gästen kam eines Abends ein dunkelgekleideter junger Mann, und mir war sofort klar, dass die Großmutter ihn für mich ausersehen hatte. »Steh auf, Giuliano«, sagte sie, damit der junge Mann sich zu mir setzen konnte. Er musterte Giuliano ausgiebig und ließ seinen Blick dann zu mir wandern, darum bemüht, mich sachlich zu betrachten. Er sah zufrieden aus.

»Möchtest du noch etwas Obst?«, fragte mich Onkel Rodolfo. »Oder ein bisschen Wein?« Ich entnahm seinen Worten, dass er versuchte, das Eis zu brechen. Er wollte mir das Gefühl geben, es sei ein Abend wie jeder andere und ich für ihn nach wie vor das junge Mädchen, das er beschützen musste. Ich schaute ihn dankbar an. Mir kam die Geschichte seiner großen Liebe in den Sinn, von der man mir erzählt hatte. Es ging um eine verheiratete Frau, hatte Adele gesagt. Sie trafen sich nachts. Sie stahl sich aus dem Haus und wartete im Garten auf ihn, mit verschleiertem Gesicht. Als ich ihn an diesem Abend ansah, verstand ich sehr gut, dass man ihn jede Nacht herbeisehnen konnte. Sicherlich hatte sie sich sofort an seine breite Brust geschmiegt. Wie gern hätte ich den Platz dieser Emilia eingenommen, die ihn so sehr geliebt hatte. Emilia, was für ein hübscher Name. »Ich bin in ihn verliebt«, dachte ich entsetzt. Onkel Rodolfo war der Bruder meines Vaters und dreißig Jahre älter als ich. Und doch spürte ich, dass ich nur ihm vertrauen konnte, ich wäre froh gewesen, ihm wie Emilia entgegengehen und mich ihm schenken zu können. Ich erinnerte mich kurz daran, wie er mich anschaute, wenn ich in sein Büro kam. »Wie schön du dich bewegst, Alessandra!«, hatte er einmal gesagt, und ich war rot geworden, hatte aber gelacht und das Thema gewechselt, worauf er sofort eingegangen war.

Wir schauten uns über das weiße Tischtuch hinweg an, allein in einer andächtigen Einsamkeit. Da wusste ich, dass er mich liebte. Auch ich liebte ihn voller Leidenschaft für einen Augenblick, der zu den intensivsten meines Lebens gehört. Unsere Verwandtschaft zog mich durch eine mir selbst unerklärliche uralte Verbundenheit unwiderstehlich an. Er hatte die gleichen schönen Hände wie mein Vater, aber seine waren kräftig und feingliedrig. Er wies auf meinen Tischnachbarn und sagte: »Kennst du Paolo eigentlich schon? Er wohnt in Guardiagrele und kommt selten her.«

Paolo war ein gutaussehender junger Mann, wenn auch nicht besonders groß. Er schenkte mir sofort seine ganze Aufmerksamkeit, und mir fiel sein sympathisches Lächeln auf. »Sie lernen viel für die Schule, nicht wahr?«, fragte er. Dann erkundigte er sich, ob mir das Landleben gefalle.

Giuliano antwortete für mich. »Und ob es ihr gefällt. Sie steht gern spät auf und geht dann mit dem Hund spazieren, setzt sich unter einen Baum und liest. Dann geht sie nach Hause, setzt sich an den gedeckten Mittagstisch und hält ein Schläfchen auf der Wiese. Sie pflückt blühende Zweige und ruiniert so die Mandelbäume. Stellt Blumen in die Vase, Feldblumen, Gänseblümchen. Sie dreht auch gern Hähnen den Hals um und zerkleinert Holz mit den Händen wie die Köhler. Rohes Schweinefleisch findet sie entsetzlich, aber gebraten isst sie es mit großem Appetit. Ich denke schon, dass ihr das Landleben gefällt«, schloss er mit einem grobschlächtigen Lachen.

Die Großmutter jagte ihn mit einem Blick aus dem Zimmer.

»Aber warum denn, Großmutter?«, versuchte ich sie mit einem Lächeln umzustimmen. Ich wandte mich an meinen Tischnachbarn und bestätigte: »Er sagt die Wahrheit.«

Wir lachten gemeinsam, und es herrschte gute Laune im Raum.

Paolo kam nun oft, denn uns verband sofort eine starke, lebhafte Sympathie. Von Giuliano abgesehen, hatte ich seit langem keinen Umgang mehr mit Gleichaltrigen gehabt. Paolo war klug und offenherzig. Ich brauchte ihn mit seinem jugendlich verstrubbelten Haar nur anzusehen, um mich zu freuen. In seiner Gesellschaft lachte ich oft, kurz, ich amüsierte mich.

Ich weiß nicht mehr genau, worüber wir uns unterhielten. Er hatte nicht die gleichen Interessen wie ich. Vermutlich erzählte er mir meistens von seinem Leben im Dorf, aber er brachte frischen Wind in meinen Tag. Wenn er kam, löste ich mich aus den schwarzen Schatten meiner Tanten und lief ihm fröhlich entgegen. Immer wieder schaute ich zur Uhr und war traurig, wenn er ging. Man ließ uns nie allein, und diese ständige Bewachung ärgerte mich, weil sie einen Argwohn verriet, zu dem Paolo und ich wirklich keinen Anlass gaben.

Er betrachtete mich lächelnd und etwas erstaunt über meine ungezwungene Art. Anfangs hätte er mich wohl beinahe falsch eingeschätzt, aber meine Offenheit entwaffnete ihn. Dabei war ich früher im Vergleich zu meinen Altersgenossinnen stets sehr zurückhaltend gewesen, doch hier im Dorf wirkte meine Angewohnheit, persönliche Vorlieben und Ansichten zu äußern, geradezu unverfroren. Die Frauen verbargen jede Leidenschaft wie eine Schuld und trauten sich nur, ihre Gefühle für Gott oder für ihre Kinder zu zeigen. Und so übertrieben sie manchmal, wenn sie in diese Gefühle auch alle anderen hineinlegten: Sie beteten ungeniert voller Inbrunst und umarmten ihre Kinder so heftig, dass sie die zarten Körper fast erdrückten. Paolo sagte, ich sei anders als die anderen Mädchen: »Du nähst nie für deine Aussteuer. Hier bei uns kümmern sich die Mädchen von klein auf um ihre Aussteuer. Sie arbeiten geduldig daran. Man trifft sie immer mit einem großen, weißen Leintuch auf dem Schoß an.«

»Gefallen dir diese Mädchen denn?«, fragte ich.

»Ja.«

Ich schwieg gekränkt und hätte am liebsten geweint. Ein paar Tage lang vernachlässigte ich meine Schulaufgaben und lernte mühsam stricken. Kurz, ich versuchte, einem Frauenbild zu entsprechen, das keinen Raum für Überraschungen ließ. Aber ich schaffte es nicht. Paolo würde nicht mehr kommen, fürchtete ich.

Doch er kam immer wieder. Er sagte: »Sich mit dir zu unterhalten, ist wie ein Ausflug in die Berge. Hinter jeder Wegbiegung entdeckt man eine neue Landschaft. Mit dir kann man über andere Dinge reden als sonst mit den Mädchen.« Aber gleich darauf brach er ab, wohl weil er seine Offenheit bereute. Er fragte mich, ob ich Kinder gernhätte.

Niemand im Haus sprach mit mir über ihn, ich empfand dieses Schweigen als bedrohlich. Wenn er kam, rief mich Tante Sofia draußen vor dem Fenster: »Alessandra, Paolo ist da!« Oft fuhr ich auf und hätte gern gesagt: »Sagt doch etwas, na los, reden wir über ihn!« Das Schweigen meiner Verwandten setzte mir zu. Ich spürte, dass etwas vor sich ging, Gestalt annahm, und ich wollte herausfinden, wie weit man diese unkultivierte Herrschaft über meine Person wohl treiben würde. Es war ein Kräftemessen zwischen der Großmutter und mir. Mehr noch: zwischen mir und einer demütigenden Tradition. Ich wusste, dass kein Mädchen in den Abruzzen sich mehrmals mit einem jungen Mann treffen darf, der nicht ihr Verlobter ist. Sonst würde sie keiner mehr heiraten wollen, und ihr bliebe nichts weiter übrig, als sich einen Ehemann in der Stadt zu suchen. Außerdem wollte ich mich gegen die weit verbreitete bäurische Sitte auflehnen, die Verlobten zur Heirat zu drängen, sobald der Antrag ausgesprochen und die Mitgift festgelegt ist. Nach der Trauung kehrt die Braut zu ihren Eltern zurück, und auch der Bräutigam lebt weiter bei seiner Familie. Manchmal vergehen Jahre, bevor sie einen gemeinsamen Hausstand gründen können, denn bei ihrer Hochzeit sind die beiden blutjung. Aber so bleibt der Ruf des Mädchens unbeschadet, falls der Bräutigam genug hat und sie verlässt.

In den Feldern war hin und wieder eine junge Frau in Begleitung eines jungen Mannes zu sehen, der sie im Arm hielt. »Das ist ihr Ehemann«, erklärte man mir. Sie nahmen sich zärtlich bei den Händen und küssten sich eng umschlungen im Schatten eines Baumes. Bei Sonnenuntergang mussten sie sich trennen und jeweils allein nach Hause gehen. Die Sterne gingen auf, die Grillen zirpten in der berauschenden Sommerluft und machten den Abschied schwer. Die Frauen begleiteten ihre Männer so lange wie möglich, als wollten sie sie zurückhalten. Dann blieben sie stehen, schauten ihnen nach und winkten, bis sie in der Dunkelheit verschwanden. »Warum können sie denn nicht zusammenbleiben?«, fragte ich. »Er hat das Geld noch nicht zusammen, um ein Bett zu kaufen und die Kinder zu ernähren.« Ich stellte mir vor, wie die jungen Frauen ihre Männer anschauten, unerbittlich vorwurfsvoll. Und diese beteuerten: »Bald, schon bald werde ich das Geld auftreiben, und wenn ich es stehlen muss.« Adele sagte: »Wenn sie kein Bett haben, bleibt ihnen ja immer noch das frische Gras auf der Wiese.«

Abends fiel es mir nun schwer, bei meinen Büchern zu bleiben. Der unmittelbare Kontakt mit der Natur schien jede Neugier zu stillen und der Lauf der Sonne bereits die geheimnisvolle Ordnung des Universums zu erklären. Die Wahrheit aller Religionen lag in der Luft, ebenso wie Poesie und Musik. Der Duft von frisch gemähtem Gras umfing mich. Paolo kündigte sich mit einem leisen Pfeifen an.

Also klappte ich die Bücher zu, lief die Treppe hinunter und stürmte ins Esszimmer, so dass mein schwarzer Rock mir um die Beine flatterte. Ich lächelte. In wenigen Tagen wurde ich achtzehn Jahre alt, und ich hatte das Gefühl, eine schöne Hauptrolle in einem Stück zu spielen.

Seit Paolo mich besuchte, war das Leben leichter, das Haus heller, und meine Verwandten benahmen sich unerwartet herzlich. Eines Abends sollte ich die Großmutter in ein Zimmer im Erdgeschoss begleiten, das niemand außer ihr je betrat und das früher als Kapelle genutzt worden war. »Geh«, sagte sie, schubste mich hinein und schloss sogleich die Tür hinter uns.

Das Zimmer war groß und lag im Halbdunkel, die Wände waren violett gestrichen. Ringsumher standen dunkle, wuchtige Schränke, einige hatten edle Formen wie die Möbel in den Sakristeien. Mir kam es vor, als wäre ich in ein Kellergewölbe geraten, in das seit langem weder Luft noch Licht gedrungen waren. Schränke und Wände, Schwarz und Violett vermischten sich zu einer bedrückenden Finsternis. »Da sind wir also«, sagte die Großmutter mit einem Anflug von Genugtuung. Ihr Blick war so erfreut, als hätte sie mich in eine Falle gelockt. Durch die dickwandige Tür wäre kein Hilferuf nach draußen gedrungen, und das Fenster war vergittert. Ich wollte etwas sagen.

»Psst!«, machte die Großmutter und lenkte meine Aufmerksamkeit auf das, was sie tat. Sie schob ihre Schürze beiseite, und aus der Dunkelheit blitzten magisch die Schlüssel auf. Sie befühlte sie, wählte einen langen aus und löste das Schlüsselbund vom Gürtel. Behutsam schloss sie einen Schrank auf, als hätte sie Angst, er könnte sich gegen diese Brutalität wehren, auf sie fallen und sie erschlagen. Endlich klappte sie die Schranktüren auf, und das Schneeweiß der Wäsche in den Fächern verdrängte die Finsternis im Raum.

Die Großmutter öffnete einen Schrank nach dem anderen, wobei sie in meinem Gesicht erwartungsvoll nach einem Zeichen der Bewunderung forschte. »Sieh nur«, sagte sie und zog mich am Arm zu einem großen Schrank: »Fühl mal«, drängte sie mich. Sie führte meine Hand über die Kanten der frischen Laken. »Fühl doch mal«, wiederholte sie.

»Weißt du, wie viele das sind?«, fragte sie. Sie zögerte, wobei sie meine Fähigkeit abschätzte, ein Geheimnis zu bewahren, dann sagte sie: »Mehr als zweihundert. Zweihundertundsechzehn. Einige sind neu, noch unbenutzt, sie wurden noch nie auseinandergefaltet, vielleicht wirst du es eines Tages tun oder eine deiner Töchter. Oder besser noch die Tochter deiner Tochter«, fügte sie träumerisch hinzu. »Das hier …«, sie strich mit der Hand über ein besticktes Laken, »das hier ist das Tuch für deine Brautnacht. Es trägt ein A, weil es zur Aussteuer meiner Mutter Antonietta gehörte.«

Der Buchstabe war von einem Käfig aus verzweigten Schnörkeln umgeben. Oben trug er ein Stiefmütterchen, wie ein Mädchen, das eine Blume im Haar hat. »Und das hier sind die Betttücher für die Kinder.«

Sie umarmte mich und wir standen reglos vor diesem duftenden Weiß. Ich war fast so groß wie sie. Sie streichelte meine Stirn und wischte mit ihrer großen Hand alle meine Gedanken fort. Ich vergaß mein schwarzes Kleid, die schwarzen Strümpfe, mein streng geflochtenes Haar. In meiner Phantasie erschien sanft der Traum aller Mädchen: ich im Brautkleid, und alle lächelten mir zu. »Wie schön sie ist«, sagten die Leute, während ich an ihnen vorüberging. Später legte ich mich auf das bestickte Betttuch, und Paolo und ich lachten. Wir waren zusammen jung.

»Nun bin ich beruhigt«, fuhr die Großmutter fort. »Für mich gibt es schon ein Grab, von dem aus man unser Haus sehen kann.« Vom Friedhof auf dem grünen Hang überblickt man das ganze Dorf wie aus den Höhen des Paradieses. »Ich werde dich immer sehen. Du musst früh aufstehen, immer die Erste sein. Das Haus und die faulen Männer schlafen, sie erwarten, dass ihnen der Kaffee ans Bett gebracht wird. Zu dieser Stunde bist du wirklich die Herrin über das Haus. Du machst einen Rundgang durch die Zimmer und die Flure, gehst in die Speisekammer hinunter, in den Keller und schließt alles auf und zu. Trag die Schlüssel stets bei dir. Leg sie unter dein Kopfkissen, wenn du zu Bett gehst. Ich könnte nicht einschlafen, ohne die Schlüssel unter dem Kissen zu spüren. Wenn ich sterbe, weißt du, wo du sie findest.«

Seit diesem Abend wollte sie mich öfter bei sich haben und nur durch einen kurzen Wink oder einen Blick verstanden werden. Und ich verstand sie gut. Aber diese Nähe verstörte mich. So musste ich nun geradezu heimlich lernen. Sobald ich ihre Schritte auf der Treppe hörte, legte ich meine Bücher weg. Ich wandte mich erneut an Onkel Rodolfo und bat ihn, bei der Großmutter ein gutes Wort für mich einzulegen, damit sie mich zum Examen nach Sulmona fahren ließ. Während sie miteinander sprachen, wartete ich in seinem Büro wie auf eine Begnadigung. Aber als er zurückkam, breitete er resigniert die Arme aus: Die Großmutter hatte nein gesagt.

Ich stellte mich ans Fenster, um meine Tränen vor ihm zu verbergen, und schaute auf das grüne Tal, das vom Majella-Massiv abgeschlossen wurde wie von einem unüberwindlichen Koloss.

Hinter mir sagte Onkel Rodolfo, sich leise entschuldigend: »Ich werde weiter alles versuchen, was möglich ist.«

»Es tut mir leid, dass ich das Geld für meine Bücher von dir genommen habe«, sagte ich, ohne mich umzudrehen. »Ich werde es dir zurückzahlen.«

Damit kränkte ich ihn, und das wollte ich auch. Dann gab es ein weiteres Gespräch zwischen der Großmutter und ihm. Sie redeten lange hinter verschlossenen Türen. Später erfuhr ich, dass er nicht nur über mich gesprochen hatte, sondern auch über meine Mutter und über jene Emilia, die er geliebt hatte. Schließlich hatte sich die Großmutter mit ihrem Sohn auf einen Kompromiss geeinigt: »Du sagst, dass sie es bei der Reifeprüfung belassen wird?« Dann hatte sie wohl die Tage bis dahin ausgerechnet. Am Ende hatte sie entschieden: »Na gut, soll sie fahren.«

Ich fuhr mit Tante Sofia nach Sulmona. Wir wirkten recht trostlos in unseren schwarzen Kleidern, und alle Leute schauten uns an. Ich weiß noch, dass Sulmona sehr staubig war und ich die ganze Zeit über Durst hatte. Die Mädchen, die zusammen mit mir warteten, bis sie mit der Prüfung an der Reihe waren, trugen geblümte Kleider, kämmten sich und schminkten sich die Lippen. Eine fragte mich, ob ich eine Novizin sei.

Ich verneinte, kam mir aber vor wie eine Lügnerin. Wie immer, wenn ich unter vielen Menschen bin, fühlte ich mich unbehaglich. Ich spüre dann immer eine große Zuneigung zu allen um mich her, kann sie aber überhaupt nicht zeigen. Das Examen war nicht schwer, bei den schriftlichen Prüfungen half ich den anderen, besonders den Mädchen. Sie nahmen meine Hilfe zwar an, begegneten mir aber mit Misstrauen, wohl weil sie nicht wussten, was ich mit dieser Hilfe bezweckte. Niemand ahnte den wahren Grund. Ich wünschte mir, dass ich in wenigstens einer Prüfung versagte, dann hätten sie mich nicht mehr so argwöhnisch angesehen, hätten mich vielleicht sogar bedauert und getröstet. Aber ich kam überall gut durch. Beim Verlassen des Klassenraums war mir unbehaglich zumute.

Als ich wegen der Prüfungsergebnisse ein letztes Mal nach Sulmona fuhr, kam Onkel Rodolfo mit. Für mich war es atemberaubend, in der Öffentlichkeit mit ihm allein unterwegs zu sein. Wir schlenderten mit einigem Abstand zwischen uns durch die Straßen, ohne uns anzusehen, und wenn sich unsere Blicke zufällig doch trafen, wandten wir sie schnell wieder ab, als könnten wir uns daran verbrennen. Er zeigte mir die Stadt, und ich erzählte ihm von Paolo und sogar von Claudio und seinen Briefen. Aber weder den einen noch den anderen schien es wirklich zu geben. Es war, als hätte ich sie in jenem Augenblick erfunden.

Mein Abschlusszeugnis war ausgezeichnet. Als ich mir die Zensuren ansah, beobachteten mich einige Mitschüler, und ich musste lachen, weil mir das alles wie ein Geschenk vorkam, das ich nicht verdient hatte. Onkel Rodolfo bot mir den Arm, und als ich hinausging, grüßten mich alle.

Draußen herrschte strahlender Sonnenschein, die Steine

flimmerten. Ich war überglücklich, lachte bei jeder Kleinigkeit und glaubte, überall eine ungewöhnliche Unruhe zu entdecken, die vielleicht durch meine Anwesenheit ausgelöst wurde. Onkel Rodolfo schaute zu, wie ich lachte, wie ich mich bewegte. Und so lachte und bewegte ich mich mit einem noch größeren Vergnügen. Wir tranken ein Glas Wermut, und da ich nicht an Alkohol gewöhnt war, verstärkte das meine Euphorie. »Jetzt bin ich kein Kind mehr«, sagte ich, »in ein paar Monaten gehe ich auf die Universität.« Mein Körper konnte meine überbordende Jugend kaum bändigen. »Kein Kind mehr«, wiederholte ich. Im Radio wurde gemeldet, dass es um fünf Uhr abends eine wichtige Nachrichtensendung geben werde. Ich ahnte, dass alle unsere Verwandten zu uns kommen würden, um sie zu hören, und wohl wegen des Wermuts begann ich über sie zu lachen wie noch nie. »Ich habe keine Lust, sie zu sehen«, sagte ich, »wirklich überhaupt keine Lust.« Da schlug Onkel Rodolfo vor, in Sulmona zu Mittag zu essen und erst den Sechs-Uhr-Zug zu nehmen.

Die Erinnerung an diesen Tag soll hier einen besonderen Platz erhalten, sie ist sehr wichtig für mich. In den dann folgenden Jahren, als ich mit Francesco zusammenlebte, und auch jetzt noch zieht sie oft durch meinen Kopf wie ein hellerleuchteter Zug, bevor er in der dunklen Landschaft verschwindet.

Onkel Rodolfo führte mich am Arm, und wie schon beim ersten Mal, auf der Beerdigung meiner Mutter, vertraute ich mich ihm gern an. Er entschied sich für eine kleine Trattoria mit einer lichtdurchlässigen, glyzinienbewachsenen Pergola. Unter diesem grünen Dach sahen wir blass aus, aber es war die gesunde, makellose Blässe von Kindern. Die Gastwirtin kam mit einem zugleich herzlichen und verschwörerischen Lächeln auf uns zu. Ich war nicht verlegen, obwohl ich zuvor noch nie mit einem Mann essen gegangen war. Die Frau beobachtete uns und fragte sich vielleicht, ob ich die Geliebte oder die Tochter meines Begleiters war, doch ihr Urteil interessierte mich nicht, ich überließ es Onkel Rodolfo, sich darüber Gedanken zu machen, so wie ich mich auch auf ihn stützte, wenn ich an seinem Arm ging.

Die Sonne schien durch die vom Wind bewegten Blätter, so dass das Tischtuch an ein unruhiges Gewässer erinnerte. Ich nahm das Brot, um ein Stück abzubrechen, und merkte, dass meine sonst so starken Hände zu schwach waren. »Mach du es«, sagte ich, »ich kann das nicht.«

Es war unglaublich, dass ein sechsundvierzigjähriger Mann noch so jugendlich sein konnte. Seit langem war ich nicht mehr so fröhlich gewesen, eigentlich nicht mehr, seit ich mit meiner Mutter heimlich Blumen auf abgezäunten Beeten gepflückt hatte. Ich lachte, und er schaute mich an. Ich aß voller Heißhunger, und er genoss meinen Anblick. Er wollte mir seltene, auserlesene Speisen bestellen, ärgerte sich, dass es sie nicht gab, entschuldigte sich, und ich ließ es zu. Langsam goss er Wein aus einer verstaubten Flasche in mein Glas, hielt inne und erkundigte sich zweifelnd: »Veträgst du den auch?«

Noch nach diesen vielen Jahren erinnere ich mich deutlich an die Zärtlichkeit, die in seinem Blick lag, als er mich das fragte. Er verriet ein so aufmerksames Wissen um die Zerbrechlichkeit einer Frau und zugleich eine so große Sorge um mein Wohlergehen, dass ich meine Macht noch ein wenig ausreizen wollte. »Ich glaube schon«, sagte ich und nahm einen großen Schluck. Dann sagte ich: »Ich möchte rauchen.« Er kramte in seinen Taschen, verlegen, weil er mir keine guten Zigaretten anbieten konnte. Ich rauchte dilettantisch, wobei ich den Rauch weit von mir blies. ›Bestimmt wird mir schlecht davon‹, dachte ich etwas benommen. Aber ich war unbesorgt, weil er bei mir war, er würde mich in den Arm nehmen, mich wegbringen und sich um alles kümmern, ich könnte meiner Schwäche, meiner Unpässlichkeit getrost nachgeben. Ich würde in einem Bett mit weißen Vorhängen zu mir kommen, würde helle Blumen im Zimmer entdecken und ihn, an meinem Bett kauernd, treu und glücklich. Ja, ich hätte auch in Ohnmacht fallen können, wenn ich das gewollt hätte. Dieses Vorrecht hat mir das unbarmherzige Alltagsleben später nie wieder gewährt.

»Emilia hatte keine Angst, wenn sie zu euren Verabredungen kam, nicht wahr?«

»Wer hat dir davon erzählt?«, fragte er erstaunt.

»Ist es dir unangenehm, dass ich davon weiß?«

»Nein. Du darfst es ruhig wissen. Ich wollte dir sogar schon oft davon erzählen. Aber dann dachte ich, solche Dinge sind nichts für dich. Du bist aber schon sehr reif für dein Alter. Mit dir kann man wie mit einer Erwachsenen reden. Deine Reife rührt mich, macht mir aber auch Sorgen.«

Er nahm meine Hand und legte seine schützend darauf. Wenn ich heute die Augen schließe und daran zurückdenke, sehe ich das grüne, sommerliche Licht und meine Hand, die so unschuldig ist wie die eines Kindes.

»Emilia ist tot, nicht wahr?«

»Seit vielen Jahren. Du warst gerade erst geboren. Sie starb in Cesena, wohin man ihn versetzt hatte. Er wurde innerhalb weniger Tage versetzt.« Nach einer kurzen Pause redete er mit bitterer Ironie weiter.

»Vielleicht hat dir die Großmutter nicht erzählt, dass …«

»Sie hat mir gar nichts erzählt.«

»Ach so, ja dann. Also, die Großmutter hatte auch ihren Anteil an der Geschichte. Seit damals sind wir nicht mehr dieselben. Zumindest ich bin nicht mehr derselbe. Die Groß-mutter kann sich gar nicht verändern. Und Emilia ist tot.«

»War sie schön?«, fragte ich.

Er zog ein Foto aus seiner Brieftasche. Schön fand ich sie nicht, sie hatte ein rundes Gesicht, einen weißen Schleier über der Brust und schwere, blonde Haarfransen auf der Stirn. Sie sah alt aus.

»Sie war vierundzwanzig. Ein Jahr später ging sie fort. Du hast genauso helles Haar wie sie.«

»Das habe ich von meiner Mutter.«

»Aha. Ich kann mich kaum noch an Eleonora erinnern.«

»Sie war eine außergewöhnliche Frau.«

»So wie du?« Er lächelte.

»Aber nein!«, widersprach ich lebhaft und begann von ihr zu schwärmen. Durch meine Worte heraufbeschworen, er-schien meine Mutter und schaute sich verwundert um. Auf ihren wachsweißen Händen lag ein grüner Schimmer, ihr Ge-sicht glich einem zarten Blatt. Als ich ihren Gang beschrieb, kam sie leichtfüßig heran. Sie war die Zierde des Tages, und Onkel Rodolfo betrachtete sie fasziniert.

Ich war glücklich. Auf dem Tisch stand ein Feldblumen-strauß mit etwas Zitronenkraut. »Den nehme ich mit.« Ich verabschiedete mich herzlich von der lächelnden Wirtin: »Wir kommen wieder«, sagte ich. Onkel Rodolfo schaute mich an, dann sagte er gerührt: »Ja, wir kommen wieder.«

Wir traten hinaus auf die staubige Straße, in Sulmona gibt es viel Staub. Er nahm mich am Arm, und wir machten uns auf den Weg. Damals hätte er mich fortbringen sollen, dann wäre alles anders gekommen. Ich war eine schwache Frau, und Frauen stützen sich gern auf große, starke Männer wie ihn. Ich kann ihm nicht verzeihen, dass er mich nicht fort-gebracht hat. Ich bin wütend auf ihn, möchte, dass er diese

Seiten liest. Warum hast du mich nicht fortgebracht? Meine Fäuste trommeln gegen seine Brust: Warum nicht? Stattdessen sagte er nur: »Wollen wir zurück und die Nachrichten im Radio hören?« Und ich antwortete: »Ja, gehen wir.«

Wir gingen schweigend, kühn und beschwingt. Ich lächelte und glaubte, mich immer noch auf ihn stützen zu können, dabei entfernte ich mich mit jedem Schritt mehr von diesem glücklichen Tag und von der märchenhaften Geschichte meiner Mutter, ich wurde Alessandra, ganz und gar Alessandra, und jeder Schritt führte mich unweigerlich zu Francesco, zu Tomaso, in mein einsames Leben.

Das Radio meldete den Ausbruch des Krieges.

Als ich am darauffolgenden Tag das Fenster öffnete, glaubte ich, alles müsse sich verändert haben. Daher war ich überrascht, weil die Sonne schien, die Wiesen grün waren, der Himmel wolkenlos und die Bauern auf dem Feld arbeiteten. Ich hoffte, nur schlecht geträumt zu haben, aber die Ereignisse des Vortages standen mir noch so lebendig vor Augen, dass diese Hoffnung schnell verging. Ich spähte argwöhnisch umher, schaute forschend in die Gesichter der Menschen auf der Tenne. Sie waren sorglos und ohne Feindseligkeit. Daraus schloss ich, dass die Erzählungen unserer Eltern vom letzten Krieg übertrieben gewesen waren. Ich hatte mir vorgestellt, dass sie nicht einen Tag Ruhe und Sonne gehabt hatten, dass der Himmel stets dunkel gewesen war, die Luft von entsetzlichen Donnerschlägen, Schreien und Wehklagen zerrissen. Stattdessen hörte ich das vertraute Gackern der Hühner und das verstörte Blöken der Schafe. Ich lächelte bei dem Gedanken, dass der Krieg also doch nicht so schlimm war.

In den folgenden Wochen rückten ziemlich viele junge Männer ein, aber sie taten es ruhig und mit der Versicherung, schon bald zurückzukommen. Diejenigen, die zurückblieben, arbeiteten widerwillig, saßen rauchend vor dem Haus und warteten auf ihre Einberufung. Paolo war in Guardiagrele, und als er kam, sagte er nur: »Hast du schon gehört?« Aber auch er rauchte viel, und wenn wir zusammen waren, kam keine Fröhlichkeit mehr auf. Ich verstand nicht, warum das so war, denn schließlich hatte sich nichts geändert, gar nichts. Claudio schrieb, auch in der Stadt gehe das Leben wie gewohnt weiter, man gebe nur viel Geld für Zeitungen aus.

Trotzdem – wie an den Augen der Frauen zu erkennen, an ihren blassen Gesichtern, an den hektischen Bewegungen, mit denen sie ihre Kinder anzogen und streichelten, am düsteren Ton der Gebete, die aus den Kirchen drangen – lag eine bedrückende Unruhe in der Luft. Ein Schleier der Angst und Ungewissheit umfing diese Tage, und ein ebensolcher Schleier trennte mich von der Poesie. Verzweifelt kämpfte ich gegen diesen unwirklichen Schleier an, der sicher nur ein Produkt meiner Phantasie war. Ich weigerte mich, die Gegenwart des Krieges anzuerkennen. Das schien mir nicht schwer zu sein: Nichts störte den normalen Lauf meiner Tage. Ich las, setzte mir Ziele für mein Studium und schrieb lange Briefe an Claudio, ohne auf die Ereignisse einzugehen. Ich kaufte mir ein neues Kleid, und wenn ich durch die Flure des Hauses ging, sang ich, um mich der beklemmenden Atmosphäre ringsumher zu erwehren. Radio hörte ich nicht mehr. Ich wollte nichts wissen. Wenn mir jemand das Neueste erzählte, antwortete ich zerstreut. Deshalb hielt man mich nun für noch abweisender und egozentrischer. Sogar Onkel Rodolfo wunderte sich über mich, und ich genoss es, mich in diesem Verhalten einzuigeln. Um den Kopf ein schwarzes Tuch, mit dem Hund Giuseppone an der Leine, ging ich durch das Dorf und gab zu verstehen, dass ich mich mit niemandem unterhalten wollte. Aber die Stimme aus dem Radio verfolgte mich überallhin. Zu Hause saß immer jemand vor dem Apparat und suchte nervös nach den Sendern. Auch wenn ich in meinem Zimmer war, stellte ich mir eine Hand vor, die sich unruhig an einem Drehknopf zu schaffen machte. Im Dorf drang die Stimme aus dem Radio durch die offenen Fenster und ergoss sich auf die Straßen, wartete am Tisch in einem Café auf mich, in der Apotheke, im Dorfladen. Ich wollte die Worte nicht hören, und ich hörte nicht zu. Aber der arrogante Tonfall holte mich ein, brachte meine Gedanken durcheinander und löste Empörung in mir aus. »Jetzt reicht's aber!«, presste ich wütend hervor. »Schluss damit!«

Die Großmutter sprach nie über den Krieg. Wie ich wollte auch sie sich nicht von der abscheulichen Willkür der Ereignisse beherrschen lassen. Doch sie war sehr blass geworden, ein wandelnder Leichnam. »Warum?«, hätte ich am liebsten protestiert. »Es passiert doch gar nichts. Macht einfach das Radio aus. Ihr braucht es bloß auszuschalten.« Aber nachts, wenn das Radio schwieg, trieb es mich durch das dunkle Haus hinunter ins leere Wohnzimmer, wo ich den Apparat mit dem magischen Auge einschaltete und fieberhaft am Senderknopf drehte, bis ich die Stimme gefunden hatte. Sie gehörte inzwischen dazu wie die Luft zum Atmen. Mit zunehmender Ungeduld wartete ich auf Paolos Besuche, obwohl ich mich nicht mehr so darüber freute wie früher. Ich hoffte, er könnte mich wieder zu der machen, die ich bis dahin gewesen war. Eines Abends blieben wir plötzlich allein. Paolo hatte mit uns gegessen, niemand hatte das Radio angestellt, und es schien, als wollten sich alle in einen künstlichen Frieden flüchten. Als Letzte war Tante Sofia mit dem zusammengerafften, weißen Tischtuch hinausgegangen, um es auf der Tenne auszuschütteln, so dass die Hühner am Morgen die

Krümel aufpicken konnten. Sie war nicht zurückgekommen. Zunächst war Paolo verblüfft über die ungewöhnliche Freiheit, die man uns ließ. Er warf einen Blick in die Runde, um zu begreifen, was das zu bedeuten hatte. Schließlich bat er mich, mit ihm spazieren zu gehen. Der Mond war herrlich.

Wir stiegen die Hälfte des Hügels bis zu einer kleinen Allee mit Silberpappeln hinauf. Die weißen Pappelblätter flatterten wie Schmetterlinge, und die Grillen im Gras klangen wie schüchterne Silberglöckchen, die das unbändige Quaken der Frösche nicht übertönen konnten.

»Paolo«, sagte ich. Er nahm mich in den Arm.

Aber ich war nicht glücklich. Immer lag ein dichter Schleier zwischen meinen Gedanken und dem Glück, zwischen diesem Spaziergang und einem glücklichen Spaziergang. Ich versuchte zu lachen, etwas Nettes, Unbeschwertes zu sagen, aber alles klang falsch, nach dummer Koketterie. Seit dem Tod meiner Mutter erschufen Worte nicht mehr die poetische, faszinierende Welt um mich her, in der ich mich lebendig fühlte. Ich wusste, nur wenn ich mit einem Mann in dieser Sprache würde reden können, würde ich Liebe und Glück erfahren.

»Was hast du?«, fragte Paolo.

Wir setzten uns auf eine kleine Mauer, das Gras unter meinen Füßen war kühl vom Tau. »Du bist wirklich anders als die anderen Mädchen«, sagte er. »Warum bist du jetzt nicht glücklich?«

»Bist du denn glücklich?«

»Ich ja.«

Ich schaute ihn misstrauisch an. Fürchtete, er wollte mich wie ein Kind behandeln und die Traurigkeit des Augenblicks und der gefahrvollen Zeit, in der wir lebten, vor mir verbergen. Aber sein Blick war aufrichtig. Da wurde mir klar, dass nur Männer Stärke und Sicherheit besaßen. Keiner von ihnen hatte je ein so verstörtes Gesicht wie meine Mutter, ein so leiderfülltes Gesicht wie Tante Violante, ein so melodramatisches Gesicht wie Lydia, wenn sie von ihrem Hauptmann getrennt war. Mich packte plötzlich der Wunsch, ihre Kraft an mich zu reißen. Ich wollte sie ihnen stehlen, wegnehmen, den dichten Schleier loswerden, der mich an einer unbeschwerten Fröhlichkeit hinderte.

»Ich möchte auch glücklich sein«, sagte ich.

Da kam Paolo dicht an mich heran. Sein Gesicht war unmittelbar vor meinem, seine lebhaften, dunklen Augen verklärten sich. Wie schön waren die Gesichtszüge eines Mannes, die starke Nase, die kräftige Stirn. Paolo war braungebrannt, aus seinem offenen Hemd drang der angenehme Geruch von Haut, die lange der Sonne ausgesetzt gewesen war. Verwirrt schloss ich die Augen.

So bekam ich meinen ersten Kuss. Eigentlich war es nicht der erste: Claudio hatte mich auch einige Male geküsst, aber es waren spitze, schnelle, ängstliche Küsse gewesen. Paolo presste seine Lippen fest auf meine, er tat mir weh, und ich öffnete den Mund ein wenig, um mich dem zu entziehen. Da küsste er mich lange, nötigte mich, den Mund weiter zu öffnen, und stürzte mich in ein überwältigendes Erstaunen.

Wir lösten uns voneinander, und ich wäre am liebsten weggelaufen. Ich hatte Angst, er könnte mir nachlaufen und mich an diesem einsamen Ort zwingen, seinen rohen Trieben nachzugeben. Er küsste mich erneut, und ich ließ ihn entsetzt und neugierig zugleich gewähren, um noch einmal dieses atemberaubende Gefühl zu erleben. Ich hatte Lust, mir den Mund abzuwischen, doch ich fürchtete, Paolo könne das übelnehmen, wie wenn ich nicht aus seinem Glas trinken wollte.

»Was hast du?«, fragte er, als er meine bedrückte Miene sah.

»Das muss dir nicht unangenehm sein. Ich habe dich gern, und wir sind verlobt.«

Bei diesen Worten umarmte er mich und streichelte meine Schultern. Er zweifelte nicht daran, dass mir seine merkwürdige Art, mich zu küssen, gefiel.

»Nein«, sagte ich.

»Warum nicht?«, fragte er zerstreut und küsste mich erneut.

»Nein«, sagte ich noch einmal, wobei ich mir die Lippen abwischte, »wir sind nicht verlobt.«

»Aber ja, gewiss doch«, beharrte Paolo, darauf erpicht, den unterbrochenen Kuss fortzusetzen. »Wir werden bald heiraten, noch bevor ich einberufen werden kann.«

»Nein.« Ich sprang von der Mauer. »Wir sind nicht verlobt. Ich bin doch gar nicht in dich verliebt.«

Er war sitzen geblieben. Sein Haar war zerzaust, sein weißes Hemd zerknittert, die Hose saß schlecht, und ich sah sein nacktes Bein über dem heruntergerutschten Strumpf. Er starrte mich mit einem so unschuldigen Erstaunen an, dass ich sofort wütend auf mich und meine Unfähigkeit wurde, glücklich zu sein. Ich begegnete zum ersten Mal dem kindlich verstörten Ausdruck, den ich später auch oft in Francescos Augen sehen sollte. Ach, die Männer brauchten mich immer nur mit diesem Blick anzuschauen, und schon fühlte ich mich wie ein verachtenswertes Subjekt, das in einer Art Wahnsinn gefangen ist. Zerknirscht wünschte ich mir, Paolo könnte vergessen, was ich gesagt hatte, und auch ich selbst könnte es vergessen. Und gern hätte ich ihn um Verzeihung gebeten. Mein lieber Paolo, sagte ich in Gedanken zu ihm und strich ihm, gerührt von der Enttäuschung, die er mir bereitete, tröstend über die Stirn. Lieber Paolo, los, tu etwas, nimm diese Last von uns. Mir schien, ein liebevolles Wort wie die, mit denen meine Mutter stets auf märchenhafte Weise das Glück heraufbeschworen hatte, hätte schon genügt. Ich fühlte mich so allein, dass nicht einmal Berge, Bäume oder Sterne meine Einsamkeit vertreiben konnten. Die Dörfer an den Hängen waren nicht mehr zu erkennen, die Gegend war unbewohnt: Wir waren allein auf der Welt, er und ich, Mann und Frau, dazu verdammt, für immer zusammenzuleben.

»Du willst also nicht?«, fragte er mürrisch und strich sich die Haare glatt. Sein Ton war schroff, Paolo war nicht mehr der Freund, mit dem ich gern lachte.

»Nein«, sagte ich.

»Warum hast du dann so getan, als wärst du froh und hättest mich gern?«

»Ich war ja auch froh.« Ich schaute ihm direkt in die Augen, damit er sich von meiner uneingeschränkten Ehrlichkeit überzeugen konnte.

»Und warum willst du mich dann nicht heiraten?«

»Na ja … Weißt du, vielleicht kannst du mich nicht verstehen, ich wünsche mir, dass es schön ist, mit einem Mann allein zu sein, und nicht beängstigend. Ich wünsche mir …« Fast hätte ich gesagt: »Ich wünsche mir Hervey.« Doch ich verschluckte den Rest des Satzes. Er hätte ihn nicht verstanden, kein Mann hätte das. Ich sah ihn mütterlich an. Lieber, lieber Paolo, sagte ich im Stillen zu ihm. Mir war, als stünde er am Ufer, an Land, und ich auf einem zerbrechlichen Boot, das davonsegelte.

Einige Tage wartete ich abends am äußersten Rand des Gutes auf ihn. Paolos Rückkehr hätte mich beruhigt und mir die Gewissheit gegeben, eine Frau wie alle anderen zu sein. Ich spähte zu dem Weg unter den Eichen, auf dem er sonst immer zu mir kam. Ich sah nur Gras, Bäume, Himmel. Nicht einmal die arrogante Stimme aus dem Radio drang zu mir.

Bei Anbruch der Dunkelheit ging ich zur Tenne zurück, traurig über die Vergeblichkeit meines Wartens. Niemand wunderte sich über Paolos Wegbleiben, und so begriff ich, dass alle im Bilde waren. Ich fragte mich, wie viel sie wohl wussten. Wenn sie mich ansahen, fürchtete ich, sie könnten mir Vorwürfe machen, weil ich nun diese schreckliche Art zu küssen kannte. Eine unbezwingliche Unruhe trieb mich dazu, mich zu verstecken, weil ich mich unbeliebt und lästig fühlte. Von meinem Fenster aus sah ich alle bei ihrer Arbeit. Ihre Bewegungen waren unerbittlich langsam, der Rhythmus einer Handlung wurde zur Lebensregel. Ich las nicht mehr und kümmerte mich nicht mehr um den Haushalt, ich bewegte mich an den Rändern dieser arbeitsamen Ordnung. Hilflos eingeklemmt zwischen zwei zermürbenden Räderwerken, saß ich nur noch stundenlang vor dem Radio.

Dort traf ich häufig auf Onkel Alfredo und setzte mich manchmal spontan zu ihm. Immer schaute er mich spöttisch an. Er sah alle Frauen so an. Aber ich fürchtete, er könnte von Paolos Kuss wissen, von meinen Gesprächen mit Fulvia, von Eneas Hand, die meinen Arm gestreift hatte. Einmal sagte er: »Du hast wirklich große Ähnlichkeit mit deiner Mutter.«

Bei diesen scheinbar harmlosen Worten hätte ich am liebsten mein Gesicht in den Händen verborgen und geweint. Ich hatte ein schlechtes Gewissen, weil ich das Andenken meiner Mutter beschädigt hatte, ertrug mein Spiegelbild in den Fensterscheiben nicht mehr. Ich sah die Sünde in mir, in meiner hochgewachsenen, schlanken Gestalt mit dem blonden Haar, die dort in der Gegend eine auffällige Ausnahme war. Es genügte nicht mehr, dass ich Bücher, Tagebücher und Briefe versteckte. Giulianos feindseliger Blick, Onkel Alfredos spöttische Miene und die traurigen Augen meiner Tanten machten mir so zu schaffen, dass ich mich am liebsten aus dem

Fenster gestürzt hätte, um mich endgültig allen Blicken zu entziehen.

»Großmutter«, sagte ich eines Abends, »ich kann nicht mehr.«

Sie saß weiß und majestätisch da wie am Tag meiner Ankunft. Ich sprach leise und traute mich nicht, zu ihr aufzuschauen. Es fiel mir schwer, mich geschlagen zu geben.

»Ich weiß«, antwortete sie ruhig.

Ihre Schultern überragten die Rückenlehne des Stuhls, ihr Kopf zeichnete sich gegen den Himmel vor dem Fenster höher als die Berge ab. Von dort oben sah sie sicherlich alles, weshalb jedes Wort überflüssig war. Ich kauerte mich zu ihren Füßen hin und nahm ihre Hand, ich fühlte mich wie in der Kirche.

Sie stellte mir die Frage, vor der ich mich gefürchtet hatte: »Warum hast du Paolo so behandelt? Ich dachte, du bist zufrieden.«

»Das war ich auch. Ich habe ihn herbeigesehnt. Habe die ganzen Tage sehnsüchtig auf ihn gewartet. Ich habe mich gefreut, wenn er herkam, wenn ich ihm entgegengehen konnte …«

»Und auch, als du am Abend allein mit ihm spazieren warst?«, unterbrach sie mich.

»Ja, ich glaube, das hat mir gefallen.«

»Und warum willst du ihn dann nicht heiraten? Es gefällt dir, dich von einem Mann küssen zu lassen, und du willst ihn dann nicht heiraten?«

Ich zögerte mit der Antwort. Es war nicht leicht, der unerbittlich strengen Großmutter gewisse zarte Regungen zu erklären.

Ich beschloss, ganz offen zu sprechen: »Ja, das gefällt mir. Aber ich glaube, Liebe ist etwas anderes.«

»Sie ist überhaupt nichts anderes, da irrst du dich. Alle Männer sind gleich, sie sagen alle das Gleiche, sie tun alle das Gleiche. Männer eben. Paolo ist ein anständiger, netter Junge, er hätte dich mit Respekt behandelt. Du hättest schon bald ein Kind bekommen. Wenn du ein Kind erwartest, bist du dem Mann sehr dankbar. Dann fühlst du dich wirklich lebendig, dein Körperumfang wächst, du spürst ein großes Wohlbefinden, hast Hunger und Durst, bist angenehm müde, alle deine Instinkte werden stärker, du hast die Gewissheit, gesund und fruchtbar zu sein, wie die Erde, wenn das Korn keimt. Du hegst keinen Groll mehr gegen die Männer, auch sie sind nun deine Kinder. Und wenn du siehst, mit welchen – verglichen mit dem Triumph deines Lebens – sinnlosen, armseligen Aktionen und Problemen sie sich herumschlagen, regt sich ein mütterliches Erbarmen in dir.«

»Ich hege keinen Groll gegen die Männer. Ich hätte nur selbst gern ihre Sicherheit, ihre Stärke, auf die sie sich immer verlassen können.«

»Das ist doch keine Stärke!« Sie schlug mit ihrer großen Hand auf die Armlehne. »Das ist mangelndes Mitgefühl. Und nur wer Mitgefühl hat, ist wirklich stark. Hast du verstanden? Vergiss das nie. Ich fürchte, du irrst dich gründlich, wenn du sie für die Herren und Meister hältst und dein Glück in ihre Hände legst. Das ist falsch. Uns gehört das Haus, uns gehören die Kinder, wir tragen sie aus, stillen sie, also gehört uns das Leben. Auch die Lust, die die Männer uns geben, ist etwas Armseliges, das wir wie ein Geheimnis für uns behalten müssen. Und mit diesem Geheimnis unterwerfen und erniedrigen sie uns. Erst wenn du ein Kind erwartest, wirst du endlich selbstsicher: Dann ist das Band, das uns mit einem Mann vereint, nicht mehr minderwertig und verachtenswert, sondern wundervoll, und wir sind es, die Nutzen und Stolz daraus ziehen. Du wirst dick, schön, und deine Brust schwillt an von der Muttermilch. Du allein kannst dein Kind ernähren, es verlangt nach nichts anderem. Selbst der Schmerz bei der Geburt ist wie eine ungeheuerliche Lust. Wenn du eine richtige Frau bist, müsstest du es ausprobieren wollen. Aribertos Geburt war sehr schwer, ich fragte: ›Mein Kind, warum tust du mir so weh? Hab Erbarmen, mach langsam!‹ In solchen Momenten stehen die Männer ängstlich und verschämt vor der Tür und finden keinen Frieden. Nur du hast die Kraft, ganz allein den schrecklichen Augenblick zu bewältigen, in dem das Leben weitergegeben wird.«

Die Worte der Großmutter fielen wie Felsbrocken auf mich und rissen mich in meiner Schwäche zusammen mit meinen geliebten Träumen in die Tiefe. ›Nein‹, dachte ich, im Dunkeln herumwirbelnd, ›nein, diese schreckliche Kraft will ich nicht haben, niemals.‹

Im Bewusstsein meiner Armseligkeit sagte ich niedergeschlagen: »Verzeih mir, Großmutter. Ich habe gehofft, so stark zu werden wie du. Aber lass mich gehen, ich schaffe es nicht.«

»Ich weiß«, antwortete sie mit trauriger, dumpfer Stimme. »Ich hatte dir geraten: Hör auf mit dem Lesen, hör auf mit der Musik. Das alles muss energisch weggedrängt werden, weg, weg!« Und wie meine Mutter sagte sie: »Ich hätte mir gewünscht, dass du glücklich wirst.«

Ich schauderte und schmiegte mich an ihre Knie. Mir war, als sprudele der Fluss unter mir und rings um mich her, und ich klammere mich an einen Baumstamm am Ufer oder an einen Felsen. »Ich habe Angst, hilf mir«, flüsterte ich.

Vom benachbarten Bauernhaus tönte die Stimme aus dem Radio herüber. Sie drang ins Zimmer, drang bis zu uns, wir atmeten sie ein. Der milde Sommerabend füllte sich mit Gefahren. In der Stimme aus dem Radio hörten wir das Dröhnen der Flugzeuge, die wütenden Sturzflüge der Flugzeuge, das auflodernde Trudeln der Flugzeuge, drei Flugzeuge, sechs Flugzeuge abgeschossen.

»Großmutter, ich habe Angst«, wiederholte ich.

»Wir haben alle Angst. Ich glaube sogar, diese Angst wird uns nun nie mehr verlassen. Ich muss mich nicht mehr lange fürchten, ich bin alt. Aber mir geht dein Gesicht nicht aus dem Sinn, das du am Abend der Kriegsankündigung hattest. Du wusstest schon, dass niemand dieser Angst entkommen würde. Die heutige Zeit gehört deiner Generation, da ist es nur recht, wenn du sie besser deutest als ich. Ich hoffte damals noch, dich zu retten, wollte in der Speisekammer einen Unterschlupf für dich bauen. Sie ist eine stabile Höhle aus Stein. Die ganze Nacht lang wälzte ich absurde, phantastische Pläne: Ich wollte einen Raum mit Stahl panzern, obwohl mir das Geld dafür fehlt. Ich wünschte mir diesen Raum für dich … und Paolo«, sagte sie leise. »Ich wollte dort auch Wäsche für euch verstecken und Getreidesäcke. Kurz, so eine Art Arche Noah bauen. Ich dachte, ich könnte stärker sein als der Krieg. Aber das ist unmöglich. Der Krieg kommt überallhin. Dein Vater hat geschrieben, dass Sista Angst hat und nach Sardinien zurückwill, in ihr Dorf. Er kommt allein nicht zurecht, ohne eine Frau, die sich um den Haushalt kümmert, bügelt, kocht, näht. Ich habe den Brief sofort zerrissen, ohne ihn dir zu zeigen, ich wollte Adele zu ihm schicken.«

»Es ist besser, wenn ich hinfahre.«

»Ja«, stimmte sie nach einer Pause zu. »Das ist besser.«

Schweigend saßen wir zusammen. Das Radio schwieg. Die Grillen zirpten, ein Hund jaulte. Lebt wohl, dachte ich, lebt wohl.

Die Tanten kamen herein, ich sprang auf und versuchte, mich zu fassen. Aber die stille Zurückhaltung, mit der wir uns stets begegnet waren, war verschwunden. Wir kannten uns so genau, wie nur Frauen sich kennen, auch wenn sie glauben, sich einander nie anvertraut zu haben.

»Alessandra geht fort«, sagte die Großmutter. Sie waren nicht im Geringsten überrascht. Es wurde beschlossen, dass ich zwei Tage später, an einem Montag, abreisen sollte. Am Montag zog sich Onkel Rodolfo frühmorgens seine Stiefel an, um aufs Feld zu gehen. »Es tut mir leid«, sagte er, »ich hätte dich gern zum Bahnhof gebracht. Der Pächter fährt dich mit dem Einspänner hin. Ich habe viel zu tun, ich kann nicht.«

Er nahm meine Hand. Ich schaute ihn an, und meine Augen fragten: »Warum küsst du mich nicht? Warum küsst du mich nicht so wie Paolo?« Wieder war ich erstaunt, dass ein sechsundvierzigjähriger Mann noch so jung und anziehend sein konnte. »Küss mich«, drängte ich ihn im Stillen, »nimm mich in die Arme, küss mich!« Auf diese Weise flehte ich ihn an, mich von allem zu befreien, was mich im Leben noch erwartete, von allem, was ich noch tun musste. Wir wussten beide, was meine Abreise bedeutete. Ich, nur ich, musste mich auf den Weg machen, musste wegfahren, zum ersten Mal allein. Die Großmutter hatte mir das Geld für die Fahrkarte gegeben, außerdem hatte sie mir feierlich eine kleine Geldsumme überreicht. Ich würde nie mehr in dieses Haus zurückkehren, deshalb ließ ich meinen Blick schweifen, um mich von dem friedlichen Leben zu verabschieden, das mich abgewiesen hatte. Hinter Onkel Rodolfo sah ich seine Jagdgewehre an der Wand, die Tabakpfeifen, das Foto von ihm auf dem Karst und meinen Namen auf dem großen Familienstammbaum, freistehend, allein, am letzten Ast, im Leeren.

»Verstehst du denn nicht?«, sagte er. »Ich kann dich nicht begleiten. Wir müssen uns hier verabschieden.«

Alle standen an der Tür, als ich mit dem Pächter auf den

Einspänner stieg. Die Großmutter in der Mitte, Tante Violante links, Tante Sofia rechts, die Mägde dahinter, wie auf einem Foto. Giuliano saß auf dem Boden und fegte sich mit der Reitgerte den Staub von den Schuhen. Einen Augenblick war es still, dann brach Tante Clarice in Tränen aus: »Warum fährt Alessandra denn weg?«, schluchzte sie. »Ist das meine Schuld? Habe ich etwas Schlimmes gemacht?«

Da gab die Großmutter mit einem Nicken das Zeichen für die Abfahrt. Ich hätte mich am liebsten gesträubt, mich festgeklammert. Aber der Pächter hatte dem Pferd einen Peitschenhieb versetzt, und schnell vermischte sich das Rollen der Räder auf dem Pflaster mit Tante Clarice's gellendem Weinen.

Bei meiner Rückkehr erstaunte mich vor allem die Finsternis, in der die Stadt wegen der Verdunkelung versunken war. Als der Zug in den Bahnhof von Rom einfuhr, schien er sich zu ducken, um in einen düsteren, heimtückischen Tunnel zu fahren. In dieser Dunkelheit konnte ich meinen Vater kaum erkennen, der mit Sista gekommen war, um mir die Körbe abzunehmen. Unser Briefwechsel während der langen Trennung war spärlich und kühl gewesen, daher hielt ich es für überflüssig, überschwängliche Freude zu heucheln. Er war ohnehin mit den Körben beschäftigt. »Hast du die Lebensmittelkarte dabei?«, fragte er leise und seufzte erleichtert, als ich bejahte. »Das hat mich den ganzen Tag beschäftigt.«

Mein Vater hatte die Wohnung in der Via Paolo Emilio aufgegeben und war in eine winzig kleine Neubauwohnung am Lungotevere Flaminio gezogen. Das verstärkte meinen Eindruck, in eine unbekannte Stadt gekommen zu sein. Schweigend folgte ich in dem Gewirr hoher, weißer Häuser meinem Vater und Sista wie fremden Menschen. Ich trug einen schweren Weidenkorb, der mir ins Handgelenk schnitt, und schaute mich nicht um. Der moderne Fahrstuhl mit den sich von selbst öffnenden Türen verblüffte mich. Wie bei meiner Ankunft in den Abruzzen ertappte ich mich bei dem Gedanken, ich könnte schon tot und im Jenseits sein. Vielleicht konnte man mehrmals sterben und musste dabei jedes Mal auf etwas oder jemanden verzichten.

Die drei kleinen Zimmer waren mit den alten schwarzen Möbeln vollgestopft. Mein Vater hatte das Ehebett gegen ein schmales Bett aus Eisen eingetauscht. Jede Spur meiner Mutter, ihre Kleider und Fotos, war verschwunden, ihr Klavier verkauft. »Ich habe alles Überflüssige weggeworfen«, sagte mein Vater. Als er mir das Bad, die Wandschränke und die Küche zeigte, fragte er zufrieden: »Gefällt es dir?« Ich sagte ja, hatte in Wahrheit aber gar nicht darüber nachgedacht und wollte nur eine Schlafnische, denn mehr noch als bei meiner Ankunft im Haus der Großmutter hatte ich nun das Gefühl, eine schwere Sünde abbüßen zu müssen.

Die Leuchten mit nur wenigen Glühlampen verbreiteten ein schwaches, gelbliches Licht. Damals begannen die Sehstörungen meines Vaters. Er öffnete das Fenster, draußen herrschte eine undurchdringliche Dunkelheit: Ein schwarzer Fluss trennte mich von dem Viertel, in dem ich mit meiner Mutter gelebt hatte.

Am nächsten Morgen sah ich, dass man von unserer Wohnung aus auf die Brücke und das Schilf hinunterblickte und wir also wie auf einem Friedhof lebten. Aber das hatte mein Vater bestimmt nicht bedacht und fühlte sich deshalb auch nicht unbehaglich. »Die Luftlinie von uns bis zum Vatikan ist sehr kurz«, sagte er, »ich glaube nicht, dass wir uns wegen der Bomben Sorgen machen müssen.«

Sista werkelte verloren am blau-weißen Herd. Sie nannte mich »Signorina« und siezte mich. Ich ließ es widerspruchslos zu, da wir uns wohl alle verändert hatten und die alten Formeln nicht mehr galten. Als ich mit meinem Bericht über den Gesundheitszustand der Großmutter und die Lage im Dorf fertig war, hatten wir uns nichts mehr zu sagen. Mein Verhalten war von unterwürfiger Dankbarkeit geprägt, ich war zunächst einfach froh, ein Zimmer und ein Fenster für mich zu haben. Ich wollte mich irgendwie erkenntlich zeigen und stimmte daher begeistert zu, als mein Vater sagte: »Du musst kochen und dich um den Haushalt kümmern.« Ich sagte ihm auch, dass ich mich am folgenden Tag an der Universität einschreiben und mich um eine Stellung bemühen wolle, er könne sich auf mich verlassen.

Er lächelte beruhigt und sagte: »Du wirst sehen, wenn Sista weg ist und du mir hilfst, können wir gut miteinander auskommen. Wir bekommen jetzt auch eine Bombenzulage. Und ein Mann vom Land versorgt uns mit etwas Fleisch. In diesem Haus kann man sich wohlfühlen. Ich kenne einen Witwer im ersten Stock, mit dem ich manchmal Karten spiele. Hier weiß niemand etwas«, sagte er nach einer kurzen Pause und sah mich fest an, »hast du mich verstanden?«

Sein Ton ließ unmissverständlich erkennen, dass das Leben mit meiner Mutter nur ein Märchen gewesen war und wir uns beide schämen mussten, es erfunden zu haben.

Zwei Tage später besuchte ich Fulvia. Je näher ich der Straße kam, in der ich viele Jahre gewohnt hatte, desto weicher wurden meine Knie. Ich kannte die Orte, die Schaufenster, die Händler hinter den Ladentischen, aber es war, als hätte ich sie nie zuvor gesehen und nur entfernt von ihnen gehört. Die Schwalben flogen mir mit einem schrillen Begrüßungsruf entgegen. Sie waren mir noch immer vertraut. Schnell stießen sie in die Straße hinunter und trugen ihre Verzweiflung überallhin. Ihre Rufe hallten in mir wider.

Beklommen stieg ich die Treppe hinauf. Ich blieb vor unserer früheren Wohnung stehen, wartete darauf, dass die Tür aufsprang und meine Mutter mit ihrer unbeschreiblichen Anmut auf mich zukam. »Ach, Sandi«, würde sie sagen, »da bist du ja wieder!«

Aber an der Tür stand »Ridolfi«, und ich ging weiter. Als Fulvia mir öffnete, erkannte sie mich zunächst nicht wieder. Dann rief sie: »Alessandra!«, und umarmte mich stürmisch.

Vor Aufregung wusste sie nicht, in welches Zimmer sie mit mir gehen sollte, und war kurz davor, die Tür zu dem kleinen japanischen Salon zu öffnen, den wir nie betraten, ich konnte sie gerade noch davon abhalten. Wir setzten uns auf das Bett in ihrem Zimmer, wo überall neue Fotos von ihr im Badeanzug hingen. Ich hatte sie so nie gesehen, kannte weder ihre neue Frisur noch das Kleid, das sie trug. Ich war den Tränen nahe. Sie sagte: »Sandi, ich bin so froh, dass du wieder da bist, es gibt so viel zu erzählen, wie wollen wir das nur anstellen? Es würde ganze Tage und Nächte dauern. Bleib doch heute Nacht hier, was spricht dagegen? Leider ist meine Mutter nicht da. Sie ist …«

»Beim Hauptmann?«

Fulvia schwieg einen Moment, dann sagte sie ernst: »Nein. Der Hauptmann wurde kurz nach dem Tod deiner Mutter versetzt. Das war vielleicht eine Tragödie! Der Neue … der Neue hat eine Baufirma und einen Fiat 1500.«

»Ich merke schon«, sagte ich, »wirklich viel zu erzählen!«

»Ja, wirklich viel!«

»Und Dario?«, fragte ich lächelnd.

»Der ist da drüben«, sagte sie und wies mit dem Kinn auf das Haus gegenüber. Wir gingen zum Fenster, schauten auf die Straße. Sie war eng und staubig, eine traurige Schneise. Die gegenüberliegende Fassade lag im bläulichen Licht der Dämmerung. Dario saß nicht am Schreibtisch, wie ich ihn während meiner Abwesenheit aus Rom in Erinnerung gehabt hatte. Durch sein offenes Fenster mit einem alten, weißen Vorhang war ein schäbiges Zimmer zu erkennen. Für Sekunden blitzten das freie Grün der Wiesen und die prächtigen Berge der Abruzzen wie Traumlandschaften vor mir auf. Aber mein Leben war nun wieder hier, in dieser melancholischen Straße.

»Wie ist er denn so?«, fragte ich und wies auf Darios Fenster.

»In Ordnung«, antwortete sie, »zärtlich. Aber manchmal auch unsympathisch, nicht zu verstehen, dann verschwindet er einfach. Vielleicht kannst du das nicht begreifen, weil du nicht hier warst. Sie machen eine schlimme Zeit durch. Dario war wehrpflichtig, wurde wegen seiner schlechten Augen aber ausgemustert. Ich habe schreckliche Tage hinter mir, die zum Glück vorbei sind.«

»Weil er an die Front sollte?«

»Ja, und, stell dir vor, außerdem dachte ich, dass ich schwanger bin.«

Ich zuckte zusammen und zog mich vom Fenster zurück, um mein Gesicht im Schatten zu verbergen. Ich war rot geworden. Trotzdem konnte ich meinen Blick nicht von Fulvias Gesicht und Körper wenden. Ich glaubte, mich verhört zu haben. Vielleicht hatten Fulvia und Dario heimlich geheiratet. Besonders zu schaffen machte mir, dass sie mich nicht ins Vertrauen gezogen und mich sogar getäuscht hatte, denn in den vergangenen Monaten hatte ich geglaubt, bei Fulvia wäre alles beim Alten.

»Tja«, sagte sie und schaute weg, »du weißt gar nichts. Es ist im Herbst passiert, am 13. Oktober.«

Ich starrte sie mit aufgerissenen Augen an, stumm, und hörte, wie sie diese Worte leichthin über die Lippen brachte, während sie eine Zigarette auf dem Fensterbrett ausdrückte.

»Ich wollte es dir mitteilen«, fuhr sie fort. »Aber manche Dinge schreibt man nicht so gern, man hätte darüber reden müssen, und dann hatte ich auch Angst, dass deine Post von anderen gelesen werden könnte. Weißt du noch, dass ich dir damals wochenlang nicht geschrieben habe?« Ich nickte. »Du hast immer wieder nachgefragt, warst in Sorge, und bei mir häuften sich deine Briefe. Ich konnte nicht mehr so schreiben wie vorher, obwohl sich eigentlich nichts geändert hatte. Dann habe ich dir geschrieben: ›Entschuldige, es ist etwas Wichtiges passiert …‹ Erinnerst du dich?« Ich nickte wieder. »Damit meinte ich das.«

In mir wuchs ein bitterer Groll wegen ihres Schweigens. Monatelang hatte ich mich mit einem Menschen geschrieben, den es gar nicht mehr gab. Diese Täuschung tat mir weh. Es lag mir fern, Fulvias Verhalten zu verurteilen, ich verurteilte nur ihre Unaufrichtigkeit mir gegenüber. Außerdem hatten wir uns als junge Mädchen geschworen, uns jedes Detail der ersten Liebesnacht zu erzählen, sobald eine von uns heiraten würde. Doch jetzt ahnte ich, dass sie gar nichts erzählen würde. Hätte ich sie an unseren Schwur erinnert, hätte sie womöglich gelacht und mich wie ein kleines Kind behandelt. Ich sah in Gedanken noch einmal Darios hochgewachsene Gestalt, die an einer Ecke der Piazza auf uns wartete, die lässige Zwanglosigkeit seines Gangs, und ich gab nur ihm die Schuld an Fulvias Unehrlichkeit.

Sie zog mich wieder zum Fenster. In der anbrechenden Dunkelheit war Darios Zimmer mit dem leeren Schreibtisch gerade noch zu erkennen. Auch ein hell schimmerndes Bett im hinteren Teil des Raumes und eine Jacke, die über einem Stuhl hing.

»Es ist hier passiert«, sagte sie. »Eines Abends, als meine Mutter im Theater war.«

Gern hätte ich mich umgedreht und meinen Blick schweifen lassen. Vielleicht war es mir nicht aufgefallen, als ich hereinkam, begierig, wie ich war, Fulvia so unverändert vorzufinden, wie ich sie in Erinnerung hatte, aber natürlich musste sich etwas verändert haben. Es war mir unvorstellbar, dass es zwischen diesen alten Möbeln geschehen war, im selben Zimmer, in dem sie sich mir vorgestellt hatte, als wir Kinder waren. »Ich bin Gloria Swanson«, hatte sie gesagt und sich das Haar aus den schwarzumrandeten Augen gestrichen. Hier, dachte ich, genau hier.

»Erzähl's mir«, flüsterte ich.

Fulvia begann zu reden, wobei sie mit zärtlichem Groll zum gegenüberliegenden Fenster schaute. Sie sagte, sie habe ihm den ganzen Sommer über widerstanden.

»Aber es war ein trotziger Widerstand, nur der Form halber. In meinen Träumen hatte ich längst nachgegeben. Ich musste mehr mit mir selbst als mit ihm kämpfen. Er begriff das und sah meinem Kampf zu, ohne sich daran zu beteiligen, er wusste, dass ich seine beste Verbündete war, und ließ mich mit diesem schrecklichen Ringen allein. Wir trafen uns zweimal am Tag, und zwischen uns stand immer ein Groll, dem gegenüber ich mich schwach fühlte, weil ich nicht wusste, bis zu welchem Punkt ich meinen Vorsätzen würde treu bleiben können. Ich hatte Angst, vor allem aus einem gesellschaftlichen Zwang heraus zu handeln: Hätte er versprochen, mich zu heiraten, hätte ich liebend gern nachgegeben. Er sagte nichts, manchmal umarmte er mich nicht einmal. Er entschuldigte sich, wenn er sich zu einem Kuss hinreißen ließ oder mich mit dem Arm streifte. Ich ärgerte mich über das spöttische Lächeln, das er manchmal aufsetzte, ein leicht mitleidiges Lächeln, das ich an Dario noch nicht kannte. Dieses Lächeln war die einzige Falle, die er mir stellte. Ansonsten war er gefügig geworden, sanft, stets bereit für den Fall, dass ich ihn rief. Angesichts seiner großzügigen Zärtlichkeit kam ich mir unwürdig und berechnend vor, wie von einem verbissenen Geiz beherrscht. Und vor allen Dingen hatte ich das Gefühl, Komödie zu spielen. Nur um einer beruhigenden Tradition zu folgen, tat ich schockiert über eine Sünde, die ich doch begehen wollte. Als ich mir sicher war, dass diese Angst vor der Sünde nicht echt war und ich es in Wahrheit kaum erwarten konnte, sie zu begehen, da ...«

»Da?«

»Sagte ich zu ihm: ›Meine Mutter geht heute Abend ins Theater, komm doch kurz zu mir rauf, aber nur kurz, hörst du?‹ Auch da habe ich gelogen, ich wollte, dass er mich bedrängt, dass er mich zwingt ...«

»Und er?«

»›In Ordnung‹, sagte er.«

»Und ... als er heraufkam?«

Fulvia schwieg, dann flüsterte sie: »Er zitterte.«

Nach diesen Worten schauten wir beide zärtlich zu Darios Fenster hinüber. Ich erinnerte mich an den Tag, als Lydia zu mir gesagt hatte: »Komm doch rein, ich möchte dir Fulvia vorstellen.« Schüchtern hatte ich mich der unbekannten Welt genähert, die Fulvia für mich verkörperte, ich hatte gespürt, dass für mich ein neuer Lebensabschnitt begann und unsere Begegnung eine große Prüfung für mich sein würde: Meine Spiele, meine vertraulichen Bekenntnisse offenbarten mein ganzes Wesen, es war gefährlich, sie mit irgendwem zu teilen. Darum hatte ich gezittert. Und auch Dario hatte gezittert. Er hatte sich einer Gefahr gestellt, als er in dieses Zimmer kam. Und ich hatte gehofft, unsere Spiele hätten gesiegt und er wäre geschlagen und gedemütigt aus diesem Kampf hervorgegangen.

»Wir haben uns oft gesehen«, fuhr Fulvia fort. »Jedes Mal, wenn meine Mutter abends wegging.« Der Ausdruck »sich sehen« hatte für sie eine ganz neue Bedeutung, und ich errötete bei dem Gedanken, dass ich nun ihre Mitwisserin war.

»Nie ist was passiert, monatelang nicht. Aber genau zu der Zeit, als Dario einberufen wurde und zur Musterung musste, fingen meine Sorgen an. Ich konnte es nicht fassen, hielt es für unfair, dass etwas, das für uns so leicht wie ein Kinderspiel war, die gleichen Konsequenzen haben konnte wie eine mit der Zustimmung der Eltern, vom Priester und überhaupt von allen in der Kirche geschlossene Ehe. Ich konnte es besonders deshalb nicht glauben, weil wir uns immer hier, in diesem Zimmer getroffen hatten: Es kam mir vor wie eines der vielen heimlichen Dinge, die wir Mädchen getan haben, der vielen Gespräche, die wir ohne das Wissen unserer Mütter geführt haben. Verstehst du?«

»Ja, natürlich.«

»Außerdem war ich dagegen, dass Dario in den Krieg ziehen sollte. Das war genauso unrecht wie das Vorhandensein dieses fremden Wesens, das sich in mir zu behaupten schien. Wir hatten dieses Kind nicht gewollt, genauso wenig wie den Krieg. Ich erzählte Dario nichts von meinen Befürchtungen, das hätte ich demütigend gefunden, auf so etwas greifen Frauen nur zurück, wenn ein Mann sie verlassen will. Auch er war mir gegenüber nicht aufrichtig. Er sagte: ›Du wirst schon sehen, ich bin bald wieder da, was können sie mit einem, der so kurzsichtig ist wie ich, im Krieg schon anfangen?‹ Wir lachten und machten einen Ausflug ins Grüne. Ich legte mich ins Gras, lehnte meinen Kopf an seine Knie, und er strich mir übers Haar. Wir hatten uns angewöhnt, über Politik zu sprechen, ganz wie unter Männern. Ja, unsere zärtlichen Dialoge beschränkten sich auf Zeitungslektüre und politische Diskussionen. Als wir zurückkamen, fand ich auf den Rekrutierungslisten an den Hauswänden unter dem Buchstaben C seinen Namen, ich folgte ihm mit dem Finger: Clerici, Dario. In jeder Straße, durch die wir gingen, waren diese Listen angeschlagen. Clerici, Dario war überall registriert, nachverfolgt, überwacht, er hätte nicht fliehen können. Diese Aushänge nahmen mir den Atem. Ich konnte an nichts anderes mehr denken als an meine schrecklichen Sorgen, an die unabwendbare Existenz, die sich in mir eingenistet hatte wie ein scheußlicher Polyp, und an den Krieg. Dario verabschiedete sich immer an der Haustür von mir. ›Bis dann, Fulvia.‹ Manchmal sagte ich beiläufig zu ihm: ›Komm doch später noch vorbei‹, und er antwortete: ›Ja, gut.‹ Und eines Tages sagte er: ›Morgen muss ich zur Musterung.‹ Ach, Alessandra, das kannst du nicht verstehen, das verstehst du nicht.«

So hatte sie noch nie mit mir gesprochen.

»In dieser Zeit dachte ich oft daran, mich umzubringen«, redete sie weiter. »Ich wollte mich in den Tiber stürzen. Ich schaute auf das Wasser und dachte, es müsste leicht sein, sich da hineingleiten zu lassen, wie zum Schlafen unter eine weiche Decke. Ich dachte auch an deine Mutter, mir war, als würde sie mich rufen: ›Komm, Fulvia, es ist schön hier unten.‹ Ich sah mich von der Mauer springen, sah meinen Körper ins Wasser tauchen, verschwinden. Aber ich blieb, wo ich war, reglos an die Mauer geklammert, und das nicht aus Angst, du weißt, dass ich nicht feige bin. Aber ich hatte das Gefühl, dass ich der Erde gehörte und meiner Angst, die ich Stück für Stück durchleben musste. Ich glaubte, dem Gesetz des Schmerzes nicht entfliehen zu können, so wie ich auch unwillkürlich dem natürlichen Gesetz der Liebenden gehorchen musste. Verstehst du?«

»Ja«, sagte ich.

»Dann wurde Dario ausgemustert, und auch meine Sorgen verschwanden. Was für eine Erleichterung. Diese Tage waren wirklich schrecklich … Jetzt sind wir wieder ruhig, und wir diskutieren wieder.«

Wir schwiegen, sie legte mir eine Hand auf die Schulter. »Trägst du immer noch Trauer?«, fragte sie mit Blick auf mein schwarzes Kleid. »Kauf dir doch etwas Helles. Lass dir das Haar schneiden. Du solltest versuchen …«

»Nein«, antwortete ich schroff.

Dann umarmte ich sie, aus Angst, sie gekränkt zu haben. Ich begann von meiner Reise zu erzählen, von meiner Rückkehr, aber es war schwierig, das Gespräch mit ihr, die sich sehr verändert hatte, wiederaufzunehmen, in diesem Zimmer, das sich ebenfalls verändert hatte. Ich versuchte, mich der Situation anzupassen. Sagte, dass ich hoffte, Lydia zu sehen, dass ich noch ein bisschen bleiben wolle, obwohl es schon spät war.

»Meine Mutter kommt zum Abendessen nicht nach Hause«, sagte sie etwas verlegen. »Sie isst heute außerhalb.« Nach einer Pause fügte sie hinzu: »Sie geht ins Theater.«

»Ach so«, sagte ich, und wir verstummten beide. Uns verband eine schwierige, tiefe Zuneigung. »Dann gehe ich jetzt, ich rufe dich morgen an.«

Im schwachen Dämmerlicht ging ich langsam die Treppe hinunter. Dabei sah ich meine Mutter in ihrem blauen Kleid leichtfüßig die Stufen zu Hervey hinuntereilen.

In den ersten Tagen fiel mir die Gewöhnung an die Wohnung am Tiberufer recht schwer. Mein Zimmer war klein, und die Möbel darin waren lieblos angeordnet, nach den rein praktischen Erwägungen von Sista und meinem Vater. In einer Ecke stapelten sich Truhen und Koffer unter einer zerschlissenen, rostbraunen Perkaldecke. Der helle Flur, die moderne Küche, das blitzblanke Bad standen im Kontrast zu den stillen Möbeln, die nach dem Umzug aus der großen Strenge des Hauses in den Abruzzen schon schlecht in die Wohnung in der Via Paolo Emilio gepasst hatten. Ich fand nicht einen gemütlichen Winkel. Mein Zimmer ging auf einen wannenförmigen, getünchten Balkon hinaus. Die Menschen dieses Hofes hatten nicht so nachsichtige Mienen wie die Nachbarn in unserem alten Haus. »Hier kann man nicht am Fenster sitzen«, sagte Sista kopfschüttelnd, denn mehr als einmal hatte jemand das grüne Rouleau heruntergelassen, um sich vor ihrer gutmütigen Neugier zu schützen. Sie ließ ihren Blick über die weißen Hauswände und die geschlossenen Rouleaus auf der Hofseite schweifen und sagte seufzend, der Krieg habe die Leute verändert. Mein Vater nötigte Sista und auch mich, stundenlang Schlange zu stehen, um irgendein Obst oder Gemüse zu kaufen, das in Friedenszeiten nicht zu seiner Lieblingssorte gehört hatte. Ich gehorchte ihm gern, und meine neue Folgsamkeit gefiel ihm, ohne dass er ahnte, dass sie gefährlicher war als eine Rebellion. Tatsächlich rief er statt Widerspruch nur noch Gleichgültigkeit oder Ärger bei mir hervor.

Schnell wurde mir klar, dass unser Zusammenleben nicht so leicht werden würde wie von mir gedacht. Er war mir gegenüber ständig misstrauisch, versteckte sein Geld sorgfältig und gab mir nicht einmal genug für Strümpfe oder für die Straßenbahn. Er freute sich nur, wenn er mich bei der Hausarbeit sah. »Was gibt's Schönes zu essen?«, fragte er. Wenn er mit einem Päckchen Schinken oder Sardellen nach Hause kam, legte er es zwischen uns beide auf den Tisch und drängte mich, davon zu essen, damit nichts für Sista übrig blieb. »So weit kommt's noch«, sagte er, »Schinken für das Dienstmädchen in diesen Zeiten!« Mit jedem Tag wurde die Kluft zwischen uns größer. Ich hielt mich viel in meinem Zimmer auf, wie ein Pensionsgast, und mein Vater ging zu dem Mieter im ersten Stock hinunter, ohne mich je zu bitten, mitzukommen.

Im neuen Haus schauten mir alle neugierig hinterher, denn ich trug immer schwarze Kleider, obwohl die Trauerzeit vorbei war, dazu schwere, schwarze Schuhe, die ich in den Abruzzen gekauft hatte, und mein Haar hatte ich zu einem strengen Knoten im Nacken gebunden. Wenn ich in meinem langen Kleid schnell die Treppe hinunterkam, drehten sich die jungen Mädchen nach mir um. Sie waren sorgfältig frisiert und geschminkt, machten Witze hinter meinem Rücken und lachten über mich. Sista sagte: »Signorina, warum tragen Sie nicht die Kleider Ihrer Mutter?« Das fragte sie, wenige Tage bevor sie uns verließ, offenbar war sie davon überzeugt, dass ich sie nicht anziehen würde, solange sie bei uns war. Die Kleider lagen in einer Truhe. »Er wollte sie verkaufen«, erzählte mir Sista. Wir hatten uns angewöhnt, meinen Vater nie beim Namen zu nennen.

Es waren nicht viele Kleider, und sie waren grau, tabakbraun, schwarz. Ich entschied mich für ein schwarzes. Ich nahm auch den Regenmantel, den man am Ufer gefunden hatte. In der Truhe lag auch ein längliches, in raschelndes Seidenpapier eingeschlagenes Bündel.

»Was ist das?«, fragte ich Sista.

»Das ist ihr blaues Konzertkleid.«

Ein langes Schweigen folgte. Ich hörte noch einmal den energischen, vibrierenden Klang des Klaviers, hörte meine Mutter spielen und lächelte ihr zu, wobei ich sanft über das weiße Papier strich, das mit einem scharfen Rascheln antwortete.

»Und von ihm hast du nichts mehr gehört?«, fragte ich unvermittelt.

»Nein. Nichts. Nur … ja also, ich habe oft Blumen zum Friedhof gebracht, aber es standen immer schon frische Blumen da, Feldblumen, wie die Signora sie liebte. Der Friedhofswärter hat mir erzählt, dass ein gutaussehender, hochgewachsener Herr sie immer bringt, ›ihr Mann‹, hat er gesagt.«

Wir drückten uns die Hände auf dem raschelnden Papier. Mir ging das ungestüme, übermütige Motiv des *Frühlingsrauschens* nicht aus dem Kopf, die silberhellen Glockentöne, die wie ein Lachen klangen.

»Sista, du solltest nicht mehr zum Friedhof gehen.«

»Nein. Signora Lydia hat gesagt, falls er dort jemandem begegnet, kommt er vielleicht nie wieder. Man sollte die beiden allein lassen, hat Signora Lydia gesagt.«

»Ja«, wiederholte ich. »Man sollte sie allein lassen.«

»Darum will ich auch fortgehen. Nicht wegen des Krieges. Das habe ich nur gesagt, weil ich vieles nicht erklären kann. Man muss ohnehin sterben, so oder so, und es heißt, wenn man von einer Bombe getroffen wird, geht das so schnell, dass man überhaupt nichts spürt. Ich gehe fort, weil ich es nicht mehr aushalte. Es war schon schwer genug, auf Ihre Rückkehr zu warten.«

Ich brachte sie im Morgengrauen zum Zug. »Ich habe Angst, dass ich seekrank werde«, sagte sie, um ihre Unruhe zu überspielen. Ich wusste, dass sie auf Sardinien nichts erwartete, ihre Eltern waren tot. Sie würde als Dienstmädchen im Haus ihres Bruders arbeiten. Aber sie wollte nicht bei mir bleiben, sie ertrug meine Bewegungen nicht: »Das ist mir unheimlich«, hatte sie zu Lydia gesagt. »Ich sehe immer die Signora vor mir.« Ein nebliger Tag brach an, der Bahnhof lag noch im Dunkeln. Stumm warteten wir auf die Abfahrt des Zuges, wie wir immer auf meine Mutter gewartet hatten, ängstlich und verstört in der Dämmerung. »Die Signora …«, sagte Sista, während sich der Zug in Bewegung setzte. »Ich habe alle Fotos von ihr mitgenommen.«

So blieb ich allein. Ich gewöhnte mir an, in der Küche für mein Studium zu lernen. Auf dem Herd kochte das Essen, und das sprudelnde Wasser, das violette Licht der Flamme leisteten mir Gesellschaft. Mein Vater freute sich, dass ich sparsam mit dem Licht umging. Nie war ich so allein wie in dieser Zeit.

Kurz nach meiner Rückkehr war Claudio zur Offiziersschule nach Mailand abgereist, und das war eine Erleichterung für mich, ja fast eine Befreiung. Er hatte ständig nur darauf gewartet, sich mit mir treffen zu können. Und wenn ich stattdessen studierte oder Fulvia besuchte, hatte ich das Gefühl, grausam zu ihm zu sein. Wenn ich ihm erlaubte, mich zu begleiten, war er glücklich. Schaute er mich an, wurde er geradezu schön, seine edlen Empfindungen spiegelten sich in seinem Gesicht. Ich dachte, er hätte damals sterben sollen, denn es gab nichts mehr, was das Leben für ihn bereithielt.

»Ich fahre morgen ab«, sagte er eines Abends.«

Er wirkte gefasst. Sein Leid war so übermächtig, dass für Verzweiflung kein Raum blieb. »Wenn du nicht zu müde bist, würde ich mit dir gern noch einmal zu der Allee auf dem Monte Mario gehen, wo ich mich in dich verliebt habe.« Ich willigte ein. Ich ahnte, dass er zu den Anfängen seines liebevollen Gehorsams zurückkehren wollte, um die Kraft zu finden, den neuen Gehorsam zu leisten, der nun von ihm erwartet wurde. Dort oben hatten wir über Antonio gesprochen, er hatte kein Verständnis für ihn gezeigt, sondern ihn abschätzig der Feigheit bezichtigt. Er hatte erklärt, sich aufzulehnen sei feiger, als sich den leidvollen Anforderungen des Lebens zu stellen.

Ich hängte mich bei ihm ein, und er stützte mich bereitwillig. Auch ich litt unter der Gewalt, die ihm mit seiner Einberufung angetan wurde. Nun konnte ich den Krieg nicht mehr ignorieren, holte er sich doch sogar meine Spielkameraden aus der Kindheit und meinen besten Freund.

Meine Gefährten sprachen nie oder höchstens leichthin und scherzhaft über ihren zu erwartenden Fronteinsatz. Allerdings hatten sie genauso wie die jungen Männer in den Abruzzen jeden Elan verloren. Sie standen spät auf, lasen und rauchten stundenlang im Bett, während ihre Mütter und Schwestern sie bereitwillig bedienten und ihnen das Recht auf Muße und Trägheit zugestanden. Die Männer spürten, dass sie schon dem Krieg gehörten, warteten darauf, dass er sie rief, und je mehr ihr Hass auf diesen Ruf wuchs, desto unausweichlicher erschien ihnen die Pflicht, auf ihn zu warten. Vielleicht hatte gerade dieses Bewusstsein sie schon von klein auf stur werden lassen. Nicht einmal Claudios große Liebe zu mir ließ ihn aufbegehren. Aber die Frauen wehrten sich, denn der Krieg war nicht ihre Bestimmung. Die Großmutter wollte einen Unterschlupf bauen, Tante Violante wollte Giuliano verstecken, und ich litt darunter, von den obskuren, erbarmungslosen Verhältnissen ausgeschlossen zu sein, die zwischen Claudio und seinem Einberufungsbefehl, zwischen Claudio und seiner Aussicht zu sterben, bestanden.

Er bat mich inständig, ihm zu schreiben, wie damals vor meiner Abreise in die Abruzzen. Noch wenige Tage zuvor hatte er seinen letzten Brief mit »Claudia« unterschrieben, eine kindliche List. »Bitte schreib an den Offiziersschüler der Infanterie Claudio Lori«, riet er mir nun, in Sorge darüber, dass ich etwas vergessen und der Brief zu spät oder gar nicht ankommen könnte. Der Offiziersschüler Lori hatte nichts mehr mit dem Jungen gemein, den ich auf Fulvias Balkon kennengelernt hatte. Mir war, als würde er schon nach Leder riechen wie alle Soldaten, ich stellte mir vor, wie er strammstand, wie er mit der unmenschlichen Stimme sprach, nach der die Uniform verlangte, um zu antworten: »Zu Befehl«, oder das Kommando zu geben: »Rücken Sie sofort aus und begeben Sie sich pünktlich an die afrikanische Front, um dort in sechzehn Tagen um 0.28 Uhr zu sterben.«

»Fahr nicht«, verlangte ich aufgebracht von ihm.

Gerührt von meinen Worten, erklärte er mir geduldig, dass der folgende Tag der letztmögliche Termin sei, um sich in der Infanterieschule in Mailand einzufinden, und da er wusste, dass ich keine Ahnung vom Militär hatte, fügte er lächelnd hinzu, dass er zu denen gehöre, die an ihrer Mütze die goldenen Gewehre trügen. In diesem scherzhaften Hinweis steckte auch sein Bedauern darüber, dass er sich mir nicht in Uniform präsentieren konnte. Er hoffte wohl, darin eine bessere Figur zu machen und freudige Überraschung und vielleicht sogar Liebe bei mir zu wecken. Er wusste nicht, dass ich schon als Kind eine Abneigung gegen Krieg spielende kleine Jungen gehabt hatte. Auf unserem Hof hatte es einen gegeben, der den ganzen Tag mit einem Bersaglierihut auf dem Kopf herumgelaufen war. Wenn ich ihn anschaute, warf er sich in die Brust, ärgerte sich dann aber, weil er weder Neid noch Bewunderung bei mir erregte, zielte mit den Fingern wie mit einem Gewehr auf mich und rief: »Peng, peng!« Er war ein kränkliches, zartes Bürschchen und erschien oft mit einem Schal um den Hals und mit dem Bersaglierihut auf dem Balkon. Meine Mutter sagte, er fühle sich vielleicht nur gesund und sicher, wenn er diesen Hut trage, weshalb man Mitleid mit ihm haben müsse. »Siehst du«, stellte sie fest, »der Krieg ist kein Zeichen von Stärke, er ist ein Zeichen von Schwäche. Sogar ein Zeichen von Angst«, fügte sie hinzu. »Nur Angst und Schwäche bringen die Menschen dazu, andere Menschen, die nichts Böses getan haben, umzubringen.«

Die eigentliche Gefahr des Krieges schien wirklich in der Angst und Trägheit zu liegen, die wie ein dichter Nebel unaufhaltsam Besitz von uns ergriffen und uns jeden Zukunftsglauben nahmen. Die Ältesten hatten wenigstens noch die Vergangenheit und ihre Erinnerungen, die sie so eifersüchtig hüteten wie ihr Hab und Gut. Manche vergruben Schmuck und Geld, ohne zu bemerken, dass sie so auch ihr Anrecht verwirkten, sich daran zu erfreuen. Den jungen Menschen, die nur die Zukunft besaßen, blieb nichts.

Ich schaute Claudio an, und in Erinnerung an das Foto von Onkel Rodolfo, das ich in den Abruzzen gesehen hatte, versuchte ich vergeblich, ihn mir in dieser selbstbewussten Pose vorzustellen, mit verschränkten Armen und mit dem Fuß auf einem großen Stein. Und doch würde Claudio nun im gleichen Alter wie mein Onkel die gleiche Erfahrung machen. Onkel Rodolfo hatte mir oft von dieser Zeit erzählt, und sein schneidiger Tonfall hatte verraten, dass er am Krieg wie an einer Demonstration übermütiger, männlicher Abenteuerlust teilgenommen hatte. Als er im Dämmerlicht seines Büros vom Ausrücken der Truppen erzählt hatte, von ihrem fröhlichen, sicheren Gleichschritt, von den Liedern, von den Blumen, die die Frauen ihnen aus den Fenstern zugeworfen hatten, und von den im Wind flatternden Fahnen, war mir, als hörte ich im Zimmer den kriegerischen Klang sich nähernder Fanfaren, und meine Augen begannen zu leuchten.

Jetzt dagegen drang nachts ein dumpfes, ungeordnetes Getrappel von der Straße herauf, wenn eine kleine Gruppe junger Männer vorbeizog, trostlos in ihren Sommerhemden. Sie trugen ein Päckchen oder einen Koffer in der Hand und folgten stumm einem Mann in Uniform. Wenn die Leute dieses traurige Stapfen hörten, drehten sie sich seufzend in ihren Betten um. Und die Fenster blieben diskret geschlossen. Die Rekruten verließen die Stadt nachts, nachts gingen sie an Bord, nachts verließen die Schiffe das schwarze Wasser des Hafens. Unvorteilhaft in ihren groben Uniformen steckend und in Laderäumen zusammengepfercht, wurden sie weder von Hass noch von der impulsiven männlichen Herrschsucht angetrieben, mit der sie als Kinder Krieg gespielt hatten. Denn sie wussten, dass sie sich in ihrer männlichen Tapferkeit nicht direkt mit anderen Männern würden messen können. Sie wussten um die Hinfälligkeit menschlichen Heldentums beim harten Zusammenprall mit Maschinen und Bomben, wussten, dass vor allem das feige Handeln des Menschen auf sie wartete, der wegläuft und sich in einem Loch verkriecht, der im Bombenhagel zittert, beschämt von der eigenen Ohnmacht. Nacht für Nacht hörte ich das traurige Getrappel. Auch Fulvia hörte es, denn wir wohnten beide in der Nähe einer Kaserne. Die Ältesten schliefen. Wir konnten nicht schlafen. Es waren die Schritte unserer Freunde aus der Kindheit, die Schritte, die wir auf dem Schulhof gehört hatten, die Schritte, die sich auf Spaziergängen in zärtlicher Zweisamkeit zu den unseren gesellt hatten. Und die sich nun entfernten, verklangen. Im Morgengrauen zeugten nur noch Orangenschalen und Zigarettenstummel vom Vorbeimarsch der Rekruten.

Daher hatte es den Anschein, als würde gar nichts geschehen. Die Stadt Rom war ruhig. Wenn die feindlichen Flieger sie von oben sahen, weiß, unschuldig, rings um die große Kuppel versammelt wie zum Gebet, entfernten sie sich respektvoll sogleich wieder. Doch das freundliche Plätschern der Brunnen auf den Plätzen war verstummt, auf der Piazza Navona war es still, die Flussgötter ihres Brunnens schienen entsetzt zu sein. Anstelle des angenehmen Wasserrauschens hörte man die arrogante Stimme aus dem Radio. Wenn ich abends im Bett lag, drang sie durch den schwachen Schutz der Wände in mein Zimmer. Wenn ich schlief, brach sie zeitgleich mit dem nervenaufreibenden Heulen der Sirenen in meine Träume ein. Ich wachte schweißgebadet auf und starrte in die Dunkelheit. Fulvia sagte: »Das sind nun unsere besten Jahre, unsere Jugend und die Liebe, auf die wir so gewartet haben. Wie sehr habe ich mir gewünscht, achtzehn zu werden und ein Abendkleid aus rosa Tüll mit Rüschen zu bekommen.«

Claudio und ich gingen Arm in Arm durch die große Allee. »Es wird dunkel«, sagte er besorgt, »ich kann dein Gesicht nicht mehr erkennen. Wann sehe ich dich wohl wieder?« Ringsumher war niemand, wir lehnten uns an einen Baum und unterhielten uns. Aber aus dem einzigen Haus in der Nähe klang sofort das Radio zu uns herüber. Es täuschte Vogelgezwitscher vor, dann redete die unvermeidliche Stimme. Claudio schien das nicht zu bemerken, er versuchte, mein Gesicht in der Dunkelheit auszumachen. Er gehörte schon zu dieser Stimme. Es war, als wäre sie es, die mich liebevoll und verführerisch anschaute. »Küss mich«, bat er mich. Ich dachte: ein Kuss vor dem Tod. Und der lauernde Tod, den er in sich, in seinem sklavischen Gehorsam trug, weckte einen unbezwinglichen Abscheu in mir. Ich wandte das Gesicht ab, um mich der sanften Beharrlichkeit seiner Lippen zu entziehen.

Es folgte eine dunkle Zeit voller Kämpfe, Feindseligkeiten und Leid. Ich hatte mich an der Fakultät für Geisteswissenschaften eingeschrieben, obwohl mein Vater nicht erfreut darüber war. Aber er ließ mich gewähren: »Hauptsache, du findest auch eine Anstellung.« Ich wusste nicht, wie ich das bewerkstelligen sollte, wir hatten keine vorteilhaften Beziehungen. Ich wandte mich an Fulvia, an Dario, las die Zeitungsannoncen. Mit Hilfe eines Übungsbuchs brachte ich mir Stenographie bei. Ich schlief in der Küche über meinem Heft ein und wachte fröstelnd spät in der Nacht auf.

Ich war ständig müde, weil ich nicht daran gewöhnt war, neben dem Studium auch den ganzen Haushalt zu führen. Ich stand in aller Frühe auf und ging spät zu Bett. Ich hatte nicht gedacht, dass Geschirrspülen und Putzen so anstrengend sein konnten. Auch mein Vater dachte das nicht, er bemängelte in einem fort, dass die Wohnung nicht richtig sauber sei und das Essen nicht schmecke.

Nachmittags ging ich auf Arbeitssuche. Fragte man mich, was ich denn könne, schwieg ich, dann sagte ich: »Ich kann jede Arbeit machen, egal welche.« Man erkundigte sich, ob ich Verwandte an der Front hätte, notierte sich meine Adresse, versprach, man werde sich bei mir melden, aber niemand meldete sich.

Ich stellte mich sogar in einer Parfümerie vor, in der eine »junge Dame mit ansprechendem Äußeren« gesucht wurde. Eine junge, elegant gekleidete Blondine kam auf mich zu und erkundigte sich mit kühler Höflichkeit, was ich wünschte. Dabei musterte sie mein schwarzes Kleid und den Regenmantel. Ich sagte, ich sei wegen der Annonce gekommen. Sie bat mich, zu warten, und ich freute mich, noch ein wenig bei den aufgereihten Fläschchen, den hellen Cremedosen und dem angenehmen Duft nach Puder bleiben zu können. Kurze Zeit später kam sie zurück und teilte mir mit, die Stelle sei schon vergeben. Ich bedankte mich und lächelte sie bewundernd an, weil sie bildschön war. Wenige Tage später ließ ich für die Straßenbahnkarte ein Foto von mir machen, und als ich es sah, wurde mir klar, dass ich mich auf diese Annonce lieber nicht hätte melden sollen.

»Noch immer nichts?«, fragte mich mein Vater unweigerlich jeden Abend, wenn er nach Hause kam. Ich hörte ihn die Treppe heraufkommen. Der Fahrstuhl war nun wegen Stromausfall außer Betrieb. Mit jeder Stufe kam sein schwerer, dumpfer Schritt näher und damit auch das Eingeständnis meiner Niederlage. Ich zitterte, während er verächtlich die Titel meiner Lehrbücher studierte und in den Vorratsschränken stöberte. Eines Abends sagte er: »Frauen, die wirklich Geld verdienen wollen, werden entweder Hebamme oder Schneiderin.«

Ich war so allein, dass ich manchmal geradezu Angst bekam. Kein Mensch besuchte uns, das Telefon klingelte nie. Niedergeschlagen, wie ich war, hatte ich nicht einmal die Kraft, aus dem Haus und über die Brücke zu gehen. »Ich kann nicht«, sagte ich zu Fulvia. »Ich muss Sachen ausbessern und bügeln.« Ich sagte es mit kindlichem Bedauern, so als hätte ich Hausarrest bekommen. Aber manchmal ließ ich alles stehen und liegen und machte mich auf zur Via Paolo Emilio, wo ein kalter Wind wehte.

Bei Lydia und Fulvia ging es mir sofort besser. Sie schmiedeten ständig irgendwelche Pläne, von denen sie hellauf begeistert waren. Eifrig maßen sie den Stoff für ein Kleid ab, das unbedingt schon am nächsten Tag fertig sein musste, schnitten ihn zu und hefteten die Teile zusammen. Oder sie erzählten mir von einer Tombola, die sie privat für eine Nachbarin veranstaltet hatten. Fulvia fragte mich, während sie sich kämmte, ob ich schon eine Arbeit gefunden hätte. »So ein Pech«, seufzte sie und tuschte sich die Wimpern. Lydia telefonierte mit ihrem Bauunternehmer und zog sich hinter einen Vorhang zurück, damit wir sie nicht hörten. So machte es auch Fulvia, wenn sie mit Dario sprach. Dann kamen sie wieder hervor und erzählten alles.

Ich fühlte mich wohl in dieser weiblichen Geborgenheit, zwischen herumliegender Unterwäsche, Lockenwicklern und Kleidern. Ich machte es mir auf dem großen Bett bequem, wie meine Mutter es immer getan hatte. »Ruh dich aus«, sagte Lydia und gab mir eine Wärmflasche.

Einmal rief Fulvia mich an. »Komm schnell«, sagte sie.

»Ist was passiert?«

»Nein. Es ist was Schönes. Komm her!« Ohne meine Zusage abzuwarten, sagte sie »ciao« und legte auf.

Ich kam ganz außer Atem an, nachdem ich die Treppe hinauf immer zwei Stufen auf einmal genommen hatte. »Was ist denn los?«, fragte ich noch an der Tür und zog meinen Regenmantel aus.

»Rate mal …«, sagte Lydia.

»Ich will es ihr sagen«, unterbrach Fulvia sie.

»Wieso denn du? Ich erzähle es ihr.«

Nach einer Pause, die die Spannung steigern sollte, verkündete Lydia:

»Er hat dir eine Stellung besorgt.«

»Er« war der Bauunternehmer. Es handele sich vorerst um einen bescheidenen Posten in der Verwaltung seiner Firma, aber man müsse an die Zukunft denken, sagten sie, und vielleicht könne ich schon bald eine Sekretärin ersetzen, die heiraten und wegziehen wolle.

»Ich hoffe, du willst dich nicht in diesem Kleid vorstellen«, sagte Fulvia. Wir setzten uns aufs Bett und lobten die Freundlichkeit meines Wohltäters in aller Ausführlichkeit. Lydia sagte bescheiden: »Glaubt mir, er ist wirklich ein feiner Mensch.«

Ich erfuhr, dass er Ingenieur war und Mantovani hieß. Lydia bat mich um Verschwiegenheit, und dies nicht zu ihrem eigenen Schutz, wie sie sagte – Signor Celanti lebe jetzt getrennt von ihr in Mailand –, sondern weil sich der Ingenieur in einer heiklen Lage befinde und seine Frau obendrein noch herzkrank sei. »Ich möchte diese Schuld nicht auf mich laden.« Lydia seufzte und klimperte mit den Wimpern.

Der Ingenieur war ein Mann um die sechzig aus Turin,

gutmütig und kurz angebunden. Nachdem ich mich bei ihm vorgestellt hatte, rief Lydia mich sofort an und erzählte mir mit schmeichelnder Gefälligkeit, dass ich einen guten Eindruck auf ihn gemacht hätte. »Er hat gesagt, du bist eine vornehme Person.« Das bezog sich wohl auf das alte Kostüm meiner Mutter, das ich schließlich angezogen hatte, aber ich stieß einen Seufzer der Erleichterung aus. Seit meinem Scheitern in der Parfümerie war ich recht mutlos gewesen.

Zunächst hatte es mich nicht weiter berührt, doch dann begann ich hin und wieder darüber nachzudenken, auch weil ich oft an dem Geschäft mit dem großen Schaufenster in der Via del Corso vorbeikam, es war eine der bekanntesten Parfümerien der Stadt. In dem Geschäft gingen elegante Kundinnen ein und aus, und die Verkäuferinnen hätten ihnen in nichts nachgestanden, wenn sie zu diesem Zweck nicht eine übertriebene Distinguiertheit herausgekehrt hätten, die aufgesetzt wirkte. In der Fensterscheibe spiegelte sich mein strenges Gesicht, meine dünne Gestalt in dem langen Regenmantel, und hinter mir der graue Asphalt, die vorbeihastenden, in ihre Gedanken versunkenen Leute und junge Mädchen, die von der Arbeit kamen. Und solche wie ich, die keine Arbeit fanden und von ihrem Vater gefragt wurden: »Noch immer nichts?«, was sie mit »nein« beantworten mussten, während sie die Pellkartoffeln schälten und sich die Finger verbrannten. Ich starrte die Damen an, die im Geschäft saßen und unschlüssig einen Lippenstift aussuchten. Ein unbändiger Hass stieg in mir auf, am liebsten hätte ich das Schaufenster mit einem Stein eingeworfen. Ich versuchte, dieses Gefühl damit zu rechtfertigen, dass ich gegen die Ungerechtigkeit der Gesellschaft rebellierte. Dabei war es nichts weiter als Neid. Ich redete mir ein, diese Frauen seien bestimmt nur durchschnittlich, dumm und oberflächlich. Aber diese Gedanken, die ich wie Beschimpfungen gegen sie wendete, konnten der Macht ihrer Schönheit nichts anhaben.

Entmutigt wandte ich mich ab. Ich stellte mir vor, wie glücklich ein Mann sich schätzen musste, wenn er eine dieser Frauen zu einem Rendezvous traf. Dagegen verblasste die Freude über meine Anwesenheit, die in Claudios Augen zu lesen gewesen war. Von ihm erhielt ich lange Briefe, doch er schrieb nicht gut. Lang und breit schilderte er seine Ausbildung und das Soldatenleben. Mein Tag war wie ein dunkler Tunnel. »Noch immer nichts«, antwortete ich meinem Vater. Kartoffeln schälen, Wäsche waschen und der Anblick meines Spiegelbilds im fettigen Spülwasser, all das reichte offenbar nicht als Gegenleistung für meinen Schlafplatz und die schmale Kost. »Es geht nicht, dass du so weitermachst, ohne etwas zu tun«, sagte er.

Als er hörte, dass ich eine Stellung in Mantovanis Firma bekommen hatte, freute er sich. Doch hinter dieser scheinbaren Freude war leicht der Ärger darüber zu spüren, dass er mich abends, wenn er nach Hause kam, nicht mehr herabwürdigen konnte. Nach meinem ersten Arbeitstag fragte er mich: »Und? Wie war's?«, und sagte dann mit einem mitleidigen Lächeln für die Firma Mantovani, die sich mit einer Angestellten wie mir begnügte: »Na, immerhin etwas.«

Ich ließ mich von ihm verhöhnen, ohne mich zu wehren, und ging weiter meinen Weg durch den dunklen, endlosen Tunnel. Diese traurige Zeit meines Lebens dauerte mehr als zwei Jahre. Meine Arbeit war nicht so beschaffen, dass sie mein Interesse weckte, und ich war auch nicht gern mit meinen Kollegen aus dem Büro zusammen. Fast alle waren, wie mein Vater, darauf aus, möglichst wenig zu arbeiten, und glaubten, ihre bloße Anwesenheit von acht bis Punkt vierzehn Uhr in diesen Räumen rechtfertige ihr Gehalt. Kaum hörten sie das Klingeln zum Dienstschluss, stürzten sie mit einem Ausdruck von Rache in den Augen auf die Straße. Ich mochte meine Arbeit zwar nicht, machte aber lieber die Abrechnung oder tippte auf der Schreibmaschine, als mich mit meinen unattraktiven Kollegen zu unterhalten. Diese bereiteten auf einem kleinen Kocher umständlich einen miserablen Tee zu, nur weil der Verwaltungsdirektor darum gebeten hatte, Strom zu sparen. Anschließend räumten sie den Kocher weg, machten geschmacklose Scherze und erzählten sich politische oder unanständige Witze. Das unaufhörliche Klappern meiner Schreibmaschine ärgerte sie, und oft saß ich zum Feierabend noch über dem großen Hauptbuch und schlug mich mit unzuverlässigen, feindseligen Zahlen herum. Meine Kollegen hatten die Mentalität von Schülern und konnten mich nicht leiden, ganz so, als wäre ich die Klassenbeste.

Der Buchhalter strich misstrauisch um mich herum und überprüfte meine Zahlen. Wie meinem Vater merkte ich auch ihm einen gewissen Verdruss an, wenn er sagte: »Sehr gut.« Allerdings benahm er sich den fähigsten Kolleginnen gegenüber nicht anders. Die Männer betrachteten die Arbeit der Frauen immerfort mit einem leichten Misstrauen. Sie warteten stets darauf, dass wir einen Fehler machten und sie so die Gelegenheit bekamen, ihn uns zu verzeihen. Während die Kassiererin die Abrechnung machte, ging der Buchhalter auf dem Flur auf und ab. Sie hörte seine monotonen Schritte unmittelbar vor der Tür und verlor die Nerven. Die Zahlen gerieten durcheinander, purzelten aus den Kästchen. Der Buchhalter dachte, es würde wohl genügen, noch zwanzigmal hin- und herzugehen, bis sie aufgeben und ihn um Hilfe bitten würde: »Die Rechnung geht nicht auf!« Drei oder vier von uns liefen zu ihr, alles Frauen. Sie war sehr aufgeregt, fuhr sich hektisch mit den Händen über die Stirn, sie – eine gestandene Frau mit drei Kindern. Wir halfen ihr, und mir gelang es sogar, ihr mit dem scheußlichen Kocher einen Kaffee zu machen. »Immer mit der Ruhe«, sagten wir, »gut so, beruhigen Sie sich.« Wir standen alle hinter ihr, als er, am Ende seiner vorgesehenen Runden, die Tür öffnete. »Nun, Signora?«, fragte er. Wir hatten blasse Gesichter. »Die Rechnung ist aufgegangen, Signore!«

Nein, gerecht behandelt wurden die armen Mädchen, die mit mir zusammenarbeiteten, nur selten. Vielleicht waren sie nicht immer sympathisch oder gutaussehend, einige von ihnen waren ungepflegt, trugen zwar Nagellack, aber scherten sich nicht darum, wenn er abplatzte, blondierten sich die Haare, ließen aber den schwarzen Ansatz herauswachsen. Manchmal waren sie nervös, weil sie sich wie viele Kommilitoninnen an der Universität nicht zwischen einer ernsthaften beruflichen Laufbahn und ihrem Wunsch, einen Ehemann zu finden, entscheiden konnten. Wegen dieser Unschlüssigkeit taten sie sowohl das eine als auch das andere. »Sie sind immer so pünktlich«, sagten die Männer zu ihnen. »Stempeln Sie doch auch für mich.« Das lehnten die Frauen nie ab, sie taten den Männern gern einen Gefallen. So hatten es ihre Mütter und Großmütter gehalten, und so hielten sie es auch.

Sie standen in aller Herrgottsfrühe auf und wuschen sich flüchtig, denn wer wäscht sich im Winter schon gern mit kaltem Wasser. Aber für die Männer machten sie das Wasser warm. Sie brachten das eigene Zimmer in Ordnung, und nachdem sie das Frühstück für den Vater oder die Brüder bereitet oder die kleine Schwester zur Schule gebracht hatten, hasteten sie zur Straßenbahn. Manchmal mussten sie rennen, um sie nicht zu verpassen. Alle Frauen wirken lächerlich, wenn sie rennen, aber davor hatten sie keine Angst, sie hatten nur Angst, nicht pünktlich zu sein. Atemlos kamen sie an, manchmal gerade noch rechtzeitig, um an der Stechuhr zu stempeln. Waren sie verspätet, schloss sich das hohe Tor strikt vor ihnen, und sie standen ungläubig davor, versuchten zu lachen und zitterten innerlich, weil sie immer noch wie schüchterne Schulmädchen waren. Wenn das Tor sich dann wieder öffnete, sagte der Pförtner mit der bärbeißigen Stimme eines Schuldieners: »Zum Buchhalter!« Sie gingen zum Buchhalter, manch eine trug schon ein Netz mit den Einkäufen zum Mittagessen am Arm. Der Buchhalter sagte: »In den Büros arbeiten sowieso schon zu viele Frauen, vergesst das nicht.« Ich kam immer mit nassen Strümpfen zur Arbeit. Ich hatte nur ein einziges Paar, das in meiner kurzen Nachtruhe nie trocken wurde.

In der Examenszeit schlief ich nachts nur zwei, drei Stunden. Ich lernte weiter in der Küche, weil es dort nicht so kalt war. Die Wärme vom Kochen der Minestra hielt sich lange. Mein Vater ging ins Bett und schnarchte. Seine gleichmäßigen, friedlichen Atemzüge lösten eine unwiderstehliche Müdigkeit bei mir aus. Alle Fenster auf der Hofseite waren dunkel, und ich atmete den Schlaf der Nachbarn ein wie einen betäubenden Rauch. Die Worte verschwammen vor meinen Augen, tanzten zwischen den Zeilen und flossen in meine kurzen Träume ein, wenn mir die Augen zufielen. Manchmal hatte ich aufreibende Alpträume: Ein Professor prüfte mich, und ich konnte nicht antworten, weil der Pförtner aus dem Büro mich auf den Mund küsste; währenddessen fiel das Tor zu, ich konnte nicht mehr stempeln, und der Professor jagte mich von der Universität. Ich schreckte hoch, und auf der großen Küchenuhr waren erst wenige Minuten vergangen. Das eintönige Schnarchen meines Vaters sägte sich durch die Nacht. Ich ging zur Spüle, erfrischte mein Gesicht und setzte mich wieder an die Arbeit.

Mein Vater erkundigte sich nie, ob ich müde sei. Damit will ich nicht sagen, dass er mich schlecht behandelte, er gab vor, davon überzeugt zu sein, dass ich mich vor allem fürs Kochen, fürs Einkaufen und für den Haushalt interessierte. Er fragte mich auch nie, ob mir meine Arbeit gefiel, ihm lag nur daran, mich auf die Lohnerhöhungen und Vorsorgeleistungen für die Angestellten meiner Gehaltsklasse hinzuweisen. Als ich vom Examen nach Hause kam, runzelte er die Brauen und fragte mich mit gespielter, übertriebener Besorgnis: »Und, wie ist es gelaufen?« Ich bestand die Examen mühelos mit befriedigenden Noten. Er freute sich darüber und brachte am Abend eine Flasche Wein mit nach Hause, obwohl er wusste, dass ich nicht trank. Einmal in der Woche lud er mich ein, mit ihm auszugehen, und es galt als abgemacht, dass ich einwilligte. Er ging mit mir Eis essen, wie in meiner Kindheit. Ich glaube, bei solchen Anlässen beglückwünschte er sich dazu, trotz der großen Opfer immer ein guter Vater gewesen zu sein.

Morgens, wenn es noch dunkel war, brachte ich ihm einen Krug warmes Wasser zum Rasieren. Manchmal musste ich einen Spiegel direkt vor ihn halten, weil er nicht mehr so gut sah. Wenn ihm mein müdes Gesicht auffiel, fragte er: »Was hast du denn gemacht?« Claudios Briefe weckten seinen Argwohn, ich glaube, er las sie heimlich, denn ich merkte, dass mein Schubfach durchwühlt worden war, und sein unwillkürliches Misstrauen gegen die Frauen war seit meiner Weigerung, Paolo zu heiraten, noch größer geworden. In seinen Augen war diese Weigerung dermaßen unvernünftig, dass ich damit nur dunkle Absichten verfolgen konnte. Um sie aufzudecken, schnüffelte er mir täglich nach. Er war ziemlich verärgert, weil ich schon bald mein Studium abschließen würde, während er es gerade einmal bis zum Abitur geschafft hatte.

»Es lohnt sich nicht mehr zu studieren, das tut heute doch jeder«, sagte er geringschätzig, um mir weiszumachen, dass ihm nichts daran gelegen hatte.

Fest steht aber, dass ihm nur Frauen gefielen, die in ihrer traditionellen Rolle blieben, oder solche, mit denen er sich vergnügen konnte. Als ich einmal eine Grippe hatte, besuchte mich Lydia. Mein Vater redete auf eine galante, zweideutige Art mit ihr, die etwas anstößig war, wie seinerzeit Onkel Alfredos Blicke. Und obwohl Lydia nie viel für meinen Vater übriggehabt hatte, freute sie sich über seine abgestandenen Komplimente. Ihre Stimme war kokett, in einer plötzlichen Hitzewallung entledigte sie sich ihres Mantels, und sie lachte glucksend, wobei sich ihre schweren Brüste hoben. »Ihre Generation ist noch aus anderem Holz geschnitzt«, sagte sie zu ihm. »Sie wissen noch, wie man eine Frau behandelt. Ach ja«, fügte sie seufzend hinzu, »die Männer aus dem Süden …« Ihr Hauptmann stammte aus dem Süden. Wegen der Verdunkelung beschloss mein Vater, Lydia nach Hause zu bringen. Sie wehrte zwar ab, fühlte sich aber geschmeichelt.

Wir waren kurz allein, während mein Vater seinen Mantel anzog. »Ich mache mir Sorgen um Fulvia«, raunte sie mir zu. »Du solltest sie überreden, mit Dario zu sprechen und selbst die Initiative zu ergreifen. Ihr seid ja jetzt schon zwanzig. Auch du, mein armes Kind …«

Die beiden verabschiedeten sich von mir, und ich blieb allein in der Wohnung. Ich hörte Lydia draußen noch lachen und so tun, als fürchtete sie sich im dunklen Treppenhaus. Mein Vater leuchtete ihr mit der Taschenlampe. An diesem Abend war ihrem Lachen anzumerken, dass sie nicht mehr jung war.

Claudios letzter Brief kam, als Dario schon von dessen Familie erfahren hatte, dass er in Gefangenschaft geraten war. Fulvia und Dario kamen vorbei, um mir die Nachricht zu überbringen, und riefen mich von der Straße aus ans Fenster. Ich hörte sie kaum, weil auf dem Lungotevere eine Militärkolonne vorbeizog. Das geschah inzwischen häufig, es war sehr laut. »Komm runter«, bedeutete Fulvia mir mit einem Winken. Sie wollte nicht heraufkommen, um meinem Vater nicht zu begegnen.

Ich ging zu ihnen, und wir standen im Staub und in dem Getöse zusammen. »Schlechte Nachrichten«, setzte Dario an. »Claudio …«

»Alles gut«, unterbrach Fulvia ihn, als sie sah, dass ich blass geworden war. »Alles gut, er ist nur in Gefangenschaft.«

Der Brief, den ich einige Tage später erhielt, klang mutlos, aber gefasst. Gerade diese bittere Gefasstheit ließ einen neuen Gehorsam, eine neue Demütigung erahnen. »Vielleicht«, schrieb Claudio, »ist das mein letzter Brief an dich.« Auf dem Monte Mario hatte er gesagt: »Heute sehe ich dich zum letzten Mal.« Claudio war erst zweiundzwanzig Jahre alt, aber schon viele Dinge waren für ihn die letzten gewesen.

Jeden Abend wurden im Radio die Namen der Kriegsgefangenen verlesen, um ihre Angehörigen zu beruhigen. Kälte, Dunkelheit, Armut und Angst hielten die Stadtbewohner in ihren Wohnungen gefangen, so wie die anderen hinter Stacheldraht gefangen waren. Und das Radio, das bisher die unerbittliche Stimme des Krieges gewesen war und sie getrennt hatte, war nun die einzige Stimme, die sie vereinte.

Das Radio meldete jeweils nur wenige Namen, zehn oder zwölf.

Zwischen einem Namen und dem nächsten breitete sich Stille aus. Es war eine neuartige, erschreckende Stille, in der man den langsamen Atem des Meeres zu hören glaubte, eine Pause, die in die schwarze Leere der tückischen Nacht das afrikanische Ödland zeichnete. In dieser Leere tauchte ein kümmerlicher Menschenname auf, flimmerte für einen Moment und war schon von der nächsten langen Pause ausgelöscht. Diese Namen ohne Gesicht schienen die Wohnung zu bevölkern und in den Ecken zu kauern wie früher die Geister nach Ottavias Besuchen.

Claudios Name war noch nicht genannt worden. Jeden Abend nach dem letzten Namen breitete sich wieder diese Leere zwischen uns aus, die durch die langen Pausen markiert wurde. »Vielleicht morgen«, dachte ich laut. Mein Vater warf ein: »Warum kümmert dich das, wenn du ihn doch nicht heiraten willst?« Mir fehlte in solchen Momenten die Kraft, um gekränkt zu sein. »Versteh doch, Papà«, sagte ich, »er ist mein bester Freund.« An solchen Abenden wagte es nicht einmal mein Vater, noch weiter schroff zu sein. Die Namen erfüllten ihn mit Scheu, mit traurigem Respekt. »In meiner Jugend hatten junge Mädchen keine Freunde.« Ich spürte, dass er die Wahrheit sagte, und er tat mir leid, auch wegen der Härte, die er im Umgang mit Frauen stets gefunden hatte. Er schaute mich mit einer Mischung aus Neugier und Misstrauen forschend an.

Blicke dieser Art spürte ich oft auf mir, auch von meinen Mitstudenten. Ich besuchte nur die Nachmittagsvorlesungen. Vormittags war ich im Büro, wo ich mittlerweile als Sekretärin arbeitete. Ich hatte ein neues Kostüm, das aus einer grauen Jacke und einem Faltenrock bestand. Fulvia machte mir Vorwürfe, weil ich mich so altmodisch kleidete und meine Röcke zu lang waren. Ich hatte mir die Haare kurzschneiden lassen, aber sie waren zu dünn und hingen an den Schläfen schlaff herunter. Fulvia schüttelte den Kopf, während Lydia sagte:

»Mir gefällt das. Es passt zu ihr, zu Eleonora hat es auch gepasst. Bei ihr sah es auch immer so aus, als würde sie die Kleider einer seit vielen Jahren Verstorbenen tragen.«

Diese leicht hingeworfenen Worte trafen mich. Ich bat Fulvia um die Erlaubnis, eines ihrer Kleider anzuprobieren. »Nein, du hast Recht«, erkannte sie selbst, »weg damit.« Ich zog wieder meine hochgeschlossene Bluse und den langen Rock an, konnte aber den Blick nicht von Fulvias geblümtem, rot-weißem Kleid wenden. Ich war ganz vernarrt in dieses Kleid, gern wäre ich ein pummliges, lächelndes Mädchen mit gewelltem Haar und weichen Lippen gewesen. Ich glaubte, mit solchen Kleidern und so einem Gesicht müsse es leicht sein, das Leben anzunehmen und zu genießen. »Nein«, sagte Fulvia und schloss die Schranktür wieder, »so kannst du dich nicht anziehen.«

Wir trafen uns nicht mehr so oft. Fulvias Leben richtete sich nun nach Darios Zeitplänen und Stimmungen.

Darum ging ich sonntags häufig mit einigen Studenten aus. Die meisten kamen aus der Provinz, sie wohnten in möblierten Zimmern, am Rand des Stadtlebens. Sie berührten die Stadt, ihre Häuser, ihre Gewohnheiten, nur flüchtig, ohne dass es ihnen gelang, dazuzugehören. Ich fühlte mich wohl in ihrer Gesellschaft und teilte ihre Unsicherheit. Da wir kein Geld hatten, setzten wir uns in den Park der Villa Borghese oder schlenderten die Via Appia entlang. Sonntagvormittags gingen wir ins Museum. Manchmal begleitete mich einer der jungen Männer in der Straßenbahn nach Hause und wollte meine Bücher tragen. Alle dachten, ich sei eine Langzeitstudentin, und waren überrascht, wenn sie hörten, dass ich noch keine einundzwanzig Jahre alt war. Sie hatten großes Vertrauen zu mir, einer von ihnen lieh sich sogar etwas Geld von mir, eine lächerliche Summe, die ich sogar bei mir hatte. »Entschuldige«, sagte er. »Das hätte ich mich bei keiner anderen Frau getraut.« Als wir uns verabschiedeten, sprang er auf die fahrende Straßenbahn und warf mir eine Kusshand zu. Ich ging zu Fuß nach Hause, da ich kein Geld mehr hatte. Unterwegs stellte ich mir vor, dass ich Onkel Rodolfo entgegenging. »Du bist müde«, sagte er zu mir, »ich möchte nicht, dass du so müde bist.« Er hielt eine Droschke an, lud mich zum Abendessen in eine Trattoria mit fröhlichen Lichtern und sanfter Musik ein und kaufte mir eine Blume zum Anstecken.

Ich rief ihn, er kam nicht. Und ich konnte mich nicht allein aus dem dunklen Tunnel befreien. In dieser Dunkelheit ließ ich mich manchmal von einem Kommilitonen begleiten. Ich ließ mich sogar küssen, auf dem Heimweg im Viale di Valle Giulia. Einmal ließ ich mich während eines Fliegeralarms in einem Luftschutzraum küssen. Aber es waren herbe Küsse, sie schmeckten nach billigen Zigaretten. Ich kam mir vor wie ein Mann, der den Kuss eines anderen Mannes duldet. »Ruf mich nicht an«, sagte ich, wobei mich das Du große Überwindung kostete. »Mein Vater will das nicht.« Als ich nach Hause kam, war ich erleichtert und dankbar für den unabsichtlichen Schutz, den mein Vater mir bot.

»Es ist schon spät«, sagte er ohne Vorwurf. Seit seine Augenkrankheit ihn zwang, zu Hause zu bleiben, verlor er zunehmend sein schneidendes Selbstbewusstsein. Eine Zeitlang hatte er sie verheimlichen können. Er war ohne mein Wissen zu einem Augenarzt gegangen und trug ständig eine Sonnenbrille. Eines Tages reichte ich ihm eine Tasse Kaffee, und er sah sie nicht. »Papà …«, sagte ich, um ihn darauf aufmerksam zu machen. Er wurde rot, streckte unsicher die Hand aus und murmelte: »Ich sehe nicht mehr so gut.« Wenig später war er gezwungen, mir das Versteck zu zeigen, in dem er das Geld aufbewahrte.

In kurzer Zeit war er ein trauriger Mann geworden, obwohl die Krankheit sich vorteilhaft auf seinen Charakter auswirkte. Er verbitterte nicht, wie es in solchen Fällen oft geschieht. Einer Operation wollte er sich nicht unterziehen, da ihm wenig Hoffnung auf Erfolg gemacht wurde. »Später vielleicht«, sagte er, »wenn ich wirklich gar nichts mehr sehe. Jetzt kann ich ja noch etwas sehen«, versicherte er, »wie durch einen weißen Schleier.« Später sagte er: »Ich sehe nur noch Schatten.«

Auch meine Anwesenheit konnte ihm kein Trost sein. Ich liebte ihn nicht, und meine frühesten Erinnerungen überzeugten mich zudem davon, dass auch er mich nie so geliebt hatte wie meinen Bruder. Als ich geboren wurde, war er auf dem Flur der Klinik nervös auf und ab gegangen. »Ein Mädchen?!«, hatte er ausgerufen. Dann hatte er ärgerlich seinen Hut aufgesetzt und war ins Café gegangen. Meine Mutter hatte geweint, und später sagte sie mir, auch ich habe jämmerlich geweint, so als hätte ich geahnt, dass ich unerwünscht war.

Als ich klein war, erzählte er diese Geschichte häufig. Vielleicht konnte er sich, wie alle Erwachsenen, nicht vorstellen, dass ich darunter litt. Er erzählte sie lachend und knuffte mich in die Wange. Aber das verletzte mich noch mehr, weil es nach Absolution und Vergebung aussah.

Mittlerweile hatte er um seine Entlassung bitten müssen. Am Monatsende händigte ich ihm sowohl meine als auch seine Bezüge aus. Ich tat dies nicht, um ihm das Gefühl zu geben, noch das Familienoberhaupt zu sein, sondern – da er die Banknoten noch bestens erkennen konnte – damit er sah, dass ich viel mehr verdiente als er. Das bemerkte er auch. Er sagte: »Heutzutage werden die Frauen gut bezahlt.« Sofort besann er sich eines Besseren und fügte hinzu, das sei nur wegen des Krieges. »Stimmt doch, oder?«, fragte er. Ich antwortete nicht. »Würdest du etwa erwarten, dass eine Frau genauso viel verdient wie ein Mann? Wartet nur«, feixte er, »nach dem Krieg werdet ihr euch umgucken.« Ich antwortete: »Ja, warten wir es ab.«

Meine Ruhe regte ihn auf. Ich gab mir Mühe, immer gehorsamer und hilfsbereiter zu werden und ihm seine Wünsche von den Augen abzulesen. Ich ging ganz in meinen schweren Aufgaben auf. Das Büro, das Studium, der Haushalt und die Pflege meines Vaters überstiegen meine Kräfte. Erschöpft fiel ich abends ins Bett. Er wurde immer schwächer. Einmal fragte er mich sogar: »Bist du müde, Alessandra?« »Nein, ich bin nicht müde«, antwortete ich, um den Kampf weiterzuführen, den wir beide seit meiner Kindheit ausfochten und aus dem ich gerade als Siegerin hervorging.

Eines Abends zeigte sich seine Niederlage besonders deutlich. Wir saßen nach dem Essen noch zusammen am Tisch, und ich fragte ihn: »Soll ich dir aus der Zeitung vorlesen?« Er antwortete: »Nein, ich will nicht mehr wissen, was vor sich geht.«

Ich war so müde, dass ich mich nicht aufraffen konnte, aufzustehen, mich auszuziehen und mir die Zähne zu putzen, obwohl es mich unwiderstehlich ins Bett zog. Ich hatte mir angewöhnt, eine alte Sektflasche mit warmem Wasser zu füllen und sie unter die Decke zu legen. Sie war die einzige Annehmlichkeit, die mich am Ende des Tages erwartete.

»Hör mal …«, sagte mein Vater.

Sein ungewohnter Tonfall ließ mich aufhorchen. Genauso hatte er am Morgen meiner Abreise in die Abruzzen geklungen, als er »Nora …« gesagt hatte, darum ahnte ich, dass er nun über meine Mutter reden würde. Wir hatten nie mehr über sie gesprochen, diese stumme Übereinkunft gehörte zu den Grundsteinen unseres erträglichen Zusammenlebens.

»Kanntest du ihn näher?«, fragte er mich leise.

Ich atmete auf. Ein unsichtbares Lächeln entspannte mein Gesicht.

»Ja«, sagte ich. »Natürlich. Ich habe ihn oft gesehen.«

Ich deutete sein Schweigen als Aufforderung zum Reden. Also begann ich von Hervey zu erzählen, und obwohl ich ihn wie mein Vater nur einmal kurz während des Konzertes gesehen hatte, beschrieb ich sein Wesen, seine Stimme, seine Bewegungen. Diese Bilder mussten für die trüben Augen meines Vaters wie Nadelstiche sein. Trotzdem stellte er mir, sobald ich verstummte, weiter Fragen, zunächst schüchterne, dann immer konkretere. Ich gab knappe Antworten, um ihn zu nötigen, mich nach jeder Einzelheit zu fragen.

So gewöhnten wir uns an, über meine Mutter und Hervey zu sprechen. Jeden Abend, wenn der Nachbar nicht hochkam, um meinem Vater Gesellschaft zu leisten, ging ich unerbittlich in sein Zimmer und setzte mich ihm gegenüber in die Dunkelheit. Die Stille füllte sich mit Bildern. Schließlich fragte er: »Und weiter?«

Ich erzählte und schmückte Herveys magische Gestalt jeden Abend mit neuen Reizen. Aus den Berichten meiner Mutter und meinen Liebesphantasien rekonstruierte ich ihre Begegnungen, ihre Gespräche und sogar ihre Blicke. Er fragte sich nie, woher ich das alles wissen konnte. Er hörte zu, und sein Gesicht war reglos, wie aus Stein. Seinen Fragen entnahm ich, dass er in den letzten Jahren nie an etwas anderes gedacht hatte, auch dann nicht, wenn er sich nur um Lebensmittelrationen, Geld und Vorräte zu kümmern schien. Er ärgerte sich, weil meine Mutter keinen Ehebruch begangen hatte, denn eine rein platonische Liebe zu bekämpfen, das war zu viel für ihn.

»Sie brauchten kein Liebespaar zu sein«, sagte ich in sein

schwermütiges Dunkel hinein. »Sie waren viel mehr füreinander.«

Ich wusste, dass diese Worte ihn hart trafen.

»Glaubst du, dass deine Mutter mich gehasst hat?«, fragte er mich einmal.

»Dich hassen?!« Ich war entrüstet über seine Hoffnung, ein so starkes Gefühl hervorrufen zu können. »Nein, nein«, fuhr ich fort. »Sie hatte nur Mitleid.«

»Also ist sie deshalb nicht weggegangen? Aus Mitleid?«

»Nein«, antwortete ich, entschlossen, auch das letzte Band zu durchtrennen, mit dem er sie an sich binden wollte: »Sie ist nicht weggegangen, weil sie mich nicht alleinlassen wollte.«

Nach diesen Worten entspannte sich sein steinernes Gesicht sofort. Dafür lief jetzt mir ein Schauer über den Rücken. Schlagartig packte mich die Angst, ich könnte schuld am Tod meiner Mutter sein. Ja, ich hatte sie mit meiner Liebe festgehalten, sie eingesperrt, sie ins Wasser getrieben, sie mit meinem Gewicht auf den Grund gezogen. Mein Vater war nun davon überzeugt, dass die Schuld bei mir lag, sagte aber nichts. Er wollte mich in eine widerwärtige Komplizenschaft drängen.

Ich verließ das Haus, ging durch die öffentlichen Parkanlagen und blieb stehen, um den Kindern zuzuschauen. Manche waren wunderschön, und alle hatten ein offenes, unschuldiges Gesicht. Die Mütter saßen auf den Bänken und strickten mit rosa oder hellblauer Wolle, während sie auf die Kinder aufpassten. Ich setzte mich auch auf eine Bank und winkte die Kinder heran. »Kommt her«, forderte ich beharrlich, bis sie, von meinem Blick eingeschüchtert, wirklich näher kamen. Ich nahm sie an den Armen, die weich, glatt und rundlich waren. ›Ja‹, dachte ich und musste an die Worte meiner Großmutter denken: »Kinder sind süß. Süß, weich und unschuldig.« Wir schauten uns an, und ich lächelte, streichelte ihre zarte Haut und spiegelte mich in ihren Augen. Aber allmählich wurde in ihrem treuherzigen, staunenden Blick eine unerbittliche Kraft sichtbar, die gerade aus dieser naiven Unschuld erwuchs, aus dieser wehrlosen Zerbrechlichkeit. Ihre Sicherheit rührte von diesem zarten Fleisch her, das zu verletzen niemand gewagt hätte, von der Unantastbarkeit der Schwachen, Schutzbedürftigen. Die Mütter wickelten behände den hellblauen oder rosa Faden ab und wussten nicht, dass ihre Kinder mit der tückischen Zärtlichkeit ihrer pummligen Hände fesseln, ersticken und töten konnten. Ich hatte meine Mutter durch meine bloße Existenz getötet.

Von Gewissensbissen geplagt, lief ich in die Via Paolo Emilio, und wirklich konnte mich Lydia von dem Alptraum befreien. »Was hast denn du damit zu tun?«, sagte sie schroff, um mich aufzurütteln. »Du weißt doch gar nicht, was damals in den Nächten zwischen den beiden geschehen ist. Deine Mutter flehte ihn auf Knien an. ›Du kannst nicht weg‹, hat dein Vater gesagt. ›Selbst dann nicht, wenn du Alessandra hierlassen würdest. Ich werde dich an sämtlichen Grenzübergängen melden, als Ehemann kann ich das, ich lasse dich von der Polizei aufgreifen. Du kannst es ja darauf ankommen lassen.‹«

»Nein«, sagte ich zu meinem Vater. »Ich glaube nicht, dass sie dich je geliebt hat, auch nicht, als sie dich geheiratet hat. Das war keine Liebe.«

Mein Vater antwortete nicht, sein Schweigen war ein Schuldeingeständnis. Nur an einem Abend wurde er plötzlich laut: »Halt den Mund, du Schlange!«, sagte er. »Sei still!«

Ich stand auf und ließ ihn allein. Aber er hielt es allein nun nicht mehr aus. Vielleicht bedrängten ihn seine Erinnerungen in dem Dunkel, das ihn umgab.

Wenig später rief er mich mit kläglicher Stimme zurück und flehte: »Komm her, Alessandra. Verzeih mir.«

Ich brachte ihm die Minestra und Wein. Zuvorkommend breitete ich das Tischtuch vor ihm aus und dachte an die unschuldigen Hände der Kinder.

Im Oktober bot sich ein Architekturstudent an, mich zu einer Ausstellungseröffnung in die Galleria Borghese zu begleiten. Mir gefiel das Studium der Kunstgeschichte. Oft wandte ich mich an einen jungen Dozenten namens Lascari, der den erkrankten Professor vertrat. Bei ihm wollte ich zu gegebener Zeit meine Abschlussarbeit schreiben. Vorläufig ging ich noch in die Museen, und da ich wenig Zeit hatte, verbrachte ich manchmal meine Mittagspause dort und aß verschämt ein hinter einer Zeitung verstecktes Brötchen. Um diese Zeit waren die Galerien leer, und die Statuen schienen nur auf mich zu warten. Ich betrat die Ausstellungsräume und flüsterte lächelnd: »Da bin ich.« Vielleicht wirkt das unbescheiden, aber beim Anblick der Natur oder eines Kunstwerks war mir, als hätten sie mich ungeduldig erwartet, um mir ihr herrliches Geheimnis zu offenbaren.

Ich hätte Lascari gern um ein paar Ratschläge zu meinem Studienplan gebeten, traute mich aber nicht. Er war der Einzige, der mit mir in einem scherzhaften Ton sprach, wie mit einem Kind. Bei ihm fand ich nie die richtigen Worte, verwendete die falschen Verben oder Adjektive. Ich war mir sicher, dass er mich für nicht besonders klug hielt, und fürchtete, dass er meine Betreuung ablehnen würde.

Lascari war auch auf der Ausstellungseröffnung. Als ich ihn sah, ging ich ihm zunächst aus dem Weg, weil ich damit rechnete, dass er mich wie üblich mit gutmütigem Spott fragen würde, was ich denn bei den Erwachsenen zu suchen hätte. Ich war an diesem Tag noch schüchterner als sonst, weil ich noch unter dem berauschenden Eindruck meines Spaziergangs durch den Park der Villa Borghese stand. Es hatte geregnet, doch nachdem sich die Wolken rasch verzogen hatten, war der Himmel in übermütigstem Blau erstrahlt. Auf einer Buchsbaumhecke schillerten Wasserperlen, und ein Rotkehlchen war durch die Akazienzweige geschwirrt, von denen kühle, schnelle Tropfen auf mein Gesicht gefallen waren.

»Bitte entschuldige«, sagte ich zu meinem Kommilitonen, der am Eingang auf mich wartete. »Ich bin zu spät, weil ich so langsam gegangen bin.«

Sein unvorteilhaftes Äußeres störte mich, seine dunkelroten Hände, sein wirres Haar. Aber allein hätte ich nicht den Mut gehabt, mich unter die vielen Leute zu mischen. Mein Begleiter kannte einige der Besucher und blieb stehen, um sie zu begrüßen, wobei er mich nur mit meinem Nachnamen vorstellte. Ich wurde rot, schwieg unbeholfen, verstand nichts, langweilte mich, war verwirrt. Da entdeckte ich Lascari erneut und folgte einem plötzlichen Impuls. »Ciao«, sagte ich zu dem Studenten. Er hielt mich zurück: »Wo willst du denn hin? Warte doch.«

»Nein«, antwortete ich. »Das geht nicht.«

Er hatte mich am Arm gepackt: »Warte.«

»Ich habe dir doch gesagt, das geht nicht. Ich muss mit Lascari sprechen.«

Er hielt mich fest, ich machte mich los. Seine Anmaßung ärgerte mich, und eine heftige Wut stieg in mir auf. Lascari war mit einem Freund schon an der Treppe, und ich fürchtete, ihn nicht mehr einzuholen. Ich lief leichtfüßig durch den Raum und die Treppe hinunter, immer schneller, wie im Flug. Die Treppe war spiralförmig wie die in der Via Paolo Emilio. Mein langer Faltenrock wirbelte hoch, und in der grauen Spirale der Treppe wurde mir etwas schwindlig. Die beiden waren schon an der Tür. »Professore!«, rief ich und blieb keuchend und erhitzt stehen.

Die zwei drehten sich um. »Alessandra«, sagte Lascari. Er kam zurück und stellte mir seinen Freund vor. Ich lächelte, noch immer atemlos. Es war Francesco.

Ich erinnere mich noch an alles, was dann geschah, an jede Kleinigkeit meines weiteren Lebens, und ich werde alles erzählen, mit schonungsloser Offenheit. Vielleicht wird diese Geschichte für den Zweck, für den sie geschrieben wird, erst von diesem Moment an wirklich wichtig. Aber ich konnte das, was unserer Begegnung vorausgegangen war, nicht verschweigen. Francesco war von Anfang an bei mir, seit meiner Geburt, als mein Vater sich geärgert hatte, dass ich ein Mädchen war. Er leistete mir Gesellschaft, als ich am Fenster saß und Perlen auf eine Schnur zog. Darum erkannte ich ihn, als er vorüberging, lief die Treppe hinunter und nötigte ihn so, sich umzudrehen.

Auch jetzt sitzt Francesco neben mir und spricht mit mir. Er sagt: »Alessandra, du warst so schön damals. Lascari sagte etwas Albernes zu dir, weißt du noch? Er sagte, du siehst aus, als würdest du aus einem Gemälde des 19. Jahrhunderts kommen. Ich habe mich immer für den abgedroschenen Blödsinn geschämt, den Männer zu jungen Mädchen sagen, ich wollte solche Worte nicht benutzen, sie schienen mir nicht zu dir zu passen. Darum lernte ich schon damals, mit meinem Schweigen zu dir zu sprechen. Du warst so schön, nie zuvor hatte ich die ganze Anmut der Welt in einem einzigen Menschen vereint gesehen. Wir brachen auf, du zwischen uns. Lascari bewegte sich ungezwungen neben dir, während ich mit meinem schweren Männerschritt deinem graziösen Gang nicht angemessen folgen konnte. Seit damals habe ich mich immer plump und unbeholfen gefühlt; und deshalb bin ich auch oft so abweisend gewesen. Ach, Alessandra, wie schön du warst!«

Tatsächlich verabschiedete sich Francesco abrupt von uns und ging allein auf der Allee davon. Lascari erklärte lächelnd, sein Freund Minelli habe einen verschlossenen, düsteren Charakter, er kenne ihn seit der Gymnasialzeit. Ich schwieg ernst, während er sprach.

Am nächsten Tag rief mich Francesco an: »Entschuldigen Sie, Lascari hat mir Ihre Nummer gegeben. Ich habe mich gestern wohl wie ein Bauerntölpel benommen.«

»Aber nein«, antwortete ich verwirrt.

»Doch, bestimmt. Aber ich hatte so viel zu tun.«

Ich wusste nicht, was ich sagen sollte.

»Ich möchte Sie gern wiedersehen«, sagte er und fügte hinzu: »um mich zu entschuldigen. Ich komme morgen Vormittag zu Lascaris Vorlesung in die Fakultät.«

Spontan willigte ich ein. Ich weiß noch, dass ich ihm dann eigentlich erklären wollte, dass ich nicht kommen könne, vormittags sei ich immer im Büro. Aber er hatte schon aufgelegt, und ich wusste nicht, wo er wohnte und wer er war, in der ganzen Stadt schien es keine Spur von ihm zu geben. Ich saß noch am Telefon, die Hand auf dem Hörer. Mein Vater spürte mein bleiernes Schweigen. »Was ist denn los?«, fragte er gereizt.

Ich antwortete nach einer kurzen Pause: »Ich muss morgen Vormittag in die Universität.« Bei den Worten »morgen Vormittag« kam mir die Wartezeit bis dahin unendlich lang vor, und ich sah keine Möglichkeit, sie zu verkürzen. Ich schaute das Telefon an. Hart, schwarz, stumm stand es da. Ich sagte: »Nein, nicht morgen, sondern gleich.« In meinen

Gedanken durchquerte ich aufgeregt die ganze Stadt. Dann griff ich zum Telefonbuch und blätterte es ungeduldig durch. Minelli war ein häufiger Name, und Francescos Vornamen kannte ich noch nicht.

»Aber ich wusste, dass du Alessandra heißt«, sagt er, und ich unterbreche mein Schreiben, um ihm zuzuhören. »Ich war froh, dass ich keine Frau kannte, die so hieß wie du, denn keine Frau war wie du. An jenem Abend sprach ich deinen Namen immer wieder laut vor mich hin, damit ich am nächsten Tag wenigstens mit einem Stückchen von dir vertraut sein würde. Ich probierte verschiedene Betonungen aus. Ich war allein in meinem Arbeitszimmer, und eigentlich hätte ich eine Vorlesung vorbereiten müssen. Stattdessen saß ich mit zurückgelehntem Kopf in meinem Sessel und sagte ganz selbstverständlich Alessandra, als könnte ich dich aus einem anderen Zimmer herüberrufen, und ich sagte deinen Namen auch ironisch, schlechtgelaunt und wütend. Aber dein Name schien sich zu widersetzen, so dass ich anfing, Alessandra mit Zärtlichkeit zu sagen, leicht bittend. Ich rauchte, das Zimmer war völlig verqualmt. Alessandra, sagte ich liebevoll. So ließ sich dein Name am leichtesten aussprechen. Ich wollte hören, wie du ihn sagst, und sehen, wie sich deine Lippen dabei bewegten. Deshalb fragte ich dich am nächsten Tag sofort, wie du heißt. Du warst überrascht und wohl auch ein bisschen enttäuscht.«

Bei seiner Frage war ich damals tatsächlich erstarrt. Einen Moment lang gingen wir schweigend nebeneinander her. Ich dachte, er sei so wenig an mir interessiert, dass er Lascari nicht einmal nach meinem Namen gefragt hatte.

Ich war beschämt, weil ich mich auf eine Rolle vorbereitet hatte, die ich gar nicht spielen sollte. Wir schwiegen beide, es war ein kaltes Schweigen, das mich verwirrte und mir jede

Hoffnung nahm. Ein Student kam vorüber und sagte: »Guten Tag, Professore!«

Ich fing mich wieder. »Unterrichten Sie?«, fragte ich.

Francesco nickte. »Rechtsphilosophie. Ich habe einen Lehrauftrag.«

Seine Stimme klang tiefernst, beinahe mürrisch, als bereue er, etwas von sich preiszugeben. Es war schwer auszumachen, ob er sich freute, mich zu begleiten, oder ob er sich widerwillig einer Pflicht fügte, der er sich nicht entziehen konnte. Ich weiß nicht mehr, worüber wir anfangs redeten, da wir die Sprache von Menschen benutzten, die nichts miteinander verbindet und die versuchen, notdürftig ein Gespräch in Gang zu bringen. Zunächst wollte ich gegen die banalen Redensarten aufbegehren, erkannte dann aber, dass wir mit ihnen einen Schutzwall gegen andere Worte schufen, die wir nicht sagen wollten. Wir gaben uns ganz der neuen, überraschenden Erfahrung hin, gemeinsam voranzugehen, ohne uns vorher über den Weg verständigt zu haben. Ich war fast immer allein unterwegs gewesen, bestenfalls hatte ich Onkel Rodolfos Arm genommen oder erlaubt, dass Claudio sich bei mir einhakte. An diesem Tag entdeckte ich den Einklang unserer Schritte; sie führten uns durch Straßen, die ich nicht wahrnahm, an Bäumen vorbei, die uns Gesellschaft leisteten. Ich war aufgewühlt, konnte dieses Glück gar nicht genießen, aber der Gedanke, unseren Spaziergang zu beenden, war für mich so beklemmend wie eine plötzliche Atemnot.

»Und wie heißen Sie?«, fragte ich unvermittelt.

Wir gingen weiter, ohne uns anzusehen, und er zögerte mit seiner Antwort, als wollte er sich nicht ausliefern.

»Francesco«, sagte er leise.

Ich dachte: Francesco, und er dachte: Alessandra. Dass wir nun wussten, wie wir hießen, versetzte uns in freudige Erregung. Mit unseren Namen traten wir aus dem Verborgenen, wir machten uns miteinander bekannt. Jeder von uns sprach mit Nachsicht über sich wie über einen exzentrischen Freund, den man trotz seiner Schwächen gernhat.

Plötzlich bemerkte ich, dass wir den Fluss erreicht hatten, nur noch wenige Schritte, und ich war zu Hause. »Oh!«, sagte ich. Mein Gesicht drückte ein so tiefes Bedauern aus, dass er sofort fragte: »Wo wohnen Sie denn?«

»Dort.« Ich wies auf unser Haus wie auf einen Feind, der im Hinterhalt lauert. »Als Kind habe ich in Prati gewohnt, auf der anderen Seite des Flusses.«

»Ich habe immer in einem alten Haus an der Piazza an der Engelsbrücke gewohnt.«

»Dann lag der Fluss zwischen uns.«

Wir lachten, und während ich dem Satz beklommen nachlauschte, erkundigte sich Francesco nach meinem Alter. Dann erklärte er: »Ich war schon elf Jahre vor Ihnen auf der anderen Seite des Flusses.«

Es war windig, ich musste meine wehenden Haare festhalten. »Wie schade«, sagte ich, »das wusste ich nicht. Meine Mutter hat mir immer verboten, über die Brücke zu gehen.«

Er lachte, weil er das für einen Scherz hielt. »Und heute?«

Der starke Wind trug unsere Worte fort.

»Heute ist meine Mutter tot. Ich wohne bei meinem Vater.«

»Sie hätten mich wirklich nicht so lange warten lassen sollen«, sagte er, und ich wurde rot.

Wir stellten uns mit dem Rücken zum Wind, so dass mir die Haare nun gegen die Wangen schlugen. Francesco sagte, als müsste er eine lästige Pflicht erfüllen: »Ich muss Sie wiedersehen.« »Wann?«, fragten wir beide und hätten am liebsten »heute Abend« geantwortet. Doch wir sagten: »Morgen.«

326

Ich muss meine Gedanken zusammenhalten, sie einfangen, sie bändigen. Denn wenn ich mich in die herrliche Zeit meines Lebens zurückversetze, in der ich Francesco kennenlernte, werden sie sofort quicklebendig, steigen auf, wogen hin und her und blähen sich auf, als wäre ein starker Wind in sie gefahren. Damals beflügelten mich stets eine fröhliche Eile und der Wunsch, meinem wunderbaren Ungestüm freien Lauf zu lassen. Mein Gang war federnd und beschwingt. Wenn ich die Treppe hinunterlief, konnten die Nachbarinnen meinem vorbeifliegenden schwarzen Kleid mit den Blicken kaum folgen. Wenn Mantovani mich im Büro zu sich rief, riss ich die Tür mit einem freudigen Schwung auf, der mich danach erröten ließ. An der Schreibmaschine ließ ich den Schlitten mit einem Klingeln zurückschnellen, und das Klappern der Tasten klang wie ein sommerlicher Hagelschauer. Meine überraschten Kollegen erschienen an der Tür meines Büros, und ich begrüßte sie mit einem ausgelassenen »Guten Morgen!«. Ich riss die Fenster auf, ließ das Wasser in die Badewanne laufen, schlug die Eier auf, schrubbte die Wäsche, all das fortwährend mit dieser fröhlichen Eile, und jeder drehte sich um, blieb stehen, wunderte sich.

Denn eigentlich lief ich den ganzen Tag über meiner Verabredung mit Francesco entgegen, und während dieses stürmischen Laufs erledigte ich leichthin alle meine Alltagspflichten. Erst in seiner Nähe hielt ich inne. Sobald er auf mich zukam, wusste ich, dass es Zeit war, stehen zu bleiben. Nach einem Moment des Schweigens, in dem sich unsere Nerven entspannten und unser Atem ruhig und sicher wurde, begannen wir uns zu unterhalten, hastig und ungeduldig, wir unterbrachen uns sogar gegenseitig und baten uns lächelnd um Entschuldigung. »Was erzählt er denn so?«, erkundigte sich Fulvia. »Nichts«, antwortete ich strahlend. »Er erzählt nichts.«

Tatsächlich war jeder von uns nur eifrig bemüht, von sich selbst zu sprechen, jeder zog die eigene Person aus der dunklen Vergangenheit und führte sie dem anderen zum Kennenlernen vor. Alles, was ich bis dahin eifersüchtig für mich behalten hatte, wollte ich nun unbedingt mit Francesco teilen. Durch meine Erzählungen lernte ich endlich mich selbst kennen und gleichzeitig auch ihn. Es war ein herrliches Gefühl.

Ich erzählte Fulvia von dieser freudigen Ungeduld, und die Hände wie zum Gebet gefaltet, hörte sie zu. »Ich habe ihm auch von dir erzählt«, sagte ich. Sie lächelte dankbar, weil sie, wenn auch nur kurz, in unseren zauberhaften Gesprächen vorgekommen war. »Ich habe ihm auch von dem Zimmer hier erzählt, von den Spielen in unserer Kindheit.« »Und er hat sich dir noch gar nicht erklärt?« Seit unserer ersten Begegnung waren fünf oder sechs Tage vergangen. »Nein, gar nicht.« »Er muss sehr verliebt sein, wenn er so wortkarg ist«, mutmaßte sie.

Dann schließlich hatte ich das Gefühl, dass wir ein richtiges Rendezvous hatten. Es regnete, weshalb wir uns in einem Café verabredet hatten. Ich trug den langen Regenmantel meiner Mutter und hatte die Kapuze aufgesetzt. Als ich hereinkam, entdeckte ich Francesco sofort, er saß an einem Tisch bei einer Tasse Kaffee. Schüchtern ging ich durch den hässlichen, kahlen Raum auf ihn zu, einen hageren Mann mit dem Ansatz einer Glatze. Er wirkte wie ein Fremder, doch ich erkannte ihn an seinem grauen Anzug, der Krawatte und an dem zusammengefalteten Mantel auf dem Stuhl. Er stand auf und begrüßte mich, durch den Tisch etwas behindert, mit einer korrekten Verbeugung. In der gegenüberliegenden Ecke des Raumes saß ein anderes Paar, der Mann war in Uniform. Sie schauten sich in die Augen und hielten sich bei den Händen. Ich errötete bei dem Gedanken, dass ich in einer ähnlichen Situation war. Francesco folgte meinem Blick, er sagte: »Entschuldigen Sie, ich dachte, wir treffen uns hier, weil es nicht weit von Ihrer Wohnung entfernt ist. Ich wollte nicht, dass Sie nass werden. Möchten Sie woandershin?« »Nein, warum denn«, antwortete ich. Ich fror vom Regen, wollte aber den nassen Mantel nicht ausziehen, um mit diesem trostlosen Ort nicht zu vertraut zu werden. Mir fiel der Tag ein, an dem ich Lydia in einer Milchbar mit dem Hauptmann gesehen hatte.

Der Kellner brachte einen Kaffee, ich trank lustlos und dachte, das sei eben so üblich bei einem Rendezvous. Francesco betrachtete meine Bewegungen zärtlich. Auch ich betrachtete ihn, denn von unseren Spaziergängen war mir nur sein kantiges Profil mit dem markanten Kiefer vertraut.

Doch nun saß er mir gegenüber. Nach und nach kamen wir uns näher, genau wie das andere Paar. Ich spürte seine harten Knie, sah sein strenges Gesicht, die hohe Stirn und bemerkte an einem kleinen, roten Kratzer am Hals, dass er sich am Morgen beim Rasieren geschnitten hatte. Er betrachtete meine Augen, meine Lippen, und ich entzog mich seinen Blicken nicht, im Gegenteil, ich ließ ihn gern gewähren, ohne zu lächeln. In dieser gegenseitigen Neugier glaubte ich die beängstigende Gegenwart der Liebe zu erkennen.

»Ja«, antwortete ich Fulvia an dem Abend, »vielleicht hast du Recht, vielleicht ist er verliebt in mich.« Gespannt fragte sie: »Sag schon, wie ist Francesco denn so?« Sie nannte ihn beim Namen, was ich nie gewagt hatte. Von Weitem war es leicht, mit ihm vertraut zu werden. Ich begann, von ihm zu reden, ihn zu beschreiben, jetzt kam er mir nicht mehr so abweisend vor, er ließ sich anschauen, diesen unbekannten Körper, von dem wir uns bis dahin kein genaues Bild gemacht hatten. Ich zögerte. »Nein, schön ist er wohl nicht, ich weiß nicht. Er ist groß, viel größer als ich. Und außerdem … Nein, es hat keinen Sinn, du würdest es doch nicht verstehen.« »Nun sag schon!« »Na ja, sein Hals hat Ähnlichkeit mit dem eines Pferdes. Aber das kannst du nicht verstehen, das ist Unsinn.« »Doch, das verstehe ich. Dasselbe hast du nach dem Konzert über Hervey gesagt. Das hat mich damals sehr beeindruckt. Ich sah deine Mutter an und dachte an den Hals eines Pferdes. Ich war ja noch sehr jung. Aber wenn ich dich jetzt so reden höre, scheint es, als würde sich die Geschichte fortsetzen.« Wir lagen auf ihrem Bett im Spielzimmer, wo sie nun immer Dario empfing. »Und meine Geschichte«, sagte Fulvia bitter, »ist die Fortsetzung der Geschichte meiner Mutter.«

Francesco wartete auf dem Petersplatz auf mich. Den Treffpunkt hatte ich mit dem unbewussten Wunsch gewählt, die Wege nachzuverfolgen, die meiner Mutter und Hervey so lieb gewesen waren. Wir schlenderten an den alten Kurienpalästen vorbei.

Langsam ließen wir die Wohnviertel hinter uns und stiegen auf derselben schönen Landstraße den Gianicolo hinauf, auf der ich viele Jahre zuvor zum Konzert in die Villa Pierce gefahren war. Obwohl ich selbst die Voraussetzung für diese Erinnerung geschaffen hatte, war ich nun überwältigt.

»Meine Mutter liebte diesen Weg sehr«, sagte ich.

Ich hatte bisher weder Francesco noch anderen Menschen, die sie nicht gekannt hatten, von ihr erzählt. Seit meiner Rückkehr aus den Abruzzen hatte ich mich strikt an die von meinem Vater vorgegebene Version gehalten. Francesco gegenüber hatte ich nur angedeutet, dass etwas mein Leben stark erschüttert und vielleicht verändert hatte.

»Meine Mutter war hier sehr glücklich«, sagte ich, überwand meine ängstliche Zurückhaltung und begann über sie zu sprechen, über ihre Vorlieben und über ihre außergewöhnliche Art, sich zu bewegen. Ich erzählte auch von meiner Großmutter Editta. »Meine Mutter las mir heimlich Shakespeare vor, mein Vater wollte das nicht. Ich war vielleicht sieben, acht Jahre alt. Abends im Bett wiederholte ich die Verse, und so lernte ich beten.« Er hörte mir mit einem Interesse zu, das meine Worte noch nie hervorgerufen hatten. Das war nicht Claudios demütige, bescheidene Aufmerksamkeit und auch nicht Paolos amüsiertes Staunen. Die Vertrautheit, die sich durch meine Erzählungen zwischen uns entwickelte, schien uralte Wurzeln zu haben, ganz so, als wüssten wir beide seit langem alles voneinander. Erhitzt vom Reden schaute ich Francesco an und sah, dass er mich mit einer so neuen Rührung betrachtete, dass ich verstummte und errötete.

»Wie sehr Sie Ihrer Mutter ähneln!«, rief er zärtlich aus.

»Ich?«, sagte ich und blieb verwirrt stehen.

»Ja, bestimmt. Wenn Sie von ihr erzählen, beschreiben Sie sich selbst.«

Verwirrt senkte ich den Kopf. Seine Gegenwart erfüllte mich nicht mehr nur mit Glück, sondern auch mit Bestürzung. Vielleicht war auch meine Mutter auf dieser Straße nicht ausschließlich glücklich gewesen, vielleicht hatte auch sie Angst gehabt.

Unsicher schaute ich Francesco an. Wir standen im Licht eines glühenden Sonnenuntergangs. In seinen glatten Gesichtszügen glaubte ich alles zu erkennen, was ich bis dahin nur an mir selbst oder beim Anblick der Natur geliebt hatte. Er zog mich unwiderstehlich an, so wie die Bäume, die Flüsse und mein eigenes Spiegelbild. Durch einen Blick offenbarten wir uns gegenseitig mühelos unsere innersten Geheimnisse. Wenn ich an jenen Moment und alle folgenden denke, an das Licht bei unseren Treffen, an die traumhafte Landschaft, an die milde Luft und an Francescos deutlich spürbare Gegenwart, schwinden mir die Kräfte, ein süßes Sehnen erfasst mich, und mir kommen die Tränen, so dass die Worte auf dem Papier verschwimmen.

»Meine Mutter«, stieß ich hervor, »hat sich aus Liebe das Leben genommen.«

Es wurde schon dunkel, als ich mich auf den Heimweg machte. Ich hatte Francesco mit einer Ausrede gebeten, mich nicht zu begleiten, weil ich ein wenig allein sein wollte. Um diese Zeit waren die Straßen unseres Viertels sehr belebt. In der tiefen Finsternis der Verdunkelung hasteten die Leute vorüber, betraten und verließen die Geschäfte für die letzten Einkäufe vor dem Abendessen. Verträumt und mit erhitztem Gesicht ging ich an ihnen vorüber, nur ein leichter Wind, der mir ins Haar fuhr, verschaffte mir etwas Kühlung. Die Leute streiften mich mit dem Arm, stießen mich an, und ich drehte mich nicht einmal um. Ich sah nur Francescos Gesicht vor mir, ich rief ihn, und er antwortete mir in einer Sprache, die niemand außer uns verstand.

Von nun an war meine Liebe zu ihm ein fester Bestandteil meines Lebens, sie war wie ein Gast, den ich dankbar empfangen hatte und der mich in kurzer Zeit rundum gefangen nahm. Auf diesen Punkt möchte ich ausführlicher eingehen. Damals hatte und auch jetzt noch habe ich, trotz der quälenden und schrecklichen Dinge, die zwischen uns vorgefallen sind, stets sein Gesicht vor Augen, ich sah alles andere durch es hindurch wie durch einen Schleier: die Landschaft, die Wiesen, die Häuser, die Straßen der Stadt, die Bäume. Selbst vor Tomasos Gesicht und sein liebenswertes Lachen schob sich Francescos Gesicht, das ich seit jenem Abend nicht nur mit zärtlichen Gefühlen umhegte, sondern mit allen guten und schlechten Gedanken, die mich seit meiner Geburt begleiteten.

Mit leichten Schritten stieg ich die Treppe hinauf und betrat unsere Wohnung. Ich lief sofort ans Fenster in meinem Zimmer. »Morgen«, wiederholte ich flüsternd unsere Verabredung. »Morgen um fünf.«

Mein Vater rief mich, und ich ging schnell zu ihm. Er saß ruhig in dem vom kalten Mondlicht kaum erhellten Zimmer. »Es ist spät, Alessandra, ich habe Hunger.« Seine Stimme verriet keine Gereiztheit mehr, keinen Ärger. Sein elender Zustand hatte ihm eine gewisse Würde verliehen und seine Gesichtszüge veredelt. In seiner schwarzen Kleidung hob er sich nicht von dem dunklen Stuhl ab. Mit seinem nunmehr weißen Haar und seiner Marmorhaut ähnelte auch er, wie die Großmutter, einer Statue.

Ich setzte mich auf einen Hocker zu seinen Füßen. Er schaute zum Fenster, obwohl er fast nichts mehr sehen konnte. Sein ganzes Denken schien nur noch um einen Namen zu kreisen, den er ständig wiederholte und wie einen Schatz hütete: »Nora«. Er hatte eines Tages gelernt, »Nora« zu sagen, so wie ich jetzt lernte, »Francesco« zu sagen. Seiner Zuneigung zu meiner Mutter hatte ich es zu verdanken, dass ich geboren war und nun das gleiche Gefühl kennenlernte. Mein jahrelanger Groll gegen ihn löste sich plötzlich auf, und ich wurde von Reue erfasst. Ich hatte mit dem Gedanken gespielt, ihn zu verlassen, hatte ihn mit einer grausamen Freude jeden Abend gequält. Nun war ich voller Liebe und schwelgte in Gutmütigkeit, und mir schien, meine edlen Anwandlungen sollten sich vor allem auf meinen Vater richten. Ich schaute ihn mit dankbarer Zärtlichkeit an, erinnerte mich daran, wie er mich immer zum Eisessen eingeladen hatte, als ich klein war. Auch jetzt sagte er in einem traurigen Irrtum manchmal: »Komm mit, ich führe dich zum Eisessen aus.« Am stärksten berührte mich die Erinnerung an seine eintönigen Tage, die nur durch seine Bürozeiten bestimmt worden waren, die Trostlosigkeit, die dieser Lebensrhythmus bei ihm hervorgerufen hatte, seine naive Dürftigkeit, seine großspurige Eitelkeit, kurz, alles, was mich geärgert oder sogar entrüstet hatte, rief plötzlich mein Mitgefühl hervor. Schließlich hatte auch all das mich bis zu meinem heutigen Rendezvous auf dem Petersplatz gebracht.

Ich war so aufgewühlt, dass er mich fragte:

»Alessandra, was hast du?«

Ich zögerte, wollte ihn nicht anlügen. In mir war kein Raum mehr für Lügen und Täuschungen. Ängstlich horchte ich auf das, was mich so stark bewegte, dann entspannte ich mich und gestand:

»Ich bin verliebt.«

Ich hoffte, er würde lächelnd die Arme ausbreiten, so dass ich mich endlich an seine Brust flüchten, meinen Kopf an seine Schulter legen und ihm mein Herz ausschütten konnte. Aber er fuhr überrascht auf und fragte:

»In wen?«

»Er heißt Francesco.«

Kaum hatte ich seinen Namen ausgesprochen, erstarrte ich. Ich hatte das Gefühl, sehr indiskret gewesen zu sein, fürchtete, Francesco könne in seinem Arbeitszimmer plötzlich aufschauen, weil er seinen Namen gehört hatte, und glaubte, sein spöttisches, verwundertes Gesicht zu sehen. Ich hatte der Versuchung nicht widerstehen können, seinen Namen bei mir zu Hause auszusprechen. Ich war, wie alle Frauen, unfähig, ein Geheimnis für mich zu behalten.

»Kennst du nicht einmal seinen Nachnamen?«, fragte mein Vater pikiert, und ich ahnte, dass es ein Fehler gewesen war, ihm etwas zu erzählen. »Wie heißt er? Was ist er von Beruf?«

»Doch, ich kenne seinen Nachnamen«, antwortete ich eingeschüchtert. »Er heißt Minelli, Francesco Minelli. Er ist Dozent an der Universität.«

»Dozent?«, wiederholte er geringschätzig. »Die schlimmste Sorte von Staatsdienern. Arrogante, eingebildete Hungerleider. Wo hast du ihn kennengelernt? Und warum ist er nicht zu mir gekommen, um mit mir zu reden?«

Ich war aufgestanden und zögerte mit der Antwort. Jedes seiner Worte vertrieb ein Stück des unaussprechlichen Zaubers, der mich bis dahin erfüllt hatte.

»Warum?«, fragte ich und versuchte, das zärtliche Bild, das ich von Francesco gezeichnet hatte, zurückzuholen. »Warum hätte er denn mit dir reden sollen, Papà?«

»Weil anständige Männer das so machen, wenn sie ein Mädchen heiraten wollen.«

»Aber er will mich ja nicht heiraten, davon war nie die Rede.«

»Ach, nein? Na großartig! Und was will er dann? Seinen Spaß?«

Ich schwieg erschrocken. Schon bei seinen ersten Fragen hätte ich ihn am liebsten gebeten, zu schweigen und mir nicht die Freude zu verderben, die ich zum ersten Mal empfand.

»Er will dich nicht heiraten! Will nur seinen Spaß. Das glaube ich gern. Und du kommst auch noch und erzählst mir das!«

Ich versuchte zu verstehen, was er mit »seinen Spaß« in Bezug auf Francesco und mich meinte. Dieses scheinbar harmlose Wort trieb mir die Schamröte ins Gesicht. Mir war, als könne Francesco unser Gespräch hören und sich angewidert und enttäuscht zurückziehen.

»Was hast du dazu zu sagen?«

»Nichts, Papà. Ich gehe das Essen kochen.«

Die Wohnung war dunkel, still, trostlos. Gern wäre ich in dieser Dunkelheit einfach verschwunden. Ich fühlte mich so einsam, dass mich nicht einmal die Gedanken an Francesco aufheitern konnten. Ich glaubte, mit den erniedrigenden Worten meines Vaters im Ohr nie wieder vor Francesco erscheinen zu können. Auf dem Herd sprudelte das Wasser im Topf, gleich würde ich die Pasta hineintun und die Sauce aufwärmen müssen. Auch an diesem Abend blieb mir das nicht erspart. Danach wartete die Bügelwäsche auf mich. Meine Mutter nahm mich in die Arme. »Ach«, sagte sie, »ich wollte auch nicht, dass du ein Mädchen wirst.«

Das Telefon schrillte. Ich zögerte einen Augenblick, überrascht, dass um diese Zeit noch jemand anrief. Dann lief ich hin.

»Hier ist Francesco.«

Seine Stimme klang warm und verhalten, ich sah sein Gesicht im leeren Schwarz der Sprechmuschel vor mir.

»Danke«, antwortete ich, »danke!«

»Wofür?«

»Na, dafür, dass Sie mich angerufen haben.«

»Störe ich?«

»Nein, ganz im Gegenteil!«

»Bitte entschuldigen Sie, ich konnte nicht bis morgen warten. Ich wollte Ihnen etwas sagen.«

»Was denn?«

Schweigen. Ein wohltuendes Schweigen, ein angenehmes Dunkel.

»Ja, also, das ist nicht mehr so wichtig. Ich wollte mit Ihnen über heute sprechen, aber …«

»Ich verstehe.«

»Sie verstehen?«

»Ja«, sagte ich leise. »Ich wollte auch mit Ihnen sprechen.«

Erneutes Schweigen. Uns fehlte unser harmonischer Gleichschritt. Unsere Worte standen nackt zwischen uns.

»Bis morgen ist es eine lange Zeit.«

»Ja«, seufzte ich.

»Aber jetzt ist es schon besser.«

»Viel besser.«

»Bitte entschuldigen Sie. Gute Nacht, Alessandra.«

»Gute Nacht, Francesco.« Zum ersten Mal nannte ich ihn beim Namen. Einen kurzen Moment blieben wir beide noch still in der Leitung. Ich hörte seinen Atem, dann legte er auf und ich auch, langsam, um das Knacken zu vermeiden, das das Gespräch beendete.

Mein Vater sagte nichts. Wir aßen, ich saß ihm gegenüber, stark und entschlossen auf der anderen Seite des Tisches.

Wenige Tage später, am 11. November, trafen wir uns in der Galleria Borghese. Als Francesco mich an den Ort unserer ersten Begegnung eingeladen hatte, war seine Stimme unsicher und fragend gewesen. Ich hatte ihn ernst angeschaut und eingewilligt.

Ungeduldig suchte ich Francesco in jedem Saal, ohne im Vorübergehen die Gemälde und geliebten Statuen zu begrüßen, im Gegenteil, ich floh vor ihrer geheimnisvollen Reglosigkeit. Mit dem leichten Schritt meiner Mutter lief ich zu Francesco und hielt erst an, als ich ihn still vor einem Bild stehen sah. Als er mich kommen hörte, erzählte er mir später, sah er nichts mehr von dem Gemälde vor ihm. Ich sagte, ohne zu lächeln: »Da bin ich.« Aus unseren Gesichtern war die unbewusste Glückseligkeit verschwunden und der Erschütterung der Liebe gewichen.

Wir gingen eng nebeneinander und betrachteten die Gemälde. An den Wänden waren leere Stellen von den Bildern, die wegen des Krieges ausgelagert worden waren. Beklommen blieben wir davor stehen. Mir ging durch den Kopf, dass auch ich so trostlos zurückbleiben könnte wie diese Wände. Da nahm Francesco meinen Arm, und ich schmiegte mich an ihn, wie um uns beide zu schützen. »Keine Sorge«, sagte er, »ich bin wegen der Universität freigestellt.«

Trotzdem machte ich mir Sorgen. Ich rief im Stillen die Großmutter zu Hilfe, dachte an den Unterschlupf, den sie für mich im Felsen hatte einrichten wollen. Ich lehnte mich an die Wand, Francesco stand vor mir und sah mich an: »Morgen können wir uns schon früher treffen.« »Ja«, antwortete ich, »um drei.« Wir brauchten diese Gewissheit, uns am folgenden Tag sehen zu können und auch am Tag darauf und immer so weiter in einer ununterbrochenen Kette von Tagen, um uns mit der nötigen Ruhe in die Augen schauen zu können. Es mag schwer nachvollziehbar sein, dass dieser eine Blick zu meiner märchenhaften Erinnerung an den 11. November wurde. Doch in Francescos Augen erkannte ich mich zum ersten Mal selbst, und ich verstand endlich, wozu mir meine Augen, mein Mund und meine glatte Stirn gegeben waren.

Daran, wie es war, als er mir sagte, dass er mich liebe, erinnere ich mich nicht mehr. Vielleicht war er kurz angebunden und verwirrt gewesen, oder vielleicht hatte er es gar nicht gesagt und ich hatte mir alles nur eingebildet, während ich ihn anschaute. Aber viele Jahre lang wartete ich auf jeden Elften des Monats, um mich so schön wie damals zu fühlen. Es mag unbescheiden klingen, aber ich hatte mich schöner gefühlt, als meine Mutter am Tag des Konzerts gewesen war, schöner als meine Großmutter Editta in ihren glanzvollsten Zeiten. Ich hatte deren romantisch verklärtes Gesicht unter dem Federhut, hatte Ophelias Haar und Desdemonas Gewand.

Wir trafen uns jeden Abend. Tagsüber trieb mich eine zielstrebige Hartnäckigkeit um. Rigoros trennte ich die Zeit unserer Verabredungen von den übrigen Stunden meines Tages. Das war nicht mehr die Seligkeit der ersten Augenblicke, ich widmete mich der Liebe stattdessen mit einer leidenschaftlichen Verbissenheit. Ich glaubte, nur sie allein würde mir helfen, ein besserer Mensch zu werden, wie ich es mir seit meiner frühen Jugend wünschte. Tatsächlich war ich verständiger und aufgeweckter geworden, im Büro wurde ich inzwischen für die Behändigkeit, mit der ich meinen Aufgaben nachkam, und für mein Verantwortungsbewusstsein von den Männern respektiert. Den Haushalt erledigte ich mustergültig, ich hinterließ blitzblanke Zimmer und frische, zusammengelegte Wäsche, wenn ich abends zu unserer Verabredung ging. Ich freute mich über die saubere Küche, die ordentlich mit der Schreibmaschine getippten Seiten und mein zielgerichtetes Studium. In dieser Zeit erhielt ich in einem Examen die Bestnote.

Wir trafen uns nun an einsamen Orten, damit wir uns küssen konnten. Aus Angst vor Luftangriffen wurde die Verdunkelung der Stadt verschärft. Obwohl uns das an die tückische Gegenwart des Krieges erinnerte, hatte es für Francesco und mich doch auch Vorteile. Ohne es uns einzugestehen, schauten wir jeden Morgen nach dem Wetter, damit wir wussten, ob wir uns abends im schützenden Dunkel des Parks der Villa Borghese treffen konnten. Wir begehrten uns leidenschaftlich, und nach anfänglichem Widerstand hatte ich diesem Begehren nachgegeben, das mir nun keine Ruhe mehr ließ. Francescos Bewegungen waren für mich, selbst wenn wir nur im Café saßen und uns unterhielten, genauso aufregend wie die der zwei Bauern damals in den Abruzzen, die ich beim Maisdreschen auf der Tenne beobachtet hatte. Jede seiner Gesten war atemberaubend, ich musste mich zu Gleichgültigkeit zwingen, durfte ihn nicht ansehen, um nicht wie damals zu erbeben. Als wir uns das erste Mal küssten, verachtete ich mich. Ich glaubte, wir hätten solche Praktiken nicht nötig, um das Feuer unserer Gefühle zu erproben. Außerdem hielt mich eine leichte Scham zurück. Ich bemerkte in solchen Momenten, dass mein Blick die sanfte Klarheit verlor, mit der ich Francesco sonst anschaute, mein Gesicht veränderte sich, und ich hatte Angst, er könnte in mir einen völlig anderen Menschen entdecken als den ihm bekannten, und mir vorwerfen, ihn getäuscht zu haben. Ich musste daran denken, wie Enea mich küssen wollte, als ich allein zu Hause war. Sein Gesicht war verzerrt und verdorben gewesen. Nun hatte ich das Gefühl, seine Komplizin zu werden, wenn mein Gesicht den gleichen Ausdruck annahm, so als würde ich ihn nach so vielen Jahren zurückrufen und ihm die Tür öffnen. Im Schatten der Eichen sah Francesco mich forschend an, und ich verbarg mein Gesicht hinter meiner Hand. Er schob sie weg, um mich auch von dieser Seite kennenzulernen, gegen die ich seit meiner Kindheit ankämpfte. ›Los, verschwinde, Alessandro!‹, dachte ich und nahm mir das sittsame Gesicht meiner Mutter zum Vorbild. Aber Francesco küsste mich mit der gleichen Leidenschaft, mit der er sich auch für meine Ziele, meine Vergangenheit und meine Gedanken interessierte. Daher war es ein kurzer Weg von unschuldigen Bekenntnissen zu den verwirrendsten Küssen, und manchmal brachten mich gerade die Geschichten von meiner Mutter an den Rand dieses süßen Abgrunds.

Ich hatte Francesco von meiner Mutter und Hervey erzählt.

Ob meine Version der Geschichte wahrheitsgetreu war, kann ich nicht beurteilen, weil ich sie meinem Vater gegenüber jedes Mal mit zahlreichen Ungenauigkeiten ausgeschmückt hatte, die ich nun nicht mehr von den Tatsachen unterscheiden konnte. Wir spazierten abends nun immer zum Tiberufer, dorthin, wo meine Mutter ins Wasser gegangen war. Ich erzählte Francesco von Alessandro und von den Jahrestagen, an denen meine Mutter Margeriten in den Fluss geworfen hatte. »Ich möchte deinen Vater nicht kennenlernen«, sagte er finster. Er schaute auf das Wasser, die Bäume. »Mir genügt der Ort hier, um mich wie bei dir zu Hause zu fühlen, bei deiner Familie.« Francesco war wirklich ein außergewöhnlicher Mann, und mein in ihm gespiegeltes Leben erschien mir ebenfalls außergewöhnlich. Er war nun zärtlich vertraut mit meiner Kindheit und der Geschichte meiner Mutter. Über seine Mutter sprach er selten. Ihm zufolge hatte sie ein genauso nüchternes Wesen wie er und trug immer ein weißes Band als Halsschmuck. Wenn ich anrief und sie sich eisig am Telefon meldete, war mir, als prallte ich gegen dieses Halsband. Nein, sie reichte ganz sicher nicht an eine Frau wie meine Mutter heran, die sich aus Liebe das Leben genommen hatte. Auf dem Lungotevere oberhalb des Schilfs waren die Bäume zartgrün und trugen im Frühling einen rosa Flaum, der nach Puder und Bonbons duftete. Dort waren unsere Zärtlichkeiten noch leidenschaftlicher. Während wir uns küssten, hörte ich das Rauschen des Flusses.

Francesco hatte mir oft gesagt, dass er gern Fulvia kennenlernen wolle. Aber ich zögerte damit, sie einander vorzustellen, weil sie ihre erste Begegnung, wie ich fand, durch meine Erzählungen längst hinter sich hatten und gewissermaßen täglich in Verbindung standen. Sie hätten wieder bei null anfangen und so tun müssen, als würden sie sich nicht kennen. Eine solche Komödie vor mir aufzuführen, hätte sie in Verlegenheit gebracht, daher schob ich das Treffen hinaus. Aber Francesco ließ nicht locker. Er hielt Fulvia für den einzigen Menschen, der von uns beiden wusste, denn ich hatte ihm das missglückte Gespräch mit meinem Vater verschwiegen. Diese unbekannte Zeugin störte ihn. »Also wirklich, was hält Fulvia von mir?« Ich antwortete: »Sie kann dich gut leiden …« Er platzte heraus: »Warum sollte sie mich gut leiden können? Sie kennt mich doch gar nicht!« Ich sagte ihm, dass wir häufig über ihn sprachen, und eine naive männliche Eitelkeit drängte ihn, sich mit dem von mir beschriebenen Mann zu messen. Aber ich wusste, dass sein zurückhaltendes Wesen ihn letztlich veranlassen würde, alles zu tun, um sich ihr in einem möglichst unvorteilhaften Licht zu präsentieren. Ich traute mich nicht, ihn zu bitten, liebenswürdig und höflich zu sein. Ich rief mir meinen ersten Eindruck von ihm ins Gedächtnis, um vorherzusehen, wie er auf meine Freundin wirken würde.

Schließlich arrangierte ich ein Treffen. Wir waren auf der Straße verabredet. »Fulvia kommt immer zu spät«, sagte ich und wünschte mir, sie würde gar nicht kommen. Francesco war unsicher, vielleicht hatte er den gleichen Wunsch. Wir gingen auf und ab, ohne uns zu berühren, und die Tatsache, dass ich eine Freundin in unser Geheimnis einweihte, war für mich ein Zeichen dafür, dass ich nicht mehr sonderlich verliebt war. Francesco trug einen braunen Anzug, der mir nicht gefiel. Es wäre mir lieber gewesen, wenn Fulvia ihn nicht ausgerechnet in diesem Anzug kennengelernt hätte. »Wenn sie nicht bald kommt, gehen wir«, sagte ich. Aber da sah ich sie von Weitem. »Da ist sie ja.« Sie war auffällig gekleidet, als ginge sie zu einer Feier. Sie trug goldene Ohrringe, die zu sehr von ihren braunen Haaren abstachen. Und so sagte Francesco: »Die? Ich habe sie mir ganz anders vorgestellt.«

Für Fulvia war die Situation schwierig. Wir gingen in ein Café, unser Gespräch quälte sich so dahin. Die beiden musterten sich mit schnellen, gnadenlosen Blicken. Ich wollte ihnen helfen, indem ich ihre Vorzüge hervorhob, spürte aber, dass Francesco durch den Rückhalt meiner Liebe in der besseren Position war. Fulvia konnte ihn nicht unabhängig von dieser Liebe sehen und glaubte daher, er müsse noch andere Qualitäten haben als die in unserer drögen Unterhaltung gezeigten. Sie dagegen stand ihm ganz allein gegenüber, was sie mit einer übertriebenen Lebhaftigkeit überspielen wollte. Ich weiß noch, dass ich gemein war. Um mich von ihr abzuheben, zeigte ich mich von meiner verschlossensten Seite, hielt mich abseits und brachte schweigend meinen schmalen Körper zur Geltung, so dass Fulvias schöne Formen zu aufreizend wirkten.

Kurz, es gelang uns nicht, unser wechselseitiges Unbehagen loszuwerden. Je mehr wir uns bemühten, desto größer wurde unsere Verlegenheit. Es gab nicht einen Augenblick der Entspannung. Fulvia goss lächelnd Tee und dann Milch ein. »Ohne Zucker, nicht wahr?«, sagte sie zu Francesco. Ich wurde rot. »Woher wissen Sie das?«, fragte er erstaunt. Fulvia sah mich entgeistert an. »Von mir«, sagte ich. »Wir unterhielten uns, ich weiß gar nicht mehr worüber … Fulvia hat ein gutes Gedächtnis«, fügte ich kühl hinzu. Ich ließ sie hängen. Vergib mir, bat ich sie in Gedanken.

Schließlich verabschiedeten wir uns vor der Tür. Fulvia ging zu Dario, der jetzt in einem Büro arbeitete. Sie tat so, als bedauerte sie, dass Dario Francesco nicht kennengelernt hatte. »Schade«, sagte ich. Francesco und ich machten uns auf den Weg, und erst nach einer Weile hatten wir das Gefühl, wieder unter uns zu sein. »Arme Fulvia«, seufzte ich. Er schwieg. Ich bekam Angst, dass er mich nicht mehr liebte. Wie so oft genügte sein Schweigen, um mich in diese Angst zu versetzen, so dass meine Gedanken angespannt um ihn kreisten. »Wie findest du sie?«, fragte ich. »Nett«, sagte er, klang aber nicht sehr überzeugend. »Und weiter?« »Keine Ahnung. Wenn sie mir auf der Straße begegnet wäre, hätte ich sie nicht für deine Freundin gehalten.« »Man muss sie erst näher kennenlernen«, räumte ich ein. »Hat sie denn deiner Mutter gefallen?« »Ach, weißt du«, antwortete ich unbestimmt, »sie kannte sie kaum.« Ich ärgerte mich über ihn, weil er mich zwang, zu lügen. Nie wäre ich zu einem seiner Freunde so hart gewesen, ich hätte ihn gefragt, wie Francesco als kleiner Junge war. Doch er hatte nichts gefragt, hatte Fulvia nicht in Verbindung mit ihrem Balkon, mit unserem Hof gesehen, hatte nicht erkannt, wie wichtig sie zu manchen Zeiten in meinem Leben gewesen war. Er hatte sie nach dem beurteilt, was sie war, nicht danach, was sie mir bedeutete. In der Nacht, als meine Mutter starb, hatte ich in ihren Armen geschlafen. Vor allem warf ich Francesco vor, nicht verstanden zu haben, dass Fulvia gerade wegen allem, was wir füreinander gewesen waren, nicht ungezwungen und selbstsicher sein konnte. Ihn kennenzulernen und in unserer Freundschaft zu dulden hatte sie so verunsichert, dass sie dieses auffällige Kleid und die goldenen Ohrringe gebraucht hatte. Ich schmiegte mich an Francescos Arm und bat ihn um ein freundliches Wort für Fulvia. »Sie wusste, dass ich den Tee ohne Zucker trinke«, sagte er spöttisch. »Du erzählst ihr also wirklich alles?«

Ich antwortete nicht. Obgleich er offen und freundlich war, schien er mir Bereiche vorzuenthalten, in die ich kaum vordringen konnte. So erfuhr ich, zum Beispiel, nicht, was er tagsüber tat. Er antwortete stets ausweichend und sprach über seine Arbeit bestenfalls in kurzen, ironischen Andeutungen, die vielleicht eine übertriebene Bescheidenheit verrieten. Er brachte das Gespräch immer wieder auf uns, und ich ließ mich gern darauf ein.

Trotzdem hatte ich jeden Abend beim Abschied den Eindruck, dass er mir etwas sehr Wichtiges von sich verschwieg. Hätte ich nicht gewusst, wo er wohnte, wer seine Eltern waren und welchem Beruf er nachging, hätte ich daran gezweifelt, seine wahre Identität zu kennen. Manchmal argwöhnte ich, er könnte irgendwo auf der Welt eine Frau haben. Deshalb sagte ich häufig, dass mir eine Heirat nicht wichtig sei, nur die Liebe zähle. Auch einen anderen Verdacht, der mich oft quälte, versuchte ich mir aus dem Kopf zu schlagen, nämlich dass er eine Geliebte hatte und sich nicht traute, sie zu verlassen. Ich schloss das daraus, dass er manchmal zu spät zu unseren Verabredungen kam oder sie in letzter Sekunde verschob. Einmal hatte er sich im Park der Villa Borghese unversehens umgedreht, als fühlte er sich verfolgt. Seine Stimmung wechselte oft, und sein Gesicht verfinsterte sich plötzlich und ohne Grund. Mit mir hatte das nichts zu tun, da war ich mir sicher, im Gegenteil, in solchen Momenten hielt er mich besonders fest im Arm.

Eines Abends umarmte mich Francesco beim Spazierengehen wieder auf diese stürmische Art, die seine Unruhe ankündigte. Er schien einem widrigen Wind zu trotzen, der uns trennen wollte, einem Sturm. Ich stellte keine Fragen, sondern schmiegte mich nur an ihn, um ihm zu zeigen, dass auch ich kämpfen wollte, obwohl ich nicht wusste, wogegen. Wir setzten uns auf eine einsame Bank und zündeten uns eine Zigarette an. Ich fragte:

»Francesco, bedrückt dich etwas?«

Ich schnippte die Asche von der Zigarette und tat unbefangen, obwohl ich es bereute, ein Vertrauen eingefordert zu haben, das er mir trotz seiner Liebe zu mir noch nicht geschenkt hatte.

Er sah mich zunächst forschend an, verärgert darüber, dass seine Gefühle so deutlich sichtbar waren. Dann schaute er weg. »Ja, sehr«, sagte er und nahm zärtlich meine Hand.

»Aber mit dir hat das nichts zu tun«, fuhr er mit warmer, beruhigender Stimme fort. »Mit unserer Liebe hat das nichts zu tun«, erklärte er mit der Zurückhaltung, die er bei bestimmten Wörtern zeigte. »Oder jedenfalls nicht mehr als mit allem anderen, mit unserem ganzen Leben.«

»Sag, was meinst du damit?« Ich spürte eine eisige Kälte in mir aufsteigen, eine plötzliche Angst.

»Nicht heute. Verlang das nicht, ich möchte das nicht. Sei unbesorgt, es hat nichts direkt mit mir und dir zu tun.«

»Na gut«, willigte ich ein. Er schaute mich zärtlich an, dankbar für mein Taktgefühl, das er nicht für ahnungslose weibliche Ergebenheit hielt – die ihn oft aufregte –, sondern für den Beweis unseres gegenseitigen Vertrauens.

Ich verabschiedete mich von ihm wie jeden Abend. Ich lächelte, auch er versuchte zu lächeln. In der Dunkelheit des Hauseingangs umarmte er mich fest. »Ciao«, sagte er und stürzte davon.

Ich wartete, bis ich ihn zu Hause vermutete, und rief ihn an. Er war nicht da. Später versuchte ich es erneut. Er war auch nicht zum Essen nach Hause gekommen. Da hielt ich unsere Umarmung für ein unweigerliches Lebewohl. Ich schaute in der Hoffnung aus dem Fenster, er würde zufällig vorbeigehen und ich könnte ihn wenigstens ein letztes Mal sehen. In der Dunkelheit machte ich das grasbewachsene Flussufer und das Schilf aus. »Hilf mir«, sagte ich zu meiner Mutter. Der Tiber floss an meinem Fenster vorbei zu Francescos Haus. »Hilf mir«, schluchzte ich und gab ihm diese verzweifelte Botschaft mit auf den Weg.

Auch in der Nacht rief ich Francesco an. Aber sobald ich das Rufzeichen hörte und mir vorstellte, wie schrill das Telefon in den stillen Zimmern klingelte, legte ich erschrocken auf. Vielleicht hatte Francesco ja verstanden und würde mich zurückrufen. Im Nachthemd wartete ich im Dunkeln neben dem Telefon, weil ich fürchtete, mein Vater könnte aufwachen. Francesco meldete sich nicht. Ich war mir sicher, dass er bei einer anderen Frau war. »Egal«, flüsterte ich, »ruf mich trotzdem an«.

Am Morgen, nach einer schlaflosen Nacht, erreichte ich ihn. Er war wie immer wortkarg am Telefon. »Was gibt es?«, fragte er.

»Nichts. Dann sehen wir uns um sechs?«

»Aber ja.«

Wir trafen uns in einem kleinen Café. Ich war zwar froh, ihn zu sehen, sein Gesicht, sein blaues, leicht verschlissenes Hemd, doch ich hatte auch große Angst. Gern hätte ich mich so benommen, wie ich es mir vorgenommen hatte, also den Mund gehalten und mich damit zufriedengegeben, ihn zu sehen. Ich wusste, dass es falsch war, meine Neugier und meine quälende Eifersucht zu zeigen, aber seine Gegenwart machte alle meine Vorsätze zunichte. Ich war verwirrt. Hatte das Gefühl, die anderen Gäste schauten mich argwöhnisch an.

»Lass uns gehen«, sagte ich bald. »Hier können wir nicht reden.«

»Ja«, sagte er, »das ist wohl besser.«

Seine Zustimmung erschreckte mich. Also gab es da wirklich etwas, mehr als nur eine Befürchtung oder eine lächerliche Vermutung, da war etwas, und er stand kurz davor, es mir zu sagen. Vielleicht wollte er mich verlassen, liebte mich nicht mehr. Ich hoffte noch, dass es sich um eine Geldangelegenheit handelte, um eine Spielschuld. Ich bereitete mich darauf vor, jedes Geständnis zu akzeptieren.

Schweigend gingen wir einige Schritte. Dann sagte er: »Ich werde von der Polizei überwacht.«

Ich zuckte zusammen, erschrocken und erleichtert zugleich. »Warum denn?«, fragte ich leise. »Was hast du getan?«

»Nichts«, antwortete er mit einem bitteren Lächeln. »Ich bin Antifaschist.«

Ich weiß noch, dass mir bei diesem Wort war, als hätte ich einen heftigen Schlag gegen die Brust bekommen. Das Wort erschreckte mich, obwohl ich nicht wusste, was es bedeutete, ich hätte gar nicht sagen können, was ein Antifaschist ist, hatte nie einen gesehen. Manchmal las ich in der Zeitung, dass einer von ihnen ein Komplott geschmiedet, eine Bombe geworfen hatte und in den Rücken geschossen worden war. Sie waren Gesetzlose, dunkle Gestalten, Geächtete. Zu dieser Sorte Mensch gehörte Francesco, und ich ging seit Monaten neben ihm her, ohne es zu wissen. Mein Herz schlug heftig, und mir war übel, als hätte er mir eröffnet, dass er eine peinliche Krankheit hatte.

Alle diese Gedanken schossen mir blitzschnell durch den Kopf, während ich nach kurzem Schweigen nur sagte: »Ach.«

»Ist dir das unangenehm?« fragte Francesco betont verächtlich.

»Nein, warum sollte es?«

Ich fürchtete mich vor ihm, hatte Angst, er könnte mich misshandeln, schlagen, eine Bombe aus der Tasche ziehen. Ich hatte das Gefühl, in eine Falle geraten zu sein, und unwillkürlich tat ich so, als nähme ich seine Mitteilung ohne Erstaunen oder Missbilligung hin. Dabei hätte ich es nicht gewagt, das Wort »Antifaschist« zu wiederholen, so wie ich es auch nicht gewagt hätte, bestimmte Wörter in den Mund zu nehmen, die an Hauswänden standen und die ich als kleines Mädchen im Wörterbuch nachgeschlagen hatte. Ich hatte geglaubt, alles über ihn zu wissen. Stattdessen entpuppte er sich als unbegreiflich und rätselhaft, genauso wie Antonio. Lange hatte ich nicht an Antonio gedacht. Um meine Unvoreingenommenheit zu beweisen, sagte ich:

»Der Bruder einer Freundin von mir ist zusammen mit Kommunisten verhaftet worden.«

»Wann?«, fragte er und blieb abrupt stehen.

»Das ist lange her, 1936, glaube ich.«

»Ach, Schnee von gestern. Auch jetzt werden viele verhaftet. Vor ein paar Tagen wurde ich von der Polizei verwarnt.«

Ich konnte mein Unbehagen, den kindlichen Wunsch, zu weinen, nicht zurückhalten. Leute gingen vorüber, und ich traute mich nicht, aufzuschauen, beschämt, weil ich am Arm eines Mannes ging, dem ein heimlicher Makel anhaftete. Der Gedanke, dass es vielleicht schon immer in meinem Wesen gelegen hatte, verdächtige oder schuldige Männer anderen vorzuziehen, deprimierte mich. Darum hatte ich die Abruzzen verlassen, darum hatte ich Paolo nicht geheiratet, und darum waren mir gegenüber alle stets misstrauisch gewesen, so auch mein Vater, wenn er mit dem Finger an seiner Schläfe drehte, als wollte er eine Schraube festziehen, oder Onkel Alfredo, wenn sein Blick zu sagen schien: »Zieh dich aus.«

»Was hast du?«, fragte Francesco. »Vielleicht wäre es dir ja lieber, wenn ich Faschist wäre«, fügte er mit bitterer Ironie hinzu.

»Nein, nein«, antwortete ich erschrocken. »Oder, na ja, ich weiß nicht, das habe ich mich noch nie gefragt. Vor allem hätte ich nicht gedacht, dass Antifaschisten Menschen wie du sind.«

»Aha«, sagte er fast schon amüsiert. »Was dachtest du denn, wie sie sind?«

»Na, ordinäre Leute …«

»Was meinst du mit ›ordinär‹?«

»Leute aus anderen Kreisen, Terroristen …«

»Und ein Dozent könnte deiner Meinung nach kein Terrorist sein? Könnte nicht töten, falls es nötig ist?«

Er war verärgert. »Doch, natürlich«, sagte ich. Ich sah ihn an und war erstaunt über sein angenehmes, liebenswürdiges Gesicht, dasselbe wie tags zuvor. »Ich weiß nicht«, murmelte ich. »Ich weiß überhaupt nichts.«

»Da haben wir's: Du weißt überhaupt nichts.«

Nach diesen schroffen Worten schwieg ich beschämt. Ich hatte Angst, er würde mich verlassen, mich für ein zimperliches Gänschen halten. Das war schlimmer, als wenn er eine Geliebte gehabt hätte, es war vorbei, er liebte mich nicht mehr.

»Gerade weil zu viele Leute überhaupt nichts wissen, bin ich Antifaschist.«

Er hatte mit der Stimme gesprochen, die er mir gegenüber jeden Tag hatte, und es tat mir gut, ihn daran wiederzuerkennen. Also beruhigte ich mich etwas und fragte nicht weiter nach. Wir waren in einer einsamen Straße hinter der Engelsburg, einer unserer Lieblingsstraßen in Prati. Ich fühlte mich wie eingezwängt zwischen Francesco und der Erinnerung an Antonio. »Sie sind unzufrieden«, hatte Aida gesagt. Auch ich hatte nicht mehr die Kraft, so zufrieden zu sein wie früher. Das war vielleicht schlimmer, als wenn er mich verlassen hätte. Wir waren nicht mehr zufrieden, er war es nie gewesen.

Ich lehnte mich im Dunkeln an eine Hauswand und weinte.

Francesco umfasste meine Schultern. Es war das erste Mal, dass er sich traute, mich auf offener Straße in den Arm zu nehmen. Er schob sich den Hut etwas ins Gesicht. Ein Antifaschist, dachte ich, ich umarme einen Antifaschisten.

»Ist es so schlimm?«, fragte er mich mit einem zärtlichen Blick.

Ich schüttelte den Kopf.

»Liebst du mich?«

Ich nickte.

»Warum weinst du dann?«

Ich zuckte mit den Schultern, und er redete weiter: »Weine nicht. Ich liebe dich so sehr. Bitte verzeih mir, ich hätte es dir gleich erzählen sollen, aber über solche Dinge spricht man nicht mit fremden Menschen. Und später hatte ich Angst, dich zu verlieren, Angst, du könntest mich verlassen. Du verlässt mich doch nicht, oder? Du verlässt mich doch nicht?«

Freudlos schüttelte ich den Kopf. Die Passanten schauten uns neugierig an. »Sag mir, dass du mich liebst«, drängte er. »Willst du zu mir gehören? Sag es. Lächle doch. Keine Angst. Ich glaube nicht, dass sie mich verhaften. Und falls doch, denk daran, dass es nur für kurze Zeit sein wird. Sie werden den Krieg verlieren.« Ich schaute mich alarmiert um, obwohl Francesco extrem leise sprach. »Sie werden verschwinden. Und dann können wir endlich glücklich und zufrieden sein, dann werden wir heiraten, zusammen arbeiten, dann wirst auch du glücklich und zufrieden sein … Ich bin mir sicher, dass du noch nie richtig zufrieden warst.«

Ich sah seine begeisterten Augen unter der dunklen Hutkrempe, und ich glaubte zum ersten Mal sein wahres Wesen zu erkennen, so wie ich Paolo zum ersten Mal wirklich gesehen hatte, nachdem er mich auf der kleinen Mauer geküsst hatte.

»Überleg doch mal: Bist du jemals glücklich und zufrieden gewesen?«, insistierte er.

Tatsächlich kam mir mein ganzes Leben, als ich an mein ärmliches Viertel und an die großen Wohnblocks zurückdachte, in denen jeder Tag voller Mühe war, nach der kurzen, märchenhaften Zeit mit meiner Mutter nur traurig und elend vor. Ich war wirklich nie glücklich und zufrieden gewesen. Ich hatte gehofft, meine Unruhe würde sich schließlich legen, würde durch ihn und unsere Liebe vergehen. Stattdessen mussten wir weiter zusammen durch einen schmutzigen, dunklen Tunnel gehen.

»Es stimmt«, sagte ich und sah ihn fest an. »Ich war noch nie zufrieden.«

Anstatt mich zu trösten, lächelte er mich strahlend an, als wüsste er erst jetzt, dass ich ihn liebte. Er küsste mich lange auf den Mund. Währenddessen ging mir durch den Kopf, dass er nicht mehr so war wie am Tag zuvor, er war ein mir völlig unbekannter Mann. Beschämt erwiderte ich seinen Kuss, ohne Freude oder Lust. Seine Lippen schmeckten nach kaltem Rauch.

Es mag übertrieben wirken, doch als ich an diesem Abend heimkam, war mir, als verfolge mich jemand auf der Treppe. Seit Francesco mir sein schreckliches Geheimnis anvertraut hatte, fühlte ich mich wie in einem kalten Scheinwerferlicht, das uns überwachte. Zu Hause packte mich eine unbändige Angst. Das Radio lief, und die arrogante Stimme schien mir quer durch die Wohnung nachzulaufen und streng auf mich zu zeigen. Ich spähte zum Telefon, zur Wohnungstür, fürchtete, dass alle Bescheid wussten, dass mein Vater vom Nachbarn gewarnt worden war und nur schwieg, um Macht über mich zu haben. Bestimmt wusste auch Lascari Bescheid, denn tatsächlich wirkte er verärgert, als er erfuhr, wie eng meine Freundschaft zu Francesco inzwischen war.

Von schlechtem Gewissen geplagt, war ich an diesem Abend besonders zuvorkommend zu meinem Vater, misstraute ihm aber und sogar seiner Blindheit. Ich befürchtete, er verstellte sich, um mich besser ausspionieren zu können, ließe plötzlich seine Maske fallen und sagte mir vorwurfsvoll, als wäre ich in einer Sekte, auf den Kopf zu, dass ich mit Francesco zusammen war. Hätte er etwas gegen ihn gesagt, hätte ich herausfordernd geantwortet: »Ja, auch ich bin seit Jahren Antifaschistin, seit Antonios Verhaftung.«

Ich wunderte mich über diesen sonderbaren Zufall. Vielleicht, so dachte ich wieder, bin ich schwach und lehne mich deshalb an starke Männer an. Nicht weniger erstaunt fragte ich mich, ob sie wirklich stärker waren oder doch eher schwächer, wie Claudio behauptete. Alles sprach gegen Francesco. Er hatte mir von den Schwierigkeiten mit seinen Studenten wegen der Gerüchte erzählt, die über ihn kursierten und die sogar andeuteten, er könne seinen Lehrauftrag verlieren. Bis dahin hatte ich Francesco für selbstbewusst und stolz gehalten, stattdessen ahnte ich nun den Grund für seine Einsamkeit. Ich hatte mich damals zu Antonio hingezogen gefühlt, weil mir ebendiese Einsamkeit leidgetan hatte, und aus demselben Grund blieb ich nun mit dem Wunsch, ihn aufzumuntern, bei Francesco.

In Gedanken besuchte ich ihn in seiner Wohnung, die ich nicht kannte. Ich bewunderte ihn, sprach ihm Mut zu wie einer verwirrten, romantischen Seele, die mir anvertraut war. Ich hatte keine Ahnung, was er eigentlich tat, und so konnte ich ihn in seinem Doppelleben nicht begleiten. Ich stellte mir vor, dass er wie die Verschwörer im 19. Jahrhundert nachts vermummt aus dem Haus ging, erinnerte mich an seinen tief ins Gesicht gezogenen Hut, als er mich in Prati auf der Straße umarmt hatte. Und ich wusste, dass ich ihm überallhin folgen und sogar draußen vor dem Haus Schmiere stehen würde, um ihn vor der Ankunft der Polizei zu warnen. Ich war durch eine Komplizenschaft untrennbar mit ihm verbunden, von der ich nicht einmal wusste, worin sie bestand. Ich schämte mich, ihn zu fragen: »Was tun Antifaschisten eigentlich?«

An diesem Abend heulten wieder die Sirenen. Eine befand sich auf dem Dach des Nachbarhauses und erklang laut vor meinem Fenster. Mein Vater und ich blieben zunächst still sitzen, aber mit jedem neuen Signal wurde mein Vater blasser. Auch ich hatte Angst, denn dieses Geräusch schien mich aufzufordern, über meine geheimsten Gedanken Rechenschaft abzulegen. Jeder Sirenenton schubste mich vorwärts, drängte mich, zu fliehen, mich zu verstecken. »Wollen wir hinuntergehen?«, schlug ich vor.

Gerade als wir die Wohnung verließen, rief Francesco an, um mich zu beruhigen, aber die Sicherheit, mit der er sprach, ließ mich vermuten, zwischen ihm und den Flugzeugen gäbe es eine mysteriöse Verbindung, die ich mir nicht vorzustellen wagte. Anstatt mich zu beruhigen, bewirkte sein Zuspruch das Gegenteil.

In der Nacht konnte ich nicht schlafen. In meinen Sachen hing noch der muffige Geruch des Luftschutzkellers. Es war nicht eine Bombe gefallen. Trotzdem hoffte man auch in Rom nicht mehr darauf, verschont zu bleiben, denn die Kriegsmeldungen wurden immer besorgniserregender, und in anderen Städten gab es nun täglich Bombenangriffe. Im Luftschutzraum hatten wir ringsherum an den Wänden auf Holzbänken gesessen, und mein Vater hatte sich bei mir untergehakt. Bei den Frauen saßen verschlafene Kinder, für die das nächtliche Abenteuer ein Spiel war und die mit einer

Mischung aus Angst und Neugier die Augen meines Vaters anstarrten. Die Männer pendelten zwischen der Haustür und dem Schutzraum und gaben kurze Lageberichte ab, die uns beruhigen sollten. »Sie kommen nicht«, sagten sie, »nach Rom trauen sie sich nicht.« Sie redeten immer in Andeutungen. »Sie sind nicht da«, verkündeten sie, wenn sie in den Keller zurückkamen. Oder: »Sie schießen nicht.« Genauso wie Aida einmal gesagt hatte: »Sie sind unzufrieden.«

Es kam mir so vor, als meinten sie Francescos Freunde und damit indirekt auch ihn und mich. Eine vor Angst zitternde Frau hatte mich gefragt, woher ich meinen Mut nähme. Die schlaftrunkenen Kinder schauten mich an, unschuldig und wehrlos. Die anderen Frauen pressten ihre Kinder an sich, die Kleider in Unordnung, die Gesichter verstört und ängstlich. Die Männer sprachen ihnen mit fadenscheinigen Lügen Mut zu, sahen ihnen nicht in die Augen und nahmen sie nicht in den Arm, wie dagegen Francesco es getan hatte, als er mich fragte: »Du verlässt mich doch nicht, oder, du verlässt mich doch nicht?« Nun konnte ich alles aushalten, sogar den Krieg. Ich lehnte meinen Kopf an die rauhe Kellerwand und musste nur die Augen schließen, um bei Francesco zu sein. »Dann werden wir heiraten«, hatte er gesagt. Wir werden zusammen in den Luftschutzkeller gehen, dachte ich, und wenn er von Bomben erschüttert wird, sagen wir uns: »Keine Angst, ich liebe dich.« Genau das wollte Francesco ausdrücken, als er mich anrief. Als der Alarm vorüber war, begannen alle nervös zu lachen. »Nach Rom trauen sie sich nicht«, sagten sie und schienen mich herausfordernd anzusehen. Ich zog eine finstere Miene, war schon Francescos Komplizin, der gesagt hatte: »Kein Zweifel, wir werden den Krieg verlieren. Dann werden wir glücklich und zufrieden sein.«

Trotzdem wurde mir in dem kalten Bettzeug nicht so

recht warm. Ich sah wieder die Kinderaugen vor mir, die mich fragend anschauten, die dicken, zitternden Frauen. »Warum tust du das, Francesco?«, fragte ich ihn und hörte das Brummen der Flugzeuge. »Bist du sicher, dass sie das rettet? Und bist du sicher, dass sie überhaupt gerettet werden wollen?« Ich fragte mich, ob er das Recht hatte, ihr Leben umzustürzen und das der Frauen, die vielleicht nur wie meine Mutter sein wollten. Er stürzte auch mein Leben um, und ich akzeptierte es, ich akzeptierte seine Situation und jedes Unglück. Ich wäre jeden Tag zum Gefängnis gelaufen, um ihm Essen zu bringen, hätte mit den anderen Frauen in der Schlange gestanden wie Aida, mit einer heißen Suppe im Kochgeschirr. Ich hatte gehofft, er würde mir sagen, dass ich für ihn immer das Wichtigste sein würde, auch wichtiger als diese zersetzende Unzufriedenheit. Stattdessen hatte er gesagt, wir seien noch nie zufrieden gewesen. Gern hätte ich ihn angerufen, ihn beschworen: »Sprich mit mir, sag mir, dass du im Park der Galleria Borghese glücklich und zufrieden warst.« Aber das konnte ich nicht tun. Seine Mutter schlief, und bestimmt schlief auch er. Ich überlegte, dass er auch in dieser Nacht verhaftet worden sein konnte. Ich sah ihn an den weißen Statuen vorbei schlaftrunken über die Engelsbrücke gehen. Zu beiden Seiten hatte er einen Polizisten in Zivil. Sie schleppten ihn von mir weg. »Francesco«, flüsterte ich erschöpft.

Meine Treffen mit Francesco waren nun von Unruhe und Angst geprägt. Während wir in der ersten Zeit darauf bedacht gewesen waren, möglichst viele freie Tage zu haben, beschäftigte uns nun vor allem die Frage, was wir tun sollten, falls man Francesco verhaftete. Er befürchtete, ich könne am Ende in Verdacht geraten, wenn ich ihn täglich traf. »Verzeih«, sagte er und küsste mir die Hände. »Ich kann nicht anders, ich muss dich sehen.«

In solchen Momenten bereitete mir die Liebe noch Freude. Ich wünschte mir, man möge mich verhaften, ins Gefängnis sperren, foltern, und ich würde seinen Namen nicht verraten. »Ich habe keine Angst«, sagte ich, im Gegenteil, die Gefahr gab unseren Treffen den Reiz des Abenteuers. Jeden Abend trennten wir uns verzweifelt, als wäre es ein Abschied für immer. Doch sofort kamen wir wieder zurück, um uns mit zusammenhanglosen, wirren Worten noch ein letztes Mal Lebewohl zu sagen. Bis er sich ruckartig von mir löste und die Dunkelheit seine geliebte Gestalt verschluckte.

Ich lebte nun den ganzen Tag über in nervöser Anspannung. Dabei schien alles wie vorher zu sein. Das nahm mir den Atem, erschütterte mich. Es wäre mir lieber gewesen, wenn die Gefahr sichtbar geworden und damit leichter zu bekämpfen gewesen wäre.

»Sag, was ist denn geschehen?«, bat ich Francesco.

»Sie haben mich und einen Freund vorgeladen. Ihn haben sie dabehalten, ich bekam nur eine Verwarnung.«

»Und weiter?«

»Nichts weiter. Wenn ich nicht aufhöre und sie mich erwischen, sperren sie mich ein.«

»Und was wirst du tun?«

Er sah mich zärtlich an, nahm meine Hand und küsste sie lange, ohne zu antworten.

»Du machst weiter, oder?«

»Wie könnte ich denn nicht weitermachen? Sonst wäre ich nicht mehr ich selbst, ich müsste ja meine ganze Lebenseinstellung aufgeben, du würdest mich nicht wiedererkennen und vielleicht würdest du mich auch nicht mehr lieben.«

»Wie könnte ich denn nicht weitermachen?«, sagte ich auch zu Fulvia. Zunächst hatte ich der Versuchung widerstanden, mit ihr zu sprechen, aber nach einigen Tagen konnte ich sie nicht mehr belügen oder mir am Telefon nichts anmerken lassen. »Was hast du?«, fragte sie mich jedes Mal. Mein hartnäckiges Schweigen brachte sie auf die Idee, Francesco liebe mich nicht mehr, und das war zu viel. Wir schlossen uns in ihr Spielzimmer ein, und ich erzählte ihr alles. Fulvia legte ihre Hand auf mein Knie und hörte mir ernst zu. Schließlich fragte sie mich zaghaft, ob ich mich noch weiter mit Francesco treffen wolle. »Wie könnte ich es denn nicht mehr tun?«, antwortete ich. Ich schaute mich um: das vertraute Zimmer, die alten Möbel. »Erinnerst du dich noch an den Tag, als Aida uns erzählte, dass Antonio verhaftet wurde? Damals riss Maddalena ihrer Puppe die Augen aus.« Ich hatte den Eindruck, schon seit damals immer weiterzumachen. Dann erkundigte sich Fulvia nach Francescos Aktivitäten, und ich wusste eigentlich nichts. Er hatte mir von Versammlungen erzählt, von Reden vor Studenten, von Flugblättern … »Genau wie Antonio!«, rief sie. »Ja«, sagte ich und stellte fest, dass sich in den vielen Jahren nichts geändert hatte. »Sie sind unzufrieden«, sagte ich. Die Unzufriedenheit unserer Freunde steckte uns an und quälte uns. Am liebsten hätte ich protestiert, geschrien. Ich sagte: »Wie soll man sich denn damit abfinden, unzufrieden zu sein? Besser, man kommt ins Gefängnis oder stürzt sich in den Fluss.«

Kaum hatte ich das gesagt, lief es mir kalt den Rücken herunter. Die traurigen Worte von Tante Violante kamen mir in den Sinn und auch die stolzen Worte der Großmutter, die allerdings alle mit dem Ratschlag, mich rasch in die Dinge zu fügen, von den gleichen bitteren Erfahrungen zeugten. Die Großmutter und Tante Violante hatten mich ermahnt: Beide liebten mich und wollten daher nicht, dass ich auf das ewige Glück hoffte. Auch meine Mutter hatte mich, als ich klein war, manchmal vom Fenster weggerissen, an dem ich meinen Träumen nachhing. Und die Großmutter hatte das Harmonium auf dem Dachboden eingeschlossen.

Ich schob diese Gedanken beiseite und flüchtete mich in die Erinnerung an Francesco. Wir mussten zusammen kämpfen, um unser von Liebe erfülltes Leben zu verteidigen. Ich würde mich nie daran gewöhnen, nicht an ihn zu glauben, und würde auch nicht zu den kleinen, schmutzigen Dingen herabsinken, die die Ordnung des Spielzimmers zerstört hatten. »Wir werden heiraten«, verkündete ich Fulvia.

Francesco und ich sprachen oft davon. Mit der ungezwungenen Erwähnung der Zukunft wollten wir uns in Sicherheit und Unverletzbarkeit wiegen. So gewann unsere Geschichte langsam wieder die Oberhand. Die Gefahr war allgegenwärtig geworden, und die anstrengende Arbeit im Haushalt und im Büro, die ich zuvor problemlos ertragen hatte, lastete wie ein grausamer Zwang auf mir. Ich vernachlässigte Studium und Haushalt. Die Blindheit meines Vaters schien auch für die Blindheit zu stehen, in der sich sein Leben abgespielt hatte. Ich warf ihm vor, nie gekämpft, sondern, sich ganz auf den Staat und seine Pension verlassend, ruhig geschlafen zu haben.

Francesco hatte mir ein paar Bücher geliehen, die ich in meinem Wäschefach aufbewahrte. Ich las sie nachts und versteckte sie anschließend wieder, und doch schien alles in der Wohnung, Wände und Möbel, ihr Vorhandensein zu verraten. Durch diese Lektüre, die meine Komplizenschaft mit Francesco hinreichend bewies, war nun auch ich schuldig geworden. Ich konnte es kaum erwarten, ihn zu heiraten, um diese Komplizenschaft zu bekräftigen. Er schaute mich voller

Bewunderung und Dankbarkeit an, und ich bewunderte mein Spiegelbild in seinen Augen. Wie herrlich war das! »Ich möchte, dass wir so schnell wie möglich heiraten«, sagte Francesco, »ich rede mit deinem Vater.«

Schüchtern öffnete ich Francesco die Tür. Bisher kannte er mich nur durch meine Geschichten. Ich hatte ihm von den Möbeln aus den Abruzzen erzählt, die unsere Wohnung und meine Kindheit alptraumhaft erdrückt hatten. Nun fürchtete ich, dass sie in seinen Augen gewöhnlich und harmlos wirken könnten und er meine Darstellung als Produkt einer überspannten Phantasie sah, dabei hatte ich doch die Wahrheit gesagt. Als er hereinkam, bewunderte er auch gleich einen großen Schrank, den unser Nachbar als wertvoll eingeschätzt hatte. Es war der schwarze Kleiderschrank, der wuchtig mein Kinderbett überragt hatte und von dem ich geglaubt hatte, Cola würde in ihm spuken, weil er nachts knarrte.

Francesco schaute sich um und kam wohl zu dem Schluss, dass wir in bescheidenen Verhältnissen lebten. Seine Wohnung sah, wie ich später feststellte, ganz anders aus. Sein Vater war Richter gewesen, überall standen Bücher in Glasschränken, auch in der Diele. Bei uns in der Diele stand nur eine Waage, auf der mein Vater das Mehl aus dem Dorf wog.

Ich hatte meinem Vater tags zuvor Bescheid gesagt. Aber anstatt sich über die Nachricht zu freuen, schwieg er einen Moment lang gleichgültig und fast schon ablehnend. Durch diesen Schritt passte Francesco nicht mehr in das Bild, das mein Vater sich zu meinem Ärger von ihm gemacht hatte. Trotzdem umarmte er mich. Am Morgen wollte er sich rasieren, zog einen dunklen Anzug an und erkundigte sich, welche Krawatte ich ihm herausgesucht hatte. Ich hatte Blumen gekauft und, da ich Francesco einen Kaffee anbieten wollte, aus der Anrichte die feinen Tassen genommen, die wir sonst nie benutzten.

Ich ließ die beiden allein. Als ich mit dem Kaffee zurückkam, hatten sie das Ziel ihres Gesprächs schon erreicht. Francesco hatte über sich und seine Familie Auskunft gegeben, hatte erklärt, dass wir in einem Monat heiraten wollten, und erfahren, dass ich keine Mitgift besaß, abgesehen von der Aussteuer, die die Großmutter aus den Abruzzen schicken würde, und von einem Stück Land, das mir nach ihrem Tod zustehen würde. Als ich eintrat, sprach mein Vater gerade über dieses Stück Land, und ich kam mir vor wie bei einem Viehhandel. Die zwei Männer hatten diese grobe Aufgabe unter vier Augen leichthin erledigt, schienen sich aber in meiner Gegenwart dafür zu schämen. Ich spürte keine Liebe mehr für Francesco, sondern nur noch den Wunsch, zu protestieren und wegzulaufen. Er hatte kein einziges Mal widersprochen und sogar erklärt, solche Einzelheiten interessierten ihn nicht. Mein Vater hatte noch gesagt, ich sei eine ganz ordentliche Hausfrau und verdiene gut im Büro. Francesco lachte. Ich hasste sie. Voller Groll servierte ich ihnen den Kaffee. Beim Abschied sagte Francesco: »Er ist ein anständiger Mann«, und ich schloss die Tür hinter ihm wie hinter einem Fremden.

Ich hoffte, wenigstens bei den Vorbereitungen zu unserer bevorstehenden Hochzeit wieder glücklich zu werden, aber ich hatte das Gefühl, in ein unaufhaltsames Räderwerk geraten zu sein. Seit dem Tag, als Francesco mit meinem Vater gesprochen hatte, bis zu unserer Hochzeit waren wir mit viel Lauferei beschäftigt. Wir mussten Probleme lösen, die scheinbar mit unserer Liebe zu tun hatten, in Wahrheit aber nur von ihr ablenkten. Eher an einsame Orte und heimliche Treffen gewöhnt, war ich nun verwirrt. Ich hielt es für einen großen Fehler, dass wir so viele Menschen und Dinge in unsere eifrig gehütete Zweisamkeit einbezogen. Ich erzählte Francesco von meiner Befürchtung, der das für einen Scherz hielt und lächelte. Dann küsste er mich, und wenn er mich küsste, glaubte ich nicht mehr, dass wir im Begriff waren, einen Fehler zu begehen.

Wir waren arm und konnten keinen großen Aufwand betreiben. Doch unsere zukünftige gemeinsame Wohnung lag in einem stilvollen Mietshaus in Parioli, das mich anfangs einschüchterte, besonders der Portier, der den »Professore« respektvoll grüßte und dann mit einem Seitenblick zu mir sein Missfallen über dessen Wahl bekundete.

Ich litt unter solchen Urteilen und fürchtete, Francesco nicht mehr zu gefallen. In dieser Zeit beachtete er mich weniger, da er viel zu tun hatte. Wenn er mich nicht anschaute, fühlte ich mich nicht mehr schön. Ich kaufte mir ein paar Kleider, aber da Fulvia mich beriet, glaubte Francesco, sie könnten zu exzentrisch oder zu auffällig sein. Die beiden lernten sich in diesen Tagen besser kennen und gaben sich alle Mühe, um sich anzufreunden. Aber sie schafften es nicht einmal, sich das Du anzubieten.

Die Angst, die für uns zunächst nur in die Ferne gerückt war, verschwand allmählich ganz. Es war unvorstellbar, dass man es auf zwei Menschen abgesehen haben könnte, die in redlichen Hochzeitsvorbereitungen steckten. Francesco hätte damals unmöglich abstreiten können, dass er zufrieden war. Manchmal dachte ich, er hätte die Gefahr, in der er sich wähnte, übertrieben, was ihn in meinen Augen noch liebenswerter machte und mich in meinem Wunsch bestärkte, ihn zu begleiten und zu beschützen. Und seit wir uns die neue Wohnung angeschaut hatten, war auch die Angst verschwunden, unsere geliebte Einsamkeit könnte verloren gegangen sein. Nur noch wenige Wochen, und das ganze Leben würde wie auf dem Palatin und wie im Park der Villa Borghese sein.

Ich hatte mir vorgenommen, bis zur Hochzeit einige idyllische Tage zu verbringen. Es war Frühling geworden, die Stadt, der Fluss, die Farbe des Himmels veränderten sich, und gern hätte ich mich an alledem zusammen mit meinem Liebsten erfreut. Jeden Tag plante ich einen romantischen Spazierweg für den folgenden Tag, aber dann blieb uns keine Zeit dafür. Eines Abends besuchten wir den Park der Villa Borghese. Licht schimmerte durch das erste frische Grün der Bäume, die Sonne ging spät unter, die Tage wurden länger. Wir fanden kein dunkles Plätzchen mehr. In der Angst, gesehen zu werden, küssten wir uns hastig. Ich hatte auf einen schönen Abend gehofft, wie in unserer Anfangszeit, hatte mir sogar vorgestellt, er müsse jetzt, ohne Angst und ohne schlechtes Gewissen, noch schöner sein. Aber wir spürten die frühere Leidenschaft nicht mehr, die verstohlenen Küsse befriedigten uns nicht mehr, warteten wir doch sehnlichst auf die uneingeschränkte Freiheit, die vor uns lag.

»Francesco, lass uns zum Küssen oft zur Villa Borghese kommen«, sagte ich. »Auch nach der Hochzeit. Ich möchte diese Gewohnheit nicht aufgeben.« Der Frühlingsabend war wunderbar mild. »Lass uns immer zum Gianicolo oder zum Palatin gehen …« Ich schmiegte mich an seinen Arm und fuhr fort: »Weißt du, ich mache mir Sorgen. Keines der Paare, die an uns vorübergehen, ist verheiratet.«

»Aber natürlich«, sagte er. »Ganz bestimmt.«

»Nein«, beharrte ich verstört. »Ich bin mir sicher. Fragen wir sie doch.«

Er lachte liebevoll. In letzter Zeit hatte er nicht oft gelacht. »Ich mache mir wirklich Sorgen«, wiederholte ich. »Ehepaare kommen nie in den Park der Villa Borghese. Außer sonntags mit den Kindern. Nicht wahr, Francesco, bei uns wird das anders sein. Versprichst du mir das? Wir werden immer zusammen spazieren gehen, ja?«

»Ja«, versicherte er mir und sah mich ernst und zärtlich an, »das verspreche ich dir.«

Da musste ich ihm glauben. Langsam gingen wir Arm in Arm zurück. Ich erzählte ihm von der Via Paolo Emilio, von der Ödnis der Ehen, vom mühseligen, traurigen Leben aller Frauen, das ich beobachtet hatte. In den ersten Ehejahren warteten die jungen Frauen noch ungeduldig auf den Sonntag, weil sie hofften, in ihrem Mann wieder den glühenden, hingebungsvollen Geliebten von einst zu finden. Später warteten sie nicht einmal mehr auf diesen Tag, dafür lernten sie, einen schönen Sonntagskuchen zu backen. Fieberhaft kramte ich in meinem Gedächtnis, um auch nur ein einziges Paar zu finden, das dieser Gefahr entgangen war. »Nicht eines«, sagte ich verzagt, »mein Gott, nicht eines. Wenn sie ausgehen, dann höchstens ins Kino. Dann sehen Fulvia und ich sie in den Pausen gähnen.«

»Wie könnte das denn bei uns möglich sein?«, fragte Francesco. Er sprach nun von meiner Phantasie und meinem Charakter, und ich beruhigte mich. Ich hörte ihm gern zu, wenn er über mich redete. An diesem duftenden Abend fühlte ich mich wieder leicht und glücklich. Wir lächelten, als wir, ohne es zu wissen, den Park zum letzten Mal glücklich verließen.

Damals stellte mir Francesco einige seiner Freunde vor, die wie er unzufrieden waren.

Er freute sich, dass mir seine Freunde gefielen und ich ihnen. Bei diesen Gelegenheiten führte ich angenehme Gespräche und sagte stets kluge Dinge. Aber ich war nicht mehr Alessandra, ich war die von Francesco geliebte Frau. Mir gefiel der Gedanke, dass er eine außergewöhnliche Frau liebte. Alberto und Tomaso hörten mir fasziniert und gespannt zu. Alberto war Philosoph und schon vierzig Jahre alt. Er unterrichtete nicht mehr. Er schrieb Bücher, die nicht veröffentlicht werden durften und als Typoskripte unter seinen Freunden kursierten. Tomaso war Journalist. Er war nicht zufrieden, schien es aber zu sein. Das sei sein Beruf, sagte er, doch ich verstand, dass es sein Wesen war. Tomaso war siebenundzwanzig und nannte Francesco zum Spaß den »Chef«. Anfangs überließen die beiden mir ihren Freund nur zögerlich, vor allem Alberto, aber dann drängten sie ihn mir voller Wohlwollen geradezu auf. Ich spürte, dass Francesco mich sehr liebte, als wir Arm in Arm weggingen. Wir waren hochgewachsen, und unsere Schritte passten gut zusammen. Aber sie waren zu sicher geworden.

Die Begegnung mit seiner Mutter war nicht so unkompliziert. Ich wäre gern in Francescos Begleitung zu ihr gegangen, aber er hatte am Telefon gesagt: »Wir erwarten dich«, und ich hatte mich nicht getraut zu widersprechen.

Es war ein wunderschöner Nachmittag, der gelbe Himmel spiegelte sich im grauen Wasser des Flusses. Vom Frühling bezaubert, kam ich etwas konfus bei den beiden an. Mein Haar war zerzaust, meine Miene geistesabwesend. Auch meine Mutter war oftmals gerade dann abgelenkt gewesen, wenn sie den besten Eindruck hatte machen wollen. Die geräumige Diele mit den alten Möbeln und den roten Vorhängen schüchterte mich sofort ein, ich verglich sie unwillkürlich mit unserem ganz von der Waage beherrschten Flur.

Mir fehlte die Unterstützung Francescos, der zum ersten Mal nicht nur mir gehörte, sondern auch der Sohn der alten Signora mit dem engen, weißen Halsband war. Mir war beklomm zumute, ich wagte es nicht, mich umzusehen und die Dinge kennenzulernen, mit denen er lebte und deren Anblick mich traurig machte. Seine Mutter musterte mich. Sie war nicht erfreut über unsere Heirat, da ich kein Geld hatte und arbeiten gehen musste. Aber sie ließ sich ihre Abneigung nicht anmerken und war sogar höflich. Beiläufig erkundigte sie sich, ob ich denn eine gute Schreibkraft sei, und Francesco erklärte hastig, ich sei die Sekretärin des Chefs. Das stimmte zwar, doch er sagte es, weil er sich für mich schämte. Dabei hatte er stets eine große Hochachtung vor meiner Arbeit gezeigt, er selbst hatte Alberto und Tomaso davon erzählt und hinzugefügt, dass ich außerdem noch die Zeit fand zu studieren. Seine Mutter bedauerte, ihren Sohn finanziell nicht unterstützen zu können, was mir ermöglicht hätte, meine Arbeit aufzugeben.

»Aber wieso denn, Signora?«, erwiderte ich. »Das wäre nicht richtig. Selbst wenn Francesco viel Geld hätte, wäre ich gern berufstätig, um mein Teil zu unserem Lebensunterhalt beizutragen. Es ist doch unangenehm, von der Arbeit des Mannes abzuhängen. Übrigens hat auch meine Mutter gearbeitet. Sie war den ganzen Tag außer Haus, um Klavierstunden zu geben.«

An dem nun folgenden kühlen Schweigen merkte ich, dass ich einen Fehler gemacht hatte. Ein Dienstmädchen brachte Tee. Auf dem Tablett standen sehr schöne Tassen. Auch sie, dachte ich, haben ihr bestes Geschirr hervorgeholt. Aber das war noch lange kein Grund, mich für meine Mutter zu schämen.

Scheinbar unbefangen half ich dem Dienstmädchen, den Tee einzuschenken. Francesco schaute mir zufrieden zu, und auch die Signora schien meine Geste zu schätzen, zu der eigentlich nicht viel gehörte, sie war selbstverständlich, jedes junge Mädchen wäre dazu imstande gewesen, während durchaus nicht jede meine Stellung im Büro hätte einnehmen können. Das Gespräch kam auf unsere Hochzeitsvorbereitungen, ich verlor meine anfängliche Scheu und betrachtete die gerahmten Fotografien. Signora Minelli missbilligte die Wahl unserer Wohnung, obwohl es in diesen Zeiten schwer war, überhaupt eine zu finden. Sie sei zu klein, sagte sie. »Ihr müsst an die Zukunft denken. Ihr heiratet doch, um Kinder zu bekommen …«

»Oh nein, Signora«, unterbrach ich sie in der Annahme, sie zu beruhigen. »Deswegen heiraten wir nicht. Wir heiraten, um immer zusammen zu sein.«

Wieder riefen meine Worte ein peinliches Schweigen hervor. Francesco legte mir seinen Arm um die Schulter.

Seine Mutter lächelte säuerlich und goss sich Tee nach. Mit einem raschen Blick zu Francesco sagte sie: »Sie ist reizend in ihrer Naivität.«

Ich wollte widersprechen, klarstellen, dass ich nicht naiv war, es nie gewesen war, doch Francesco drückte mich fester an sich, um mir zu bedeuten, dass ich schweigen solle. Um die Situation zu entkrampfen, wechselte er das Thema, und ich hatte das Gefühl, in eine Falle geraten zu sein. Die beiden redeten über Verwandte und Freunde, denen sie eine Heiratsanzeige schicken sollten, und überlegten, ob man zu unserem Fest im engsten Kreis auch Signora Spazzavento einladen müsse, auf deren Meinung sie großen Wert legten. Ich räumte ein, keine Verwandten in Rom zu haben. Dass Tante Sofia, wie es dann geschah, aus den Abruzzen zu meiner Hochzeit kommen würde, vermutete ich nicht. Ich sagte, ich hätte nur eine Freundin in der Via Paolo Emilio. Also wurde beschlossen, Signora Spazzavento einzuladen. Ich hörte niedergeschlagen zu. Dieses Fest und diese Vorbereitungen schienen überhaupt nichts mehr mit den Gesprächen zu tun zu haben, die Francesco und ich im Park der Villa Borghese oder auf dem Gianicolo geführt hatten.

»Und wohin soll eure kleine Hochzeitsreise gehen?«, fragte Signora Minelli, als wir uns verabschiedeten.

Francesco hatte meinen Arm genommen, daher fühlte ich mich stärker.

»Bitte entschuldigen Sie, Signora«, sagte ich freundlich und wurde rot, »das ist unser Geheimnis.«

Als wir auf der Straße standen, wirkte Francesco nicht gerade erfreut über diese Antwort. Ich versuchte, ihm zu erklären, dass ich den Ort nur deshalb nicht verraten hatte, weil ich unsere alte Heimlichkeit noch einmal wiederaufleben lassen wollte. Er zog mich im Schatten der Platanen am Lungotevere an sich. »Aber ja, natürlich«, sagte er, »mir gefallen sogar deine Launen.«

Ich gab mir die größte Mühe, ihm zu erklären, dass das keine Laune war. »Fulvia versteht das«, sagte ich, »sie versteht das sehr gut.«

»Ja, sicher«, sagte er, um meine Streitlust zu besänftigen, denn er wollte mich küssen.

Seit wir den Hochzeitstermin festgelegt hatten, kam es häufig vor, dass er meine Taille umfasste und, sich seines Rechts darauf bewusst, mich unversehens küsste. Und je mehr seine Sicherheit zunahm, desto befangener wurde ich. Seit einiger Zeit dachte ich nur noch an unsere bevorstehende erste Nacht. Ich konnte mich der süßen und schrecklichen Erwartung nicht erwehren. Diese Nacht mit allen ihren Einzelheiten beherrschte meine Gedanken, auch wenn ich im Büro ans Telefon ging, wenn ich an der Schreibmaschine saß oder wenn ich die Briefe stenographierte, die Signor Mantovani mir diktierte. Selbst die Anprobe des blauen Morgenrocks, den ich bestellt hatte, versetzte mich in Aufregung. Blau hatte ich in Erinnerung an das Kleid meiner Mutter gewählt. Beim Einschlafen stellte ich mir vor, wie Francesco den Gürtel dieses Morgenrocks löste. Es war wie ein Film, den meine Phantasie ununterbrochen abspulte. Dabei faszinierte mich weniger das Begehren als vielmehr die religiöse Bedeutung des Ritus unserer Vereinigung. Versonnen malte ich mir aus, was Francesco zu mir sagen würde. Wie damals in der Kirche durchströmte mich ein unaufhörlicher Fluss von Liebesworten. Ich stellte mir Francescos Zärtlichkeiten vor und senkte den Blick, sah in meiner Phantasie, wie ich in unserem Schlafzimmer anmutig vor ihn hintrat. Dieses Zimmer unterschied sich von allen, die ich kannte, es war groß, elegant und gedämpft durch weiche Vorhänge, ich ging über einen flauschigen Teppich. Es herrschte sanftes Licht, und in einer Ecke standen langstielige, duftende Tuberosen. So einen Raum hatte ich noch nie gesehen, aber so stellte ich mir die Zimmer in der Villa Pierce vor.

Eines Tages waren wir allein in unserer neuen Wohnung. Die Lastträger waren gegangen, nachdem sie die polierten Schlafzimmermöbel aufgestellt hatten, ein Geschenk von Signora Minelli. Als die Tür ins Schloss gefallen war, standen Francesco und ich uns zu beiden Seiten des großen Bettes gegenüber. Die neuen, makellosen Möbel standen da wie noch im Schaufenster. Das Weiß der Matratze wirkte aufdringlich und unverschämt.

Francesco küsste mich, schob mich mit sanftem Druck quer auf die Matratze und legte sich zu mir. Im Liegen hatte sein Gesicht einen Ausdruck, den ich noch nicht kannte, ich streichelte es, um damit vertraut zu werden. Ich hatte noch nie neben ihm gelegen. Er küsste mich, und ich sah sein Gesicht nicht mehr. Vom Hof klangen die Stimmen spielender

Kinder herauf. »Wir sind allein«, raunte Francesco. »Willst du?« Er begann, meine Bluse aufzuknöpfen.

Ich löste mich von ihm und sprang auf. Er folgte mir und sagte, ich solle keine Angst haben.

»Ich habe keine Angst«, sagte ich. »Aber willst du das hier? Wirklich hier?«

Ich ließ meinen Blick durch das kalte Zimmer schweifen, über die weiße Matratze und das Stromkabel, das von der Decke hing. »Hier?«, wiederholte ich und sah mich in Gedanken im blauen Morgenmantel. ›Nein, es wird bestimmt nicht in der ersten Nacht passieren‹, dachte ich. ›Es wird schon schwer genug werden, mit ihm allein im Hotel zu sein.‹

Er fuhr sich durchs Haar, sagte: »Entschuldige. Ich liebe dich so sehr. Lass uns gehen.«

Wir heirateten in einer kleinen, romantischen Kirche, in Sant'Onofrio am Fuß des Gianicolo. Ich hatte sie in Erinnerung an unseren ersten gemeinsamen Spaziergang ausgesucht und auch, weil meine Mutter mir oft von ihr erzählt hatte. Sie war abends mit Hervey von der Villa Pierce heruntergeschlendert und zu einer kurzen Verschnaufpause mit ihm in diese Kirche gegangen. Als wir sie zum ersten Mal besuchten, hatten wir das Gefühl, an einem doppelt geheiligten Ort zu sein. »Sie werden auch hier sein«, hatte ich mit einem entzückten Blick auf die Bänke gesagt.

Am Abend vor der Hochzeit hatte sich Francesco wie in unserer Anfangszeit an der Haustür von mir verabschiedet. Tante Sofia war gekommen und schlief auf dem Feldbett, so dass es unmöglich für uns geworden war, einen Moment der Einsamkeit und Freiheit zu finden. Wir waren nur noch wie zwei Geschäftspartner, die darauf aus waren, einen vorteilhaften Handel abzuschließen. Wir trafen kurze Vereinbarungen am Telefon und verbrachten viele Stunden auf den grauen Fluren des Standesamts. Zu Hause hatte ich Fulvia angetroffen, die zusammen mit Tante Sofia auf mich wartete. Sie bewunderten gerade das Bettzeug, das die Großmutter aus den Abruzzen geschickt hatte. Mein Vater befühlte es prüfend. Zwischen ihnen ausgebreitet lag ein sehr schönes Laken. »Was macht ihr denn da?«, sagte ich. »Finger weg!« Dann entschuldigte ich mich: »Ich bin sehr nervös«, sagte aber trotzdem: »Legt das alles wieder zusammen«, und zog mich mit Fulvia in mein Zimmer zurück.

An diesem Abend war Fulvia sehr freundlich zu mir. Es war ein schrecklicher Abend, der schwerste, den ich je erlebt hatte, tatsächlich noch schwerer als der, an dem die Polizisten mit der Handtasche meiner Mutter gekommen waren.

Als ich die Tür geschlossen hatte, schaute Fulvia mich zärtlich an. »Sandi«, rief sie. Ich ging auf und ab, dann umarmte ich sie und legte meinen Kopf an ihre Schulter. Sie sagte verlegen: »Ich habe ein Geschenk für dich.«

Es war ein teures Geschenk, und ich ahnte, dass es nicht ohne die Hilfe von Signor Mantovani zustande gekommen war. »Danke«, sagte ich und begann zu weinen.

Fulvia streichelte mich. So sanft war sie noch nie gewesen und war es auch später nicht mehr. »Kopf hoch«, sagte sie. »Du liebst ihn doch?«

»Ja, das ist es ja gerade.«

Wir schauten zu dem offenen Koffer, der für die Reise am nächsten Tag gepackt war. Darin lag zusammengefaltet mein blauer Morgenrock. Ich hatte nie einen seidenen Morgenrock besessen, und Fulvia wusste das. Wir saßen auf einer Truhe. Im Zimmer herrschte große Unordnung. »Wie viele Jahre …«, sagte Fulvia. Ich spürte eine tiefe Verbundenheit mit ihr und auch mit diesen Truhen und der alten Nähmaschine, an der ich mich als Kind einmal in den Finger gestochen hatte. Nun musste ich alles verlassen, was mich bisher begleitet hatte.

»Ich habe Angst«, sagte ich. Ich war aufgesprungen und schaute Fulvia in die Augen. »Ich habe Angst davor, unzufrieden zu sein, verstehst du?«, fügte ich aufgeregt hinzu. »In diesem Moment liebe ich ihn nicht mehr, ich weiß nicht einmal mehr, wie sein Gesicht aussieht.«

Fulvia warf mir einen so mitleidigen Blick zu, dass ich beinahe erschrak.

»Immer mit der Ruhe«, sagte sie. »Das ist heute so, und morgen ist es noch schlimmer …«

»Schlimmer?«

»Ja, vielleicht.« Sie legte die Pantoffeln auf den blauen Morgenrock. »Aber das geht vorbei, danach wirst du glücklich sein.«

Während der Trauung dachte ich an Fulvias Worte und wartete darauf, dass meine Freude zurückkehrte, doch das geschah nicht. Ich war nicht einmal gerührt. Ich fühlte mich wie beim Gottesdienst zu Ostern oder zu Weihnachten. Die Kirche war sehr schön, Fulvia hatte sie mit Blumen geschmückt. Lydia und sie weinten ergriffen, als ich vor dem Altar stand. Ihre Augen waren gerötet, und sie schniesten laut. Signora Minelli drehte sich nach ihnen um und Francesco auch, der dazu nicht einmal seine über dem schwarzen Anzug verschränkten Arme löste. Bestimmt verurteilten sie die beiden, ohne zu verstehen, dass sie an Dario dachten, an Signor Mantovani, an den Hauptmann, kurzum, dass sie gerührt waren wie alle Frauen, wenn eine andere Frau heiratet.

Ich trug ein kurzes, weißes Kleid, mit dem ich dann den ganzen Sommer über herumlief, und auf dem Kopf ein Spitzenhäubchen, das meiner Großmutter Editta gehört hatte.

Als ich dieses Häubchen erwähnte, hatte Francesco meinen romantischen Vorstellungen zunächst zugestimmt, kurz darauf aber gesagt: »Ist das nicht eher was fürs Theater?« Ich war gekränkt und verstand nicht, welche Vorstellungen er sich vom Theater und vor allem von mir machte. Aber als ich am Morgen in Begleitung meines Vaters zum Altar ging, flüsterte Francesco mir zum ersten Mal zu: »Du bist wunderschön«, und er überreichte mir unbeholfen einen Strauß Gardenien.

So berührten mich während der ganzen Trauung nur diese Blumen und der Gesang der Vögel, der von der friedlichen Piazzetta herüberdrang und sich mit den Klängen des Harmoniums mischte. Ich nahm die Blumen mit in den Zug. Als ich das Haus verließ, hatte ich mich umgedreht und gerufen: »Die Gardenien!« Alle küssten mich zum Abschied. Tante Sofia sagte: »Dein Mann gefällt mir«, und ließ ihren Blick von ihm zu mir schweifen, als wolle sie uns miteinander vergleichen. Mein Vater zog nun in die Abruzzen und würde einige Tage später mit ihr zusammen abreisen. Er wollte, dass wir uns allein voneinander verabschiedeten, in seinem Zimmer.

»Nun, Alessandra«, sagte er, »es ist vorbei.«

Er nahm meine Hand, ich spürte wieder die trockene Hitze seiner Haut. Er trug noch immer den goldenen Ring in Form einer Schlange. Wieder sah ich in Gedanken, wie er seine Hand nach der meiner Mutter ausstreckte, und dachte an Francesco, der vor der Tür wartete.

»Bist du glücklich?«

»Ja«, sagte ich, doch das war gelogen, ich wollte nur schnell weg.

»Gut so. Ich dachte, für dich würde es schwer sein, glücklich zu werden … Na ja, du weißt schon, was ich meine.«

Es war das erste Mal in zweiundzwanzig Jahren, dass mein Vater und ich so miteinander sprachen.

»Dein Mann gefällt mir«, sagte er wie schon Tante Sofia, was eine gewisse Beklommenheit bei mir auslöste. »Ich möchte, dass ihr bald in die Abruzzen kommt, damit Francesco die Großmutter kennenlernen kann.«

»Natürlich. Oder du kommst her, zu uns.«

»Nein, danke«, erwiderte er entschieden. Dann wiederholte er: »Es ist vorbei.«

Francesco drängte mich zur Eile, und wir verließen mit schnellen Schritten die Wohnung. »Auf Wiedersehen!«, rief Fulvia vom Treppenabsatz aus. »Auf Wiedersehen!«, antwortete ich und winkte in die Leere des Treppenhauses. Einige Türen öffneten sich, als wir vorbeigingen, der Portier lächelte uns freundlich zu und auch ein paar Nachbarn, die am Hauseingang zusammenstanden. Ein Mädchen aus dem dritten Stock warf uns eine Geranie aus einem Blumentopf zu.

Unser Fehler war, uns zu sehr auf diese Reise gefreut zu haben. Über Wochen und Monate hatten wir sie uns ausgemalt, aber nun ging sie schnell vorbei, jeder einzelne Augenblick.

Wegen der Bombenangriffe hatten wir uns gegen Capri und Neapel entschieden und waren nach Florenz gefahren. Ich freute mich, dass die Stadt an einem schönen Fluss lag. Bei unserer Ankunft hatte sich Francesco mit dem Kofferträger herumgestritten, zum ersten Mal hörte ich ihn laut werden. Francesco war im Recht, so dass auch ich von seinem Unmut angesteckt wurde. Außerdem gab es im Hotel sofort eine Auseinandersetzung, weil man uns kein Zimmer mit Blick auf den Arno reserviert hatte. Ich hatte es mir gewünscht, und Francesco hatte vor vielen Tagen an die Hoteldirektion geschrieben, weshalb sein Ärger berechtigt war. Er stritt sich mit dem Portier und dem Direktor, ohne zu bedenken, wie peinlich es für mich war, das Ganze mitanzuhören. Er wiederholte: »Ich habe ausdrücklich geschrieben: ein Zimmer mit Blick auf den Arno.« Die zwei Männer widersprachen. Ich stand allein neben dem Gepäck, mit den Gardenien in der Hand. Am Ende bekamen wir das Zimmer. Kaum hatten wir die Tür hinter uns geschlossen, gingen wir zum Fenster. »Na bitte!«, rief er triumphierend, war aber noch zu verärgert, um den Blick auf den Fluss genießen zu können.

Ja, unser Fehler war wirklich, uns zu sehr auf diese Reise gefreut zu haben. Vielleicht hätten wir diesen Tag einfach wie jeden anderen verbringen sollen. Aber wir aßen nicht einmal zu Abend. Ich war es, die sagte: »Ich habe keinen Hunger«, weil ich mir nichts weiter wünschte, als dass unsere schlechte Laune und das kalte Unbehagen verflogen. Ich wartete darauf, dass ich mich glücklich fühlte, zwang mich, es zu sein, lächelte und versuchte, meine Aufmerksamkeit ganz auf die neue, schöne Zweisamkeit mit Francesco zu richten. »Hilf mir«, bat ich ihn im Stillen, »sprich mit mir.« Ich wollte ihn über mich, über sich, über unsere Liebe sprechen hören, damit ich mich wieder ganz auf uns beide konzentrieren konnte. Unwillkürlich dachte ich, dass es ihm wohl genauso erging wie mir und er jetzt nur lächelte und mich küsste, weil er sich dazu verpflichtet fühlte. Wir hätten lieber ausgehen und im harmonischen Gleichschritt am Arno entlangschlendern sollen. Stattdessen blieben wir im Zimmer, als könnten wir unserem Verlangen nicht widerstehen. Mir gingen die hochnäsige Miene des Kofferträgers und die groben Worte des Hoteldirektors nicht aus dem Sinn. Ich musste an Fulvia denken, als ich den blauen Morgenmantel auf dem Boden liegen sah. Die Gäste vor uns hatten auf der weißen Wand zwei Mücken zerquetscht.

Danach schlief Francesco ein. Die Stille war erdrückend, und das Ticken des kleinen Weckers, den Fulvia mir geschenkt hatte, verwies auf das unaufhörliche Vergehen der Zeit. Mit kaltem Blick betrachtete ich Francescos nackte Schultern über dem Betttuch, seine unbekannte Haut. Er hatte dort sieben Leberflecke, die wie das Sternbild des Großen Wagens angeordnet waren. Sein Nacken war glatt, zart, verführerisch. In Gedanken rief ich ihn: ›Hilf mir, rede mit mir, nimm mich in den Arm.‹ Seine gleichmäßigen Atemzüge antworteten mir, machten die Stille noch tiefer und meine Einsamkeit noch quälender.

Alles war anders gewesen als in meiner Vorstellung. Ich hatte mir ausgemalt, Francesco würde mir die Hände küssen, mich mit seinem Blick nur sanft streifen und mich mit zärtlichen Worten allmählich dazu bringen, mich auf sein kühnes Vorgehen einzulassen. Stattdessen hatte er kein Wort gesagt. Vielleicht glaubte er, dass Liebe in manchen Momenten nur durch Gesten ausgedrückt werden kann. Doch nein. Er war zwar elf Jahre älter als ich, aber ich war eine Frau und wusste, dass sich Liebe eher in Blicken und Worten äußert als in Gesten, die auch bei ganz anderen Regungen vollführt werden. Er, der oftmals zärtlich war, wirkte plötzlich streng, und alle seine Bewegungen waren hastig. Wohin ich mich auch drehte, immer stieß ich gegen seine Arme. Ich schob ihn von mir, um ihm in die Augen zu schauen und mich unter seinem Blick lebendig und geliebt zu fühlen, aber sofort umarmte er mich wieder, so dass ich sein Gesicht nicht sehen konnte. ›Francesco, Liebster‹, flüsterte ich in Gedanken, ›schau mich an.‹ Ich flehte ihn mit meinem ganzen Körper an und mit dieser heimlichen Stimme, die er doch so oft verstanden hatte.

Offen gestanden war das intime Zusammensein mit einem Mann keine große Überraschung für mich. Es hatte auch nicht Abwehr und Erstaunen bei mir ausgelöst wie der erste Kuss von Paolo. Damals hatte ich den Kuss und die damit verbundene, neuartige Verwirrung nicht vorausgesehen. Da ich nicht verliebt gewesen war, hatte ich auch keinen Grund gehabt, ihn mir auszumalen. Aber Francesco liebte ich, und so hatte ich mir jede seiner Gesten in meiner Phantasie vorgestellt und sie bereits zugelassen. Mich befremdete nur, dass er mich danach nicht zärtlich anschaute, nicht vor mir niederkniete und mich nicht seine »Königin« nannte. Wir lagen eine Weile nebeneinander, dann griff er zu den Zigaretten auf dem Nachttisch. Das Blut gefror mir in den Adern, aber ich rauchte ruhig und blickte auf die weiße Zimmerdecke und die alten Vorhänge. ›Onkel Rodolfo‹, sagte ich in Gedanken, ›komm und rette mich.‹ Ich sah noch einmal vor mir, wie er mich an dem Tag angeschaut hatte, als wir in Sulmona zusammen essen gegangen waren.

Francesco und ich plauderten, um uns gegenseitig über unsere Verlegenheit hinwegzuhelfen. Er ließ ein paar Begebenheiten des Tages Revue passieren, schlug eine Besichtigungstour für den nächsten Tag vor und kam sogar noch einmal auf den Streit mit dem Hoteldirektor zu sprechen, wobei er eine männliche Genugtuung über den eigenen Erfolg zeigte.

Die Gardenien neben dem Bett dufteten stark. Seither erinnert mich dieser Duft stets an diese Nacht. Bei ihrem Anblick warf ich mir vor, ungerecht und undankbar zu sein, weil ich alles vergessen hatte, wofür sie standen. Ich stellte mir vor, wie Francesco in den Laden gegangen war und auf die Gardenien gezeigt hatte. Ich fühlte mich geschmeichelt, weil er diese zarten, duftenden Blumen für mich ausgesucht hatte.

»Francesco«, sagte ich, »deine Blumen machen mir schon

den ganzen Tag lang Freude. Danke. Solche liebevollen Aufmerksamkeiten bedeuten mir viel.«

Er schwieg einen Moment, dann antwortete er: »Tja, also, die Wahrheit ist, dass Fulvia daran gedacht hat. Ich muss gestehen, ich hätte es vergessen. Das ist wohl eine Schwäche von mir, oder vielleicht denken Männer einfach nie an solche Dinge. Fulvia hat mich angerufen und sich unauffällig erkundigt, ob ich mich schon um deine Blumen gekümmert hätte. Ich sagte nein, ich wüsste nicht, welche Blumen ich nehmen sollte, welche dir besonders gefallen könnten, kurz und gut, ich war verlegen. Da bot sie mir ihre Hilfe an. Sie sagte, sie werde sich um alles kümmern, und gab mir die Adresse des Blumenhändlers. Ich müsse die Blumen dann nur abholen. Sie war wirklich sehr hilfsbereit. Du weißt ja, anfangs war sie mir nicht sympathisch, aber ihre Geste hat mir gezeigt, wie sehr sie dich mag. Sie bestand darauf, dass ich dir nichts davon erzähle. Aber ich wollte es dir sagen, damit du sie noch besser kennenlernst. Jetzt verstehe ich auch, warum sie deine Freundin ist. Morgen schicken wir ihr eine Postkarte.«

Also hatte sie sich darum gekümmert. Und doch hatte sie mich aufmunternd angelächelt, als ich ihr die Gardenien gezeigt und gesagt hatte: »Sieh mal, wie charmant von Francesco.« Nach der Trauung hatte sie mich zu Hause verstört umarmt. »Du gehst weg ... du gehst weg«, hatte sie geflüstert. Als ich dann wirklich ging, hatte sie sich mit Tränen in den Augen über das Geländer im Treppenflur gelehnt und lächelnd gesagt: »Auf Wiedersehen.« Sie war in unserer Wohnung geblieben, um für meinen Vater den Koffer zu packen und um die Sektgläser wegzuräumen.

»Ja«, stimmte ich zu, »eine schöne Postkarte vom Arno«.

Verwundert über meinen Tonfall, fragte Francesco: »Sandra, was hast du?«

»Nichts, was soll ich denn haben?« Tatsächlich hatte ich gar nichts, außer einen tiefen Groll in mir.

Lange lag ich wach. Von Zeit zu Zeit bewegte Francesco einen Arm, und ich rückte von ihm ab. Als der Morgen hinter den geschlossenen Fensterläden dämmerte, schlief ich ein, vom Kummer erschöpft. Francescos Arme waren es auch, die mich weckten, als Sonnenlicht ins Zimmer drang. Nach meinem kurzen Schlaf war ich ihm nicht mehr böse. Er hielt mich im Arm, und wir unterhielten uns, den Blick ins Leere gerichtet. Wir redeten über alles mögliche, machten Pläne, aber wir sprachen nicht mehr über uns, um uns kennenzulernen, uns zu finden. Viele Menschen brachen nun in unseren geschlossenen Kreis ein. Signora Spazzavento hatte ein schönes Geschenk geschickt und zu meiner Schwiegermutter gesagt, ich sei reizend, aber zu dünn. Nun sagte Francesco, ich müsse wirklich zunehmen, und nahm sich vor, persönlich darauf zu achten, dass ich eine Kur machte. Beschämt zog ich mir die Bettdecke über die Schultern.

Dann stand Francesco auf, öffnete das Fenster und verkündete, es sei ein schöner Tag zum Spazierengehen. Er sagte »Entschuldige, Liebling«, strich sich unbefangen die Haare glatt und ging ins Bad. Ich hörte das Wasser in die Badewanne laufen und das Kratzen der Zahnbürste. Ich dachte: ›Ich weiß gar nicht, wie Francesco aussieht, wenn er sich die Zähne putzt.‹ Die Wand war wie aus Glas, durch das einer den anderen sehen konnte, während jeder so tat, als wäre er allein. Ich hörte Francesco geräuschvoll in die Wanne steigen und sich kräftig einseifen. ›Das kann er doch nicht jeden Morgen so machen. Bestimmt übertreibt er, um seine Befangenheit zu überspielen. Ja, er übertreibt, weil ich ihn hören kann.‹ Er schrubbte sich tüchtig ab, klatschte mit raschen Schlägen auf seine Schultern und trällerte ein Lied. Er war so schüchtern hinter seiner Verwegenheit, dass ich plötzlich eine große Zärtlichkeit für ihn empfand. Gern hätte ich ihm geholfen, den schwierigen Anfang unserer täglichen Zweisamkeit zu meistern, war aber selbst zu verwirrt und zu verlegen, um ihn zu unterstützen.

Ich wollte mir noch eine Zigarette anzünden. Doch auf dem Nachttisch stand kein Aschenbecher. In dem zerwühlten Bett fühlte ich mich nicht wohl. Ich schloss die Augen, um weiterzuschlafen und diesem schweren Tag zu entgehen, aber in den Laken war nicht mehr nur mein Geruch. Als ich mich bewegte, nahm ich den Lavendelduft von Francescos Pomade wahr. Diesen Geruch hatte er seit dem Tag an sich, als ich ihn kennenlernte, ich spürte ihn, wenn Francesco in meine Nähe kam, wenn er mich küsste, es war der Duft unserer Liebe. Trotzdem war mir dieser Geruch nun völlig fremd, er störte mich in meinem Bett, weckte bittere, schuldbelastete Erinnerungen. Er gehörte zu der Unordnung, die in mir herrschte, und zu meinem verstrubbelten Haar, zum Plätschern, das aus dem Bad herüberklang, zu der selbstbewussten, trällernden Männerstimme, zu dem grauen Mantel, der unter einem schwarzen Hut am Kleiderständer hing und nicht mehr der alte, graue Mantel war, in dem Francesco zu unseren Verabredungen gekommen war, sondern der eines Mannes, der sich ausgezogen hatte, um mit einer Frau ins Bett zu gehen. Ich fühlte mich einsam, verbraucht und zerknittert, obwohl dies das erste Erwachen nach meiner Hochzeit war. Ich hatte nicht erwartet, dass auch an diesem Morgen die üblichen Verrichtungen nötig sein würden, hatte geglaubt, alles würde wie im Märchen geschehen.

»Francesco!«, rief ich verstört.

Er erschien wenig später in einem gestreiften, nicht mehr neuen Bademantel und mit einem Handtuch um den

Hals, mit dem er sich den restlichen Seifenschaum von den Wangen wischte. »Ja, Liebling?«, sagte er zuvorkommend, wobei er sich weiter das Gesicht abtrocknete. »Was gibt's denn?«

Ich hatte ihn spontan gerufen, es war wie ein Aufschrei. Sein alter Bademantel gefiel mir, den trug er gewiss auch zu Hause am Telefon, wenn ich ihn anrief. Die Brusttasche war von der Zigarettenschachtel leicht ausgebeult. Ich hoffte, er würde nicht bemerken, wie prätentiös mein blauer Morgenmantel aus Kunstseide dagegen war, und nahm mir vor, doch besser meinen Mantel über das Nachthemd zu ziehen, wie ich es in den Abruzzen immer getan hatte. Und doch hätte ich beim Anblick seines alten Bademantels und seiner ausgetretenen Pantoffeln am liebsten geweint. Denn die Verbindung zweier flüchtiger Leben in einer angenehmen, kurzen Begegnung schien mir leichter möglich zu sein, wenn sie unter idealen Bedingungen erfolgte. Wäre das Bett nicht unordentlich gewesen und hätte sich das trostlose Hotelzimmer in einen luxuriösen Raum verwandelt, hätte alles ringsumher Wohlstand und Gleichgültigkeit gegenüber den Alltagssorgen ausgestrahlt und hätten wir unseren eigenen ästhetischen Idealen entsprochen, dann wäre ich vielleicht unbeschwert und glücklich gewesen. »Francesco«, hätte ich gesagt, »Francesco, bitte bestell das Frühstück.« Gern hätte ich großen Hunger gehabt, den launischen Hunger der Reichen. Stattdessen fiel es uns schwer, unsere beiden Leben zu verknüpfen, die Leben zweier armer Menschen, die daran gewöhnt waren, einsam zu kämpfen, und die doch in tiefer Liebe zueinander verbunden waren. Im Stillen bat ich ihn: ›Versteck meinen blauen Morgenmantel, versteck ihn sofort, Francesco, wir wollen uns nichts vormachen, wir müssen uns so annehmen, wie wir sind, mit diesem unordentlichen Bett, mit meiner zerzausten Frisur, mit deinen alten Pantoffeln. Komm, lass uns diesen schweren Morgen gemeinsam durchstehen.‹

Aber er sagte: »Entschuldige, meine Liebe, ich lasse dich gleich ins Bad.«

Er trocknete sich weiter das Gesicht ab, und sein schütteres Haar stand an den Schläfen ab. Ich drehte mich um und weinte. Presste mein Gesicht ins Kissen, um mich tief in den Geruch der vergangenen Nacht zu versenken, in den mir bisher unbekannten Geruch eines schlafenden Mannes. Der Grund für meine Verzweiflung war meine große Liebe zu Francesco, die ich mir frei von der Sklaverei des Bettes gewünscht hätte. Ich hätte mir unsere Vereinigung engelhaft, mystisch und unschuldig gewünscht, frei von den für alle Geschöpfe gleichermaßen geltenden Regeln. »Francesco«, flüsterte ich, »Francesco …« Der Garten der Pierce kam mir in den Sinn, die große, von einem Pferd bewohnte Libanonzeder, und auch Emilia, die ihr Gesicht mit einem Schleier verhüllte, wenn sie zu ihrem Geliebten ging. Und ich lag hier, noch ungewaschen zwischen den Laken.

Er umarmte mich und fragte besorgt: »Habe ich dir wehgetan? Sag es mir, bitte, bestimmt habe ich etwas falsch gemacht. Aber wann? Gestern Abend? Gestern Nacht? Heute Morgen? Sag mir doch, wann! Du musst mir alles sagen.«

»Nein«, antwortete ich schluchzend. »Bestimmt nicht, du hast nichts falsch gemacht.«

»Das kann nicht sein, verzeih mir, Liebling, was habe ich getan? Sandra, bitte …«

Später gingen wir aus. Immer war da dieser dichte Schleier zwischen mir und dem Glück. ›Ich habe alles kaputtgemacht‹, dachte ich bei mir. ›Es ist meine Schuld.‹

»Ja«, sagt er mir jetzt in einem energischen, scharfen Ton. Nur
wenn wir über diese Nacht reden, scheint er sich verteidigen
zu wollen. Vielleicht weil auch ich nicht mehr ruhig schreiben und Schmerz und Wut nicht im Zaum halten kann, wenn
ich an sie zurückdenke. »Ja«, beharrt er, »es war deine Schuld.
Und du selbst hast am meisten darunter gelitten, das gebe ich
zu. Ach, Alessandra, wenn du wüsstest, wie schwer es war,
diese Stunden durchzustehen, die ich mir schon seit Monaten
ausgemalt hatte. Es ist nicht leicht, der eigenen Phantasie gerecht zu werden und zu wagen, die Dinge zu tun, die in der
Vorstellung schwerelos und ohne Hindernis sind, sich in der
Realität aber von ihrer gröbsten Seite zeigen. Hätte ich dich
nicht geliebt, wäre alles sehr leicht gewesen. Bei einer anderen
Frau hätte ich über den Dingen gestanden und ihre Vorstellungen sogar übertroffen. Aber du warst Alessandra, und ich
liebte dich. Als ich dich in deinem blauen Morgenmantel sah,
war ich so ergriffen, dass ich mich in die Zeit zurückversetzt
fühlte, als ich mit gut acht Jahren völlig entgeistert ein Mädchen erblickte, in das ich verliebt war. Wenn wir uns begegneten, brachte ich nie ein Wort heraus. Während ich sie hingerissen anschaute, bezeichnete sie mich als ›stumm‹ und ›blöd‹,
dann lachte sie mich aus. Ach, du warst wunderschön, deine
Bewegungen so anmutig, und die Handlungen, die wir voll-
führen mussten, um unsere unvermeidliche Pflicht hinter uns
zu bringen, erschienen mir angesichts deines Liebreizes alle
vulgär. Außerdem begehrte ich dich in dieser Nacht nicht. Ich
hatte vorgeschlagen: ›Lass uns essen gehen‹, weil ich nur den
Wunsch hatte, deine Bewegungen in dem Kleid anzuschauen,
dessen Farbe dir so gut stand, deine Hände zu küssen und
dann womöglich wegzugehen, weil ich mich schämte, ein
Mann zu sein. Aber der Gedanke an meine schöne und unbarmherzige Aufgabe und eine wilde männliche Verachtung

trieben mich dazu, meine Befürchtungen zu überwinden. Ich hätte mir gewünscht, du hättest das alles verstehen können, obwohl ich doch wusste, dass das nicht ging, weil ich der erste Mann für dich war. Der Fehler ergab sich gerade aus meiner großen Liebe zu dir, die mich mit so viel Hochachtung dir gegenüber erfüllte. Was in dieser Nacht geschah, hätte sofort geschehen müssen, als wir uns ineinander verliebten, noch bevor unsere Phantasie einsetzen konnte. Als ich dich in dem blauen Morgenmantel ins Zimmer kommen sah, musste ich versuchen, dem Bild, das mir vorausgegangen war, zu entsprechen. Es war ein großer Fehler, mich so schnell wie möglich meiner peinlichen Pflicht zu entledigen, dich nicht zu enttäuschen. Damals entstand mein Groll gegen deine Mutter, die nicht den Mut gehabt hatte, sich der Realität der Liebe und der Gewohnheit zu stellen und vielleicht auch ihrem Verfall und ihrem Ende. Wäre sie Herveys Geliebte gewesen, hätte sie uns nicht so schaden können. Du hättest anders von ihr gesprochen, du selbst wärst anders gewesen. Im Stillen wetterte ich gegen sie, warf ihr Feigheit und Heuchelei vor, beschimpfte sie geradezu. Ach, Alessandra, ich trat in einen regelrechten Streit mit ihr, während ich dir zeigte, wie die Männer wirklich sind. Ich liebte dich so sehr und sagte in Gedanken ›meine Liebe‹ und ›meine Königin‹ zu dir und hielt es für unmöglich, mir so viel Vertraulichkeit mit dir herauszunehmen. Ich war so erschöpft von diesen erbitterten Kämpfen und Unsicherheiten, dass ich – danach – sofort einschlief. Ich wollte nichts von deinen Gedanken wissen, wollte nicht wissen, ob es dir schlecht ging. Nur damit war ich im Unrecht. Ach, Alessandra, damals war es nicht leicht, mit dir zu sprechen. Du warst ein schüchternes Mädchen in seiner Hochzeitsnacht. Heute bist du eine Frau. Heute kannst du mich verstehen. Verzeih mir.«

Ich glaubte eigentlich, ihm sofort verziehen zu haben. Als wir im Freien waren, erkannte ich gleich seinen vertrauten Gang wieder. Und mir schien sogar, ich hätte alles vergessen können, auch die Sache mit den Gardenien. Am Nachmittag war ich so kühn, mir eine davon ins Knopfloch meines schwarzen Kleides zu stecken. Ich wusste nicht, dass diese quälende Nacht sich nun für immer in mir eingenistet hatte und tückisch mein Blut und jede Faser meines Körpers eroberte wie ein böser Keim. Aber damals verblasste sie zunächst so sehr, dass ich sogar glücklich sein konnte. Ich schrieb Fulvia zwei alberne, überschwängliche Karten. Die freie Zeit und die Möglichkeit, uns ganz unserer Liebe zu widmen, halfen uns. Wir besuchten die Uffizien, Francesco blieb vor einem Gemälde stehen. »Geh hinaus«, sagte er lächelnd, »und komm dann wieder herein, wie damals bei unserem Rendezvous in der Galleria Borghese.« Ich kam mit einer so theatralischen, verzückten Miene zurück, dass Francesco lachen musste. »Versuch's noch einmal«, drängte er mich. Ich tat es und parodierte diesmal mich selbst. Wir lachten, küssten uns. Dabei überraschten uns zwei deutsche Touristen und lachten ebenfalls. Wir waren so glücklich, dass wir uns sogar über das Lachen der Deutschen freuten. Wir gingen in Lokale, in denen eine Tanzkapelle spielte, ließen uns auf dem Piazzale dei Colli fotografieren, kurz, wir taten mit jugendlicher Ausgelassenheit all das, was auf Hochzeitsreisen üblich ist. Nachts schliefen wir spät und eng umschlungen ein.

An meinem letzten Urlaubstag kehrten wir nach Rom zurück. Wir hatten keinen roten Heller mehr und mussten am Bahnhof unser Gepäck selbst tragen. Das war sehr amüsant, und Francesco bewunderte meine Langmut. Ich sagte, ich könnte mein Gehalt zwei, drei Tage im Voraus erhalten, und er erwiderte lachend, es sei schon immer sein Traum gewesen, sich aushalten zu lassen. Am Abend waren wir zum Essen bei seiner Mutter, und ich bat ihn, ihr nichts von unseren Geldsorgen zu erzählen. Ich wollte nicht, dass sie argwöhnte, er hätte zu viel für mich ausgegeben. Wir hatten auch wirklich einen entzückenden Florentinerhut gekauft, den er mir unbedingt schenken wollte. Der Hut stand mir sehr gut, und ich bedauerte, ihn nicht tragen zu können, weil man keine Hüte mehr trug. Er hatte einen sehr breiten Rand. Am Bahnhof musste ich ihn dann doch aufsetzen, weil wir viel Gepäck zu tragen hatten. Wir lachten wie die Kinder, weil alle mich anschauten. In Parioli sah uns der Portier zu Fuß mit den Koffern in der Hand und mit diesem Hut ankommen. Das war Pech, weil er von uns als den neuen Mietern sofort einen schlechten Eindruck bekam.

Wir hatten eine hübsche Dachwohnung. Vor dem Schlafzimmer lag eine mit roten Steinen gepflasterte Terrasse. Hier würde ich in Ruhe lesen und studieren können. Aber anfangs fand ich keine Zeit dafür, da uns noch allerhand in der Wohnung fehlte und wir uns mit vielen Provisorien behelfen mussten. Ich bat Francesco um nichts, aus Angst, er würde seine Mutter um Hilfe bitten. Sie hätte ihm vorwerfen können, ein Mädchen aus ärmlichen Verhältnissen geheiratet zu haben, das noch dazu wenig verdiente. Daher beschloss ich, das Studium zunächst zu vernachlässigen und abends ein paar Überstunden im Büro zu machen. Das Leben wurde immer kostspieliger, und für die Armen war es nicht leicht, sich mit dem Nötigsten zu versorgen. Noch schlimmer war es für solche wie uns, die nach außen ein gewisses Niveau aufrechterhalten mussten.

Ich hatte niemanden, der mir half. Das Haus in Parioli war noch abweisender als das am Lungotevere Flaminio. Die spiegelnden Fenster zum Hof waren geschlossen, nicht einmal die Dienstmädchen ließen sich blicken. Die Namen der Mieter kannte ich nicht, weil kaum Schilder an den Türen waren. Kein Mensch schien die Treppe zu benutzen, und niemand hielt auf dem Treppenabsatz ein Schwätzchen. In diesem Haus wurde man ohne Freude geboren und starb ohne großes Theater, ganz im Sinne der guten Erziehung. Der Portier grüßte uns nur beiläufig, weil wir kein Dienstmädchen hatten. Und ich muss zugeben, ich schämte mich, wenn ich mit meinem Einkaufsnetz an ihm vorüberging.

Um mich aus diesem unfreundlichen Gefängnis zu befreien, kehrte ich häufig zum Haus in der Via Paolo Emilio in Prati zurück, froh darüber, wieder unter netten, herzlichen Menschen zu sein. Im Vestibül lag dicker Staub, und ich fragte mich, ob es schon immer so schmutzig gewesen war. Die Portiersfrau erkundigte sich sofort nach meinem Befinden und nach meinem Mann und nannte mich mit Vergnügen »Signora«. Wegen seiner politischen Arbeit hatte Francesco zunehmend Schwierigkeiten, seinen Beruf auszuüben, weshalb die übermütige Unbeschwertheit unserer Anfangszeit verflogen war. Unsere Lebensbedingungen verschlechterten sich zunehmend. Nicht nur, dass wir bei jedem Klingeln aufschreckten und Francesco am Telefon und bei den Treffen mit seinen Freunden immer vorsichtiger wurde, sondern wir litten oft auch Hunger, obwohl wir beide behaupteten, genug gegessen zu haben, und die Wohnung war noch nicht so gemütlich eingerichtet, wie ich mir das wünschte. Im Arbeitszimmer standen nur Francescos Tisch und ein paar Bücherschränke aus der Wohnung seiner Mutter. Es war unbequem, nur Stühle und nicht einen Sessel zu haben. Ich hatte nicht damit gerechnet, dass das zu Konflikten führen würde. Eine Unterhaltung auf den Stühlen im noch ungastlichen, halbleeren Arbeitszimmer war unmöglich, wir fühlten uns wie im Wartezimmer eines Zahnarztes. Leichter war es, wenn seine Freunde zu Besuch kamen. Dann setzten wir uns alle um den Tisch herum. Hatte ich den Eindruck, dass sie lieber unter sich bleiben wollten, schützte ich schon bald Müdigkeit vor und ging ins Bett. Aber wenn wir nur zu zweit auf diesen Stühlen saßen, war eine Wiederaufnahme der interessanten Gespräche über Religion, Kunst und unsere eigenen Gedanken unvorstellbar, über diese Lieblingsthemen aus unserer Verlobungszeit, wenn wir nicht über unsere Liebe oder unser künftiges Eheleben sprachen.

Nach dem Abendessen setzten wir uns aufs Bett. Doch wir waren müde, und Francesco fragte bald: »Wollen wir uns nicht im Bett weiter unterhalten?« Natürlich schliefen wir dann sofort ein. Ich bemühte mich tapfer darum, dass unser Leben auch weiterhin unseren Vorstellungen entsprach. Aber gegen zwei Dinge war ich machtlos: gegen unser Unbehagen wegen der fehlenden Sessel und gegen Francescos Verwunderung über unseren Geldmangel. Er gab mir für gewöhnlich alles, was er verdiente, und das war wenig genug. Anschließend glaubte er wohl den ganzen Monat lang, dass sich das Geld in meinen Händen unbegrenzt vermehrte. »Nichts mehr da?«, fragte er. Aus seinem Erstaunen hörte ich heraus, dass er mich der Verschwendung verdächtigte. Ich wurde rot und beeilte mich, ihm zu erklären, wofür ich es ausgegeben hatte. Ich griff zu einem Stift und wollte ein paar Zahlen zusammenrechnen. »Nein, nicht doch«, sagte er entgegenkommend. »Du musst mir doch keine Rechenschaft ablegen. Du kannst das Geld nach Belieben ausgeben, kannst damit machen, was du willst.« Diese Worte machten mich wütend, aber ich beherrschte mich. Ich bestand darauf, ihm alles vorzurechnen, doch er wehrte ab, so dass der unausgesprochene Vorwurf, das Geld für mich ausgegeben zu haben, auf mir sitzenblieb. Irgendwann stellte ich eine Liste aller Ausgaben zusammen und präsentierte sie ihm ohne Vorankündigung. Sie enthielt lediglich Ausgaben für den Haushalt, auf ein Minimum beschränkt, nur für das Allernotwendigste. Er ging sie durch und gab sie mir zurück, wobei er wiederholte: »Aber Liebes, du brauchst dich doch nicht zu rechtfertigen. Wie gesagt, du kannst mit dem Geld machen, was du willst.«

Ich verschob meine Vorbereitung für ein Examen auf den Frühling und war froh, einem Mädchen, das die Oberstufe des Gymnasiums besuchte, Nachhilfe in Italienisch geben zu können. Sie war ein reiches, hochnäsiges Ding, ließ mich warten und nannte mich »Fräulein«, weil sie meinte, alle Lehrerinnen wären alte Jungfern. Sie hatte die schlechte Angewohnheit, während des Nachmittagsunterrichts zu essen, so dass die Bücher Flecke von Schokolade und Milchkaffee bekamen. Zu dieser Zeit war ich sehr hungrig. Ich zählte die Minuten bis zur Vesper und stillte meinen Hunger, indem ich meiner Schülerin beim Essen zusah. Manchmal bot sie mir etwas Toast mit Butter oder ein Stück Kuchen an. Francesco und ich ernährten uns von Salat aus Tomaten und Bohnen. Trotzdem nahm ich mir jeden Tag fest vor, das Angebot abzulehnen, um Gleichgültigkeit oder Geringschätzung zu bekunden. Aber es gelang mir nie.

Seit ich diesen Unterricht gab, dachte ich häufiger an meine Mutter. Wenn ich in der Villa, in der meine Schülerin wohnte, die Treppe hochging, überlegte ich, ob meine Mutter auch in solchen Momenten die unnachahmliche Anmutigkeit ihres Gangs bewahrt hatte. Beschämt vermutete ich, dass es so war. Wenn die Signorina beschäftigt war, ließ mich der Hausdiener im Vorzimmer warten. Er war ein sehr großer Mann, was meine Befangenheit noch steigerte. Kamen Angehörige der Familie durch den Raum, grüßten sie mich mit einem flüchtigen Kopfnicken.

Ich konnte nicht auf diese Nachhilfestunden verzichten. Aber eines Abends kaufte ich mir nach diesem Unterricht zum Trost zwei Jasminpflanzen für unsere Terrasse. Sie waren eine Zierde, und ihr Duft drang bis in unser Zimmer. Francesco kam oft spät nach Hause, und jedes Mal, wenn er spät kam, packte mich die gleiche Angst wie damals, als ich auf meine Mutter gewartet hatte. Doch sobald ich seine Schritte auf der Treppe hörte, setzte ich mich auf ein Kissen auf der blumengeschmückten Terrasse. Ich hatte mein Haar hochgesteckt und mit einem Jasminzweig verziert. Francesco suchte mich überall. Beunruhigt rief er: »Alessandra!«, und ich antwortete nicht. Als er mich gefunden hatte, umarmten wir uns glücklich und beruhigten uns wieder. Nach dem Abendessen setzte er sich zu mir auf das Kissen, und wir betrachteten die Sterne. Auch später, von unserem Bett aus, konnten wir die Sterne sehen. Am nächsten Morgen hastete ich in aller Frühe zu Lydia, um mir Geld für den Einkauf zu borgen. Ich verabschiedete mich eilig von ihr, und da ich fürchtete, zu spät ins Büro zu kommen, lief ich die Treppe so leichtfüßig hinunter, wie früher meine Mutter. Francesco und ich gewöhnten uns an, abends zu Hause zu bleiben. Durch die Terrasse war die Hitze erträglich. Wir legten uns aufs Bett. In solchen Augenblicken war ich weder müde noch arm, ich war nur verliebt. Francescos Arme waren nun nicht mehr so sperrig. Sie waren sehr lang, und ich war froh über meine Magerkeit. Diese Arme umfingen mich wie rankende Pflanzen und legten sich ganz natürlich um meine Schultern und meine Taille. Wenn er mich nicht umarmte, fühlte ich mich schutzlos.

Zum Herbstbeginn musste Francesco für die Nachmittage eine kleine Privatanstellung bei einem Verwandten von Alberto annehmen. Oft kam er zum Essen nicht nach Hause, sondern ging zu den Versammlungen mit seinen Freunden, die wie er unzufrieden waren. Wenn er sich verspätete, fürchtete ich immer, man hätte ihn verhaftet. Um Näheres zu erfahren, rief ich Tomaso an. Auch er, der stets gut zurechtgekommen war, erzählte mir, dass er beruflich auf viele Schwierigkeiten stieß. Francesco durfte nicht mehr schreiben und sah sich überall den Anzeichen einer wachsenden Kälte gegenüber. Er war nur ungern in der Universität, wo ihm inzwischen alle aus dem Weg gingen, ohne allerdings den Mut zu haben, ihn offen abzuweisen. Sie schauten weg, wenn er vorüberging, oder grüßten kaum merklich, ängstlich wie Kinder, deren Eltern ihnen das verboten hatten. Sogar Lascari mied ihn, unter dem Vorwand, sehr viel zu tun zu haben.

Unsere Lage war trostlos, noch verschärft durch die zunehmende Geldnot. Wir hatten Schulden bei dem Drogisten gegenüber, und wenn ich aus dem Haus ging, tat ich so, als hätte ich es eilig und wäre mit meinen Gedanken woanders, aus Angst, er könne mich in Gegenwart des Portiers ansprechen, dessen Verhalten mir unerträglich war. Damals waren alle Portiers Polizeispitzel, weshalb wir vermuteten, dass er über Francescos politische Einstellung Bescheid wusste. Francesco hatte mich gebeten, vorsichtig und sogar nett zu sein. Tatsächlich schien dem Portier seit einiger Zeit viel daran zu liegen, auf ein Schwätzchen mit mir stehen zu bleiben. Er erwähnte die stattlichen Trinkgelder, die er von den anderen Mietern erhielt, und die Kleider, die die Signora aus dem zweiten Stock seiner Frau schenkte: schön, wunderschön, wie neu. Vor allem interessierte er sich für Francescos Freunde, die uns besuchten. Ich antwortete ausweichend und zog mich in unsere Wohnung zurück.

Ich kam immer müde und erschöpft nach Hause. Jeden Tag ging ich weite Strecken zu Fuß, um Geld zu sparen. Auf meinem Weg über den grauen Asphalt zwischen den grauen Häusern dachte ich an meine schönen Spaziergänge in den Abruzzen zurück. Seit ich verheiratet war, schrieb mir die Großmutter häufig und erkundigte sich in ihrer nüchternen Art nach meinem Leben und nach meinem Studium. Ich antwortete ihr, dass alles in Ordnung sei. In jedem Brief fragte sie, ob ich denn gar nichts Neues zu berichten hätte, und meinte damit, ob ich ein Kind erwartete.

Ihre Briefe fand ich vor, wenn ich außer Atem mit der Einkaufstasche aus dem Büro nach Hause kam. Ich musste mich mit dem Kochen und Geschirrspülen beeilen, damit ich pünktlich zu meiner Schülerin kam. Abends, auf dem Heimweg, beschäftigten mich die Gedanken an die viele Arbeit, die stets liegengeblieben war, ich musste noch bügeln und die wenige Wäsche ausbessern, die wir besaßen. Ich dachte an die Großmutter, wie sie in ihrem Gemüsegarten saß und das friedliche, gesunde Landleben genoss. Hätte ich auf die Frage nach einem Kind mit ja geantwortet, hätte sie mir die für ihre Urenkel bestimmte Bettwäsche geschickt, dazu etwas Miederware und einen Sack Maismehl. Ich hätte meine Arbeit aufgeben müssen, und Francesco wäre gezwungen gewesen, uns allein zu ernähren, denn hätte ich ihm ein Kind geschenkt, hätte ich für immer das Recht erworben, versorgt zu werden. Nie mehr hätte er mich ohne das Kind gesehen. Es wäre immer bei uns gewesen, hätte bei uns geschlafen, und ich hätte es auf unseren Spaziergängen zwischen uns an der Hand gehalten. Und Tag für Tag hätte ich Francesco treuherzig darauf hingewiesen, dass das Kind Schuhchen und Vitamine brauche und er irgendwie das Geld dafür heranschaffen müsse. Er müsse eben noch mehr arbeiten und vorübergehend auf seine geliebten Studien verzichten. Und wenn er – wegen der gestiegenen Ausgaben und meines Verdienstausfalls – am Ende sogar ganz darauf verzichten müsse, könne er sich ja mit dem Gedanken trösten, dass sein Kind in zwanzig Jahren womöglich den Interessen nachgehen würde, die er habe aufgeben müssen. Die Großmutter hätte dem Stammbaum, in den sich ihr Leben sicher und stark eingefügt hatte, einen weiteren Zweig hinzufügen können.

»Ich glaube nicht, dass wir demnächst Kinder bekommen«, schrieb ich ihr. »Ich bin zu arm oder vielleicht noch nicht arm genug. Doch vor allem bin ich zu verliebt, ich möchte mit Francesco allein leben. Ich könnte mich nie daran gewöhnen, auf die Liebe zu verzichten. Sonst hätte ich Paolo geheiratet und wäre bei dir geblieben.« Die Großmutter antwortete einige Tage nicht, dann schrieb sie: »Liebe Alessandra, du bist sehr wagemutig. Mir gefallen wagemutige Menschen. Aber meiner Meinung nach ist es nicht nur eine große Sünde, keine Kinder zu wollen, sondern auch eine große Gefahr. Ich hoffe, du schaffst es, allein mit deinem Mann glücklich zu werden. Doch wenn du es nicht schaffst, kannst du die Ursache für dein Scheitern nicht einmal in den Opfern suchen, die du für deine Kinder gebracht hast.«

Diese Worte trafen mich. Sie klangen mir tagsüber oft in den Ohren, sie waren streng und unerbittlich wie die Großmutter selbst. »Ich hoffe, du schaffst es.« Durch diese Herausforderung angespornt, strengte ich mich noch mehr an, um unseren Alltag zumindest teilweise zu versüßen. Bei dem Leben, das wir führten, war es schwierig, immer frisch und gepflegt auszusehen, aber es gelang mir, und ich blieb heiter und ausgeglichen. Ich bügelte, besserte meine Kleider aus und bedauerte nur, dass ich mir nie schöne Strümpfe kaufen konnte, meine waren immer gestopft. Daher musste ich stets meine Beine verstecken, obwohl ich wusste, dass sie nicht hässlich waren. Ich wollte nicht gelten lassen, dass unsere Armut stärker sein könnte als unsere Liebe, und versuchte mir einzureden, alles sei nur auf Francescos Unzufriedenheit zurückzuführen. An der Universität lief eine Untersuchung gegen ihn, und wir sahen dem Ergebnis ängstlich entgegen. »Sie werden den Krieg verlieren«, hatte er einmal zu mir gesagt, »dann werden wir frei sein, glücklich und zufrieden.« Es ist bitter, wenn nur zu wünschen bleibt, dass das eigene Land den Krieg verliert, aber ich wünschte es mir unbedingt. Bei Fliegeralarm flüchteten wir nicht in den Luftschutzkeller, wir gingen hinaus auf die Terrasse, in die Kälte, und hielten einander fest in der Hoffnung, dass uns die Bomben töten oder aber endlich befreien würden.

Alberto und Tomaso kamen nun öfter, und wie Fulvia und Dario sprachen auch wir immer über Politik, wir ließen die arrogante Stimme aus dem Radio in der ganzen Wohnung ertönen. Offenbar sollte ihr Tonfall uns warnen und drohen. Doch nachts schlossen wir die Türen, setzten uns auf den Boden und pressten das Ohr an den Lautsprecher, um die verbotenen Sender zu hören. Wir warteten gespannt, Francesco drehte schweigend am Suchknopf. Schließlich hörten wir ein dumpfes Klopfzeichen, beharrlich und vorsichtig. Es klang, als säßen wir im Gefängnis und von draußen klopfe jemand an die Wand, um uns Mut zu machen. Ich dachte daran, was meine Mutter mir über Hervey erzählt hatte. Als Kind hatte er im Fieberwahn geträumt, dass er an den Rumpf eines gesunkenen U-Bootes klopfte. »Sie antworten nicht«, schrie er in heller Aufregung, »sie antworten nicht mehr.« Mir war, als würden auch wir bald nicht mehr antworten können.

Wir blieben bis in die späte Nacht in der Kälte auf dem Boden sitzen. Früh am Morgen musste ich ins Büro, Francesco umarmte mich und sagte: »Du siehst müde aus.« Er schaute mich selten an, und wenn er es für einen kurzen Moment doch einmal tat, hatte er mir nur das mitzuteilen. Ja, ich war sehr müde, und natürlich sah man mir das an. Aber das hätte er mir nicht sagen müssen, seine Worte raubten mir viel Kraft. Außerdem wusste er, dass mir auch weiterhin gar nichts anderes übrigblieb, als müde zu sein. Und so bekam ich auch noch Angst, hässlich zu sein.

Erst jetzt, seit ich hier bin, schaut er mich wirklich an. Er sitzt in einem der zwei großen Ledersessel, die ich mir so sehr gewünscht hatte und die eines Tages tatsächlich ins Haus kamen. Francesco sitzt also in seinem Sessel, und immer wenn ich zu ihm aufschaue, begegne ich seinem liebevollen, treu ergebenen Blick.

Ich hatte mir vorgestellt, die Sessel einander gegenüber aufzustellen, damit Francesco mich ansehen musste, denn ich war zu dem Schluss gekommen, dass das Fehlen der Sessel viel zu unserer schwierigen Situation beitrug. »Ja«, hatte Fulvia gesagt, »Sessel sind wichtig.« Sie hatte angeboten, in einem Geschäft, in dem Ratenzahlung möglich war, für mich zu bürgen. Aber ich entschloss mich, Signor Mantovani um einen Vorschuss auf mein Weihnachtsgeld zu bitten.

»Laufen die Dinge nicht gut?«, fragte er und schaute von seinen Papieren auf.

»Nein, nicht besonders. Aber es ist vor allem, weil ich zwei Sessel kaufen möchte. Wir haben zu Hause keine Sitzgelegenheiten.«

Er war erstaunt.

»Doch, doch, wir haben natürlich ein paar Stühle«, erklärte ich hastig und errötete. »Aber das ist etwas anderes. Mein Mann sitzt bis spät in die Nacht am Schreibtisch, aber auf einem unbequemen Stuhl arbeitet es sich nicht gut. Außerdem ist er ständig müde und …«

»Und Sie, Signora Minelli, sind Sie nicht müde?«, fragte er, wobei er sich auf seinem Drehstuhl zurücklehnte.

»Doch, natürlich bin ich auch müde. Aber ich bin oft in der Küche und kümmere mich um den Haushalt.«

»Und Ihr Studium?«

»Das ist im Moment, wie soll ich sagen, ein bisschen eingeschlafen. Ich muss abends Nachhilfestunden geben, und da …«

Schweigen trat ein. Er sah mich an. Signor Mantovani hatte mich immer gut behandelt. Ich wunderte mich über diese Güte, denn er war reich, und reiche Menschen sind oft unaufmerksam.

»Ich glaube wirklich, dass auch Sie ein Recht auf einen eigenen Sessel haben, Signora Minelli.«

Er rief den Kassierer und veranlasste, dass man mir eine kleinere Summe auszahlte. »Heute noch«, sagte er.

»Und wie soll ich den Betrag verbuchen?«, fragte der Kassierer.

Mantovani dachte kurz nach und sagte: »Als Sonderzulage … zu Erholungszwecken.«

Die Summe überstieg knapp den für den Kauf der Sessel erforderlichen Betrag. Ich traute mich nicht, den Kassierer anzuschauen, weil ich mich vor ihm schämte. Stattdessen heftete ich meinen Blick auf Signor Mantovani, konnte ihn aber nur verschwommen erkennen, weil mir ein paar dumme Tränen in den Augen standen.

»Danke«, sagte ich, als wir wieder allein waren. »Ich sollte vielleicht nicht …«

»Das müssen Sie sogar«, sagte er entschieden. In verändertem Ton fügte er hinzu: »Ich komme aus ärmlichen Verhältnissen, trotzdem besaß mein Vater, der Polier war, einen Sessel. Ich weiß noch genau, wie der aussah, er war mit rotem Stoff bezogen. Wer weiß, wo dieser Sessel geblieben ist … Wir waren acht Kinder, und meine Mutter arbeitete im Haushalt schwerer als mein Vater auf der Baustelle. Sie hackte Holz, holte Wasser, und doch wagte sie es nicht, sich in diesen Sessel zu setzen. Mein Vater überließ ihn ihr nie. Als erwachsener Mann nahm ich ihm dieses Verhalten übel. Und meine Mutter starb, bevor ich ihr endlich einen Sessel hätte kaufen können. So sehe ich sie, die bis spät in die Nacht hinein für uns acht Kinder gearbeitet hatte, in meiner Erinnerung in der Küche auf einem Stuhl sitzen.« Nach einer Pause fuhr er fort: »Oh ja, Signora Minelli, ich bin fest davon überzeugt, dass Sie ein Recht auf einen eigenen Sessel haben.«

An dem Tag, als Francesco die Sessel zum ersten Mal sah, verdarb leider ein unglücklicher Zufall die Überraschung, die ich vorbereitet hatte. Es war sein Geburtstag, und da er wusste, dass wir kein Geld hatten, rechnete er nicht mit einem Geschenk von mir. Die Sessel kamen, wie von mir bestellt, am Vormittag, als er nicht da war. Ich hatte frei, weil sein Geburtstag auf einen Feiertag fiel. Seit dem frühen Morgen hatte ich das Arbeitszimmer geputzt. Ich hatte Blumen gekauft, und da meine Schwiegermutter den Wunsch geäußert hatte, ihrem Sohn etwas zu schenken, hatte ich mir erlaubt, sie um den Teppich aus seinem Junggesellenzimmer zu bitten. Sie gab ihn mir gern, und ich legte ihn zwischen die beiden Sessel. So eingerichtet, war das Zimmer sehr gemütlich. Ich setzte mich kurz in einen Sessel und stellte mir vor, Francesco säße mir gegenüber und schaute mich an wie damals in der Galleria Borghese.

Aber als sich der Schlüssel im Schloss drehte, hörte ich neben Francescos Stimme noch eine andere Männerstimme. Francesco war zusammen mit Tomaso gekommen, den er zum Essen eingeladen hatte. Das war ein Zufall, natürlich, doch er hatte nicht bedacht, wie gern ich an seinem Geburtstag mit ihm allein gegessen hätte. Als die zwei hereinkamen, wurde ich rot, so als hätten sie mich auf frischer Tat ertappt.

»Was ist denn das?«, fragte Francesco und blieb stehen.

»Das ist großartig!«, rief Tomaso und setzte sich zur Probe in einen der neuen Sessel.

»Mein Geschenk für dich«, sagte ich.

»Woher hast du denn das Geld dafür genommen?«

»Ich habe eine Prämie erhalten.«

Auch er setzte sich in einen Sessel und prüfte ihn federnd. »Sehr bequem«, sagte er und schaute zu Tomaso. »Was sage ich dir immer? Du musst heiraten.«

Er stand auf, kam zu mir und sagte: »Danke, das hast du wunderbar gemacht.« Er fasste mich am Kinn und küsste mich. Tomaso hüstelte angesichts unserer Zärtlichkeiten.

»Den Teppich hat deine Mutter geschickt«, sagte ich und ging in die Küche, um das Essen zuzubereiten. Ich hatte Obstsalat in zwei Schalen gefüllt und musste ihn nun für drei anrichten. »Beim Aufteilen«, erklärte ich Tomaso viel später, »hatte ich zum ersten Mal ein unangenehmes Gefühl.«

Ja, Geburtstage und Namenstage sind immer heikel in einer Ehe. Leider hatte ich unvergleichlich schöne Kindheitserinnerungen an solche Tage. Meine Mutter hatte kein Geld, und ich weiß nicht, wie sie es immer wieder schaffte, mir ein Geschenk zu kaufen. Trotzdem waren es nie bloß praktische Sachen wie neue Schuhe, Handschuhe oder ein Schal. Ich weiß noch, dass sie mir zu meinem zwölften Geburtstag einen Stieglitz schenkte. Sie weckte mich mit einem fröhlichen Lächeln: »Was habe ich wohl hier?«, fragte sie und zeigte mir ihre gewölbt aneinandergelegten Hände. Ich war ganz blass vor Aufregung. Da öffnete sie die Hände, und der kleine Vogel flatterte im Zimmer umher und setzte sich auf den Schrank.

Ja, solche Daten spielen eine ziemlich wichtige Rolle im Leben von Mann und Frau. Während unserer Ehe vergaß Francesco oft den einen oder anderen Jahrestag, und wenn er sich doch erinnerte, argwöhnte ich nach der Sache mit den Gardenien jedes Mal, dass Fulvia ihn vorsorglich angerufen hatte. Außerdem stimmten mich Francescos Geschenke traurig. Sie waren typisch für jemanden, der es sich nicht leisten kann, Geld für eine Laune oder eine kleine Verrücktheit zu verschwenden. Einmal schenkte er mir ein Paar Strümpfe, was verriet, dass er bemerkt hatte, wie nötig ich sie brauchte. Er hatte die gestopften Stellen und die aufgenommenen Laufmaschen gesehen und, schlimmer noch, mir nichts davon gesagt. Das beschämte mich, und um nicht in Tränen auszubrechen, suchte ich Zuflucht hinter kalter Ironie.

»Warum hast du denn nur so viel Geld ausgegeben? Ich hätte mich auch über ein paar Blumen und eine Geburtstagskarte gefreut, auf der du bedauerst, dass ich dich so lange habe warten lassen.«

»Lange warten lassen?«, wiederholte er verwirrt, fing sich aber gleich wieder. »Ach so, Liebling, entschuldige, jetzt verstehe ich. Du hast Recht, das wäre reizend gewesen, du hast immer so hübsche Ideen.« Zerknirscht betrachtete er die schönen Strümpfe auf dem Bett.

Sein Blick gab mir einen Stich. »Nein«, widersprach ich unverzüglich und umarmte ihn. »Nein, das war nur ein Scherz, die Strümpfe sind wunderschön. Verzeih mir, verzeihst du mir? Lass uns fröhlich sein.« Doch kurz darauf machte ich Francesco unwillkürlich den nächsten Vorwurf: »Warum schreibst du mir keine Liebesbriefe mehr?«

Er war niedergeschlagen, ratlos. »Das stimmt«, sagte er. »Vielleicht, weil ich jetzt mit dir sprechen kann, wann immer ich möchte.«

»Aber du sprichst nie von Liebe.«

»Wirklich nicht? Hab Geduld mit mir, Alessandra, ich bin zurzeit sehr angespannt. Es passieren so viele wichtige Dinge, dass es mir schwerfällt, an etwas anderes zu denken. Als Frau kannst du das vielleicht nicht verstehen.«

»Bis jetzt haben wir immer von dir und mir gesprochen«, sagte ich scheinbar teilnahmslos, während mir alles wehtat, »und nie von Männern und Frauen allgemein. Weißt du noch? Das wollten wir niemals tun.«

»Ja, aber vielleicht ist das unmöglich. Das habe ich gerade eben erkannt, als du mir von der Geburtstagskarte erzählt hast, die du dir heute gewünscht hättest. Immer erwartest du von mir das, was du selbst, als eine Frau, an meiner Stelle tun würdest.«

»Aber das tut mir weh!«, stieß ich hervor und vergaß meinen Vorsatz, mich zu beherrschen.

»Ich weiß, und ich verstehe das. Aber so bin ich nun mal.«

Seine Aufrichtigkeit bestürzte mich, er ging nicht zum Gegenangriff über, widersprach nicht. Er beschränkte sich darauf, meiner romantisch veranlagten, empfindlichen Weiblichkeit erbarmungslos seine feste, entschlossene Männlichkeit entgegenzusetzen.

»Warum warst du dann in der Galleria Borghese und auf dem Gianicolo so ganz anders?«, fragte ich. »Warum hast du mich getäuscht?«

»Ach, Alessandra, warum sagst du so etwas? Ich war nie

ein anderer, das versichere ich dir, mein Verhalten hat sich nicht geändert. Aber es tut mir leid, manchmal fürchte ich, du könntest dir ein falsches Bild von mir gemacht haben. Für mich hat sich nichts geändert, im Gegenteil, ich schätze dich heute noch viel mehr. Neu ist nur, dass wir nie Zeit füreinander haben.«

»Damals haben wir sie aber gefunden …«

»Ganz recht. Ich weiß wirklich nicht, wie wir das damals fertiggebracht haben. Außerdem werde ich von Tag zu Tag unzufriedener mit dem, was ringsumher geschieht, ständig sieht es so aus, als hätten wir es geschafft, aber nie ist es so. Es ist deprimierend, nicht frei arbeiten und seine Meinung äußern zu dürfen.«

»Ich konnte mein Studium auch nicht fortsetzen.«

»Ich weiß, und das ist sehr schade. Aber du kannst dich wenigstens in der Liebe entfalten. Ich fürchte, das ist zwischen allen Männern und Frauen so. Jedes Paar denkt, dem entgehen zu können.«

»Nein!«, schrie ich, »bitte, sag das nicht, sei still!«

»Siehst du, meine Liebe?«, fuhr er nach einer Pause ruhig fort. »Auch das ist eine Stärke der Frauen, sie wollen die Wahrheit nicht hören.«

»Du meinst also, ich sollte aufgeben? Ich sollte verzichten?«

»Nein, darum geht es nicht. Aber wir fühlen nicht auf die gleiche Weise. Das ist die Geschichte mit dem Wasserglas.«

»Welchem Wasserglas?«

»Ganz einfach: Wenn ich ein halb gefülltes Glas sehe, dann sehe ich ein halb volles Glas. Und du siehst immer ein halb leeres.«

Ich lachte, war innerlich aber wie erstarrt. Er hatte unsere beiden Charaktere als gegensätzlich, als unvereinbar bezeichnet. Da war es überflüssig, ihm noch einen anderen Grund für meinen Kummer zu verraten, nämlich seine Angewohnheit, neuerdings nicht mehr »ich liebe dich«, sondern »ich hab dich lieb« zu sagen. Er hätte erwidert, das sei doch das Gleiche. Dabei hatte ich Fulvia, Lydia, die Großmutter, viele Menschen, die mich lieb hatten, aber nur ihn, um geliebt zu werden.

Ich sagte nichts mehr. Er wechselte das Thema, überzeugt davon, unsere Missstimmung mit einem Scherz ausgeräumt zu haben. Womöglich war ihm die Tragweite unserer Worte nicht bewusst. Mir dagegen war sie durchaus klar, als ich wenig später mit dem Gefühl, ganz allein zu sein, hinter seinen abgewandten Schultern wie hinter einer Mauer lag.

Es war noch kalt im Schlafzimmer. Von der Terrasse unserer schönen Sommerabende drang nun Frost herein. Ich lag wach, wie unter der Last eines Alptraums. In der Wohnung über uns und in der nebenan, in den weißen Neubaublocks neben unserem Haus, in jedem Haus Roms, in jedem Haus der Welt sah ich Frauen, die hinter der unüberwindlichen Mauer männlicher Schultern im Dunkeln wach lagen. Wir sprachen verschiedene Sprachen, aber wir versuchten alle vergeblich, den gleichen Worten Gehör zu verschaffen. Nichts konnte die unerschütterliche Festung dieser Schultern überwinden. Wir mussten uns damit abfinden, allein hinter dieser Mauer zu sein. Mussten zusammenrücken, uns gegenseitig stützen und eine Leidensgemeinschaft bilden. Nur dieser Trost war uns erlaubt und noch ein anderer: zu arbeiten, Kinder zu gebären und zu weinen. Und wirklich brachte uns nur das Erleichterung: allein zu weinen, in hellblauen Küchen, die in der Dämmerung fahl und trostlos wurden, in grauen Küchen, in denen die Kinder auf dem Boden spielten und oft ebenfalls weinten, mit traurigen, schon erwachsenen Stimmen. Manche von uns, wie die Großmutter, fanden Befriedigung darin, Herrin über große Wäscheschränke zu sein, die düster und würdevoll wie Särge waren. Andere erniedrigten sich selbst, ohne es zu wissen, indem sie in einer unablässigen Abfolge von verschwenderischen, oberflächlichen, mondänen Tagen Vergessen suchten. Aber alle Frauen schliefen manchmal oder oft in der Kälte, hinter einer Mauer. Alle. Ich hörte sie schluchzen, bitten, ohne dass sie erhört wurden. Denn die Stimme einer Frau ist nur ein schwacher Hauch, und die Mauer ist aus Stein.

Nach einer kleinen Meinungsverschiedenheit war Francesco ein paar Tage lang stets zärtlicher zu mir. Daher vergaß ich im ersten Ehejahr meine Befürchtungen und verdoppelte meine Anstrengungen, um nicht in die tückische Falle der Gewohnheit zu geraten. Ich bemühte mich, stets ruhig und heiter zu sein, da unser einfaches Glück in einer unbeschwerten Atmosphäre wohl leichter wiederzuerlangen wäre als mit Streitereien und gegenseitigen Anschuldigungen. Meine Nerven beruhigten sich, in mir breitete sich so etwas wie Meeresstille aus. Es folgten langweilige, ganz von unseren eintönigen Arbeitszeiten bestimmte Tage. Wir sahen uns nur zum Essen, und um diese Zeit hantierte ich nur mit Tellern, Töpfen und Gläsern. Abends blieben wir häufig zu Hause, aber Francesco sah mich nicht, da er immer hinter seiner Zeitung steckte. Wir lasen bis spät in die Nacht, dann löschten wir das Licht und legten uns mit den immergleichen, schon von Müdigkeit geprägten Verrichtungen schlafen. Zusammen in einem Bett zu liegen, war längst nicht mehr aufregend für uns, sondern erholsam für die schmerzenden Beine und den müden Rücken, wie früher, als ich noch allein war. Trotz meiner Müdigkeit merkte ich sofort, wenn Francesco noch nicht schlafen wollte. Er rückte dann an mich heran, fragte: »Was liest du denn da?«, und nahm mir das Buch aus der Hand. Er würdigte es kaum eines Blickes und legte es auf die Bettdecke. Das war das Vorspiel. Ohne ein zärtliches Wort folgten dann stets die gleichen, lautlosen Gesten in der gleichen Reihenfolge. Es war eine stillschweigende Übereinkunft, dass Francesco, wenn ich mein Buch festhielt, weiterlas oder sich zum Schlafen auf die andere Seite drehte.

Ich fand diese armseligen Umarmungen demütigend und verglich sie natürlich mit den schönen Abenden, an denen wir, neugierig aufeinander und in angeregten Gesprächen, zum Park der Villa Borghese hinaufgeschlendert waren. Wie gern hätte ich unsere liebgewonnenen Unterhaltungen wiederaufgenommen und von mir und meinen Erinnerungen erzählt, aber Francesco kannte das nun schon alles. Und wenn ich versuchte, das Gespräch auf die Themen von früher zu lenken – mit derselben Stimme und denselben Formulierungen wie damals –, sah er mich argwöhnisch an, und ich hatte das Gefühl, Theater zu spielen. Wir konnten uns nicht einmal mehr Illusionen über unsere Zukunft machen, denn wir kannten sie bereits, sie war schon da.

Ich wusste nun, dass dieses Leben nicht ausreichen würde, um uns glücklich zu machen. Wir waren gewachsen, gereift, auch die unschuldige Fröhlichkeit der Tage in Florenz konnte uns nicht mehr erfreuen. Ich war über eine Gewohnheitsehe hinausgewachsen und würde mich darin fühlen wie in einem zu engen Kleid. Außerdem hatten wir uns die Ehe in unserer Verlobungszeit nicht als endgültiges Ziel vorgestellt. Wir hatten einfach geglaubt, zu zweit stärker zu sein und uns gegenseitig dabei unterstützen zu können, unsere persönlichsten Pläne zu verwirklichen und, alles in allem, besser zu werden. Als ich erkannte, dass sich unser Zusammenleben zusehends verschlechterte, glaubte ich, die Schuld läge bei mir und ich hätte mich zu sehr gehenlassen, um Francescos Aufmerksamkeit noch zu verdienen. Ich besann mich auf meine hochfliegenden Ziele, kämpfte erbittert gegen meine Schwächen an und funkelte siegesgewiss. Ich hatte kein Geld, um mir Bücher zu kaufen, aber Tomaso lieh mir welche aus der Bibliothek seines Vaters, der Theosophie studiert hatte. Tomaso war sehr intelligent, lebhaft und aufgeschlossen, ich unterhielt mich gern mit ihm. Wenn ich redete, sah er mich mit seinen großen, hellen Augen stets erstaunt an. Aber mein wachsendes Interesse an diesen Gesprächen war mir kein Trost, sondern erfüllte mich mit Bitterkeit. Ich hätte meine Probleme und meine Lektüreerfahrungen lieber mit Francesco geteilt, zumal er viel intelligenter war als Tomaso. Doch seit unserer Hochzeit redeten Francesco und ich, aus einer plötzlichen Zurückhaltung heraus, nicht mehr über Themen, die mir am Herzen lagen. Wenn ich mich anbot, etwas für ihn zu tun, bat er mich, seine Manuskripte abzutippen, was ich mit Eifer und Freude ohnehin schon tat. Ein anderes Mal sollte ich das Futter seines Jacketts erneuern. Und vielleicht schlug mir Signora Minelli auch auf seine Veranlassung hin vor, in meiner Freizeit zu ihr zu kommen, um für die Soldaten zu stricken.

Zu diesem Zweck lud sie nachmittags öfter einige Freundinnen ein. Während sie mit den Nadeln klapperten, tauschten sie Rezepte für Gebäck ohne Zucker und ohne Eier aus oder für Kaffeeersatzgetränke. Zwei oder drei Mal nahm ich an diesen Treffen teil, konnte aber nicht ein Rezept beisteuern, weshalb mich die Damen, ohne mit dem Stricken aufzuhören, mit hochgezogenen Brauen anschauten und mich wohl für eine Faulenzerin hielten, obwohl keine von ihnen einem Beruf nachging und sie alle ein Dienstmädchen hatten. Sie nötigten mich einzugestehen: »Nein, ich kann keinen Kuchen backen«, und warfen meiner Schwiegermutter gleich darauf einen wissenden, mitfühlenden Blick zu. Außerdem strickte ich schlecht. Meine Nadeln klapperten nicht so schnell wie ihre im Rhythmus ihrer Klatschgeschichten. Die Abfälligkeit, mit der sie über andere Frauen sprachen, ließ mich vermuten, dass diese Damen alle perfekt waren, und ich beneidete sie ein wenig. In unserem Haushalt fehlte es an fast allen Gerätschaften, die sie erwähnten; ich ging nie zum Friseur, und wenn ich mir die Haare wusch, ließ ich sie anschließend auf der Terrasse trocknen; ich kannte nicht ein namhaftes Geschäft und kaufte in unserem Viertel ein. Und als ich erzählte, dass Francesco und ich nie ins Kino gingen, starrten mich die Damen ungläubig und sogar misstrauisch an, so als hätte ich es gewagt, mich über sie lustig zu machen.

In solchen Momenten wandte sich meine Schwiegermutter mir zu und strich mir übers Haar. Vielleicht bedauerte auch sie, dass ich keinen Kuchen backen konnte und alles in allem nicht so war wie die Töchter und Schwiegertöchter ihrer Freundinnen. Aber Francesco erzählte ihr, dass wir mit meiner Prämie die Sessel bezahlt hatten. Einmal hatte Francesco hohes Fieber gehabt. Wir befürchteten, es könnte Typhus sein, doch er vertrug nur die miserablen Zigaretten nicht mehr, die er ständig rauchte. Ich hatte sofort meine Schwiegermutter angerufen, und als ich ihr die Tür öffnete, bat ich sie: »Hilf mir, ich mache mir große Sorgen.« Mit sicheren Bewegungen ging sie durch das Zimmer. Ich kannte mich in der Krankenpflege nicht aus, ich war selbst immer gesund gewesen. Ich saß bei Francesco und legte ihm feuchte Tücher auf die Stirn. Stundenlang verharrte ich reglos an seinem Bett und schaute ihn mit der Treue eines Hundes an. Ich spürte den Blick seiner Mutter auf mir.

»Nein, Alessandra kann keinen Kuchen backen, weil mein

Sohn sich nichts daraus macht. Schon als Kind mochte er keinen Kuchen.« Sie hielt inne, und ihr Halsband bewegte sich, wie um etwas vorbeizulassen. »Außerdem hat sie wenig Zeit. Sie arbeitet als Sekretärin in einem Büro. Mit dem Geld, das sie verdient, hilft sie ihrem Mann«, erklärte sie.

Trotzdem sahen mich die Damen weiterhin kalt und abweisend an. Man durfte sie nicht verurteilen, sie waren in einer Gesellschaft aufgewachsen, in der man glaubte, Frauen, die arbeiten, seien keine normalen Frauen.

Eines Abends holte Francesco mich aus dieser Runde ab, und bei meinem Anblick lächelte er zärtlich, vielleicht wegen meiner immer noch recht altmodischen Art, mich zu kleiden, oder wegen meines bescheidenen Gesichtsausdrucks. Ich sah aus wie ein Findelkind, das die anderen Frauen aus Mitleid bei sich aufgenommen hatten.

Auf dem Heimweg lächelte Francesco bei der Erinnerung daran, wie ich zwischen den Freundinnen seiner Mutter gesessen hatte. Er hatte sich verändert, seit wir zusammenlebten. So kümmerte ihn nicht mehr, was Signora Spazzavento sagte.

Ich sagte: »Weißt du, wenn ich mit diesen Frauen zusammen bin, fühle ich mich genauso unwohl wie damals bei meinen Mitschülerinnen in der Grundschule. Ich war größer als die anderen Mädchen. Die größte von ihnen reichte mir kaum bis an die Schulter. Darum sahen sie mich an, als hätte ich mich mit einem Trick in ihre Klasse geschlichen. Außerdem hatte ich die besten Noten, was mich noch verlegener machte. Hier sind wenigstens meine Strickstrümpfe miserabel geraten.«

Francesco lachte, aber ich wurde unvermittelt ernst. »Hör mal«, sagte ich, »ich kann keine Strümpfe stricken. Ich kann mich nicht wie die anderen Frauen damit abfinden, das durch

Gewalt verursachte Unheil abzuschwächen. Ich möchte mich dafür einsetzen, dass auf Gewalt ganz verzichtet wird. Verstehst du, Francesco?«

Wir schlenderten durch eine Straße, die damals Viale dei Martiri Fascisti hieß, eine in Windungen ansteigende Asphaltstraße. Hier und da häufte sich Müll auf brachliegenden Flächen.

»Also, ich möchte mit dir zusammenarbeiten.«

Francesco antwortete nicht sofort. Ich sah sein scharfes Profil vor dem Himmel, dessen Licht schon vorfrühlingshaft war. Ich wurde rot, als hätte ich meine weibliche Zurückhaltung aufgegeben und als Erste eine Liebeserklärung gewagt, aber ich hatte mit Ungestüm gesprochen wie damals, als ich zu meiner Mutter gesagt hatte: »Bitte geh nicht ohne mich.«

»Ich weiß zwar nicht genau, was ich tun könnte«, redete ich weiter. »Aber du weißt es bestimmt. Tomaso hat neulich Abend gesagt, ich könnte nützlich sein.«

»Wer hat das gesagt?«

»Tomaso.«

»Tomaso ist nicht verheiratet«, erwiderte er schroff.

»Was hat das denn damit zu tun?«

»Tomaso hat keine Ahnung.«

»Warum sagst du das? Wenn du ausgehst und mir nicht verrätst, wohin, weiß ich, dass du bei deinen Kameraden bist, und ich bleibe mit der Hausarbeit zurück. Aber ich spüre eine so feste Verbindung zwischen uns, dass es manchmal fast wehtut. Ich rühre in der Minestra, und jede meiner Bewegungen am Herd wird von einem klaren Willen gesteuert, von einer so tiefen Verbundenheit mit dir, dass ich fast glaube, meine friedliche Hausarbeit könnte wie durch ein Wunder das Gleiche bewirken wie dein gefahrvoller Kampf. Genauso ist es, wenn ich frühmorgens, während du noch schläfst, in der Einkaufsschlange stehe, bevor ich ins Büro gehe. Im Winter ist es noch dunkel, es ist sehr kalt, alle Frauen beklagen sich, sind unzufrieden, und bei jedem Schritt vorwärts in der Reihe denke ich an dich, wie du schläfst. Du kannst dich nur ausruhen, weil ich meinen Platz nicht verlasse, auch wenn mir die Hände vor Kälte fast abfallen. Aber jetzt reicht mir das nicht mehr. Ich bin innerlich sehr stark geworden, bin voller Kraft …« Ich fuhr mir mit dem Finger über eine Augenbraue, um meine Unsicherheit zu überspielen. »Ich weiß, dass ich dir helfen kann.«

Wir gingen eine Weile schweigend weiter. Francesco nahm meinen Arm und drückte ihn fest, ließ ihn los und ergriff ihn wieder. Wir waren wie ein einziger Mensch, wie ein einziger Schritt. Uns umgab ein sanfter Marschrhythmus, der uns antrieb. Gerührt dachte ich: ›Wir sind verheiratet.‹

»Nein«, sagte er, »das geht nicht.«

»Warum denn nicht?«

»Weil das nichts für Frauen ist.«

»Aber es arbeiten doch viele Frauen bei euch. Und Tomaso hat auch gesagt …«

»Dann frag ihn doch mal, warum er Casimira nicht mitmachen lässt.«

»Wer ist Casimira?«

»Ein junges Mädchen«, antwortete er ausweichend und wiederholte: »Frag ihn das mal.«

»Vielleicht hält Tomaso diese Casimira nicht für mutig genug oder für noch nicht einsatzbereit oder …«

»Eben. Ich denke von dir das Gleiche wie Tomaso von Casimira.«

Nach kurzem Schweigen fragte ich beklommen: »Das heißt, dass ich nicht …?«

Es entstand eine Pause. Schließlich bekannte Francesco leise und entschieden: »Ja, genau.«

Wir kehrten ohne ein weiteres Wort nach Hause zurück. Nun waren wir nicht mehr eins, sondern zwei getrennte Menschen, der eine hatte Mut und der andere hatte keinen.

»Ja«, sagt Francesco jetzt, »und ich war es, der keinen Mut hatte. Du wusstest nicht, dass einige Tage zuvor Marisa verhaftet worden war. Sie war Albertos Freundin. Und ich hatte nicht den Mut, so zu leiden, wie Alberto litt. Du kanntest sie nicht, weil sie schwanger war und sich nicht zeigen wollte. Dir gegenüber war sie sehr befangen, sie lebte getrennt von ihrem Mann. Marisa war außerordentlich mutig, fast so wie du. Sie wollte immer die gefährlichsten Papiere überbringen, ihr Zustand werde sie schützen, sagte sie, und tatsächlich konnte man sie kaum verdächtigen. Sie wohnte nicht mit Alberto zusammen, sondern in einem möblierten Zimmer bei einer Schneiderin. Seit Alberto und sie zusammenarbeiteten, waren sie sehr vorsichtig. Nie bewahrten sie zu Hause Briefe oder andere Dinge auf, die ihre Freundschaft belegen konnten, und sie trafen sich nur dort, wo der Portier sie nicht sah. Marisa war sehr klug, fast so wie du. Und doch wurde ihr ausgerechnet ihr Zustand zum Verhängnis. Sie wurde auf dem Corso ohnmächtig. Man brachte sie ins Krankenhaus ganz in der Nähe, wo man entdeckte, dass ihre Tasche voller Flugblätter war. Eine Krankenschwester, also eine Frau, rief die Polizei. Als Alberto das erfuhr, tauchte er bei einem Freund unter, und wir rechneten stündlich damit, dass Marisa in ihrem Zustand und vor Erschöpfung alles verriet. Alberto wartete gespannt auf die Nachricht, dass man nach ihm fahndete, es wäre eine Erleichterung für ihn gewesen. Aber die Tage vergingen, unsere Ungeduld wuchs. Alberto wollte sich stellen, doch das wäre sinnlos und sogar gefährlich gewesen, denn jetzt war auch sie schuldig, und wir wussten nicht, was sie zu ihrer Verteidigung vorgebracht hatte. Mit einer Selbstanzeige hätte Alberto ihr garantiert geschadet. ›Es ist alles meine Schuld‹, sagte er immer wieder, ›ich habe sie dazu gebracht, bei uns mitzumachen. Vielleicht redet sie ja morgen. Wenn sie es tut, lassen sie sie frei.‹ Aber sie redete nicht, sie hatte Mut. Auch du hättest diesen Mut. Und darum hatte ich keinen.«

Es folgten kalte, unangenehme Wochen. Francesco sprach selten mit mir, er blieb oft lange fort, und ich gab vor, nicht wissen zu wollen, wo er gewesen war. Eines Sonntags machte ich eine Torte. Als ich sie auf den Tisch stellte, sah er mich fragend an. Ich sagte: »Das ist das berühmte Rezept der Freundinnen deiner Mutter.« Die Torte war ungenießbar, wir rührten sie kaum an, und da wir im Arbeitszimmer aßen, stand sie den ganzen Abend in unserem Schweigen herum.

Mittlerweile hatten wir ziemlich viele Freunde, und sie besuchten uns oft. Anfangs gefiel es mir nicht, dass sie unsere Zweisamkeit störten, doch dann lud ich sie selbst ein, da ich unsere langweiligen Abende fürchtete. Tomaso gehörte zu den häufigsten Gästen, und manchmal kam auch Denise, eine alte Frau, die eine Baskenmütze trug und alle Kampfgenossen in Paris kannte. Sie benahm sich wie ein Mann und begrüßte mich mit einem Kopfnicken, wie die Deutschen es tun. Sie sprach den ganzen Abend lang, ohne das Wort an mich zu richten. Manchmal schien sie sich plötzlich auf mich und auf die guten Sitten zu besinnen. Dann fragte sie mich mit einem liebenswürdigen Lächeln, ob ich Kinder hätte, ohne sich zu erinnern, dass sie mich das schon mehrmals gefragt hatte. »Sie werden schon noch kommen«, beruhigte sie mich mütterlich, wandte sich wieder den Männern zu und redete weiter über die Themen, die sie selbst interessierten. Dabei ging es immer um die Zukunft in Freiheit. Von mir dachte sie allerdings, dass mir ausschließlich das Kinderkriegen am Herzen lag.

Die Anwesenheit dieser Frau ärgerte mich. »Dabei hat sie nicht ganz Unrecht«, sagte Lydia seufzend. »Du solltest wirklich ein Kind bekommen.«

»Ja, das denke ich auch, aber erst später. Vielleicht mit dreißig, wenn ich nicht mehr so darauf aus bin, nur für Francesco und uns beide zu leben.«

»Nein. Lieber jetzt«, beharrte Lydia. »Mit dreißig bist du noch lebenshungriger, und mit vierzig erst recht. Kinder verbinden, sie halten einen Mann. Wenn ein Kind da ist, kommt der Mann immer zurück, auch wenn er dich betrügt.«

»Er kommt wegen des Kindes zurück?«

»Natürlich. Aber deshalb kann er auch dich nicht verlassen.«

»Wie schrecklich! Wie beschämend!«, sagte ich. Bei der Vorstellung, Francesco wäre mit einer anderen Frau zusammen, glühte mein Gesicht vor Eifersucht. Ich sah ihn bei der Kampfgefährtin mit dem stumpfen Haar, das unter der Baskenmütze hervorschaute. »Ich kann Alessandra nicht verlassen«, sagte er zu ihr. »Ich kann nicht, wegen des Kindes.« Er schaute sie verliebt an, und ich wartete zermürbt zu Hause, mit dem Kind auf dem Arm.

Ich wollte, dass er mich verlassen konnte, wie man einen Mann verlässt, einen Gefährten. Vielleicht wäre das – danach – eine gute Gelegenheit gewesen, um leichtfüßig die Treppe hinunterzueilen. Ich sah mich zum Fluss laufen, in meinem vom Wind aufgeblähten Regenmantel. Francesco gefiel es nicht mehr, wenn ich von meiner Mutter sprach. Einmal hatte er gesagt, sie sei in einem Alter gewesen, in dem man lernen müsse, Verzicht zu üben. Er sagte auch, mein Vater sei wohl eigentlich ein anständiger Mann. »Aber sie konnte sich doch nicht mit einem nur anständigen Mann zufriedengeben!«, erwiderte ich verächtlich. »Warum hat sie ihn dann geheiratet?« »Vielleicht aus Unwissenheit, oder vielleicht hielt sie sich für stärker … Man hält sich immer für stärker.« »Unsinn!«, sagte er einmal. »Sie hat dir am Ende sehr geschadet.« »Mir? Meine Mutter hat mir geschadet?« »Allerdings, und ich glaube nicht, dass dieser Affe es wert war.« Bei diesen Worten war ich entsetzt zurückgewichen. Das Wort Affe kannte ich nur aus Romanen, und es klang wie das Quietschen eines Messers auf einem Teller. Ich ertrug es nicht, dass Francesco Hervey so nannte und damit die romantische Geschichte meiner Mutter in den Schmutz zog. Ich wusste nun, dass er sie verurteilte. Meiner Schwiegermutter hatte er erzählt, sie wäre bei einem Unglück ertrunken. »Was für eine außergewöhnliche Frau«, hatte dagegen Tomaso geflüstert, als er die Fotos von ihr betrachtete.

Früher waren auch Francesco und ich stets einer Meinung gewesen, wir hatten den gleichen Geschmack, die gleichen Ansichten gehabt. Aber nun war er bei Diskussionen mit anderen Leuten immer auf der gegnerischen Seite. Ich teilte oft Tomasos Auffassungen, vielleicht weil er nur wenige Jahre älter war als ich. Wirklich traurig stimmte mich, dass Francesco das, was ich sagte, gar nicht beachtete, während seine Freunde mir gern zuhörten und mir sogar bemerkenswert klare Gedanken und eine fundierte politische Bildung bescheinigten. Ich erklärte mir das damit, dass Francesco mich nun ständig im Haushalt arbeiten sah und vielleicht ebenso wie mein Vater annahm, dass meine Interessen hauptsächlich dort lagen. Bei einer dieser abendlichen Diskussionen fuhr mich Francesco etwas grob an. Ich verstummte, und Tomaso verteidigte mich. Ich schaute ihn dankbar an. Auch er sah mich an, und sein Blick schien für das, was Francesco gesagt hatte, um Verzeihung zu bitten. Tomaso hatte ein klares, ehrliches Gesicht, und sein kastanienbraunes Haar war glänzend und gewellt, wie das meiner Kindheitsfreunde. Das weckte zärtliche Erinnerungen in mir. Ich warf Tomaso erneut einen dankbaren Blick zu, und beim Abschied gaben wir uns lange die Hand.

Die trügerischste Tugend in der Ehe ist die Leichtigkeit, mit der man am Morgen alles vergessen hat, was am Abend davor geschehen ist. Ermutigt durch den ersten Sonnenstrahl und durch den energischen Rhythmus der alltäglichen Handgriffe, ging stets ich als Erste wieder auf Francesco zu.

Wir waren seit über einem Jahr verheiratet. Ein Tag reihte sich an den anderen, ein Monat verschlang den anderen, die Jahreszeiten lösten sich ab. Ich sagte mir fortwährend: ›Jetzt arbeite ich, und danach bin ich glücklich, jetzt spüle ich das Geschirr, und danach bin ich glücklich, jetzt stehe ich in der Schlange, und danach bin ich glücklich.‹ Francesco hatte sich angewöhnt, mich mit einem leichten Schmatzen auf die Wangen zu küssen. Er küsste mich nicht mehr auf den Mund. Dabei hatte es früher für uns gar keine anderen Küsse gegeben. Dann küsste er mich nur noch auf den Mund, wenn er sich mir abends näherte. Und schließlich gewöhnten wir uns an, zu lesen, und er küsste mich überhaupt nicht mehr. Er sprach auch nicht mehr darüber, was er für mich empfand. Vielleicht dachte er, es sei nicht mehr nötig, über Liebe zu reden. Und doch lebt Liebe gerade von dem Bedürfnis, sie ständig zum Ausdruck zu bringen, und von dem Wunsch, diese Liebeserklärungen auch ständig zu hören. Ich wusste nicht mehr, was in ihm vorging, ich konnte ihm nicht all diese Freiheiten zugestehen, nur weil ich wusste, wann er Hunger oder Durst hatte, müde war, Geld brauchte oder politische Schwierigkeiten hatte.

Wenn er nachts zu mir kam, sagte er nie meinen Namen. Ich rief ihn dagegen leidenschaftlich. »Francesco …«, sagte ich, um mich zu vergewissern, dass wirklich er, dieses über alles geliebte Wesen, mir diese verwirrenden Freuden bescherte. Schnell wurden unsere kurzen nächtlichen Begegnungen für uns beide zu einer geheimen, verbotenen Zone, in der wir uns nur heimlich, wenn auch im beiderseitigen Einverständnis bewegen durften. Am Morgen sprach Francesco nie über das, was geschehen war, ganz als wolle er einen tadelnswerten Augenblick der Schwäche vergessen.

Tomaso rief oft an, seine Stimme klang fröhlich und jung. »Sitz doch nicht immer zu Hause, Alessandra. Willst du nicht mal raus? Ich begleite dich. Lass uns nach Prati gehen. Ich würde gern das Haus sehen, in dem du früher gewohnt hast. Abends duftet es in Prati immer so schön nach Geißblatt. Na los, komm schon. Soll ich Francesco Bescheid sagen?«

Ich antwortete, dass ich viel zu tun hätte, obwohl ich durch seine Einladungen tatsächlich Lust bekam, mein altes Viertel wieder einmal zu besuchen. Aber das wollte ich mit Francesco tun. Ich hoffte, auch ihm würde auffallen, dass Frühling war. Mit knappen Worten verabschiedete ich mich von Tomaso. Dann ging ich in die Küche zurück und verübelte mir meine Unaufrichtigkeit: Ich wollte ja nicht, dass Francesco den Frühling bemerkte, ich wollte, dass er mich bemerkte.

Ich stellte den Teller weg, den ich in der Hand hatte, und ließ mich auf einen Stuhl fallen. Ich war allein zu Hause wie damals in meiner Kindheit, aber mein leidenschaftliches Interesse richtete sich nicht mehr auf die Bäume und den Himmel vor dem Fenster, sondern ganz auf mich und meinen Körper. Ich spürte die Hitze der Jugend in mir. Ich stand auf und legte mich im schattigen, kühlen Schlafzimmer aufs Bett. Meine Lippen brannten, ich hatte gewaltigen Durst.

Schon lange hatte mich niemand mehr auf den Mund geküsst. Ich hielt es fast schon für unmöglich, dass es normal war, sich auf diese Art zu küssen, und dass ich es erlebt hatte. Ich schloss die Augen und stellte mir vor, dass ein Mund sich mit stürmischer Beharrlichkeit auf meinen presste, wie nach einer langen Abwesenheit oder nach einem Streit. Ich widerstand zögernd, so wie man einen Fluss betrachtet, bevor man hineinspringt. Dann ließ ich mich fallen und tauchte unter. Ich versuchte, mir bis ins Kleinste einen Kuss auszumalen, den Moment, wenn ich überwältigt den Mund öffnete. Aber das konkrete Gefühl stellte sich nicht ein. »Wie ist das?«, fragte ich mich verstört. »Ich weiß es nicht mehr.«

Da stand ich auf, kämmte mich, zog mich um und puderte mein Gesicht sorgfältig. Ich trug keinen Lippenstift auf, weil alles Blut in meine Lippen geströmt war. Dann wartete ich verträumt und untätig, ohne den Tisch zu decken oder das Essen zu kochen. Wir würden ganz sicher nicht ans Essen denken.

Ich stand wartend hinter der Tür, als Francesco nach Hause kam. Im Halbdunkel des Flurs schimmerte mein weißes Kleid wie eine frische Gardenie.

»Puh, Liebes, ich bin froh, wieder zu Hause zu sein«, sagte er.

Er ging ins Bad, und das kühle Wasser, das ins Waschbecken strömte, verstärkte meinen heftigen Durst.

»Was hast du?«, fragte er.

»Nichts, Liebling.« Ich hoffte, er würde sich umdrehen, mein Sehnen erkennen und es wie ein Geschenk annehmen.

»Ist das Essen noch nicht fertig?«

»Nein.«

»Aber ich habe Hunger.«

Er ging ins Arbeitszimmer und ich folgte ihm. »Gar nichts ist fertig, mein Schatz, wir essen später, danach, wir essen um vier.«

»Aber warum denn? Was ist los? Was ist passiert? Wenn du müde bist, kann ich dir helfen«, schlug er mir freundlich vor.

Ich sah ihn eindringlich an. ›Wie ist das, wenn man sich küsst?‹, fragte ich ihn im Stillen. ›Francesco, ich weiß es nicht mehr. Wie schrecklich, hilf mir, ich will diese Erinnerung nicht verlieren.‹ Ich hatte Durst, mir war, als müsste ich vor Durst ohnmächtig werden.

»Nein, danke«, antwortete ich. »Das war nur ein Scherz. Das Essen ist gleich fertig.«

Ich ging langsam durch den Flur in die Küche zurück und machte Käseomeletts, die Francesco so gern aß. Allmählich ließ mein Sehnen nach, es fiel von mir ab. An die Stelle dieses süßen Durstes trat Kummer, einsam und zermürbend wie das Jaulen eines Hundes.

Und am nächsten Tag dachte ich nicht mehr daran. Es folgte ein kräftezehrender Wechsel von hoffnungsvollen Vormittagen und verzweifelten Abenden. Die Nächte waren dunkle Pausen. Eines Sonntags fing der Tag mit einem unbeabsichtigten Müßiggang an, weil wir vergessen hatten, den Wecker auf die Sommerzeit umzustellen. Nach dem ersten Schreck – Francesco hätte längst bei einer Verabredung sein müssen – freuten wir uns wie die Kinder. Es war, als hätten wir beschlossen, uns um nichts Wichtiges mehr zu kümmern und nur unseren freien Tag zu genießen. Die Sonne schien durch die angelehnten Fensterläden und drängte uns zum Aufstehen. »Bleib liegen, Francesco«, sagte ich zärtlich. »Bleib.«

»Bleib du liegen«, erwiderte er, während ich ihn am Ärmel

seines Schlafanzugs zurückhielt. »Ich muss los. Weißt du was? Wir treffen uns in der Stadt, dann schlendern wir zusammen nach Hause und genießen die Sonne.«

»An der Spanischen Treppe?«, schlug ich begeistert vor.

»Wenn du willst.«

Bevor er ging, öffnete er das Fenster, und die Sonne floss auf das Bett und meine Füße. »Ciao, Sandra«, sagte er. »Ciao«, antwortete ich mit einem koketten Lächeln. Mir war, als hätte ich lange Zeit krank im Bett gelegen und sollte an diesem Tag, auf dem Weg der Besserung, zum ersten Mal wieder aufstehen.

Und wirklich lachte mir an diesem Tag alles zu, als ich aus der Haustür trat. Die Luft war mild, und meine Kleidung wog so leicht, dass ich sie gar nicht spürte. An den Fenstern hing bunte Wäsche, und im Garten gegenüber blühte die große Mimose. Die Orangen in den Körben leuchteten, die Rotweinflaschen in den Schaufenstern sahen aus wie große Rubine. Die Straßenbahn fuhr fröhlich klingelnd vorbei, und ein Junge winkte freudestrahlend aus dem letzten Fenster, als säße er in einem schönen Zug. Viele Leute waren auf der Straße, und alle starrten mich an: Ich war allein, aber mein flinker Gang verriet, dass ich ein festes Ziel und – das war unübersehbar – sogar ein Rendezvous hatte. Gewiss merkten alle, dass ich mich mit einem Mann traf und deshalb eine so herausfordernde Sicherheit erkennen ließ.

Ich betrat die Via Veneto wie eine Bühne. Meine Schritte herrschten über den Gehweg, Übermut blitzte aus meinen Augen, die Erde und die schöne Jahreszeit verneigten sich vor mir. Ich war eine stolze Königin mit einer Peitsche in der Hand. Die Männer sahen mich aufdringlich an, was mir für gewöhnlich lästig war, doch an diesem Tag zwinkerte ich ihnen kurz zu, während ich schnell zu meiner Verabredung strebte. In jedem Schaufenster betrachtete ich mein Spiegel-

bild und fand mich unwiderstehlich. Ich entdeckte sogar eine
Fähigkeit an mir, von der ich immer geglaubt hatte, dass ich
sie nicht besaß: die aufreizende Zurschaustellung der Körper-
formen, die, mehr noch als Bewunderung, das unmittelbare
Begehren der Männer weckt. Das lag vielleicht an dem freudigen Atem, der meine Brust unter der Jacke anschwellen ließ,
einer alten Jacke, die ich gern trug und die wie angegossen saß,
treu und zuverlässig wie eine Freundin, auf die man immer
zählen kann. Diese graue Jacke mochte Francesco sehr. Und
plötzlich fiel mir wieder ein, dass ich sie auch getragen hatte,
als wir uns kennengelernt hatten. Bei dieser Erinnerung fuhr
ich auf, geriet leicht durcheinander. Am liebsten wäre ich in
ein Geschäft gegangen, um Francesco anzurufen und ihm zu
sagen: »Ich komme in denselben Kleidern zu dir wie bei unserer ersten Begegnung, ich bin gleich da, warte auf mich.«
Aber da ich nicht wusste, wo er gerade war, packte mich eine
unsinnige Angst. Ob er noch am Leben ist?, überlegte ich und
sah ihn blass auf dem Boden liegen, von vielen Leuten umringt wie nach einem Verkehrsunfall, während ich mir einen
Weg durch die Menge bahnte. ›Ich bin seine Frau‹, sagte ich,
›lassen Sie mich durch!‹ Meine Angst war so groß, dass ich auf-
stöhnte. ›Francesco‹, rief ich in Gedanken. ›Francesco, warte.
Wir müssen diesen glücklichen Tag erleben.‹

Ich kam von der Via Propaganda Fide, einer vornehmen
Straße, die mich stets mit Ehrfurcht erfüllt hatte, zur Spanischen Treppe.

An der Ecke zur Piazza blieb ich stehen, weil Pfirsichzwei-
ge den Gehweg versperrten. »Nein«, sagte eine Frau zur Blu-
menhändlerin, »die sind mir zu teuer.« Die Blüten dufteten
wie die Aprikosenkerne, die ich als Kind zum Spaß auf dem
Fensterbrett aufgeknackt hatte, es war ein herber, verbotener
Geruch.

»Ich nehme sie«, sagte ich und freute mich über den Klang meiner Stimme. »Was für eine außergewöhnliche Stimme du hast, Alessandra«, hatte Tomaso einmal gesagt. »Wenn du sprichst, kann ich manchmal gar nicht auf den Sinn deiner Worte achten. Entschuldige, falls sich das nicht gehört, aber ich möchte die Augen schließen wie in einem Konzert und nur der Musik lauschen.« Ich bezahlte mit den letzten fünfzig Lire, die ich noch hatte, und steckte das Restgeld unbekümmert ein.

Francesco wartete schon unter den Palmen. Mir fiel ein Satz von ihm aus unserer Verlobungszeit ein: »Die Palme hat Ähnlichkeit mit dir, sie ist hochgewachsen, schlank, und sie hat zerzaustes Haar.« Dieser Vergleich hatte mir sehr geschmeichelt. Vielleicht hatte er diesen Ort absichtlich gewählt. Unwillkürlich musste ich lächeln, stolz auf mich und seine Liebe. Ich ging langsam, um ihn ein wenig warten zu lassen. Er hatte mich noch nicht entdeckt, fühlte sich unbeobachtet und ging ungeduldig auf und ab.

»Francesco«, sagte ich voller Leidenschaft.

»Ach, meine Liebe, so ein vergeudeter Vormittag! Ich bin zu spät gekommen, sie waren schon weg. Diese verdammte Sommerzeit!« Dann sagte er: »Was für schöne Zweige.« Ganz von seinen Sorgen in Anspruch genommen, fuhr er fort: »Ich muss versuchen, Alberto anzurufen.«

»Gehen wir zu Fuß?«, fragte ich, und meine Stimme sollte ihn einladen, mich an diesem strahlenden Vormittag wahrzunehmen.

»Nein, nein, dazu ist es zu spät. Sie könnten anrufen und mich nicht erreichen.«

Er schob die Blütenzweige beiseite, nahm mich in den Arm, und wir machten uns auf den Weg zur Straßenbahn.

»Francesco«, sagte ich später sanft, um ihn zu wecken.

Ich wartete noch geduldig auf meinen fröhlichen freien Tag. Alberto hatte angerufen. »Alles in Ordnung«, hatte er gesagt. »Die Tante kommt in einigen Tagen.« Das bedeutete, dass die Feinde in einigen Tagen auf Sizilien landen würden. Im Radio hörten wir sie jeden Abend an die Türen unseres Gefängnisses klopfen. Jetzt kamen sie uns entgegen und zerknickten auf ihrem Weg Mandelbäume, Orangenbäume und Bergamotten. Ich war froh, obwohl ich die niedergewalzten Bäume fast körperlich spürte. »Freust du dich?«, fragte ich Francesco, doch er war noch immer starr in seinen Gedanken gefangen. Nach dem Essen hatte er sich ins Bett gelegt, ein Buch genommen und war eingeschlafen. Ich wartete gehorsam wie ein Kind, dem man etwas versprochen hat. Ich spürte eine große Ruhe in mir, die einzustürzen drohte. Ich starrte auf das Buch, das Francesco auf den Nachttisch gelegt hatte. Er legte es immer aufgeschlagen ab, um zu wissen, auf welcher Seite er war. So machte er es auch, bevor er sich abends mir zuwandte, um nach dem kurzen Zwischenspiel weiterlesen zu können. Es war wie eine Verabredung zwischen dem Buch und ihm, mit der er sich für die vorübergehende Vernachlässigung entschuldigte. Manchmal stellte ich mich schlafend, und es entspann sich ein Kampf zwischen dem verhassten Buch mit dem starren Rücken und meinem verletzten Stolz.

»Francesco«, sagte ich noch einmal. Er wachte auf, und ich gab ihm einen langen, verzweifelt lockenden Kuss.

Danach blieb ich im Bett liegen. Zum Schutz vor dem Licht, das durch das Fenster fiel, oder vielleicht auch aus Scham hatte ich meinen Arm angewinkelt über die Augen gelegt. Ich kam mir vor wie eine Frau, die vergewaltigt und mit zerrissenen Kleidern auf dem Feld liegengelassen wird. Und ich schämte mich umso mehr für die erlittene Schändung, als ich sie provoziert und für einen Moment sogar genossen hatte.

Von der Straße drangen unbekümmerte Stimmen in das dunkle, von ein paar weißen Lichtstrahlen durchzogene Zimmer. Francesco hätte gern weitergeschlafen, und nur mein Schweigen hielt ihn davon ab. Er hörte einen Vorwurf in diesem Schweigen und blieb nur mit Mühe gelassen, obwohl er sich keiner Schuld bewusst war. Ich spürte, dass er aus Scheu vor mir stumm blieb, aber selbst wenn er etwas gesagt hätte, wäre es wahrscheinlich nicht das Richtige gewesen.

Schließlich sagte ich: »Ich muss mit dir reden, Francesco.«

Er antwortete nicht, zeigte keinerlei Neugier. Vielleicht wusste er schon, was ich ihm sagen wollte. Sein nackter Körper auf dem Laken verriet, jung und selbstsicher, eine verborgene Kraft in Schultern, Hals und Lenden.

»So geht das nicht, verstehst du?«

»Was habe ich getan?«, fragte er nach einer Pause ruhig.

»Nichts, du hast gar nichts getan. Aber ich muss mit dir reden. Entschuldige, ich brauche einen Augenblick.«

»Ich bin ganz Ohr.«

Seine Stimme war versöhnlich, was meine schlechte Stimmung verstärkte, statt sie zu besänftigen. Hätte er mir doch nur gestanden, dass er mich nicht mehr liebte. Denn dass er mich so behandelte, obwohl er mich liebte, verbitterte mich am meisten.

»Ich muss mit dir reden. Dann kannst du mir später nicht vorwerfen, ich hätte nichts gesagt. Ich muss dir alles sagen, offen und ehrlich. Und ich bin weder wütend noch nervös.« Ich griff nach seiner Hand auf dem Laken. »Gerade weil ich dich liebe, muss ich mit dir reden.«

Er sah, dass ich nicht aufgebracht war, und das schien seine Besorgnis noch zu vergrößern. In seinen Augen lag nun ein trauriger, zärtlicher Glanz. In diesem Moment war er sehr schön.

»Ich will dir alles sagen, was man Männern sonst nie sagt, weil sie immer harsch und bissig reagieren. Bitte tu das nicht, bitte lass mich ausreden.«

Meine Stimme klang so verändert, dass Francesco mich betroffen anschaute. So sprach ich sonst mit Fulvia, mit Claudio, mit Tomaso, und so hatte ich zu Beginn unserer Liebe auch mit Francesco gesprochen.

»Ich betrüge dich«, sagte ich. »Ich betrüge dich tagtäglich unzählige Male in meiner Phantasie. Dabei spielt es keine Rolle, dass ich dich mit deinem eigenen Bild betrüge. Denn dieses Bild tut alles, was du nie tust, sagt alles, was du nie sagst, und folglich bist du das nicht, es ist jemand anders. Im Vergleich mit dieser Phantasiegestalt wirkst du schwächer als im Vergleich zu einem anderen, fremden Mann. Würde ich dich mit einem anderen betrügen, hätte ich wenigstens Gewissensbisse. Aber so empfinde ich nur Groll.«

Das Zimmer lag in einem grauen Dämmerlicht. An den Fensterläden glitzerten Lichtpunkte wie Sterne, und von draußen drangen die Geräusche im Rhythmus von Meereswellen gedämpft und langsam herein.

»Du wolltest eigentlich schlafen«, fuhr ich fort. »Du schläfst immer, danach, während ich mit meinen Gedanken wach liege. Wir sprechen schon lange nicht mehr miteinander. Du weißt gar nicht mehr, wer ich bin, was mich beschäftigt, wie kostbar jede Geste, jedes Liebeswort für mich ist.«

Er sprach von dem Verlangen nach mir, das er kurz zuvor empfunden hatte.

»Still«, sagte ich. »Sprich doch nicht darüber. Was hat denn das mit Liebe zu tun? Es ist doch keine Liebe, wenn man hinterher weinen möchte. Schon als Kind wusste ich, was Liebe ist. Ich dachte Tag und Nacht daran, am Fenster oder in meinem Bett zwischen den Schränken. Ich weiß es, weiß es nur zu gut. Alle Frauen wissen, was Liebe ist, auch wenn sie manchmal so tun, als hätten sie es vergessen, als würden sie sich fügen und nicht mehr daran denken. Man darf Liebe nicht mit einem belanglosen Akt verwechseln, der Lust bereitet, der befriedigt und sättigt wie Trinken oder Schlafen. Du selbst solltest mich daran hindern, du darfst nicht zulassen, dass ich mich erniedrige, dass wir uns beide so erniedrigen.«

»Warum?«, fragte er freundlich. »Es war doch schön.«

»Nein, es war nicht schön. Dein Verlangen beruhte auf einem matten Sehnen kurz vor dem Einschlafen und nicht auf Liebe zu mir. Liebe ist etwas anderes. Du hast mich nicht einmal auf den Mund geküsst«, sagte ich und verbarg mein Gesicht. »Liebe ist ein ständiges Sichbefragen, Sichküssen, Sichumarmen, Sichanschauen, Sich-unbedingt-im-Anderen-spiegeln-Wollen, sie ist die ständige Angst, sich gerade dann zu verlieren, wenn man am engsten verbunden scheint, und ständig zweifelt man: ›Liebst du mich, Alessandra?‹, ›Liebst du mich, Francesco?‹. Sag nicht, dass du dir meiner Liebe sicher bist, denn dann muss ich dir gestehen, dass ich dich oft, wenn du mich nimmst, nicht liebe. Und du merkst das nicht, bist abgestumpft, als Gefangener deines Körpers verfolgst du nur ein einziges Ziel. Du liebst mich nicht, sonst würdest du mich nicht alleinlassen. Es ist schlimm, in solchen Momenten allein zu sein. Es genügt nicht, dass du mich gernhast. Das rechtfertigt nur, dass ich mit dir zusammenlebe, mit dir arbeite, mit dir esse. Es rechtfertigt nicht, dass ich hier nackt mit dir im Bett liege.«

»Alessandra!«, wies er mich sanft zurecht.

»Mach mir keine Vorwürfe, benimm dich nicht wie irgendein Ehemann, wie ein Verwandter. Wenn du mir Vorwürfe machst, spreche ich nicht weiter. Dabei ist es doch wichtig, dass du Bescheid weißt. Nur die Liebe rechtfertigt, dass ich hier so mit dir liege. Aber das ist keine Liebe, verstehst du? Nicht in diesem Akt. Weißt du, wir haben kein leichtes Leben, wir haben kein Geld, wir arbeiten beide, und manchmal bin ich müde. Schon als Kind hatte ich kein leichtes Leben, aber das war mir nicht bewusst, weil ich über einen grenzenlosen Vorrat an Liebe verfügte, der mich davor bewahrte, mich arm oder erschöpft zu fühlen. In meiner Kindheit saß ich oft am Fenster, ruhig, friedlich und gehorsam, ich wartete. Wenn Frauen warten, sind sie zu jeder Anstrengung und jedem Opfer imstande. Aber sie wollen nachher nicht weinen, wollen nicht ihr Gesicht verbergen müssen. Das können sie nicht, verstehst du? Es ist ihr Verhängnis, nicht ohne Liebe leben zu können. Darum betrüge ich dich. Tag für Tag. Ich gehe mit dem Phantasiebild von dir spazieren, lese, unterhalte mich und vertraue ihm alles an, so dass jeder den anderen genau kennt, den Engel und den Teufel, den wir in uns tragen. Wir verbringen lange, fröhliche, junge Nächte zusammen. Die Morgenröte scheint schon durchs Fenster, während es mich noch in den Armen hält und mir zärtliche Worte ins Ohr flüstert. Bitte lach nicht, alles wäre aus, wenn ich annehmen müsste, dass dir zum Lachen zumute ist, während ich dir das alles erzähle.«

»Ich lache nicht«, sagte er. Er hielt meine Hand, und sein Körper wirkte nun schwach und müde.

»Es könnte auch gut sein, dass ich dich irgendwann mit einem anderen Mann betrüge.« Tomasos Bild kam mir in den Sinn, sofort verjagte ich es. »Vielleicht hätte das nicht viel zu bedeuten. Ich würde weiter mit dir zusammenleben, aufrichtig und liebevoll wie immer.« Ich konnte ganz offen mit ihm reden, weil er mir nun nicht wichtiger war als ich mir selbst.

»Garantiert hätte es nicht viel zu bedeuten. Aber ich wollte mit dir reden, damit du verstehst, damit du weißt, dass Frauen alles tun, um der Liebe zu widerstehen. Aber die Liebe ist immer stärker als sie.«

»Ja«, sagte er. »Ich verstehe.«

Er zog mich an sich. Wir umarmten uns nackt, traurig und verzweifelt.

Und am nächsten Tag dachte ich nicht mehr daran. Aber wenn Francesco später als sonst nach Hause kam, hatte ich Angst, meine Offenheit könnte, anstatt uns einander näherzubringen, einen unüberwindlichen Abgrund zwischen uns aufgerissen haben. Voller Unruhe wartete ich am Fenster auf ihn. Um nicht noch einige Minuten länger in dieser Sorge ausharren zu müssen, holte ich ihn manchmal von der Straßenbahn ab. Bei seinem Anblick durchströmte mich sofort eine wohlige Wärme. Meine Liebe hielt jeder Erschütterung stand. Das machte mich wütend und vor allem ängstlich. Ich fand es entsetzlich, dass meine Liebe trotz meines Unglücks fortbestehen konnte.

Lydia riet mir, zu einer Wahrsagerin zu gehen. Sie gab mir ein paar Adressen, betonte aber ihr besonderes Vertrauen zu Signora Adele, die ihr vorausgesagt hatte, dass der Hauptmann sie verlassen werde. Sie hatte ihr sogar zu einem bösen Zauber geraten. »Das habe ich nicht gemacht«, gestand Lydia kopfschüttelnd, »das konnte ich doch nicht tun …« Aber ich wollte wieder zu Ottavia. Jede Nacht kam meine Mutter zu mir und schaute mich unglücklich an, weil sie nicht mit mir kommunizieren konnte.

Eines Abends diskutierten wir zu Hause lange über Spiritismus. Francesco weigerte sich, an solche Erscheinungen zu glauben, und zuckte sogar mit den Schultern, während Tomaso erklärte, er habe auf diesem Gebiet interessante Erfahrungen gemacht.

»Hör mal, Alessandra«, sagte Francesco einmal, als wir allein waren. »Ich möchte dich bitten, dich nicht mehr mit solchen Dingen zu beschäftigen. Sie regen dich nur auf und tun dir nicht gut. Hör nicht auf Tomaso …«

»Bist du eifersüchtig?«, fragte ich ihn mit einem verschmitzten Lächeln.

»Nein, warum sollte ich?«

»Weil er mit mir flirtet.«

»Ach so, das weiß ich. Er starrt dich den ganzen Abend an.«

»Und?«

»Was sollte ich denn deiner Meinung nach tun? Es ihm verbieten? Ich kenne ihn schon so lange, ich weiß, dass er es nur zum Zeitvertreib tut, oder vielleicht sogar aus Höflichkeit. Du bist schließlich die einzige Frau …«

»Ach so, ich verstehe. Du glaubst, für mich könnte sich keiner ernsthaft interessieren?«

»Aber nein, und das habe ich doch wohl schon bewiesen. Es ist kein Kunststück, einer verheirateten Frau den Hof zu machen. Willst du wirklich, dass ich mir wegen Tomaso Sorgen mache?«

»Warum nicht?«

»Zunächst einmal, weil ich dich kenne. Und außerdem«, fügte er nach einer kurzen Pause hinzu, »weil ich, entschuldige die Unbescheidenheit, besser bin als Tomaso.«

»Ja, das stimmt, aber …«

»Aber ich mag solche Gespräche nicht. Tomaso meint es nicht ernst, ich kenne ihn genau.«

Ich wusste aber, dass Tomaso es sehr wohl ernst meinte. Mehrmals versuchte ich, Francesco davon zu überzeugen, doch er antwortete immer das Gleiche. Ich ärgerte mich, weil er mich für so eitel hielt, dass ich mir Illusionen über die Absichten meines Verehrers machte. Eines Abends nannte er ihn einen Affen.

Tags darauf ging ich zum ersten Mal mit Tomaso aus, ohne dass Francesco davon wusste, allerdings nur, weil ich zu Ottavia wollte und er das nicht gern sah. Tomaso und ich amüsierten uns wie Kinder und stellten uns lachend vor, was Francesco wohl gesagt hätte, wenn er von unserer Eskapade erfahren hätte. Tomaso ahmte Francescos Stimme und sein vorwurfsvolles Gesicht nach. Mich rührte der Gedanke, dass Tomaso Francesco wirklich sehr gut kannte. Er schaute mich an. Ich sagte: »Francesco ist ein so außergewöhnlicher Mensch«, und wir wurden beide verlegen.

Ottavia war nicht mehr da, sie war wegen des Krieges in ihr Dorf zurückgekehrt. Enttäuscht standen wir vor der Tür in einer alten Straße unweit der Piazza Navona, schauten uns unverrichteter Dinge um, und da wir nichts mit unserer Zeit anzufangen wussten, setzten wir uns in ein Café. Es war ein kleines Café, das von Liebespaaren besucht wurde. Lächelnd sagte ich zu Tomaso, dass seinetwegen mein Ruf auf dem Spiel stünde, und er antwortete ebenfalls lächelnd, das sei ja leider nicht wahr. Ich schämte mich einen Augenblick vor dem Kellner, der uns nachlässig bediente, und versteckte meine Hand mit dem Ehering. Das erzählte ich Tomaso, der aus Spaß den Beleidigten spielte: »Warum, könnte denn nicht ich dein Mann sein?« Wir lachten. Wir lachten viel, aber gezwungen, unbeholfen. Wir begannen über die Ehe zu reden und vor allem über die Beziehungen zwischen Mann und Frau, mit anderen Worten, über die Liebe. Wir hatten beide viel zu sagen und fielen uns gegenseitig ins Wort, unsere Sätze überschnitten sich geradezu. Inzwischen war das Café leer geworden. Wir schauten auf die Uhr, und ich erschrak: »Schon so spät!«

Tomaso betrachtete mich mit einem gutmütigen Lächeln in den hellen Augen. »Wie schön du bist, Alessandra.« Wir gingen schweigend ein kurzes Stück, dann trennten wir uns. Ich sagte: »Wir können Francesco ruhig sagen, dass wir bei Ottavia waren, schließlich haben wir sie ja nicht angetroffen …«

Er unterbrach mich: »Nein, bitte nicht, Alessandra. Natürlich könnten wir das. Aber ich möchte gern ein Geheimnis mit dir haben. Auch ein so harmloses wie das hier.«

Das konnte ich ihm gewähren, und so beendeten wir diesen herrlichen Tag. Seit langem hatte ich keinen solchen Tag mehr erlebt, dachte ich wehmütig, während ich die Treppe hochging. Unter unseren Fenstern spielte jemand Akkordeon. »Was für eine sanfte, entzückende Melodie.« Ich hätte stundenlang zuhören können.

Ich erzählte Francesco, ich wäre bei Fulvia gewesen, und wartete unsicher darauf, dass er sich umdrehte und mir Vorwürfe machte: »Warum lügst du mich an?« Ich wurde rot, obwohl ich nichts Schlimmes getan hatte. Doch Francesco saß auf dem Boden vor dem Radio. Wegen der gedämpften Lautstärke klang es, als würde man ihm etwas ins Ohr flüstern.

»Ich war bei Fulvia«, wiederholte ich in der Hoffnung, dass er meine Lüge durchschaute. Er senkte den Kopf zum Zeichen, dass er verstanden hatte, und winkte mich an seine Seite.

Fulvia sah ich nun seltener. Eines Morgens waren wir zu der Wahrsagerin gegangen, die ihre Mutter uns empfohlen hatte, sie wohnte in einer abgelegenen Straße in der Nähe des Kolosseums. Für diesen Besuch hatte ich im Büro mit irgendeiner Ausrede um ein paar Freistunden gebeten. Die Notlüge und vor allem die für mich ungewohnte Freiheit am Vormittag hatten mich aufgeheitert. Kichernd gingen wir die graue, staubige Stiege hinauf. Signora Adele wohnte unter dem Dach. Im Vorzimmer saßen ringsumher an den Wänden viele geduldig wartende Frauen und verfolgten Signora Adeles Schatten hinter einer Glastür.

Es waren sehr ärmliche Räume. An den Wänden hingen neben einigen Öldrucken zahlreiche Bilder der beliebtesten Heiligen. Das Vorzimmer war dunkel, kaum erhellt von zwei winzigen Lämpchen, die vor einem Bild des heiligen Antonius brannten. Das rötliche Licht spiegelte sich in den Augen der Wartenden wider. Es waren überwiegend einfache Frauen. Eine hielt ein Kind auf dem Arm, zu dem sie immer wieder sagte: »Sei brav«, obwohl es sich gar nicht rührte. Auch einige auffällig gekleidete Blondinen waren dort, denen ihre Ungeduld anzumerken war und die so taten, als wäre dieser Besuch eine lästige Pflicht für sie. Und dann waren da Fulvia, die wissen wollte, ob Dario sie heiraten würde, und ich: Aber ich war nicht mehr das kleine Mädchen am Fenster, war nicht mehr das junge Mädchen, das flink die Treppe hinunter zu Francesco lief. Ich war eine der vielen Frauen, die kein Selbstvertrauen mehr hatten und mit denen es so weit gekommen war, dass sie Rat in der Magie suchten. Vielleicht hatte ich den gleichen verstörten Blick wie die Frau neben mir, die ihre Handtasche von den Knien baumeln ließ. Wie alle Frauen hier schämte ich mich nicht, den anderen meine Niederlage einzugestehen. Ich ließ meinen Blick von einer zur anderen wandern, und ihr Elend weckte Mitleid und Empörung in mir.

»Es ist zu voll«, sagte ich zu Fulvia und zog sie weg.

Ich hatte sie zu mir zum Essen eingeladen. Francesco war seit einigen Tagen bei einem Treffen mit Kampfgefährten in

Mailand. Für gewöhnlich begleitete ich ihn zum Bahnhof, und wir lächelten beide bis zum Schluss. Aber wenn sich der Zug in Bewegung setzte und auf den Schienen fortglitt, war mir, als würde alles Blut aus meinen Adern weichen. Mein Lächeln erlosch, und die Angst, die nunmehr unser Leben bestimmte, kehrte zurück. Jeden Abschied empfand ich als Gefahr, so als könnte irgendeine Unachtsamkeit von uns dazu führen, dass wir uns nie wiedersahen. Ich ging heim, und unser Haus kam mir vor wie ein großer, leerer Kasten. Die Wohnungstür ächzte, als ich sie öffnete. Ich schloss sie wieder, und das dumpfe Klappen hallte düster durch die verlassenen Räume. Die erste Nacht war stets schrecklich, ich fand keinen Schlaf. Dann umgab mich die Ruhe allmählich wie ein glatter, weißer Verband, und die Einsamkeit lockte mich mit verführerischen Angeboten. Ich konnte mir für meine Nachmittage alles vornehmen, was ich wollte. Aber kein Plan schien zu meiner unbeschränkten Freiheit zu passen. Am Ende blieb ich zu Hause, um am Fenster zu nähen. Fulvia nahm sich meiner an. »Francesco ist weg?«, fragte sie. »Dann komme ich vorbei. Ich habe dir so viel zu erzählen. Wenn die Männer da sind, kommt man ja nie dazu.«

Das stimmte. Oft sahen wir uns wochenlang gar nicht und sagten uns: »Es hat keinen Sinn.« Wenn Francesco dabei war, schenkte ich Fulvia nur eine begrenzte, fast schon unverbindliche Aufmerksamkeit. Fulvia wunderte das nicht. Sie wusste, dass das zu der Rolle gehörte, die jede Frau zu spielen hatte, und sie wusste auch, dass ich diese Rolle ehrlich spielte. Die Rolle einer Frau mit einem Mann an ihrer Seite unterscheidet sich sehr von der Rolle, die sie spielt, wenn sie allein ist.

Oftmals schlossen wir uns im Bad ein, um miteinander zu reden. Ich mochte solche Heimlichkeiten nicht, aber mein Vertrauen in sie war stärker als meine Bedenken.

Fulvia und ich fanden dieses Verhalten selbst beschämend. Trotzdem konnten wir es kaum erwarten, unter vier Augen miteinander zu reden, wenn sie kam. Unsere ersten Sätze waren förmlich und wir antworteten Francesco zugegebenermaßen kaum, egal, was er sagte. Wir wollten über die Themen sprechen, die uns bewegten, und Francesco seiner Einsamkeit überlassen, die ihn in unserer Gegenwart umfing. Und so waren wir alle drei froh, wenn ich Fulvia lächelnd fragte: »Möchtest du deine Frisur richten?« oder »Willst du den Mantel ablegen?«. Francesco griff zur Zeitung, und wir zwei gingen ins Badezimmer, wobei wir noch einige belanglose Worte durch den Flur sandten. Ich verschloss die Tür, und Fulvia legte ihre lebhafte, kühne Art ab. »Und?«, fragte sie mich besorgt. Ich ließ mich auf den Rand der Badewanne fallen und sagte: »Ich weiß nicht mehr weiter.« »Ach, wenn du wüsstest …«, antwortete sie seufzend und mit Blick auf ihre eigene Lage. Unsere Mienen waren angespannt. Von Zeit zu Zeit verstummten wir und hielten das Ohr an die Tür, dann redeten wir leise weiter. »Stell dir vor, gestern habe ich Blumen auf den Tisch gestellt, weil der Elfte war, und der Elfte …« »Ich weiß.« »Ja. Er lächelt und sagt: ›Was feiern wir denn heute?‹ Am liebsten hätte ich geweint, aber ich sage nur: ›Rate mal.‹ Ich trug dasselbe Kleid wie damals und hatte mein offenes Haar wieder zu einer weichfallenden Frisur gekämmt. Er erinnerte sich an nichts. Ich musste ihm alles erklären.« »Und? Was hat er dann gemacht?« »Am Abend schenkte er mir ein Fläschchen Parfüm.« »Merkwürdig«, sagte Fulvia, »aber Männer glauben immer, alles mit Dingen wiedergutmachen zu können, die Geld kosten.« Währenddessen spähten wir zur Tür, legten einen Finger auf die Lippen und wechselten dann laut ein paar nichtssagende Worte. Es tat mir leid, dass ich, obwohl ich Francesco liebte – oder vielleicht gerade deswegen –, zu einem so entwürdigenden Verhalten gezwungen war.

Wir waren zum Essen also allein, und in der Wohnung herrschte eine entspannte, herzliche Atmosphäre, wie so oft, wenn Frauen unter sich sind. Ich lief zwischen Küche und Zimmer hin und her und bediente Fulvia am Tisch ohne jede Befangenheit. Ich musste mich nicht unentwegt kontrollieren, und das war äußerst erholsam. Mit Francesco zusammen fürchtete ich ständig, schon durch eine Geste oder ein Wort in schlechtem Licht zu erscheinen. Eine Frau versteht immer, wie anstrengend das Leben einer anderen Frau ist, sie weiß, wie leicht es ist, einen Fehler zu machen, wenn man müde ist. Und Frauen sind immer müde. Liebevoll betrachtete Fulvia die Wohnung, in der ich jeden Tag aufräumte, ausfegte und Staub wischte, und ihr Blick war wie ein Streicheln über meinen Rücken.

Wir aßen an einem Klapptisch im Arbeitszimmer. »Es ist gemütlich hier«, sagte Fulvia.

Die Sonne zwängte sich durch die angelehnten Fensterläden in das Halbdunkel. Die Hitze und eine hartnäckige Verzweiflung raubten mir den Atem.

»Ich habe gar keinen Appetit«, sagte ich. »Und entschuldige das dürftige Essen. Wegen Francesco kann ich es nicht riskieren, Vorräte anzulegen, nicht einmal ein paar Reiskörner oder etwas Öl. Sie trauen sich zwar nicht, ihn so mir nichts, dir nichts zu verhaften, dazu ist er zu bekannt. Aber unter dem Vorwand eines kleinen Vergehens in dieser Art würden sie es nur zu gern tun. Das ist ihre Masche.«

Ich erkannte, dass meine Verzweiflung auch von der Sorge herrührte, dass ihm etwas passiert sein könnte, während er in einer fremden Stadt allein unterwegs war. Obwohl ich erst tags zuvor von ihm gehört hatte, war ich mir plötzlich sicher, dass man ihn in Mailand oder auf der Reise verhaftet hatte. In meiner Phantasie sah ich ihn zwischen den Polizisten aus dem Zug steigen und stellte mir meinen Schmerz bei Erhalt dieser Nachricht vor, ich spürte ihn in der Kehle wie ein Ersticken, und trotzdem wusste ich, dass ich selbst dann nicht sterben konnte, um mich zu entziehen. Es wäre nur eine weitere, lange Qual, die ertragen werden musste. Ich fuhr mir mit der Hand über die Stirn, um mich von diesem Alptraum zu befreien, oder besser, von dieser Liebe.

»Komm«, sagte ich, als Fulvia mit dem Essen fertig war, »wir gehen nach nebenan und reden auf dem Bett weiter.«

Im Schlafzimmer war es sehr angenehm. »Entschuldige, wenn ich mich ausziehe«, sagte Fulvia. »Dann ist mir nicht so heiß und ich zerknittere mein Kleid nicht.« Sie legte sich in ihrem kurzen, schwarzen Unterkleid hin, das ihre schönen Beine und ihren üppigen Busen unter dem Spitzenbesatz hervorschauen ließ. Ich redete weiter, ohne so recht zu wissen, was ich eigentlich sagte, und tat so, als schaute ich ihr in die Augen, stattdessen hatte ich aber ihre runde, weiße Brust im Blick. ›Wie entzückend ist die Brust einer Frau‹, dachte ich.

»Zieh dich auch aus«, sagte sie. »Das ist viel luftiger.«

Ich zögerte, räumte im Zimmer auf und konnte mich nicht entschließen, mein Kleid abzulegen, weil ich mich für meine Magerkeit schämte. Ich nahm mir vor, eine Kur zu machen, damit meine Brust fülliger wurde.

»Wie hübsch du bist!«, rief sie, als ich mich schließlich doch ausgezogen hatte. »Du bist wie ein sanftes Ried, ich habe zwar noch nie ein Ried gesehen, das ist so ein Wort, das man immer nur liest, aber es passt zu dir, es klingt schön. Ried. Ein Wort irgendwo zwischen Mann und Frau. Was ist das eigentlich?«

»Das ist eine Pflanze, die am Wasser wächst«, erklärte ich lächelnd. »Glaube ich jedenfalls. Eine sehr biegsame Pflanze.«

»Aha«, sagte sie, nun wieder abgelenkt. »Komm, leg dich her, ruh dich aus. Wenn zwei Frauen allein sind, landen sie am Ende immer auf dem Bett und plaudern. Erinnerst du dich noch an unsere Mütter?«

»Allerdings«, sagte ich gedankenverloren.

»Sie redeten ständig über Hervey. Als Kind brannte ich darauf, ihn kennenzulernen. Vergeblich. Aber, weißt du, vielleicht war das besser so. Wenn Dario mich verletzt, denke ich aus Rache immer an Hervey. Hätte ich ihn kennengelernt, wäre er für mich nur ein Mann wie jeder andere gewesen.«

»Das glaube ich ja nun nicht«, entgegnete ich in einem strengen, vorwurfsvollen Ton.

»Oh doch, und vielleicht noch schlimmer. Ich muss dir sogar sagen, dass ich im vergangenen Jahr – ich habe es dir nie erzählt – gehört habe, wie die Leute über die Pierces redeten. Ich war mit einer Gruppe unterwegs, die häufig ins Konzert geht. Man sprach über seine Mutter und auch über ihn. Weißt du, was man sich über Hervey erzählte?«

»Über Hervey?«, wiederholte ich matt. »Sag schon.«

»Es hieß, er sei verrückt, ein Spinner, der unter Zwangsvorstellungen leidet. Ich glaube sogar, verstanden zu haben …«

»Was denn?«

»Ich weiß nicht, vielleicht habe ich mir das ja auch nur eingebildet, jedenfalls …«

Sie verstummte und schaute mich in der Hoffnung an, ich könnte ihre Worte erraten.

»Na los«, drängte ich sie. »Sag schon!«

»Na ja, es hieß, dass er nicht normal veranlagt ist. Dass er nicht, wie soll ich sagen, na, dass er keine Frauen mag.«

»So ein Unsinn!«, platzte ich heraus. »Wie kann das sein?«

»Natürlich«, räumte sie sofort ein, »das kann nicht sein.«

Wir rauchten schweigend. »Nichts an ihm könnte mich je verletzen«, hatte meine Mutter gesagt. »Ich rede, und er antwortet mir, als würde ich mir selbst antworten.«

Es war heiß. Trotz der geschlossenen Fenster wurde es unerträglich schwül im Raum. Ich war etwas schläfrig, mich hielt nur der Wunsch wach, weiter über all das zu reden. Es war doch unvorstellbar, dass ein Mann immer das Richtige tat und sagte.

»Oder vielleicht …«, murmelte ich, eine traurige Vermutung akzeptierend, ohne Fulvias Blick zu erwidern.

»Genau«, sagte sie.

Wir schwiegen wehmütig und mit dem Bedürfnis nach Trost. Dabei rauchten wir und ließen hin und wieder eine Bemerkung fallen, um die lastende Stille erträglicher zu machen. »Hier ist der Aschenbecher, danke, entschuldige.«

»Erzähl Francesco nichts davon, falls das Gespräch …«, bat ich sie.

»Nein, wo denkst du hin! Ich habe es ja nicht mal dir erzählt und auch selbst nicht mehr daran gedacht. Jetzt weiß ich gar nicht, wie …«

»Aber ja, natürlich …«

»Vielleicht, weil wir über deine Mutter geredet haben und über unsere Kindheit. Immer wenn ich an diese Zeit denke, möchte ich dahin zurück. Warum mussten wir erwachsen werden, warum mussten wir die Männer und vieles andere kennenlernen?« Mit einem Lächeln fügte sie hinzu: »Ich glaube, ich habe dir nie gesagt, dass ich als Mädchen in dich verliebt war.«

»Oh!« Ich lachte unsicher auf.

»Mir gefiel dein Name, deine elegante Art, dein hochgeschlossenes Kleid, alles, was dich von mir unterschied. Ich war frech und unbeherrscht, um dich zu ärgern. Ich ließ dich links liegen und ging mit Aida und Maddalena spazieren, um dich eifersüchtig zu machen und dir wehzutun.«

Kaum hörbar sagte ich: »Ich war auch wirklich eifersüchtig.«

Ich schaute ins Leere. Doch in Gedanken sah ich Fulvias Gesicht vor mir, das sie als Kind gehabt hatte, und nun ihr schwarzes, offenes Haar auf Francescos Kissen, ihren weichen Körper, die sanften Wölbungen ihrer Brüste. Ich dachte: ›Was für ein Wunder ist eine Frau. Warum kann niemand sie wirklich sehen, sie ganz lieben?‹

»Eigentlich ist es schade«, sagte sie halb im Scherz, »dass wir zwei Frauen sind. Wir hätten heiraten können. Hättest du mich geheiratet?«

»Natürlich, und in den Flitterwochen wäre ich mit dir nach Venedig gefahren.«

Sie lachte leise. Auch ich lachte. Aber wir waren sehr befangen. Mir schien, dass wir diese Situation nicht zufällig erlebten. In mir regte sich der diabolische Entschluss, Fulvia nicht mehr aus dem Zimmer zu lassen. Wir würden uns in der Wohnung, in weiblicher Ordnung und Unordnung, einschließen wie in der Fassung eines kostbaren Ringes. Zwischen uns schienen die Gedanken und Wünsche in einem natürlichen Einvernehmen frei hin- und herzufließen. Ich würde sie bitten, ihr Unterkleid auszuziehen und mir ihre Brüste zu zeigen. Wir sind doch beide Frauen, würde ich sagen, was ist schon dabei? Ihre Haut war wie Perlmutt. In Gedanken begann ich eine scharfe Auseinandersetzung mit Francesco. Ich hätte ihm gern gezeigt, dass ich die ehrfürchtige Bewunderung kannte, die einer Frau zusteht, ich hätte gewusst, welche Worte zu sagen und welche Geschichten zu erfinden waren, und voller Groll dachte ich daran, dass er mich in den Momenten, die die schönsten hätten sein sollen und die stattdessen nur kalt und schmerzlich waren, nie beim Namen nannte.

»Ja, es wäre schön gewesen, wenn wir uns geheiratet hätten. Aber als das, was wir sind: zwei Frauen. Ich stieß einen Seufzer aus, in dem sich meine ganze Verbitterung darüber entlud, alleingelassen und unverstanden zu sein.

Fulvia nahm meine Hand, um mich zu trösten. Sie war so auf meinen Frieden bedacht, wagte ich zu denken, dass sie mir sicherlich jede Bitte erfüllt hätte, etwa die, ihre Brüste zu entblößen.

Es klingelte, und ich schreckte auf wie auf frischer Tat ertappt. »Ich mache nicht auf«, sagte ich. Es klingelte erneut, mit Nachdruck. »Warte«, rief ich und sprang aus dem Bett. »Es könnte ein Telegramm von Francesco sein.«

Ich warf mir meinen Morgenrock über und kam mit einem Seidenkleid über dem Arm zurück. »Es war nur die Reinigung«, sagte ich. »Es ist gut geworden, findest du nicht?«

»Ja, ich glaube schon.« Sie setzte sich im Bett auf.

»Sie hat einen fairen Preis verlangt, achtzig Lire.«

Ich holte das Geld aus meiner Handtasche und ging zurück in den Flur. Als ich wieder ins Zimmer kam, war Fulvia aufgestanden und knöpfte sich gerade die Bluse zu. Wir waren beide verlegen, und sie wirkte schlecht gelaunt.

Ich ging zu ihr: »Komm heute Abend wieder«, sagte ich leise. »Ich gehe sonst nie ins Kino. Lass uns zusammen hingehen, und danach kannst du bei mir schlafen, wir sind allein. Am Abend ist es kühl, das Fenster geht auf die Terrasse, und es ist angenehm hier, der Jasmin duftet wunderbar.«

Sie sah mich unsicher an. Ich griff nach ihrem Handgelenk. »Du kommst doch, ja?«

»Ja«, sagte sie leise, und wir sprachen nicht weiter darüber.

Pünktlich auf die Minute kam ich zu unserer Verabredung, aber Fulvia war nicht da. Die Männer sahen mich vor dem Filmtheater allein und wartend auf und ab gehen und strahlten mich mit dem weißen Licht ihrer Taschenlampen an. Ich rechnete ärgerlich damit, dass Fulvia nicht mehr kam. Endlich tauchte sie auf und wollte sich für die Verspätung entschuldigen, aber dazu ließ ich ihr keine Zeit, weil die letzte Vorstellung gerade begann.

Ich hatte Karten für die teuersten Plätze gekauft. Fulvia wirkte nicht überrascht und benahm sich, als wären wir zum ersten Mal zusammen aus. Wir erwähnten weder Francesco noch Dario. Es war, als hätten wir uns erst kürzlich kennengelernt und hätten noch nicht viel gemeinsamen Gesprächsstoff. Sie vermied es, mich anzuschauen, aber als sie meinen Blick im Dunkeln immer wieder auf sich spürte, achtete sie auf ihre Haltung, richtete sich anmutig auf und ordnete ihr Haar. Ich fürchtete, irgendetwas könnte uns daran hindern, zusammen nach Hause zu gehen, oder sie hätte meine Einladung vergessen. Darum sagte ich: »Für den Fall, dass es heute Nacht Fliegeralarm gibt: Wir haben in unserem Haus einen sicheren Luftschutzkeller.« Fulvia antwortete nicht, und ich war beruhigt: Sie würde mitkommen.

Wir tauschten uns über den Film aus, der schlecht war und uns eigentlich nicht interessierte. Unsere Kommentare waren ziemlich albern, und ich merkte, dass wir versuchten, zu der Vertrautheit zurückzufinden, die wir als Kinder gehabt hatten, dass wir dieselbe Sprache wie damals verwendeten und vor allem wieder das Gefühl hatten, immer etwas Verbotenes zu tun, wenn wir allein waren. Damals waren wir mit Sista ins Filmtheater gegangen. Im Dunkeln, während der Film uns in aller Offenheit Dinge zeigte, die wir kaum anzusprechen wagten, fühlten wir uns, als wären wir jemand anders. Um ihre Verlegenheit zu überspielen, hatte Fulvia ständig laute Kommentare abgegeben. Einmal, als sich die Schauspieler lange küssten, war sie in Lachen ausgebrochen. Jetzt wusste ich, warum sie damals so flegelhaft gewesen war und sich heute plötzlich hinter scheinbarer Gleichgültigkeit versteckte.

Das Kino war nicht weit von meiner Wohnung entfernt. Ich wies ihr den Weg, als würde sie ihn nicht kennen. Der Abend war mondhell, und das neue Wohnviertel war weiß und wirkte wie eine fremde Stadt in Algerien oder Marokko. »Es ist schön hier«, sagte Fulvia. Ich antwortete ihr laut, um die Passanten zu übertönen, die sich darüber unterhielten, wie günstig der klare, helle Himmel für einen Fliegerangriff sei.

Wir tasteten uns die dunkle Treppe hinauf, ich nahm Fulvia an die Hand. Verunsichert durch die plötzliche Finsternis, setzte sie widerstrebend einen Schritt vor den anderen. In meiner Ungeduld zog ich sie etwas, damit sie mir folgte. Auch diese Treppe war spiralförmig, endlos und schwindelerregend. Wir schnauften hörbar, und als ich behutsam die Wohnungstür öffnete, zitterte meine Hand. »Psst«, machte ich.

Ich führte sie an der Hand durch die dunkle Wohnung. Das Mondlicht flutete durch die offenen Fenster herein wie Eiswasser, und im Zimmer duftete es nach Jasmin. Der Geruch erinnerte mich an Francesco. Ich verdrängte den Gedanken an ihn. »Da wären wir«, sagte ich. »Sieh nur, wie schön es hier oben ist.«

Von der Terrasse aus sah man die neuen Häuser von Parioli und das flache, traurige Umland. Der Fluss lag wie ein Schattenstreifen tief zwischen seinen Ufern. Aber die großen Wohnhäuser, die Ebene, die Bäume und die Hügel verloren sich vor der grenzenlosen Weite des Himmels. Tatsächlich wirkte nur der Himmel lebendig, mit seinem Mondlicht, den sacht dahinziehenden Wolken und den lebhaft glitzernden Sternen. Auf dieser Terrasse im neunten Stock schienen Fulvia und ich die Ersten zu sein, die diesem zauberhaften und tückischen Himmel ausgeliefert waren.

»Es ist beängstigend …«, sagte sie.

»Nein, sie werden nicht kommen, wir müssen mit Zuversicht in den Himmel schauen.«

Ich ging ins Schlafzimmer und suchte zwischen meiner spärlichen Unterwäsche hektisch nach einem Nachthemd für Fulvia. Ich entschied mich für mein schönstes, das aus der Hochzeitsnacht. Dann schloss ich die Fensterläden, und als ich mich umdrehte, streifte ich Fulvia aus Versehen im Dunkeln. Sie zuckte zusammen und stieß einen unterdrückten Schrei aus. »Warte«, sagte ich.

Ich ging ins Bad und kam im Nachthemd zurück. Zwar bewegte ich mich mit Bestimmtheit, aber gerade diese kurz angebundene Art und mein entschiedener Ton verrieten, wie unbehaglich ich mich fühlte. Im Zimmer war es immer noch dunkel. Als ich Licht machte, sah ich Fulvia reglos dastehen. Sie hatte sich keinen Schritt weit bewegt und war so verwirrt, dass ich sie am liebsten in die Arme genommen und beruhigend auf sie eingeredet hätte. Stattdessen fragte ich nur schroff, ohne sie anzusehen: »Willst du dich lieber im Bad ausziehen?«

»Nein, danke«, antwortete sie kleinlaut. »Das mache ich hier.«

Sie wendete das Nachthemd hin und her und sagte, sie hätte am nächsten Morgen viel zu tun. Schließlich ließ sie ihren geblümten Rock zu Boden fallen und stand im Unterkleid da, das ihre rundlichen, von der Hitze geröteten Knie nicht bedeckte. Es war verschlissen. Sie erriet meine Gedanken und sagte mit Blick auf ihre und meine Unterwäsche: »In

Prati gibt es einen Laden, in dem man auf Raten und ohne Marken einkaufen kann.«

Sie zögerte einen Augenblick mit einem teils vielsagenden, teils ängstlichen Lächeln, dann zog sie ihr Unterkleid aus und faltete, völlig nackt, das Nachthemd auseinander.

Wie ein großer, milchiger Fleck, der in den Augen schmerzte, fing ihr weißer Körper das spärliche Lampenlicht ein. Sie kämpfte mit einem Band, das sich nicht löste, so dass sie ihren Kopf nicht durch den Hemdausschnitt stecken konnte. Ihre ganze Gestalt war in Bewegung, eifrig bemüht, sich zu verhüllen. Fulvia presste die Beine zusammen und fuchtelte nervös mit den Armen in der weißen Seide über ihrem Kopf. Das bot mir die Gelegenheit, ihren Körper zu betrachten, ohne dass ihre Augen es mir verwehrten. Er war jung, mit einer makellosen Haut. Aber da Fulvia eher üppig war, wirkte er schon etwas müde. Obwohl ihr Körper kräftiger und runder war als meiner, sah ich eine starke Ähnlichkeit zwischen uns, und gerade diese Ähnlichkeit weckte ein großes Erbarmen mit jedem Frauenkörper in mir, wegen des Leids, das ihm zugefügt wird. Von den peinlichen Verwirrungen des Backfischalters bis zur Gewalt in der Hochzeitsnacht, von der Verunstaltung des makellosen Schoßes bis zu den Qualen des Gebärens, vom ermüdenden Stillen eines Kindes bis hin zu den entwürdigenden Leiden der Jahre, in denen die Jugend vergeht. Ich betrachtete Fulvias Körper mit einem so großen Mitleid, dass sie es wohl spürte, denn sie wand sich in dem engen Nachthemd und war kurz davor, alles zu zerreißen, nur um sich von meinem Blick zu befreien. Schließlich stieß sie wütend hervor: »Nun hilf mir doch mal!«

Ich löste das Band, und mit einem Seufzer der Erleichterung schlüpfte sie mit dem Kopf durch die Hemdöffnung. Sie warf einen Blick in die Runde, als hätte sie Angst, dass sich in der kurzen Zeit etwas im Raum verändert haben könnte. Dann drehte sie sich beruhigt zum Spiegel.

Wir waren beide in Weiß, und hinter uns lag die weiße Fläche des Bettes. Obwohl wir sehr verschieden waren, sahen wir mit unseren ungeschminkten Lippen und den locker gekämmten Haaren wie zwei Schwestern aus, die sich ein Zimmer teilen und gemeinsam auf die Zukunft und die Erfüllung ihrer Träume warten. Ich band Fulvia den Gürtel zu. »Was für ein schönes Nachthemd!«, sagte sie und zog es an den Seiten graziös auseinander. Während ihr verträumter Blick durch ihr Spiegelbild glitt, schien sie die Grenzen des Zimmers hinter sich zu lassen und jemandem zuzustreben, dem sie sich darbot. Auch ich neigte mich meinem verliebten Gesicht im Spiegel zu. Reglos drangen wir beide durch das blanke Glas und gingen barfuß Hervey entgegen. »Hilf mir«, sagte ich zu Fulvia und sank schluchzend aufs Bett. »Hilf mir«, sagte auch sie. Wir sagten Dario, sagten Francesco. Und hielten uns die ganze Nacht im Schlaf umschlungen.

Manchmal hatte ich das Gefühl, nur im Alter Trost finden zu können. Dann würde ich vielleicht die ersehnte ungetrübte Ruhe erlangen. Ich nahm mir vor, schnell zu altern, sofort, aber das war schwierig, denn schließlich war ich noch sehr jung, und Jugend birgt das beharrliche Bedürfnis in sich, alles auf die Liebe zu beziehen. ›Womöglich‹, überlegte ich, ›könnte mir eine rein platonische Beziehung weiterhelfen.‹ Dabei dachte ich an Tomaso. Ich hatte mich eines Abends erneut mit ihm getroffen, und wir waren lange spazieren gegangen. Zu Hause hatte ich Francesco sofort davon erzählt. Allerdings ohne ihm zu sagen, dass wir ständig über meine Mutter gesprochen hatten. Tomaso wollte alles bis ins Kleinste wissen, er fragte mich sogar, ob ich ein Foto von Hervey hätte. Nach jedem Treffen mit Tomaso hing ich auf der Terrasse meinen Gedanken nach, dann lief ich impulsiv zu Francesco und schmiegte mich an ihn.

Mit dieser Umarmung wollte ich ihm etwas sagen. Ich legte ein stummes Geständnis ab und verbarg mein Gesicht an seiner Brust. Doch auch diesmal hörte er mich nicht. Ich fürchtete dagegen, er würde mir, wenn er mich hörte, Vorwürfe machen, wie Eltern es tun, könnte verlangen, dass ich Tomaso nicht mehr sah, ohne sich allerdings zu fragen, warum ich mich so gern mit ihm traf. Francesco widmete sich ganz seinen Schriften und dem Kampf, den er an der Seite seiner Freunde führte, auch das war eine Art, sich zu äußern, sich zu entfalten. Es war nicht richtig, dass ich das nie tun konnte.

Ich möchte aber nicht, dass Francesco durch diese Schilderung in einem falschen Licht erscheint. Er war ein guter Mann und außerdem der klügste, der mir je begegnet ist. Ich dagegen war eine junge Frau wie viele andere, und gerade deshalb rede ich so ausführlich über mich und will zeigen, wer ich bin. Wer Francesco war, wissen ja alle.

Er gefiel mir sehr. Wie schon gesagt, er sah nicht besonders gut aus, hatte aber einen natürlichen Charme, der sich bei Männern in einer zurückhaltenden, nüchternen Art zeigt. Ich hatte oft beobachtet, dass Männer in bestimmten Momenten hässlich oder abstoßend wirken, aber Francesco gefiel mir immer. Manchmal, wenn wir anderswo zu Gast waren, saßen wir nicht zusammen, und doch fühlte ich mich durch ein unsichtbares Band stets mit ihm verbunden. Er hielt ein Ende dieses Bandes fest, ohne mich anzusehen. ›Ich liebe dich‹, sagte ich, als würde ich ihn unter allen anderen erneut auswählen. ›Hast du gehört? Liebling, dreh dich um. Ich liebe dich.‹ Aber er hörte nie, was ich in Gedanken zu ihm sagte. ›Er ist widerlich‹, dachte ich, ›egoistisch und herzlos‹, und ich spürte, wie das unsichtbare Band meine Handgelenke einschnürte. ›Lass mich los‹, sagte ich zu ihm, ›ich brauche Luft zum Atmen.‹ Aber selbst wenn ich mich über ihn ärgerte, fühlte ich mich untrennbar mit ihm verbunden. Er war mein Mann, und diese unausgesprochenen Schwierigkeiten, diese extremen Enttäuschungen gehörten zu uns. Ich gestand ihm das Recht zu, mein Feind zu sein.

Ich liebte ihn, und ich habe nicht die Absicht, ihn anzuklagen. Ich möchte nur erklären, was er für mich war. Denn alle wissen, welche Bedeutung er durch seine Schriften und für seine Schüler hatte, seine Freunde kennen ihn als Freund und seine Mutter kennt ihn als Sohn, aber nur ich kenne ihn als Ehemann. Er kam nie auf den Gedanken, dass ich dieselbe Frau war, die er früher geliebt und begehrt hatte, und dass ich denselben Charakter und dieselben Bedürfnisse hatte wie damals. Francesco war sehr intelligent, und doch schien er zu glauben, alles an mir hätte sich verändert, nur weil ich seine Frau geworden war. Er hatte gesagt: »Dann soll alles neu beginnen.« Hätte er gesagt: »Alles soll aufhören«, hätte ich ihn vielleicht nicht geheiratet, weil ich wusste, dass ich nicht stark genug war, um auf alles zu verzichten. Ich war dieselbe geblieben, und zusätzlich spülte ich nun sein Geschirr, putzte seine Schuhe, tippte seine Manuskripte ab, die ich anschließend auf dem Küchenschrank versteckte, und stand vor den Geschäften Schlange. Lieber hätte ich mich nur von Brot und Olivenöl ernährt, als Geschirr zu spülen und Schlange zu stehen. Es ist nicht wahr, dass diese Arbeiten zur natürlichen Bestimmung der Frauen gehören. Sie tun sie, weil es nötig ist, und vor allem, weil sie den Männern helfen und ihnen einen Gefallen tun wollen, so wie sie aus Liebe auch vieles andere tun, auch so schreckliche, grausame Dinge, wie ich sie getan habe.

Und die Männer wiegen sich in der Sicherheit, alles damit auszugleichen, dass sie die Frauen ernähren. Dabei tun sie das eigentlich nur in den seltensten Fällen. Zwar gibt es Frauen, die bis mittags schlafen und das Haus nur verlassen, um zum Friseur, zur Schneiderin oder ins Theater zu gehen, während ihre Männer Tag für Tag arbeiten, um ihnen ein bequemes Leben, auffällige Pelze und Schmuck zu bieten, und den Frauen genügt das. Aber ich kannte keine, die so war, und begegnete ihnen nie, weil sie in ihren Automobilen schnell vorbeifuhren. Ich kannte Frauen, die wie ich arbeiteten, solche, die in der Via Paolo Emilio wohnten, die in der Kälte Schlange standen, mit einem Kind auf dem Arm, die neben mir in der Straßenbahn saßen, wenn ich ins Büro oder zu meinen Nachhilfestunden fuhr. Fast alle Frauen verrichteten zu Hause die Arbeit eines Dienstmädchens, doch zu einem Dienstmädchen sagt man nicht: »Ich ernähre dich«, weil sie ihre Arbeit für einen Lohn und für Kost und Logis leistet. Eine Ehefrau dagegen verrichtet die Arbeit eines bezahlten Dienstmädchens und stillt noch dazu die Kinder, zieht sie auf, näht für sie und flickt die Garderobe ihres Mannes, ohne auch nur den Lohn eines Dienstmädchens zu verlangen. Und trotzdem darf der Mann zu ihr sagen: »Ich ernähre dich.«

Ich tat das alles gern. Wenn ich das Bett machte, drückte ich meine Wange oft an Francescos Kissen, wenn ich die Manschetten seiner Hemden umkrempelte, glaubte ich, seine Handgelenke zu spüren, und ich stand Schlange, um Zucchini zu kaufen, weil er sie so gern aß, und wenn ich sie nicht bekam, platzte ich vor Neid auf die Frauen, die ihren Männern welche kochen konnten. Ich tippte seine Manuskripte ab, sorgte mich um ihn, wenn er nicht nach Hause kam, und ermutigte ihn, an der Seite seiner Gefährten zu kämpfen. Ich zog mir hübsche Kleider für ihn an, frisierte mich für ihn, tat alles für ihn, und ich hätte die schlimmsten Dinge getan, wie es dann ja auch geschah, nur damit er bemerkte, dass ich immer noch die Frau war, die die Treppe in der Villa Borghese wie im Flug hinuntergelaufen war, und damit er mich erstaunt anschaute, als wäre ich ein Geschenk des Himmels. Denn Frauen tun all das und bringen außerdem noch Kinder zur Welt, ohne dafür mehr zu verlangen als ein paar Liebesworte.

Die Hoffnung auf solche Worte verschob ich von einem Sonntag zum anderen. Das mag jemandem, der nie gearbeitet hat und das unerbittliche Mahlwerk der Stunden und das blinde Rotieren im Getriebe der Arbeitswoche nie kennengelernt hat, lächerlich erscheinen. Den Sonntag aber liebte ich. Dann wirkte die Sonne strahlender, der Himmel klarer. Ich ging nie in die Kirche, doch mir gefielen das Glockenläuten, die kessen Gesichter der jungen Mädchen und ihre neuen Kleider. Ich stand gern am Fenster und betrachtete die Dienstmädchen, die ihr Haar mit Pomade geglättet hatten und wie berauscht von ihrer Freiheit ausgingen.

Ich wartete darauf, dass auch mir sonntäglich zumute war. Der Vormittag verging, dann der Mittag. Am Nachmittag arbeitete Francesco und ich las oder nähte in seiner Nähe. ›Es ist ja erst sechs‹, dachte ich, ›also noch Zeit.‹ Er schaute auf und sagte freundlich: »Du siehst müde aus.« Es wurde acht Uhr, dann halb neun. Schließlich gab ich auf und fragte ihn: »Möchtest du essen?« »Ja, gern«, antwortete er und streckte sich. Ich ging in die Küche. ›Aus der Traum‹, dachte ich. ›Das war's wieder für heute.‹ Meine Kehle war ausgetrocknet und wie zugeschnürt. Und am nächsten Tag dachte ich nicht mehr daran. Wenn es regnete, hoffte ich auf Sonne, und wenn ich arbeiten musste, auf einen freien Tag. Ich ließ mich sogar dazu hinreißen, auf die Macht eines neuen Kleides zu vertrauen.

›Heute‹, sagte ich mir, ›oder vielleicht morgen‹, und nichts half. Ich fühlte mich nicht mehr jung und schön, dabei war ich erst einundzwanzig. Ich ging durch die Straßen und hatte das Gefühl, als einzige Frau weder Augen noch Füße noch Hände zu haben.

Wenn Francesco sonntags nach Hause kam, brachte er mir immer etwas Süßes mit. Wir wohnten in einer schmalen Sackgasse, die von neuen Wohnblocks mit vielen Balkonen gesäumt war, auf denen die Leute an Feiertagen bei schönem Wetter gern saßen. Das strahlend weiße Kuchenpaket hob sich deutlich von Francescos dunklem Anzug ab, so dass es den Nachbarn ins Auge stechen musste, wenn er in die Straße einbog. Sie beugten sich vor, um nach ihm zu spähen, und dachten bestimmt, dass diese zärtliche Aufmerksamkeit sich nicht mit der Würde eines Hochschullehrers vertrug, der sich noch dazu Sorgen machen sollte, weil seine undurchsichtige politische Einstellung nicht erwünscht war.

»Sandra, ich habe dir etwas Süßes mitgebracht.«

»Oh, danke«, antwortete ich lächelnd, »vielen Dank«, als wäre es jedes Mal eine Überraschung.

Ich dachte an unsere Verlobungszeit zurück, als Francesco und ich ins Café gegangen waren, um ungestörter und vertraulicher miteinander reden zu können. Wir mieden abgelegene, von Liebespärchen bevorzugte Lokale, weil wir nicht wollten, dass die Art ihrer Beziehung mit unserer gleichgesetzt wurde, die wir für vollkommen anders hielten. Wir wurden Stammgäste in Cafés, in denen alte Männer den Nachmittag verbrachten. In einem Café in der Via Nazionale saßen am Nachbartisch oft einige pensionierte Regierungsbeamte, die leise über Politik sprachen und das Thema wechselten, sobald sich ihnen jemand näherte.

Kaum hatten wir uns hingesetzt, redeten wir hastig drauf-los, um in der Kürze der uns zur Verfügung stehenden Zeit alles anzusprechen, was uns bewegte. Wenn der Kellner kam, drehten wir uns ärgerlich um und entledigten uns der lästigen Pflicht, etwas zu bestellen. Sobald er gegangen war, lächelten wir wieder glücklich, als hätten wir unsere Zweisamkeit heldenhaft zurückerobert. Aber er hatte auf dem Tisch einen Teller mit Gebäck stehenlassen, mit Cremeröllchen, Marzipanpralinen und Kirschtörtchen, was geradezu ein Affront für uns war, denn es sah so aus, als hätten wir uns nur an diesem Ort verabredet, um uns satt zu essen oder weil er berühmt für seine Konditoreiwaren war.

Oft sahen wir auch das eine oder andere schweigsame Paar. Der Mann blätterte in seiner Zeitung, die Frau schlang ein Eis mit kandierten Früchten hinunter. Wenn der Eisbecher leer und die Zeitung ausgelesen war, beobachteten die beiden zum Zeitvertreib die anderen Gäste. Selten wechselten sie ein Wort oder nickten sich zu. »Die sind miteinander verheiratet«, sagten wir lachend. Der Mann kontrollierte die Rechnung, und auch die Frau warf stirnrunzelnd einen kurzen Blick darauf. Ich wandte mich ab, wenn Francesco verlegen ein paar schäbige Geldscheine aufs Tablett warf. Dann gingen wir Arm in Arm hinaus.

Aber nun, über ein Jahr nach unserer Hochzeit, gingen wir kaum noch zusammen weg, und wenn, dann immer mit einem konkreten Ziel.

Wir waren nie mehr im Park der Villa Borghese, um uns zu küssen, nie mehr in einem Café, um uns zu unterhalten. »Wozu denn?«, hatte er eines Tages gesagt. »Wir können uns doch jetzt zu Hause unterhalten.« Aber zu Hause las und schrieb Francesco, und ich kochte, machte das Bett und bügelte. Wir kamen nie dazu, miteinander zu reden. Oft hätte ich ihm gern vorgeschlagen, mit mir in ein Café zu gehen, wie früher, als ich mich noch ohne die häuslichen Pflichten einer Ehefrau mit ihm getroffen hatte und nicht wusste, ob er genug Geld in der Tasche hatte, um die Rechnung zu bezahlen. Doch inzwischen fürchtete ich, dass wir uns nichts mehr zu sagen gehabt hätten, selbst wenn wir in ein Café gegangen wären, dass er die Zeitung aufgeschlagen hätte und ich vielleicht neidisch auf seine Zeitung gewesen wäre.

Schließlich trat ein, was wir am meisten gefürchtet hatten. Francesco kam eines Abends nach Hause und sagte, die Untersuchung gegen ihn an der Universität sei abgeschlossen. Ich schaute ihn bang und fragend an. Nach einer kurzen Pause sagte er leise:

»Ab jetzt darf ich nicht mehr unterrichten.«

Wir umarmten uns schweigend. Die Sache war so ernst, dass wir auch in den folgenden Tagen nicht die Kraft fanden, darüber zu sprechen. Nachts schliefen wir schlecht. »Gute Nacht, meine Liebe«, sagte er. Ich antwortete: »Gute Nacht, mein Lieber«, und die Dunkelheit senkte sich schwer auf uns herab. Überall witterte ich unsichtbare Gefahren, ich hörte ein Auto vor dem Haus halten und zitterte. Francesco regte sich nicht, vermutlich schlief er. Die Nacht war endlos. Der Wecker zählte jede Minute, die uns von dem Tag trennte, an dem Francesco nicht mehr unzufrieden sein würde. ›Schlaf, mein Lieber, ich bin hier‹, sagte ich in Gedanken, und mein ganzer Körper sollte wie ein Schutzschild für ihn sein. Gern hätte ich ihn versteckt, ihn vor den unsichtbaren Augen bewahrt, die ihn überwachten, vor den unsichtbaren Fingern, die ihm drohten, vor der arroganten Stimme aus dem Radio.

In dem großen Bett berührten wir uns nicht, und doch war es, als hielten wir uns an den Händen. Ich fühlte mich ihm durch eine unzerstörbare Solidarität verbunden und war vehement entschlossen, uns zu verteidigen. Wir trugen denselben Namen, und es genügte uns nicht, im selben Haus zu wohnen, wir wollten auch das Bett, die Laken, den Schlaf miteinander teilen. »Francesco«, flüsterte ich und rief ihn so zu mir.

Er schlief nicht und drehte sich um. Wir suchten uns, von dem plötzlichen Verlangen getrieben, unsere enge Vertrautheit zu spüren. In der tückischen Nacht, die uns umgab, wollten wir bekräftigen, dass wir noch frei in unseren Wünschen und Handlungen waren. Damals liebten wir uns mit dem Ingrimm armer, verzweifelter, unterdrückter Menschen, die nur noch über dieses Mittel verfügen, um ihre Kraft zu bekunden. Jede Nacht konnte die letzte sein, die wir zusammen verbrachten, vielleicht würde man schon bald an unsere Tür klopfen. Miteinander zu schlafen war ein Akt der Todesverachtung. Durch das offene Fenster sahen wir den sternenübersäten Junihimmel. In solchen Momenten fühlten wir uns nicht mehr unterdrückt und schwach.

Dann kam die Zeit, in der wir nur noch gekochte Kartoffeln aßen. Dass Francesco in Ungnade gefallen war, hatte sich herumgesprochen, und alle mieden uns. Sogar meine Schwiegermutter empfing uns nur ungern und machte uns in den Worten von Signora Spazzavento Vorhaltungen. Mir war klar, dass alles, was sie gegen ihren Sohn vorbrachte, vor allem mir galt, wobei sie auch ihre Freude darüber äußerte, dass ihr Mann gestorben war, bevor er mit dieser unglückseligen Angelegenheit hätte behelligt werden können. Tatsächlich streifte mich ihr Blick nach jeder harten Bemerkung, weil sie sich vergewissern wollte, dass ich sie verstanden hatte. Sie saß in einem steifen Sessel und wir ihr gegenüber auf Stühlen. Sie sprach streng, aber ich lächelte. Francesco war nun nicht mehr ihr

Sohn, sondern mein Mann. Ich erinnerte mich an meinen ersten Besuch in diesem Haus, als er bei seiner Mutter auf der Armlehne des Sessels gesessen hatte und ich auf einem Stuhl vor ihnen. Jetzt saß er neben mir, und sie war allein.

Francesco hatte auch seine nachmittägliche Nebenbeschäftigung bei Albertos Verwandtem verloren. »Sie wissen ja …«, hatte der zu ihm gesagt. Und Francesco hatte verstanden. Auch die Mutter meiner Nachhilfeschülerin hatte zu mir gesagt: »Sie wissen ja …«, nachdem die Nachricht in der Zeitung gestanden hatte.

Meine Schwiegermutter fragte uns, wie wir denn nun über die Runden kommen wollten. Mit dieser Frage, die sie sich bis zum Schluss aufgehoben hatte, wollte sie sich rächen. Vielleicht hoffte sie, wir würden sie um Hilfe bitten. Ich sagte, wir hätten ja immer noch mein Gehalt und ich könne Überstunden machen. Ihr Ärger über meine bescheidene Unabhängigkeit war ihr wieder einmal deutlich anzumerken.

»Sehen Sie, Signora«, sagte ich, »wie gut es ist, dass auch die Frauen berufstätig sind und die Männer daher nicht jede erniedrigende Bedingung akzeptieren müssen, nur um sie zu ernähren?«

»Du stimmst deinem Mann also zu?«, sagte sie gereizt, weil sie in mir keine Verbündete fand. »Du bestärkst ihn sogar noch?«

Wie sinnlos mir ihre Worte vorkamen und wie alt diese Wohnung mit den roten Vorhängen und den schwarzen Möbeln und wie dünkelhaft das Dienstmädchen mit dem Schürzchen. Ich würde dieses Haus nie wieder betreten, so viel war klar, würde nie wieder den Namen von Signora Spazzavento hören. Allerdings erinnerte ich mich auch an die Nacht, als Francesco krank gewesen war, deshalb reagierte ich sanft.

»Verstehen Sie doch, Signora, es ist viel mehr als das. Ich liebe ihn.«

»Sie war schon immer verlogen«, hat sie später behauptet. »Falsch und verlogen, während sie sich lammfromm gab. Aber ich habe sie von Anfang an durchschaut.« Dann hat sie ein Bild von mir gezeichnet, in dem ich mich, ehrlich gesagt, nicht wiedererkenne. Sie hat sogar behauptet, ich wäre neidisch auf ihre Wohnung und ihr Porzellan gewesen. »Aber das stimmt nicht, Signora, warum sagen Sie so etwas?« Ich hätte sie gern überzeugt, doch ich wurde ausgezischt. Sie hat auch behauptet, ich hätte Francesco nicht geliebt. Sie war die Einzige, die das gesagt hat. Ich habe ihr verziehen, denn sie war nach mir sicherlich diejenige, die am meisten gelitten hat. Aber ich dachte an die Einsamkeit zurück, die Francesco und ich empfunden hatten, als wir an jenem Abend aus dem Haus seiner Kindheit an der Piazza unweit der Engelsbrücke gekommen waren. Das war nicht mehr die süße Einsamkeit unserer ersten Verabredungen gewesen, das war eine eisige Leere, in der ihre Stimme, die uns verurteilte, nachhallte. Ich hätte ihm gern gesagt, dass für uns nichts wichtiger sei als unsere Liebe, aber ich wusste, dass er nur halbherzig genickt hätte. Er war unzufrieden, und darum war er es auch mit mir, ja, der Mut, den ich aufbringen musste, bestätigte ihn noch in seiner Unzufriedenheit.

Manchmal schien er sich zu ärgern, dass ich noch arbeiten durfte. Wenn ich ins Büro ging, verabschiedete er sich nur flüchtig von mir. Er war griesgrämig und kratzbürstig geworden, sagte sogar: »Immer nur Kartoffeln.« Wir hatten einen Sack voll aus den Abruzzen bekommen. Die Großmutter war der einzige Mensch, den um Hilfe zu bitten mir nichts ausmachte. Sie konnte mich nicht für eigennützig oder verzagt halten, wusste sie doch, dass ich auf das Gehöft verzichtet hatte und mir nun nicht einmal Kartoffeln beschaffen konnte. Das bisschen Geld, das wir hatten, wurde für die Zigaretten gebraucht, die Francesco ununterbrochen rauchte. Es war nicht leicht, welche zu besorgen. Ein Kollege aus dem Büro überließ mir seine Ration. Salvetti, der Pförtner, handelte zwar mit Zigaretten, wollte mir aber keine verkaufen, weil er Francescos politische Einstellung missbilligte. Hinter seinem Schreibtisch hatte er eine große Landkarte aufgehängt, auf der in den ersten Kriegsmonaten ein stürmischer Vormarsch von Fähnchen zu sehen gewesen war. Er strahlte, war bestens gelaunt und brüstete sich damit, dass sein Sohn zum Militär eingezogen worden war. Dann verschwanden die Fähnchen nach und nach, und auf der Karte hinter seinem Rücken erschienen die verlorenen Gebiete Eritreas und Libyens. Seit Francesco von der Universität verwiesen worden war, sah mich Salvetti streng an, so als wäre ich schuld am Rückzug der Fähnchen. Da ich wusste, dass er mir Zigaretten besorgen konnte, ging ich trotzdem jeden Tag zu ihm. Er antwortete mir von oben herab: »Was bilden Sie sich denn ein? Dass ich Schwarzhandel betreibe? Wissen Sie denn nicht, dass mein Sohn an der Front kämpft?« Ich ließ nicht locker: »Bitte, Salvetti!« Er lehnte wieder ab und warf einen vielsagenden Blick auf die Landkarte.

Einmal wurde mir im Büro schlecht. Alle umringten mich und vermuteten, ich hätte vielleicht etwas Verdorbenes oder Ungenießbares gegessen. »Das kann nicht sein«, antwortete ich. »Gestern Abend habe ich nur Kartoffeln gegessen.« Verlegen bemerkte ich, dass meine Kollegen untereinander Blicke wechselten, dann fragte mich jemand leise, ob ich Hunger hätte. Das stritt ich ab, da ich nicht bemitleidet werden wollte und es wie eine Anklage gegen Francesco ausgesehen hätte. Ich behauptete, oft Fleisch und Bohnen aus den Abruzzen zu essen und wirklich noch nie Hunger gelitten zu haben. Nun betrachteten alle mitleidig meine Arme, meine schmächtige Brust, und ich fand es ungerecht, dass sie Francesco für meine angeborene Magerkeit verantwortlich machten. »Mir geht es ausgezeichnet«, sagte ich gereizt, »uns beiden geht es ausgezeichnet.« Ein junges Mädchen schlug vor, Geld für mich zu sammeln, und ich dankte ihr, lehnte aber mit der Erklärung ab, dass ich das gerade wegen der politisch begründeten Arbeitslosigkeit meines Mannes nicht annehmen könne. Einige Kollegen traten an mich heran und rieten mir mit den Händen in den Hosentaschen, nicht zu stolz zu sein. Das Ganze drohte in einen unangenehmen Streit auszuarten, und das tat mir leid, da wir schon lange zusammenarbeiteten. Ich wandte mich vor allem an die Frauen, aber sie ließen ihrem Misstrauen, das sie schon immer gegen mich gehegt hatten, nun schließlich freien Lauf. Um mich her wurde es leer. Nur der Pförtner Salvetti sagte, als ich hinausging:

»Würden Sie eine Schachtel Zigaretten von mir annehmen, Signora Minelli?«

Er wollte partout kein Geld dafür. Er drehte den Kopf weg und versteckte seine Hände hinter dem Rücken wie ein Kind.

»Eine Frau, die ihren Mann verteidigt, gefällt mir.«

Ich bedankte mich für das Geschenk und reichte ihm die Hand. Zu Hause gab ich Francesco die Zigaretten und erzählte ihm, was vorgefallen war. Er ließ mich ausreden, doch dann brauste er auf und sagte, er brauche keine Almosen. Er zerknüllte die Zigarettenschachtel. Ich zuckte zusammen und empfand dies als eine Beleidigung Salvettis. Schließlich erklärte er, dass er sich selbst um alles kümmern werde, am nächsten Tag wolle er den Teppich verkaufen. Zum ersten Mal sprach er in diesem Ton mit mir, genauso, wie er damals

bei unserer Ankunft in Florenz mit dem Kofferträger gesprochen hatte.

»Wo ist der Teppich?«, fragte er barsch.

Ich antwortete nicht, und er wiederholte: »Alessandra, ich
habe dich gefragt, wo der Teppich ist.«

Ich musste gestehen, dass ich ihn schon verkauft hatte.

»Aber warum? Wofür geben wir denn schon Geld aus? Wir
essen doch nur gekochte Kartoffeln, eine milde Gabe deiner
Großmutter, und ich kann nicht mal rauchen, ohne so tief zu
sinken, ein Almosen vom Pförtner anzunehmen.«

Ich schwieg bestürzt. Ich hatte auch die Anstecknadel, die
Tante Violante mir geschenkt hatte, verkauft und zwei Laken
der Aussteuer ins Pfandhaus gebracht.

»Dann verkaufen wir eben die Sessel«, sagte er.

Da stieß ich hervor: »Niemals, nicht die Sessel!«

»Ach, wohl weil sie dir gehören? Weil du sie bezahlt hast,
mit deinem Geld?«

Wie unglücklich musste Francesco sein, um so etwas zu
sagen. Ich wollte ihn umarmen und ihm so zeigen, warum ich
die Sessel nicht verkaufen wollte.

Aber er hörte nicht auf: »Dann werde ich deine Sessel
nicht verkaufen, sondern meine Bücher. Ist das in Ordnung?
Darf ich bitte meine Bücher verkaufen?«

Es war traurig, ihn in dieser Verfassung zu sehen, und so
ging ich ohne eine Antwort aus dem Zimmer. In der Küche
gab es nur gekochte Kartoffeln und ein Stück Schafskäse.
Francesco hatte Recht, es war nicht richtig, dass er so leiden
musste, aber ich hatte keine Vorräte mehr. Ich setzte mich
neben das Spülbecken, so wie Sista damals in der Küche in
der Via Paolo Emilio. Sie hatte immer gesagt, ein Mann habe
ein Recht auf Essen. Für meinen Vater kaufte sie Fleisch, und

wir ernährten uns von Gemüsesuppen und Salat. »Das macht doch nichts«, sagte auch meine Mutter, »Hauptsache, für ihn ist alles da.« Und so antwortete sie bei Tisch höflich: »Nein, danke, Sista, ich habe keinen Hunger.«

Ich musste eine Lösung finden, würde sie bestimmt finden. Ich nahm mir vor, zu Fuß ins Büro zu gehen, aber das würde nicht viel nützen. Ich musste die Großmutter um eine Tüte Mehl bitten, auch wenn mir der Teig nicht gut gelang. Mit etwas mehr Sorgfalt würde ich es schon lernen. Aber ich fürchtete, das würde alles nicht ausreichen, ich war verzweifelt: »Oh, Francesco«, sagte ich bei mir, wie man ›Oh Gott‹ sagt. Ich wollte nicht, dass er seine Bücher verkaufte. Dann doch lieber die Sessel, oder erst einmal nur einen, denn ich hatte ohnehin kaum Zeit, mich hinzusetzen. Ich lief ins Arbeitszimmer, um ihm das zu sagen.

Ich überraschte ihn dabei, wie er eine Zigarette aus der zerknüllten Schachtel zusammenstoppelte. Als ich hereinkam, versteckte er sie vor mir.

Wenige Tage später wurde erstmals Rom bombardiert. Unter den Toten war auch Aidas Bruder Antonio. Er hatte, wie Francesco, nicht mehr in seinem Beruf arbeiten dürfen. Nachdem er aus der Verbannung zurückgekehrt war, musste er seine Anstellung als Buchdrucker aufgeben und am Güterbahnhof von San Lorenzo Waggons entladen. Er wohnte dort in der Nähe bei seiner Schwester, die inzwischen verheiratet war. Von ihren Fenstern aus überblickte man den Friedhof. »Tagsüber sieht er traurig aus, wenn man an den Anblick nicht gewöhnt ist«, hatte Aida gesagt, »aber am Abend ist er wunderschön mit all den brennenden Lichtern. Mein Sohn klatscht vor Freude immer in die Hände, wenn er am Fenster steht.« Antonio war in den Bauch getroffen worden und hatte seine Gedärme festgehalten, bis man ihn ins Krankenhaus gebracht hatte. Dort hatte er sofort verstanden, dass nichts mehr zu machen war, und gesagt: »Es tut mir so leid.« Diese Worte hatte er unentwegt wiederholt und war noch am selben Abend gestorben. »Es tut mir so leid.« Seinen Gefährten im Krankensaal, die ihm Mut zusprachen, seiner weinenden Schwester und dem Priester, der ihm riet, sich in den Willen Gottes zu fügen, hatte er schließlich erklärt: »Es tut mir so leid, gerade jetzt zu sterben, denn es dauert nicht mehr lange.« Aida sagte, die anderen hätten geglaubt, er rede im Fieber, aber er habe mit großer Mühe weitergesprochen: »Zehn Jahre habe ich gewartet, im Gefängnis, in der Verbannung, und gerade jetzt, wo es nicht mehr lange dauert, muss ich gehen.« Bis zum letzten Atemzug habe er gesagt: »Es tut mir so leid ... es tut mir so leid ...«

Während des Luftangriffs war ich in einem alten Keller in der Via Venti Settembre. Die anderen Frauen schrien vor Angst und riefen die Madonna an. Auch ich hatte große Angst und rief nach Francesco, ich wusste nicht, wo er war, vermutete ihn aber bei Tomaso. Die absurdesten Gerüchte kursierten: Die ganze Stadt wäre unter Beschuss, und unser Viertel, in dem auch Tomaso wohnte, wäre zerstört. Kaum war ich aus dem Luftschutzkeller, lief ich zu einem Telefon.

»Tomaso«, sagte ich schluchzend, »ist Francesco bei dir?« »Ja, er ist hier.« »Wie geht es ihm? Sag schon!« »Er sitzt hier und raucht.« »Bitte mach keine Witze, gib ihn mir!« »Er kommt schon.« Dann fügte Tomaso scherzhaft hinzu: »Und keine Sorge, mir geht's auch gut.« Ich entschuldigte mich mit dem Hinweis auf meine große Aufregung, und er lachte.

Nach Francescos Ansicht meinte Tomaso es nie ernst. Das sagte er auch an diesem Abend. Wir saßen auf der Terrasse und blickten auf die roten Rauchschwaden eines Brandes. Er sagte auch, Tomaso sei sehr besorgt um mich gewesen, als die

Bomben fielen. Dass dies seiner Meinung von ihm widersprach, fiel ihm gar nicht auf. »Ich war dagegen ganz ruhig«, behauptete er. »In der Nähe deines Büros gibt es keine militärischen Ziele, und du bist immer so geistesgegenwärtig, so praktisch veranlagt und entschlossen. Tomaso hatte Angst, du könntest auf der Straße unterwegs sein, um zu mir zu kommen.«

Ich schwieg und lachte kurz auf.

»Warum lachst du?«

»Weil Tomaso mich gut kennt.«

»Wie meinst du das?«

»Ich wollte wirklich vom Büro aus nach Hause. Aber in der Via Venti Settembre wurde ich aufgehalten und musste in einer Hofeinfahrt Schutz suchen.«

Zwei Tage später ging ich mit Tomaso in das bombardierte Viertel. Auf dem Piazzale del Verano schlug uns der Geruch von toten Pferden entgegen. Er war so unerträglich, dass wir uns ein Taschentuch vor die Nase halten mussten und Tomaso den Arm um mich legte. Ein Pferdestall mit den schwarzen Pferden der Bestattungswagen sei voll getroffen worden, hieß es. Die Helfer hatten bei den Bergungsarbeiten das verzweifelte Wiehern gehört. Die Schreie der in den Kellern verschütteten Menschen waren dagegen nicht zu hören gewesen. Während der gesamten Rettungsaktion hatten die Pferde gewiehert, und als sie endlich verstummten, war gewiss auch der letzte menschliche Schrei unter den Trümmern verklungen.

Das Viertel San Lorenzo war menschenleer. Aus den kaputten Seitenwänden der Häuser hingen Matratzen, Kleidung, Bilder. Und Stille lastete auf den unter Schutt und Staub begrabenen Höfen. Überall herrschte dieser süßliche, ekelerregende Geruch. »Tomaso, was ist das für ein Gestank?« Er hielt mich noch fester. »Der kommt von den Pferden.« Wir trafen einen alten Mann mit einem Eimer in der Hand, den er am Brunnen füllen wollte. »Ich war gerade auf die Straße gegangen, als das Haus hinter mir einstürzte.« Er wiederholte diese Worte immer wieder. Ich wollte ihn nach dem entsetzlichen Geruch fragen, aber Tomaso kam mir zuvor: »Der kommt von den Pferden, nicht wahr?« Der Alte nickte und sagte: »Ich war gerade auf die Straße gegangen, als das Haus hinter mir einstürzte.« Auch zwei Soldaten bestätigten, es sei der Geruch der Pferde, und ebenso eine dünne Frau in Männerschuhen und einem schäbigen schwarzen Mantel. »Ja, ja, der kommt von den Pferden.« Dann sagte sie zu Tomaso, das sei doch nicht der richtige Ort, um mit seiner Verlobten spazieren zu gehen.

»Nein, lass mich«, bat ich Tomaso, der mich von dort wegziehen wollte. Ich sah meine Mutter vor uns durch die leeren Straßen gehen. Erstaunt über diesen Tod, den sie nicht kannte, schaute sie sich um und warf einen Blick in die Hauseingänge. Sie ging anmutig weiter mit ihrem federleichten Schritt, ohne dass ihre Füße staubig wurden. Ich sah auch meine Großmutter Editta. Sie schritt majestätisch einher mit ihrem gepuderten Gesicht unter dem großen Federhut. Mir schien, die beiden hätte nicht der wahre Tod ereilt, so wie Antonio, der mit seinen vom Kalk weißen Händen seine Eingeweide festgehalten hatte, oder so, wie er uns ereilen konnte, dieser Tod, der überall um uns war und den Geruch nach toten Pferden zurückließ. »Es tut mir so leid«, hatte Antonio gesagt, »denn es dauert nicht mehr lange.« Ich war noch ein Kind, als Aida uns erzählt hatte, dass er unzufrieden war. Jetzt war Aida verheiratet, ihr Sohn freute sich über die Lichter auf dem Friedhof, und ich wartete darauf, dass Francesco zufrieden sein würde. Dann würden wir wieder so ruhig einhergehen können wie meine Mutter und wie meine Großmutter Editta. »Es dauert nicht mehr lange«, sagte ich zu Tomaso. Ich war unruhig und verstört. »Es dauert nicht mehr lange, dann werden wir zufrieden sein.«

Wir gingen Arm in Arm zurück, und ich hielt mir das Taschentuch vor die Nase, denn die toten Pferde waren in allen Kellern und in allen Straßen. Ich beschleunigte ängstlich meinen Schritt und fürchtete sogar, die Flugzeuge könnten nun, da es dunkel wurde, zurückkehren. Ich wollte nicht wie Antonio sagen müssen: »Es tut mir so leid«, sondern schnell zu Francesco zurückkehren, um mit ihm auf unsere Rettung zu warten, denn es dauerte ja nicht mehr lange.

»Ja«, sagte Tomaso, »aber ich werde jetzt nicht mehr so glücklich sein können wie du und Francesco …«

»Warum denn nicht?« Ich blieb erstaunt stehen.

Tomaso schaute mich an, und ich nahm mein Taschentuch vom Gesicht. So spürte ich den süßlichen Geruch der toten Pferde und hörte zugleich, wie er mir gestand:

»Weil ich dich liebe.«

In den folgenden Nächten lag ich stets wach hinter der Mauer von Francescos abgewandten Schultern. Die Hitze belagerte unser Bett, und ich fuhr mir über die Stirn, um mir die Haare aus der Stirn zu streichen und Tomasos Stimme zu verjagen, die sagte: »Ich liebe dich.« Francesco wachte auf und ging auf die Terrasse, um etwas zu trinken, barfuß, nackt. »Schläfst du nicht?«, fragte er. Ich sagte: »Nicht, Francesco, es dauert doch nicht mehr lange?« Er antwortete, es handele sich vielleicht nur noch um wenige Wochen. Ich sehnte diesen Tag herbei, weil ich wollte, dass Francesco wieder so wurde wie früher. Mich quälte die unsinnige Angst, es wegen der Stimme Tomasos nicht rechtzeitig zu schaffen, zusammen mit Francesco zufrieden zu sein. Als er ins Bett zurückkam, umarmte ich ihn und sagte: »Ich liebe dich.« Es war heiß, und Francesco bat mich: »Entschuldige, aber rück doch ein bisschen zur Seite.« Daran war die Hitze schuld, doch ich fühlte mich verlassen, ja zurückgewiesen. Ich wälzte mich im Bett herum, um Tomasos Worte loszuwerden, die mich umschlangen, meinen Hals einschnürten – ich liebe dich ich liebe dich ich liebe dich – und zu einer endlosen Spirale wurden. Wir lagen hellwach im Dunkeln auf dem Rücken und schauten zum Fenster.

Unsere gekochten Kartoffeln aßen wir nun immer auf dem Boden vor dem Radio sitzend. Francesco aß sie bereitwillig, und am folgenden Samstag kam auch das Mehl, um das ich die Großmutter gebeten hatte. Sobald Francesco am Sonntagmorgen das Haus verlassen hatte, begann ich den Teig zuzubereiten. Ich freute mich, dass ich allein zu Hause war, und fürchtete nur, der Portier könnte heraufkommen. Ihm war nicht entgangen, dass ich häufig Post von Claudio bekam, und so hatte er sich fürsorglich erkundigt, ob ein Verwandter von mir in Gefangenschaft war. Ich hatte gesagt, dass Claudio ein Freund von mir sei. Seither brachte der Portier mir die Post immer mit einem Augenzwinkern und sozusagen heimlich. Einmal sagte er sogar: »Der Brief ist heute Morgen gekommen«, und gab mir so zu verstehen, dass er es nicht für ratsam gehalten hatte, ihn meinem Mann zu geben. Ich erzählte Francesco davon, der es für klüger hielt, die Sache auf sich beruhen zu lassen und auszuhalten, da wir eine Anzeige oder eine Haussuchung zu befürchten hätten. Ich hatte Angst, der Portier könnte mich durchschauen und daher erpressen, er könnte in die Wohnung kommen und mich anherrschen: »Wo sind die Schriften Ihres Mannes?« Ich überlegte, ob mir die Zeit bleiben würde, ins Schlafzimmer zu laufen, den Revolver aus Francescos Nachttisch zu nehmen und zu schießen.

Ich hatte Angst davor, schießen zu müssen. Darum verriegelte ich sofort die Tür, nachdem Francesco gegangen war. Und begann mit dem Teig.

Es war angenehm, in die weiche Masse zu greifen. Dieses Wohlgefühl wanderte von meinen Fingern über die Arme hinauf zu meinem Hals, weiter zu meinen Mundwinkeln und zu meinem Nacken. »Ich liebe dich«, raunte Tomaso mir zu, und ich versuchte vergeblich, meine Hände aus dem Teig zu lösen. »Lass mich, Tomaso«, sagte ich, »lass mich in Ruhe.« Meine Mutter ging um mich herum, trat ans Fenster und rief: »Was für ein herrlicher Sonntag!« Ich flehte sie an, flehte auch Tomaso an: »Lass mich, lass mich in Ruhe.« Meine Arme taten mir weh von der Anstrengung. »Es dauert nicht mehr lange«, stöhnte ich, »lasst mich in Ruhe.« Ich rollte ein glattes, geschmeidiges Stück Blätterteig aus und hatte das Gefühl, eine Herausforderung gemeistert zu haben.

Francesco konnte wegen des vorgeschobenen Riegels die Tür nicht aufschließen. Er klopfte energisch, hastig: »Ich bin's, Alessandra, mach auf.« Ich hörte es gern, dass er ungeduldig meinen Namen rief. Kaum war er in der Wohnung, umarmte er mich fest.

»Was ist los?«, fragte ich und folgte ihm zum Radio.

»Wir müssen den ganzen Tag Radio hören.«

»Warum, was ist passiert?«

Er zögerte. »Es sieht so aus, als … Jedenfalls hieß es: Man soll Musik hören.« Wenig später wollte ich wieder in die Küche gehen, aber er sagte: »Nein, komm her, geh nicht weg.«

Wir saßen auf dem Boden und hörten den ganzen Tag Radio. Wir aßen Schafskäse und Brot, und er sagte, er habe keinen Hunger. Ich dachte an den Blätterteig und sagte: »Schade.« Auch als im Radio nichts mehr gesendet wurde, blieben wir eingelullt von seinem Brummen sitzen, ich in Francescos Armen. Wir waren müde, fühlten uns wie zerschlagen, unsere Nerven lagen blank, und doch hörten wir weiter zu. Wenn das Telefon klingelte und ich hinlief, sagte Francesco: »Beeil dich.« Tomaso hatte angerufen und uns geraten, keineswegs das Musikprogramm zu verpassen. Trotzdem schien die arrogante Stimme an diesem Tag mit noch mehr Nachdruck zu reden, geradezu ungestüm herausfordernd. Ich schaute Francesco fragend an. »Wir warten noch«, sagte er, »wir warten noch eine Weile.« Sogar Fulvia hatte angerufen und erzählt, dass sie gerade Musik höre. »Danke, wir auch«, antwortete ich. Wir hörten, dass man auch in der Wohnung nebenan und in der unter uns den Nachmittag am Radio verbrachte. Francesco wollte mit Alberto sprechen, doch die Telefonleitungen waren ständig besetzt. Von einem Apparat zum anderen sagten vorsichtige Stimmen rasch weiter: »Hört die Musik.« Es wurde dunkel, und ich begann zu glauben, dass auch dieser Sonntag ohne Hoffnung zu Ende gehen würde. »Francesco«, flüsterte ich bang, »es ist schon spät.« Er sagte wie jeden Abend: »Mach jetzt das Fenster zu.« Jeden Abend um diese Zeit schlossen die Frauen im Wohnblock gegenüber trotz der großen Hitze die Fenster so wie auch ich, und wir sahen uns flüchtig an. An diesem Abend war unser Blick eindringlicher als sonst. Ich kehrte zu Francesco zurück, und das Ohr an den Lautsprecher gepresst, hörten wir die dumpfen Klopfzeichen, die uns wohl bedeuten sollten, zuversichtlich abzuwarten.

Aber an diesem Abend genügte uns der Trost des verbotenen Senders nicht mehr. Francesco drehte am Suchknopf, und freiwillig setzten wir uns der arroganten Stimme aus, die wir jahrelang still ausharrend gehört hatten. Unser Widerstand äußerte sich gerade in diesem Schweigen, in diesem geduldigen Ausharren; in der Geduld Antonios, der im Gefängnis ausgeharrt und später am Güterbahnhof Waggons entladen hatte, ohne aufzugeben; in der Angst, die Alberto und Francesco aushielten, ohne aufzugeben; in der großen Angst, die ich hatte, weil ich Francesco liebte, und die ich aushielt, ohne aufzugeben. In der Geduld, mit der wir ständig gekochte Kartoffeln aßen und ausharrten. In der Duldsamkeit, mit der meine Freunde aus der Kindheit in den Krieg gezogen waren und mit der Claudio schweigend hinter dem Stacheldraht ausharrte; in der Geduld der gesamten Stadt, des gesamten Landes, das jeden Abend die Fenster schloss, weil es Angst hatte, und das trotzdem jeden Abend lieber diese Angst hatte, als darauf zu verzichten, denen zu lauschen, die von draußen an unser Gefängnis klopften. In diesem Schweigen, dieser Angst und diesem Ausharren bestand unser erbittertster Widerstand. Aber an diesem Abend schien uns eine plötzliche Müdigkeit befallen zu haben. Ich war am Ende meiner Kräfte, die Hitze wurde unerträglich mit den geschlossenen Fenstern, und doch sagte Francesco diesmal nicht: »Rück doch ein Stück beiseite.« Er hatte sein Jackett ausgezogen, unsere verschwitzten Arme berührten sich. Wir würden die ganze Nacht ausharren, die Matratze zum Radio tragen, im Liegen erschöpft weiterwarten, wir durften nur nicht zu müde zum Warten werden. Wir wussten, dass mit uns die ganze Stadt wach bleiben und ausharren würde.

Auf einmal wurde es still hinter der gelben Stoffbespannung des Radios. Es war ein langes, ängstliches Schweigen, ängstlicher und länger als unser Schweigen vor den Namen der Kriegsgefangenen. Darin war nicht mehr der Atem des Meeres zu hören, sondern der Atem all derer, die lauschten, das Gesicht nur von einem schwachen Licht erhellt. Und es schien sogar so, als lauschten nicht mehr wir, sondern als belauschte uns das Radio. Ich sprang auf, weg von dem Apparat, und wollte vor Angst schreien. »Francesco«, sagte ich und packte ihn bei den Armen, »wir machen nicht auf, wenn sie kommen, nicht wahr? Wir machen nicht auf!«

In diesem Augenblick begann eine neue Stimme zu sprechen, ohne Arroganz, schmerzerfüllt, todernst. Da ich sie nicht kannte, bekam ich noch mehr Angst. Wir erfuhren, dass die arrogante Stimme nie mehr reden würde. Ich hätte glücklich und zufrieden sein müssen, erkannte doch Francesco in der neuen Stimme die eines lieben Freundes. Aber ich stand vor dieser klugen, bescheidenen Stimme, und obwohl ich mich freute, keine Angst mehr zu haben, brach ich in Tränen aus, zutiefst beschämt, weil die arrogante Stimme die Stimme meiner Generation und meiner Jugend gewesen war.

Gleich am nächsten Morgen trennte Francesco das Futter eines Koffers ab, hinter dem die Kopien der Untergrundzeitung versteckt waren, faltete sie zusammen und steckte sie in seine Tasche. Er holte seine Freunde vom Gefängnis ab, als kämen sie aus dem Schultor. Ich rief im Büro an, aber man teilte mir lachend mit, Signor Mantovani sei mit unbekanntem Ziel verreist, das Büro bleibe einige Tage geschlossen. Also telefonierte ich mit Lydia, die in Tränen aufgelöst war und erzählte, der Ingenieur sei aus gesundheitlichen Gründen weggefahren. Dabei hatte sie den gleichen vorsichtigen Tonfall wie wir, als wir weitergesagt hatten, man solle sich die Musiksendung anhören. Ich begriff, dass er sich aus Angst davongemacht hatte. Und ich hatte doch gehofft, dass nun niemand mehr Angst haben müsste.

Die Nacht davor war wunderschön gewesen. Als ich weinte, hatte Francesco mich in die Arme genommen und gesagt: »Ganz ruhig, Sandra«, und war bei diesen Worten selbst ruhig geworden. Dann hatten wir das Fenster geöffnet. Die Nacht war klar, mondhell. In der Stille war anstelle der

Radiostimme das Zirpen der Grillen zu hören gewesen. Wir betrachteten den Himmel, und ein strahlender Frieden breitete sich in mir aus. Da wurde mir bewusst, dass mich seit meiner Geburt ständig etwas daran gehindert hatte, dem Zirpen der Grillen zu lauschen. An diesem Abend öffnete sich ein Fenster nach dem anderen. Die vielen Menschen in dem großen, weißen Wohnblock gegenüber schauten zuversichtlich aus den Fenstern und traten auf die Balkone, um sich an der Sternennacht und am Zirpen der Grillen zu erfreuen. Obwohl sie sich untereinander kannten, grüßten sie sich nicht und wechselten auch kein Wort von Fensterbrett zu Fensterbrett. Sie waren seit Jahren daran gewöhnt, zu schweigen. Und seit Jahren hatte niemand mehr daran gedacht, wie wichtig das Zirpen der Grillen im Sommer ist.

Francesco und ich standen dicht nebeneinander und betrachteten schweigend die Leute im Haus gegenüber. Ich hatte schon immer gern die Gesichter der Menschen studiert und mir ihre Geschichte, ihre Gedanken vorgestellt. Aber wenn ich mit der Straßenbahn fuhr, spürte ich stets ein trauriges Unbehagen, weil sie düster vor sich hin grübelten und ich wusste, dass sie müde von der Arbeit waren und an all die quälenden Dinge ihres Lebens dachten, an das Geld, das sie nicht hatten, an ihre Angehörigen, die im Krieg oder in Gefangenschaft waren, und ich wusste, dass sie immer auf etwas warteten, auf die Post oder auf das Monatsende oder auf das Ende des Krieges. Doch an diesem Abend freute ich mich über die heitere Ruhe der Menschen, die keine trüben Gedanken mehr zu haben schienen, sondern nur noch rosige Hoffnungen, deren Erfüllung absehbar war. Frauen sprachen leise mit ihren Männern, und ich vermutete, dass sie glaubten, in dieser Nacht könnten ihre schönsten Träume wahr werden und auch alle von klein auf vergeblich gehegten Wünsche.

Gewiss glaubten alle an ein nun immer zufriedenes Leben, notleidende Paare glaubten, sie würden reich werden, die unfruchtbaren glaubten, sie würden bald ein Kind bekommen, die erschöpften glaubten, sich ausruhen zu können, die Kinder träumten von einer Welt ohne Strafen und ohne Schulprüfungen, und die jungen Mädchen lächelten, als hätten sie gerade einen Heiratsantrag bekommen. Alle, die Angehörige an der Front hatten, glaubten, diese würden am nächsten Tag nach dem Aufwachen vor ihrer Haustür stehen, endlich zurückgekehrt. Und bestimmt schliefen die Kranken mit der Gewissheit ein, am folgenden Tag gesund zu sein.

Und auch ich, die ich schwere, traurige Nächte hinter mir hatte, erlebte eine Nacht voller banger, süßer Hoffnungen. Sie war noch schöner als die Nächte, die ich am Fenster mit Blick auf den Fluss verbracht hatte, als ich Francesco erst wenige Tage kannte. Vielleicht war ich nur als Kind am Abend vor der Befana-Bescherung genauso glücklich gewesen. Nun stand Francesco neben mir und sprach mit mir, wie er es schon lange nicht mehr getan hatte. Als wir später wieder hineingingen, holte ich seine Manuskripte vom Küchenschrank und legte sie auf den Schreibtisch.

Das war ein bedeutsamer Augenblick. Bis dahin waren wir bei jedem Schritt, den wir auf der Treppe gehört hatten, gezwungen gewesen, die Blätter rasch zu verstecken und mit einem Blick in die Runde ängstlich zu kontrollieren, ob wir auch keines vergessen hatten. Francesco hatte zögerlich gearbeitet, so als täte er etwas Unehrenhaftes, und wenn ich die Seiten abtippte, hatte ich das Gefühl, etwas Vulgäres und fast schon Obszönes zu kopieren. Aber an diesem Abend lagen die Seiten im Lichtkegel der Lampe legal an ihrem Platz, weiß auf dem dunklen Holz des Tisches. Arm in Arm betrachteten wir sie. Francesco sah sie langsam durch und damit auch noch einmal die vergangenen Tage, die Sorgen, die wir gehabt hatten, den Hunger, die Angst. Kurz, unser Leben.

Vom nächsten Morgen an hatten wir allerdings nur noch wenig gemeinsame Zeit, da Francesco ständig zu tun hatte. Ich durfte nicht mitkommen zu den Versammlungen, weil – wie er mir erklärte – nie Frauen daran teilnahmen, mit Ausnahme von Genossin Denise. Außerdem ging ich anfangs nicht gern aus dem Haus, weil auf den Straßen alle schrien und ich nicht dieselben Leute, die jahrelang geschwiegen hatten, nun schreien hören wollte, sogar unser Portier schrie. Im Büro begegneten mir alle voller Respekt, als wäre ich plötzlich eine altehrwürdige Person geworden, und begrüßten lauthals die jüngsten Ereignisse. Nur der Pförtner Salvetti war in Schwermut versunken. Er strich sich mit der Hand über seine Glatze und sagte, seit jener Nacht finde er keinen Schlaf mehr. »Ich würde alles dafür geben, selbst meine Stellung, diesen Schreibtisch, meine Wohnung, alles«, sagte er. Ich setzte mich zu ihm, und wir unterhielten uns. Es tat mir leid, dass Salvetti nicht zufrieden war, und um ihn zu trösten, hätte ich ihm am liebsten gestanden, dass auch ich es nicht war.

Ich sah Francesco nun gar nicht mehr und aß häufig allein. Viele Leute verlangten ihn am Telefon, und wenn er nach Hause kam und ich ihm erzählte, wer alles für ihn angerufen hatte, musste er den größten Teil unserer spärlichen Freizeit telefonierend verbringen. Abends war er so müde, dass er gleich nach dem Zubettgehen, ohne zu lesen, einschlief und manchmal sogar vergaß, seine Nachttischlampe zu löschen. Dann stand ich auf und tat es für ihn, nachdem ich lange sein gedankenvolles Gesicht betrachtet hatte. Ich küsste ihn sanft, er bemerkte es nicht. Dann legte ich mich seufzend wieder hinter die Mauer seiner abgewandten Schultern. Ich wollte mir noch nicht eingestehen, dass ich litt. Zwar vernachlässigte Francesco mich wegen seiner Arbeit, aber es musste wunderbar für ihn sein, wieder arbeiten und frei reden zu dürfen. Alle seine Studenten hatten ihm ihre Sympathie bekundet, sein Name erschien nun häufig in den Zeitungen, und eines Abends kam ein Verleger und holte das Manuskript ab, das wir ein Jahr lang auf dem Küchenschrank versteckt hatten. Als er wieder ging, lag an der Stelle des Manuskripts ein Scheck. Es war keine stattliche Summe, aber für uns, die wir nie Geld gehabt hatten, war sie beachtlich. »Jetzt kannst du dich satt essen«, sagte Francesco, »kauf dir Fleisch.« Wenn Francesco nicht nach Hause kam, aß ich das Fleisch allein, in der Küche.

Ingenieur Mantovani war zurückgekehrt. Er wirkte alt und weniger resolut. »Zufrieden, was?«, hatte er mich gefragt, erstmals ohne seine übliche Gutmütigkeit. Alle fragten mich das: »Sind Sie jetzt zufrieden?«, und mit jedem Tag wurde es schwerer, darauf mit ja zu antworten. Jemand deutete an, mein Mann verdiene ja nun gut mit seinem neuen Posten. Diese Bemerkung kränkte mich, weil sie nahelegte, Francesco hätte das alles aus Berechnung getan, obwohl er jetzt nur so viel verdiente wie die anderen schon die ganze Zeit über, eine bescheidene Summe, von der wir uns bei sparsamem Haushalten gerade so ernähren konnten. Mit dem Geld des Verlegers hatte ich im Pfandhaus die Laken wieder eingelöst. Aber als ich mit dem Päckchen unterm Arm beim Portier vorbeikam, fühlte ich mich, als hätte ich sie gestohlen, und ich wurde rot, als ich beim Drogisten unsere Schulden bezahlte.

Ich war ständig allein. Seit einer Weile fehlte mir auch Fulvias freundliche Komplizenschaft. Wenn ich sie besuchte, räumte sie sofort ihr Zimmer auf, versteckte die auf den Stühlen herumliegenden Strümpfe, und ich spürte, dass Francescos neue Stellung schuld daran war. »Stimmt es«, fragte Lydia mich, »dass sie ihn zum Abgeordneten machen?« Als ich eines Tages an der Portiersfrau aus der Via Paolo Emilio vorüberging, bat sie mich respektvoll, meinem Mann ihren Sohn zu empfehlen.

»Erinnerst du dich noch«, sagte Francesco lachend, »dass keiner uns grüßen wollte? Weißt du, wer mich heute Morgen angerufen hat? Lascari. Der Lascari, der es immer eilig hatte, wenn er mich traf. Jetzt hat er sogar gesagt: ›Grüß deine Frau von mir.‹« Francesco hatte ihn kalt abserviert.

»Nein, Francesco, das hättest du nicht tun sollen. Durch ihn haben wir uns doch kennengelernt.«

Er lächelte und schlang sein Essen herunter, da er gleich wieder wegmusste. Ich sagte:

»Francesco, wir haben nicht eine Stunde mehr für uns. Wir reden nie miteinander …«

»Entschuldige, aber was tun wir denn hier gerade?«

»Ja, natürlich. Aber du weißt, was ich meine. Du hast gesagt, später würden wir glücklich und zufrieden sein.«

»Und bist du denn jetzt nicht glücklich und zufrieden? Willst du die alten Zeiten zurückhaben?« Er tupfte sich den Mund ab. Ich mochte seine Bewegungen, auch wenn er sich nur den Mund abtupfte.

»Nein, bestimmt nicht. Aber ich bin immer allein.«

»Warum gehst du nicht mit Fulvia aus, vielleicht ins Kino?«

»Ins Kino?«, brauste ich auf. »Meinst du wirklich, ein Nachmittag mit dir zusammen ist das Gleiche wie ein Kinobesuch?«

»Ich weiß ja, aber einfach so, zum Zeitvertreib.«

»Ich brauche keinen Zeitvertreib, ich habe die Büroarbeit und auch in der Wohnung ständig zu tun.«

»Du könntest dir eine Haushaltshilfe nehmen, vielleicht stundenweise.«

»Aber darüber beklage ich mich doch gar nicht.« Ich konnte mich nicht verständlich machen, und er schaute schon ungeduldig auf die Uhr.

So konnten wir nicht auseinandergehen, ich hielt ihn zurück: »Bitte geh nicht, nur einen Moment noch.«

Ich blieb lange auf und versuchte, nach seiner Rückkehr mit ihm zu sprechen. Eines Abends schlief er ein, während ich mit ihm redete.

Ich las viele Romane, und nach jedem Roman war ich noch verliebter in Francesco und wünschte mir noch sehnlicher, mit ihm glücklich zu sein. Ich legte die Romane beiseite und nahm mein Studium wieder auf. Francesco sagte »Gut, sehr gut« und hatte dabei den gleichen zerstreuten Tonfall wie seinerzeit mein Vater. Ich konnte doch nicht dafür, dass es mir keinen Spaß machte, Schaufenster anzusehen oder ins Kino zu gehen. Wenn ich traurig war, rief ich Tomaso an, der immer bereit war, mich zu trösten, und mir mein Selbstvertrauen zurückgab. Auch er fragte mich, ob ich glücklich und zufrieden sei, und ich bejahte das mit einer unsicheren, leicht durchschaubaren Stimme.

Fulvia und ich entfernten uns voneinander. Eines Abends hatte Dario zu ihr gesagt: »Ich komme nachher bei dir vorbei, ich muss mit dir reden.« Das hatte sie mir freudig am Telefon erzählt, und sie hatte ihre Mutter gebeten, erst später nach Hause zu kommen. Sie hatte ein schlichtes Kleid angezogen und sich nur ein wenig die Lippen geschminkt. Aber am folgenden Vormittag rief sie mich an und sagte aufgeregt: »Ich komme zu dir ins Büro, kannst du kurz rauskommen?« Wir gingen in ein Café, wo sie mir gestand, damit gerechnet zu haben, dass er ihr in ihrem Spielzimmer einen Heiratsantrag machte. »Ich war vorher den ganzen Nachmittag in der Kirche«, fügte sie hinzu. Aber der Abend war so abgelaufen wie alle anderen. Danach hatte Dario sich eine Zigarette angezündet, hatte Fulvia wieder zugedeckt und gesagt: »Es ist besser, wenn wir uns nicht mehr so oft sehen. Ich habe ein Mädchen kennengelernt und möchte sie heiraten.« Als Fulvia mir das erzählte, liefen ihr Tränen übers Gesicht. Der Kellner schaute neugierig zu uns herüber. Und ich erinnerte mich an die Verwegenheit, mit der Fulvia sich als noch halbes Kind ihren Morgenmantel ausgezogen hatte. Sie sagte, sie sei sogar so weit gesunken, ihn zu fragen: »Warum heiratest du denn nicht mich?« Dario hatte geantwortet, das sei unmöglich, weil er schon alles von ihr wisse, auch die Lügen, die sie ihrer Mutter erzähle, wenn sie einen Mann bei sich empfangen wolle, er könne ihr nicht mehr vertrauen. »So wie du es mit deiner Mutter gemacht hast, könntest du es ja auch mit mir machen«, hatte er gesagt. Diese Worte waren so verletzend, dass ich mit ihr weinte. Dario verurteilte sie ausgerechnet dafür, dass sie seinem Drängen nachgegeben hatte, kurz, dass sie ihn geliebt hatte. Mir fiel die spöttische Stimme meines Vaters wieder ein, der von den Bootsausflügen mit meiner Mutter in ihrer Verlobungszeit erzählt hatte. Er hatte die Frechheit gehabt, ihre Verwirrung mir gegenüber offen zu verhöhnen. Fulvia fuhr fort: »Es war sehr schwer für mich, zu ihm zu sagen ›heirate mich‹, viel schwerer als für ein anderes Mädchen, denn es sah so aus, als wollte ich ihn dazu bringen, mich wegen dem, was wir getan hatten, zu heiraten und nicht, weil ich ihn liebe.« Sie seufzte. »Wie schwer es für eine Frau doch ist, sich verständlich zu machen!« Er hatte ihr versprochen, sich weiter mit ihr zu treffen, wenn auch mit großer Vorsicht. Er würde seiner Frau erzählen, dass er geschäftlich zu tun habe, und dann zu ihr, Fulvia, kommen. »Ach, so wird er seine Frau behandeln?«, sagte ich. Und Fulvia darauf: »Ja, er grinste und sagte, Ehefrauen glauben so was immer. Ich könne ihn im

Büro anrufen und Bescheid sagen, wann meine Mutter weg-geht. Ich habe ihm gesagt, dass ich ihn nicht nur für das Eine sehen will, das interessiere mich überhaupt nicht. Aber es ist schwer, überzeugend zu reden, wenn man nur mit einem Laken bedeckt ist ...«

Zwei junge Burschen waren ins Café gekommen und zwinkerten uns einladend zu. »Wie ekelhaft«, sagte Fulvia ent-rüstet, »komm, wir gehen, also wirklich!« Es war August, die Sonne brannte auf unseren Schultern, unseren Waden, und Fulvia weinte hinter ihrer Sonnenbrille, sagte aber trotzdem, als wir an einem Schaufenster vorbeikamen: »Dieser Stoff wäre was für mich.« Ich wollte ihr von meiner Einsamkeit erzählen, aber sie schüttelte den Kopf und antwortete, ich sei mit Francesco verheiratet und müsse daher glücklich sein. Ich versuchte es erneut, sagte: »Versteh mich doch.« Sie erwiderte: »Nein, ich verstehe dich überhaupt nicht.« Bei einer anderen Gelegenheit sagte ich zu ihr: »Vielleicht ist es ja besser so. Lass ihn doch bei einer anderen essen und schlafen, Hauptsache, er findet die Zeit, mit dir spazieren oder ins Bett zu gehen.« Sie war beleidigt, und wir trafen uns wochenlang nicht.

Trotzdem hatte ich Fulvia nie so gern wie damals. Ich war für sie da, so wie sie am Tag vor meiner Hochzeit für mich da gewesen war, als sie Francesco angerufen und ihm geraten hatte, mir Gardenien zu schenken. Damals hatte auch ich sie zunächst verurteilt. Nun tat sie mir leid, weil sie von Männern nichts verstand. Fulvia war abends in ihrem Spielzimmer mit einem Mann zusammen gewesen. Doch sie hatte nie hinter der Mauer abgewandter Schultern geschlafen, und nur wenn eine Frau hinter dieser Mauer geschlafen hat, kennt sie die Männer. Diese Erfahrung unterscheidet die Frauen, die Lieb-haber haben, von denen, die einen Ehemann haben.

So war ich nun also vollkommen allein. Obendrein gewährte mir die Firma Mantovani in diesem Monat meinen Jahresurlaub. Ich wollte ihn aus Angst vor der freien Zeit ausschlagen, aber der Ingenieur sagte, er werde verreisen und das Büro bleibe geschlossen. Eigentlich fuhren alle weg, erschreckt von den Bombenangriffen. Mein Studium hatte ich nur lustlos wiederaufgenommen, weil ich das Gefühl hatte, schon zu alt dafür zu sein, aber auch, weil mich der Abschluss nicht mehr interessierte. Ich wollte lieber unsystematisch lesen, obwohl nur ein regelmäßiges, methodisches Studium Francescos Aufmerksamkeit erregte. Wie gern wäre ich mit ihm zusammen zu Hause geblieben, er mit seinen Büchern, ich mit meinen. Aber er war jetzt immer sehr beschäftigt, nervös und leicht reizbar. Einmal sprach er im Radio, und als ich in unseren Räumen hörte, wie er nur Wörter verwendete, die nichts mit uns und unserem Zusammenleben zu tun hatten, war mir, als hätte ich ihn wirklich verloren. Er hatte ständig mit Menschen und Interessen zu tun, die mir fernstanden, abgeschottet in seiner eigenen Welt, die voller Anregungen und Leben für ihn war. Alles, was einmal unsere Welt, seine und meine, gewesen war, interessierte ihn nicht mehr. »Das waren noch Zeiten«, seufzte er, wenn ich ihn an die Villa Borghese oder den Gianicolo erinnerte. Alle sagten zu Francesco, wir hätten eine sehr hübsche Wohnung, und er lächelte, zufrieden darüber, auch eine gemütliche Wohnung und eine bezaubernde Frau zu haben. Ich sagte: »Francesco, ich habe Angst, dass du zu ehrgeizig wirst.« In diesem Moment war ich ihm unsympathisch. Ich war immer ehrlich zu ihm, und vielleicht war das falsch. Ich hätte ihm schmeicheln sollen. Wenn er nach Hause kam, tauchte ich aus dem Schatten der Wohnung auf wie früher, wenn meine Mutter heimkehrte. Ich hatte ihm so viel zu erzählen und hatte in den Büchern Passagen angestrichen, die ich gern noch einmal mit ihm zusammen gelesen hätte. Ich bat ihn um wenigstens eine gemeinsame Stunde für uns beide. Einmal fasste er mich, bevor er ausging, am Kinn und hob es leicht an. Ich dachte, er wolle mich auf den Mund küssen, was er seit Monaten nicht mehr getan hatte, seit Ewigkeiten, schien mir. Ich zitterte wie beim ersten Mal. Aber mit der fürsorglichen Stimme eines Menschen, der viel älter war als ich, sagte er nur: »Liebes, hättest du nicht gern ein Kind?«

Er schlug mir leichthin vor, ein Kind zu bekommen, wie zum Zeitvertreib. Genauso, wie er mir neulich vorgeschlagen hatte, mit Fulvia ins Kino zu gehen. Seit langem näherte er sich mir nachts nicht mehr. Hätte ich seine Frage allerdings mit ja beantwortet, wäre er vielleicht noch am selben Abend zu mir gekommen, um mir die Gelegenheit zu geben, mich künftig mit Nähen, Stricken, Stillen und Kinderhüten zu vergnügen. Er war hochintelligent, jeder kannte seinen Namen und las seine Veröffentlichungen, und ich war nur eine beliebige Frau. Kein Mensch außerhalb meines kleinen Freundeskreises oder jenseits der Straße, in der ich wohnte, oder des Hauses, in dem ich früher gewohnt hatte, kannte mich. Und doch verstand nur ich von uns beiden, was es bedeutete, einem Kind das Leben zu schenken.

»Nein, vielen Dank«, sagte ich mit ironischer Höflichkeit. In dieser Nacht weinte ich an seinem Rücken, spürte seinen angenehmen Geruch. »Schlaf, Liebes«, sagte er. »Es ist schon spät.« Am nächsten Morgen sagte ich:

»Francesco, könntest du nicht aufhören, an so vielen Dingen gleichzeitig zu arbeiten? Wir könnten wunderbar von deinen Aufsätzen, deiner Dozentur und meiner Arbeit leben.«

»Aber wieso denn?«

»Immer sagst du, dass du zu viel zu tun hast und wir deshalb nie Zeit haben, miteinander zu reden.«

Er sah auf die Uhr. Dann setzte er sich und sagte: »Also gut, na los, reden wir.«

Das war gemein von ihm. Wie hätten wir denn so miteinander reden können? Ich wollte ihm begreiflich machen, was ich unter einer Ehe verstand. Es war nicht leicht, in dieser Hast und mit nur wenigen Worten zu sagen, was ich meinte. »Entschuldige«, sagte ich, »danke, tut mir leid.«

Ich wurde ruhiger, als mir klar wurde, dass ich auf dem Umweg über Tomaso mit ihm sprechen konnte.

Das wurde mir zum ersten Mal an meinem Namenstag, dem 26. August, bewusst.

Tomaso rief mich jeden Tag an, und wir unterhielten uns lange. Seit einer Weile sprach er offen mit mir über seine Liebe, und während er redete, betrachtete ich Francescos Foto. Mit meinem Blick flehte ich ihn an: »Bitte, hör doch nur, wie sehr Tomaso mich liebt.« Ich hatte Urlaub, und Tomaso rief mich morgens an, wenn ich noch im Bett lag. Er besaß eine angenehme Stimme und, da er verliebt war, außerdem den unverwechselbaren Ton der Wahrhaftigkeit. Wenn ich ihm zuhörte, war mir, als stünde ich vor einem Spiegel und könnte mich wunderschön finden.

Anfangs hatte Tomaso mich oft gebeten, mit ihm auszugehen, doch ich hatte abgelehnt. Später fragte er nicht mehr. Wenn er zu uns kam, war Francesco immer zu Hause. Ich zeigte deutlich, dass meine Aufmerksamkeit ausschließlich meinem Mann galt, und vergaß die Vertraulichkeit unserer täglichen Telefonate. Am nächsten Morgen rief Tomaso mich früher an als sonst: »Ist der Chef zu Hause?«, erkundigte er sich scherzhaft. Wenn er hörte, dass ich allein war, änderte sich sein Ton, und er fragte bekümmert: »Sag, Alessandra, warum hast du das getan? Du hast gestern Abend kein Wort mit mir gesprochen, mich kein einziges Mal angesehen. Du hast immer nur Augen für ihn.«

»Für wen?«

»Na, für ihn … Francesco.«

»Ach so«, sagte ich kalt, um ihm begreiflich zu machen, dass er ihn beim Namen nennen sollte. »Ich habe ihn angeschaut? Kann schon sein. Ich schaue ihn ständig an. Du weißt doch, dass ich ihn liebe.«

Ich erwähnte das gern, obwohl ich wusste, dass Tomaso nie wirklich Freundschaft für ihn empfunden hatte. Francesco war von einem ganz anderen Format als Tomaso, er war ernsthafter, intelligenter. Ich wiederholte in einem fort, dass Francesco der beste Mann sei, den ich kannte. Ich lobte Tomaso gegenüber seinen Mut, seine Würde, seine Erfolgen. Und Tomaso, der ihn nie besonders gerngehabt hatte, konnte ihn nun noch weniger leiden, weil er der Herr über mich war.

Am 26. August vergaß Francesco meinen Namenstag. Ich erinnerte ihn beim Mittagessen daran, und es tat ihm leid, er entschuldigte sich und sagte, er habe es sich im Kalender notiert, dann aber vergessen, hineinzusehen. Aber ich war guter Dinge. Am Morgen hatte Tomaso mich angerufen und zurückhaltend gefragt: »Alessandra, ist heute nicht dein Namenstag?« »Ja«, hatte ich überrascht geantwortet, »woher weißt du das?« Vor ein paar Monaten habe er den Kalender studiert, sagte er. »Vielen Dank«, sagte ich genauso gerührt, wie ich später zu Francesco sagte:

»Nicht so schlimm, wir haben ja den ganzen Abend für uns. Dann können wir uns auf die Terrasse setzen. Ich habe eine Gardenienpflanze gekauft, die wunderbar duftet.« Das war gelogen. Die Pflanze war am Morgen gekommen, kurz nach Tomasos Anruf.

Francesco antwortete: »Das geht nicht. Tomaso holt mich gleich zu einer Versammlung ab.«

»Liebling, denk dir doch eine Ausrede aus. Schließlich ist es mein Namenstag.«

Er zögerte, dann entschied er: »Nein, unmöglich.«

Ich sagte kalt: »Schick Tomaso allein hin.«

»Es geht ja gerade um Tomaso. Eine neue Zeitung ist geplant, eine wichtige Sache, wir diskutieren das schon seit einer Weile, und heute Abend wollen wir zu einem Ergebnis kommen. Ich gehe vor allem wegen Tomaso hin, weil er keine sichere Anstellung hat.« Aber um zehn war Tomaso immer noch nicht aufgetaucht. »Vielleicht habe ich etwas falsch verstanden, und Tomaso ist direkt hingegangen.« Er umarmte mich beim Hinausgehen und fügte hinzu: »Morgen feiern wir richtig, mein Schatz.«

Ich ging zurück ins Zimmer. Mit großem Bedauern betrachtete ich die Gardenie, die ich mir ins Haar gesteckt hatte, und die Kissen auf der Terrasse, als Tomaso klingelte.

»Ist der Chef zu Hause?« Er trug einen weißen Anzug und roch nach Seife.

»Nein. Er hat bis jetzt auf dich gewartet und ist gerade weg, wenn du dich beeilst, erwischst du ihn noch an der Straßenbahnhaltestelle.«

Er nahm meine Hand, küsste sie und wandte sich zum Gehen. Dann hielt er inne. »Und du bleibst allein?«

»Oh ja, aber das hat nichts zu sagen. Ich bin wirklich etwas müde und daher …«

»Allein? An deinem Namenstag?«, unterbrach mich Tomaso und kam wieder herein.

Ich wollte nicht, dass er blieb, wollte nicht, dass er besser war als Francesco. Immer wieder betonte ich, wie wichtig die Versammlung für ihn sei und dass es womöglich um eine Anstellung für ihn gehe. Aber er sagte: »Und wenn ich nun krank wäre? Wenn ich vierzig Fieber hätte? Dann würden sie auch warten, oder? Alle können warten, wenn es um dich geht.«

Tags darauf brachte mir Francesco eine Handtasche zum Namenstag mit. Es war eine schöne Tasche aus rotem Stoff, und ich öffnete und schloss sie voller Bewunderung. Wir verglichen sie mit meiner alten Handtasche, die wir viel hässlicher fanden. Wir sprachen darüber, wie schwierig es in diesen Zeiten war, eine Handtasche zu besorgen, und ich erwähnte eine Tasche, die Fulvia sich gern gekauft hätte. Wir wünschten uns, dass bald, wenn der Krieg vorbei war, auch der Engpass mit den Taschen vorbei sein würde. Er gestand mir, dass er – jetzt, so unter uns, könne er es ja sagen – glaube, einen günstigen Kauf gemacht zu haben. Und ich bestätigte ihm das. Ich umarmte ihn, er tätschelte meine Schulter. Dann setzte er sich an seine Arbeit, ich bedankte mich erneut, und so gingen die Festlichkeiten zu meinem Namenstag zu Ende.

Ich ging ins Schlafzimmer und schmetterte die Tasche auf den Boden. Bei dem dumpfen Aufprall zuckte ich zusammen, weil ich mich fühlte, als hätte ich Francesco ins Gesicht geschlagen. Ich bückte mich und hob sie wieder auf, klopfte den Staub ab und legte sie aufs Bett. Es war wirklich eine schöne Tasche, und ich hätte mich gern darüber gefreut. Ich war gerührt, weil er so viel Geld für mich ausgegeben hatte, und es war nicht das erste Mal, dass mich der Gedanke an das Geld, das Francesco für mich ausgab, beschäftigte.

Es bedrückte mich, dass er mir seine Liebe nur auf diese Weise zeigen konnte. Ich hätte mir gewünscht, dass er sich zum Beispiel so hätte ausdrücken können wie Tomaso. Und es fiel mir schwer einzusehen, dass ein anderer etwas besser konnte als Francesco. »Doch wenn du es nicht schaffst ...«, raunte mir nachts die Stimme der Großmutter in der Stille unseres ehelichen Schlafzimmers ins Ohr, in der gleichen, lastenden Stille, die im ehelichen Schlafzimmer meiner Mutter geherrscht hatte und vor der ich mich als Kind gefürchtet hatte.

Tomaso war am Abend zuvor etwa zwei Stunden bei mir geblieben. Er saß in Francescos Sessel und schaute mich unentwegt an. Ich redete voller Begeisterung und genoss es sehr, wieder all die Dinge erzählen zu können, die ich Francesco gegenüber nicht mehr erwähnen konnte, weil er sie schon mehrmals gehört hatte, woran er mich oft gutmütig erinnerte. Tomaso fand sie außergewöhnlich. Ich hatte ihm auch ein paar alte Kinderfotos gezeigt, die ich eifrig aus einer Schachtel gekramt hatte, wobei ich alles durcheinanderwarf. Ich zeigte ihm ein Bild von meinem Bruder, und nachdem er mich aufmerksam betrachtet hatte, sagte er: »Man könnte euch für Zwillinge halten.« Ich wurde rot, und er fragte nach dem Grund dafür. Ohne ihn anzusehen, gestand ich ihm, dass Alessandro stets gewisse Versuchungen in mir geweckt hatte.

Er schwieg einen Moment, dann sagte er: »Ich möchte nicht Alessandro kennenlernen, sondern dich.« Wie immer, wenn wir zusammen waren, verging die Zeit in einem besonderen, rasanten Tempo, und mit Bedauern sah ich dem Augenblick entgegen, in dem ich wieder allein sein würde. Trotzdem drängte ich ihn schroff zum Gehen. Wir standen schweigend an der Tür, ohne uns zu berühren, und ich gab ihm nur zögernd die Hand, als würde ich damit eine Verpflichtung eingehen. Er hielt sie lange in seiner Hand und küsste sie hingebungsvoll. Ich fühlte mich unschuldig und war glücklich.

Francesco sagte immer wieder, wir könnten noch nicht glücklich und zufrieden sein, weil uns erneut schwierige Tage bevorstünden, aber ich hatte den Eindruck, dass er hinter dieser Befürchtung seine Gleichgültigkeit mir gegenüber und seinen Ehrgeiz verbarg. Gewiss, er versuchte mit seiner Arbeit die Gesellschaft, in der wir lebten, zu verbessern und dadurch selbst besser zu werden, aber damals war das schwer zu verstehen. Er war von vielen schäbigen Streberlingen umgeben, und sein kalter Pragmatismus schien den Idealen, für die er gekämpft hatte, zuwiderzulaufen. Jedes Mal, wenn ich ihm meine Hilfe anbot, lehnte er lächelnd ab. Vielleicht hielt er mich nicht für so intelligent wie Denise, mit der er schrecklich gern zusammenarbeitete.

Eines Tages kam sie zum Essen zu uns. Sie fragte mich nun nicht mehr, ob ich ein Kind erwartete, ließ sich aber von mir bedienen wie von einem Dienstmädchen. Ich ging nach dem Essen in die Küche, um das Geschirr zu spülen, während sie sich mit Francesco unterhielt. Dann gingen sie zusammen weg, und Francesco, der sehr von ihr angetan war, verabschiedete sich nur flüchtig von mir. Sie war schon eine alte Frau, formlos in ihrem Kostüm. Und doch kam es mir so vor, als zöge Francesco sie mir vor.

Ich war eifersüchtig. Sofort rief ich Tomaso an und sagte: »Ich möchte dich sehen.« Ich redete kurz angebunden, so wie ich gern mit Francesco über Denise geredet hätte. Ich traf mich in der Stadt mit Tomaso, und auf dem Weg ging mir durch den Kopf, dass ich für diese Verabredung nicht einmal zu lügen brauchte, weil Francesco mich nie fragte, wo ich gewesen war. Wir gingen dicht nebeneinander her, und die Leute sahen uns wohlwollend an, wie sie mich nie anschauten, wenn ich allein oder mit Francesco zusammen war. Vielleicht wunderten sie sich, dass wir trotz des Krieges, trotz Hitze und Staub wie auf einer blühenden, sonnigen Insel spazierten. Ich wusste nicht, wohin Francesco, neben dem schwerfälligen Schritt von Genossin Denise, gerade unterwegs war.

Wir waren in einer kleinen, abgelegenen Straße in der Nähe des Pantheons, als ich abrupt stehen blieb.

»Tomaso, wer ist Casimira?«

Er sah mich verdutzt an, dann lächelte er, und ich litt schrecklich. »Wer ist Casimira?«, fragte ich erneut.

Wie Francesco antwortete er: »Ein junges Mädchen.«

Wir gingen weiter, ohne uns anzusehen. Casimira gab es also wirklich.

»Bist du verliebt in sie?«

»Ich? Nein«, sagte er sofort. »Wirklich nicht.«

»Wolltest du sie heiraten?«

»Nein, aber sie wollte das vielleicht. Sie hat mich abends in der Zeitung ständig angerufen. Sie ist ein liebes Mädchen.«

»Siehst du sie oft?«

»Nein … Jetzt habe ich gar nichts mehr mit ihr zu tun.« Ich seufzte erleichtert auf.

»Schade«, sagte ich. »Du solltest sie heiraten. Francesco sagt, Casimira ist ein nettes Mädchen.«

»Francesco?«, wiederholte er überrascht.

»Ja, warum?«

»Ich weiß nicht, ich dachte, er kann sie nicht leiden …«

»Im Gegenteil, hoffe ich zumindest. Er sagt immer, sie hat den gleichen Charakter wie ich.«

»Das hat Francesco gesagt?«

»Ja, so ungefähr.«

Da erklärte Tomaso plötzlich: »Entschuldige, aber ich war schon immer der Meinung, dass Francesco eine Frau wie dich nicht verdient.«

Wir gingen langsam weiter, und er sprach über mich wie über jemanden, über den ich wenig wusste. In dem Bild, das er mit seinen verliebten Worten zeichnete, erkannte ich mich als etwas Besonderes. Warum sagte Francesco, ich hätte Ähnlichkeit mit Casimira? Tomaso wusste viele Dinge über mich, obwohl ich sie ihm nie erzählt hatte. Er kannte die Inbrunst, mit der ich lebte, meine Kämpfe, meine Zweifel und den Weg, dem ich folgen wollte. Ich fürchtete, dass er auch die Mauer kannte, hinter der ich schlief.

Die Leute hasteten zerstreut an uns vorbei und wirkten besorgter als sonst. Tomaso hatte gesagt, er müsse noch zur Zeitung gehen, vergaß es aber. Ich überlegte, dass Francesco vielleicht schon zu Hause war und auf mich wartete. Ich hätte mir gewünscht, dass er mich lächelnd empfing und in die Arme nahm, selbst wenn ich ihm von meinen Treffen mit Tomaso erzählte. Warum war das nicht möglich? Ich empfing ihn doch auch freudig, wenn er von der Arbeit kam, die uns zwar trennte, aber sein männliches Selbstwertgefühl stärkte, ich bediente ihn, während er mit Genossin Denise aß, und musste mich über seine herrlichen Erfolge freuen, die nicht mehr unsere waren, sondern ausschließlich seine. Warum konnte er sich, wenn er mich liebte, nicht auch darüber freuen, wenn ich Selbstbestätigung fand? Am liebsten hätte ich ihm alles erzählt, was Tomaso zu mir gesagt hatte.

»Es ist schon spät«, flüsterte ich, als es dunkel wurde.

»Na und?«, erwiderte Tomaso.

Die Leute hasteten immer noch an uns vorbei. Manche blieben in Grüppchen stehen und redeten miteinander, dann versammelten sich alle vor einem Laden, aus dem das Rundfunksignal erklang. Ich bekam Angst, wenn sich die Leute vor ein Radio drängten. Das war immer ein schlechtes Zeichen. In den Abruzzen waren die Leute auf den Feldern verstreut, doch hier hielten sie sich auf den noch sommerhellen Straßen auf. Sie waren in ihren Wohnungen, beim Essen, arbeiteten oder waren verliebt. Sie wirkten gleichmütig, in Sicherheit, dabei mussten sie jede Beschäftigung sofort unterbrechen und brav herbeilaufen, um sich anzuhören, was der Rundfunk meldete. Das Radio war nicht mehr die wunderbare Erfindung, die Musik oder Signale zur Rettung von Schiffen in Seenot sendete. Es war eine unerbittliche Macht. Der Lauf unseres Lebens hing zum großen Teil von dem ab, was das Radio meldete. »Warte«, sagte ich in der Hoffnung, dass wenigstens wir zwei uns rechtzeitig in Sicherheit bringen konnten, aber Tomaso fasste mich am Arm wie seinerzeit Onkel Rodolfo. Wir hörten gerade noch die letzten Worte, dann standen wir schweigend und blass da, während ein Soldat vor Freude darüber, dass der Waffenstillstand unterzeichnet war, seine Mütze in die Luft warf.

Nun begann dieser lange Tag, an dem ich keine Minute Ruhe fand. Tatsächlich kommt es mir so vor, als hätte ich keinen Augenblick mehr geschlafen, gegessen, gelächelt oder mich erholt, bevor ich zum ersten Mal hier zur Ruhe gekommen bin.

Die Nachricht hatte keine Kommentare ausgelöst. Seit Jahren schon verstanden die Leute, auch ohne darüber zu sprechen, ob eine Radiomeldung Gutes oder Schlechtes verhieß. Und in diesen Tagen hatten die Leute vieles vergessen, aber nicht ihre lange geübte Fähigkeit, bestimmte Dinge sofort zu erfassen. Alle waren gedankenversunken weitergegangen und hatten es nicht eilig, zu ihren Familien zu kommen und sich mit ihnen in ihre Wohnungen zurückzuziehen, wie es bei der Nachricht vom Ausbruch des Krieges noch der Fall gewesen war. Sie wussten nun, dass die Häuser ihnen keinen ausreichenden Schutz boten, und zärtliche Gefühle auch nicht. Darum bewegten sie sich ohne Unruhe, was zeigte, wie vertraut sie bereits mit langen, düsteren Tagen waren, mit Hunger und mit dem Geruch von toten Pferden.

Ich ging neben Tomaso. Er war nur wenige Jahre älter als ich, und gewiss erinnerte auch er sich nicht daran, wie es war, sorglos zu leben und die Rundfunkmeldungen nicht zu fürchten. Ein Kind, das an uns vorbeiging, fragte seinen Vater: »Jetzt werden wieder alle Straßenlaternen brennen, nicht wahr? Ich weiß gar nicht mehr, wie beleuchtete Straßen aussehen.« Da fragte auch ich: »Ja, Tomaso, wie sehen beleuchtete Straßen aus?« Wortlos nahm er mich in den Arm, und ich dachte an die hellen Straßen, auf denen junge Mädchen wie meine Mutter unterwegs gewesen waren, die studiert hatten, um das Diplom im Fach Klavier zu machen oder um, wie meine Großmutter, auf der Bühne Shakespeare zu spielen.

»Die Lage ist heikel, oder?«, fragte ich.

»Nein«, antwortete er, dachte aber im Stillen ja.

»Kann Francesco etwas passieren?«

»Das glaube ich nicht. Wir haben das vorausgesehen.«

Ich hätte mich gern beruhigt, fragte aber nach einer Weile ängstlich: »Was geschieht denn jetzt?«

Wir spazierten nicht mehr auf einer Insel des Glücks, jetzt bewegten auch wir uns zusammen mit den anderen auf der dunkler werdenden Straße. Trotzdem hatten wir schon an diesem Abend das Gefühl, dass uns niemand in der Stadt mehr unbekannt war. Wir schauten uns alle ohne Neugier an wie Menschen aus derselben Familie und sprachen auch nicht miteinander, eben genau wie in einer Familie. Tomaso brachte mich nach Hause, ohne um Erlaubnis zu fragen. Wir gingen schweigend weiter, drängten uns dann schweigend in den Bus zwischen viele andere schweigende Leute. Eine schwüle Stille lastete auf der verdunkelten Stadt. Tomaso verabschiedete sich an der Haustür von mir. Ich fragte mich, was Francesco wohl denken würde, wenn er uns so zusammen sähe. Wir trennten uns wortlos. Aber schon auf den ersten Treppenstufen hörte ich Tomaso hinter mir herstürmen. Sein weißer Anzug war fahl im blauen Licht der Verdunkelungslampe, und wie damals, als ich stehen blieb und er mich einholte, sehe ich noch jetzt seinen leidenschaftlichen Blick vor mir.

»Alessandra, ich muss dir etwas sagen: Ich würde alles tun, um dich Francesco wegzunehmen. Verzeih mir. Ich wollte dir heute Abend die Wahrheit sagen. Kannst du das verstehen?«

Ich sah ihn an und hatte nicht die Kraft, ihm zu antworten oder zu widersprechen. Ich nickte. Er griff nach meiner Hand und küsste sie, während ich bereits weiterging. Dann hörte ich seine sich entfernenden Schritte, und zurück in der Wohnung, ergab ich mich seinen Worten und denen aus dem Radio.

Francesco kam sehr spät und sagte sofort: »Habe ich dir nicht gesagt, dass wir noch nicht zufrieden sein können?« Am liebsten hätte ich erwidert, dass wir in einer Zeit lebten, in der man lernen müsse, auch für nur wenige Stunden zufrieden zu sein, für einen Nachmittag oder eine Nacht, bei jeder Gelegenheit. Tomaso hatte noch rechtzeitig einen glücklichen Nachmittag mit mir verbracht, bevor das Radio sprach. Doch als ich Francesco sah, wurde mir klar, dass ich nur mit ihm wirklich glücklich sein konnte. Er gehörte zu meinem Leben, genauso wie meine Sorge um ihn und wie dieser lange Tag, der nun anbrach und dem ich mich nicht entziehen konnte. Francesco wiederholte: »Habe ich es dir nicht gesagt?«, und seine Stimme klang vorwurfsvoll, obwohl meine Schuld nur darin bestanden hatte, unbedingt mit ihm glücklich sein zu wollen.

Wir gingen auf die Terrasse, um die Nacht, die Luft, den Wind zu befragen. Von meiner Mutter hatte ich die Verbundenheit mit den Bäumen, dem Himmel und sogar mit dem Regen, der den Regenbogen bringt. Aber jene Zeit war vergangen, sie war nur noch wie die undeutliche Erinnerung an ein Märchen für mich.

Es war eine schlaflose, bedrohliche Nacht. Der wolkenverhangene Himmel wurde von fernen Donnerschlägen erschüttert wie bei einem aufziehenden Gewitter. Ich schmiegte mich an Francesco, verbarg meinen Kopf an seiner Schulter und glaubte, dies wäre unsere letzte Nacht. Wir wussten beide, dass nun dieser lange Tag begann, an dem Frauen und Männer nicht mehr zusammen im Bett liegen, nicht mehr miteinander sprechen oder schlafen konnten. Damals erhob sich der Wind, der dann drei Tage anhielt. Jede schwere Stunde meines Lebens schien von Wind begleitet zu sein, so wie meine Stimmung häufig mit der Natur übereinstimmte. Über die Terrasse strich ein heißer Luftzug. Francesco schaute nach Süden und schien zu horchen, wie immer, wenn wir vor dem Radio auf das Klopfen gegen die Wand unseres Gefängnisses warteten. »Sie werden nicht rechtzeitig hier sein«, sagte er. Auch ich fühlte, dass sie es nicht rechtzeitig schaffen würden, und das war gut so, es war gut, dass wir nur in uns selbst Hilfe fanden. Und so wusste ich, dass ich Tomasos Hilfe nicht annehmen würde, obwohl mir in schwierigen Situationen der Gedanke an ihn oft Halt gab, so wie uns das Klopfen aus dem Radio jahrelang Halt gegeben hatte.

Wieder waren wir auf uns allein gestellt, Francesco und ich. Niemand konnte uns helfen, und gerade dieses Verhängnis war auch unsere Stärke. Nie werde ich die kahle Terrasse vergessen, den bedrohlichen Himmel. Zwischen den bleichen Häusern, den geschlossenen Fenstern, den hochgelegenen, menschenleeren Terrassen waren auch wir bleich. Von dort oben überblickte man die ganze Stadt, auch sie allein inmitten des trostlosen Umlandes, schutzlos wie wir beide in der Nacht vor dem langen Tag. In diesem Moment spürte ich, dass wir miteinander reden mussten, die Zurückhaltung aufgeben, die wir uns bis dahin auferlegt hatten, denn in so einer Nacht mussten zwei Gefährten miteinander reden, sich auf ihre Gefühle besinnen, auf ihre Beweggründe und Erinnerungen, auf die einzigen Dinge, auf die wir zählen konnten, so wie die Stadt auf uns zählte, auf unsere Wohnungen, auf die in den Kellern versteckten Waffen und auf eine Tradition, die dennoch irgendwie gewahrt werden musste. Ich wartete die ganze Nacht lang. Bei Tagesanbruch rief ein Genosse an und erzählte von einem Landungsversuch, der uns Hilfe bringen sollte. Es war eine Falschmeldung. Ich wusste, dass es keine Hilfe gab. Wieder hörte ich Tomasos Worte und die fernen Donnerschläge, die das Gewitter ankündigten. Alle Kräfte mussten gebündelt werden, und wir durften nicht außer Acht lassen, dass nicht nur die Stadt, sondern auch wir beide in Gefahr waren. Francesco sprach mit seinen Gefährten, sie telefonierten miteinander, beratschlagten, wo sie Hilfe und Waffen bekommen konnten, und ich saß im Morgenrock auf einem Schemel wartend daneben. Ich wünschte mir, dass man auch mir half. »Sprich mit mir«, sagte ich zu Francesco, um den ich herumschlich, als er sich zum Gehen fertig machte. »Liebling, hältst du das für den richtigen Moment?« Er strich mir zärtlich über die Stirn. Dabei war es wichtig, gerade in diesem Moment zu reden. Den ganzen Tag über waren die Kirchen voll mit betenden Menschen, die sich vergewissern wollten, dass etwas Bestand haben würde, dass etwas sicher war, auch wenn die Donnerschläge immer näher kamen und nun alle wussten, dass das kein Gewitter war.

Francesco holte die Pistole, steckte sie ein und wandte sich zur Tür. Dann kehrte er um und sagte: »Nein. Ich lasse sie lieber bei dir. Man kann nie wissen. Versteck sie, aber in Reichweite. Hast du Angst?«

»Ich glaube nicht. Wie funktioniert sie denn?«

»Sie ist schussbereit, du musst nur hier abdrücken.«

Es war schrecklich, die kalte, schwere Pistole in der Hand zu halten.

»Hast du Angst?«, fragte Francesco erneut, als er mein blasses Gesicht sah.

»Nein. Ich will nur nicht gezwungen sein, zu schießen.«

»Natürlich nicht, das ist nie gut. Aber manchmal muss man sich verteidigen.«

»Francesco, wo willst du hin?«

»Zu Alberto, erst einmal, dann sehen wir weiter.«

»Geh nicht so weg von mir«, sagte ich im Treppenhaus. Wir umarmten uns, aber er war mit seinen Gedanken schon woanders, bei seinen Freunden. Ich ging zurück in die Wohnung, kurz darauf rief Tomaso an. Auch er glaubte nicht, dass rechtzeitig Hilfe kommen würde. »Ich möchte dich sehen«, bat er, »und wenn auch nur für ein paar Minuten«. Ich sagte nein, ich wolle zu Hause bleiben und auf Francesco warten.

Ich hatte noch immer die Pistole in der Hand. Ich legte sie zurück in den Nachttisch. Den Vormittag verbrachte ich am Telefon und beantwortete die Anrufe von Francescos Freunden. Später rief Tomaso erneut an und sagte, am Stadtrand werde gekämpft. »Und wo ist Francesco?«, fragte ich besorgt. »Keine Ahnung. Ich muss jetzt auflegen, ich gehe mit den anderen weg. Ich wollte dir nur sagen, dass ich dich liebe.«

Ich musste Francesco finden und verhindern, dass er mit Tomaso mitging. Als ich das Haus verließ, hielt mich der Portier auf. »Signora, was sagt der Professore?«

Ich starrte ihn einen Augenblick an, und Hass stieg in mir auf, ein alter Hass, den ich schon vergessen hatte. Aber hinter dem Mann standen seine Frau und auch die Tochter mit dem kleinen Bruder auf dem Arm. Sie alle schauten mich ängstlich an.

»Werden sie rechtzeitig hier sein?«, fragte der Portier.

»Nein, ich glaube nicht.«

Mit einem Blick auf das Einkaufsnetz, das ich über der Schulter trug, sagte die Frau: »Die Geschäfte sind geschlossen, aber ich könnte Ihnen etwas Brot abgeben.«

Vieles hatte sich über Nacht verändert. Fremde Menschen sprachen auf der Straße miteinander. Ich suchte Francesco überall, auf den vorbeifahrenden Lastwagen voller zerlumpter, niedergeschlagener Soldaten, an den Straßenbahnhaltestellen, wo vereinzelt Männer in Zivil saßen, aber noch ihre Patronentaschen trugen. Es fuhren keine öffentlichen Verkehrsmittel und keine Autos. Aufgeregt ging ich zu Fuß weiter und schloss mich für eine Weile Grüppchen von blassen Frauen an, die wie ich unentwegt weiterliefen und einen Mann suchten, von dem sie nur den Namen erwähnten.

Noch immer wehte der schwülheiße Wind. Bei Alberto waren in zwei Zimmern fünfzig, sechzig Leute versammelt und hörten Radio. Junge Radfahrer überbrachten handgeschriebene Nachrichten. Dann kam Genossin Denise, auch sie mit einer Nachricht, und musterte mich ärgerlich. »Gehen Sie nach Hause, Signora«, sagte sie. »Ihr Mann würde Sie hier nicht sehen wollen.«

Sie kannte ihn gut. Francesco war bei seiner Rückkehr tatsächlich nicht erfreut, mich dort anzutreffen, das gab er mir mit einem Blick zu verstehen. Seine todernste Miene nahm seinen Gefährten die letzte Hoffnung. Das Radio hatte in den 13-Uhr-Nachrichten noch nichts von den Kämpfen gemeldet. »Man hat uns im Stich gelassen«, sagte Francesco, »jeder von uns ist nun mit den Kameraden allein.« Auch ich war allein, denn er richtete kein einziges Mal das Wort an mich. Erneut schaute ich ihn an und entschied mich für ihn, obwohl er mich nicht ansah. Er war von vielen Männern umringt, einige waren in seinem Alter, andere älter als er, und wenige waren jünger. Die Männer standen zwar ernst zusammen, schienen aber trotzdem sogar in solchen Momenten Schwierigkeiten zu haben, miteinander zu reden, weil eine ureigene Zurückhaltung und die Angst, als schwach zu gelten, sie davon abhielten. Ihren Gesichtern war die Anstrengung anzusehen, den Schmerz zu akzeptieren, eine Anstrengung, die sich für die Frauen erübrigte, da sie mit dem Schmerz vertraut waren. Die Männer waren schwächer als wir, obwohl sie Gewehre trugen und mit Entschiedenheit schwerwiegende Dinge sagten, denen man aber, wie ich nun wusste, kaum treu bleiben konnte.

Vom Stadtrand, wo gekämpft wurde, kam eine Nachricht von Tomaso. Zum Schluss bat er: »Ruft Signora Minelli an und richtet ihr aus, dass ihr Mann wieder in der Stadt ist, sie soll sich keine Sorgen machen.«

Alle schauten mich an, und ich wurde rot. Dann kam Francesco zu mir und riet mir, nach Hause zu gehen und, mit Blick auf die zu erwartenden Schwierigkeiten am nächsten Tag, ein paar Lebensmittel zu besorgen. Auf der Straße sah ich Frauen, die Karren mit ihren Kindern und mit etwas Hausrat schoben. Sie sagten, sie kämen aus den umkämpften Vierteln, und schoben ihre Karren ohne Jammern und Klagen, weil auch sie wussten, dass dieser lange Tag angebrochen war, an dem man nur noch dulden konnte.

Von diesem Abend an mussten wir wegen der Ausgangssperre stets zeitig zu Hause sein. Bei Alarm gingen wir in die Luftschutzkeller. Tagsüber stand ich beim Bäcker an, und auf den Straßen fuhren ständig Lastwagen mit deutschen Soldaten vorbei, die uns musterten wie Tiere. Ich sah Francesco nie vor dem Abend, und manchmal rief er mich nicht einmal an. Tomaso dagegen telefonierte häufig mit mir und hielt mich mit vereinbarten Floskeln auf dem Laufenden, denn wir mussten uns nun wieder vor der arroganten Stimme fürchten. Als wir sie erneut hörten, lief uns allen ein Schauder über den Rücken, doch wir wussten nun, dass sie nicht mehr zwangs-läufig zu unserem Leben gehörte, wie wir es jahrelang ge-glaubt hatten.

Mein Vater hatte geschrieben und uns angeboten, eine Zeitlang in die Abruzzen zu kommen. Das erzählte ich Fran-cesco und schlug ihm vor, einzuwilligen. Als Tomaso davon erfuhr, wurde er blass. »Geh nicht fort«, sagte er. Zwar warf er sich seinen Egoismus vor, fügte aber hinzu: »Ich wüsste nicht, wie ich ohne dich weitermachen sollte.«

Francesco sagte: »Ja, du musst fahren, aber du allein. Ge-rade heute habe ich ernsthaft darüber nachgedacht und be-schlossen, dich zu deinem Vater zu schicken.« Er sprach über mich wie über ein Kind oder ein Möbelstück, und ich begriff, dass ich mich vor solchen Reden in Acht nehmen musste.

»Und du?«, fragte ich.

»Ich muss die Wohnung noch heute Abend verlassen. Es wäre unvernünftig, hierzubleiben.«

»Aber warum fahren wir dann nicht zusammen in die Ab-ruzzen?«

Er schwieg einen Moment, dann sagte er: »Nein. Ich habe lange darüber nachgedacht, es wäre verlockend, denn ich bin furchtbar müde. Aber es geht nicht. Ich muss bei meinen Freunden bleiben, jetzt, wo es richtig losgeht. Ich glaube nicht, dass es schnell vorbei sein wird, vielleicht dauert es noch zwei Monate. Ich ziehe heute Abend zu Tullios Bruder.«

»Und dann?«

»Dann ziehe ich weiter, wenn es nötig ist. Aber ich möchte mir um dich keine Sorgen machen müssen, möchte dich in Sicherheit wissen, möchte, dass du gut schläfst und isst …«

»Ach, so ist das …« Ihm war nicht klar, dass all das schon immer wenig Bedeutung für mich gehabt hatte und nun überhaupt nicht mehr wichtig war. »Wenn dir was passiert, wäre ich natürlich in Sicherheit.«

»Mir passiert schon nichts.«

»Aber falls doch …«

»Dann wäre ich bestimmt ruhiger, wenn ich dich außer Gefahr wüsste.«

Ich schwieg. Dann sagte ich bitter: »Eines hat mich schon immer beschäftigt.«

»Und was?«

»Das Bemühen der Männer, die Frauen vor nur zwei Dingen zu bewahren: vor Hunger und vor dem Tod, vor Dingen, die die Frauen nicht mehr fürchten als die meisten von euch. Aber ihr denkt nie daran, sie vor allen anderen, viel beängstigenderen Dingen zu schützen, die sie umgeben oder die in ihnen sind. Ich will nicht gerettet werden. Francesco, bitte, lass mich mit dir zusammenarbeiten.«

Ich saß am Fußende des Bettes, er lag mit dem Kopf auf dem Kissen da. Er schaute kalt zu mir auf: »Nein«, sagte er. »Es ist besser, wenn du in die Abruzzen fährst.«

Wütend erwiderte ich: »Du hast Angst, ich könnte etwas ausplaudern, nicht wahr? Ich könnte nicht kaltblütig genug sein, ich könnte wie Casimira sein, stimmt's?«

»Nein, das ist es nicht …«

»Doch. Vor dem letzten deiner Freunde hast du mehr Hochachtung als vor mir, weil ich eine Frau bin.«

»Bitte, Alessandra, beruhige dich.«

»Das geht nicht, heute ist ein Tag der Entscheidung. Wenn

du nicht in die Abruzzen mitkommen willst, dann lass mich mit dir gehen. Bisher hast du alles getan, was du wolltest, aber jetzt habe ich Angst. Ich habe Angst davor, dass alles zugrunde geht, verstehst du? Du und ich sind das Einzige, was zählt.«

Er versuchte mich umzustimmen. Er sagte Dinge, von denen ich wusste, dass sie richtig waren, die ich aber nicht wahrhaben wollte, weil ich ihn liebte. Hätte er auch uns und unsere Liebe erwähnt, hätte ich ihn vielleicht verstanden, aber darüber sprach er nicht.

»Und das alles ist sogar wichtiger als wir?«, fragte ich schließlich.

»Es ist wichtiger als alles andere, ja. Du sagst doch selbst immer, man soll seinen Idealen treu bleiben, oder?« Das hatte ich gesagt, aber er wiederholte meine Worte auf eine Art, die mich beschämte. »Jetzt ist der Moment, ihnen treu zu bleiben, verstehst du?«

»Nein«, sagte ich schroff, »das verstehe ich nicht.«

Kurz darauf kam Tullio mit seinem Bruder. Sie rieten Francesco, am besten sofort aufzubrechen. Er ließ sie im Arbeitszimmer warten und kam ins Schlafzimmer zurück, um mir zu sagen, dass er vor der Ausgangssperre fortgehen werde. Es war aus, er ging weg. Bis zur Ausgangssperre war es keine Stunde mehr. Aber in dieser Zeit konnten wir vielleicht miteinander reden. »Ich fahre nicht weg«, sagte ich. »Ich möchte hierbleiben, in deiner Nähe, und wissen, wie es dir geht. Verstehst du?«

»Nein«, erwiderte diesmal er. »Aber du kannst natürlich tun, was du willst.«

»Ich liebe dich«, sagte ich verstört und gab nach. Wir hatten noch eine halbe Stunde, noch konnten wir alles retten. Ich nahm den Koffer, legte ihn aufs Bett und begann für ihn zu packen. »Welchen Anzug?«

»Den ich anhabe.«

»Nur den einen? Das ist zu wenig.«

»Stimmt. Dann den ältesten.«

Dazu Hemden, Socken. Ich hoffte immer noch, dass er sagen würde: »Nein, Alessandra, ich kann nicht fortgehen.« Ich war mir sicher, dass er etwas sagen würde, bevor ich mit dem Packen fertig war.

»Weiter nichts?«

»Nein, danke.«

Ich hatte darauf gewartet, dass er sagte: »Dein Foto, das auf dem Nachttisch steht.« Vielleicht würde er sagen: »Komm doch mit«, bevor ich die Schlösser zuschnappen ließ. Wir hatten nur noch wenige Minuten, Tullio drängte zum Aufbruch. Die Schlösser schnappten zu. Hätte er doch wenigstens gesagt: »Bitte verzeih, aber ich kann nicht anders, es tut mir so leid, dass ich dich allein lassen muss, ich liebe dich, ich liebe dich.«

Stattdessen sagte er nur: »Mach dir keine Sorgen. Ich melde mich.« Und während er sich mit solchen Nebensächlichkeiten aufhielt, ging er auf den Hausflur hinaus. Er umarmte mich, obwohl Tullio dabei war, und auch ich gab mich unbefangen. Als er auf der ersten Treppenstufe war, rief ich ihn: »Francesco!«

Er blieb stehen. »Was ist?« Auch Tullio und sein Bruder schauten zu mir hoch.

Ich sagte: »Wenn du etwas brauchst, lass es mich wissen.«

Dann lief ich auf die Terrasse, um ihm nachzusehen. Drei Männer gingen ins Gespräch vertieft davon. Der hochgewachsene im grauen Anzug war Francesco.

Wenige Tage später überbrachte Tullio mir eine Nachricht von Francesco, und während ich sie las, stand er vor mir und schaute mich an. »Ist gut«, sagte ich. Francesco schrieb, ich solle jedem, der sich nach ihm erkundigte, erzählen, ich hätte mich von ihm getrennt und wüsste nicht, wo er sich aufhielt, ich würde vermuten, er sei in den Norden gegangen.

»Die Nachricht muss auf der Stelle verbrannt werden«, sagte Tullio. Er war etwa vierzig, Junggeselle, blond. Seine Augen musterten mich eiskalt durch die Brille. Ich spürte seine Feindseligkeit mir gegenüber, war ich doch Francescos wunder Punkt. »Bitte!« Damit forderte er die Nachricht zurück, um sie zu vernichten. »Francesco möchte auch alle seine Sachen haben«, sagte er weiter. »Vergessen Sie nichts, Signora, auch nichts aus dem Badezimmer und den Schränken. Packen Sie alles in einen Koffer. Ich warte so lange.«

Er kramte im Schreibtisch, nahm sämtliche Papiere mit. Er war ruhig, gründlich, unerbittlich. Ich schrieb Francesco ein paar Zeilen, um ihn zu beruhigen, vor allem aber, um mich an das geschriebene Wort zu klammern. Als Tullio mit dem Koffer fortging, verabschiedete er sich mit kaltem Respekt, als wäre ich nun nicht mehr die Frau seines Kameraden Francesco.

Es war ein riskantes Spiel. Wir hatten nun alle eine neue Identität und mussten uns einreden, dass nur sie die wahre sei. Tullio war kein Archäologe mehr, seine Papiere wiesen ihn als Holzhändler aus. Ich war eine von ihrem Mann getrennt lebende Frau, und manchmal bereute ich, mich darauf eingelassen zu haben, es war, als wäre ich in eine Falle getappt. Ich fürchtete sogar, Francesco könnte dieses unlautere Mittel benutzen, um mich zu verlassen. Es war sehr schwer, mit allem verbunden zu bleiben, was vor diesem langen Tag geschehen war. Wir trugen die Erinnerung an unsere Vergangenheit wie einen Umhang. Manchmal verschwammen Francescos Gesichtszüge in meinem Gedächtnis. Da er sich nicht gern fotografieren ließ, hatte ich nur einen kleinen, während einer Universitätstagung aufgenommenen Schnappschuss von ihm. Darauf sah er würdevoll aus, mit Hut und Mantel. Er wirkte auf mich nicht wie der Mann, der mit mir in den Park der Villa Borghese gegangen war. Trotzdem hatte ich das Gefühl, dass dieses Foto sein wahres Wesen zeigte. Nun stellte ich ihn mir immer so vor, düster und streng, in Hut und Mantel, umgeben von Tullio und den anderen. Seine Gesichtszüge und der Klang seiner Stimme verblassten wie damals die meiner Mutter.

Tomasos Gesicht war mir vertrauter, es war inzwischen sogar das einzige vertraute Gesicht in meinem Leben. Es zu vergessen, kostete mich Mühe, und manchmal rief ich es mir absichtlich ins Gedächtnis, um meine Einsamkeit erträglicher zu machen. Er war ein treuer Begleiter in meinem Leben, das Francesco nun unbekannt war. Auch Tomaso wechselte häufig die Wohnung, rief mich aber trotzdem mehrmals am Tag an. Dann meldete er sich mit »Ich bin's«. Ich begann, gespannt auf seine Anrufe zu warten. Bei unseren Telefonaten störte mich der Gedanke an das Urteil dessen, der uns abhörte, aber dann beruhigte es mich, als alleinstehende Frau zu gelten, denn unser Kontakt konnte ja nur bestätigen, dass ich von meinem Mann getrennt lebte.

In den ersten Tagen hatten die leere Wohnung und der Anblick von Francescos Kleidern und Büchern eine schreckliche Sehnsucht in mir ausgelöst. Ich schlich durch die Wohnung, rief nach ihm und saß abends in seinem Sessel, um das Gefühl zu haben, in seinen Armen zu liegen. Daher war ich zwar wehmütig, aber erleichtert, als man seine Sachen abgeholt hatte. Ich ging ins Büro, kam nach Hause und aß die trostlosen Mahlzeiten, mit denen eine Frau ihren Hunger stillt, wenn sie allein ist. Ich bildete mir ein, die Zeit bis zu Francescos Rückkehr vollkommen teilnahmslos hinbringen zu können. Dabei wartete ich ständig darauf, dass Tomaso anrief.

Ich konnte an nichts anderes mehr denken. Und so kämpfte ich unaufhörlich gegen das an, was ich für ihn zu empfinden begann. Ich sah sein klares, offenes Gesicht vor mir, sein Lächeln mit den leicht zusammengekniffenen Augen. Häufig suchte ich Trost in Romanen aus dem 19. Jahrhundert mit starken, mutigen Frauenfiguren, die sich gegen sträfliche Gefühle wehren und zu einer vernünftigen, legitimen Liebe zurückkehren möchten. Doch nach meiner Lektüre wurde mir klar, dass solche Kämpfe immer vergebliche Scheingefechte sind. Jeder Angriff band die Heldin nur noch mehr an den geliebten Feind, und auch der Kampf selbst schwächte sie und brachte sie der Kapitulation näher. Die Unausweichlichkeit dieses Endes machte mir Angst.

Also nahm ich meine ganze Kraft zusammen und beschloss, Tomaso nicht mehr wiederzusehen. Für einige Stunden war ich selbstsicher, entschlossen, ja regelrecht froh über diese Entscheidung. Dann hielt ich es für unmöglich, einfach so den Kontakt abzubrechen. Er würde anrufen, mich besuchen kommen. Ich war ihm eine Erklärung schuldig und sollte mich ein letztes Mal mit ihm treffen, um ihm begreiflich zu machen, was ich für Francesco empfand. Ich überlegte mir, ihn am folgenden Tag anzurufen und mich mit ihm zu verabreden. Vielleicht sogar noch am selben Abend oder besser noch sofort, danach würde ich ruhiger sein, und wir hätten klare Verhältnisse.

»Hallo, ich bin's, Alessandra.«

»Hast du keine Angst?«, fragte ich ihn.

»Doch, große Angst sogar, aber sie scheinen nicht nach mir zu suchen. Sie suchen nur wichtige Leute, Francesco, zum Beispiel, oder Alberto oder Tullio. Falls man mich verhaftet, könnte leicht ein anderer meinen Platz einnehmen. Aber nicht jeder könnte Alberto oder Francesco ersetzen.«

Und dabei versuchte er, bei mir nach und nach Francescos Platz einzunehmen, und seine hartnäckige Verehrung brachte mich ins Wanken. Er behandelte mich wie ein junges Mädchen, bat um die Erlaubnis, meine Hand zu küssen oder meinen Arm zu nehmen. Ich misstraute dem unschuldigen Glück unserer Treffen und meiner Gewissheit, nichts Schlimmes zu tun.

Schon bald hatte ich als Ablenkung nicht einmal mehr die Arbeit. Ingenieur Mantovani hatte viele hochwichtige Aufgaben übernommen, die ihn zwangen, in den Norden zu ziehen. Er war nun wieder entschlossen, resolut. Er hatte ein Radio in Schreibtischnähe gestellt und schaltete es manchmal an, oft nur kurz, wie um sich zu vergewissern, dass die arrogante Stimme noch da war. »Sie kommen doch mit in den Norden, nicht wahr, Signora Minelli?«, fragte er mich eines Morgens.

Zwischen uns lag die glatte Fläche des Tisches mit der Schweinsledermappe und schönen Schreibutensilien, wie ich sie schon als Kind gern gehabt hätte. Trotz der Großzügigkeit meines Chefs, oder vielleicht auch gerade deswegen, spürte ich an diesem Tisch immer besonders deutlich, dass er reich war und ich arm, er sehr stark und ich sehr schwach. Aber an diesem Tag kam ich mir viel stärker vor als er, obwohl er seine Selbstsicherheit wiedergewonnen hatte und Francesco hatte fliehen müssen. Ich fragte mich, was er wohl ohne diesen schönen Tisch anfangen würde, ohne die Telefone und ohne die Verbeugung, mit der Pförtner Salvetti ihm die Tür aufhielt. Und vor allem ohne die arrogante Stimme aus dem Radio, die ihn beruhigte. Francesco und ich waren dagegen an ein unsicheres Leben gewöhnt.

»Danke«, sagte ich, »glauben Sie mir, es tut mir wirklich leid, nicht mehr bei Ihnen arbeiten zu können, aber ich muss hierbleiben.«

»Wegen Ihres Mannes?«

»Nein«, sagte ich nach kurzem Zögern. »Ich habe Ihnen ja schon erzählt, dass wir getrennt sind. Aber ich habe Angst, die Wohnung zu verlieren.«

»Aha, ich verstehe.« Es war leicht, sich zu verstehen, auch wenn wir auf konventionelle Floskeln zurückgriffen, sie gaben uns das Gefühl, nicht zu lügen. Lydia kündigte an, oft zwischen Rom und Mailand pendeln zu wollen. Ich ging mit Fulvia zum Rathaus, wo wir sämtliche Aufgebote lasen, um zu erfahren, wann Dario heiraten würde.

Es war Tomaso, der mir ausrichtete, ich solle am folgenden Mittag zu Francesco gehen.

»Was ist passiert?«, fragte ich erschrocken.

»Nichts. Er will dich sehen.«

Ich merkte, dass Tomaso eifersüchtig war. Vielleicht fragte er sich, ob seine Liebe nicht stärker war als die Rechte, die Francesco auf mich hatte. Aber ich wollte ihm begreiflich machen, dass es hier nicht um Rechte ging. Ich war glücklich, zu Francesco zu gehen, weil ich ihn liebte. Um Tomaso das zu sagen und ihn gleichzeitig zu trösten, trat ich dicht an ihn heran. So kam es zu unserer ersten Umarmung. Seit Jahren war ich nicht mehr so umarmt worden, und ich war überrascht, bei einer Umarmung, die nicht die Francescos war, Lust zu empfinden. Mir wurde klar, dass ich Francesco und Tomaso bisher miteinander vermischt hatte, aber jetzt konnte ich das nicht mehr. Ich hatte das deutliche Gefühl, sehr intim mit einem Mann zu sein, der nicht mein Ehemann war, und damit untreu zu werden, schuldig. »Bitte, geh«, sagte ich. Aber die Erinnerung an diese Umarmung verließ mich auch dann nicht mehr, als ich mit Francesco sprach.

Aus Angst, verfolgt zu werden, hatte ich einen großen Umweg gemacht. Tullios Bruder Luigi hatte eine Frau und vier Kinder. Francesco gab sich als Luigis Schwager aus und galt somit als Mitglied der Familie. Sie wohnten im vierten Stock eines Hauses auf dem Aventin, und man gelangte über eine breite, sonnige Treppe hinauf. Luigis Frau öffnete mir die Tür, ich sagte nichts, sie musterte mich kurz und sagte dann lächelnd: »Bitte sehr.«

Francesco saß im Esszimmer und hörte Radio, auf dem Schoß hatte er ein Kind. Als ich hereinkam, drehte er sich um und setzte das Kind auf den Boden, um mich in die Arme zu nehmen. Das Kind begann zu weinen, und die anderen, größeren Kinder schauten uns an. Diese Umarmung war anders als die von Tomaso. Luigis Frau betrachtete uns gerührt. Sie war dick und hatte ein sympathisches Gesicht. Ich wäre gern mit Francesco allein geblieben, doch sie machte keine Anstalten zu gehen. Vermutlich dachte sie, was zwischen Mann und Frau gesagt wurde, sei für die Ohren aller bestimmt. Und wirklich sagten wir nur: »Was machst du? Wie fühlst du dich? Isst du genug?« Ich sehnte mich danach, Francescos Hände zu nehmen, mich an ihn zu schmiegen, wieder mit seiner Umarmung vertraut zu werden, den Geruch seines Halses zu spüren. Stattdessen saß ich am gedeckten Tisch zwischen diesen fremden Leuten, mit denen sich Francesco bereits angefreundet hatte. Bei Tisch erzählten sie mir von einigen Zwischenfällen, noch immer aufgewühlt von Ängsten, die ich nicht geteilt hatte. Sie zeigten mir eine kleine Tür, die hinter einem Bücherschrank verborgen war und zu einer Dachkammer führte. Dort fanden Versammlungen statt, und dort konnten sich Francesco und die anderen verstecken, wenn Gefahr drohte. Ich kam mir vor wie eine Außenstehende.

Nach dem Essen sagte Francesco zu mir: »Komm, ich zeige dir mein Zimmer.« Es gehörte dem ältesten Sohn, zwölf Jahre alt. An den Wänden hingen Bilder der bekanntesten Fußballspieler, und auf den Regalen standen Abenteuerbücher und Bleisoldaten. Es gefiel mir nicht, dass Francesco in diesem Zimmer übernachtete, ich wollte unbedingt wieder an seinem Rücken schlafen. Vor der Glastür waren die spielenden Kinder zu hören. »Komm wieder nach Hause, Francesco. Entschuldige, ich weiß, dass das nicht geht, aber ich halte es ohne dich nicht mehr aus.« Wir hielten uns umschlungen, und ich liebte ihn mit der ganzen Kraft, mit der ich mich gegen Tomaso wehrte. Francesco sagte: »Zieh doch deine Jacke aus, ist dir nicht warm?«, dann ging er zur Tür und drehte den Schlüssel herum. Ein Kind trommelte mit zwei Fingern gegen die Glastür. Ich musste an Luigis Frau denken, die natürlich ahnte, warum ein Mann nach zwei Monaten der Trennung mit seiner Frau allein sein wollte.

»Du musst noch dein Haar in Ordnung bringen«, sagte Francesco ein paar Augenblicke später und rückte vor dem Spiegel seine Krawatte zurecht. Die Kinder lärmten noch immer, eines rief schluchzend nach seiner Mutter. Am Spiegel klebte ein Bild von Schneewittchen. Während ich mich kämmte, kam Francesco noch dichter an mich heran, um mit mir zu sprechen. Seine Nähe machte mich glücklich und traurig zugleich, so dass ich mir wünschte, so schnell wie möglich zu gehen, damit sich dieser Widerspruch auflöste.

»Sandra, ich wollte dir sagen, dass ich morgen von hier verschwinde. Ich ziehe in ein Landhaus, wo wir auch einen Sender haben. Wir müssen aktiv werden, wir haben Männer, Waffen und Sprengstoff.«

»Das ist doch sehr gefährlich.«

Er zögerte kurz, als wollte er einen Gedanken verjagen, dann sagte er: »Nein, das glaube ich nicht. Du musst verstehen, dass ich nicht anders handeln kann. Bitte, versteh mich. Wir werden uns eine Weile nicht sehen. Brauchst du Geld?«

»Nein«, antwortete ich schroff. Ich wurde rot, denn ich zog mir gerade meine Jacke an, und es sah aus, als wollte er mich bezahlen.

»Alessandra«, sagte er und nahm meine Hand, »ich möchte, dass du tapfer bist.«

»Das kann ich nicht.«

»Ich weiß. Darum fühle ich mich auch stärker, wenn wir beide nicht zusammen sind. Vielleicht reagieren Männer und Frauen in solchen Situationen unterschiedlich. Aber ich hoffe, du verstehst trotzdem alles, was vor sich geht. Bis jetzt hatten wir nur wenig Zeit für uns. Und ich war nie so, wie du mich haben wolltest. Doch ich habe mich noch nicht frei gefühlt. Ich spürte, nein, ich wusste, dass wir auch das noch hinter uns bringen müssen, um endlich glücklich und zufrieden zu sein.« Der Raum war kalt. Francesco hatte sich seinen Mantel übergeworfen und sah nun aus wie auf dem Foto. »Vielleicht wirst du das schon bald verstehen. Ich verstehe dich jetzt schon, auch wenn du es nicht glaubst. Wir müssen uns befreien.«

Ich sagte nichts und dachte nur, dass ich mich von meiner Liebe zu ihm befreien wollte.

»Lass uns gehen.«

Er war wieder so ungerührt und distanziert wie kurz zuvor. Nie konnte ich die Mauer überwinden, die uns trennte. Auf dem Flur wartete Luigis Frau lächelnd auf uns. Ich sträubte mich gegen ihre wohlwollende Mitwisserschaft und verabschiedete mich nur flüchtig von ihr. Francesco umarmte mich, während eines der Kinder sich an seine Beine klammerte. »Ich liebe dich, ich habe Angst«, flüsterte ich ihm ins Ohr. Dann hastete ich die Treppe hinunter.

Als ich einige Tage später abends mit Tomaso telefonierte, klopfte es hartnäckig an die Tür. Es herrschte bereits Ausgangssperre, und das ungeduldige Hämmern machte mich misstrauisch. »Entschuldige«, sagte ich zu Tomaso, »es klopft, vielleicht sind sie es, ich rufe dich gleich zurück, ciao.« Es war die kleine Tochter des Portiers, sie war bleich. »Achtung, Sie kommen!«, sagte sie, sprang noch ein paar Stufen hinauf und versteckte sich im Abstellraum mit den Wassertanks.

Ich lief ins Schlafzimmer, holte die Pistole und ließ sie im Arbeitszimmer im Spalt zwischen Sessellehne und Sitzfläche verschwinden. Da hörte ich auch schon schwere, eisenbeschlagene Stiefel die Treppe hochkommen. Solche Schritte waren Nacht für Nacht in den Straßen zu hören, Schritte, die Francesco suchten und jetzt vor meiner Wohnungstür standen. »Du musst nur hier abdrücken«, hatte er gesagt.

Ihr Klopfen war wie ihre Schritte, wie ihr harter Blick. Sie waren zu dritt und grüßten, als sie hereinkamen.

Ich hatte keine Angst, war eingehüllt in einen eisigen Gleichmut. Auf ihre Fragen antwortete ich, mein Mann und ich lebten schon eine Weile getrennt und ich vermutete, er sei nach Mailand gezogen. Ich sprach ruhig und sicher und wünschte mir, Francesco könnte mich so sehen. Sie starrten mich misstrauisch an, und ich starrte mit einer grimmigen Freude zurück, während ich mir vorstellte, wie ich den Abzug drückte. Sie waren groß und blond. Ich hatte die Statur und die Farbe der Augen und der Haare mit ihnen gemeinsam. Ich kannte sie gut. Meine Mutter hatte mir immer vom Wesen meiner Großmutter Editta erzählt. Wir wirkten wie vier Menschen aus derselben Familie, daher mussten sie wissen, dass ich nichts verraten würde. Ich fragte mich nur, ob ich physischen Schmerzen würde standhalten können. Sie benahmen sich respektvoll und höflich, sagten »bitte, nach Ihnen«, als sie ins Arbeitszimmer gingen, und ich setzte mich auf die Armlehne des Sessels. Routiniert sahen sie die Papiere durch, und ich fürchtete unnötigerweise, sie könnten etwas finden. Aber gerade ihr präzises Vorgehen beruhigte mich. Wenn sie keinen Fehler beim Suchen machten, konnte ich auch keinen beim Vernichten gemacht haben. ›In die Brust‹, dachte ich, ›du musst sie in ihre aufgeblasene Brust treffen.‹ Ich war in großer Sorge wegen der Pistole und hatte das Gefühl, der Sessel wäre durchsichtig.

Die Soldaten verließen das Zimmer, ich wollte ihnen folgen. Der Offizier sagte: »Bitte, Signora«, und bedeutete mir, bei ihm zu bleiben, während die anderen die Wohnung durchsuchten. Er forderte mich auf, mich zu setzen, und so war ich nur wenige Zentimeter von der Pistole entfernt.

»Sie lesen viel?«, fragte er mit einem Blick auf die Regale.

»Ja, das ist meine Lieblingsbeschäftigung.«

»Schön«, sagte er und nahm nun einzelne Bücher in die Hand. Natürlich tat er das, um etwas zu finden, er blätterte sie durch, und ich verachtete sein überflüssiges Täuschungsmanöver.

»Sie werden in den Büchern nichts finden«, versicherte ich ihm.

Der Offizier drehte sich erstaunt um. »Ich suche nichts«, sagte er. »Außerdem habe ich schon begriffen, dass wir nichts finden werden.« Leicht ironisch fügte er hinzu: »Es ist schwierig, in der Wohnung eines Menschen, der so viel liest, etwas zu finden.«

Ich bekam Angst, fürchtete, er könnte mich durchschauen, vielleicht wusste er, dass ich körperliche Schmerzen nicht lange aushalten würde. »In den Rücken«, dachte ich, »wenn er das nächste Buch nimmt.«

»Verzeihen Sie«, sagte er, »wenn Sie das stört, höre ich auf«.

Ich winkte gleichgültig ab.

»Danke. Ich habe schon lange keine Bücher mehr gesehen. Seit ich von zu Hause fort bin. Jetzt ist mein Haus zerstört, alles, auch die Bücher. Ein Jammer. So viele Bücher kann man nicht auf einmal kaufen, sondern nur Stück für Stück. Ich wünsche Ihnen, dass Sie Ihre Bücher nicht verlieren.«

Ich schaute ihn an, ohne zu antworten. Ich verstand nicht recht, was er meinte. Ich hörte die Schritte und Bewegungen der Soldaten im Schlafzimmer, hörte, dass sie ein Möbelstück verrückten. Vielleicht wollte der Offizier mich ablenken, oder vielleicht suchte er nur nach dem geeigneten Mittel, um mich zum Reden zu bringen.

Er kam auf mich zu, und ich sah ihn an. Er war jung, wohl kaum älter als ich.

»Ich komme in viele Wohnungen dieser Stadt.« Seine Stimme verriet ein leichtes Unbehagen. »Aber nirgends finde ich so viele Bücher wie in den Häusern in meinem Land. Entschuldigen Sie«, fügte er in der Annahme hinzu, er habe mich gekränkt. »Warum haben Sie so viele Bücher?«

»Ich habe Literatur studiert.«

»Ich auch«, sagte er ernst. »Ich schrieb gerade an meiner Abschlussarbeit über diesen Dichter hier, als ich in den Krieg ziehen musste.«

Er zeigte mir das Buch in seiner Hand. Es waren Rilkes französische Gedichte. Er setzte sich mir gegenüber in den anderen Sessel, und ich hörte noch immer, wie die Soldaten die ganze Wohnung durchstöberten. »Kennen Sie diese Gedichte?«

»Natürlich.«

»Bitte, lesen Sie mir doch eines Ihrer Lieblingsgedichte vor.« Er gab mir das Buch, und während ich es nahm, versuchte ich zu erraten, wo bei alldem die Falle für Francesco war.

»Welches denn?«

»Ach bitte, welches Sie wollen.«

Nie hätte ich mir vorgestellt, dass ich einmal ein Gedicht lesen und dabei meine Hand in unmittelbarer Nähe einer Pistole halten würde. Ich dachte an die Leute, die gehört hatten, wie das Auto vor unserer Haustür hielt, daran, wie die Nachricht in unserer kurzen Straße wohl die Runde gemacht hatte, an das mit Schrecken erwachte Haus, an die wenigen noch anwesenden Männer, die die vorbereiteten Verstecke aufgesucht hatten. Vielleicht konnte auch das Vorlesen eines Gedichts eine Hilfe für sie sein.

»Ja, es gibt eins, das ich besonders mag.« Ich blätterte in dem Buch, und er wartete streng und aufmerksam.

Tous mes adieux sont faits. Tant de départs
m'ont lentement formé dès mon enfance …

Ich las weiter und schaute immer wieder verstohlen zu ihm hin, aus Furcht, er könnte meine Aufrichtigkeit irgendwie ausnutzen. Er sollte nicht annehmen, dass ich ihn weniger hasste, nur weil ich ein Gedicht vorlas.

»*Tous mes adieux sont faits …*«, wiederholte er.

Ich hörte die Soldaten auf dem Flur. Für mich klang es so, als schafften sie Francesco in ihrer Mitte herbei, und ich war mir sicher, ihn mit diesem Gedicht ausgeliefert zu haben.

»*Tous mes adieux sont faits*«, dachte ich und schob meine Hand noch dichter an die Pistole heran.

Sie kamen herein und zeigten dem Offizier zwei Fotografien. Die eine von Francesco und eine andere von Tomaso, auf der er lachte. Ich hatte sie zwischen meiner Unterwäsche versteckt. Sie redeten untereinander, ohne dass ich etwas verstehen konnte. Ja, mit diesem Foto würden sie Francesco garantiert finden. Ich fühlte mich wie ein Hund, der zubeißen will.

»Bitte, Signora«, sagte der Offizier und vermied es, meine Hände anzuschauen, die noch immer das offene Buch hielten. »Sie müssen mir sagen, wer von den beiden Ihr Mann ist.«

Er zeigte mir die Fotos. Augenblicklich gefror mir das Blut in den Adern, anschließend durchlief es mich siedend heiß.

»Der hier.« Ich zeigte auf Tomasos Bild.

»Danke. Und der andere?«

Ich wurde rot. »Das ist ein Freund.«

»Ich verstehe«, sagte er mit einer leichten Neigung seines Kopfes. Er nahm Tomasos Foto und steckte es ein.

An der Tür sagte er, als die anderen zwei hinausgegangen waren: »Ich weiß, dass solche Besuche nicht angenehm sind, und ich hoffe, dass ich nicht noch einmal kommen muss. Ich möchte die Erinnerung an Rilke nicht zerstören.«

Ich hörte ihre Schritte auf der Treppe. Sie hallten im ganzen Haus wider, und gewiss fürchteten alle, sie könnten vor ihrer Tür haltmachen. Die Haustür schlug zu, das Auto sprang an und fuhr weg. Als es wieder still war, lief ich ins Arbeitszimmer und verbrannte Francescos Bild. Es gab ihn nicht mehr. Ich hatte ihn aus der Schusslinie genommen, ihn gerettet.

Aufgeregt stürzte ich zum Telefon, um Tomaso anzurufen, und erst jetzt wurde mir die ganze Tragweite meines Handelns bewusst. Es war gemein, hundsgemein gewesen. Francesco würde mich dafür verachten. Ich wollte Tomaso umgehend warnen und wählte fieberhaft seine Nummer, aber niemand antwortete, hektisch versuchte ich es erneut. Der Ruf ging ins Leere und gab mir die Gewissheit, dass man Tomaso schon verhaftet hatte. Ich redete mir ein, das sei unmöglich, und dachte voller Verzweiflung an sein Bild in der Tasche des Offiziers.

Der Portier kam herauf, um seine Tochter zu holen, die in der Kälte die ganze Zeit über zitternd zwischen den Wassertanks gesessen hatte. Überall gingen die Türen auf, die Nachbarn kamen im Morgenmantel heraus. »Noch einmal Glück gehabt«, sagten sie. Sie fragten, warum die Soldaten gekommen waren. Ich antwortete ausweichend. Am Ende blieben nur noch der Portier und ich zurück.

»Signora«, sagte er leise, »sie haben mir das Foto gezeigt, und ich habe ja gesagt.«

Mir schoss das Blut ins Gesicht, er redete weiter. »Dieser Mann steht vor dem Haus und möchte herein.«

»Wo?«

»Hier unten. Er hat gesehen, wie sie wegfuhren. Ich habe ihm bedeutet, zu warten, aber jetzt ist es vielleicht besser … es ist besser, ihn nicht auf der Straße stehen zu lassen … wegen der Ausgangssperre.«

»Ja«, sagte ich, ohne ihn anzusehen. Er fügte hinzu: »Sie werden nicht zurückkommen. Und für alle Fälle gibt es ja noch den Raum mit den Wassertanks. Der letzte auf der rechten Seite ist leer.«

Kurz darauf hörte ich Tomasos leichte, eilige Schritte auf der Treppe. Atemlos kam er herein und schloss die Tür, wir umarmten uns stürmisch im dunklen Flur. Ich dachte an das Foto, schmiegte mich an ihn und sagte nur immer wieder: »Tomaso, Tomaso …« Er küsste mich auf den Mund. Wir küssten uns lange, es war wunderbar, seinen warmen, lebendigen Mund zu spüren, seinen jungen, freien Körper. »Ich liebe dich«, sagte er. »Ich hatte Angst um dich. Nach deinem Anruf bin ich sofort hergekommen.«

»Und die Ausgangssperre?«

»Wen interessiert die schon? Ich habe mich auf der anderen Straßenseite hinter den Bäumen versteckt. Ich sah das Auto vor der Tür stehen, und sie kamen und kamen nicht wieder heraus …«

Er küsste mich, hielt mich fest in den Armen.

»Alessandra, was für ein Schreck. Aber du bist hier, es ist vorbei. Ich dachte die ganze Zeit: Wenn sie sie mitnehmen, schieße ich. Es konnten ja nicht mehr als zwei oder drei gewesen sein. Liebste …«

Ich antwortete: »Liebster.« Wir verbrachten die Nacht im Arbeitszimmer, ich auf dem Sessel, er zu meinen Füßen, ich streichelte sein Haar. Mein Blick fiel auf ein zusammengerolltes Stück verbranntes Papier, Francescos Fotografie. Wir redeten die ganze Nacht, auch über Francesco. Er fragte mich: »Liebst du ihn sehr?« Ich nickte. Es war ein betrübtes, bestürztes Ja. Das Foto erwähnte ich nicht. Ich bat ihn, vor Tagesanbruch zu gehen. Der Abschied fiel uns schwer, wir küssten uns noch auf der dunklen, menschenleeren Treppe.

In den nachfolgenden Wochen gab es für mich weder Rast noch Ruhe. Ich hatte Gewissensbisse, weil ich Tomaso in große Gefahr gebracht hatte, und musste ständig an ihn denken. Ich wusste, dass er mich auch dann noch lieben würde, wenn ich ihm meine gemeine Tat gestand, und nicht nur das, er würde auch diese Tat verstehen und lieben. Daher wollte ich Francesco sehen, wollte mich von ihm trösten lassen. Ich bat um ein Gespräch mit Tullio, der sich daraufhin in Luigis

Wohnung mit mir treffen wollte. Ich ging nur ungern dorthin, vor allem wegen dem, was im Zimmer des Sohnes geschehen war. Luigis Frau öffnete die Tür. Tullio wartete im Esszimmer auf mich, und die von der Anwesenheit des Onkels eingeschüchterten Kinder waren still.

»Ich muss Francesco sehen«, sagte ich.

Tullio erwiderte, das sei nicht möglich, seit der Hausdurchsuchung werde ich vielleicht beschattet und das könne nicht nur Francesco, sondern auch die anderen Kameraden zugrunde richten. Francesco gehe es gut. Wie üblich übergab Tullio mir einen Brief von ihm, den ich in seiner Gegenwart las. Es war ein wunderschöner Brief, in dem Francesco mir versicherte, dass es ihm gut gehe, und er mir Mut machte, indem er auf erhabene Gefühle verwies und auf Pflichten, die wir erfüllen müssten. Es war wirklich ein edler Brief, wie die Briefe, die Revolutionäre vor ihrer Hinrichtung an ihre Familie schreiben und die später in Anthologien veröffentlicht werden. Als ich ihn gelesen hatte, schämte ich mich für die wirre Nachricht, die ich Tullio aushändigte und in der ich meinem Mann geschrieben hatte, wie sehr ich seine Liebe und seine Anwesenheit brauchte. Tullio senkte lächelnd den Kopf, als er ihn entgegennahm. Ich bat ihn, mir Francescos Versteck zu verraten, doch er korrigierte mich: »Er versteckt sich nicht, Signora, er ist im Einsatz«, und wollte mir nicht sagen, wo er sich aufhielt. Bei Tullio zeigte ich mich immer von meiner ungünstigsten Seite. Meine Augen waren voller Tränen, meine Lippen zitterten, und meine Worte waren unbeholfen. »Bitte ...«, versuchte ich ihn zu überreden. Aber er lehnte entschieden ab, wenn auch nicht ohne Bedauern, wie mir schien. Garantiert würde er Francesco erzählen, ich sei eine nervöse, schwache Frau. Beim Abschied sagte Tullio kalt: »Falls Sie beim Hinausgehen jemand ausfragen sollte, sagen Sie, dass Sie meine Schwägerin besucht haben. Sie heißt Maria.«

Ich begegnete niemandem. Am Abend traf ich mich mit Tomaso in einem Café. Er war unruhig. »Seit sie neulich bei dir waren, fürchte ich jedes Mal, wenn du zu spät kommst, dich nie wiederzusehen.« Wir trafen uns nun täglich. Er kannte meinen ganzen Tagesablauf und wusste um meine finanziellen Verhältnisse. Er hatte mir einen Übersetzungsauftrag aus dem Französischen für einen im Untergrund arbeitenden Verleger vermittelt. Ich bezweifelte, gut übersetzen zu können, aber als ich Tomaso die ersten Seiten zum Lesen gab, schaute er mich überrascht und bewundernd an. »Ich dachte, ich muss alles überarbeiten«, sagte er. »Dabei ist das gar nicht nötig, es tut mir leid. Nie kann man etwas für dich tun. Immer ist man der Nehmende bei dir, auch wenn man eigentlich geben wollte. Am Ende wirst du noch meine Artikel korrigieren«, sagte er lächelnd. Noch am selben Abend schrieb ich Francesco von der Übersetzung. Ich hätte ihm gern einen schönen Brief zukommen lassen, der das bestätigte, was Tomaso gesagt hatte, aber immer wenn ich Francesco schrieb, waren meine Gefühle stärker als die Ruhe, die zum Schreiben nötig ist.

Ich sah nun keine Möglichkeit mehr, ihn zu erreichen, wusste nichts von seinem täglichen Leben und er nichts von meinem. Ich hatte mich nicht getraut, ihm zu gestehen, dass ich sein Foto mit dem von Tomaso vertauscht hatte, bezichtigte ihn im Stillen aber, mich zu dieser abscheulichen Tat verleitet zu haben, weil ich ihn schließlich liebte. Allmählich begann ich zu argwöhnen, dass meine Heirat ein Fehler gewesen war und ich eigentlich zu dem liebevollen Mann gehörte, mit dem ich nunmehr die anstrengendsten Stunden meines Lebens verbrachte. Vielleicht taugten weder er noch ich so viel wie Francesco, aber unsere gemeinsame Zeit war wie ein harmonischer Reigen. Wir führten lebhafte Gespräche, und später arbeiteten wir häufig im Schein derselben Lampe an einem Tisch. Dann kam mir das Leben so makellos und schön vor, dass ich den Tränen nahe war, wenn er, wie so oft, von seiner Arbeit auf- und zu mir herüberschaute. Wir standen ständig in Verbindung. Er gab mir Bescheid, wenn er für einen gefährlichen Auftrag wegmusste, und rief mich gleich danach an, um mir mit verabredeten Floskeln mitzuteilen, dass alles gutgegangen war. Alles, was er tat, rückte er in ein bescheidenes Licht.

»Nein, ich werde nie ein Held sein«, sagte er lächelnd. »Dazu wird das Schicksal mir keine Gelegenheit geben. Oder vielleicht bemühe ich mich auch nicht genug darum.«

Damals war die Stadt voller Menschen, die niemals die Möglichkeit haben würden, Helden zu sein. Und doch herrschte unter uns allen eine Solidarität, die häufig an Heldentum grenzte, auch wenn sie auf Angst beruhte. Vielleicht verstanden wir uns auch deshalb so gut. Eine Geste oder ein Blick genügten. Die Türen öffneten sich für die Gepeinigten und nahmen sie im Elend auf, als hätten wir uns endlich alle entschlossen, uns als das, was wir waren, zu erkennen zu geben. Ja, es war wirklich eine Zeit, die auch diejenigen besser machte, die nicht den Ehrgeiz hatten, Helden zu werden, und sich doch verpflichtet fühlten, sich selbst treu zu bleiben. Es mag sonderbar klingen, aber ich hatte den Eindruck, dass sogar die hochgewachsenen, harten Soldaten, die uns so viel Angst einflößten, von dieser unumgänglichen Pflicht getrieben waren. Ich konnte nicht glauben, dass es ihnen gefiel, ihnen unbekannten Frauen und Männern Angst einzujagen. Und im Gegensatz zu dem, was damals so mancher glaubte, ahnte ich, dass ihnen bewusst war, wie dürftig ihre Legitimation nunmehr war, und dass sie deshalb versuchten, sie durch Angst und Schrecken aufrechtzuerhalten. Vielleicht dachte ich so, weil meine Mutter, die allerdings in anderen Zeiten gelebt hatte als wir jetzt, mich gelehrt hatte, nachsichtig mit denen zu sein, die auf die Mittel des Krieges zurückgreifen.

Außerdem wurde mir klar, warum Claudio mir nach der Unterzeichnung des Waffenstillstands nicht mehr geschrieben hatte. Ich konnte nicht vergessen, was er damals, in unserer frühen Jugend, gesagt hatte. Er hatte den von mir bewunderten Mut Antonios missbilligt. Für ihn war er weniger wert als der Mut, den man brauchte, um die Erniedrigungen von damals zu ertragen, den Zwang, mit seinen schweren Pflichten still und namenlos bei seiner Familie zu bleiben, der man unweigerlich fremd geworden war, und sich damit zufriedenzugeben, dass man gehorchte.

Kurz, man musste sich damit abfinden, weder ein Held zu sein noch eine Hauptrolle zu spielen. Also hätte ich mich mit meiner Ehe abfinden müssen, mit der damit verbundenen Einsamkeit, mit dem Verfall und dem Ende des romantischen Bildes, in das wir uns hineingeträumt hatten. Man musste den Mut haben, hinter der Mauer zu leben, so wie Claudio hinter dem Stacheldraht lebte. Aber diesen Mut hatte ich nicht, so wie Francesco nicht den Mut gehabt hatte, sich mit der Abschaffung seiner moralischen Freiheit abzufinden. Unsere Unfähigkeit, uns an die Modelle anzupassen, die uns überall vorgelebt wurden, verband uns untrennbar miteinander, weit über unsere grundverschiedenen Charaktere und den Schmerz hinaus, den wir uns gegenseitig zufügten. Die Briefe, die wir uns schrieben, mochten übertrieben oder pathetisch sein, sprachen aber, obwohl sie sich auf unterschiedliche Gefühlsebenen bezogen, die gleiche Sprache und drückten den festen Willen aus, nicht zu kapitulieren.

Abends wanderte ich in einen Schal gewickelt in der eiskalten Wohnung umher, wo oft stundenlang der Strom abgeschaltet war. In der kalten, stillen Finsternis spürte ich eine große Verlockung, mich zu ergeben. Wie reizend waren die Stunden mit Tomaso, der sich nach meinen Gedanken erkundigte, nach meiner Vergangenheit, nach meinen Plänen, und der mich dann fragte: »Liebst du mich?« Ich antwortete jedes Mal: »Nein, ich liebe nur Francesco«, glaubte es in solchen Momenten aber selbst nicht. Ich hatte nichts, woran ich mich halten konnte, außer der Erinnerung an den Abend, als meine Mutter starb. »Hilf mir«, bat ich sie, aber anstelle des verstörten Gesichts, das sie hatte, als sie sich zum Fluss aufmachte, sah ich sie wieder in ihrem blauen Konzertkleid. »Hilf mir«, sagte ich, aber sie antwortete mir nicht, sie ging weiter und eilte wie im Flug die Treppe hinunter zu Hervey. »Ich hoffe, du schaffst es«, hörte ich die Großmutter ständig sagen und stellte mir vor, dass sie argwöhnisch meine schmächtige Gestalt beäugte wie damals, als ich in die Abruzzen gekommen war.

Immer wieder nahm ich mir vor, Tomaso nicht mehr zu treffen, aber in meinem Alter, ich war einundzwanzig, allein zu sein, war schwer. Es war einfacher, zu widerstehen, wenn man jede Nacht hinter einer Mauer schlief und die Intimitäten mit einem Mann etwas Schmutziges, Demütigendes hatten. Aber es war schwer, zu widerstehen, wenn Tomaso zu meinen Füßen saß, mich verliebt anschaute und mir all die Dinge sagte, die ich schon immer hatte hören wollen. Wir waren ständig zu Hause, und die Befriedigung unseres Liebessehnens wäre in unserem jugendlichen Alter unschuldig und nur natürlich gewesen. Manchmal gab es nachts Alarm, und morgens erfuhr man dann, dass einige Häuser eingestürzt waren. In der Zeitung stand neben den Namen der Opfer auch ihr Alter: »achtundfünfzig Jahre«, »sechzig Jahre«, aber oft stand dort auch: »dreißig Jahre«, »einundzwanzig Jahre«, und so ergab sich die Frage, ob es richtig war, dass eine einundzwanzigjährige Frau nichts als die Erinnerung an Nächte mit ins Grab nahm, in denen sie hinter der Mauer geschlafen hatte, oder an Tage, an denen sie Schlange gestanden oder Geschirr gespült hatte und in den Luftschutzkeller geflüchtet war. ›Das ist nicht richtig‹, dachte Tomaso, wenn er sich von mir verabschiedete und es vielleicht das letzte Mal war, dass wir uns sahen, da er jeden Augenblick verhaftet werden konnte. »Das ist nicht richtig«, wiederholte er, seit er mich zum ersten Mal darum gebeten hatte, bleiben zu dürfen. »Ich gehe nicht mehr weg«, sagte er. »Ich rede mit Francesco, wir werden uns schon einigen, Menschen, die gemeinsam ihr Leben aufs Spiel gesetzt haben, fällt es nicht schwer, sich zu einigen.«

»Nein, ich bitte dich, lass mir meine Ruhe, du weißt genau, dass ich Francesco nicht verlassen werde und dass ich ihn liebe. Willst du wirklich, dass unsere Beziehung nur die übliche armselige Affäre einer Frau ist, die weit weg von ihrem Ehemann oder in den Ferien ist oder …«

»Das wäre sie dann also?«

»Ja. Nur das.« Ich wich seinem Blick aus, hoffte, er würde sagen: »Egal, lass mich trotzdem bei dir sein.« Im Stillen bat ich ihn, genau das zu tun, damit ich einen Grund hätte, ihn zu verachten. Aber er löste sich von mir, atmete tief durch, als wäre er gerade aufgetaucht, und sagte: »Verzeih mir.« Er küsste meine Hand und ging.

Niedergedrückt stand ich hinter der Tür. In der Nacht presste ich die Wärmflasche an mich, um mich in dem großen Bett nicht ganz so verloren zu fühlen. Die Sirenen heulten, ich ging in den Luftschutzkeller und hörte die Bombeneinschläge und die dumpfen Flak-Geschosse. Ich hatte keine große Angst, aber ich dachte fortwährend: ›Dreißig Jahre, ein-undzwanzig Jahre.‹

Ja, in solchen Momenten war es schwer, zu widerstehen.

Ich hatte niemanden, der mir half.

Es war traurig, einsehen zu müssen, dass die Freundschaft mit Fulvia zu Ende war. Wir hatten nun nichts mehr gemeinsam als unsere Kindheitserinnerungen. Ich sagte oft, dass ich gern wieder in dieses Viertel und zu den Menschen dort gezogen wäre, aber vielleicht stimmte das nicht. Eigentlich wollte ich damit nur ausdrücken, dass ich gern wieder das Mädchen gewesen wäre, das ich war, als meine Mutter starb, also bevor der Krieg begann und ich Francesco und dann Tomaso kennenlernte. Aber das war unmöglich. Genauso unmöglich war es mir, eine aufrichtige Freundschaft mit Fulvia weiterzuführen. Das war eine bittere Enttäuschung, denn Fulvias Wärme hatte mich stets getröstet.

Dario hatte die Tochter eines wohlhabenden Drogisten geheiratet. Die beiden wohnten ganz in der Nähe, und Fulvia und Lydia hatten sich angewöhnt, aus dem Fenster zu spähen, um sie vorbeigehen zu sehen. Auch ich hatte sie einmal gesehen. Darios Frau war dick und recht ordinär. Sie stützte sich beim Gehen auf ihren Mann. Auch Dario war dicker geworden, und ich konnte nicht verstehen, was Fulvia an einem Mann fand, der sich nur deshalb für diese Frau entschieden hatte, weil sie reich war. Fulvia und Dario trafen sich zweimal in der Woche, immer nachmittags. Diese Zeit war ihm wegen der Ausgangssperre lieber. Lydia zeigte Verständnis für ihre Tochter und kam an diesen Tagen später nach Hause.

Als ich die zwei das letzte Mal besuchte, setzten wir uns zum Plaudern auf Fulvias Bett. Ich hatte mir auch deswegen vorgenommen, nicht mehr zu ihnen zu gehen, weil ich die alte Erinnerung an das Spielzimmer bewahren wollte. »Es war ein zauberhaftes Zimmer«, hatte ich Tomaso erzählt. »Die Möbel warfen große Schatten auf den Boden, in die wir uns flüchteten. Das Bett war mit seinem grünen Überwurf wie eine riesengroße Wiese.« Als Fulvia Dario zum ersten Mal in dieses Zimmer einließ, waren sie noch halbe Kinder, und alles war wie ein verbotenes Abenteuer gewesen. Ich wollte mir nicht vorstellen, wie dieser aufgeblasene, feiste Mann sich dort auszog und sich zu der gefügigen, dankbaren Fulvia in dieses Bett legte.

Die beiden sagten, die Heirat mit Francesco sei ein Glück für mich gewesen, und ich stimmte zu. Sie fragten mich, ob ich glücklich sei, und ich hörte ihren Wunsch heraus, am Beispiel meines Unglücks vielleicht doch noch Darios Wohlbefinden mit der Tochter des Drogisten herunterspielen zu können. Meinen Verdruss mit ihnen zu teilen, wäre die einzige Möglichkeit für uns gewesen, wieder zusammenzufinden. Aber ich konnte mich ihnen nicht anvertrauen, da wir inzwischen völlig verschiedene Ambitionen hatten. Ja sogar entgegengesetzte. Darum antwortete ich mit ja. Und um Fulvias Erinnerung an meine bereits eingestandene, anfängliche Enttäuschung auszulöschen, sagte ich, an die Ehe müsse man sich erst gewöhnen, weil sie zunächst verwirrend, dann aber ein idealer Zustand sei. Sie sahen mich an, als wäre ich die vorbeigehende Drogistentochter, und von dem Tag an fühlte ich mich rechtmäßig dem Haus zugehörig, in dem alle glücklich waren.

»Tja«, sagte Lydia, als Fulvia hinausgegangen war, um Wermut zu holen, den sie mir unbedingt anbieten wollte, »es ist traurig, die Geliebte eines verheirateten Mannes zu sein. Nach dem Krieg werde ich Fulvia nach Mailand zu ihrem Vater schicken. Junge Mädchen, die fremd in einer Stadt sind, finden schnell einen Ehemann.«

»Aber sie wird das nicht wollen«, wandte ich ein.

»Ja, ich weiß«, seufzte sie. »Hoffentlich kann ich sie noch überzeugen. Ich will nicht, dass sie so endet wie ich. Solange man jung ist, sieht alles gut aus, aber dann … Ich weiß nicht, wie ich es sagen soll, aber du verstehst schon. Du bist gebildet und liest viel. Es ist merkwürdig, aber oft kann ich meine Gefühle nicht ausdrücken, sie auch nicht erklären, und so leide ich auch nicht unter ihnen. Aber dann lese ich in Romanen darüber, begreife sie da erst wirklich und muss weinen. Kürzlich habe ich einen Roman gelesen, in dem es um die Geliebte eines verheirateten Mannes geht. Ich weiß nicht mehr, wie das Buch heißt, ich vergesse die Titel immer. Aber es hat mir viel über mich und mein Leben verraten. Als zum Beispiel der Mann einmal seine Geliebte treffen will, wird er von seiner Frau aufgehalten, und so ruft er sie in ihrem Beisein an und sagt: ›Entschuldigen Sie, Commendatore, heute Abend kann ich nicht kommen.‹ Am Anfang lacht man gemeinsam über solche Notlügen. Auch Mantovani nennt mich oft ›Commendatore‹. Das klingt harmlos, nicht? Aber wenn ich den Telefonhörer aufgelegt habe, fühle ich mich miserabel. Ich schreibe Mantovani jetzt immer an die Adresse seines vertrauenswürdigen Pförtners, eines gewissen Salvetti. Alles wegen seiner Frau, versteht sich. Der Pförtner tut so, als wären die Briefe für ihn. Du wirst sagen, das klingt wie eine Lappalie, nicht? Aber ich kann mir nicht helfen, dieser Briefwechsel über den Pförtner ist ziemlich entwürdigend.«

»Das glaube ich nicht. Wichtig ist doch nur, dass diese Briefe empfangen und geschrieben werden können.«

»Tja, so sieht es aus, wenn man jung ist. Aber so ist es nicht. Wenn man jung ist, findet man es sogar aufregend, sich in möblierten Zimmern oder im Hotel zu treffen. Es scheint ein Abenteuer zu sein. Aber dann gehst du allein nach Hause, und er kehrt zu seiner Frau zurück, geht mit seiner Frau ins Theater, schläft bei ihr …«

»Und vielleicht sieht er sie nicht einmal an und redet auch nicht mit ihr.«

Ich fürchtete, mich mit dieser Bemerkung gründlich verraten zu haben, und wollte sie zurücknehmen. Aber Lydia sprach schon weiter:

»Ja, ich weiß, ich weiß, was du sagen willst. Ich war auch viele Jahre verheiratet, und am Ende haben wir uns nur getrennt, weil Domenico so verbohrt war.« Ich verstand nicht, wie sie ihren Mann nach allem, was sie mit dem Hauptmann gehabt hatte, verbohrt nennen konnte. Sie fuhr fort: »Ich weiß, man ist auch nicht glücklich, wenn man verheiratet ist, aber das ist etwas anderes. Ein Ehemann ist ein Ehemann. Ich kann das nicht erklären. Außerdem könntest du es wohl sowieso nicht verstehen, auch Eleonora hätte mich nicht verstanden. Aber ich verstehe gut, wie Fulvia sich fühlt, wenn sie stundenlang am Fenster steht und sich dann über Darios Frau mokiert: ›Wie dick die ist!‹«

Ich verabschiedete mich von Fulvia an der Wohnungstür, wo sie mich als Kind einmal in die Ecke gedrängt hatte. Sie lud mich ein, bald wiederzukommen. »Weißt du noch?«, fragte sie und beugte sich über das Geländer, als ich langsam die Treppe hinunterging. Ich nickte und erkannte, dass wir nie wieder so glücklich sein würden wie damals, als wir Dario und Francesco noch nicht gekannt hatten. Die Treppe, die meine Mutter leichtfüßig hinuntergeeilt war, lag im Dunkeln, der Hauseingang war zum Teil mit Sandsäcken versperrt. Ganz in der Nähe wartete Tomaso auf mich, wie damals der Hauptmann auf Lydia gewartet hatte, versteckt hinter einem Zeitungskiosk.

Einige Tage später begann ich mit Tomaso zusammenzuarbeiten. Es war Ende März und die ganze Stadt litt unter der Schreckensherrschaft. Alle schienen in ihren Wohnungen darauf zu warten, dass man sie abholte. Von Hunger und Angst erschöpft, saßen ganze Familien schweigend in den dunklen, noch kalten Häusern und horchten, ob die Schritte zu hören waren, die ihrem ängstlichen Warten ein Ende bereiten würden. Die Straßen wurden immer leerer, die Leute hasteten mit gesenktem Kopf vorbei, als wollten sie einer Seuche entgehen. Fulvia hatte mich angerufen, um mir zu sagen, dass meine ehemalige Mitschülerin Natalia Donati mit ihrem Baby abgeholt worden sei, weil sie Jüdin war. Ich erinnerte mich daran, wie wir uns in die Grünanlagen gesetzt hatten und sie mir die vermeintlich von Andreani stammenden Briefe vorgelesen hatte. Daran, dass sie Jüdin war, erinnerte ich mich überhaupt nicht. Sie war ein Mädchen wie ich, wir hatten die gleiche Kindheit gehabt, dieselben Lehrer. »Sie wurden alle in einem Lastwagen fortgeschafft«, berichtete Fulvia. »Sie haben geschrien.«

Ich hatte Natalia seit der Schule nicht wiedergesehen, darum hatte ich sie noch mit ihrem grünen Mäntelchen, den langen, roten Zöpfen und der dicken Brille in Erinnerung. Und so sah ich sie auch auf den Lastwagen klettern, als kleines Mädchen, auf dem Arm ein Kind mit roten Haaren. Sie haben geschrien, hatte Fulvia gesagt. Und mir ging durch den Kopf, dass das Leben der Frauen viel zu schwer geworden war, seit ihnen nicht einmal mehr der gewaltsame Tod erspart blieb, den die Männer, auch in Friedenszeiten, als ruhmreiches Privileg für sich beanspruchen.

Ich begann eines Abends für den Widerstand zu arbeiten, als Tomaso Nachrichten für den Geheimsender bei sich hatte und fürchtete, vor Tullios Haustür kontrolliert zu werden. »Ich werde sie überbringen«, sagte ich. Er war dagegen, aber ich bestand darauf.

»Francesco wird es erfahren«, wandte er ein, doch ich spürte, dass ihn unsere Komplizenschaft reizte.

»Umso besser«, sagte ich.

Wir gingen am Tiberufer entlang, in der Nähe des Hauses, in dem meine Schwiegermutter wohnte. Sie war eines Tages zu mir gekommen, um sich nach Francesco zu erkundigen. Da hatte ich ihr erzählt, wir hätten uns getrennt. Sie hatte mich kühl gemustert, weil sie mir nie ganz über den Weg traute. Trotzdem war es ihr leichtgefallen, sich mit meiner Antwort zufriedenzugeben, da diese ihrem ständigen Argwohn gegen mich Recht gab.

Unter den Platanen waren schemenhaft andere Paare zu erkennen. Tomaso fragte: »Wie soll ich dir die Nachrichten übergeben?«

»Küss mich«, sagte ich. »Dabei kannst du sie mir zustecken.«

Wir standen eng beieinander und fühlten jeweils die Wärme des anderen durch die schon frühlingshafte Kleidung. Tomaso küsste mich lange, schob seine Hand in mein Dekolleté, stieß auf meine nackte Haut und ließ die Zettel in meinen BH gleiten. Noch nie hatte ich einen Mann unter so furchterregenden Umständen geküsst. Dann gingen wir Arm in Arm weiter und trennten uns wenig später, obwohl Tomaso immer noch zögerte.

Als ich allein war, packte mich die Angst. Ich hatte das Gefühl, jeder müsste diese Blätter sehen. Am liebsten hätte ich meine Jacke ganz zugeknöpft, aber ich fürchtete, schon das könnte mich verraten. Noch nie hatte ich solche Angst ausgestanden, ich fürchtete, mir zu viel zugetraut zu haben. Bei jedem näher kommenden Auto bekam ich weiche Knie. Ich überlegte, ob wohl auch Francesco so viel Angst hatte, und nahm an, dass ja. Trotz allem bewegte ich mich vollkommen ungezwungen, löste einen Fahrschein in der Straßenbahn und sagte: »Entschuldigen Sie bitte.« Endlich würde Francesco anerkennen müssen, dass ich nicht wie Casimira war.

Tullios Wohnungstür wurde von einer alten Frau geöffnet, die behauptete, es wäre niemand zu Hause. Ich ließ mich nicht abweisen, und sie musterte mich erschrocken. Da kam Genossin Denise durch eine Glastür aus einem dunklen Zimmer und wies sie an, mich einzulassen. »Sie müssen sechsmal klingeln«, erklärte sie mir. Sie schaute mich unschlüssig an, blieb im Flur mit mir stehen und sagte schnell: »Keine Sorge, Ihrem Mann geht es gut.«

»Danke, aber ich bin nicht hier, um mich nach meinem Mann zu erkundigen. Ich bringe Ihnen Nachrichten. Tomaso hatte Angst, beschattet zu werden.«

Als sie sich angesehen hatte, um was es sich handelte, sagte sie: »Gut. Aber warum tun Sie das, Signora? Ihrem Mann würde das gar nicht gefallen und ...«

»Es spielt keine Rolle mehr, ob es ihm gefällt oder nicht«, erwiderte ich kühl. »Es gibt Dinge, die getan werden müssen, und Francesco kann mich nicht daran hindern, sie zu tun, wenn es sein muss.«

Mein Ton war hart, und Denise schaute mich an, als sähe sie mich zum ersten Mal. Einige Tage später suchte sie abends vor der Ausgangssperre Zuflucht in meiner Wohnung. Sie sagte, sie nehme meine Gastfreundschaft nicht nur auf Tullios Anraten hin in Anspruch, sondern auch, weil sie nach unserem kurzen Gespräch gern noch einmal mit mir reden wolle.

»Morgen früh bin ich wieder weg«, sagte sie. »Das sind jetzt sehr schwere Tage.« Gemeinsam versteckten wir einige Papiere zwischen den Wurzeln des Jasmins in den Blumenkästen auf der Terrasse, und ich dachte an den Tag zurück, an dem ich die Pflanzen gekauft hatte. Einige Zweige blühten schon und verströmten einen zarten Duft. Später unterhielten wir uns. Ich beruhigte sie: Der Portier sei vertrauenswürdig, und dann gebe es da immer noch den Abstellraum mit den Wassertanks.

»Ich glaube nicht, dass sie kommen werden«, sagte sie. Als sie ihre Baskenmütze abnahm, sah ich ihren rausgewachsenen Haaransatz, eisenfarben. »Oft übertreiben wir die Gefahr, und während wir von einem Unterschlupf zum nächsten ziehen, wollen wir nur unserer Unruhe entkommen. Manchmal denke ich, sie haben genauso viel Angst davor, uns zu finden, wie wir davor haben, gefunden zu werden. Eigentlich geht es nur darum, wer diese Angst länger ertragen kann.«

»Ja«, sagte ich, »und vielleicht ist das Leid, das sie uns zufügen, nicht geringer als das, welches wir ihnen zufügen, indem wir sie nötigen, unmenschlich und grausam zu sein.«

»Allerdings ist es leichter, Grausamkeit zu ertragen, als selbst grausam zu sein«, sagte sie. »Wir werden gerade deshalb siegen, weil Grausamkeit jedem natürlichen Gesetz des Lebens widerspricht. Das Recht ist am Ende stets auf Seiten der Geduldigen und Schwachen.«

»Das glaube ich nicht«, erwiderte ich. »Ich werde mich jedenfalls nie damit abfinden, geduldig und schwach zu sein.«

»Das habe ich schon bemerkt«, sagte sie kopfschüttelnd. »Ich bin viel älter als du – ich darf dich doch duzen? – und habe früher auch so gedacht. Aber das ist vielleicht falsch.«

Während sie redete, zog sie ihr Männerhemd aus, das ihren großen, schweren Busen verbarg. »Wenn ich früher zu Francesco kam, gefiel mir die weibliche Anmut und Liebenswürdigkeit, mit der du ständig in seiner Nähe warst. Ich habe gehofft, dass du nicht intelligent bist. Frauen, die glücklich sein wollen, dürfen nicht besonders intelligent sein. Bei Män-

nern ist das anders. Sie verlassen sich im Leben nie ausschließlich auf die Liebe. Sie messen ihr keine große Bedeutung bei
und halten sie manchmal sogar für unwichtiger als ihren Ehrgeiz. Sie betrachten sie als Schwäche. Wenn sie in ihrer Karriere oder auch nur bei einem Finanzgeschäft einen Fehler
gemacht haben, ist ihnen das peinlich, doch niemals ist es
ihnen wichtig, keinen Fehler in der Liebe zu machen. Wirklich intelligente Frauen dagegen wissen, dass es kein wichtige-
res Gefühl gibt als die Liebe.«

»Und das heißt?«, fragte ich betroffen.

»Das heißt, sie verstehen, dass das Leben, das ja von ihnen
weitergegeben wird, auf den Beziehungen zwischen Mann
und Frau beruht. Alle anderen Gefühle sind zweitrangig und
haben ihren Ursprung häufig nicht einmal in uns selbst, sondern in der jeweiligen Gesellschaft, in der wir leben. Außerdem kann man sich nur an diesen Gefühlen orientieren,
wenn sie auch von Liebe bestimmt werden. Aber Männer mö-
gen keine Frauen, die so etwas begreifen und ihre Beweggründe durchschauen. Sie kapseln sich lieber ab und dulden keine Beurteilung, die noch dazu eine Verurteilung sein
könnte.«

»Und das heißt?«, fragte ich erneut.

»Eine intelligente Frau, die sich nicht damit abfinden
kann, muss sich daran gewöhnen, allein zu bleiben.«

Im Halbdunkel war ihr grobes Profil nur schwach zu erkennen. Sie schlief schnell ein, und ihr massiger Körper neben meinem schüchterte mich ein. Der Schlaf umschloss sie
mit einer bitteren, resignierten Einsamkeit, die einen unbezwinglichen Widerstand in mir weckte. ›Sie ist alt‹, dachte ich
verächtlich. ›Sie redet so, weil sie alt ist.‹ Aber als ich sie aufmerksam betrachtete, kam mir der Gedanke, dass sie höchstens vierzig sein konnte und wohl absichtlich so aussah, wie

sie aussah. Ich war erleichtert, als sie sich am frühen Morgen verabschiedete. Bevor sie ging, erteilte sie mir einige Aufträge. Ihre Stimme klang anders als die, mit der sie mich gefragt hatte, ob ich ein Kind erwarte.

Ich schrieb sofort einen langen Brief an Francesco. Ich bat ihn, mir zu helfen, mich und unsere Beziehung zu verstehen, um die wir uns von Anfang an so beharrlich bemüht hatten. Er antwortete mir wie immer in einem liebevollen, beruhigenden Ton, so dass meine Briefe eigentlich stets unbeantwortet blieben. Die einzige Möglichkeit für mich, ihn zu erreichen, schien mir die gemeinsame Arbeit zu sein, wenn auch weit von ihm entfernt. Daher führte ich die Aufträge von Genossin Denise gewissenhaft aus, die allerdings nicht mehr so wie in jener Nacht mit mir sprach, sondern so, wie sie mit den Männern redete, und sicherlich so, wie auch Francesco mit ihr sprach.

Zudem widerstrebte es mir immer mehr – und dies zum Teil auch wegen der Bestürzung, die ihre Reden bei mir ausgelöst hatten –, eine Begegnung mit Tomaso zu vermeiden. Er beteiligte sich auf eine andere Art als die übrigen Kameraden am Widerstandskampf. Während sie ernst, würdevoll und in der üblichen Melancholie gefangen waren, handelte Tomaso nicht systematisch, kaltblütig und präzise wie Francesco, sondern mit der sprunghaften Begeisterung, mit der auch ich die mir übertragenen Aufgaben erledigte. In unserer Freizeit fuhren wir ins Umland. Wir legten uns ins Gras wie zwei Studenten und fühlten uns trotz des gefahrvollen Tages, den wir überstanden hatten, heiter und jung wie der soeben anbrechende Frühling. »Liebst du mich?«, fragte er. Und ich antwortete jedes Mal scherzhaft: »Ein bisschen.« Dabei fühlte ich sogar in solchen Momenten, dass ich nur Francesco liebte. Trotzdem war das Zusammensein mit Tomaso, ihn reden und lachen zu hören und mich von ihm anschauen zu lassen, eine Freude für mich, wie ich sie noch nie empfunden hatte.

Oft gingen wir zusammen zu mir nach Hause. Solange wir unterwegs waren, hatte ich kein schlechtes Gewissen, aber unter den devoten Blicken des Portiers fühlte ich mich sofort schuldig. Ich lebte allein, und Tomaso war ein junger Mann, der sich stundenlang in meiner Wohnung aufhielt. Außerdem kannte der Portier die Geschichte mit den Fotos, weshalb ich ihm gegenüber immer befangen war. Ich hätte gern mit ihm geredet und ihn davon überzeugt, dass der junge Mann nicht, wie er vermutete, mein Liebhaber war. Aber er hätte es nicht geglaubt. Niemand hätte das geglaubt, der uns Arm in Arm, ganz in unsere Welt versunken, nach Hause kommen sah. Und ich glaubte es, offen gesagt, auch nicht. Wir hatten viel mehr gemeinsam als körperliche Vertrautheit, es war die Vertrautheit von Gefühlen und Gedanken. Trotzdem war ich vollkommen ehrlich, als ich seine Frage, ob ich Francesco liebte, mit ja beantwortete.

Manchmal bekam ich Angst, schon wie Genossin Denise zu sein, dann zog ich mich aus und betrachtete mich im Spiegel. »Francesco …«, sagte ich, hörte aber Tomasos Stimme: »Warum willst du nicht, Alessandra?« Entnervt lief ich in der Wohnung umher, das Wort »Ehebruch« geisterte mir durch den Kopf, klang mir ständig in den Ohren. Ich musste an meine Mutter denken und an ihre Vorliebe für die Geschichte von Madame Bovary. In Gedanken sah ich das Buch mit den unterstrichenen Stellen auf ihrem Nachttisch liegen. Vielleicht hatte sie es nachts gelesen, wenn sie hinter der Mauer wach lag. So verband sich der Kampf meiner Mutter mit meinem, denn mir war, als hätte sie mir aufgetragen, ihn für uns beide zu gewinnen. Doch manchmal redete ich mir ein, dass ich nur der konventionellen Furcht vor dem Wort »Ehebruch«

unterlag. ›Ich gebe nach‹, sagte ich mir. ›Ich gebe nach, um mich davon zu befreien.‹ Ich atmete erleichtert auf. Aber nur für einen kurzen Augenblick. Sofort erfasste mich eine unerträgliche Verzweiflung. Ja, womöglich war nachgeben ein Weg, um sich zu befreien. Und anschließend hätte ich mich von der Terrasse gestürzt. Mir schien sogar, dass der Tod, den ich fast schon flehentlich herbeirief, mir am Ende von selbst zu Hilfe kommen müsste. Aber er kam nicht. Ich trug nun oft Flugblätter aus, warf sie in Briefkästen, in Vorgärten, in leere Portierslogen. Und manchmal hoffte ich, hinter mir eine Maschinengewehrsalve zu hören.

Ich traf mich mit Tullio und übergab ihm einen Brief für Francesco. Er klang stolz und verzweifelt zugleich. Ich hatte unter anderem geschrieben: »Es gibt viele Wege, um zu gegenseitigem Verständnis zu gelangen, ich habe mich für den gefährlichsten und schwierigsten entschieden. Es ist wirklich schwer. Hilf mir.« Von Tullio erfuhr ich, dass Francesco in geheimer Mission mit einem Boot nach Süden gefahren war und auf demselben Weg nach einem gewagten Unternehmen erst kürzlich zurückgekehrt war. Dass Tullio dies so strikt vor mir geheim gehalten hatte, obwohl es gefährlich gewesen war, hatte für mich nichts mehr mit Pflichterfüllung zu tun, sondern war ein Beweis für mangelndes Vertrauen. Gleichwohl sah mich Tullio seit einer Weile nicht mehr so abweisend an.

»Sie leisten gute Arbeit, Signora Minelli«, hatte er gesagt, »aber wir hielten es für besser, Ihrem Mann nichts davon zu erzählen, um ihn nicht zu beunruhigen.«

Er verfügte also nach Belieben über uns, wie ich es schon vermutet hatte. Trotzdem hielt auch ich es für zwingend geboten, ihm Respekt zu erweisen und seinen Anweisungen zu folgen. Er war dünner geworden, aber sein Blick hatte nichts von seiner messerscharfen Intensität verloren.

Als ich am nächsten Tag heimkehrte, empfing mich der Portier mit blassem Gesicht, seine Frau schluchzte. »Was ist denn passiert?«, rief ich. Francesco war nach Hause gekommen und an der Haustür verhaftet worden.

Abends saß ich stundenlang wartend auf der Terrasse. Ich tat nichts anderes mehr, und die Abende zogen sich damals endlos in die Länge. Manchmal besuchte mich die Tochter des Portiers, ein hellhäutiges, zierliches Mädchen mit Zöpfen, wie ich sie in ihrem Alter auch getragen hatte. Sie konnte sich kaum an die Zeit vor dem Krieg erinnern, und vielleicht hatte sie deshalb immerfort erschrockene Augen. »Was machen Sie hier, Signora?«, fragte sie und setzte sich zu mir auf die kleine Bank. »Ich warte darauf, dass es aufhört.« »Und wann hört es auf?« Da ich eine unbestimmte Handbewegung machte, flüsterte sie: »Ich habe Angst, dass es nie aufhört.« Am Abend der Verhaftung war sie mir auf der Treppe nachgelaufen, hatte meine Hand genommen und sie geküsst, um mich zu trösten. Sie war wirklich ein reizendes, zartes Kind, und es tat mir leid, dass sie all das miterleben musste.

Wenige Stunden später hatte Tomaso angerufen, und wir hatten uns in unserer Sprache für schwierige Situationen verständigt. Er fragte mich, ob er mich besuchen könne. Ich hätte am liebsten abgelehnt, weil es zu gefährlich war, ich dachte ständig an das Foto, das ich dem Offizier gegeben hatte. Aber der Portier hatte mir erzählt, dass ebendieser Offizier Francesco verhaftet habe. Da wurde mir klar, dass er mich schon damals durchschaut hatte, und ich verstand nun, was er an der Tür über seine Besuche und über Rilke zu mir gesagt hatte. Natürlich hatte auch er vermutet, dass Tomaso mein Geliebter war, und als ich mit großer Sicherheit auf dessen Foto gezeigt hatte, musste er mich für eine grausame Frau gehalten haben, auch wenn ich noch so gut Rilke rezitierte. Aber das war jetzt kaum noch von Bedeutung. Nichts war mehr von Bedeutung, seit Francesco – als er erfahren hatte, dass ich auch für die gemeinsame Sache arbeitete und ihn verstand – gekommen war, um mir zu sagen, dass er mich liebe und dass auch er endlich alles verstanden habe. Aber wieder einmal hatten wir den richtigen Zeitpunkt verpasst.

Ich empfing Tomaso wortlos. Er setzte sich mir gegenüber, und eine Zeitlang schwiegen wir. Wahrscheinlich schaute ich ihn missmutig an, denn er sagte leise: »Ich weiß, du wirfst mir vor, dass ich noch auf freiem Fuß bin.«

Seine Miene war schuldbewusst. Er wollte wissen, ob zwischen uns alles so bleibe wie vorher, und ich antwortete mit ja: Er habe doch immer gewusst, dass ich Francesco liebte. Er sah mich an, als wäre ich nach den letzten Geschehnissen viel stärker geworden, dabei fühlte ich mich seit Francescos Verhaftung vollkommen wehrlos, denn da er gezwungen war, aufzugeben, fehlten auch mir der Mut und jede Veranlassung, um weiterzukämpfen. Hätte Tomaso mich in diesem Moment gefragt: »Willst du, Alessandra?«, hätte ich ihn vielleicht ins Schlafzimmer geführt und mich aufs Bett gelegt. Nichts spielte mehr eine Rolle, falls Francesco verloren war. Ihn zu betrügen, wäre nur eine von den vielen kleinen Unanständigkeiten gewesen, die ich ringsumher sah.

Viele Tage lang ging ich nicht aus dem Haus. Die kleine Tochter des Portiers kaufte Brot für mich ein, und ich aß es mit Kartoffeln, wie damals, als wir darauf warteten, dass die arrogante Stimme verstummte. Das alles schien schon lange her zu sein. Eine Besonderheit der damaligen Zeit war, dass Ereignisse, die erst wenige Monate zurücklagen, in weite Ferne rückten und so auch junge Menschen das Gefühl hatten, schon unendlich viel erlebt zu haben.

Tullio ließ mir ausrichten, dass er sich in einem Café am Viale Giulio Cesare mit mir treffen wolle. Tomaso begleitete mich dorthin. Diese Straße ist eine der wichtigsten Verkehrsachsen von Prati. Unterwegs blieben wir auf dem Ponte del Risorgimento stehen und lehnten uns an das Brückengeländer. Schwere Lastwagen voller hochgewachsener, stocksteifer Soldaten fuhren vorbei. Unter der Last erbebte die Brücke, die aus nur einem Bogen bestand, und dieses Beben ging auf uns über.

Ich sagte zu Tomaso: »An dieser Stelle hat sich meine Mutter das Leben genommen. Damals stand hier noch Schilf, das Ufer war grasbewachsen und das Wasser laubgrün und klar.«

Ich war mir sicher, dass Tomaso mir nicht glaubte, es war tatsächlich kaum noch vorstellbar, dass ich in diesem Viertel und in diesen Häusern glücklich gewesen war oder dass ich überhaupt glücklich gewesen war. Das wurde mir plötzlich bewusst, so als hätte ich bisher inmitten barmherziger Lügen gelebt. Der Tiber war nur ein schlammiger Fluss und das tief gelegene Viertel eines der trostlosesten der ganzen Stadt. Jedes starke Gefühl in mir war erloschen, nicht nur mein jahrelanger, flammender Hass auf meinen Vater, sondern sogar die Erinnerung an meine Mutter. Nicht der Fluss, die Bäume und der heitere Flug der Schwalben begleiteten mich durch den Tag, sondern das Stampfen der Soldaten, die Feuchtigkeit der Luftschutzkeller, die Dunkelheit und die Brücke, die unter dem Gewicht der Lastwagen erzitterte.

Tullio wartete im düsteren Raum einer Milchbar auf uns. Er war blass und abgezehrt, doch in seinem Blick lag eine lebendige Kraft. Erregt und vorsichtig zugleich brachte er uns auf den neuesten Stand der Dinge, als teilte er eine wertvolle Beute mit uns. Das sollte uns beruhigen, aber ich erklärte ihm, für mich sei nun nichts mehr von Bedeutung, ich warte darauf, dass er mich eines Tages rufen lasse, um mir mitzuteilen, Francesco habe es nicht mehr rechtzeitig geschafft, zufrieden zu sein. Ich rechnete damit, dass Tullio das Urteil verkündete, das ich stets in seinem Gesicht gelesen hatte. Tullio antwortete gleichmütig, er habe ganz im Gegenteil gute Nachrichten von meinem Mann, der, wenn er wieder frei sein würde, alles, was ich getan hatte, richtig bewerten würde. Da Tomaso neben mir saß, glaubte ich, Tullio meinte den schweren Kampf, den ich mit mir selbst ausgefochten hatte. Wie immer verriet ich mich durch die Röte, die mir ins Gesicht schoss. Ich schaute Tullio durchdringend an, damit er mir von den Augen ablas, wie meine Tage aussahen. Ich sagte, ich wolle mehr tun, viel mehr, und nicht nur riskante Dinge, sondern auch bescheidene, die Geduld erforderten. Gern hätte ich ihm gesagt, dass ich mich oft auf eine kleine Mauer in der Via della Lungara setzte und reglos das große Gefängnisgebäude anschaute, so wie ich Francesco in seinem Sessel angeschaut hatte. Die Gefängnismauern waren wie Francescos Augen, die mir nicht antworteten, und wie sein abweisender Rücken, hinter dem ich nachts wach gelegen und geweint hatte. Es war genauso, wie wenn ich mit ihm zusammen war, ich spürte die gleiche Sehnsucht nach ihm und die gleiche ohnmächtige Verzweiflung. Aber ich sagte stattdessen, ich wolle zum Gefängnistor gehen und Francesco etwas zu essen bringen, so wie damals Aida Antonio etwas gebracht hatte, ich wolle notfalls stundenlang mit dem Essgeschirr in der Schlange stehen. Aber Tullio erwiderte, damit könne ich Francesco nicht helfen, sondern nur mit meinem Engagement und meiner Arbeit.

Daher willigte ich sofort ein, als er mir einen Auftrag erteilte, den er für sehr schwierig hielt, den mit dem Fahrrad und den Bomben; darauf werde ich noch zu sprechen kommen. Für einen kurzen Moment wurde Tullios Blick weich. Als Francesco später aus dem Gefängnis kam, erzählten ihm alle Kameraden von dieser Geschichte, und ich fühlte mich unterschätzt, hatte ich doch einen viel schwereren Kampf bestanden, aber davon wussten sie nichts, und sie hätten ihn auch nicht als solchen angesehen, denn Männer und Frauen haben sehr unterschiedliche Vorstellungen von dem, was Mut ist.

Schwer war ein anderer Kampf gewesen, und danach hätte ich alles tun können, ohne es schwierig zu finden. Die Jahreszeit hatte ihn noch schwieriger gemacht, denn obwohl Angst über der Stadt lag, die Männer kämpfen oder sich verstecken mussten und die Frauen allein waren, erschöpft von der Suche nach Lebensmitteln und angespannt wegen der ständigen Geldnot, trieben die Bäume doch neue Blätter, und in den Gärten, die niemand mehr pflegen konnte, sprossen Blumen aus alten Wurzeln, und das Gras zwischen den Pflastersteinen wuchs auch dort, wo die Soldaten marschierten. Auf meiner Terrasse blühte in den Blumenkästen mit den gefährlichen Papieren wieder der von Francesco geliebte Jasmin. Da meine Stimmung seit jeher stark von den Jahreszeiten abhing, war ich im Winter trübsinnig, während ich mich im Frühling fühlte, als setzte ich Blüten und Blätter an.

An so einem Morgen klingelte es, und als ich zur Tür lief, hörte ich Tomasos atemlose Stimme. »Alessandra, mach auf!«

Hastig schloss er die Tür hinter sich. Er war bleich. »Ich glaube, ich werde verfolgt«, sagte er. »Ich habe Nachrichten für den Sender dabei und den neuen Code.«

»Wie viele Nachrichten sind es?«

»Vier.«

»Gib her, ich lerne sie auswendig.«

Ich las sie mehrmals mit höchster Konzentration, dann

verbrannten wir in der Küche den Zettel, auf dem sie standen. Den Code versteckte ich in einer Ritze im Küchenschrank.

»Sieh mal, das ist mein neuer Name.« Tomaso zeigte mir einen gefälschten Ausweis. Auf dem Foto trug er einen Schnauzbart, kurze Haare und eine Brille. So sah er seit einer Weile tatsächlich aus. Ich entdeckte, dass er meinen Mädchennamen, Corteggiani, angenommen hatte, er nannte sich nun Francesco Corteggiani.

»Ich bin dein Bruder, verstehst du?«

»Ja.« Diese enge Verwandtschaft verstörte mich. Ich wusste nicht, woran ich mich in der fingierten Welt, in der wir uns bewegten, halten sollte. Ich wollte den neuen Namen wiederholen und begann: »Francesco …« Dann brach ich ab und fragte scharf: »Warum ausgerechnet dieser Name?«

»Keine Ahnung. Er war der erste, der mir in den Sinn kam, vielleicht, weil du ihn so oft erwähnst. Ich muss ein paar Tage hierbleiben.«

»Hier?«

»Ja. Deine Wohnung ist enttarnt und vielleicht gerade deshalb die sicherste. Sie werden denken, dass hier niemand mehr untertauchen wird, nachdem Francesco verhaftet worden ist. Das war übrigens nicht meine Entscheidung, sondern Tullios.«

»Tullios?!«

»Ja, ich wollte sogar unter irgendeinem Vorwand ablehnen. Aber er bestand darauf: ›Ich sage dir, nur in der Wohnung von Minelli bist du sicher.‹ Vielleicht dachte er dabei an die angrenzenden Terrassen oder an den Abstellraum mit den Wassertanks.«

Nein, daran hatte Tullio gewiss nicht gedacht. Ich schwieg und lehnte reglos am Spülbecken, ohne Tomaso anzusehen, der nun Francesco hieß. Tullio konnte nicht auch das noch von mir verlangen, es war zu schwer.

»Ich habe nur ein Bett«, sagte ich.

»Ich schlafe im Arbeitszimmer auf den Sesselkissen. Sei mir nicht böse, es ist nicht meine Schuld, sondern Tullios. Glaub mir, anfangs habe ich mich geweigert, aber wenn ich zu energisch gewesen wäre, hätten sie vielleicht gedacht ...« Nach einer Pause ergänzte er leise: »Allerdings, das gebe ich zu, war meine Weigerung nicht besonders hartnäckig. Ich war so froh, das Recht und geradezu die Pflicht zu haben, bei dir zu wohnen. Und auch diesen Namen habe ich spontan angenommen, um mit deinem Leben verbunden zu sein, um gleichzeitig dein Mann und dein Bruder zu sein. Außerdem, das weißt du ja, dauert es nicht mehr lange, und ich will nicht, dass Francesco zu dir zurückkehrt. Er hat kein Recht dazu.«

»Ausgerechnet jetzt denkst du so?«

»Ja, warum denn nicht? Weil er im Gefängnis sitzt? Was hat das Gefängnis damit zu tun? Wenn überhaupt, dann hat er Anspruch auf eine Auszeichnung, auf einen Orden. In dieser Wohnung gibt es nichts mehr von ihm.«

»Doch, mich gibt es hier.«

»Von wegen! Sei ehrlich, du bist nicht mehr hier. Gerade bin ich die Treppe hinaufgestürmt, voller Glück darüber, dass eine höhere Macht uns zu etwas zwingt, das ich längst beschlossen habe und das auch du akzeptiert hast. Und mir schien, dass ich zumindest ein genauso großes Recht darauf habe, hierher zurückzukehren, wie Francesco. Ich habe mich so sehr gefreut, dass ich nicht einmal mehr ängstlich darauf horchte, ob mir jemand gefolgt ist.«

Ich dagegen hatte große Angst, die bisher größte Angst meines Lebens. Davon wusste Tullio nichts, deshalb wunderte er sich, dass ich bei dem Einsatz mit dem Fahrrad überhaupt nicht ängstlich war. Denn auch wenn sie mich an jenem Tag geschnappt hätten, hätte sich zwischen Francesco und mir nichts geändert.

»Als ich die Treppen hochlief«, fuhr Tomaso fort, »hatte ich die Nachrichten, den Code und alles vergessen, was passieren würde, wenn wir sie nicht abliefern.«

»Wir werden sie abliefern, ich erledige das«, sagte ich.

»Nein, das geht nicht, aber jetzt, wo ich hier bin, ist alles andere unwichtig. Es war nur wichtig, dass ich zu dir komme. Verstehst du?«

Ja, das verstand ich. In diesem Moment hätte ich gern Francesco zu Hilfe gerufen, aber nie schaffte er es zu mir. Ich sah ihn vor mir wie auf dem Foto: ernst, in Hut und Mantel, streng und undurchdringlich wie die Gefängnismauer. Ich musste daran denken, dass er gerade in dem Moment verhaftet worden war, als er zu mir kam, um mir endlich all das zu sagen, was ich so gern von ihm hören wollte. Aber er hatte es nicht rechtzeitig geschafft, und sein Kommen blieb unwirklich im Gegensatz zu der greifbaren Anwesenheit Tomasos. In meiner Angst wünschte ich mir, ein Auto vor dem Haus halten zu hören und dann schwere Schritte, die in der angsterfüllten Stille die Treppe heraufpolterten. ›Sie werden kommen‹, hoffte ich, ›sie werden ihn abholen.‹

»Alessandra«, sagte er laut.

Er saß am Marmortisch und betrachtete mich lächelnd, so dass seine weißen Zähne unter dem dichten Schnurrbart zum Vorschein kamen. Seine Augen waren so hell wie meine, er war mein Bruder. ›Sie werden kommen‹, dachte ich, ›sie werden bestimmt kommen und ihn abholen.‹

»Alessandra«, sagte er gutgelaunt, »ich habe Hunger.«

So begann unser gemeinsamer Tag. Ich bewirtete ihn, weil er mir als Genosse zugeteilt war, und er schaute mir unentwegt zu. »Wie schön du bist«, sagte er, und jedes Mal, wenn ich an ihm vorbeiging, nahm er meine Hand und küsste sie. Die Donnerschläge kamen immer näher, doch unter dem strahlenden Maihimmel klangen sie nur wie die gutmütige Drohung eines Frühlingsgewitters. »Ich wohne gern hier«, sagte Tomaso. Er schaute sich um und sprach über das Arbeitszimmer wie ich über Fulvias Spielzimmer.

Den Verlockungen eines so harmonischen, heiteren Zusammenlebens zu widerstehen, war die reinste Qual. Ich wusste nicht, ob ich die Kraft dazu haben würde. Ich hoffte immer noch, man werde Tomaso abholen, und war sogar froh darüber, dem Offizier sein Foto gegeben zu haben. ›Sie werden kommen, ganz bestimmt.‹ Und mit dieser Hoffnung überließ ich mich dem Glück unseres gemeinsamen Tages. Trotzdem wünschte ich mir, dass sie schnell kämen, da Tomaso sonst über Nacht bei mir bleiben würde. ›Sie werden vorher kommen‹, sagte ich mir zu meiner Beruhigung. Gleichzeitig hegte ich die heimliche Hoffnung, dass sie doch nicht kommen würden und ich die Verantwortung für Tomasos Aufenthalt in meiner Wohnung dieser Nachlässigkeit und Unachtsamkeit zuschieben konnte. Ich dachte an die dunkle, stille Stadt und ihre strenge Ausgangssperre, die für mich nun keine bedrohliche Maßnahme mehr zu sein schien, sondern eine Vorkehrung zu unserem Schutz. Die Nächte waren lang in dieser reglosen Stille. Am folgenden Morgen musste der Code überbracht werden. »Ich erledige das«, hatte ich zu Tomaso gesagt. Und dieses Vorhaben beruhigte mich. Ich würde das erledigen, man würde mich verhaften und an die Wand stellen. So würde es kommen, da war ich mir sicher. Aber zumindest hätte ich es dann rechtzeitig geschafft, eine glückliche Nacht zu erleben. Ich ahnte dunkel, dass kein Mensch es rechtzeitig schaffte, wenn er nicht bereit war, für sein Recht auf Glück einen grausamen Preis zu zahlen. Sicherlich aus diesem Grund hatte Tullio Tomaso geraten, zu mir zu kommen. Jetzt verstand ich auch das flüchtige Mitleid, das ich in Tullios Blick gelesen hatte. Auch er wollte, dass ich es rechtzeitig schaffte.

Daher hinderte mich nichts daran, mir die kommende Nacht auszumalen. Ich stellte mir Tomasos Worte vor, sein Lachen und einfach alles, was zur Jugend dazugehört und worauf ich ein Recht hatte. Ich wollte nicht wieder hinter einer Mauer schlafen. Tomaso würde mich in die Arme nehmen, damit ich mich ausruhen konnte. Einmal hatte er gesagt: »Ich möchte sehen, wie du bist, wenn du schläfst und morgens aufwachst. Es gibt noch so viele Alessandras, die ich lieben möchte und noch nicht kenne.« Ohne sich um meine Zustimmung zu kümmern und offenbar sogar in der Gewissheit, sie zu haben, hatte er schon oft das Leben beschrieben, das wir nach dem Krieg führen würden. Er hatte gesagt: »Wir werden Rom verlassen. Hier könnten wir nie wirklich glücklich sein. Diese schrecklichen Tage haben den Straßen und Steinen der Stadt ihren Stempel aufgedrückt. Wir hätten hier immer das Gefühl, uns verstecken zu müssen. Wir werden nach Capri ziehen, einen großen Tisch ans Fenster stellen und gemeinsam Übersetzungen machen. Ich würde gern ein Buch schreiben, aber ich fürchte, das gelingt mir nicht, ich kann nicht gut schreiben und bin nur ein leidlicher Journalist. Wir werden mit unserem Geld gerade so über die Runden kommen, aber wir sind ja daran gewöhnt, sparsam zu sein. Und ich habe keinen anderen Ehrgeiz, als mit dir zusammenzuleben.« Auch an diesem Tag sagte er solche Dinge. Und ich hörte ihm hingerissen zu. In meiner Phantasie öffnete ich das Fenster zu einem kleinen Hafen mit Algengeruch und stellte Blumen auf den Tisch, an dem wir arbeiteten. Sie hatten ihn noch nicht abgeholt, vielleicht würden sie gar nicht kommen. Die heftigen Erschütterungen durch die Kanoneneinschläge kamen immer näher, und wie damals in der Nacht, als die arrogante Stimme verstummt war, konnte man sich leicht den glücklichsten Träumen hingeben.

Es dauert nicht mehr lange, dachte ich, vielleicht ist das unsere letzte Nacht, und ich wollte nicht am nächsten Morgen sterben und wie Antonio sagen müssen: »Es tut mir so leid.« Ich musste nur durchhalten, so wie Francesco im Gefängnis durchhielt.

»Tomaso, du musst vor der Ausgangssperre wieder gehen, hörst du.«

Ich saß im Sessel, er zu meinen Füßen, ich streichelte sein Haar. Mir tat alles weh, als ich das sagte.

Er fuhr herum. »Aber warum denn?«

»Weil ich nicht so stark bin, wie du glaubst. Meine einzige Stärke ist, auch wenn es manchmal nicht so aussieht, meine Liebe zu Francesco. Alles würde kaputtgehen, wenn du bleiben würdest, das weißt du genau. Alles, was ich seit meiner Geburt gewesen bin, alles, was meine Mutter gewesen ist und meine Großmutter Editta, kurz, alles, woran ich bisher geglaubt habe und was in meiner Liebe zu Francesco zum Ausdruck kommt. Darum werde ich mich mit allen Mitteln schützen. Den ganzen Tag lang habe ich gehofft, dass sie dich abholen, damit ich heute Nacht nicht so stark sein muss. Es ist immer schwer, stark sein zu müssen, aber es war noch nie so schwer wie jetzt. Vielleicht hat mich Tullio deshalb gefragt, ob er wirklich jederzeit auf mich zählen könne. Ich wusste nicht, dass es so schwer sein würde, wusste nicht, dass man noch mehr Angst haben kann, als wenn man am Körper versteckte Nachrichten trägt oder Flugblätter und Pistolen in der Handtasche.«

Tomaso war blass geworden. Mit bangem Blick fragte er: »Und was wird aus mir?«

»Das weiß ich nicht, und es interessiert mich auch nicht. Ich bin so grausam zu mir selbst, dass ich kein Mitleid mit anderen haben kann.«

Ich hörte kaum, wie er mich mit wirren, ängstlichen Worten anflehte, wie er »Ich liebe dich« sagte, unzählige Male »Ich liebe dich«. Dann sagte er: »Jetzt habe ich gar nichts mehr.« Da erwiderte ich, und ich weiß selbst nicht warum:

»Du hast doch Casimira.«

Tomaso sah mich unsicher an. Schlagartig begriff ich, dass sie nicht nur ein beliebig hingeworfener Name war, sondern in seinem Leben wirklich noch existierte.

»Du triffst dich manchmal mit ihr«, versuchte ich es auf gut Glück.

»Wer hat dir das erzählt?«

»Willst du es abstreiten?«

»Nein, warum sollte ich? Sie ruft mich oft an, um auf dem Laufenden zu bleiben. Sie ist schwach und weiß nie, wie sie sich in diesen Zeiten verhalten soll, ob sie weggehen oder bleiben soll, sie hat große Angst.«

»Ich verstehe.« Ich spürte einen Stich im Herzen wie damals, als meine Mutter mich zurückließ, um zu Hervey zu gehen. Aber wie damals empfand ich auch ein schmerzhaftes Glück. »Ich freue mich für dich«, sagte ich. »Ich war immer der Meinung, dass es besser so ist. Sie möchte dich heiraten, nicht wahr?«

»Ja«, antwortete er schroff. »Aber was spielt das für eine Rolle? Ich liebe dich, was geht mich Casimira an.«

Trotzdem wurde mir klar, dass er sie am Ende doch heiraten würde, falls ich an diesem Abend den Mut aufbrachte, ihn wegzuschicken. »Weiß sie, dass wir uns häufig sehen?«

»Natürlich. Sie weiß, dass wir zusammen im Einsatz sind, aber von diesen Dingen versteht sie nichts. Vielleicht stellt sie sich dich ganz anders vor, als du bist.«

»So wie Denise?«, fragte ich und konnte ein bitteres Auflachen nicht unterdrücken.

»Ja, so ungefähr. Sie hält die Frauen, die mit uns zusammenarbeiten, nicht für normale Frauen. Für Casimira ist es, zum Beispiel, undenkbar, dass sie sich für Liebe interessieren könnten. Sie hat eben ein schlichtes Gemüt.«

»Du hast sie gern, nicht wahr?«

»Ja, genau, ich habe sie gern. Sie tut mir leid, rührt mich an. Du weißt, dass das nichts mit Liebe zu tun hat.«

»Ja, das weiß ich nur zu gut.« Ich hatte mich zurückgelehnt und schaute Tomaso mit einem starren Engelslächeln an. »Ich vermute, du musstest sie auch an dem Tag treffen, als du dich so eilig von mir verabschiedet hast und ich nicht verstanden habe, warum.«

»Ja«, gestand er mit einem unschuldigen Lächeln. »Seitdem habe ich sie nicht mehr gesehen. Das ist jetzt fast einen Monat her. Sie hat in einem Café auf mich gewartet und war sehr aufgeregt, weil sie ein neues Kleid trug. Darum ärgerte sie sich, als ich zu spät kam. Aber ich habe ihr die Wahrheit gesagt, hörst du? Ich habe ihr gesagt, dass ich die ganze Zeit mit dir zusammen war.«

Ich lächelte und malte mir aus, was er ihr von mir erzählt hatte. Natürlich hatte er ihr nicht gesagt, dass ich schön sei, so wie er es mir ständig versicherte. Vielleicht hatte er mein bescheidenes Äußeres erwähnt, meine Magerkeit. Casimira war bestimmt eines von diesen Mädchen mit ondulierten Haaren und großer Oberweite.

»Alessandra«, sagte er, entsetzt über mein starres Gesicht. »Wenn du mich verlässt, habe ich nichts mehr.« Er nahm meine Hände. »Ich möchte, dass es wieder so ist wie vorher«, sagte er wie aus einer kindlichen Laune heraus, »so wie es war, bevor du gesagt hast, dass ich gehen soll.«

»Das ist unmöglich«, antwortete ich zärtlich. »Es war schwer, dir das zu sagen, aber jetzt fühle ich mich von einer großen Last befreit. Wenn du weg bist und ich allein zurückbleibe, wird es in den ersten Tagen vielleicht noch schwerer für mich sein. Aber jetzt dauert es nicht mehr lange, und Francesco kommt zurück. Und Casimira wird keine Angst mehr haben müssen. Du solltest dich nicht mehr an gefährlichen Aktionen beteiligen. Sonst wird sie wieder in einem neuen Kleid im Café auf dich warten, und du wirst nicht mehr zu ihr gehen können. Wie alt ist sie?«

»Zwanzig.«

»Eben. Sie ist noch sehr jung.« Ich redete, als wäre meine Jugend lange vorbei. »In ihrem Alter kann man vieles noch nicht verstehen, das weiß ich genau. Ich werde Tullio morgen den neuen Code bringen.«

»Nein, überleg dir das noch mal.«

»Keine Sorge, es ist ganz leicht für mich. Ich stecke mir die Haare hoch und verberge ihn darin. Das habe ich schon oft gemacht.«

»Alessandra, ich will nicht, dass du das für mich tust.«

Ich konnte ihm nicht erklären, dass ich das nicht für ihn tat, sondern für mich. Er hätte es mir nicht geglaubt.

»Lass mich bei dir bleiben«, bat Tomaso. »Ich will immer bei dir sein.«

Ich schüttelte lächelnd den Kopf, hatte ich doch den besten Weg gewählt, um für immer bei ihm zu bleiben. Ich würde immer zwischen Casimira und ihm stehen, würde plötzlich neben ihnen erstrahlen, wenn Casimira die Dürftigkeit und Schäbigkeit offenbarte, die in jeder Frau steckt. Tomaso an diesem Abend wegzuschicken, war trotzdem noch schwerer als das, was meine Mutter getan hatte, um bei Hervey zu bleiben.

»Alessandra«, sagte Tomaso, »hör auf, so zu lächeln. Ich gehe nicht weg. Ich weiß, dass du mich sehr liebst.«

»Nein, nicht sehr«, antwortete ich. »Ein bisschen. ›Sehr‹ liebe ich nur Francesco.«

Ich strich ihm übers Haar, um ihn zu trösten. Ich spürte ein Stechen in der Hand bis in die Fingerspitzen. Als der Schmerz unerträglich wurde, schaute ich Tomaso an und sagte:

»Es ist schon spät. Du musst jetzt gehen.« Einige Tage später hätte ich, als ich an diesen Moment zurückdachte, am liebsten zu Tullio gesagt: »Glauben Sie mir, das war viel schwerer, als einen Kontrollposten zu passieren.«

Tomaso schaute mich an und fragte langsam, als legte er jedes Wort auf die Goldwaage:

»Wenn ich heute Abend fortgehe, bedeutet das etwas anderes als an den anderen Abenden, nicht wahr?«

»Ja.«

»Aber warum?«

»Weil man sich irgendwann entscheiden muss, ob man kapitulieren oder sich verteidigen will, Tomaso. Man kann nicht ständig in Unsicherheit und Angst leben. So habt ihr es doch auch gemacht. Erst habt ihr euch versteckt, und dann habt ihr angefangen zu kämpfen.«

»Das ist etwas anderes.«

»Nein, ist es nicht. Manche behaupten, es sei schwerer, sich zu ergeben, und vielleicht stimmt das auch, denn ich habe heute Abend ja große Angst, mich zu ergeben. Aber ich gehöre zu denen, die keine andere Wahl haben, als sich zu verteidigen, genauso wie Francesco. Er wird es verstehen, wenn er zurückkommt.«

»Und warum hat er es bisher nicht verstanden?«, fragte Tomaso mit Nachdruck.

»Ja, natürlich, aber …«

»Nein«, sagte er, »er hat gar nichts verstanden, das weiß ich. Und er wird auch nach seiner Rückkehr nichts verstehen. Weißt du, Alessandra, ich denke, dass alles, was gerade in der Welt passiert, einen Sinn haben muss, und der besteht vielleicht darin, dass den Menschen in der Welt ein Licht aufgeht. Viele werden trotzdem nichts verstehen, und das wird ihnen sehr schaden. Das würde ich gern in einem Buch schreiben, aber das kann ich nicht. Doch andere werden es tun, Alberto vielleicht und vielleicht sogar Francesco. Und so muss doch auch das, was zwischen einem Mann und einer Frau geschieht, zwischen mir und dir heute Abend, zum Beispiel, einen tieferen Sinn haben, der einem auf den ersten Blick entgeht. Vielleicht geschieht auch das, damit jemandem ein Licht aufgeht …«

Ich unterbrach ihn, wollte nicht, dass er weitersprach. »Es ist schon spät«, sagte ich. »Besser, du gehst jetzt.«

»Nein, lass mich ausreden«, entgegnete er brüsk, dann nahm er mich in die Arme. »Denn es ist nicht richtig, wenn deine Schulfreundin – wie hieß sie noch? Natalia? Natalia Donati? – in Befolgung eines Gesetzes, das im Widerspruch zu allen Menschenrechten steht, mit ihrem Kind auf einem Lastwagen fortgeschafft wird. Und genauso ist es nicht richtig, wenn ich heute Abend fortgehe. Natalia wurde weggebracht, obwohl sie sich festklammerte und schrie. Und ich gehe fort, obwohl ich mich jetzt an dich klammere und später, innerlich, mein Leben lang schreien werde. Und vielleicht klammere ich mich auch an Casimira. Womöglich geschieht auch das, damit irgendjemand etwas begreift.«

Wir standen an der Tür, er küsste mich und strich mir

übers Haar. Mir tat alles weh. ›Nur noch eine Minute‹, dachte ich.

»Meine Liebe«, sagte er zärtlich, »ich hoffe, dass ich es bin, der nicht begreift.«

Er umarmte mich noch einmal, dann ging er auf den Treppenflur hinaus, und die Türschwelle lag zwischen uns.

»Wohin gehst du?«, fragte ich leise.

»Ich weiß es noch nicht. Vielleicht zu Saverio, das ist nicht weit von hier. Es spielt keine Rolle. Gib mir den Zettel.«

»Nein«, sagte ich erschrocken. Davon konnte ich mich nicht auch noch trennen. »Geh jetzt, na los.«

»Schließ die Tür, wenn ich wirklich gehen soll. Na, mach schon.«

›Nur noch eine Sekunde, ein Augenblick‹, dachte ich. Dann schloss ich behutsam die Tür.

Ich ging zurück ins Arbeitszimmer, es war schon fast dunkel. Auf dem Sessel war noch der Abdruck von Tomasos Körper zu sehen und eine leere, zusammengeknüllte Zigarettenschachtel. Zunächst traute ich mich nicht in diese Einsamkeit hinein. Dann ließ ich mich in den Sessel fallen und legte meinen Kopf an die Lehne. Von fern erklang ein Klavier, was die Stille um mich her noch leerer machte. Endlich konnte ich weinen. Ich ließ meinen Tränen freien Lauf, ohne mich an ihre Ursache zu erinnern. Nur das Weinen an sich war noch von Belang. ›Sobald er weg ist, kann ich weinen‹, hatte ich mir gesagt, um standzuhalten, solange Tomaso noch da war.

Am folgenden Morgen ging ich zu Luigis Wohnung, in der Tullio sich aufhielt. Er saß am Schreibtisch und war wie üblich ruhig, blass und streng. Aber er flößte mir nicht mehr so viel Angst ein wie in den ersten Tagen, im Gegenteil, wenn ich ihn nun sah, war ich direkt erleichtert. Ich hatte bis zum frühen Morgen geweint. Als ich hörte, wie das Haus erwachte und überall die sich öffnenden Fensterläden klapperten, entschloss ich mich, das Fenster aufzumachen und zuzulassen, dass auch der Geruch von Tomasos Zigaretten verschwand.

Ich saß Tullio gegenüber und zog den Zettel mit dem Code aus meinem Haarknoten. »Hier, bitte, Tomaso hat …«

Tullio unterbrach mich: »Ich weiß.«

»Er ist gestern Abend vor der Ausgangssperre weggegangen«, sagte ich leise, ohne ihn anzusehen. »Er wäre in meiner Wohnung nicht sicher gewesen, darum hielt ich es trotz Ihres Ratschlags für das Beste so.«

Er war der einzige Genosse, den ich siezte, und auch er behandelte mich mit respektvoller Distanz.

»Das haben Sie richtig gemacht. Es wäre schade um jeden, der noch verlorengeht, gerade jetzt, wo es nicht mehr lange dauert.«

Tullios Miene hellte sich nie auf, nicht einmal, als er sagte, dass es nicht mehr lange dauerte. Kurz darauf kamen weitere Kameraden, und auch sie hatten ernste, trübsinnige Gesichter. Aber ihre Augen strahlten genau wie meine. Um unbesorgt reden zu können, schoben wir den Bücherschrank beiseite und stiegen die kleine, dunkle Treppe zur Dachkammer hoch. Die Donnerschläge kamen immer näher, und vielleicht weil Frühling war, klangen sie wie Böllerschüsse auf einem Dorffest. Vor dem Fenster waren die grünen Bäume des Palatin zu sehen. Sobald dieses Donnern aufhörte, würde ich mit Francesco wieder auf dem Palatin spazieren gehen können.

In den letzten Wochen hatte Zuversicht die Stadt mit neuem Leben erfüllt. Ein frohes Erwachen zog unmerklich schon in die Straßen und Häuser ein wie neuer Lebenssaft in die noch kahlen Äste der Bäume. Alle Leute saßen still auf den Terrassen oder Balkonen und warteten auf das Ende dieses langen Tages. Junge Mädchen stiegen in kleinen Gruppen auf den Monte Mario, setzten sich ins Gras und unterhielten sich mit dem Blick nach Süden über die Zukunft wie schon lange nicht mehr. Die Alten gingen untergehakt aus dem Haus und suchten sich ebenfalls einen schönen Aussichtspunkt, von dem aus sie die Landschaft genießen konnten. Große Lastwagen rasten vorbei, und die Soldaten bewegten sich immer wachsamer auf den Straßen. Sie waren zu zweit oder in Trupps unterwegs, und sie alle verrieten durch die Teilnahmslosigkeit ihrer Haltung und ihrer Blicke eine grausame Verzweiflung. Sie hätten sich gewünscht, dass die Stadt, vom Schrecken zermürbt, um Gnade bat. Ihr Impuls, erbarmungslos und unmenschlich zu sein, bis sie sich selbst nicht mehr spürten, war stärker geworden. Aber sie konnten nichts tun, sie konnten die Frauen, die Alten und die Kinder nicht einsperren, nur weil sie auf der Terrasse saßen und nach Süden schauten.

Auch ich saß wartend auf meiner Terrasse. Die Tochter des Portiers leistete mir Gesellschaft. Von Zeit zu Zeit fragte sie: »Was sehen Sie?«, weil ich größer war als sie. Ich hatte sie sehr gern. Wir zwei waren vielleicht die Einzigen im Haus, denen dieses Warten besonders zusetzte, ihr wegen ihres Alters, mir wegen meiner Liebe zu Francesco. Zusammen fühlten wir uns wohl, auch wenn ich wusste, dass der Ausdruck ihrer Augen nie wieder der eines Kindes sein würde. Vielleicht konnten andere Kinder aber schon bald wieder mit Augen in die Welt schauen, die ihrem Alter gemäß waren. Dann hätte auch ich gern ein Kind gehabt. Die kleine Tochter des Portiers kannte alle Flugzeugtypen, aber nicht ein Märchen und nicht ein Gedicht. Aber mein Kind sollte mit Märchen und Gedichten aufwachsen können.

Immer mehr Menschen kamen auf die Terrassen. Es war

Frühling, und sie schienen nur frische Luft schnappen zu wollen. Doch die Soldaten wussten, dass in den Häusern auch viele junge Männer hinter den geschlossenen Fenstern saßen und hinausschauten wie wir aus der Dachkammer. Und da wir alle an diesem langen Tag die schwierigsten Aufgaben unseres Lebens bewältigt hatten, wussten die Soldaten, dass wir zur Verteidigung der wunderbaren Ereignisse, auf die wir warteten, ohne zu zögern, auch noch weitere bewältigen würden. Tatsächlich erteilte Tullio hin und wieder einen Befehl, und einer von uns machte sich auf den Weg.

Tomaso war nicht bei uns, er war auf Tullios Anordnung vorsichtshalber in Saverios Wohnung geblieben. Es war eine Erleichterung für mich, ganz auf Tullio zu vertrauen. Das war der Tag, als wir alle in der Dachkammer versammelt waren und er gefragt hatte, ob eine von uns jungen Frauen Rad fahren könne. Das Fahrrad sei sehr schwer zu lenken, fügte er hinzu.

Alle begriffen, dass ein Ja oder ein Nein auf diese Frage von großer Bedeutung waren. Es wurde still, was Tullio für ein Zeichen von Unsicherheit hielt. Ich konnte gut Rad fahren und trat vor, obwohl Genossin Denise mich zurückhalten wollte.

Nein, das war wirklich keine schwierige Aufgabe. Denn die Gefahr kam von außen, sie lag nicht in mir. Darum konnte ich ihr mit ganzer Kraft entgegentreten. Ich weiß noch, dass ich mich sorgfältig kämmte und den weiten Faltenrock anzog, der Francesco so gefiel. Er war zwar abgetragen, aber seine Weite gab mir das Gefühl zu schweben.

Damals fuhren viele Frauen ins Umland, um aus den Gärten Gemüse zu holen. Seit die Benutzung herkömmlicher Fahrräder verboten worden war, hatten alle ihr Fahrrad zu einem Lastenrad umgebaut, indem sie zwei kleine Räder unter einer Kiste oder einem Korb angebracht hatten. Nachmittags sah man lange Schlangen solcher Lastenräder. Bei ihrer Rückkehr mussten die Frauen an den Kontrollposten vorbei. Manchmal begnügten sich die Soldaten damit, einen kurzen Blick in die Körbe und Kisten zu werfen, aber manchmal durchwühlten sie sie auch oder nahmen sich eine Handvoll Erbsen.

Auf dem Hinweg war mir, als machte ich einen Ausflug ins Grüne. Ich trat mühelos in die Pedale, und die Kiste in meinem Rücken hoppelte fröhlich hinterher. Doch auf dem Rückweg war ich ernst und entschlossen wie damals, als ich mit anderen Frauen frühmorgens in der Schlange gestanden hatte, während Francesco schlief, weil er nicht arbeiten durfte. Damals hatte ich das Gefühl gehabt, ihm mit jedem Schritt zu helfen, so wie jetzt mit jedem Tritt in die Pedale. Wir waren viele Frauen, und obwohl wir uns nicht kannten, wechselten wir im Vorbeifahren einige Worte, manchmal nur: »Wie schwer dieses Rad ist.« Mein Rad war uralt und noch schwerer als die anderen, weil unter den Erbsen Salat lag und darunter die Bomben. Die Lenkstange drohte ständig einzuschlagen, so dass ich sie trotz meiner kräftigen Hände kaum gerade halten konnte. Und als ich ein paar Dutzend Meter vor mir den Kontrollposten sah, musste ich meinen ganzen Mut zusammennehmen. Die Frauen vor mir beugten sich angestrengt über ihre Lenker, und da sie den Posten einzeln passieren sollten, bildeten sie bereits eine Schlange. Ich flüsterte in Gedanken ›Francesco‹ und hatte so das Gefühl, nicht auf den Posten zuzufahren, sondern auf ihn, der in meiner Phantasie wie auf dem Foto in Hut und Mantel auf mich wartete. Vielleicht zitterten meine Beine wegen dieser Vorstellung so stark. Einen Augenblick lang fühlte ich mich zu schwach, um weiterzuradeln. Ich stellte einen Fuß auf den Boden und stand schon direkt vor dem Posten. Der Soldat griff in den Korb, zog die Hand aber sogleich enttäuscht zurück. »Schon wieder Erbsen«, sagte er. Wir wechselten einen Blick, und ich sah ihm an, dass er es müde war, die Frauen mitsamt dem Gemüse zu kontrollieren. »Schon wieder Erbsen …«, wiederholte ich stumpf, und es war offensichtlich, dass auch ich sehr müde war, weshalb er mein Rad mit einem Stoß gegen den Sattel anschob, ohne zu wissen, dass ich sonst nicht hätte weiterfahren können, weil ich kein Gefühl mehr in meinen Beinen hatte.

Ich fuhr eine alte Allee in der Nähe des Ponte Milvo entlang. In der Stille der Abenddämmerung war das Surren der Räder auf dem unbefestigten Weg zu hören, ein monotones, beruhigendes Geräusch. In der Geborgenheit dieses Surrens, das wie das leise Brummen aus einer Werkstatt klang, radelten wir alle gemeinsam, ohne uns anzusehen. »Schon wieder Erbsen«, hatte der Soldat geseufzt. Ich betrachtete die Nacken der Frauen so wie früher die Nacken meiner Mitschülerinnen und hätte sie am liebsten gestreichelt. Manche dieser Frauen rieben sich auf bei der geduldigen Suche nach Lebensmitteln für ihre Kinder und bei der Beschaffung des nötigen Geldes für deren Unterhalt. Sie arbeiteten alle, seit die Männer weg waren. Einige von ihnen hatten von Bomben getroffene Güterwaggons geplündert, andere gingen mit den Soldaten ins Bett. Denn den Frauen durfte man alles abverlangen, es gab keine Grenzen. Tullio verlangte von uns Frauen, für eine Kameradin, die untertauchen musste, das Bett zu machen und ihre Wäsche zu waschen, er verlangte, dass wir zu jeder Tageszeit kochten, für alle Leute, die kamen und gingen, sie mussten alle beköstigt werden, für alle mussten Lebensmittel und manchmal auch Geld beschafft werden. Er verlangte sogar, dass ich Tomaso aufnahm, und dann fragte er auch noch, ob wir Rad fahren konnten. Von den Männern dagegen verlangte er nur, Rad zu fahren.

Ich hielt, wie verabredet, vor dem Klempnerladen an Luigis Haus. Bei dem Klempner arbeiteten zwei Männer in Latzhosen, die aber für Arbeiter auffallend zarte Hände hatten. »Hier kommt das Gemüse«, sagte ich und übergab ihnen das Lastenrad. Irritiert von meinem überschwänglichen Auftreten, schauten sie mich an, durchsuchten die Kiste und entspannten sich. Ich ging ins Haus und stieg die Treppe hinauf. Dabei erinnerte ich mich daran, wie ich zaghaft und aufgeregt zum ersten Mal in dieses Haus gekommen war, um mich mit Francesco zu treffen. Und so leichtfüßig, wie ich die Treppe in der Galleria Borghese hinuntergeeilt war, lief ich nun hinauf. Bei meinem ersten Besuch hatten Francesco und ich noch nicht viel gemeinsam gehabt, außer unserem Zusammensein zwischen den Fotos von Fußballspielern auf dem Bett des Jungen. Und oft sagte Francesco »Frauen«, und ich sagte »Männer«, und beide antworteten wir: »Ich verstehe sie nicht.« Aber nun, auf dieser Treppe, war ich mir sicher, dass ich inzwischen wirklich alles verstanden hatte: Ich hatte Tomaso abgewiesen, und ich hatte das Gemüse in der Kiste abgeliefert.

Als Luigis Frau die Tür öffnete, umarmte sie mich sofort. Dann verschoben wir den Bücherschrank, und ich lief die kurze Treppe zur Dachkammer hinauf.

Dort waren alle versammelt, sogar Alberto, den ich lange nicht gesehen hatte. Diejenigen, die fehlten, waren wie Francesco im Gefängnis oder wie Tomaso in Saverios Wohnung oder wie ich im Einsatz, und man wartete auf ihre Rückkehr. Einige waren nicht zurückgekommen, so ein junges Mädchen namens Laura, und Pino, ein junger Lehrer. Darum warteten alle stets voller Unruhe auf die Kameraden. »Es ist Alessandra«, hörte ich sie fröhlich sagen, und ihr Warten auf mich erfreute mich umso mehr, als ich nie beliebt gewesen war, weder bei meinen Kollegen noch bei meinen Mitschülern. Niemand hatte bisher geahnt, wie viel Liebe ich empfand und wie sehr ich mir wünschte, sie mit den Menschen in meiner Umgebung zu teilen. Jetzt fühlte ich mich endlich anerkannt. Darum erschien ich in der Tür zur Dachkammer wie früher meine Mutter, wenn sie abends nach Hause kam.

Tullio kam mir entgegen und redete mich erstaunlicherweise mit meinem Vornamen an: »Alessandra, es ist schon spät, wir haben uns große Sorgen gemacht.«

»Sorgen?«, wiederholte ich. »Warum denn?«

Während dieses langen Tages hatte ich schon viel schlimmeren Gefahren getrotzt, so wie die anderen sicherlich auch. Ich verstand nicht, warum sie die Sache mit dem Fahrrad und den Bomben so wichtig nahmen. Ich hätte dabei doch höchstens sterben können.

»So wild war es nun auch wieder nicht«, sagte ich. Die anderen umringten mich schweigend, und an diesem Schweigen erkannte ich erfreut, dass sie mich gernhatten.

»Ihr wisst doch, dass solche Einsätze nicht besonders schwierig sind.« Aber ich bemerkte, dass sie meine Worte missverstanden, sie vielleicht herablassend und eingebildet fanden. Auch Tullio sah mich zweifelnd an, und alle rechtfertigten mein Verhalten wohl mit meiner Angst um Francesco, denn sie versicherten mir, man werde ihn nicht wegbringen und für alle Fälle habe man für seine Befreiung vorgesorgt. »Jetzt dauert es nicht mehr lange«, sagten sie mit einem Blick zum Fenster und horchten auf den Kanonendonner, der wie Böllerschüsse an einem Festtag klang. Ich betrachtete den verhangenen Abendhimmel über dem Palatin.

»Ich habe keine Angst«, sagte ich. »Ich bin fest davon überzeugt, dass Francesco zurückkommt.«

Wenig später fuhr ich mit dem Rad nach Hause. Tullio hatte mir geraten, bei Luigi zu übernachten, aber das hielt ich für unnötig. Ich bat ihn nur, mich mit dem Fahrrad heimkehren zu lassen. Er wandte ein, das sei verboten, und ich entgegnete lächelnd, alles, was wir seit einiger Zeit taten, sei ja wohl verboten. Tullio erwiderte, man müsse doch nicht sinnlos ein Risiko eingehen. »Glauben Sie mir, Tullio, ich spüre, dass es einen Sinn hat.« Der Klempner baute die Kiste vom Fahrrad ab, und ich brach sofort mit einem fröhlichen Winken zum Abschied auf. Das Rad ließ sich nun mühelos lenken. Es war der 1. Juni. Eine sanfte Brise strich mir durchs Haar, ich radelte schnell und fühlte mich wieder jung und kräftig. Ich fuhr am Fluss entlang, dem der Frühlingsabend sein schönes Laubgrün zurückgegeben hatte, und sprach in Gedanken mit meiner Mutter.

Sie ging nicht mehr an mir vorbei, ohne mich zu sehen, wie an dem Abend, als ich mit Tomaso durch den süßlichen Geruch der toten Pferde gegangen war. Ich rief sie, und sie antwortete mir, wir sprachen dieselbe Sprache. Niemand würde mich jetzt noch davon abhalten können, mit ihr zu reden. Übermütig fuhr ich an den Soldaten vorbei. Ich trat flink in die Pedale, wiegte mich in den Schultern und fuhr Schlangenlinien wie in einem Tanz. Die Soldaten schauten mir arglos zu. Sie vergaßen sogar ihre Befehle, die nicht mehr zu gelten schienen, nun, da eine junge Frau sich wieder den Freuden des Radfahrens hingeben konnte. Sie waren auch nicht mehr so streng, feindselig und selbstsicher, obwohl sie sich bemühten, ihrer Angst einen würdigen Anstrich zu verleihen. Vielleicht konnte ich schon bald wieder der Großmutter schreiben. Seit Monaten hatte ich nichts mehr von meinem Vater und ihr gehört. »Ich schaffe es«, wollte ich ihr schreiben. »Ich habe es geschafft.« Ich habe es auch geschafft, die Tür vor Tomasos traurigen Augen zu schließen. Seine Worte klangen mir noch im Ohr, und aufgewühlt von diesen Erinnerungen und von der Angst, nicht rechtzeitig zu Francesco zu kommen, radelte ich schneller. Vielleicht weil seine Rückkehr in greifbare Nähe gerückt war, stand mir sein Bild nun wieder deutlich vor Augen. Er hatte nicht mehr die strenge Miene wie auf der Fotografie, auf der er in Hut und Mantel war, nein, wir waren in der Galleria Borghese, an jenem 11. November, und er schaute mich zärtlich an. Auf dem Fahrrad wirbelte mein Rock hoch wie damals, als ich in fliegender Eile die Treppe hinuntergelaufen war. Ich würde ihm wie damals entgegenkommen, ihm die Tür öffnen und lächelnd sagen: »Sie hätten mich wirklich nicht so lange warten lassen sollen.«

Ich kam nicht dazu, ihm das zu sagen. Wieder einmal spielte uns der Zufall einen Streich, wir hatten immer Pech.

In den letzten zwei Tagen hatte ich niemanden mehr sehen wollen. Ich erkundigte mich auch nicht nach Francesco. Einige wunderten sich, dass ich mir keine Sorgen um ihn machte, dabei zweifelte ich seit dem Tag, an dem ich Tomaso weggeschickt hatte, nicht mehr im Geringsten daran, dass Francesco zurückkehren würde.

In der Nacht hörte man die Lastwagen zunächst ununterbrochen, dann in immer größeren Abständen vorüberfahren. So verlosch allmählich das letzte Licht dieses langen Tages. Francesco würde wieder jede Nacht bei mir schlafen. Ich räumte die Wohnung auf und freute mich darauf, in Kürze wieder für ihn kochen und sein Kissen aufschütteln zu können. Aber die Wohnung schien sich meinen Vorbereitungen zu widersetzen. Meine Sachen in den Schubfächern beanspruchten den ganzen Platz, ebenso wie meine Bücher in den Regalen und meine Utensilien auf der Konsole im Bad. Auf Francescos Tisch lagen meine Wörterbücher und die Manuskripte meiner Übersetzungen. Unvorstellbar, dass wir zu zweit in diesen Räumen gewohnt hatten, jeder mit seinem eigenen Leben. Freudig machte ich ihm Platz in der Wohnung und in mir, wie damals, als wir uns begegnet waren und er meine Einsamkeit erschüttert hatte. Ich stellte mir unsere langen Gespräche vor, wollte ihm von allem erzählen, was passiert war, und dann von mir, in allen Einzelheiten, weil er mich sonst vielleicht nicht wiedererkennen würde. Ich wollte ihm sofort von Tomaso erzählen und von den Nächten, in denen ich allein war und Angst hatte und glaubte, sie könnten die letzten meines Lebens sein. »Kannst du das verstehen?«, würde ich ihn fragen und ihm gestehen, dass ich Tomaso an dem Abend, als ich das falsche Foto herausgegeben hatte, lange geküsst hatte, würde ihm aber auch erklären, dass ich in diesem Kuss nur ihn, Francesco, gesucht hatte, sein Leben in Sicherheit und Freiheit. »Kannst du das verstehen?« Ich wollte nicht, dass er wütend auf Tomaso war. Francesco war der Sieger, weshalb er großzügig zu seinem Kontrahenten sein und sogar dessen edle Gefühle und Verhaltensweisen anerkennen sollte. Ich malte mir aus, wie er mit ausgestreckter Hand auf ihn zuging. »Natürlich hast du sie geliebt«, würde er zu ihm sagen. »Man kann unmöglich mit ihr zusammenleben, ohne sie zu lieben.« Arm in Arm würden wir zwei uns von Tomaso verabschieden. Ich würde ihn bitten, mich mit Casimira bekannt zu machen. Und während Tomasos Schritte auf der Treppe verhallten, würden wir endlich allein in unserer Wohnung sein, mit Raum für uns beide, mit unseren ver-

mischten Kleidern, unseren Büchern und dem großen Bett, in
das wir uns ohne Schuld würden legen können.

Tomaso rief mich an, um sich zu erkundigen, ob es mir an
nichts fehlte. Zum Schluss fragte er mich, ob ich zufrieden sei.
»Ja, sehr«, räumte ich leise ein und konnte die Frage nicht
unterdrücken: »Du meinst, er kommt bald raus?« Später fiel
mir auf, wie matt seine Stimme geklungen hatte, als er antwortete: »Ja, ich glaube, morgen um diese Zeit ist er bei dir.«
Am Abend wollte ich ihn zurückrufen, aber die Telefonleitungen waren unterbrochen, und das elektrische Licht fiel aus.
Die letzten Lastwagen, die aus der Stadt fuhren, wollten Dunkelheit und Schweigen zurücklassen. In dieser Dunkelheit
und in diesem Schweigen glaubte ich, Francesco die Treppe
heraufeilen zu hören, wie es auch Tomasos Art gewesen war.

Ich konnte an nichts anderes mehr denken als an Francescos Schritte auf der Treppe. ›Morgen‹, dachte ich. Dann würde
ich den alten, grauen Rock anziehen, der um mich herum-
wirbeln würde, während ich lächelnd die Tür öffnete. »Sie
hätten mich wirklich nicht so lange warten lassen sollen.« Ich
legte den Kopf in den Nacken und stellte mir Francescos
leidenschaftlichen Kuss vor. Erneut spürte ich, wie sehr mir
seine Umarmung fehlte. ›Es dauert nicht mehr lange‹, sagte
ich mir, ›nur noch wenige Stunden.‹

Am nächsten Morgen kamen die Leute vorsichtig aus ihren Häusern. Wachsam inspizierten sie Straßen und Plätze,
wo es keine Lastwagen mehr gab und auch keine Soldaten mit
dem Gewehr im Anschlag. Anfangs erschreckte sie diese Leere.
Sie befürchteten einen Trick, einen Hinterhalt. Doch dann
überzeugte sie gerade die trostlose Verlassenheit der rampo-
nierten Straßen davon, dass die Stadt geräumt war, und sie
strömten ins Freie. Schritte und Rufe erklangen. Alle redeten
laut, riefen andere von unten ans Fenster, junge Mädchen fuh-

ren auf ihren Rädern umher, und ihr offenes Haar flatterte im Wind. Von meiner Terrasse aus sah ich, wie sich die Leute ungeduldig auf den Bürgersteigen der großen Allee unweit unseres Hauses drängten. Sie warteten auf die Ankunft derer, die jahrelang beharrlich gegen die Wand unseres Gefängnisses geklopft hatten, während wir auf der anderen Seite mit unseren Fingernägeln gekratzt hatten. Langsam war die Mauer, die uns trennte, dünner und durchlässiger geworden, und heute würden wir uns endlich begegnen. Kaum waren die Lastwagen mit den hochgewachsenen, strengen Soldaten Richtung Norden aus der Stadt gefahren, als aus dem Süden auch schon die Lastwagen mit fröhlichen Soldaten in Hemdsärmeln eintrafen. Auf das düstere Schweigen dieses langen, unbarmherzigen Tages folgten nun Jubelrufe und Applaus. Das also war der Augenblick, auf den wir gewartet hatten. Ich hätte mich freuen müssen, aber das konnte ich nicht. Dazu würde ich erst in der Lage sein, wenn ich unter den Schritten der Rückkehrer auch Francescos Schritte erkennen würde. Ich stand wie betäubt in der frischen Sommerluft auf der Terrasse inmitten des Jubels, der ringsumher wie ein Feuerwerk losbrach. Von einem Fenster weiter unten drangen Stimmen herauf, die die laute Begeisterung missbilligten, aber für mich war es leicht zu verstehen, dass wir auf diese Weise auch uns selbst feierten, unseren Mut und unsere Geduld, und so die schwere Zeit auslöschten; dass wir applaudierten, schrien und lärmten, um zu spüren, dass dieser lange, dunkle Tag wirklich vorüber war. Man musste schon herzlos sein, um nicht zu begreifen, dass so viel unterdrücktes, bedrängtes, geknebeltes Leben sich Luft machen musste. Währenddessen kreiste mein ganzes Denken um Francescos Schritte auf der Treppe.

Ich wartete zwei Tage auf ihn. Allmählich wurde ich unruhig. Lange horchte ich in der Diele auf sein Kommen. Und mit jeder Stunde wuchs meine Angst. Ich rief Tullio nicht an, um nach Neuigkeiten zu fragen, und wenn ich das Telefon hörte, lief ich zwar zum Apparat, traute mich dann aber nicht, den Hörer abzunehmen. Das Klingeln schrillte durch die leere Wohnung. Der schwarze Apparat würde mir die schlechte Nachricht kalt und teilnahmlos übermitteln. »Nein, ich will es nicht wissen«, flüsterte ich, schüttelte den Kopf und hielt mir die Ohren zu. »Sie sollen es mir nicht sagen können.« Ich wollte pausenlos in der Wohnung auf ihn warten und nicht mehr aus dem Haus gehen, damit ich niemanden traf, der mir hätte sagen können, dass Francesco nicht zurückkehrte. ›Nein‹, sagte ich mir, voller Sorge, ›Francesco muss zurückkommen, er wird zurückkommen.‹

Ich wartete auf einem Stuhl in der Diele. Der Tag brach an und ging schon wieder zur Neige, und in mir stieg immer deutlicher die Erinnerung an den Abend auf, an dem ich vergeblich auf meine Mutter gewartet hatte. Plötzlich hörte ich mehrere Leute die Treppe heraufkommen. Die Schritte kamen näher, ich hörte Männerstimmen. Mir war, als machten sie im Stockwerk unter mir halt. Aber sie gingen weiter, und hier oben wohnte nur ich. Es klingelte. ›Ich mache nicht auf‹, sagte ich mir, ›ich will es nicht wissen‹, und öffnete schon die Tür.

Fröhlich lächelnd sah mich Francesco an. Hinter ihm lächelten noch andere.

Er nahm mich in die Arme, küsste mich links und rechts auf die Wange und drückte mich fest an sich. »Meine Liebste«, sagte er. Ich hörte andere Stimmen, die der Kameraden, mit denen ich zu tun hatte, als Francesco weg gewesen war. Darum konnte ich es kaum glauben, dass auch er jetzt bei uns war. Unfassbar, dass seine Rückkehr so einfach vonstatten ging. Monatelang hatte ich auf ihn gewartet, und jetzt war er auf einmal da, und wir umarmten uns vor vielen Leuten, die uns zuschauten. Ich traute mich nicht, mich von ihm zu lösen, traute mich nicht, ihn anzusehen, ich hatte Angst, er könnte sich verändert haben. Außerdem schämte ich mich vor den Leuten, sie sollten meine Rührung nicht bemerken, ich hasste sie. »Nein«, sagte ich und barg mein Gesicht an Francescos Brust. Er war es wirklich, ich erkannte die Form seiner Schultern. »Ganz ruhig«, sagte er. Ich schaute auf und sah, dass er den anderen zulächelte. Sie sagten: »Das ist die Aufregung.« Francesco streichelte mein Kinn. Ja, das war wirklich sein strenges, hartes Gesicht. Ich liebte ihn, schmiegte mich an ihn. »Schick sie weg«, raunte ich ihm ins Ohr. Er nickte, legte einen Arm um mich, und wir gingen alle ins Arbeitszimmer.

Die Freunde boten mir zuvorkommend einen Stuhl an. Francesco warf einen zufriedenen Blick in die Runde, betrachtete den Tisch, die Regale und fuhr behutsam mit der Hand darüber. Ich konnte es kaum erwarten, dass die anderen gingen, damit Francesco mich so anschaute, wie er den Tisch anschaute, mich berührte, wie er die Bücher berührte. Dann setzte er sich in den Sessel, alle setzten sich mit einigem Abstand im Kreis um ihn herum und erzählten nun wild durcheinander von den jüngsten Ereignissen. Es war wie eine Gesellschaft, bei der man Wermut servieren muss.

»Du bist bestimmt froh, wieder zu Hause zu sein, was?«, sagte Alberto.

»Ja«, antwortete er. »Die ganze Zeit habe ich nur an eines gedacht: an die Badewanne.« Alle lachten. Dann erzählte Francesco den Gefährten von seiner Gefängniszeit. Dabei hielt er meine Hand und streichelte sie, ohne mich anzusehen. Eine heftige Wut stieg in mir auf, am liebsten hätte ich alle hinausgeworfen und wäre gern wieder allein gewesen, um auf Francesco zu warten. Ich wollte diese alberne Fröhlichkeit nicht noch länger ertragen. Aber da beugte sich Luigi zu Francesco und sagte:

»Deine Frau war sehr mutig.«

»Ich weiß, das ist sie immer«, bestätigte Francesco und streichelte liebevoll meine Hand.

»Ja, aber du weißt nicht …«

»Bitte, Luigi«, unterbrach ich ihn.

Die anderen protestierten und wollten Francesco ebenfalls davon erzählen.

»Nein, ich bitte euch«, sagte ich. Und schroff zu Luigi: »Bitte nicht.«

Der gute Luigi. Er wollte unbedingt reden und verdarb damit am Ende alles. Er erzählte, was ich getan hatte, und jetzt, da die schwere Zeit vorbei war, wurde mir klar, dass es nichts Besonderes gewesen war. Luigis großzügiges Lob schmälerte sogar das bisschen Stolz, das ich deswegen gehabt hatte.

»Das war ja wirklich mutig«, sagte Francesco. »Hattest du denn gar keine Angst?« Er fasste mich am Kinn und hob es an. Ich lächelte standhaft, dabei wäre ich am liebsten weinend weggelaufen. Ich konnte ihm nicht erklären, dass ich das alles getan hatte, um auch die Seite von ihm kennenzulernen, unter der ich litt und die für mich von Natur aus fremd oder feindselig war, und sie in unsere Liebe einzubeziehen. Und ebenso wenig konnte ich ihm gestehen, dass ich in Momenten der Angst nach ihm gerufen hatte, wie andere Gott anrufen. Alberto berichtete ihm auch von der Sache mit den Bomben und dem Gemüse. Da sah Francesco mich lange an und sagte: »Bravo.« Ich war beschämt. Mir blieb nun nichts mehr zu erzählen.

Sie unterhielten sich weiter, und ich saß mit rotem Gesicht daneben.

»Wo willst du hin?«, fragte Francesco, als ich aufstand.

»In die Küche. Ich mache dir Wasser heiß für ein Bad.«

Das Gas war abgestellt. Ich machte Feuer und goss mühsam Wasser aus einer großen Korbflasche in drei Töpfe. Dann setzte ich mich neben den Herd und wartete, bis das Wasser heiß war.

Nach einer Weile kam Francesco. »Was machst du denn, Alessandra? Sie wollen sich von dir verabschieden.« Die Freunde gaben mir an der Tür der Reihe nach die Hand wie nach einer Hochzeit oder einer Taufe. Am Ende schloss ich die Tür und lehnte mich mit meinem ganzen Gewicht dagegen. Francesco stand vor mir. Ich flog ihm mit meinem Blick entgegen wie bei unserer ersten Begegnung in der Galleria Borghese. Jetzt kehrte er wirklich nach Hause zurück. Er würde mich in die Arme nehmen und mich küssen. Meine Lippen wurden weich und geschmeidig. Er kam näher, sah mich zärtlich an und sagte: »Du solltest dich ausruhen, meine Liebe, du siehst sehr müde aus.«

Bei diesen Worten überlief es mich eiskalt. So hatte ich mich nicht mehr gefühlt, seit er fortgegangen war. »Nein, danke«, antwortete ich, »mir ist nicht danach.« Ich schaute ihn verzweifelt an und fragte mich, wann er wirklich zu mir zurückkommen würde.

»Warum hast du die Kameraden mitgebracht?«

»Sie haben mich abgeholt und …«

»Ich weiß. Aber ich wollte mit dir allein sein.«

»Wir sind jetzt allein, meine Liebe …« Er küsste mich und wollte meine Bluse aufknöpfen. Vielleicht hielt er das für die beste Art, seine Wiedersehensfreude zu bekunden. Seine Hände waren mir nicht mehr vertraut, daher versteifte ich mich unwillkürlich. Ich dachte daran, wie gern ich leichtfüßig zur Tür gelaufen wäre und zu ihm gesagt hätte: »Sie hätten mich wirklich nicht …« Ich schob ihn sanft zurück.

»Warte, Liebling«, sagte ich leise. »Bitte, nicht so …«

Doch nun war es wirklich schwer, noch einmal von vorn zu beginnen. Ich wusste jetzt, dass er keinen Wert darauf gelegt hatte, mich allein wiederzusehen, dass er es normal gefunden hatte, mich bei der ersten Begrüßung im Beisein von anderen links und rechts auf die Wangen zu küssen. Ich war von Sehnsucht zermürbt und von dem Vorsatz, Wut und Ärger nicht zuzulassen.

Francesco und ich mussten vorher unbedingt miteinander reden. Vieles war in den letzten Monaten passiert. Wir mussten uns erst wiederfinden, uns sozusagen erneut füreinander entscheiden.

»Sieh mich an«, sagte ich. »Wir haben uns so lange nicht gesehen …«

»Es war unvorstellbar, dass es so lange dauern würde, erinnerst du dich? Immer haben wir gesagt, es dauert nicht mehr lange. Und dabei … Ich hatte Angst um dich. Es hieß, es gibt keine Lebensmittel mehr und Angehörige werden als Geiseln genommen. Ich habe mir wirklich Sorgen gemacht.«

»War das deine einzige Sorge?«

»Ja. Alles andere hat mich nicht beunruhigt. Weißt du, man hat nur Angst, solange man nicht gezwungen ist, sich zu ergeben. Danach wird man ruhiger. Außerdem wussten wir, dass wir viele sind. In meiner Zelle waren wir fünf, ich erzähle dir später davon. Und um uns her gab es noch andere. Ein Klopfen an die Wand genügte oder wenn wir auf dem Hof frische Luft schöpften, ein Blick, um uns wie eine verschworene Gemeinschaft zu fühlen. Und vor allem war da dieses unsagbare Gefühl, die eigenen Gedanken ordnen zu müssen, weil sie die letzten sein könnten. Das wirst du nicht verstehen, aber …«

»Doch, das verstehe ich«, unterbrach ich ihn.

»Entschuldige, Liebes, aber das glaube ich nicht. Das kann nur jemand verstehen, der im Gefängnis war, und wenn auch nur für einen Tag. Ich weiß nicht, ob das ein Vorteil ist. Vielleicht … vielleicht ist es kein Vorteil. Man kommt vollkommen verändert wieder heraus.«

»Ich habe mich auch sehr verändert«, sagte ich leise.

»Hoffentlich nicht. Du warst die ganze Zeit draußen.«

»Ja. Aber manche Dinge können eben auch nur die verstehen, die draußen geblieben sind.«

Er ging zum Fenster, ohne zu antworten. »Wie schön es hier oben ist«, sagte er. »Ich hätte nie gedacht, dass vier Gitterstäbe, die uns von der Erde und von der Sonne trennen, eine so große Bedeutung haben. Doch sie eröffnen uns Wahrheiten, die wir schon zu kennen glaubten, aber noch nicht kannten. Sie sind lehrreicher als alle diese Bücher. Wenn man aus dem Gefängnis kommt, hat man wirklich den Eindruck, grundlegende Erfahrungen gemacht zu haben, die man nur dort machen kann.« Er sprach, ohne mich anzusehen. Er ließ seinen Blick über die Landschaft und die neuen Wohnblocks schweifen. »Man ist sehr stark im Gefängnis«, fuhr er fort. »Ich hatte nur Angst um dich und meine Mutter. Sie ist ein wenig alt geworden, aber alles in allem geht es ihr gut.«

»Woher weißt du das?«, fragte ich überrascht.

»Ich habe kurz bei ihr vorbeigeschaut, es lag ja auf dem Weg.«

»Natürlich, das war richtig so«, sagte ich und wandte mich zur Tür.

»Wo willst du hin?« Er griff nach meiner Hand und hielt mich zurück.

»Ich kümmere mich um dein Badewasser.«

Unter dem Gewicht des schwappenden Wassers wankend, schleppte ich die drei großen Töpfe mit zwei Lappen, die ich um die heißen Henkel gewickelt hatte, einen nach dem anderen ins Bad. Ich goss den siedenden Inhalt in die Wanne. Der Dampf vernebelte mein Gesicht, und mir wurde etwas schwindlig. Am liebsten hätte ich noch unzählige solcher Töpfe geschleppt, um mich durch das jähe Ausschütten des kochend heißen Wassers abzureagieren. Ich wollte Lasten tragen und mich dann von ihnen befreien, um wenigstens einen Moment der Erleichterung zu spüren.

»Warum hast du mich nicht gerufen, damit ich dir helfe?«, fragte Francesco und rief dann: »Ach ja, das Bad!« Seine glückliche Verwirrung rührte mich. »Ja, das Bad«, hätte ich gern geantwortet, »und die Wohnung und die Sonne vor den Fenstern und ich, Francesco, Liebster, ich.«

Ich dachte, er wollte seinen Blick von allem, was uns bis zu unserer Trennung verbunden hatte, nach und nach zurück zu mir wandern lassen, von der Wohnung, den Büchern und der Aussicht aus unserem Fenster. Aber er hatte die Tür schon hinter sich geschlossen, und ich blieb allein. In der Diele stand sein kleiner Koffer. Vielleicht würde der mir Francesco wieder näherbringen, das war meine schwache Hoffnung. Aber ich fand nur schmutzige Wäsche, einen Kamm und ein Notizheft darin. Ich blätterte flüchtig in dem Heft, es war ein Tagebuch. Da kam mir der Gedanke, Francesco werde durch diese Seiten endlich zu mir sprechen. Ich setzte mich auf den Boden neben den offenen Koffer und suchte gespannt nach meinem Namen. Ich fand ihn nicht. Ich fuhr mit dem Finger die Zeilen entlang und las begierig. Es war ein schönes Tagebuch, der lange Brief eines Revolutionärs am Tag vor seiner Hinrichtung. Wie sehr ich ihn liebte, als ich seine Überlegenheit über die anderen Männer entdeckte. Ich verliebte mich erneut in ihn, fühlte mich eng mit ihm verbunden, war fasziniert von ihm. Aber mich oder ein zärtliches Gefühl erwähnte er auf diesen Seiten kein einziges Mal. An einer Stelle hatte er in Anspielung auf sein möglicherweise nahes Ende geschrieben: »Ich wünsche mir, dass meine Mutter und meine Frau mich verstehen.«

Francesco ging früh schlafen. Als er sich behaglich ausstreckte, sagte er: »Mein Schlafzimmer, mein Bettzeug ...« Ich hatte einen Jasminzweig auf den Nachttisch gestellt. Er freute sich, dass die Pflanzen noch lebten. Ich erzählte ihm von dem Abend, als Denise und ich die Papiere in den Blumenkästen versteckt hatten und dass der Jasmin wie durch ein Wunder trotzdem weiterblühte.

Dabei sah ich ihn zärtlich an und konnte mir gut vorstellen, was für schwere Tage er durchgemacht hatte. Diese Erlebnisse hatten gerade wegen des bedingungslosen Einsatzes, den sie uns abverlangten, unseren Charakter besonders deutlich hervortreten lassen, und sie hatten unser Leben und Denken verändert. Wir waren beide großzügiger und in jeder Hinsicht besser geworden. Durch Erfahrungen bereichert, aus denen wir siegreich hervorgegangen waren, begann unser gemeinsames Leben eigentlich erst jetzt. Ergriffen von der Schönheit des Augenblicks legte ich mich neben Francesco und schloss sanft die Augen.

»Ich habe dein Tagebuch gelesen«, sagte ich, »entschuldige, das war taktlos von mir.« Dann fügte ich betont zärtlich hinzu: »Deine Frau hat dich verstanden.«

Er schwieg, und ich redete weiter: »Es ist nicht leicht, alles zu verstehen, was sich zwischen uns stellt. Doch wenn die Liebe stark ist, kann man am Ende alles verstehen. Ich habe an dem Abend, als wir von deiner Mutter kamen, angefangen dich zu verstehen, erinnerst du dich? Wir waren vollkommen allein. Dann ... Also, ich werde dir nach und nach alles erzählen. Wir sind auf sehr unterschiedlichen Wegen zum selben Ergebnis gekommen, aber beide wollten wir das Gefühl, das uns zusammengeführt hat, unversehrt erhalten. Du ahnst nicht, wie viel Mut es mich gekostet hat …«

»Ich weiß, Liebes, Luigi hat es mir erzählt.«

»Nein, Luigi hat dir gar nichts erzählt. Jetzt haben wir ja Zeit, um darüber zu sprechen. Auch ich möchte, dass mein Mann mich versteht. Darum bin ich in den Widerstand gegangen. Das war meine Art, mit dir zu sprechen, dich zu erreichen. Ich habe es dir geschrieben und …«

»Genau«, unterbrach mich Francesco. »Darum wurde ich verhaftet. Natürlich war das nicht deine Schuld.«

»Welche Schuld?«, fragte ich betroffen.

»Ich bin nach Hause gekommen, weil ich nicht wollte, dass du bei uns mitmachst. Ich wusste, dass ein Brief dich nicht überzeugen würde.«

»Deshalb bist du gekommen?«

»Ja. Ich wollte nur ein paar Minuten bleiben, gerade so lange, wie nötig sein würde, um dich zu überzeugen. Ich ahnte ja nicht, dass die Haustür überwacht wurde.«

»Ach so, ich verstehe.«

Er küsste mich, wie um mir zu zeigen, dass er mir vergab. Sagte, ich solle nicht weiter daran denken, jetzt müsse alles neu anfangen. Aber ich konnte nicht auf diese Weise neu anfangen. Es genügte nicht, unsere abgenutzten Gewohnheiten wiederaufzunehmen. Francesco näherte sich mir wie damals, wenn er gefragt hatte, welches Buch ich läse. »Lass uns nicht mehr nachdenken, Sandra.« Ich konnte ihm nicht erlauben, sich mir zu nähern, nur weil er mein Mann war oder weil er im Gefängnis gesessen hatte, wenn ich es auch Tomaso nicht erlaubt hatte, der doch alles verstand und mich liebte. Noch während ich das dachte, schloss ich ihn in die Arme. »Francesco«, flüsterte ich ihm zärtlich ins Ohr. »Francesco«, flüsterte ich die ganze Nacht lang, während ich hinter der Mauer wach lag und dem Ticken des Weckers zuhörte.

Diesmal dachte ich am nächsten Tag immer noch daran. In der Morgendämmerung war ich im Vertrauen auf den natürlichen Trost, den der Anbruch eines neuen Tages mit sich bringen sollte, endlich eingeschlafen. Doch als ich aufwachte, empfand ich nach wie vor Groll und Bedauern. Es war noch früh am Morgen, und das unerbittliche Ticken des Weckers übertönte die Rufe der Schwalben, die um das Haus flogen. Ich war seit langem daran gewöhnt, allein zu schlafen. Daher zuckte ich zusammen, als ich neben mir auf dem weißen Laken diesen platzraubenden, fremden Körper sah.

Francesco lag auf dem Rücken. Sein tiefer Schlaf und sein verschlossenes Gesicht boten mir nicht den geringsten Zugang zu ihm. Ich fragte mich, mit welcher Berechtigung dieser Mann so selbstverständlich in meinem Bett schlief. Dieser Mann konnte nicht Francesco sein. Er hätte nach einer so langen Abwesenheit seinen Platz nur mit Hilfe der Liebe wieder eingenommen und nicht, weil das Gesetz ihn dazu befugte.

Ich betrachtete ihn und wagte nicht, mich zu rühren. Seine Kleidung im Schlafzimmer störte die Harmonie, in der ich mich eingerichtet hatte. Es waren dunkle Sachen, seine langen, steifen Hosen hingen unordentlich über der Stuhllehne. Ich konnte nichts an Francesco entdecken, was auf unsere glückliche Vergangenheit hingedeutet hätte. Ich stützte mich auf die Ellbogen, um sein Gesicht besser zu sehen, und mein Blick wanderte über seine Wangen, die Stirn, die Augenbrauen und die Lippen. Aber alles an ihm war mir fremd. Ich bekam Angst und erkannte darin die Angst wieder, die ich tags zuvor gehabt hatte, als Francesco heimgekehrt war. Nein, dachte ich aufgebracht, und ich glaubte nun zu wissen, wie ich einer willkürlichen Okkupation widerstehen konnte.

»Francesco«, sagte ich laut, doch er rührte sich nicht. »Francesco«, wiederholte ich, »Francesco …« Ich fürchtete, er könnte im Gefängnis taub geworden sein, so dass ich nicht mehr mit ihm würde sprechen können, nie mehr. Ich würde mit meinen Geschichten auf ihn zugehen, ohne dass er sie hören konnte. Vielleicht war er absichtlich taub geworden, um sich vor mir in seine Welt zurückzuziehen. Mir fiel auf, dass er bisher nur über sich gesprochen hatte, ohne sich dafür zu interessieren, was ich sagte, oder auf meine Fragen einzugehen.

»Francesco«, rief ich lauter.

Er brauchte nur die Augen zu öffnen, um einen wohligen Schauer bei mir auszulösen. Er streckte einen Arm aus und zog mich an sich.

Reglos betrachtete er die Möbel im Zimmer und die Bilder an den Wänden. Vielleicht fürchtete er, in die alten Gewohnheiten zurückzufallen und den im Tagebuch geäußerten Gefühlen nicht mehr zu entsprechen. Gewiss wollte er der bleiben, der er während jenes langen Tages gewesen war, als wir nicht aufgeben durften. Und ich wünschte mir das Gleiche für mich. Aber jener lange Tag war nun vorbei. Wir waren jung und glaubten daher, noch lange zu leben. Wir hatten nicht einmal bemerkt, dass eine freundliche Besatzung begonnen hatte. Francesco war fröhlich lächelnd zurück, und alle feierten ihn, so wie auf den Straßen alle den Freunden zujubelten, die über den Rundfunk so lange an unsere Gefängnismauern geklopft hatten und nun in ihren auf Hochglanz polierten Lastwagen fröhlich lächelnd durch die Stadt fuhren und mit vollen Händen Süßigkeiten verteilten. Unterdessen hatte Francesco mit seinen dunklen Sachen mein Zimmer besetzt und mit seinem schweren, tauben, abweisenden Schlaf mein Bett. An den Hauswänden der Stadt waren Verordnungen angeschlagen, die mit der Todesstrafe drohten, und die Palazzi, die schönen Villen, die Treffpunkte, an denen wir uns nun endlich hätten vergnügen können, waren ebenfalls mit systematischer Freundlichkeit besetzt worden. Wir waren wie Hunde von den Orten ausgeschlossen, an denen unsere Freunde speisten oder sich amüsierten. Und wir, die wir seit langem weder gut gegessen noch gelacht hatten, begnügten uns demütig mit Almosen. Auch ich war wie ein Hund, der hinter Francescos Rücken wach lag und auf eine liebevolle Geste oder ein zärtliches Wort hoffte.

Diese Gedanken gingen mir durch den Kopf, als Francesco sich umdrehte und meine Schulter streichelte. Ich lächelte ihn an, doch seine Augen waren geschlossen, und vielleicht glaubte er, noch im Gefängnis zu sein, wo er und seine Zellengenossen beim Erwachen das quälende Verlangen nach einer Frau still ertragen hatten. Seine Zärtlichkeiten, drängend, begrenzt und zielgerichtet, verrieten ein hartnäckiges Begehren. Ich wollte nicht nur dazu da sein, dieses Begehren zu befriedigen, wollte nicht darauf reduziert werden, seinen Phantasien eine Richtung zu geben. Hätte er mich bei meinem Namen genannt, dann hätte er mich wiederentdeckt und aus dem Alptraum unserer Trennung herausgefunden. Doch er schwieg noch immer, und seine Hand eroberte das sorgsam gehütete Gebiet meiner Person. »Nein«, flüsterte ich, »nein, Francesco«, doch er hörte mich nicht, wir kannten uns nicht mehr, erinnerten uns an nichts von dem, was wir gegenseitig an uns geliebt hatten. Er wusste doch, wie romantisch veranlagt ich war, wie konnte er das alles vergessen und sich nur noch an die Gesetzesformeln erinnern, die der Priester uns vorgelesen hatte? Nach meinem Gefühl gab es auch noch ein

Gesetz der Intimität, das geachtet werden musste und nach dem wir uns bisher hatten richten wollen. Wenn wir zu Zeiten der Sklaverei gelebt hätten, dann hätte er für die Menschenrechte gekämpft, hätte sich geschlagen, hätte sich töten lassen, um zu verhindern, dass ein Mensch Herr über einen anderen sein konnte. Denn niemand hat das Recht, den Körper eines anderen Menschen als sein Eigentum zu betrachten. Einen Sklavenkörper durfte man nicht mehr kaufen, aber man durfte einen Frauenkörper besitzen. Man erwarb ihn durch die Pflicht, für seinen Unterhalt zu sorgen, genau wie für einen Sklaven. Und falls ich beschließen würde, Francesco zu verlassen, würde das Gesetz ihm trotzdem das Recht geben, Herr über meinen Körper zu bleiben. Mein ganzes Leben lang konnte er mich daran hindern, frei darüber zu verfügen, selbst wenn er ein schlechter Mensch oder untreu wäre oder er seit Jahrzehnten hunderte Kilometer von mir entfernt wohnte. Denn für einen Sklaven gibt es mehr Freiheit als für eine Frau. Und würde ich frei über meinen Körper verfügen, hätte ich nicht nur Peitschenhiebe zu erwarten wie ein Sklave, sondern eine Gefängnisstrafe und gesellschaftliche Ächtung. Die einzige Möglichkeit, frei über meinen Körper zu verfügen, bestand darin, ihn in den Fluss zu werfen.

Früh am Morgen kam Tullio, um Francesco abzuholen. »Was wollen Sie?«, fragte ich, als ich die Tür öffnete. Sein leichtes Lächeln schien mich daran erinnern zu wollen, dass ich stattdessen »guten Morgen« hätte sagen sollen, so wie er es getan hatte. Er wollte Francesco sprechen, ich entgegnete, der sei im Bad. »Das macht nichts«, sagte er, »ich warte.« Ich kannte seine Unnachgiebigkeit, warf ihm aber trotzdem noch einen forschenden Blick zu. Er war dünn, blond und nicht sehr groß. Seine Entschlossenheit zeigte sich ganz und gar in der

Kraft seiner Hände. Bei einem Kampf hätte er seinen Gegner leicht vernichten können.

Ich ging zu Francesco, um ihm Bescheid zu sagen. Er stand mit freiem Oberkörper am Waschbecken und rasierte sich. Mit dem weißen Schaum im Gesicht sah er lustig aus. »Liebling«, sagte ich, und er drehte sich lächelnd um.

Seit Monaten hatte kein Mann mehr in meiner Wohnung gelebt, dessen Anwesenheit und Gewohnheiten sich schon allein durch einen Rasierpinsel bemerkbar machten. Als ich den herben Duft der Seife, vermischt mit dem starken Tabakgeruch, in dem kleinen Badezimmer bemerkte, schienen sich meine Poren zu öffnen und meine Lunge zu weiten, und ich widersetzte mich der Erinnerung an die Zeit meines Alleinseins. Ich trat dicht an Francesco heran und fragte leise: »Du willst doch nicht mit Tullio weggehen, oder?«

Der Alptraum, der mich in der Nacht gequält hatte, war vorbei, ja mehr noch, ich erkannte Francesco wieder und war glücklich, dass er mein Mann war. Ich spürte, vielleicht aus einer Verachtung der alleinstehenden Frau heraus, die ich bis dahin gewesen war, eine übermütige, unbändige Heiterkeit.

Francesco drehte sich um und sah mich, mit dem Rasiermesser in der Luft, erstaunt an.

»Gehst du mit mir in den Park der Villa Borghese?«, fragte ich ihn mit einem verspielten Lächeln und näherte mich seiner eingeseiften Wange.

Ich entschuldigte mich bei Tullio, weil ich ihn hatte warten lassen.

»Francesco kommt sofort. Er ist gleich fertig.«

Tullio war aufgestanden, als ich hereinkam, und da ich auf ihn zuging, stießen wir beinahe zusammen. »Verzeihung«, sagte ich und wurde rot, während auch er sich entschuldigte.

Wir standen uns gegenüber wie an dem Tag, als er Francescos Koffer abgeholt hatte.

Er sagte: »Ich möchte mich von Ihnen verabschieden, Alessandra.«

Tullio sprach nur selten jemanden mit dem Vornamen an, er tat dies nur bei für ihn wichtigen Anlässen. Für gewöhnlich vermied er jede Vertraulichkeit, als liefe er sonst Gefahr, schwach zu werden oder aufzugeben.

»Warum?«, fragte ich argwöhnisch.

»Weil wir alle in diesen Tagen zwar geglaubt haben, dass zumindest unser Kampf zu Ende ist, auch ich habe das geglaubt, und für einen kurzen Moment wollte ich mich nur noch hinlegen und ausruhen, aber dann habe ich eingesehen, dass ich nicht anders kann, als mich denen anzuschließen, die noch nicht befreit sind.«

»Ist es denn wirklich so wichtig, sich zu befreien?«

»Nein, vielleicht nicht«, antwortete er nach einer Pause. »Vor allem deshalb nicht, weil man nie frei ist und auf eine Besatzung nur die nächste folgt. Aber es ist wichtig, die Notwendigkeit der Freiheit zu erkennen und dafür zu kämpfen.«

»Ich verstehe«, sagte ich und senkte den Kopf. »Ich glaube, wir werden wohl nie aufhören zu kämpfen, denn es wird immer besetzte Gebiete geben und Menschen, die sich befreien wollen.«

Francesco kam herein, und wir verstummten. Tullio wollte noch am selben Abend abreisen und musste noch einiges mit den Kameraden besprechen. Ich hoffte immer noch, dass Francesco sagen würde: »Entschuldige, Tullio, aber ich kann nicht mitkommen. Für mich ist heute nichts wichtiger, als bei Alessandra zu bleiben.« Stattdessen sagte er: »Na, dann los.« Er warf einen raschen Blick zum Fenster, sichtlich erfreut darüber, gleich ins Freie zu kommen. »Glaub mir«, hatte ich einen Moment vorher im Badezimmer zu ihm gesagt, »nichts ist wichtiger, als dass wir zwei heute zusammen sind und in den Park gehen.« »Sei doch vernünftig«, hatte er geantwortet. »Warum denn ausgerechnet heute?« Ich versuchte, ihm zu erklären, dass die Möglichkeit für uns, noch rechtzeitig zueinanderzufinden, an einem seidenen Faden hing. Da tröstete er mich lächelnd und behandelte mich erneut so, als wäre ich nach unserer Hochzeit wieder zum Kind geworden. Er sagte, wir würden immer Zeit füreinander haben, die Lage sei natürlich immer noch schwierig, aber das sei bald vorbei. Im Tonfall wohlmeinender Belehrung sagte er: »Das Wichtigste ist, dass ich wieder zu Hause bin.« Das hatte er auch am Abend zuvor gesagt, und mir wurde klar, dass er mir seine Rückkehr künftig noch öfter vorhalten würde. Es schien so, als hätte er damit, dass er überlebt hatte, ein Opfer gebracht, für dass ich ihm ewig dankbar sein musste. Er sagte, in diesen ersten Tagen habe er sehr viel zu erledigen, und versuchte, mich mit Worten und Argumenten zu überzeugen, die wie der Brief eines Revolutionärs klangen, allerdings in der Variante für den Schulgebrauch. Ich hatte ihn angeschaut, ohne den kleinsten Zugang für meine Liebe zu ihm zu finden. Und während er redete, packte mich eine heftige Wut. »Hau ab!«, schrie ihm mein Blick zu. »Erzähl mir nicht solchen Blödsinn. Vielleicht hätte ich dir das geglaubt, bevor ich die Bomben unter dem Gemüse an den Posten vorbeigeschmuggelt hatte oder bevor ich mit der Hand an der Pistole Rilke vorgelesen habe.« Ich fühlte nicht einmal mehr Mitleid mit ihm. Mir fiel wieder ein, was Lydia gesagt hatte: »Du wirst sehen, sie machen ihn noch zum Abgeordneten.«

Francesco umarmte mich an der Wohnungstür, Tullio gab mir die Hand und sagte: »Leben Sie wohl.« Schlagartig wurde mir bewusst, dass ich nach seinem Weggang niemanden mehr haben würde, den ich um Hilfe bitten konnte. Viele Monate lang hatte Tullio unsere Aufgaben und unseren Tagesablauf geplant. Auf diese Weise waren wir vor den Gefahren unserer Impulse und Reaktionen geschützt gewesen. Am liebsten hätte ich ihn zurückgehalten und gefragt: »Und jetzt? Was soll ich jetzt tun? Lassen Sie mich wieder Bomben transportieren und Flugblätter austragen, zwingen Sie mich wieder, Tomaso wegzuschicken, zwingen Sie mich, bitte zwingen Sie mich doch, mich von meiner besten Seite zu zeigen.« Aber er war schon mit Francesco auf der Treppe. Lange lehnte ich reglos an der Tür und horchte auf die sich entfernenden Schritte.

»Verzeih mir«, sagt Francesco jetzt zärtlich zu mir. »Verzeih mir, Alessandra, sag, hast du mir verziehen?« Wie könnte man einem Mann nach so liebevollen Worten nicht verzeihen? Und da dieser Mann zudem Francesco ist, gebe ich mich sofort geschlagen. »Verzeih mir«, wiederholt er. »Ja, nach meiner Rückkehr habe ich alles falsch gemacht. Aber vielleicht war ja auch die Rückkehr selbst ein Fehler. Wir alle hatten den eigenen Tod überlebt. Denn wenn es einen Moment gibt, in dem man an die Grenzen seiner Kräfte im Einsatz für unsere Ideale gelangt, so ist es der, in dem man stündlich damit rechnet, zur Exekution geführt zu werden. Ich war vorher nie so anständig, edel und großherzig wie in jenen Tagen, und gerade, weil ich mich so fühlte, bedauerte ich es, sterben zu müssen. Ich begriff nicht, dass gerade dieser letzte Abschied mich glauben ließ, die heldenhafte Verkörperung der besten männlichen Regungen zu sein. Und so zögerte ich unwillkürlich, als wir von unserer Freilassung erfuhren, ich verließ die Zelle als Letzter. Ich wollte die Person bleiben, die ich dort drinnen so mühelos hatte sein können. Ich war allein, ließ meinen Blick schweifen und flüsterte: ›Alessandra.‹ Denn jede Sekunde damals und jeder Fortschritt, den ich gemacht hatte, waren dir gewidmet. Davon habe ich nichts in meinem Tagebuch geschrieben. Denn sobald ich mich der schwindelerregenden Wirkung deines Namens ausgesetzt hätte, wären alle meine Vorsätze hinweggefegt worden. Ich hätte dir von meiner Verzweiflung über die drohende Exekution geschrieben, und vielleicht hätte ich dich um Hilfe angefleht, hätte den Mut verloren und mich blamiert. Stattdessen konnte ich stolz darauf sein, als Einziger unter meinen Kameraden nicht geweint zu haben. Hättest du im Tagebuch etwas von dieser zärtlichen Verzweiflung gelesen, wäre ich in deinen Augen ein schwacher Mann gewesen, der mit düsteren Gefühlen, mit Hass und Bitterkeit in den Tod gegangen wäre. Ich wollte aber als ein Mann vor dir erscheinen, dessen Treue zu seinen moralischen Grundsätzen noch stärker war als die Liebe. Ich wollte in deiner Erinnerung als der weiterleben, der ich ganz am Anfang für dich gewesen war. Zu Beginn des harten, monatelangen Kampfes war ich oft kurz davor gewesen aufzugeben. Ich hatte eigentlich nicht vor, nach dem Waffenstillstand noch mit Tullio weiterzuarbeiten. Ich hatte auch Angst. Und es war sehr schwer, die Angst zu überwinden und sogar zu kämpfen. Wenn ich es trotzdem tat, dann für dich, selbst auf die Gefahr hin, in deinen Augen als lieblos zu erscheinen. Das war mir lieber, als vor dir wie ein Angeber dazustehen, der sich in einem Keller versteckt oder als Mönch in einem Kloster, während du dich daran erinnert hättest, was ich dir über mich und meine Ziele erzählt hatte. Weißt du, jetzt kann ich es dir ja sagen: Wir lebten im Gefängnis ständig in der Angst, an die Wand gestellt und erschossen zu werden. Ich dachte ununterbrochen daran, wie ich mich dann wohl verhalten würde und was meine letzten Worte sein würden. Die waren mir sehr wichtig. Ich hätte natürlich vor den auf mich gerichteten Gewehren nicht ›Alessandra!‹ rufen können, und doch hätte es ›Alessandra!‹ bedeutet, wenn ich ›Es lebe die Freiheit!‹ gerufen hätte. Das alles hätte ich dir sofort erzählt, wenn ich aus der Zelle geradewegs in unser Arbeitszimmer zurückgekehrt wäre. Aber meine Kameraden haben mich abgeholt und so ging ich mit ihnen. Die Stadt hatte sich seit meiner Verhaftung überhaupt nicht verändert. Das Erste, was ich sah, war eine Dame mit weißen Handschuhen, die einen Hund an der Leine führte. Weißt du, solche Beobachtungen kommen jemandem, der nicht im Gefängnis war, vielleicht läppisch vor, aber wenn du in der Zelle zwischen Wanzen sitzt, kannst du es nicht fassen, dass sich irgendwer darum kümmert, seinen Hund auszuführen. Das ist alles nicht neu, ich weiß. Aber wir glaubten eben, die ganze Stadt würde atemlos mit denen fühlen, die starben oder im Gefängnis saßen. Dann sah ich ein Paar, das mit einer zärtlichen Vertrautheit Arm in Arm ging. Ich dachte daran, dass das letzte Liebeswort, das ich dir hätte sagen können, vielleicht der Ruf ›Alessandra!‹ gewesen wäre, während ich ›Es lebe die Freiheit!‹ gerufen hätte. Das war für mich die intensivste Liebeserklärung. Aber wieder einmal konnten wir uns nicht zur rechten Zeit so ausdrücken, wie wir es wollten. An den Hauswänden der Stadt gab es Schilder mit Hinweisen in fremden Sprachen, Pfeile, Aushänge. Nun fuhren andere Soldaten in Lastwagen vorbei, und diesmal lächelten sie und hatten rosige, glattrasierte Wangen. Als ich dann in unsere Straße einbog, war ich überrascht, dass unser Haus unversehrt war. Und nichts zeugte von Angst um mich. Es gab auch nicht ein kaputtes Fenster, nicht eine Schramme an den Wänden im Treppenhaus. Ernüchtert dachte ich, dass alles genauso ausgesehen hätte, wenn ich gestorben wäre. Der Fehler lag bei mir, weil ich überlebt hatte. Du warst meine einzige Hoffnung. Ich glaubte, du könntest von den schrecklichen Leiden und von bitterer Rückkehr verschont geblieben sein, und so zählte ich auf dich, um wieder der zu werden, der ich im Gefängnis und in meinem Tagebuch gewesen war. Nur du hättest in mir etwas Besonderes gesehen, hättest mich erstaunt bewundert, ich hätte dir meine Geschichte erzählen können, und du hättest erschüttert zugehört, ohne zu ahnen, wie leicht es manchmal ist, aus der Not heraus ein Held zu sein. Nur du hättest mich retten können, und davon überzeugte ich mich, als ich dich unverändert wiederfand, so wunderschön, obwohl von Dingen umgeben, die im nüchternen Leben eines Mannes überflüssig sind, und obwohl mir bald auffiel, dass du nun manchmal wie Tomaso sprichst. Als sie mir von deinen Taten erzählten, konnte ich es kaum glauben, weil ich es nicht glauben wollte. Aber sie bestanden darauf, sie zu erzählen. Und ich bemerkte, wie beharrlich du sie am Reden hindern wolltest. Deine Hartnäckigkeit überraschte mich, denn ich erkannte darin die heimliche Last all derer, die im Gefängnis gewesen waren oder Bomben im Einkaufskorb transportiert hatten. Jetzt wusstest auch du Bescheid, genauso wie ich: Du hättest mir nicht helfen können. Darum wollte ich weiter mit Tullio arbeiten und bat ihn um die schwierigsten Aufträge. Ich hatte zwar Gewissensbisse, weil ich dich allein ließ, tat es aber trotzdem, weil ich allein sein wollte, absolut allein, so wie im Gefängnis, um meine damalige Selbstsicherheit wiederzufinden. Aber nach und nach rückte die Zeit, in der wir vom Tod bedroht waren, in die Ferne, und das Bild des männlichen Helden in mir verschwand. Ja, es stimmt: Sie wollten mich tatsächlich zum Abgeordneten machen. Und so, wie ich im Gefängnis meine Liebe zu dir hinter meinem Pflichtgefühl verborgen hatte, so verbarg ich hinter den unumgänglichen Verpflichtungen, auf die du nach meinem Willen Rücksicht nehmen solltest, den kläglichen Ehrgeiz, mehr zu sein als jemand, der durch sein Überleben nicht zu einem durch den Tod verklärten männlichen Helden geworden ist. Verzeih mir, Alessandra, bitte verzeih mir.«

Aber ich verzieh ihm nicht. Ich war immer allein, und seit ich Tomaso weggeschickt hatte, wusste ich nicht mehr, wem ich mich anvertrauen sollte. Tagsüber sah ich Francesco nur selten. Er blieb zum Mittag oft in der Stadt, und da die Telefonleitung unterbrochen war, konnte er mir nicht Bescheid sagen, so dass ich vergeblich auf ihn wartete und von Zeit zu Zeit das Essen aufwärmte. Er war ständig vielbeschäftigt mit seinen Freunden unterwegs und schien mich von seinen Interessen und seiner Arbeit fernhalten zu wollen. Manchmal fragte ich mich, warum ich ihn noch liebte. Aber auch mein Groll, meine Verachtung und überhaupt alle negativen Gefühle, die ich gegen ihn hegte, waren Teil meiner Liebe zu ihm. An einem Abend, den er zu Hause verbrachte, hatte ich versucht, mit ihm über die Zeit zu reden, als wir getrennt gewesen waren. Mir fiel auf, dass er dieses Thema mied. Ich hoffte, er würde sich wenigstens für meine Arbeit mit Tullio interessieren, die er nun fortsetzte. Aber Francesco schenkte mir eine zärtliche, nur oberflächliche Aufmerksamkeit. Ich sank sogar so tief, über ein neues Kleid zu plaudern, das ich mir kaufen wollte. Doch meine Worte drangen nicht mehr zu ihm durch. Und während nachts eine Mauer zwischen uns stand, trennte uns tagsüber ein Buch.

Häufig kamen abends die Kameraden zu uns, um über Tullio und seine Arbeit im Norden zu sprechen. Schnell spielte der lange Tag keine Rolle mehr in der Stadt und wurde selbst in den Augen derjenigen, die ihn miterlebt hatten, zum Mythos. Dabei war das unsere beste Zeit gewesen, auf die wir, wie auf unsere Kindheit, immer wieder zurückkommen mussten, um manche Seiten von uns zu rechtfertigen. So sagten wir oft: »Weißt du noch?«, genauso wie Fulvia und ich es früher getan hatten. Auch mit den Kameraden konnte ich mich jetzt nicht mehr unterhalten. Ihre Freundschaft zu mir war nicht echt. Eigentlich waren sie nun wieder nur Francescos Freunde. Wenn sie einen neuen Freund oder Genossen mitbrachten, machten sie mich nur kurz als »Signora Minelli« mit ihm bekannt, und während er noch für ein paar höfliche Worte stehen bleiben wollte, zogen sie ihn schon weiter, um ihm, in einem ganz anderen Ton, Francesco vorzustellen. Dann schilderten sie ihm anschaulich die mittlerweile berühmten Abenteuer meines Mannes. Ich war froh, dass sie nicht auf die bescheidenen Kurierdienste eingingen, die ich ausgeführt hatte, denn sie hatten eine sehr persönliche Bedeutung für mich, und es ärgerte mich, wenn andere frei darüber verfügten. Allerdings kam mir der Verdacht, dass die Bomben, die ich abgeliefert hatte, nur Attrappen gewesen sein konnten, da doch scheinbar ausschließlich die von den Männern transportierten gefährlich gewesen waren. Ich zweifelte auch am Inhalt der Flugblätter. Ich erinnerte mich daran, dass die meisten Nachrichten ähnlich unsinnig gewesen waren wie die Sätze aus einer fremdsprachlichen Grammatik. Vielleicht hatten sie gar nichts bedeutet. Ich begann für möglich zu halten, dass sie nur verfasst worden waren, um sich über mich lustig zu machen. Doch selbst wenn, würde es keine Rolle spielen, denn ich hatte so oder so Angst gehabt, sie auszutragen, und das Risiko auf mich genommen. Und nun waren wir alle hier versammelt, alle gleichermaßen gerettet, alle davongekommen.

Dergestalt verunsichert, saß ich oft still in einer Ecke. Mitgerissen von seinen eigenen Reden und der Sympathie, die ihn umgab, sprach Francesco manchmal den ganzen Abend kein einziges Wort mit mir, außer um mich zu bitten: »Liebes, würdest du uns wohl eine Limonade bringen?« Danach setzte ich mich stumm wieder hin. Und erinnerte mich daran, wie Sista das weiße Hemd meines Vaters gebügelt hatte, an die grausame Hartnäckigkeit, mit der sie das Bügeleisen in den Ausschnitt des Kragens gerammt hatte. Sie wird wohl eine gewisse Erleichterung gespürt haben.

Tomaso kam am späten Nachmittag. »Ist der Chef da?«, fragte er lächelnd. Ich erschrak, als ich ihn sah. Ich fürchtete nach dieser Frage, die uns zurück in die Zeit unserer ersten Begegnungen versetzte, dass nun wieder alles von vorn begann.

»Nein«, antwortete ich halblaut. »Er ist nicht da.«

Tomaso hatte Francesco noch nicht wiedergesehen, weil er gleich nach der Befreiung der Stadt für seine Zeitung hatte nach Neapel fahren müssen. Jeden Morgen kaufte ich eine Ausgabe, und wenn ich seinen Namen darin gefunden hatte, faltete ich sie zusammen und trug sie unterm Arm nach Hause. In solchen Momenten hatte ich das Gefühl, noch immer sehr schön zu sein.

Tomaso betrat das Arbeitszimmer und ließ sofort seinen Blick über die vertrauten Wände schweifen, langsam, wie auch Francesco es getan hatte. Aber ich spürte, dass ich es war, die seine fiebrigen, melancholischen Augen suchten.

»Bist du glücklich, Alessandra?«, fragte er.

Ich zögerte kurz, dann sagte ich leise: »Ja.«

Ein schweres, verlegenes Schweigen entstand zwischen uns. »Ich verstehe«, sagte er. »Ich war ruhiger, als ich Saverios Wohnung nicht verlassen konnte, und auch später, in Neapel. Ich nahm an, dass du auf mich wartest und dass ich dich bei meiner Rückkehr sehen würde. Aber jetzt finde ich keinen Frieden mehr.« Dann fuhr er fort: »Ich hätte bei dir bleiben sollen, an jenem Abend. Ich hätte nicht auf dich hören sollen. Damals zählte ein Befehl von Tullio mehr als ein Trauschein. Das hätte ich ausnutzen sollen. Auch zu deinem Besten.«

Ich wollte nicht, dass er so redete. »Tomaso«, sagte ich vorwurfsvoll.

»Entschuldige«, flüsterte er. Dann schwieg er, und ich spürte eine dumpfe, unbezwingliche Angst. Mit zwei Schritten brachte ich unauffällig den mit Papieren überhäuften Tisch zwischen uns. Tomaso blätterte in einer Zeitschrift und fragte wie nebenbei: »Wo hast du die Übersetzung hingelegt?«

»Da drüben, weil hier ...«

»Schon klar.«

Der Tisch hatte sich innerhalb weniger Tage wieder von Francesco vereinnahmen lassen.

»Wie findet er die Übersetzung?«

»Wer?«, fragte ich. Tomaso blätterte weiter in der Zeitschrift, ohne zu antworten. »Ach so«, sagte ich leise. »Er hat sie noch nicht gesehen.«

»Und er hat dich nicht gebeten, sie dir ...«

Ich unterbrach ihn.

»Aber wenn er doch gar nicht weiß, dass ich daran arbeite.«

Nun schaute er mir zum ersten Mal in die Augen. Sein Blick glitt von der Zeitschrift fragend zu mir hoch. Und ich wusste nicht, was tun, jetzt, da Francesco wieder da war.

»Warum bist du hier?«, fragte ich feindselig.

»Um dich zu sehen. Ich habe sofort versucht, dich anzurufen, aber die Leitung ist noch unterbrochen. Trotzdem hatte ich das Gefühl, das Läuten in deiner Wohnung zu hören. Ich kenne dieses Schrillen und sein Nachhallen, ich weiß auch, dass du die Hand zwischen Mund und Sprechmuschel hältst, als würdest du dich für das, was du sagst, schämen.« Er hielt inne, und mir stockte plötzlich der Atem. Aber Tomaso wollte mich nicht verletzen, darum blätterte er weiter in seiner Zeitschrift und sagte mit veränderter Stimme: »Ich bin hier, um den Chef zu begrüßen.«

Mir wurde bewusst, dass ich schon lange kein richtiges Gespräch mehr geführt hatte.

Dann kam Francesco nach Hause und die beiden umarmten sich. Fast hätte ich sie daran gehindert, ich fürchtete, Francesco könnte so alles erfahren. Vielleicht hätte er plötzlich seine Hand zurückgezogen, Tomaso betroffen angesehen und gefragt: »Was ist denn hier los?« Innerlich schrie ich, um ihn zu warnen: »Nein, hilf mir, umarme ihn nicht, beschimpf ihn, wirf ihn raus!« Aber Francesco hörte mein Flehen nicht. Er war taub, und dieses eine Mal genoss ich es, ihn zu täuschen, wie damals meinen Vater, als ich angeblich in der Villa Pierce angerufen hatte.

»Ich bin gekommen, um den Chef zu begrüßen«, sagte Tomaso.

»Das wird ja auch Zeit!«, rief Francesco mit gespieltem Tadel. »Immer noch der alte Witzbold!« Und mit einem Schulterklopfen fügte er hinzu: »Ich freue mich wirklich, dich zu sehen.«

In der folgenden Nacht plagten mich unruhige Gedanken. ›Nein‹, dachte ich verzweifelt, ›ich will nicht, dass Francesco mich so weit treibt.‹ Als Tomaso an der Wohnungstür stand, hatte er zu ihm gesagt: »Komm bald wieder.« Tomaso hatte geantwortet: »Danke, vielleicht morgen«, und mich dabei angesehen, als suchte er nach der Bestätigung einer Verabredung. Ich kannte Tomasos Beharrlichkeit und wusste, dass er sie auch gegen meinen Willen einsetzen würde. Als ich mir das Gesicht wusch, schaute ich in den Spiegel: »Ja«, hatte ich noch einmal gesagt, um zu testen, wie überzeugend ich auf seine Frage »Bist du glücklich?« geantwortet hatte. Dann hatte ich mich vergewissert, dass die Telefonleitung noch unterbrochen war, und erleichtert aufgeseufzt. Den ganzen nächsten Tag wollte ich nicht zu Hause sein. Aber ich wusste nicht, wohin. Da wurde mir bewusst, wie selten meine Mutter und ich Freundschaften geknüpft hatten. Tullio schien der Einzige zu sein, der mein Wesen und meine Leidenschaftlichkeit erkannt hatte. Aber der Kontakt zu ihm war nun abgebrochen. Er hatte die Frontlinie überschritten, und Francesco bereute es, nicht mitgegangen zu sein. »Warum hast du es nicht getan?«, hatte ich ihn gefragt. »Deinetwegen«, hatte er geantwortet. Da konnte ich ein boshaftes Lachen nicht unterdrücken. »Meinetwegen? Wieso denn? Wir sind kein einziges Mal zusammen ausgegangen und haben überhaupt nicht miteinander geredet, nicht einen Augenblick.« Er hatte widersprochen. Als er wieder einmal sagte, wie besonders schwer die Zeiten seien, fuhr ich im Bett auf. »Oh nein, Francesco, das ist nicht dein Ernst, daran glauben wir doch beide nicht mehr.« Er drehte sich um und löschte seine Lampe. Ich lag in dem kleinen Lichtkegel auf der anderen Seite des Bettes wie am Rand eines finsteren Abgrunds.

Ich konnte meine Gedanken nicht mehr im Zaum halten, begegnete wieder Tomasos Blicken über den kümmerlichen Schutzwall des Tisches hinweg. Ich war unsicher, weil ich spürte, dass er meine Schwäche bemerkt hatte. Das Ticken des Weckers erinnerte mich daran, dass das unselige Vergehen der Zeit mir in diesem Konflikt kein Zögern erlaubte. Tomaso würde am folgenden Tag sicherlich kommen. Ich hörte ihn schon in großen Sätzen die Treppe hinaufspringen. Mit ebendiesem Schwung war Francesco in meiner Phantasie bei seiner Rückkehr zu mir hinaufgeeilt. Ich wollte die beiden nicht in dieser unannehmbaren Dreierbeziehung vermischen, wollte nicht, dass sie sich herzlich begrüßten. Ich hätte sie lieber als Feinde gesehen. Stattdessen würden sie Freunde sein. Ich fürchtete, sie könnten unzertrennlich werden, die gleichen Vorlieben und die gleichen Gewohnheiten entwickeln. Tomaso würde uns immer öfter, ja täglich besuchen. Und wenn er an einem Tag nicht kommen könnte, würde er Francesco fehlen, so dass dieser schlechte Laune bekäme. ›Nein‹, dachte ich, aber in mir klopften diese schwungvollen Schritte. Am nächsten Tag würde Tomaso an der Tür klingeln, kurz warten und dann wieder klingeln. Und dann länger und noch länger, dann unaufhörlich: ein flehentlicher Ruf. »Sie muss öffnen«, würde er sich sagen, »sie wird öffnen.« Es kann doch nicht sein, dass ein liebender Mensch ruft, und niemand antwortet. Aber ich rief Francesco die ganze Nacht, und er antwortete nicht. Ich spitzte die Ohren und hörte ein gedämpftes, beharrliches Klingeln. Tomaso war schon da und läutete. Ununterbrochen, unermüdlich. Ich versuchte vergeblich, mich abzulenken, presste das Kissen auf mein Ohr, um das Klingeln nicht zu hören. Es bohrte sich in meinen Kopf. »Schnell, Alessandra, mach auf«, hatte Tomaso damals gesagt, »ich werde verfolgt.« Das Klingeln ließ nicht nach. Also stand ich auf und ging zur Tür, denn einem Menschen in Gefahr muss man antworten. »Ich komme schon«, sagte ich und öffnete die Tür, sah aber niemanden. Das Treppenhaus war dunkel, die Türen geschlossen. Das Klingeln ging unerbittlich weiter. Ich fürchtete, Francesco könnte mich rufen, und lief ins Schlafzimmer zurück. Aber er schlief, mit unbewegtem Gesicht, die Arme schützend angewinkelt. »Doch wenn du es nicht schaffst …«, mahnte die Großmutter. Ich antwortete ihr forsch: »Wenn ich es nicht schaffe, bringe ich mich um.«

Am frühen Nachmittag des nächsten Tages ging ich aus dem Haus, allerdings ohne zu wissen wohin. Ich hatte kein Geld, aber es machte mir im Gegensatz zu anderen Frauen ohnehin keinen Spaß, einkaufen zu gehen, was auch nur eine Form der Selbstbestätigung ist. Ich hatte Francesco gebeten, mit mir auszugehen, aber er hatte viel zu tun. Ich setzte mich mit einem Buch in den Park der Villa Borghese, wie ich es in meiner Oberschulzeit oft getan hatte. Mit dem abnehmenden Licht wurde ich melancholisch. Ich wünschte mir für unsere Wohnung ein schönes Fenster mit Bäumen und umherfliegenden Schwalben davor. Doch unsere Fenster zeigten auf das trostlose Umland, vor dem sich unregelmäßig eine Reihe von hohen, weißen Wohnblocks abhob. Abends gingen in den Küchen nacheinander die Lichter an. Als ich klein war, hatten die erleuchteten Fenster meine Neugier erregt, ich wollte die Geschichten aller Bewohner erfahren. Aber mittlerweile wusste ich, dass sie immer traurig waren, und darum wollte ich nicht mehr hinsehen.

Ich kam recht spät nach Hause. Der Portier gab mir einen Brief von Tomaso. »Er hat mich gebeten, ihn Ihnen zu geben, wenn Sie allein sind«, sagte er mit gedämpfter Stimme. Im ersten Moment wollte ich ihn zurechtweisen, aber unsere Komplizenschaft wegen der Sache mit dem Foto hielt mich zurück. Außerdem brachte es sein Diskretion erfordernder Beruf mit sich, dass er immerfort Dinge erfuhr, die er für sich behalten musste. Ich hatte inzwischen erkannt, dass er ein anständiger Mann war. In der Nacht, als Francesco verhaftet wurde, wäre er am liebsten nicht von meiner Seite gewichen. Immer wieder stellte ich erstaunt fest, wie viele gute Menschen es doch gab. Eigentlich hatte ich nie jemanden kennengelernt, der durch und durch schlecht war. Selbst der Offizier, der Francesco verhaftet hatte, musste eine gute Seite gehabt haben. Das war mir klargeworden, als er mit großem Bedauern von seinem Haus und seinen Büchern erzählt hatte. Mir schien, dass es mit so vielen guten Menschen auf der Welt doch leicht sein müsste, immer glücklich zu sein. Stattdessen geschahen fortwährend Dinge, die das verhinderten, so dass einer, anstatt Rilke zu lesen, gezwungen war, Leute zu verhaften oder zu töten.

Kaum war ich in der Wohnung, öffnete ich den Brief. Tomaso schrieb, er habe etwa eine halbe Stunde an meiner Tür geklingelt. Ich hätte nicht öffnen wollen, aber er werde jeden Tag wiederkommen, bis ich es mir anders überlegte. Das war in demselben zärtlichen Ton gehalten, den er mir gegenüber immer hatte. Ich war lange herumgelaufen, war erschöpft und konnte keinen klaren Gedanken mehr fassen. Ich dachte nur noch: Schlaf, Hunger, Francesco, Tomaso.

Ich ging in die Küche, nahm ein Stück Brot und tunkte es in Wasser, wie Sista es immer tat. Ich erkannte den schalen Geschmack wieder und fühlte mich in die Zeit zurückversetzt, als meine Mutter noch lebte und wir in der Küche auf sie gewartet hatten. Auch Sista war ein guter Mensch. Ich sah sie wieder vor mir, wie sie in gebückter Haltung meiner Mutter die Schuhe zuschnürte. Wir alle auf der Welt waren gut, neigten aber dazu, es zu verschiedenen Zeiten zu beweisen, so dass wir nie zueinanderfanden. Hätte Tomaso ein Telefon gehabt, hätte ich ihn angerufen und gesagt: »Bitte, klingle nicht an meiner Tür, bitte tu's nicht. Denn am Ende werde ich natürlich doch öffnen.«

Nach dem Abendessen saßen Francesco und ich im Arbeitszimmer zusammen. Er war gutgelaunt nach Hause gekommen, und ich hatte sofort versucht, mich seiner Stimmung anzupassen, und hoffte auf einen glücklichen Abend. Vor den Fenstern erstreckte sich die trostlose Weite des Sommers, aber das Zimmer war vertraut und gemütlich. Trotzdem entdeckte ich überall in diesem Raum die Zeichen meiner Einsamkeit.

Die Sesselpolster waren nicht mehr prall und stolz, sondern verrieten eine schlichte Nachgiebigkeit. Francesco saß in demselben Sessel, in dem Tomaso gesessen hatte.

Auch Tomasos Besuche hatten Leben in dieses Zimmer gebracht, dachte ich mit einem Frösteln. Gerade die Stunden, die wir hier gemeinsam verbracht hatten, schienen zu der warmen Atmosphäre des Zimmers beigetragen zu haben, die jeden neuen Gast überraschte. »Wie gemütlich dieser Raum ist, Alessandra«, hieß es dann. Ich hatte mir angewöhnt, immer die gleiche Antwort zu geben: »Man merkt eben, dass ich ständig darin bin. Die Wohnung ist ja so klein, dass ich mich den ganzen Tag über hier aufhalten muss.«

Aus Francescos Sessel erreichte mich Tomasos zärtlicher Blick. »Ich weiß nicht, was du lieber hast: mich oder dieses Zimmer«, hatte ich ihm einmal zum Spaß vorgeworfen. »Beides«, hatte er prompt geantwortet. »Dieses Zimmer hätte ohne dich überhaupt keinen Reiz.« Ich lächelte, und er fuhr fort: »Das ist deine Welt. Und in deine Welt verliebt man sich, sobald man sie kennenlernt. Darum kann man sich nicht damit begnügen, nur eine Stunde oder einen Tag mit dir zusammen zu sein.«

In der wohligen Wärme dieses Zimmers entdeckte ich etwas Heroisches. Mir schien, als sei es um den Preis meiner Leiden so behaglich geworden. Die Armlehnen des Sessels waren abgenutzt, weil ich sie in meiner Angst um Francesco oder in meinem Verlangen, mit Tomaso zu telefonieren, fieberhaft umklammert hatte. Mit einem Anflug von Dankbarkeit dachte ich an die aufwühlenden Stunden zurück, die ich hier an dem Abend verbracht hatte, als ich mit der Hand an der Pistole Rilke rezitiert hatte. Das Zimmer war ein Gefängnis gewesen, eine Zelle, eine Folterkammer, doch nun saß mir Francesco gegenüber, und ich konnte ihn ansehen, während er las. Dieses Zimmer musste so verteidigt werden, wie wir uns gegen die Versuchung, aufzugeben, verteidigt hatten.

»Francesco«, sagte ich, »ich muss mit dir reden.«

Er schaute erstaunt von seinem Buch auf. »Was gibt es denn?« Sein Blick streifte mich kaum, bevor er sich wieder dem Buch zuwandte.

Ich betrachtete sein Gesicht, seinen wohlgestalteten Körper und seine Hände, deren Bewegungen mein Begehren weckten. Ich liebte ihn über alles. Ich blühte auf, als ich ihn so anschaute, voller Zärtlichkeit und selbstbewusstem Stolz.

»Ich muss mit dir sprechen«, begann ich noch einmal. Francesco legte das offene Buch auf seinen Schoß und wartete.

»In den Monaten, als du erst untergetaucht und dann im Gefängnis warst, hat sich jemand in mich verliebt. Ich war allein, und diese hingebungsvolle, beharrliche Liebe …«

»Du hattest einen Geliebten?«, unterbrach er mich ernst, aber ruhig, um das Gewicht dieser Frage zu kaschieren.

»Nein«, platzte ich heraus, triumphierend und erschrocken zugleich. »Nein. Aber es war eine große Versuchung.« Nach einer kurzen Pause fügte ich leise hinzu: »Es war ein Freund von dir.«

Francesco fragte nicht, um wen es sich handelte, und das enttäuschte mich. Ich wollte nicht, dass er sich einen schäbigen, mittelmäßigen Rivalen vorstellte, dem zu widerstehen leicht gewesen wäre. Ich wartete darauf, dass er sich erkundigte: »Wer ist es?«, ich formulierte diese Frage in meinem Kopf und soufflierte sie ihm in Gedanken, denn sein Schweigen irritierte mich.

Einen Moment lang spielte Francesco verächtlich mit den Buchseiten. Endlich sagte er: »Ich kann Männer nicht ausstehen, die die Abwesenheit eines Ehemanns ausnutzen, um sich an dessen Frau heranzumachen. Besonders dann nicht, wenn der Mann im Gefängnis sitzt. Das ist weder anständig noch fair.«

»Aber er war doch verliebt in mich!«, betonte ich, weil ich nicht wollte, dass Tomaso missverstanden und herabgesetzt wurde.

»Ach, tatsächlich!«, rief Francesco ironisch. »Verliebt! Nein, solche Männer kann ich nicht leiden. Und ich bin mir sicher, dass es dir genauso geht.«

Das waren seine Worte, dann las er weiter. Er hatte nicht wissen wollen, um wen es ging. So machte er es auch mit vielen anderen Problemen, die er mit einem schnellen Urteil abtat. Aus Angst vor einem solchen Urteil sprach ich nicht weiter. Hätte ich ihm gestanden, wie groß die Versuchung für mich gewesen war, hätte er mich vielleicht verachtet oder an meiner Liebe zu ihm gezweifelt. Außerdem fiel es mir schwer, weiterzureden, nachdem er »verliebt!« in demselben Ton gesagt hatte, in dem mein Vater seinerzeit erklärt hatte, Francesco wolle »nur seinen Spaß«. Ich versuchte, ruhig zu bleiben, um mich zu verteidigen und zugleich auch Francesco und dieses Zimmer. Dazu musste er mich verstehen. Gern hätte ich ihm begreiflich gemacht, dass ein solcher Kampf mit keinem anderen Halt als dem eigenen Gewissen nicht so leicht gewesen war, wie er glaubte. Ich wollte ihm von meinen durchwachten Nächten erzählen, von den Worten, die Tomaso zu mir gesagt hatte. Er sollte um den Kampf wissen, den ich durchgestanden hatte, um die Zweifel, die mir zugesetzt hatten, und um mein mit aller Macht unterdrücktes Verlangen. Ich hatte alles bekämpfen müssen, was schön, lebendig und reizvoll war. Und während er brutalen, bösen Kräften widerstanden hatte, denen entgegenzutreten nur natürlich ist, hatte ich der Liebe widerstanden.

»Francesco«, sagte ich verstört und bat ihn, doch zu verstehen, wie schwer das für mich gewesen war und dass er nicht von »den Ehefrauen« im Allgemeinen reden durfte, sondern mich, Alessandra, direkt ansprechen sollte, eine Frau mit einem bangen Wunschtraum, der ihr mehr bedeutete als alles andere, sogar mehr als die Freiheit. Ich schaute ihn mit der Sorge an, er könnte nicht mehr der Mann sein, mit dem ich auf dem Gianicolo spazieren gegangen war, da er sich weder an mein romantisches Wesen erinnerte noch daran, wie wichtig mir manche Gefühle waren. Ich fürchtete, er könnte alles vergessen haben, was mir in seinen Armen Entzücken und Freude bereitet hatte, fürchtete, er wäre nur noch ein beliebiger Verwandter oder eben nichts weiter als mein Ehemann. Welches Recht hatte »mein Ehemann«, in diesem Zimmer zu sitzen?

»Francesco, hilf mir«, bat ich ihn. »Warum hast du mir nie geholfen?«

Er legte sein Buch wieder ab, musterte mich überrascht und, wie mir schien, sogar verärgert.

»Wie könnte ich dir denn helfen, Sandra?«, sagte er ruhig. »In bestimmten Momenten weiß jeder von uns selbst am besten, was er zu tun hat. Und eine Frau sollte das noch besser wissen, sie muss es in sich tragen. Und du hast es ja auch wirklich gewusst. Ich halte es für überflüssig, noch weiter darüber zu reden.«

Angesichts seiner Stärke verstummte ich. Es stimmt nicht, dass eine Frau immer genau weiß, was sie zu tun hat, sie weiß es nur im Prinzip, und Prinzipien zählen nicht. Ich wusste es durchaus nicht und erst recht nicht, seit Francesco wieder da war und nicht mit dem Bild übereinstimmte, das ich mir während seiner Abwesenheit von ihm gemacht hatte und das mir Halt gegeben hatte.

Am liebsten hätte ich ihn aus dem Arbeitszimmer geworfen, ihn aus meinen Gedanken, aus meinem Leben entfernt, aber ich spürte, dass ich es nie wagen würde, die Tür endgültig hinter ihm zu schließen. ›Francesco, hilf mir‹, flehte ich nun in Gedanken. Ich hatte mir angewöhnt, ihn mit meinem Schweigen zu rufen und zu hoffen, dass er mich hörte. Aber er hörte mich nie.

Mein Schluchzen riss ihn aus seiner Lektüre. Er kam zu mir und strich mir übers Haar.

»Warum weinst du denn, meine Liebe?Ich weiß doch, dass du nichts Schlechtes getan hast.«

Ich muss zugeben, dass meine Erinnerungen seit diesem Abend nebelhaft und verworren sind. Meine Empfindungen sind mir in ihrem hitzigen Durcheinander noch deutlich im Gedächtnis, allerdings könnte ich ihnen keinen konkreten Tag, keine konkrete Stunde zuordnen, verlieren sie sich doch alle in einer finsteren, endlosen Nacht.

Nach diesem scheinbar friedlichen Gespräch begann jene schreckliche Nacht. Sie begann mit einem bleiernen Schlaf und einem quälenden Alptraum, der dann häufig wiederkehrte und die wenigen Momente, in denen ich Ruhe fand, überschattete.

Ich träumte, ich wäre ein Hund. Im Traum war mir dieser neue Zustand bewusst. Ich war ein alter Hund. Ich konnte mich zwar nicht sehen, spürte aber das Gewicht meines alten Fells an meinem peinlich dünnen Körper. Es war Nacht, und ich lief mit gesenktem Kopf, vielleicht wegen meiner Ohren, die schwer herabhingen wie die Zöpfe in meiner Kindheit. Zum Schutz vor der Kälte lief ich dicht an einer Hauswand entlang. Ich lief immer weiter und hoffte, dass die Mauer sich auftun und man mich in eine warme Wohnung einladen würde, wo ich mich endlich ausruhen könnte und würde schlafen können. Ich war erschöpft, und mein Magen krampfte sich vor Hunger zusammen. Manchmal stieß ich auf eine offene Tür und bettelte sofort um Einlass. Mit froher Zuversicht ließ ich mich nieder und bedeutete den Bewohnern mit einem Blick, dass ich ihnen für den Rest meines Lebens treu dienen wolle. Dieses ernste Versprechen äußerte sich in der Haltung meines Kopfes und meiner edlen, stolzen Schnauze. Aber alle jagten mich augenblicklich fort, und ich stand wieder draußen, ohne meinen Hunger gestillt zu haben und vor allem ohne die Gelegenheit gehabt zu haben, meine liebevolle Treue zu beweisen. Verstört saß ich im Staub vor der Mauer. Ich versuchte es erneut und wurde erneut verjagt. Manchmal saß ich stundenlang vor einer Tür und wartete darauf, dass man mich zurückrief. Es konnte doch nicht sein, dass kein Mensch einen so guten Hund wie mich haben wollte.

Ich wachte auf und hatte Mühe, das Gefühl dieser schlimmen Demütigung loszuwerden. Langsam war ich kein Hund mehr, aber ich blieb angespannt und aufgewühlt, mein Herz schlug zum Zerspringen. Neben mir schlief Francesco, er konnte auch schlafen, während ich ein Hund war und alle mich wegjagten. Der Wecker tickte unablässig, übersprang nicht eine Stunde, nicht einen Tag. Und die Nacht hörte überhaupt nicht mehr auf.

Ich weckte Francesco und erzählte ihm von dem Hund, und er vertraute mir an, dass er oft träumte, noch im Gefängnis zu sitzen. Ich glaube, ich war lange allein, denn ich erinnere mich an das hartnäckige Läuten einer Türklingel und sehe, wie ich zwischen trostlosen Wänden händeringend und wie wahnsinnig herumlaufe, mir die Ohren zuhalte, aber noch die Kraft finde, nicht zu öffnen.

Manchmal blieb ich den ganzen Tag lang im Bett. Francesco streichelte mein Haar, sagte, ich sei sehr erschöpft und solle einen Arzt rufen. Ich spürte ein ständiges Zittern, meine Stirn und mein Nacken wurden hart wie Stahl. Mittlerweile hörte ich das Schrillen der Türklingel auch, wenn Francesco zu Hause war. Er war taub oder tat vielleicht nur so, als wüsste er nicht, was dieses Klingeln zu bedeuten hatte. Ich bat ihn: »Bleib bei mir.« Aber ich war immer allein, selbst wenn er bei mir blieb. Und nun hatte ich Angst vor dem Alleinsein. Ich fühlte mich von einer fremden Macht beherrscht. »Lass mich nicht allein«, flehte ich ihn an. Aber er zeigte auf den Wecker, verglich ihn mit seiner Armbanduhr, sprang auf, und wenig später hörte ich die Wohnungstür hinter ihm zuklappen. Ich lief auf die Terrasse. Vielleicht würde Francesco mich ja endlich beachten, wenn ich mich hinunterstürzte, direkt vor seine Füße. ›Ja‹, dachte ich, als ich mich über die Brüstung lehnte, ›genau dahin, wo der Asphalt aufhört.‹ Francesco kam aus der Haustür und ging, ohne es zu bemerken, über mich hinweg. Ich spürte seine harten Schuhe auf meinem Gesicht, auf meinem reglos daliegenden, sterbenden Körper. Ich hörte die bohrenden Worte der Großmutter: »Doch wenn du es nicht schaffst …« »Wenn ich es nicht schaffe, dann bringe ich mich um«, antwortete ich ihr. »Ich bringe mich um, ich bringe mich um.« Ich wiederholte diese Worte immer wieder wie eine gesprungene Schellackplatte. Nie sah ich Francescos Gesicht. Also versuchte ich, es mir vorzustellen, so intensiv, dass mir Tränen in die Augen traten. »Liebster«, hätte ich gern zu ihm gesagt, »ich habe Angst, dass mir das Gleiche passiert wie meiner Mutter.« Ich spürte deutlich, dass ich meine Handlungen nicht länger unter Kontrolle hatte. Ich klammerte mich an Francesco, damit er mich festhielt und mich daran hinderte, das zu tun, wozu es mich den ganzen Tag über drängte. Ich entspannte mich nur, wenn ich mir die kalte Pistole an meiner Schläfe vorstellte. Dann konnte ich selig einschlafen. »Schlaf«, hörte ich Francesco im Traum sagen, »schlaf in meinen Armen, ich liebe dich so sehr.« Es war eine angenehme, kühle Nacht, und meine Mutter war um mich wie eine frische Brise. Ich war ein Hund und saß im Garten der Villa Pierce im Schatten eines großen Baumes. Glücklich legte ich meine Schnauze ins Gras. Endlich konnte ich die weißen Pfauen sehen, die ihr Rad schlugen, und die Orchideen in den Bäumen, die bunten Schmetterlinge und die große Libanonzeder, in der ein Pferd wohnte. »Sandi«, sagte meine Mutter und kam mir mit ihrem anmutigen Schritt entgegen, »du hättest mich wirklich nicht so lange warten lassen sollen.«

Da schlief ich unter dem Baum ein. Vielleicht kann niemand verstehen, was es für einen armen, müden Hund bedeutet, seinen Kopf in das dichte, feuchte Gras einer Wiese zu legen. Tomaso kniete sich neben mich, strich mir übers Haar und sagte, ich müsse die Villa Pierce nie mehr verlassen, er werde mich beschützen und jeden daran hindern, sich mir zu nähern. Er streichelte mich sanft, und ich spürte erneut das ganze stürmische Glück der Jugend. Selig hob ich den Kopf, um Tomaso in die Augen zu schauen.

Ich war ständig zu Hause, und Tomasos Stimme konnte mich wieder durchs Telefon erreichen. Es war wieder freigeschaltet worden, weil Francesco nun ein einflussreicher Mann war. Es hieß, er würde bald Staatssekretär werden. Ich nahm mir vor, den Hörer nicht abzunehmen, fürchtete dann aber, Francesco könnte anrufen. Doch eigentlich wusste ich, dass es Tomaso war. Ich fragte ihn: »Liebst du mich wirklich? Dann lass dich bitte von der Zeitung auf Reisen schicken.«

Aber nicht einmal Tomaso, der mich so sehr liebte, wollte mir helfen.

Francesco und ich betrachteten uns wie zwei Feinde, oder zumindest ich betrachtete ihn so, und meine Liebe zu ihm war sicherlich das, was ihn am heftigsten bekämpfte. Eines Abends gingen wir gemeinsam aus, und ich war nervös und unbeholfen, als wäre es mein erstes Rendezvous. Ich hatte mir vorgestellt, wir würden wie in unserer Anfangszeit durch die milde Sommernacht schlendern und plaudern. Stattdessen wollte er sich irgendeinen Dokumentarfilm im Kino ansehen. Es war ein kleines Kino bei uns im Viertel, nicht weit von unserem Haus entfernt. Auf dem Rückweg waren wir müde und schwiegen, die Straßen zwischen den weißen Wohnblocks waren menschenleer und trist. Plötzlich flogen viele Glühwürmchen durch die nach Geißblatt duftende Luft. Bei ihrem Anblick geriet mein Entschluss, zu sterben, ins Wanken. Ich konnte den Gedanken nicht ertragen, nie wieder Glühwürmchen zu sehen und nie wieder den Duft von Geißblatt zu spüren.

Später, im Bett, sagte ich zu Francesco: »Liebling, ich muss mit dir reden.«

Mit einem Blick auf den Wecker richtete er sich auf und entgegnete: »Jetzt?«

»Wann denn sonst? Wir sehen uns ja nie.«

»Willst du mir vorwerfen, dass ich arbeiten gehe?«

»Warum sagst du so etwas, Francesco? Aber es reicht doch nicht, immer nur zu arbeiten. Das ist zu wenig für uns. Ich verzichte gern auf alles, außer darauf, mit dir zusammenzusein und zu reden. Ich weiß nicht mehr, was dich beschäftigt, woran ich mich halten könnte. Ich habe Angst, dass wir uns auseinanderleben.«

»Aber, aber«, sagte er, »mach dir doch nicht so viele Gedanken.«

»Aber die mache ich mir trotzdem. Unsere Gespräche, unsere Zweisamkeit wird immer hintangestellt, so ist es doch. Sobald ein Freund zu Besuch kommt oder ein wichtiger Verleger, hast du Zeit für ihn. Zu einem Freund würdest du sagen: ›Entschuldige, ich habe jetzt keine Zeit, ich habe eine Verabredung mit Alberto.‹ Aber du würdest nie sagen: ›Ich habe jetzt keine Zeit, ich muss mit Alessandra reden.‹ Wenn du zu einer Versammlung eingeladen wirst, aber schon einen anderen Termin hast, sagst du: ›Entschuldigt, tut mir leid, aber ich kann nicht.‹ Dagegen würdest du die Einladung sofort annehmen, wenn der andere Termin ein gemeinsamer Abend mit mir wäre. Du glaubst, wir hätten immer Zeit füreinander, und auf diese Weise haben wir sie nie. So kommt es, dass du mit allen sprichst, außer mit mir, und alle wissen, was dich beschäftigt, nur ich nicht.«

»Wir hatten doch den ganzen Abend zum Reden.«

»Wie denn, im Kino, kannst du mir das sagen?« Ich war so verzweifelt, dass ich einen letzten Versuch unternahm: »Sag, warum ziehen wir nicht nach Capri, du und ich? Du könntest Bücher schreiben, und ich verdiene genug Geld mit meinen Übersetzungen. Außerdem sind wir ja daran gewöhnt, sparsam zu sein.«

Ich erwähnte das große Fenster und überhaupt alles, was Tomaso gesagt hatte. Aber er schüttelte den Kopf wie mein Vater. »Das wäre zu schön«, seufzte er. »Vielleicht später einmal.« Bei seinen Worten stieg ein heftiger Groll in mir auf. Zum Schluss küsste er mich auf die Wange und strich mir übers Haar. »Schlaf jetzt, meine Liebe«, sagte er und legte sich wieder hin. Ich litt so sehr, dass seine zärtliche Hand wie ein glühendes Eisen auf meinem Kopf brannte.

»Entschuldige, Francesco, ich kann jetzt nicht schlafen. Leiste mir doch Gesellschaft. Ich habe solche Angst, dass …«

Es war mir peinlich, ihm von der fixen Idee zu erzählen, die mir zu schaffen machte. Ich fürchtete, er würde mit mir schimpfen, wie Eltern es mit kleinen Kindern tun. »Ja, also, ich glaube, dass ich nicht mehr lange leben werde.« Ich wurde rot und dachte dabei, dass nun wirklich alles zwischen uns zu Ende sei, wenn ich schon errötete, nur weil ich ihm meine Gedanken anvertraute. Er beruhigte mich mit der Bemerkung, ich sei doch bei bester Gesundheit, und riet mir fürsorglich, für ein paar Tage zu meinem Vater zu fahren, jetzt, da die Hitze unerträglich geworden sei. »Ich fühle mich auch nicht ganz wohl«, fügte er hinzu.

Da erschien es mir notwendig, dass er Bescheid wusste und ich ihm von meiner verzweifelten Absicht erzählte, damit er mir zu Hilfe kommen konnte. »Weißt du, Francesco, ich habe Angst, so zu enden wie meine Mutter.« Er schien meinen Worten keine große Bedeutung beizumessen. »Was für ein Unsinn«, sagte er. »So einen Unsinn darfst du nicht denken. Du bist doch ganz anders als deine Mutter.« »Und inwiefern?«, erkundigte ich mich, sofort bereit, mich zu verteidigen. »Du bist ruhig, ernsthaft und vernünftig …« Ich sah ihn erstaunt an und fragte mich, ob er wirklich mich meinte. »Deine Mutter dagegen …« Er zögerte, aber ich wollte, dass er nun mit seiner ganzen Wahrheit herausrückte: »Meine Mutter?« »Tja, ich weiß nicht …«, fuhr er unsicher fort. »Ich habe sie ja nicht gekannt, aber …« »Aber? Nun sag schon.« »Ich glaube, sie war ein bisschen überspannt.« »Ach so«, sagte ich kalt. »Ich verstehe.« Francesco wollte sich entschuldigen. »Ich weiß nicht, habe ich vielleicht etwas Falsches gesagt? Bist du mir jetzt böse?« »Nein, wo denkst du hin.« »Das ist wirklich meine Meinung«, sagte er tiefernst, »und ich würde mir wünschen, dass auch du zu dieser Überzeugung kommst.« »Ja. Ich verstehe. Aber das wird wohl nicht so einfach sein.«

Dann schwieg ich wütend. Ich war wie ein glatter, zugefrorener See mit einer reißenden Strömung unter der Oberfläche. Francesco zog seine Armbanduhr auf und glich sie mit dem Wecker ab. »Gute Nacht, meine Liebe.« Er gab mir einen Kuss auf die Wange, drehte mir den Rücken zu und ließ mich mit meinen Gedanken allein, hinter der Mauer.

Ich lag da und dachte an unsere Verlobungszeit zurück, als wir die Dunkelheit des Tiberufers gesucht hatten, um uns zu küssen, unweit der Stelle, an der meine Mutter gestorben war. Ich hatte Francesco von ihr erzählt, und er schien andächtig zuzuhören. Vielleicht hatte er sie damals schon so streng verurteilt. Aber da ich ihn nach solchen Gesprächen noch leidenschaftlicher küsste, ermunterte er mich zum Reden. Wir standen an der Brüstung im Wind, ich schlug den Kragen meines alten Regenmantels hoch. Er war damals ein einsamer Mann, der fasziniert die Phantasiewelt eines jungen Mädchens entdeckte, deren Mutter sich aus Liebe das Leben genommen hatte. Aber jetzt war ich seine Frau, und er versuchte, Schritt für Schritt mein Wesen zu verändern. Gewiss hätte es ihm gefallen, wenn ich im Alter wie seine Mutter gewesen wäre, mit einem strengen, weißen Band um den Hals, einem Dienstmädchen mit einem gestärkten Häubchen und mit den schönen Teetassen. Er hatte gesagt, ich wäre ruhig, ernsthaft und vernünftig. Wie konnte er das allen Ernstes von mir glauben? Mir kam der Verdacht, er wolle mir diese Eigenschaften als erstrebenswert nahelegen. Einmal hatte er gesagt: »Ich würde mich freuen, wenn du eleganter gekleidet wärst.« Vielleicht sah er in mir schon die Frau des Staatssekretärs.

»Du meinst also«, hatte ich ihn irgendwann in jener finsteren, nebelhaften Nacht gefragt, »wir sollten aufgeben und uns mit der Ehe abfinden?«

Ich wartete zitternd auf seine Antwort, von der mein ganzes Leben abhing. Er hatte mit den Schultern gezuckt und geseufzt:

»Sie ist schließlich die älteste Einrichtung der Welt.«

Ich warf mich vor ihn auf den Boden, umklammerte seine Knie und beschwor ihn: »Nein, Francesco, nein.« Hass und Liebe kämpften so heftig in mir, dass ich ihn umarmte, während ich ihm am liebsten wehgetan hätte.

»Was habe ich denn gesagt? Das ist doch nur eine ganz allgemeine Feststellung. Mit uns beiden hat das alles doch gar nichts zu tun. Ich habe dich lieb, Alessandra, und unsere Ehe ist doch glücklich.«

Ich hörte die Wohnungstür zuklappen. Ich träumte, ich wäre ein müder Hund, der an einer Mauer entlangläuft.

Wir sollten uns also mit der Ehe abfinden. Darum hatte er mich nie über Tomaso sprechen lassen. Ich hatte es noch viele Male versucht. »Ich muss mit dir sprechen«, begann ich. Francesco schaute nicht von seiner Arbeit, von seiner Zeitung oder von seinem Buch auf. »Ich muss mit dir sprechen«, sagte ich noch einmal, um mit meiner Stimme durch die Mauer zu dringen. »Hör mir zu, ich möchte dir etwas sagen.« Aber immer war da ein Auto, das vor dem Haus wartete, oder ein Freund im Arbeitszimmer. Am Ende würde ich gar nichts mehr sagen. Denn auch Ehebruch war eine sehr alte Einrichtung. Und ich war zu verliebt in Tomaso, um nicht nachzugeben. Ich nahm die Briefchen, die er mir über den Portier zukommen ließ, schon bereitwillig an, scheute dessen Komplizenschaft nicht mehr und hatte mich einmal sogar mit einem Trinkgeld bei ihm bedankt. Trotzdem lag ich an jenem Abend lange wach. Ich musste an Lydia denken, die ihrem Ingenieur über die Adresse des Pförtners Salvetti schrieb. Als ich erschöpft einschlief, träumte ich, dass ich ein Hund wäre und vor den Küchentüren herumlungerte. Ich schwelgte im Geruch fettiger Speisen, und die Mägde warfen mir Abfälle hin. Außerdem fand ich immer etwas im Mülleimer und musste daher nicht mehr hungern. Ich schlief satt und zufrie-

den ein. »Francesco«, rief ich, als ich aufwachte. »Ich hatte einen schlimmen Traum, einen Alptraum, es war schrecklich.«
Ich merkte, dass er Mühe hatte, mir zu glauben.

»Jetzt schlaf«, sagte er. »Denk nicht mehr daran, schlaf.«

Lydia hatte gesagt, wenn man jung ist, sei es schön, sich heimlich zu treffen, in der Jugend falle einem das Lügen leicht, es sei wie ein Spiel. Ihr zufolge war es sogar ein wunderbares Abenteuer, sich in möblierten Zimmern zu treffen. Ich war nun eine erwachsene Frau und sollte mir daher abgewöhnen, leicht zu erröten. Francesco war ein bedeutender Mann und hatte Anspruch auf eine elegant gekleidete Ehefrau. Ich würde lernen, unbefangen die Wohnung zu verlassen, und zu sagen: »Ich gehe zur Schneiderin« oder »Ich gehe zum Friseur«. Bei meiner Rückkehr würde er mich bewundern, wie Tomaso Casimira bewundert hatte, die in einem neuen Kleid auf ihn wartete. Ich würde mich auch nicht mehr über Francescos Schweigsamkeit beklagen, würde nicht mehr sagen: »Hilf mir« oder »Bleib zu Hause, bei mir«. Dann würde er erfreut annehmen, ich wäre so ruhig, ernsthaft und vernünftig geworden, wie er es sich wünschte, und Frauen wären nur glücklich, wenn sie ein schönes, neues Kleid hätten. »Mehr wollen sie gar nicht«, würde er mit einer Spur von Bitterkeit schlussfolgern. Tomaso würde jeden Tag zu mir sagen »Wie schön du bist« und dann »Ich liebe dich« und all die unvergesslichen Dinge, die er mir immer sagte. Wir waren jung, wir würden uns lachend in dem möblierten Zimmer umschauen, und während Francesco mich bei der Schneiderin oder beim Friseur vermutete, würde Tomaso mir hingebungsvoll mein neues Kleid aufknöpfen.

Nein, begehrte ich wütend auf, so weit sollte Francesco mich nicht bringen. Wenn meine Liebe zu ihm beschmutzt werden und sogar erlöschen konnte, dann konnte auch alles andere in mir erlöschen, da war ich mir sicher. Würde ich mich ergeben, würde ich demnach alles verlieren. Ich wollte mich nicht ergeben. Außerdem hatte auch Francesco sich nicht ergeben wollen, als ich ihn inständig darum gebeten hatte. Er selbst war mir ein Vorbild für diese entbehrungsreiche Standhaftigkeit. Während ich seine Beweggründe akzeptierte, wurde ich zugleich in meinen bestärkt. Ich muss widerstehen, sagte ich mir. Die eintönige Stimme der Großmutter drang bis in meinen Schlaf, störte den langanhaltenden Dämmerzustand, der meine Not linderte. »Und wenn du es nicht schaffst?« »Dann bringe ich mich um.« Dieser Gedanke verschaffte mir Ruhe. Ich sah mich auf dem grünen Grund des Flusses liegen. Über meinem Körper floss das schillernde, klare Wasser. In mir spiegelten sich die Bäume und der Himmel. Durch das Wasser sah ich Tomaso, der sich zu mir hinunterbeugte und mich voller Angst und Verzweiflung rief. Aber ich hörte nichts mehr und lächelte, ohne zu antworten. Dann sah ich Francescos Gesicht, ernst und traurig, und seine kalten Augen. »Alessandra«, sagte er leise, und seine Stimme umschloss mich wie das Wasser. »Alessandra.« Auf seinen Ruf hin stand ich sofort auf. Francesco ging vor mir, und ich folgte ihm, aber ich war ein müder Hund, dem das Wasser aus dem alten Fell troff.

Ich würde nie aufhören, ihn zu lieben, auch im Tod nicht. Meine Mutter dagegen hatte, anmutig hingebettet, ihre Ruhe im Fluss gefunden. Da erfasste mich ein wütender Groll gegen sie. Wäre sie doch mit Hervey weggelaufen, und hätten die beiden doch jahrelang zusammengelebt, im selben Haus, im selben Bett. Vielleicht hätte sie dann morgens nicht mehr so leichtfüßig aufstehen können, wie sie die Treppe hinuntergelaufen war, um zur Villa Pierce zu gelangen.

»Francesco!« Ich rüttelte ihn am Arm, um ihn zu wecken.

»Francesco, so hör doch.« Obwohl ich mich schämte, mein bitteres Leid einzugestehen, sagte ich: »Bitte, schlaf nicht. Ich bin so aufgewühlt, ich habe Angst.«

Schlaftrunken fragte er: »Was ist denn los, Sandra?«

»Ich kann heute Nacht nicht allein sein. Hilf mir.«

»Mein Schatz, beruhige dich, ich muss morgen früh raus.«

Ich sah ihn schon an der Tür, in Hut und Mantel wie auf dem Foto. Er verabschiedete sich von mir, und ich hörte die Tür zuklappen. Er war ein Fremder, auch wenn er das Bett mit mir teilte. Ich betrachtete seinen dunklen Kopf auf dem wei-ßen Kissen. Am liebsten hätte ich ihn an die Nächte erinnert, als wir uns als frisch verheiratetes Paar in der kühlen Luft, die durch das offene Fenster kam, bis spät in die Nacht geliebt hatten. Danach hatten wir geraucht und geplaudert, mit wa-chem Kopf und mit einem jungen, freien und glücklichen Körper. Bis uns die Schwalben daran erinnerten, wie spät es war, und wir hastig und wie ertappt das Licht löschten. Oft musste Francesco schon eine Stunde später wieder aufstehen. Trotzdem hatte er sich nie über den verlorenen Schlaf beklagt. Ich wollte zu ihm sagen: »Schlaf doch nicht heute Nacht, ich habe Angst, bitte, vergeude diese eine Nacht für mich, Fran-cesco: Schenk sie mir.« Aber als ich mich zu ihm wandte, war er schon wieder eingeschlafen. Vielleicht wäre alles anders ge-kommen, wenn wir getrennte Schlafzimmer gehabt hätten und ich nicht gesehen hätte, dass er schlief.

Ich stützte mich auf den Ellbogen, starrte Francesco an und rief ihn verzweifelt. Meine Blicke waren Kosenamen und glühende Liebesworte. Unter meinen ungestümen Blicken verschwammen die Konturen seines Gesichts im Halbdun-kel. Sein hageres Profil schien sogar die massive Härte der Züge meines Vaters anzunehmen. Er sah ihm ähnlich, da war ich mir sicher. Entsetzt fuhr ich mir mit der Hand über die

Augen, um dieses Trugbild zu vertreiben. Ich versuchte, mich mit dem Gedanken zu beruhigen, dass die beiden höchstens ihre breiten Schultern gemeinsam hatten. Im Sommer schlief Francesco mit freiem Oberkörper. Seine nackten Schultern schimmerten weiß wie eine hohe, unüberwindliche Mauer. Bei ihrem Anblick überkam mich ein immer heftiger werdendes Zittern. Ich war wie ein wütender Hund, wollte zuschnappen, wollte beißen. Erschrocken über diese Regung versuchte ich, meine boshafte Wut zu bändigen und mich wieder ganz meinem Kummer hinzugeben. Aber ich war jetzt ein tollwütiger Hund, oder vielmehr: Der tollwütige Hund war in mir. Um dieses Gefühl loszuwerden, rief ich mir ins Gedächtnis, dass tollwütige Hunde ja wasserscheu seien, ich aber am Abend zuvor noch gern Wasser getrunken hatte. Aber kein Gedankenspiel half mehr. Ich trottete mit hängender Zunge und gesenktem Kopf dicht an einer endlosen Mauer entlang. Hinter der Mauer hörte ich die Schritte meiner Mutter, die leichten Schritte eines jungen Mädchens. »Du konntest dich nie so bewegen wie ich«, spottete sie. Ich hörte sie lachen, konnte sie aber nicht sehen. Die Mauer trennte mich von allem, von den warmen, gemütlichen Wohnungen und von den Küchen, in denen ich mir Abfälle beschaffte. Und sogar von der Erinnerung an meine Mutter. Sie lachte zusammen mit Hervey unmittelbar hinter der Mauer. Ich trottete beharrlich weiter, nahm Witterung auf, suchte die beiden. Schließlich fand ich sie. Ein Biss genügte, und sie sanken tot zu Boden: reglos in ihrer Jugend, in der Keuschheit ihrer unvermindert starken, schuldlosen Liebe. Ich wollte sie verstümmeln, zerstören. Mit meinen Pfoten ging ich auf das Gesicht meiner Mutter los, doch es war, als zerkratzte ich das Gesicht einer Statue. Ich kratzte stundenlang weiter, ich scharrte, als würde ich den Flusssand ausheben, den grauen, zähen Schlamm. Aus diesem Schlamm tauchte, unversehrt, im blauen Kleid, der Körper meiner Mutter auf.

Ich fuhr aus dem Schlaf. Das erste Tageslicht sickerte kalt durch die Fensterläden. Inzwischen kannte ich die ganze Weckzeremonie. Als Erstes sang die Nachtigall, allein und unerschrocken, dann tschilpten die Spatzen, und schließlich kamen mit der Sonne die schrillen Rufe der Schwalben. Mir war, als hätte ich den ersten Schimmer der Morgenröte schon lange nicht mehr gesehen. Daher war ich davon überzeugt, dass mich nun auch die lange, nebelhafte Nacht zurückwies, in die sich mein Bewusstsein flüchtete. Ich musste mich also damit abfinden, dass immer wieder ein unerbittlicher Tagesrhythmus begann. Jeden Tag würde ich die Tür hinter Francesco zuklappen hören, dann würde das Telefon klingeln, und ich würde mit Tomaso reden. »Nein, nein«, sagte ich mir. »Francesco, hilf mir.« Das Blut pochte in meinen Schläfen, der wütende Hund in mir keuchte. »Nein, nein«, beschwor mich meine Mutter, die mir atemlos zu Hilfe eilte. Ihre Schritte waren schnell und weich, als liefe sie eine Treppe hinunter. Meine Großmutter Editta kam langsam auf mich zu, wobei sie mit einer Hand ihren Rock raffte. Sie blieb an meinem Bett stehen, traurig, abwartend. Und obwohl ich sie zärtlich liebte, erstarrte ich bei ihrem Erscheinen. Ich hatte Angst, wollte zurückweichen, fliehen. Es war eine entsetzliche, unbändige Angst. Auch Natalia Donati kam näher, langsam und lautlos. Sie war ein kleines Mädchen mit roten Zöpfen, ihre Augen strahlten verliebt hinter den Brillengläsern. »Auch du wirst das alles noch kennenlernen«, hatte sie mir versprochen, als sie mir in den staubigen Grünanlagen von Prati die Liebesbriefe vorgelesen hatte. Sie schien sich seit damals nicht verändert zu haben. Nur dass sie nun ein kleines Kind mit roten Haaren auf dem Arm trug und ihre Augen schreckgeweitet waren.

Das Licht nahm allmählich zu, die Schwalben flogen um unser Haus wie damals auf dem Hof in der Via Paolo Emilio, und so ging die lange Nacht zu Ende. Schon bald würde ich aufstehen und von neuem beginnen müssen. »Francesco, bitte, Francesco«, flehte ich. Seine Schultern waren eine endlose Mauer aus Stein. Meine Mutter saß an meinem Bett und streichelte mein Haar, doch ihre federleichte Hand verschaffte mir weder Ruhe noch Linderung. So hatte sie mich auch gestreichelt, als ich ein kleines Mädchen gewesen war und wir zusammen am Fenster gesessen hatten. Ich sagte ihr, dass ich gern wenigstens einmal die Pfauen der Villa Pierce gesehen hätte. Und gern noch einmal mit Francesco zum Gianicolo oder zum Park der Villa Borghese gegangen wäre. »Francesco«, bat ich ihn, »lass uns in den Park der Villa Borghese gehen.« Ich rief ihn, mein Gesicht war tränenüberströmt, aber ich konnte mich nicht bemerkbar machen. »Und wenn du es nicht schaffst?« Ich stand vor der Großmutter wie bei unserer ersten Begegnung. »Wenn ich es nicht schaffe, bringe ich mich um«, flüsterte ich, diesmal weniger forsch.

Ich öffnete das Nachttischfach, nahm die Pistole heraus. Sie war kalt, hart, und mein Arm sank unter ihrem Gewicht auf die Bettkante. Meine Erschöpfung und meine Verzweiflung ließen nach, und auch der wütende Hund in mir beruhigte sich. Es würde viel schwerer sein, als Bomben unter Gemüse zu transportieren. Und sogar noch schwerer, als die Tür vor Tomasos bekümmertem Gesicht zu schließen. Aber danach würde ich nie mehr hinter einer Mauer schlafen, würde nie wieder an Küchentüren Abfälle sammeln. Ich hatte Angst. Auch meine Mutter und meine Großmutter Editta hatten Angst. Mitleidig verfolgten sie meine Bewegungen, meine Mutter war blass in ihrem blauen Kleid. Ich rief die beiden, und sie antworteten mir nicht. Wieder wollte ich fliehen, in dem alten Haus in den Abruzzen Zuflucht suchen. Dort würde Onkel Rodolfo am Schreibtisch sitzen, in seinem friedlichen Büro, wo das Bild des großen Baumes hing, der meinen Namen zwischen seinen Zweigen gefangen hielt. Onkel Rodolfo war mit mir verwandt, ihm konnte ich vertrauen. Er war der Einzige, der mich in die Arme nehmen, wegbringen und zum Ausruhen in ein Bett mit weißen Vorhängen legen durfte. In meinem ganzen Leben hatte ich mich nur auf ihn stützen können. »Onkel Rodolfo …«, sagte ich, »Onkel Rodolfo …« Aber er kam nicht. Ich war allein hinter Francescos Rücken, dieser bleichen Mauer in der fahlen Morgendämmerung. Schließlich spürte ich die beruhigende Kälte der Pistole an meiner Schläfe. »*Tous mes adieux sont faits*«, dachte ich und sah meiner Mutter ins Gesicht: »*Tous mes adieux …*«

»Francesco«, stieß ich verzweifelt hervor. »Francesco, hilf mir.«

Er regte sich kaum. »Schlaf«, murmelte er. »Sei ganz ruhig, schlaf. Wir reden morgen weiter.«

Der wütende Hund in mir sprang auf und stürmte los. Ich stürzte mich auf Francesco und schoss ihm in den Rücken.

Sofort rann Blut auf das weiße Laken. Mein Kopf war leer. Ich rief: »Francesco!«, und rüttelte ihn vorsichtig, wie ich es immer tat, um ihn zu wecken. »Francesco, ich liebe dich. Verzeih, verzeih mir, ich liebe dich.«

Er antwortete nicht, und ich rüttelte stärker. »Francesco, antworte mir!«, schrie ich entsetzt. Ich rüttelte ihn immer weiter, und als ich aufhörte, kippte sein Körper schwer auf den Rücken. »Francesco«, flehte ich mit erstickter Stimme, »Liebling, antworte mir. Antworte mir doch!« Schließlich sprang ich aus dem Bett und schrie wie wild um Hilfe. Ich riss die Fenster auf, die Wohnungstür.

Als die Nachbarn kamen, kniete ich neben ihm. »So tut doch was!«, sagte ich. »Er antwortet mir nicht. So tut doch was!« Alle waren im Morgenmantel und mit wirrem Haar herbeigelaufen, umringten uns voller Neugier und Entsetzen und wichen schweigend zurück. Sie ließen uns allein. Ich streichelte Francescos Hand, betrachtete sein regloses, verschlossenes, erbarmungsloses Gesicht, und redete voller verzehrender Liebe mit ihm. »Antworte mir«, sagte ich, »sei nicht so, bitte, antworte mir doch.« Ich küsste seine Hände. »Ich liebe dich«, sagte ich vor den entsetzten Augen der kleinen Portierstochter.

Dann kamen die Polizisten.

Am Tag der Gerichtsverhandlung wetterten alle Frauen gegen mich. Nach den elf Monaten in Stille und Isolation im Frauengefängnis Le Mantellate erlebte ich zum ersten Mal, welche Reaktionen meine Tat ausgelöst hatte. Bis dahin hatte ich angenommen, sie würden sich nur auf mich, mein Leben und die Gesetzeshüter beziehen. Stattdessen schienen die Frauen, als ich den Gerichtssaal betrat, mit Freuden einem lange zurückgehaltenen Hass Luft zu machen. Einige schrien und schauten mit wütenden Augen, in denen weder Mitleid noch die geringste Menschlichkeit lagen, zu meiner Bank herüber. Ich sah sie bestürzt an. Wenigstens sie hätten mich doch verstehen müssen, aber stattdessen ließen sie ihre ganze Wut an mir aus. Die Frauen, die in den Zeugenstand gerufen wurden, kannten mich kaum, versicherten aber trotzdem, Francesco wäre ein sehr guter Ehemann gewesen. Die Nachbarinnen berichteten, dass er mir sonntags immer Gebäck mitgebracht habe. Fulvia traute sich nicht, mich während ihrer Zeugenaussage anzuschauen. Sie war meine einzige Freundin, und was sie sagte, machte großen Eindruck. Sie erklärte, ich hätte das Glück nie zu schätzen gewusst, mit einem ehrlichen und anständigen Mann verheiratet zu sein, und ich hätte Francesco im Gegenteil sogar oft nur eingebildete, belanglose Schwächen vorgeworfen. Mein Anwalt tobte, und ich hörte ihr fassungslos und betrübt zu, bis mir klar wurde, dass sich ihre Aussage nicht gegen mich richtete, sondern gegen die Tochter des Drogisten.

Dann waren Francescos Freunde an der Reihe. Sie traten ernst und traurig in den Zeugenstand, und alle verurteilten mich scharf, aber ohne Gehässigkeit. Über mich sagten sie nicht viel, dafür redeten sie ausführlich über Francesco. Ich hörte ihnen gern zu, bestätigten sie mir doch, dass ich mich zu Recht in ihn, diesen wirklich außergewöhnlichen Mann, verliebt hatte. Als Alberto sprach, hörte ihm das Publikum ergriffen zu, und danach beschimpften mich die Frauen erneut, so dass der Vorsitzende damit drohte, den Saal räumen zu lassen. Ich hätte Alberto gern mit einem Nicken gedankt, er hatte in meinen Augen eine ehrliche, würdige Gedenkrede gehalten. Doch er sah mich gar nicht an. Niemand schenkte mir einen freundlichen Blick. Mein ganzes bisheriges Leben existierte nicht mehr, bis auf den einen Augenblick, in dem ich geschossen hatte. Und als ich sah, auf wie viele unterschiedliche Arten mein Leben gedeutet wurde, erkannte ich es selbst nicht mehr. Man sprach auch über mein Engagement während der verhassten Besetzung, und alle waren sich einig, dass mein ungewöhnlicher Mut ein weiterer offensichtlicher Beweis für meine Unbesonnenheit und meine kaltblütige Grausamkeit sei. Tomaso war als Auslandskorrespondent mit seiner Frau in England. Seine Aussage, in der er voller Hochachtung von Francesco sprach und mit Verehrung und Bewunderung von mir, wurde verlesen. Diesem Zeugnis zu meinen Gunsten maß man allerdings keinerlei Bedeutung bei, da aus den Äußerungen des Portiers eindeutig hervorging, dass Tomaso mein Liebhaber gewesen war.

Nach Francescos Mutter wurden einige meiner Verwandten befragt. Sie waren wegen einer Unpässlichkeit meines Vaters zu spät gekommen. Dieser trat auf Tante Sofias Arm gestützt ein, und mit seiner hohen Gestalt, seinem weißen Haar und seinem Gebrechen gewann er sofort die Sympathien des ganzen Gerichtssaales. Ich erkannte, dass er sich trotz des traurigen Anlasses, der ihn hergeführt hatte, freute, sich endlich als der Charakter zu präsentieren, der er glaubte immer gewesen zu sein, nämlich als der kompromisslose, strenge Mann, der in Befolgung der Gesetze des Staates, ohne zu zögern, seine Tochter opfert. Er sagte dann auch aus, ich sei schon als Kind sonderbar gewesen und hätte zu Gewaltausbrüchen geneigt. Vor allem hielt er mich für unbesonnen und grausam. Er war blind, daher fiel es ihm nicht schwer, ohne Hemmungen zu sprechen, als wäre ich gar nicht da. So erfuhr ich, was er über mich dachte und mir in den vielen Jahren nicht gesagt hatte. Dennoch versuchte er, mich in Schutz zu nehmen, indem er meine falsche Erziehung anführte, die der Veranlagung meiner Mutter zuzuschreiben sei. Er erwähnte ihr tragisches Ende, und mit seiner sittenstrengen Resignation klagte er uns beide an, so dass schließlich ihm, mehr noch als Francesco, das Mitgefühl der Anwesenden galt.

Tante Sofia war unsicher. Nach jeder Frage schaute sie mich in der Hoffnung an, sie könnte von mir erfahren, was sie antworten solle. Sie sagte aus, ich sei ein braves Mädchen gewesen, obwohl ich die Religion nicht praktizierte. Sie schrieb mir noch viele andere gute Eigenschaften zu, von denen ich nicht gewusst hatte, dass ich sie besaß, darunter Geduld und Ordnungsliebe. Allerdings habe sie in der Zeit, als ich in den Abruzzen gewesen war, insgeheim stets Angst vor mir gehabt.

Sie habe mich nicht verstanden und nur undeutlich geahnt, wie heftig die Auflehnung eines einsamen, geduldigen Charakters wie des meinen würde sein können. Zum Beweis für ihre Aussage führte sie an, mit welcher Vehemenz ich den Hahn getötet hatte, und auf diesen Vorfall ging das Gericht ganz besonders ein. Es wurde auch darüber gesprochen, dass die Mutter meiner Mutter Theaterschauspielerin gewesen war. Ich begriff nicht, warum man sich so lange mit diesen unnützen Details aufhielt.

Danach war die Großmutter an der Reihe, und als sie den Eid ablegte, entstand im Saal ehrfürchtiges Schweigen. Sie war noch nie in Rom gewesen, hatte noch nie einen Gerichtssaal betreten, und doch trat sie mit der ihr eigenen Erhabenheit unbefangen in den Zeugenstand. Durch den Raum, der uns trennte, suchte sie sofort meinen Blick, und ich verbarg mein Gesicht in den Händen. Erbarmungslos warf sie meiner Mutter die Schwäche vor, die sie mir vorgelebt hatte. Dann redete sie in aller Ausführlichkeit über mich, über die besonderen Umstände, unter denen ich aufgewachsen war, und vor allem über meinen Charakter, den sie bis in die verborgensten Winkel beleuchtete, wobei sie mein sanftes, aufrichtiges Wesen und die übermäßige Sensibilität betonte, unter der ich litt. Gerührt erkannte ich, dass sie als Einzige stets alles verstanden hatte. Denn tatsächlich war sie die einzige Frau, die zu meinen Gunsten aussagte.

Man verhängte die Höchststrafe über mich. Francesco war ein rechtschaffener Mann gewesen und nie mit dem Gesetz in Konflikt geraten. Ich unternahm während des Prozesses gar nicht erst den Versuch, mich zu verteidigen. Hätte ich vor so vielen Menschen alles offenbaren können, was mich in meinem Leben verletzt hatte, wäre ich nicht mehr Alessandra gewesen, sondern jemand anders. Und dann wäre auch mein

Leben anders verlaufen. Seit der Richter mich zum ersten Mal, scharf und feindselig, befragt hatte und dann alles frostig dem Gerichtsschreiber diktierte, hatte ich kein Wort mehr herausgebracht. Man hatte mich im Justizpalast in ein kleines, graues Zimmer geführt, das mich mit seinem Blick auf eine Straße in Prati an die Zimmer des Hauses erinnerte, in dem ich aufgewachsen war. Dort hatte ich Mut geschöpft und spontan voller Vertrauen zu reden begonnen. Aber der Richter war meiner Aufrichtigkeit sofort mit einem ungläubigen Sarkasmus begegnet, wie auch mein Vater es immer getan hatte. Es war schon schwer genug, in wenigen Worten darzulegen, was mich zu meiner Tat getrieben hatte, und vor allem, konkrete Fakten zu nennen. Meine Mutter hatte stets gesagt, Frauen seien immer im Unrecht, wenn es um konkrete Fakten gehe. Mir war klar, dass dieser Mann allen meinen Beweggründen gegenüber taub sein würde, so wie er es gewiss auch gegenüber den Frauen bei sich zu Hause war. Darum habe ich es seither vorgezogen, zu schweigen und die Schuld uneingeschränkt auf mich zu nehmen.

Auch mein Anwalt, ein von meinem Vater beauftragter Mann aus den Abruzzen, weiß herzlich wenig von mir. Er kennt mich nicht von früher, und in unseren seltenen Gesprächen blieb ich verschlossen. Also musste er sich an die herkömmlichen Gründe für Taten halten, die ähnlich entsetzlich waren wie meine. Er führte eine denkbare Untreue Francescos an und eine mögliche Eifersuchtsszene in der Tatnacht. Er brachte sogar einen plötzlichen Anfall von Wahnsinn ins Spiel. Auch er erwähnte zu meiner Rechtfertigung den Freitod meiner Mutter und eine gewisse erbliche Belastung. Ich ließ ihn reden, weil das seine Aufgabe war und er ihr mit Feuereifer nachkam.

Hätte mich eine Frau anwaltlich vertreten und hätte ich

unter den Mitgliedern des Gerichtshofs ein weibliches Gesicht entdeckt, wäre es mir leichtgefallen, mich verständlich zu machen. Aber so war ich nicht fähig zu sprechen, obwohl ich bemerkte, dass mein eigenwilliges Schweigen die Entrüstung der Anwesenden hervorrief und jede Regung von Sympathie oder Mitleid abtötete. Wenn ich nicht imstande gewesen war, mich dem Mann verständlich zu machen, der an meiner Seite gelebt hatte und den ich mit aller Kraft geliebt hatte, wenn ich schon mit ihm nicht hatte reden können, wie hätte ich es dann mit anderen Menschen tun können? Darum bestätigte ich mit einem Kopfnicken, dass ich nichts zu erwidern hätte, und nahm das Urteil gefasst hin, um mich den Regeln zu fügen, die die Gesellschaft in einer langen Tradition festgelegt hat. Aber seit ich hierher ins Gefängnis gekommen bin, wo ich nun auf das Ergebnis der Berufung warte, wollte ich den genauen Hergang der tragischen Ereignisse aufschreiben, weil es nur recht und billig ist, sie auch aus der Sicht der Frau zu betrachten, die sie als Hauptperson erlebt hat. Ich weiß nicht, ob meine Richter die Zeit haben werden, diese Niederschrift zu lesen. Sie ist tatsächlich sehr lang, denn auch das kurze Leben einer Frau ist, Tag für Tag und Stunde um Stunde, unendlich lang, und selten gibt es nur einen einzigen Grund, der sie zu einem plötzlichen Aufbegehren zwingt.

In dem strengen Frieden dieses Ortes ist es mir leichtgefallen, auf meine Geschichte zurückzublicken, und sie aufzuschreiben war eine Erleichterung. Ich habe mich um eine sachliche Darstellung bemüht, auch um das Misstrauen zu zerstreuen, das durch meine stille Zurückhaltung ausgelöst wurde, sie war sicherlich auch ein Grund dafür, weshalb meine Mutter und ich so wenige freundschaftliche Beziehungen knüpften. Ein Mann kann meine Tat nach dieser Lektüre sicherlich besser verstehen, auch wenn er sie naturgemäß nicht entschuldigen kann. Selbst wenn das Urteil bestätigt wird und ich die Strafe in vollem Umfang verbüßen muss, werde ich mich nicht darüber beklagen, dass ich viele Jahre in einer Zelle eingesperrt sein werde. Diese Zelle hier geht auf einen Hof hinaus, in den während der Abenddämmerung die Schwalben hinabfliegen. Dann bringen mich die Ordensschwestern an die frische Luft und erlauben mir, die Geranien zu gießen. Und wer diese Seiten gelesen hat, weiß, dass es seit meiner frühesten Kindheit ein Glück für mich ist, still an einem Fenster zu sitzen.

Außerdem kommt Francesco mich jeden Abend besuchen. Schon allein sein Anblick erfüllt mich mit einem tiefen Wohlbehagen. Seine stets eilige, zerstreute Art, unter der ich sehr gelitten habe, hat er nun abgelegt. Er sitzt mir gegenüber in einem Sessel aus unserer Wohnung und schaut mich an. Er wird nie müde, mich anzuschauen. Jeden Abend haben wir so zauberhafte Gespräche wie in unserer Anfangszeit, als wir uns gegenseitig erzählten, wer wir sind. Mit einem Wort, er ist jetzt genau so, wie ich ihn mir immer erträumt habe. Daher neige ich zu der Vermutung, dass erst meine Gewalttat ihm seine Liebe zu mir bewusst gemacht hat und sie ihm die Möglichkeit gab, in mir die von ihm geliebte Frau zu sehen, die ich immer hatte sein wollen.

* * *

Vorwort zur Neuausgabe von 1994

von Alba de Céspedes

Dieses Buch erzählt die Geschichte einer großen Liebe und eines Verbrechens. Als ich anfing, es zu schreiben, wusste ich noch nicht, wie alles ausgehen würde. Aber damals glaubte ich uneingeschränkt an die ewige Liebe. Ich glaubte auch an viele andere Dinge, deren Unbeständigkeit mir dann von der Realität um mich her vor Augen geführt wurde. Das Kriegsende lag erst vier Jahre zurück, und wie andere Italiener und Italienerinnen hatte auch ich geglaubt, dass mit dem Ende des Faschismus alle unsere Probleme gelöst sein würden.

Obwohl ich schon älter als fünfunddreißig war, wusste ich rein gar nichts über die ökonomischen Mechanismen, die zum Ausbruch der zwei Weltkriege geführt hatten. Dieses Buch machte mir auch bewusst, wie naiv die Begeisterung gewesen war, mit der ich in den Kampf für die Freiheit gezogen war und geglaubt hatte, dass es möglich sei, die Liebe als ein Abenteuer ohne Grenzen und ohne Verstellung zu leben.

Schon damals, in der Zeit zwischen 1946 und 1949, gerieten meine Überzeugungen ins Wanken. Die glühende Liebe, die ich während des Durchzugs der Front und während der großen, aus dem Geist der Resistenza geborenen Solidarität hochgehalten hatte, kühlte durch den Kontakt mit dem nun wieder banalen, konformistischen Leben ab. Hinzu kam die Bitterkeit im Hinblick auf meine publizistische Arbeit. 1948 wurde das Erscheinen der Zeitschrift »Mercurio« eingestellt, die ich 1944 gegründet hatte und dann leitete. Der Geldgeber der Zeitschrift, der mir wegen der Kriegssituation und wegen der Wende von Salerno[1] zunächst weitgehend freie Hand gelassen hatte, empfahl mir nun plötzlich, einen streng amerikafreundlichen Kurs einzuschlagen. Ich lernte, wie großzügig kaufmännische Macht anfangs sein kann und wie sie sich den Namen einer Zeitung zunutze macht, sobald sie über eine konstante Leserschaft verfügt. Ich lehnte ab.

Nur in einigen alten Herzen mag noch die Enttäuschung über das Grau jener Jahre lebendig sein und über die Erkenntnis, dass der Kampf, die Gefängnishaft und auch der Tod vieler Menschen nur dazu gedient hatten, aus Italien ein Protektorat Nordamerikas zu machen. Mittelmäßigkeit und Trostlosigkeit machten sich breit. Der Faschismus mit seiner Überheblichkeit und seinem Pathos hatte einer verräterischen, unterwürfigen Führungsschicht Platz gemacht. Waren das wir? Hatten wir das gewollt? Ich erinnere mich noch an den Tag, als ein Ministerpräsident die Begeisterung des Senats entfachte, weil er einen amerikanischen Scheck wie eine Fahne schwenkte. Damals war mir das noch nicht klar, aber der wurde tatsächlich zu unserer Fahne. Die Vorwürfe, die ich mir wegen der Annehmlichkeiten meiner Lebenssituation machte – ich konnte es mir leisten, politische Günstlingswirtschaft und Systemhörigkeit zu verachten –, hielten mich nicht davon ab, mich zu fragen: »Dazu also dienten die in Heldentum umgedeuteten Ziele der Freiheitskämpfer?«

Ich konnte noch nicht wissen, welchen Grad der Korruption die italienische Nation erreichen würde. Doch ich ahnte

---

1 Wende von Salerno: unter Palmiro Togliatti im März 1944 unternommene Öffnung der kommunistischen Partei (PCI) weit nach rechts, was auch die Entwaffnung der kommunistisch dominierten Resistenza nach sich zog – d. Ü.

es. Ich sah, wie die politischen Hauptakteure der Resistenza resignierten und nach und nach das Handtuch warfen, indem sie die Riten der parlamentarischen Demokratie akzeptierten. Aus der Tragödie wurde eine Komödie. Meine Wahlheimat trat von der Bühne der Geschichte ab, und mein Heimatland Kuba schickte sich an, sie zu betreten, aber das sollte erst ein Jahrzehnt später geschehen.

Außerdem konnte ich die Zwänge, die die Frauen davon abhielten, ihrem Handlungswillen Ausdruck zu verleihen, immer weniger akzeptieren. Diese Unduldsamkeit hatte sich bereits in meinem ersten Roman, *Nessuno torna indietro* (»Der Ruf ans andere Ufer«[2]), niedergeschlagen, aber ich war nicht mehr siebenundzwanzig, wie zum Zeitpunkt seiner Veröffentlichung. Die Erfahrungen des Krieges und meines politischen Engagements hatten diese Zwänge noch unannehmbarer gemacht. Angesichts von Gefahr und Tod war für mich die Gleichheit von Frau und Mann offensichtlich geworden.

Die Frontkämpfe am Fluss Sangro hatten diese Überzeugung noch gefestigt. Ich wusste nun, dass ein Mann während eines Artilleriefeuers zittern und eine Frau unerschrocken bleiben kann. Später sollten mich geschichtliche Dokumentationen über die großen Opfer aufklären, die sowohl antifaschistische als auch faschistische Kämpferinnen gebracht hatten. Daher war ich wütend, als ich mich mit der Rückkehr zur Normalität erneut in der untergeordneten Rolle wiederfand, die mir die Gesellschaft zuwies, weil ich eine Frau war.

Damals konnte nur eine Frau begreifen, wie unerträglich es ist, bevormundet zu werden. Die Freiheit, die ich durch meinen großen literarischen Erfolg genoss, war die Ausnahme, die die Regel bestätigte, was zeigte, wie es um die Lage der

2 Rowohlt, Hamburg 1966 – d. Ü.

Frauen stand. Für eine junge Frau von heute mag das alles schwer zu begreifen sein. Denn ein anderes Wirtschaftsmodell, das seit mehr als dreißig Jahren auf der angekurbelten Nachfrage nach Konsumgütern beruht, hat den Frauen den Weg zu bezahlter Arbeit in Privatunternehmen und im öffentlichen Dienst geebnet. Die Erlangung einiger Grundrechte in der Vergangenheit hindert also viele meiner Leserinnen daran, zu verstehen, wie ihr Schicksal 1948 ausgesehen hätte. Damals war ich für einen Tag in Mailand bei Mondadori, und mein Verleger erkundigte sich nach meinem neuen Roman. Ich gab ihm nur mit großer Mühe Auskunft, so wie jeder Autor, der seinem Verleger von dem Buch erzählt, an dem er gerade schreibt. Irgendwann sagte ich, es handele sich um eine Liebesgeschichte, allerdings aus der Sicht der Frau erzählt. Der geniale Arnoldo unterbrach mich mit strahlendem Gesicht und rief: »Aus ihrer Sicht ... aus ihrer Sicht.« So erhielt das Buch seinen Titel.

Ich war schon seit einem Jahr in Washington in der italienischen Botschaft, wohin ich meinem Mann gefolgt war. Ein Teil des Buches entstand dort. Als *Dalla parte di lei* (Aus ihrer Sicht) erschien, lebte ich noch in den Vereinigten Staaten und konnte weder die Erstveröffentlichung noch das Presseecho verfolgen. Was für ein Unterschied zu *Nessuno torna indietro*, dessen Publikation für mich ein nahezu euphorisierendes Erlebnis gewesen war! Ich blieb bis 1952 in den USA. Eine Kolumne, die ich für die Wochenzeitschrift *Epoca* schrieb, trug ebenfalls den Titel *Dalla parte di lei*. Ich verließ das Amerika McCarthys zu Beginn des Kalten Krieges ohne Bedauern und ging in die Sowjetunion, wohin mein Mann versetzt worden war.

Während meiner kurzen Aufenthalte in Italien erlebte ich dieses von mir geliebte Land wie unter einer Bleiglocke. Von

»Wirtschaftswunder« war noch keine Rede, und die große Entfernung machte die Entdeckung, dass Italien seine Unabhängigkeit verloren hatte und politisch unbedeutend geworden war, für mich jedes Mal noch quälender. In den sechziger Jahre hegten viele Italiener nach der Verbesserung ihrer wirtschaftlichen Verhältnisse die Illusion, in Freiheit zu leben. Mein Urteil mag streng erscheinen, haben doch Männer und Frauen im Italien der sechziger und siebziger Jahre für die Erlangung fundamentaler Rechte gekämpft. Die Siege, die vor allem die italienischen Frauen hinsichtlich ihrer Gleichberechtigung und der Angleichung ihrer Löhne an die der Männer errungen haben, kann ich natürlich nicht ignorieren. Und ebenso wenig den erfolgreichen Kampf für das Recht auf Scheidung.

Trotzdem mahnt mich meine kubanische Abstammung, die Innenpolitik eines Landes nicht von seiner Außenpolitik zu trennen. Und seine Unabhängigkeit und die Rechtmäßigkeit seiner Regierung als höchste Garantien für seine Freiheit anzusehen. Das lehrte mich nicht nur das Beispiel meines Großvaters Carlos Manuel de Céspedes y López del Castillo, des Vaters des kubanischen Vaterlandes und Befreiers der Sklaven, der heldenhaft im Kampf gefallen war, sondern auch mein 1939 verstorbener Vater, Carlos Manuel de Céspedes y de Quesada, der kurzzeitig Präsident der kubanischen Republik gewesen war. Seine Worte zu diesem Thema beeindruckten mich schon, als ich noch sehr jung und unerfahren war. Ihr Sinn ging mir erst später durch die Prüfungen des Lebens auf. Mein Vater hatte gesagt, für die Verteidigung der Freiheit und der Interessen des Vaterlandes müsse ein Bürger auch mit Gefängnis und Tod rechnen. Heute wird mein Vaterland Kuba (ich habe wie jede mit einem Ausländer verheiratete Kubanerin die doppelte Staatsbürgerschaft) von einer infamen, seit dreißig Jahren währenden Wirtschaftsblockade geknebelt und sein edler, aufrechter Führer von den Söldnern der westlichen Presse verhöhnt und diskreditiert.

Als eine Frau, die fast am Ende ihres Lebens steht, denke ich heute immer wieder an meine Jugend und ihre großen Hoffnungen zurück. Mir will nicht in den Kopf, wie sich die Freiheit der Bürger mit dem Verlust der Unabhängigkeit einer Nation vereinbaren lässt. Und auch nicht, wie eine Nation auf das Niveau einer Supermarktfiliale herabsinken kann.

Und so habe ich im Laufe der Jahre erkannt, wie viel Illusion in dem Wort Freiheit steckt. Ich habe gesehen, wie Kuba 1959 seine politische Unabhängigkeit errang, und zwar um den Preis schärfster Wirtschaftssanktionen, die gegen das Land verhängt wurden, weil es gewagt hatte, so viel zu wollen. Ich habe gesehen, wie Italien 1945 seine Unabhängigkeit verlor, und zwar im Namen einer Freiheit, angesichts derer ich mich frage, was sie heute eigentlich bedeutet, da eine Krise der veränderten Weltwirtschaft nicht nur den Wohlstand und die Arbeit der Italiener gefährdet, sondern auch die Einheit der Nation. Ich frage mich auch, was das Wort Liebe bedeutet und ob es nicht Heuchelei oder ein Zeichen von Schwäche ist, über sie zu sprechen. Ich kann nur sagen, dass in einer Frau, selbst nach den enttäuschendsten Schicksalsschlägen, immer wieder die Kraft der Liebe aufsteigt wie aus einer nie versiegenden Quelle.

Mit *Dalla parte di lei* und selbst mit seinem tragischen Ende wollte ich dagegen anschreiben, dass Liebe eine Illusion sei.

* * *

Barbara Vinken

Aus ihrer Sicht –
Seelenmord, Tyrannenmord

Das Joch der Ehe, italienisch patriarchalisch

Alba de Céspedes' Roman *Dalla parte di lei* wurde zwischen
1945 und 1948, nach Ende des Krieges, in einem von Faschismus und deutscher Besatzung befreiten, schwer getroffenen
Italien geschrieben. Der Roman spielt auf der Folie des Waffenstillstands zwischen Italien und den Alliierten, der Republik von Salò, der Kriegserklärung an Deutschland, des Sieges
der Alliierten gegen Deutschland. Die politischen Ereignisse
werden vorausgesetzt, ohne eigens benannt zu werden. Mussolini etwa ist immer nur »diese arrogante Stimme« im Radio.
Der Roman erschien 1949 bei Mondadori in Mailand. 1994
schrieb de Céspedes, die inzwischen in Paris lebte, für die ge-
straffte Neuausgabe ein Vorwort. Ihr Fazit war katastrophal:
Italien sei zu einer amerikanischen Supermarktfiliale verkom-
men und segle unter der Flagge des Dollars. Gegen den billigen Ausverkauf, gegen dieses konsumistisch bestechliche Italien stellt de Céspedes, Tochter des kubanischen Botschafters
und einer Römerin, in ihrem Nachwort die glorreiche Tradition ihrer Vorfahren, der Helden, Patrioten und Gründungs-
väter Kubas. Alba de Céspedes hatte unter dem Code-Namen
Clorinda, der heroischen Kriegsheroine Tassos, am antifaschi-
stischen Kampf der Partisanen im befreiten Teil Italiens mit
einer Radiokolumne *Dalla parte di lei* teilgenommen; das
wurde der Titel ihres Romans. Bereits im Roman war die Bi-
lanz für Italien kaum positiver ausgefallen als im rückblicken-

den Nachwort: Eine Besatzung, die deutsche, wurde durch eine andere, die amerikanische, ersetzt. Die Amerikaner lächelten, die Deutschen zitierten Rilke.

Erzählt wird im Roman ein Gewaltverbrechen *aus ihrer Sicht:* eine junge Frau, Alessandra, erschießt ihren Ehemann Francesco, den sie leidenschaftlich liebt, im Schlaf. Sie verzweifelt an der »Mauer seiner Schultern, seines Rückens«. Fast wie Notwehr fühlt sich der Schuss in diese Mauer an, die sie in der Einsamkeit der Institution Ehe erstickt. *Aus ihrer Sicht* erzählt nicht wie die großen Romane des 19. Jahrhunderts von der Droge Leidenschaft, die Frauen in Ehebruch und Selbstmord treibt. Die Ich-Erzählerin Alessandra hat der Liebe eines anderen Mannes, zu dem sie sich, allein gelassen während des Widerstands, hingezogen fühlte, unter Aufbietung all ihrer Kräfte widerstanden; an ihr ist keine weibliche Schwäche. Sie begeht weder Ehebruch noch Selbstmord, sondern Mord.

Dieser Mord ist ein Akt des heroischen Widerstands gegen eine mörderische Institution, die Ehe. Dieser war schon die Mutter der Ich-Erzählerin zum Opfer gefallen, als sie versuchte, aus ihrem Ehegefängnis auszubrechen, um mit der Liebe ihres Lebens in eine bessere Welt der Liebe, der Freiheit und der Kultur zu entrinnen. Ihr Mann, der verhasste Vater Alessandras, hatte seine Frau zuerst für zu mager, schließlich für verrückt erklärt und hasserfüllt ausgelacht, als sie ankündigte, ihn mit ihrer Tochter zu verlassen. Die Stunden der Freiheit außerhalb der vier Wände muss Alessandras Mutter sich teuer unter dem Vorwand, Geld zu verdienen, erkaufen. Dieser Vater kennt nur die Gewalt des Gesetzes; er weiß nicht, was Liebe ist. Der poetischen Schönheit seiner Frau, ihrem großen Talent gegenüber bleibt er taub und blind. Er lässt sie, die schon ihren Sohn verloren hat, nicht mit der Tochter gehen.

Die einzige Freiheit, die Alessandras Mutter in dieser Ausweglosigkeit sieht, ist der Selbstmord: ihren Sohn hat der Tiber geraubt, sie wird in sein Wasser gehen. Die Kleider der Ophelia, ein von ihrer österreichischen Mutter Editta geerbtes Bühnenkostüm, das sie für ihr erstes und letztes öffentliches Konzert umarbeiten lässt, weisen den Weg. Die Tochter spricht von einem moralischen Mord. Der Vater schweigt die Gründe für den Selbstmord der Mutter tot.

Heute würde man von der patriarchalischen Ehe, wie Alba de Céspedes sie in ihrer geballten strukturellen Gewalt darstellt, als einer feminizidalen Institution reden. Das hat de Céspedes lange vor Ingeborg Bachmann, die in ihrem Projekt *Todesarten* von »Seelenmord« spricht, zu Papier gebracht. Die Tochter indes fällt nicht wie die Mutter der strukturellen Gewalt der Institution Ehe zum Opfer; sie nimmt den Kampf gegen die Ehe, gegen die Leibeigenschaft der Frauen in der Ehe auf. Selbstermächtigt wird sie zum Täter.

Der Unterschied zwischen Mutter und Tochter wird durch ihre ganz verschiedenartige Reaktion auf die Heldin des größten Ehebruchs- und Suizidromans des 19. Jahrhunderts gezeigt: auf *Madame Bovary*. Die Tochter kann Emma Bovary nichts abgewinnen; Flauberts Titelheldin ist ihr unsympathisch. Die Mutter dagegen hat den Roman oft gelesen und über und über mit Anstreichungen versehen; sie findet viele Gemeinsamkeiten zwischen sich und Emma.

Alessandras Mord an ihrem Mann ist, obwohl es auf den ersten Blick nicht so aussieht, ein Verbrechen aus Leidenschaft. Sie tötet den Ehemann Francesco, um den Geliebten Francesco nicht zu verlieren, um selbst nicht zur Ehefrau zu werden, sondern Liebende zu bleiben. »Paradox, höchst paradox«, hätte Albert im *Werther* ausgerufen. Das, was man üblicherweise unter einem Verbrechen aus Leidenschaft versteht, wird hier raffiniert umbesetzt. Der Code Napoléon, der den Gesetzgebungen auch in Italien zugrunde lag, versteht unter einem Verbrechen aus Leidenschaft die Erschießung der Ehefrau durch den eifersüchtigen Ehemann – mildernde Umstände werden vor allen Dingen gewährt, wenn er sie auf frischer Tat des Ehebruchs ertappt. Bei Alba de Céspedes bringt die Ehefrau den Ehemann um, weil beider Liebe durch die Institution gemordet wird. Francesco ist in die Rolle des Ehemanns geschlüpft, die ihm wie angegossen sitzt. Aus zwei Liebenden wird das hierarchisch versteinerte lieblose Verhältnis von Ehemann und leibeigener Ehefrau. Francesco, ein Professor der Rechtsphilosophie, Antifaschist und Partisan des Widerstands auf dem Weg zum Staatssekretär, hat auf den ersten Blick mit Alessandras Vater, einem kleinen Angestellten ohne irgendeinen anderen Ehrgeiz als den, dem Staat ein Schnippchen zu schlagen, nicht viel gemein. Als Ehemann aber fängt er in den entsetzten Augen Alessandras an, dem Vater immer mehr zu gleichen; auch Francesco hält ihre Mutter Eleonora für »überspannt«.

In Italien, so der bittere Befund des Romans, haben die patriarchale Ehe und die in ihr befestigten strukturellen Gewaltverhältnisse den Widerstand gegen die Faschisten wie gegen die deutschen Besatzer überlebt. Die Ehe, ihr einschnürendes Genderkorsett, triumphiert über das gleichberechtigte Kämpfen von Mann und Frau, triumphiert über die Liebe. Als Ehemann will Francesco verhindern, dass seine Frau sich den Partisanen anschließt: für »seine Frau« sei das nichts. Als er versucht, seine Frau von ihrem Tun abzubringen, wird er an der Tür seiner Wohnung von den Deutschen gefasst und in Regina Coeli, dem römischen Gefängnis, eingekerkert. Er wird nicht so sehr Opfer seiner politischen Überzeugungen als Opfer seiner Genderklischees. Der Partisanenkampf führt letzten Endes dazu, die Gendersterotype zu verstärken. Männer und Frauen, Ehemann und Ehefrau kommen sich dadurch nicht näher, sondern werden von den Vorstellungen, was ein richtiger Mann, eine richtige Frau ist, mehr denn je entzweit. Es bleibt ihnen kein gemeinsamer, kein geteilter Lebensraum; nirgends können sie sich mehr begegnen.

Auf diese Weise gibt es auch nach dem Krieg weder Liebe noch Gemeinschaft oder Gleichberechtigung. Die Befreiung Italiens ist keine Befreiung vom Joch der Ehe; sie zurrt das Genderkorsett nur enger. Faschisten und Partisanen erwarten dasselbe von ihren Frauen: dass Mann und Frau Seite an Seite kämpfen, finden sie unerhört. Francesco erwartet, dass seine Frau ihm zur Seite steht und ihm für seine politischen Aufgaben den Rücken frei hält, mit ihm Sex hat, sich gut anzieht, seine Kinder gebiert, seine Manuskripte tippt, seine Karriere befördert, ihm einen stärkenden Rückzugsort für seine Exkursionen in die Welt schafft. Beim Aufräumen des Hauses, beim Putzen und Kochen, beim Waschen und Bügeln der Kleider, beim Aufpassen auf die Kinder kann ihr ein Dienstmädchen helfen, aber verantwortlich ist die Hausfrau. Natürlich kann sie dazuverdienen, als Klavierlehrerin, als Sekretärin, wenn es denn sein muss und sie, aus kleinbürgerlichen Verhältnissen, kein Vermögen in die Ehe bringt und der Mann nicht viel verdient. Aber ideal ist das nicht. An eine gleichberechtigte Karriere, an die Herausbildung ihrer Talente, an eine eigenständige intellektuelle oder künstlerische Entwicklung, an ihre Freiheit ist nicht gedacht. Aus ohnmächtiger Rache für die Unterjochung rammt das Dienstmädchen Sista das Bügeleisen in die Hemdkragen des Vaters. Die Ehe wird nicht als ein von Liebe bestimmtes, gemeinsames Liebesabenteuer gesehen; ein Leben zu zweit, Seite an Seite, ist in ihr nicht vorgesehen.

Der Prozess gemacht wird in diesem Roman nicht der Ich-Erzählerin, der Mörderin – sosehr es danach aussieht und sie sich für schuldig erklärt –, sondern der Institution Ehe, welche die Liebe und die Frauen unterwirft und seelisch ermordet. Der Prozess gemacht wird einer Gesellschaft, die unfähig ist, sich aus dem erstickenden Genderkorsett zu befreien. Einer Gesellschaft, in der es keine Liebenden, sondern nur Ehemänner und Ehefrauen – anständig – oder, zweitklassig, Konkubinen von anderweitig verheirateten Männern gibt. In diesen gesellschaftlichen Konsens stimmen alle ein: die Männer, die nur als Ehemänner wirkliche Männer sein können und sich als Liebende schwächen, und die Ehefrauen, »anständige Frauen«. Aber auch die Konkubinen wie Alessandras beste Freundin Fulvia und deren Mutter Lydia nehmen es Alessandra übel, dass sie ihrem Ehemann nicht dankbar genug dafür ist, anders als sie keine versteckten, ausgehaltenen Frauen, sondern eine »anständige« Frau zu sein.

Es gibt zwar matriarchale Herrschaftsverhältnisse – in ein solches will die Großmutter in den Abruzzen ihre Enkelin Alessandra auch einsetzen –, aber um den Preis der Liebe. Herrschen kann nur, wer von der Liebe nicht beherrscht wird. Eine Frau, meint die Großmutter, muss wissen, dass ein Mann wie der andere ist. Liebe, individuelle, romantische Liebe, ist aus ihrer Sicht eine familien- und damit frauenfeindliche Illusion. Die Ehe gilt der Fortführung der Familie, dem Zeugen von Kindern. Für die Großmutter sind die Frauen den Männern haushoch überlegen. Aber nicht, weil sie schöner lieben oder in Literatur, Musik und Kunst größere Talente haben. Die weibliche Stärke ist das Fortzeugen des Lebens: das Gebären, das Stillen, das Kinder-Großziehen und ihnen all das zu geben, was sie zum Heranwachsen brauchen. Männer sind da völlig sekundär, fast parasitär. Sollen sie doch ihre Mätzchen machen; zwar hält man sie besser bei Laune, aber ändern wird das nichts am Lauf der Welt.

Sublim die Liebe, fremd

Der ideologische Gegenpol zu der Großmutter aus den Abruzzen, die souverän über Haus, Hof und Gesinde herrscht, die Felder bestellt, nach dem Vieh sieht und weiß, dass die Liebe eine Illusion ist, ist die Mutter der Ich-Erzählerin Alessandra, Eleonora, für die nur die Liebe und die Kunst zählen. Ist die eine ganz Hausfrau, so kommt die andere aus einer Genealogie öffentlicher Frauen, Schauspielerinnen, Konzertpianistinnen, Schriftstellerinnen. Es sind Frauen, die der republikanische, misogyne Schiller in seiner »berühmten Frau« als Gegenteil der tugendhaften Hausfrau, Ehefrau und Mutter, kurz, als das Gegenteil einer anständigen Frau definierte. Noch die eigenen vier Wände verwandeln diese Frauen in ein öffentliches Haus.

Schon rein äußerlich sind Schwiegermutter und Schwiegertochter, Stadt- und Landfrau, Gegenpole. Alessandra, die nach ihrer Mutter kommt, fällt aus der weiblichen, starken, dunklen, vollbusigen Herrscherinnendynastie der Abruzzen heraus. Mutter wie Tochter sind leicht und biegsam, schlank, hochgewachsen, weißhäutig, blond und blauäugig. Zu wenig Hüften, zu wenig Busen, befindet der Vater – zu viel Seele, könnte man anfügen. Die Römerinnen hingegen haben anders als die Frauen des Nordens ein verlockendes Fleisch, wie die Liebesszene zwischen Alessandra und Fulvia zeigt. Alessandras Großmutter mütterlicherseits, Editta, war eine österreichische Schauspielerin, die die Bühne nach der Ehe mit einem italienischen Artillerieoffizier aufgab. Mit dieser resignierten Unterordnung in der Ehe, mit der Aufgabe von Freiheit und Gleichheit, beginnt der Verrat der Mütter an ihren Töchtern. Eleonora wird ihm zum Opfer fallen. Die für die Liebe heroisch kämpfende Alessandra wird das rächen. Sie wird auch in der Ehe, wiewohl treu, nicht zur Ehefrau werden; sie wird den Kampf gegen die Institution Ehe aufnehmen.

Ein Mann indessen kann doch lieben, ein Engländer, der sich während des Ersten Weltkriegs, fast noch ein Kind, als ein ganz unpatriotischer Kriegshasser hervorgetan hat. Er ist in jeder Hinsicht ein ›homme fragile‹; an seiner Männlichkeit wird gezweifelt. Man munkelt, er sei homosexuell, weiß Fulvia, die römische Freundin Alessandras. Hervey und Eleonora verbindet neben einer Art Familienähnlichkeit, die sie wie Bruder und Schwester erscheinen lässt, die Leidenschaft für die Musik; der reiche Engländer spielt hinreißend die Violine. Selten ist ein liebendes Zusammenspiel schöner beschrieben worden als aus der Sicht der Tochter, die dem Konzert der beiden, zuerst ein heiterer Dialog zwischen Klavier und Violine, dann ein atemloses Miteinanderlaufen, lauscht. Die beiden, Eleonora und Hervey, sind weder Mann noch Frau, sondern wie Engel, die vor den tränenverschleierten Augen der Tochter Hand in Hand in den Himmel schweben. Non binary, würde man heute sagen. Vom irdischen Genderkorsett, dem Zwangsverhältnis der durch die Ehe reglementierten Geschlechterverhältnisse, scheinen sie ausgenommen. In ihrer Beziehung ist niemand unterworfen, niemand unterwirft. Beide sind einander verbunden.

Die Kritik hat gemeint, die Liebesgeschichte zwischen der poetischen, so wunderbar klavierspielenden Mutter mit dem leichten Schritt, deren Lächeln die Welt erleuchtet, und dem reichen Fremden, dem begnadeten Violinisten, sei von der

Gattung her ein »romanzo liberty« (Melania G. Mazzucco). Das war eine Romangattung, die zur Belle Époque in der ›jeunesse dorée‹, der reichen kosmopolitischen Welt erotischer Freizügigkeiten spielte, die mit der kleinbürgerlich-nationalen Welt und deren gewalttätiger Spießigkeit nichts gemein hatte. War Alba de Céspedes einfach eine umsatzstarke Erfolgsschriftstellerin, die gehobenen Kitsch an die Frau brachte – in der bekannten, allzubekannten weiblichen Paraderolle einer Schriftstellerin also, der männliche Originalität und männliches Genie abgeht?

Das Kitschargument scheint mir allein thematisch schon deshalb nicht zutreffend, weil das Rückgrat des Kitschromans die Vereinbarkeit von erotischen Freiheiten und Ehe ist. Darin erweisen sich in de Céspedes' Roman die Italiener:innen als Meister; Sex findet innerhalb und außerhalb der Ehe statt. Was für die Männer komfortabler ist als für die Frauen. Der Roman zeigt Sex nicht als Befreiungsmöglichkeit, sondern als Unterwerfungsinstrument; Sex schnürt das Genderkorsett und befeuert die Genderklischees. Alba de Céspedes kämpft nicht an der Front der sexuellen Revolution. Der Roman kämpft heroisch für die sublime Liebe und gegen die Institution der Ehe, die nicht die sexuelle Freizügigkeit, wohl aber mit der Freiheit der Liebenden die Liebe selbst mordet.

Die Liebe in ihrer sublimen Spielart ist im Roman als etwas Fremdes, nämlich englisch oder deutsch, also unitalienisch codiert. Sie steht im Einklang mit einer Welt der Literatur, Musik, Kunst. Die Skizze des kleinbürgerlich-städtischen Milieus, in dem der Vater zu Hause ist, die Erzählung vom Gehöft der Großmutter in den Abruzzen kommen in den italienischen Genres des Naturalismus oder des Neorealismo daher, die Liebe kommt weniger im »fremden« Genre des »romanzo liberty« als im deutsch-englischen Genre der Romantik. Auch das bukolische Liebesduett ist reinste Romantik. Der realistische Roman brandmarkt die Romantik, die Emma Bovary wie eine Droge konsumiert und die sie zu Grunde richtet, als kitschiges Klischee, als billige Illusion. Es ist vielleicht das Plädoyer für die romantische englische Liebe, die »keine Illusion« ist, die den Vorwurf des massentauglichen Kitschromans ausgelöst hat.

Die Fremdheit der sublimen Liebe wird am stärksten durch die Liebesgeschichte der »fremden« Mutter – österreichische Maman, deutschsprachig – und der »fremden« Familie Pierce deutlich. Im Hause Pierce spricht man die fremde Sprache Englisch und die universale Sprache der Liebe, die Musik. Die »fremde« Liebesszene findet ein Echo im Zusammentreffen Alessandras und des deutschen Offiziers nicht im Konzertsaal, sondern in der Bibliothek ihrer römischen Wohnung in wiederum einer fremden Sprache, dem Französischen.

So thematisiert der Roman subtil das »somewhere out of this world« der Liebesgeschichte zwischen Hervey und Eleonara. Diese Liebesgeschichte ist in der Realität des Vorkriegsitaliens ganz unwahrscheinlich, ja unglaublich, unvorstellbar – out of place: die Villa der Familie Pierce auf dem Gianicolo kann man denn auch von nirgendwoher sehen, wie Alessandra Fulvia erzählt; versteckt liegt sie zwischen den Bäumen. Die Schweiz mit ihren pastoralen Landschaften, Sehnsuchtsort des Liebespaars, ist auch nicht ganz von dieser Welt. Die Liebesgeschichte zwischen Hervey und Eleonora, eine Welt der Kunst, eine Kunstwelt, kommt der Tochter wie ein Märchen vor. Sie ist in dem tristen Eingesperrtsein der Enge der römischen Mietblöcke unvorstellbar.

Die Deutschen, von faschistischen Kampfesbrüdern zu Besatzern mutiert, durchsuchen Alessandras Wohnung nach ihrem Ehemann, dem Partisanen Francesco. Als Antifaschist wurde ihm unter Mussolini die Lehrerlaubnis und damit der Lebensunterhalt entzogen – aber er hat überlebt. Vor den deutschen Besatzern bringt er sich in Sicherheit und taucht unter. Der deutsche Offizier, auf seiner Spur, ist glücklich, in eine Wohnung mit so vielen Büchern zu kommen. Das sei, meint er zu Alessandra, ungewöhnlich für Rom. Wie Alessandra hat er Literatur studiert, er war dabei, seine Dissertation über Rilke abzuschließen, als er eingezogen wurde. Jetzt sind seine Bücher verbrannt und hier, bei ihr, zwischen ihren Büchern, fühlt er sich zu Hause. Er bittet Alessandra, ihm eines von Rilkes französischen Gedichten vorzulesen: »Tous mes adieux sont faits«. Neben der Familienähnlichkeit – hochgewachsen, schlank, blond, blaue Augen – verbindet die beiden über die ideologischen Gräben hinweg auf dem neutralen Terrain des Französischen eine Seelenfreundschaft, wie sie Alessandras Mutter mit Hervey verband. Den italienischen Ehemännern ist dies ein Konzept mit sieben Siegeln.

Alba de Céspedes hat keinen Kitschroman geschrieben. Der Kitschroman zeichnet sich dadurch aus, dass er Sex, und sei er noch so kinky, mit Liebe kurzschließt und zum guten Ende in der Ehe zusammenfallen lässt: siehe *Fifty Shades of Grey*. De Céspedes' *Aus ihrer Sicht* ist eine schonungslose Darstellung der strukturellen Gewalt der Ehe, die Frauen zu Leibeigenen von Männern und damit zu Toten auf Erden macht: Liebe und Ehe sind unvereinbar. Ohne Liebe versteinert das Gesicht der Frauen, sie werden zu unbelebten Statuen: die Großmutter ist eine Statue, das Gesicht des Dienstmädchens Sista ist versteinert. Im Namen der Liebe begehrt die Ich-Erzählerin gegen die Verhältnisse auf. Das macht *Dalla parte di lei* zu einem feministischen Roman, einem Plädoyer gegen die vom patriarchalen Code Napoléon bestimmte Gesetzgebung der Ehe. Die feministischen Reformbestrebungen haben hier seit der letzten Jahrhundertwende angesetzt. Dass dieser Kampf für die Freiheit der Frauen, das heroische Sprengen der Genderkorsette noch lange nicht gewonnen ist, zeigt #MeToo – Mächtige, meistens Männer, bedienen sich lieblos wie in einem Supermarkt am Sortiment der Schwächeren, meistens Frauen, von denen sie sexuelle Dienstleistungen erwarten. Auch der Kampf für eine nicht-binäre Geschlechterordnung versucht, sich vom hierarchischen Genderkorsett zu befreien. Der aktuell im Zentrum stehende Femizid ist ein typisches Problem einer ungleichen, unfreien, hierarchischen, tödlichen Beziehungsstruktur, wie sie die patriarchalische Ehe charakterisiert.

Inhalt